Singhof/Seiler/Schlitt

Mittelbare Gesellschaftsbeteiligungen

Mittelbare Gesellschaftsbeteiligungen

Stille Gesellschaft, Unterbeteiligung, Treuhand

von

Rechtsanwalt Dr. Bernd Singhof, LL.M., Mainz

Rechtsanwalt Dr. Oliver Seiler, LL.M., Frankfurt/M.

Rechtsanwalt Dr. Michael Schlitt, Mannheim

RWS Verlag Kommunikationsforum GmbH · Köln

Die Deutsche Bibliothek – CIP-Einheitsaufnahme

Singhof, Bernd:
Mittelbare Gesellschaftsbeteiligungen : Stille Gesellschaft, Unterbeteiligung, Treuhand / von Bernd Singhof ; Oliver Seiler ; Michael Schlitt. – Köln : RWS Verlag Kommunikationsforum, 2004
ISBN 3-8145-2621-X

Postfach 27 01 25, 50508 Köln
E-Mail: info@rws-verlag.de, Internet: http://www.rws-verlag.de

Druck und Verarbeitung: Bercker, Graphischer Betrieb, 47623 Kevelaer

Vorwort

Mittelbare Gesellschaftsbeteiligungen nehmen in der Praxis einen zunehmend größeren Stellenwert ein. In einer kaum überschaubaren rechtlichen Gestaltungsvielfalt können ihre wichtigsten Formen – stille Gesellschaft, Unterbeteiligung und Treuhand – ganz unterschiedlichen wirtschaftlichen Zielen dienen, ohne den formalen Voraussetzungen und weitgehend auch den Rechtsfolgen einer unmittelbaren Gesellschaftsbeteiligung unterworfen zu sein.

Trotz der gestiegenen Bedeutung sowohl für mittelständische Unternehmen als auch für Großunternehmen sowie der rechtlichen Parallelen und Verzahnungen ist eine Darstellung von stiller Gesellschaft, Unterbeteiligung und Treuhand in einem Handbuch bislang noch nicht vorgenommen worden. Die hier enthaltenen Beiträge sollen über die Einzelformen prägnant und geschlossen informieren und die relevanten Lösungswege für die Praxis aufzeigen. Rechtsprechung und Schrifttum sind bis Anfang März 2004 berücksichtigt. Frau Assessorin Dr. Daniela Hieronimi danken wir für die redaktionelle Durchsicht der Manuskripte zur stillen Gesellschaft und Treuhand.

Frankfurt am Main, im April 2004

Bernd Singhof
Oliver Seiler
Michael Schlitt

Inhaltsverzeichnis

Teil 1 Stille Gesellschaft

I. Grundlagen

1. Begriffsbestimmung und gesellschaftsrechtliche Einordnung

Zusammen mit der Unterbeteiligung und der Treuhand an Gesellschaftsanteilen gehört die stille Gesellschaft zu den **„mittelbaren Unternehmensbeteiligungen“**.[1] Charakteristisch für mittelbare Unternehmensbeteiligungen ist, dass der „mittelbare Teilhaber“ nicht Mitglied einer Außengesellschaft wird und dementsprechend nur aufgrund interner, zum Teil schuldrechtlicher Absprachen mit der Gesellschaft oder mit einem Mitglied der Gesellschaft „wirtschaftlich“ an dem Gesellschaftsvermögen beteiligt ist. 1

Bei der stillen Gesellschaft schließen der stille Gesellschafter und der Inhaber eines Handelsgeschäfts (Kaufmann im Sinne von § 1 HGB) einen **Gesellschaftsvertrag**, aufgrund dessen der stille Gesellschafter sich an dem Handelsgewerbe mit einer Vermögenseinlage beteiligt. Die Vermögenseinlage ist so zu leisten, dass sie in das Vermögen des Geschäftsinhabers übergeht (§ 230 Abs. 1 HGB). Hierfür erhält der stille Gesellschafter (zwingend) eine Teilhabe am Gewinn des Handelsgeschäfts (§ 231 Abs. 2 HGB). Die stille Gesellschaft ist danach stets eine Gesellschaft bürgerlichen Rechts in Form einer sog. **Innengesellschaft.**[2] Die stille Gesellschaft nimmt nicht gegenüber Dritten als Gesellschaft am Rechtsverkehr teil und bedarf daher auch nicht der Fähigkeit, selbst Träger von Rechten und Pflichten zu sein.[3] Sie bildet auch kein Gesellschaftsvermögen, da die Einlage des stillen Gesellschafters in das Vermögen des Inhabers des Handelsgeschäfts übergeht. 2

Das Recht der stillen Gesellschaft ist (fragmentarisch) in §§ 230 ff HGB geregelt; soweit diese Bestimmungen keine Sonderregelung enthalten, finden ergänzend die §§ 705 ff BGB Anwendung. Nach dem gesetzlichen Leitbild überwiegt damit der vermögensrechtliche Teil des Gesellschaftsverhältnisses, d. h. Beteiligung am Gewinn und – im Rahmen der vertraglichen Vereinbarung – am Verlust des Inha- 3

---

1) Zur Terminologie *Karsten Schmidt*, Gesellschaftsrecht, § 61 I 1; MünchKomm-*K. Schmidt*, HGB, Vor § 230 Rz. 1 ff.

2) Statt anderer *Hadding*, in: Festgabe Zivilrechtslehrer 1934/1935, S. 147, 155.

3) Anders jetzt ausdrücklich für die (Außen-)Gesellschaft bürgerlichen Rechts BGH, Urt. v. 29. 1. 2001 – II ZR 331/00, BGHZ 146, 341 = ZIP 2001, 330, 333 = WM 2001, 408 = NJW 2001, 1056 = BB 2001, 374 = DStR 2001, 310 m. Anm. *Goette*; dazu instruktiv statt anderer *Hadding*, ZGR 2001, 712 m. w. N.

bers des Handelsgeschäfts.[4] Dies schließt eine stärker organisationsrechtliche Ausgestaltung im Einzelfall nicht aus.

2. Funktionen und wirtschaftliche Bedeutung der stillen Gesellschaft

4 Kennzeichnend für die stille Gesellschaft ist, dass die gesetzliche Regelung in §§ 230 ff HGB nur einzelne, besonders bedeutsame Merkmale und Rechtsfolgen beschreibt, im übrigen aber **weitgehende vertragliche Gestaltungsfreiheit** besteht. Nur die Gewinnbeteiligung (§ 231 Abs. 2 Halbs. 2 HGB), das Auskunftsrecht (§ 233 Abs. 3 HGB)[5] und – mit Einschränkung – das Kündigungsrecht (§ 234 Abs. 1 Satz 2 HGB i. V. m. § 723 Abs. 3 BGB)[6] des stillen Gesellschafters sind unabdingbar. Damit birgt die stille Beteiligung an einem Handelsgeschäft ein nur eingeschränktes Haftungs- und Verlustrisiko für den stillen Gesellschafter.[7]

5 Die weitgehende Gestaltungsfreiheit ermöglicht es, dass die stille Gesellschaft **ohne** zwingende **Gründungskosten** und grundsätzlich **ohne Publizität** im Rechtsverkehr[8] für eine Vielzahl von unterschiedlichen Zwecken eingesetzt und ihre vertragliche Ausgestaltung sowohl in vermögensrechtlicher als auch organisationsrechtlicher Hinsicht flexibel an die Bedürfnisse der jeweiligen Funktion angepasst werden kann. Die Bandbreite der Gestaltungen reicht von einem „qualifizierten Kreditverhältnis"[9] (reine Kapitalanlage) über ein der Handelsgesellschaft nahestehendes Gebilde mit weitreichenden Mitwirkungs- und Einflussrechten des stillen Gesellschafters[10] bis hin zu den konzernrechtlich relevanten Vertragsgestaltungen.[11] Einschränkungen können sich für die vertragliche Gestaltung aus den Besonderheiten der Rechtsform des Unternehmensträgers des Handelsgeschäfts ergeben.[12]

---

4) Zu den historischen Wurzeln der stillen Gesellschaft *Lübbert*, ZHR 58 (1906), 464; *Blaurock*, StG, § 3 Rz. 3.1 ff (mit rechtsvergleichendem Ausblick).

5) *Koller*, in: Koller/Roth/Morck, HGB, § 233 Rz. 3.

6) Zur Anwendbarkeit der §§ 723 Abs. 3, 724 BGB auf die stille Gesellschaft BGH, Urt. v. 29. 6. 1992 – II ZR 284/91, ZIP 1992, 1552 = NJW 1992, 2696, 2698, dazu EWiR 1992, 1111 *(Blaurock)*.

7) Näher MünchKomm-*K. Schmidt*, HGB, § 230 Rz. 12 ff.

8) Dazu *Westermann*, in: Festschrift Ulmer, S. 657.

9) *Karsten Schmidt*, ZHR 140 (1976), 475, 478.

10) Instruktiv *Karsten Schmidt*, Gesellschaftsrecht, § 62 I 2 a; *ders.*, in: Festschrift Bezzenberger, S. 401.

11) *Bachmann/Veil*, ZIP 1999, 348, 351 ff; *Schulze-Osterloh*, ZGR 1974, 427.

12) Dazu allgemein *Weigl*, DStR 1999, 1568, 1568 f; für die AG *Bachmann/Veil*, ZIP 1999, 348.

Die Gründe für die Errichtung einer stillen Gesellschaft sind entsprechend vielfältig.[13] Aus Sicht des stillen Gesellschafters steht das Interesse an einer **Kapitalanlage** im Vordergrund, die ihm einen über dem bestehenden Zinsniveau liegenden Ertrag verspricht, ohne ihn den spezifischen Risiken eines Gesellschafters einer Außengesellschaft auszusetzen. Wie bei anderen mittelbaren Unternehmensbeteiligungen auch spielt außerdem die mögliche Umgehung bestehender (rechtlicher) Beschränkungen[14] für eine unmittelbare Beteiligung an einer Handelsgesellschaft eine Rolle.[15] Der Unternehmer erhält eine im Vergleich zu den fixen Kosten für die Verzinsung von Fremdkapital häufig günstigere Vermögenslage, die nicht kurzfristig kündbar ist und – nicht zuletzt – die **Ausnutzung steuerlicher Vorteile** erlaubt.[16] Die stille Gesellschaft eignet sich außerdem für die finanzielle Absicherung von Familienangehörigen eines (mittelständischen) Unternehmers sowie des Fortbestands des Unternehmens im Falle des Todes des Unternehmers („**vorweggenommene Erbfolge**"),[17] die Beteiligung von Arbeitnehmern und sonstigen Mitarbeitern (Arbeitnehmerbeteiligung),[18] die Zuführung liquider Mittel im Sanierungsfall,[19] eine vorübergehende Beteiligung eines neuen Kommanditisten bis zur Eintragung seines Beitritts in das Handelsregister[20] und die Umwandlung der Anteile ausgeschiedener Gesellschafter in stille Einlagen als stehenbleibende Abfindungsforderung.[21] Als „**Kapitalsammelstelle**" hat die stille Gesellschaft in Form der stillen Publikumsgesellschaft Eingang in die (grauen) Kapitalmärkte gefunden. Der Abschluss einer Vielzahl inhaltlich übereinstimmender stiller Gesellschaftsverträge kann das Handelsgeschäft des Geschäftsinhabers in erheblichem Umfang fremdfinanzieren. Auch 6

13) Ausführlich *Blaurock*, StG, § 2 Rz. 2.2 ff.

14) In Betracht kommen hierfür Wettbewerbsverbote (z. B. §§ 60, 112 HGB, 88 AktG), Beteiligungsbeschränkungen nach §§ 1 und 35 ff GWB. Einlagegeschäfte (§ 1 Abs. 1 Nr. 1 KWG), die zwingend erlaubnispflichtig sind (§ 32 Abs. 1 Satz 1 KWG), können allerdings nicht deshalb erlaubnisfrei durchgeführt werden, weil sie als Einlageleistungen stiller Gesellschafter deklariert werden; vgl. *Weigl*, DStR 1999, 1568, 1570 und unten Rz. 334 ff.

15) Siehe allerdings zum Missbrauch der Rechtsform und einer entsprechenden Haftung aus § 826 BGB MünchKomm-*K. Schmidt*, HGB, § 230 Rz. 14.

16) Zur Besteuerung der stillen Gesellschaft ausführlich *Blaurock*, StG, §§ 20 ff; *Zacharias/Hebig/Rinnewitz*, S. 145 ff; *Fleischer/Thierfeld*, Stille Gesellschaft im Steuerrecht. Siehe aus der umfangreichen Literatur außerdem: *Döllerer*, DStR 1985, 295; *Blaurock*, BB 1992, 1969; *Schulze zur Wiesche*, GmbHR 1996, 749; *ders.*, GmbHR 1985, 160; *ders.*, BB 1982, 1974; *Bitsch*, GmbHR 1983, 56; *Scheuffele*, BB 1979, 1026; *Woltmann*, GmbHR 1974, 156; *Hild*, DB 1998, 153; *Weigl*, DStR 1999, 1568, 1575.

17) Näher *Blaurock*, StG, § 2 Rz. 2.15 ff.

18) *Wagner*, in: Assmann/Schütze, Kapitalanlagerecht, § 24 Rz. 40 ff; *Weigl*, DStR 1999, 1568, 1574.

19) *Vollmer/Maurer*, DB 1994, 1173.

20) *Weigl*, S. 31 (mit entsprecher Vertragsklausel).

21) MünchKomm-*K. Schmidt*, HGB, § 230 Rz. 71.

Venture-Capital-Beteiligungen[22] und Mezzanine-Finanzierungen[23] werden häufig als stille Gesellschaften ausgestaltet.

3. Erscheinungsformen

7 Vor dem Hintergrund der weitgehenden vertraglichen Gestaltungsfreiheit und der unterschiedlichen Anwendungsbereiche besteht eine kaum überschaubare **Typenvielfalt** im Recht der stillen Gesellschaft. Abhängig davon, ob die Ausgestaltung im Einzelfall am gesetzlichen Leitbild orientiert ist oder (erheblich) davon abweicht, wird grob zwischen der typischen stillen Gesellschaft und der atypischen stillen Gesellschaft unterschieden.

8 Eine **„typische" stille Gesellschaft** kennzeichnet sich allgemein dadurch, dass sie als zweigliedrige Innengesellschaft zwischen dem Inhaber des Handelsgeschäfts und dem stillen Gesellschafter begründet wird und dem stillen Gesellschafter weder in vermögensrechtlicher noch in mitwirkungsrechtlicher Hinsicht Rechte einräumt, die den gesetzlichen Rahmen der §§ 230 ff HGB wesentlich erweitern. In der Praxis ist diese Erscheinungsform nur (noch) selten anzutreffen.[24]

9 Demzufolge ist jede **stille Gesellschaft „atypisch"**, bei der die Beteiligten die Möglichkeiten der Vertragsfreiheit im Gesellschaftsvertrag ausschöpfen.[25] Die Abweichungen können sich dabei – isoliert oder miteinander kombiniert – auf die schuldrechtliche Beteiligung des stillen Gesellschafters am Geschäftsvermögen, intensive Mitsprache-, Weisungs- und Kontrollrechte bis hin zu einer Geschäftsführungsbefugnis des stillen Gesellschafters erstrecken oder auch darin bestehen, dass eine stille Beteiligung mit einer Gesellschaftsbeteiligung zwingend verknüpft wird („gesplittete Einlage").[26]

10 Die eine atypische stille Gesellschaft gibt es naturgemäß nicht.[27] Innerhalb dieser heterogenen Gruppe haben sich allerdings einzelne Formen so prägnant herausgebildet, dass man durchaus von „Sondertypen" sprechen kann. Eine heraus-

---

22) *Pfeifer*, BB 1999, 1665; *Leopold*, DStR 1999, 470.

23) Vgl. *Schrell/Kirchner*, BKR 2003, 13, 17 f. Zur stillen Beteiligung von Kreditinstituten an mittelständischen Unternehmen über Kapitalanlagegesellschaften vgl. *Rümker*, in: Festschrift Stimpel, S. 673, 691; *Kollhosser*, WM 1985, 929.

24) Zur vertraglichen Ausgestaltung der typischen stillen Gesellschaft siehe *Weigl*, S. 21 ff.

25) Zur Bedeutung der Unterscheidung für das Steuerrecht *Blaurock*, BB 1992, 1969; *Hoffmann*, GmbHR 1975, 257.

26) Statt vieler MünchKomm-*K. Schmidt*, HGB, § 230 Rz. 77 ff; *Koller*, in: Koller/Roth/Morck, HGB, § 230 Rz. 1; *Schiefer*, DStR 1997, 119, 121.

27) *Weigl*, S. 102 ff zu den Möglichkeiten vertraglicher Ausgestaltung.

gehobene Stellung nimmt auch die sog. **GmbH & Still** ein, bei der nach dem Modell der GmbH & Co KG eine GmbH und mehrere stille Beteiligungen gezielt zu einer „Einheitsorganisation" verbunden werden, um sowohl die steuerlichen Vorteile der Personengesellschaften[28)] als auch die haftungsrechtlichen Vorzüge einer Kapitalgesellschaft zu genießen.[29)] In jüngeren Stellungnahmen in der Literatur wird noch stärker als bisher versucht, wegen der internen Gleichstellung des stillen Gesellschafters mit einem Kommanditisten hierfür eine besondere Kategorisierung und Terminologie im Sinne einer **„virtuellen Kommanditgesellschaft"**, „Innen-KG" oder „fiktiven Gesamthandsgemeinschaft" zu etablieren.[30)] Eine erhebliche Bedeutung hat schließlich auch die stille Gesellschaft in Form von **stillen Publikumsgesellschaften** erlangt.[31)] Rechtlich anerkannt ist heute in diesem Zusammenhang, dass mehrere stille Gesellschafter an demselben Unternehmen nicht mehr nur isoliert „so viele stille Gesellschaften bilden, als es stille Gesellschafter gibt", sondern durchaus durch ein einheitliches Gesellschaftsverhältnis verbunden werden können (**mehrgliedrige stille Gesellschaft**) (unten Rz. 126).[32)]

4. Tatbestandsmerkmale und Abgrenzung gegen verwandte Rechtsinstitute

Die typusbildenen Tatbestandsmerkmale einer stillen Gesellschaft lassen sich **11**
mittelbar den §§ 230 ff HGB, 705 ff BGB entnehmen und müssen auch bei den atypischen Gestaltungen vorliegen. Eine stille Gesellschaft liegt nach dem maßgebenden § 230 Abs. 1 HGB nur vor, wenn sich jemand mit einer **Einlage** an dem

---

28) Aus der umfangreichen Literatur: *Blaurock*, BB 1992, 1969; *Schulze zur Wiesche*, GmbHR 1999, 902; *ders.*, GmbHR 1985, 160; *ders.*, BB 1982, 1974; *Horn/Maertins*, GmbHR 1994, 147; *Weber*, GmbHR 1994, 144. Siehe auch MünchKomm-*K. Schmidt*, HGB, § 230 Rz. 75 zum steuerrechtlichen Begriff der atypisch stillen Gesellschaft.

29) Vgl. im einzelnen *Weimar*, ZIP 1993, 1509; *Blaurock*, StG, § 21 Rz. 21.61; *Karsten Schmidt*, Gesellschaftsrecht, § 62 II 2e sowie *Weigl*, S. 132 ff zur vertraglichen Ausgestaltung.

30) Vgl. *Karsten Schmidt*, in: Festschrift Bezzenberger, S. 401, 405; MünchKomm-*K. Schmidt*, HGB, § 230 Rz. 81 und 87; *Groh*, in: Festschrift Kruse, S. 377, 417.

31) Vgl. MünchKomm-*K. Schmidt*, HGB, § 230 Rz. 88.

32) Heute h. M.: BGH, Urt. v. 7. 11. 1988 – II ZR 46/88, BGHZ 106, 7, 10 = ZIP 1989, 95 = BB 1989, 100 = NJW 1989, 982, dazu EWiR 1989, 587 *(Koch)*; BGH, Urt. v. 14. 11. 1994 – II ZR 160/93, ZIP 1995, 738 = NJW 1995, 1353, 1355, dazu EWiR 1995, 677 (*Westermann*); BGH, Urt. v. 7. 2. 1994 – II ZR 191/92, BGHZ 125, 74, 76 f = ZIP 1994, 455 = NJW 1994, 1156, dazu EWiR 1994, 585 (*Blaurock*); *Baumbach/Hopt*, HGB, § 230 Rz. 7; *Koller*, in: Koller/Roth/Morck, HGB, § 230 Rz. 9. Siehe auch *Karsten Schmidt*, DB 1976, 1705, 1705; *Schlegelberger/K. Schmidt*, HGB, § 230 Rz. 73 und MünchKomm-*K. Schmidt*, HGB, § 230 Rz. 83 (zwischen stets zweigliedrigem Einlageverhältnis und mehrgliedrigem Gesellschaftsverhältnis unterscheidend).

Handelsgewerbe eines anderen beteiligt und dadurch am Unternehmensgewinn partizipiert.

a) Allgemeine Kennzeichen

12 Vertragsparteien bei der stillen Beteiligung sind der stille Gesellschafter und der Inhaber eines Handelsgewerbes („Geschäftsinhaber").

13 **Stiller Gesellschafter** kann jeder sein, dem eine Forderung auf Rückübertragung der Einlage zustehen kann (§ 236 Abs. 1 HGB).[33] Der Kreis möglicher Beteiligter ist damit denkbar weit und erstreckt sich auf natürliche und juristische Personen, rechtsfähige Personengesellschaften (einschließlich der GbR) und andere Gesamthandsgesellschaften des bürgerlichen Rechts (Erbengemeinschaft) sowie auf Körperschaften des öffentlichen Rechts.[34] Ebenso wird man aber auch eine stille Beteiligung ausländischer Rechtsträger zulassen müssen, wenn diese nach den für sie maßgeblichen Bestimmungen des ausländischen Rechtskreises Träger von Rechten und Pflichten sein können. Da **jeder Dritte** stiller Gesellschafter sein kann, ist nur der Geschäftsinhaber selbst, also der Unternehmensträger, nicht hingegen die Gesellschafter des Unternehmensträgers davon ausgeschlossen, stiller Gesellschafter zu sein.[35] Wechselseitige stille Beteiligungen, mittels derer sich Geschäftsinhaber am Handelsgewerbe des jeweils anderen beteiligen, sind möglich.[36]

14 **Inhaber des Handelsgewerbes** kann ein Einzelkaufmann, eine Personenhandels- oder Kapitalgesellschaft sein.[37] Über die Voraussetzungen der § 1 Abs. 2, § 6 HGB hinaus ist anerkannt, dass die §§ 230 ff HGB analog auch auf die stille Gesellschaft an einem nicht-kaufmännischen Unternehmen (z. B. einer GbR)

---

33) *Karsten Schmidt*, DB 1976, 1705, 1706.

34) Vgl. *Heymann/Horn*, HGB § 230 Rz. 7; *Gehrlein*, in: Ebenroth/Boujong/Joost, HGB, § 230 Rz. 10; MünchKomm-*K. Schmidt*, HGB, § 230 Rz. 19 ff; *ders.*, DB 1976, 1705, 1705 f; *Klauss/Mittelbach*, Rz. 41.

35) Dies gilt auch für den Mehrheits- oder Alleingesellschafter der Gesellschaft; MünchKomm-*K. Schmidt*, HGB, § 230 Rz. 35; *Schlegelberger/K. Schmidt*, HGB, § 230 Rz. 31; *Bezzenberger/Keul*, in: Münchener Handbuch des Gesellschaftsrechts II, § 75 Rz. 25.

36) *Blaurock*, StG, § 5 Rz. 5.54; MünchKomm-*K. Schmidt*, HGB, § 230 Rz. 35.

37) Vgl. *Heymann/Horn*, HGB, § 230 Rz. 4 m. w. N.; *K. Schmidt*, DB 1976, 1705, 1706 f; zur eingetragenen Genossenschaft *Hadding*, ZIP 1984, 1295; *Beuthien*, NZG 2003, 849; zur GmbH & Co KG *Sudhoff/Schlitt*, GmbH & Co KG, § 39 Rz. 1 ff.

Anwendung finden (sog. stille Gesellschaft bürgerlichen Rechts).[38] Juristische Personen können bereits vor Erlangung der Rechtsfähigkeit durch Eintragung in ein öffentliches Register als „Vor-Gesellschaft" stille Gesellschafter aufnehmen.[39] Ebenso können stille Beteiligungen an einer Gesellschaft in Liquidation bestehen.[40]

Maßgeblich für die Begründung einer stillen Gesellschaft ist das **Gesellschaftsverhältnis**, das durch den Abschluss eines Gesellschaftsvertrags i. S. v. § 705 BGB zustande kommt. Der Inhaber des Handelsgewerbes und der stille Gesellschafter verpflichten sich gegenseitig, das Handelsgewerbe des Inhabers auf gemeinsame Rechnung zu führen (gemeinsamer Zweck). Nach der gesetzlichen Regelung muss der stille Gesellschafter mit einer **Vermögenseinlage**, die in das Vermögen des Geschäftsinhabers zu leisten ist, beteiligt sein. Dies bedeutet nicht, dass das Entstehen der stillen Gesellschaft voraussetzt, dass der stille Gesellschafter (bereits) eine Vermögenseinlage erbracht hat.[41] Vielmehr ist § 230 Abs. 1 HGB nur gesetzlicher Ausdruck des Umstands, dass die stille Gesellschaft stets Innengesellschaft ohne eigenes Gesamthandsvermögen ist und eine Vermögenseinlage daher zwingend in das Vermögen des Geschäftsinhabers erbracht werden muss.[42] Als zwingend ist nur die Begründung einer buchmäßig ausgewiesenen „stillen Beteiligung"[43] und die Beitragspflicht des stillen Gesellschafters anzusehen. 15

Unabdingbares Merkmal der stillen Gesellschaft ist schließlich die **Gewinnbeteiligung** des stillen Gesellschafters (§ 231 Abs. 2 Halbs. 2 HGB) (unten Rz. 97 ff).[44] Nur die Verlustbeteiligung kann im Gesellschaftsvertrag ausgeschlossen werden gemäß § 231 Abs. 2 Halbs. 1 HGB. 16

---

38) Vgl. *Blaurock*, StG, § 5 Rz. 5.5, § 8 Rz. 8.3; *Heymann/Horn*, HGB, § 230 Rz. 14; MünchKomm-*Ulmer*, BGB, § 705 Rz. 240 ff; früher allein auf die Unternehmenseigenschaft abstellend *Karsten Schmidt*, Gesellschaftsrecht, § 62 II 1 a; MünchKomm-*K. Schmidt*, HGB, § 230 Rz. 24; *ders.*, DB 1976, 1705, 1707 f; jetzt dagegen MünchKomm-*K. Schmidt*, HGB, § 230 Rz. 19. Siehe auch *Kraffel/Volhard*, in: Semler/Volhard, § 20 Rz. 211 ff zu stillen Gesellschaften an öffentlichen Anstalten.

39) *Blaurock*, StG, § 5 Rz. 5. 20; MünchKomm-*K. Schmidt*, HGB, § 230 Rz. 27.

40) MünchKomm-*K. Schmidt*, HGB, § 230 Rz. 29; *Koenigs*. S. 14; a. A. *Gehrlein*, in: Ebenroth/Boujong/Joost, HGB, § 230 Rz. 9; *Baumbach/Hopt*, HGB, § 230 Rz. 5.

41) Zum Hintergrund des Streits um die „einlagelose stille Gesellschaft" *Schlegelberger/K. Schmidt*, HGB, § 230 Rz. 33; MünchKomm-*K. Schmidt*, HGB, § 230 Rz. 37; *Schneider*, in: Festschrift Möhring, S. 115, 118; *R. Fischer*, JR 1962, 201, 202.

42) So zutreffend *Fischer*, JR 1962, 201, 202.

43) MünchKomm-*K. Schmidt*, HGB, § 230 Rz. 37.

44) MünchKomm-*K. Schmidt*, HGB, § 230 Rz. 38 m. w. N.; *Bezzenberger/Keul*, in: Münchener Handbuch des Gesellschaftsrechts II, § 72 Rz. 15; *Baumbach/Hopt*, HGB, § 231 Rz. 2.

b) Abgrenzung

17 Die Abgrenzung der stillen Gesellschaft gegen ähnliche Rechtsformen ist anhand der genannten Tatbestandsmerkmale unter Berücksichtigung aller Umstände und der wirtschaftlichen Ziele der Beteiligten vorzunehmen. Sie bereitet zum Teil erhebliche Schwierigkeiten.

aa) Partiarische Rechtsverhältnisse

18 Dies gilt vor allem im Verhältnis zu den partiarischen Rechtsverhältnissen. Angesichts der „qualifizierten Kreditfunktion"[45] der stillen Gesellschaft sind dabei vor allem die Übergänge von dem die stille Gesellschaft kennzeichnenden Gesellschaftsverhältnis zum partiarischen Darlehen fließend.[46] Teilweise wird mit Recht bezweifelt, dass subsumtionsfähige Abgrenzungskriterien überhaupt auffindbar sind.[47] Vor diesem Hintergrund können nur gewisse Leitlinien aufgezeigt werden.

19 Partiarische Rechtsverhältnisse sind **schuldrechtliche Austauschverträge**, bei denen als Gegenleistung für eine Dienstleistung, Gebrauchsüberlassung oder aber Gewährung eines Darlehens eine **Gewinnbeteiligung** vorgesehen ist.[48] Wesentliches Unterscheidungskriterium ist danach, dass die Beteiligten in partiarischen Verträgen zwar eine erfolgsabhängige Beteiligung, im Unterschied zur stillen Gesellschaft allerdings keine gemeinsame Zweckverfolgung – Führung des Handelsgeschäfts des Inhabers auf gemeinsame Rechnung – vereinbaren.[49] Ein partiarisches Rechtsverhältnis scheidet ferner aus, wenn die Beteiligten nicht nur am Gewinn, sondern auch am Verlust beteiligt sind.[50] Umgekehrt ist ein partiarisches Darlehen anzunehmen, wenn die „Gewinnbeteiligung" nicht an das

---

45) *Karsten Schmidt*, ZHR 140 (1976), 475.

46) Zur Bedeutung der Unterscheidung: *Blaurock*, StG, § 8 Rz. 8.21 ff; *Lienau/Lotz*, DStR 1991, 618 (aus steuerrechtlicher Sicht).

47) *Schön*, ZGR 1993, 210, 213 f; siehe auch *Karsten Schmidt*, KTS 1977, 1, 12 und MünchKomm-*K. Schmidt*, HGB, § 230 Rz. 59, der davon ausgeht, dass die Bedeutung der Unterscheidung in der Literatur überbewertet wird.

48) Vgl. nur MünchKomm-*K. Schmidt*, HGB, § 230 Rz. 54.

49) OLG Schleswig, Urt. v. 18. 2. 2000 – 1 U 97/99, NZG 2000, 1176, 1177; *Hengeler*, ZHR 147 (1983), 329, 330; *Koller*, in: Koller/Roth/Morck, HGB, § 230 Rz. 5; *Bezzenberger/Keul*, in: Münchener Handbuch des Gesellschaftsrechts II, § 73 Rz. 10.

50) H. M., BGH, Urt. v. 26. 9. 1957 – II ZR 42/56, WM 1957, 1335, 1336; BGH, Urt. v. 10. 6. 1965 – III ZR 239/63, WM 1965, 1052, 1053; OLG Stuttgart, Urt. v. 14. 2. 2001 – 4 U 182/00, NZG 2001, 750, 750 (n.rkr., Revision unter BGH – II ZR 83/01); OLG Schleswig NZG 2000, 1176, 1177; OLG Dresden, Urt. v. 8. 9. 1999 – 19 U 101/99, NZG 2000, 302, 302 (m. Anm. *Sosnitza*) (n.rkr., Revision unter BGH – II ZR 292/99); OLG Celle, Urt. v. 2. 12. 1998 – 3 U 230/97, NZG 650, 650 m. Anm. *Michalski/Arends*; MünchKomm-*K. Schmidt*, HGB, § 230 Rz. 60; *Koenigs*, S. 30; *Böttcher/Zartmann/Faut*, S. 53.

Geschäftsergebnis gekoppelt ist (garantierte Ausschüttung/Festverzinsung) oder die Gesellschaft nach den zugrundeliegenden Verträgen berechtigt ist, den Gegenstand des Unternehmens ohne Einwilligung der Anleger zu ändern.[51)]

Daneben besteht ein Bereich, für den sich keine allgemeingültigen Regeln aufstellen lassen, so zum Beispiel, wenn dem Geldgeber neben oder an Stelle einer festen Verzinsung eine Gewinnbeteiligung unter Ausschluss der Verlustbeteiligung zugesagt ist. Auch die von den Parteien gewählte Vertragsbezeichnung wird hier nur als ein Indiz für den zugrundeliegenden Parteiwillen gesehen.[52)] Eine zutreffende Einordnung der Vereinbarung kann – unter Berücksichtigung der wirtschaftlichen Ziele der Beteiligten und des Gesamtbilds aller Umstände – nur anhand weiterer **Unterscheidungskriterien** vorgenommen werden, die ihrerseits nur **Indizfunktion** haben.[53)] Für die Abgrenzung sind vor allem die Vereinbarung von (weitergehenden) Kontroll- und Mitwirkungsrechten oder sogar Mitwirkungspflichten,[54)] daneben unter anderem die Dauer der vertraglichen Bindung,[55)] die Beschränkung der Kündigung oder Rechtsübertragung, das Fehlen von Kreditsicherungen,[56)] Umwandlungsregeln,[57)] Ansätze für eine interne gesellschaftsrechtliche Organisation[58)] sowie frühere wirtschaftliche Beziehungen der Parteien[59)] von Bedeutung. 20

bb) Genussrechte

Denkbar ist im Kapitalgesellschaftsrecht auch eine mögliche Überschneidung der stillen Gesellschaft mit den gesetzlich nicht näher geregelten, aber unter anderem in § 221 Abs. 4 AktG erwähnten Genussrechten.[60)] Nach ihren Erschei- 21

---

51) Zu beiden Kriterien: OLG Schleswig NZG 2000, 1176, 1177, siehe auch OLG Dresden NZG 2000, 302, 303.

52) BGH, Urt. v. 26. 6. 1989 – II ZR 128/88, NJW 1990, 573, 574; OLG Schleswig, NZG 2000, 1176, 1177; *Blaurock*, StG, § 8 Rz. 8.32 m. w. N.

53) Eingehend MünchKomm-*K. Schmidt*, HGB, § 230 Rz. 61 ff; OLG Dresden NZG 2000, 302, 302.

54) Vgl. BGH, Urt. v. 29. 6. 1992 – II ZR 284/91, ZIP 1992, 1552 = NJW 1992, 2696, 2697 , dazu EWiR 1992, 1111 (*Blaurock*); *Blaurock*, StG, § 8 Rz. 8.34 f; zweifelnd OLG Schleswig, NZG 2000, 1176, 1177 („auch bei Darlehensverträgen nicht unüblich"); *Bezzenberger/Keul*, in: Münchener Handbuch des Gesellschaftsrechts II, § 73 Rz. 14.

55) BGH, Urt. v. 10. 10. 1994 – II ZR 32/94, BGHZ 127, 176, 178 = ZIP 1994, 1847 = NJW 1995, 192 = WM 1994, 2246; *Lienau/Lotz*, DStR 1991, 618, 620 (Auflösungsregeln).

56) Vgl. hierzu und zum Vorgenannten BGHZ 127, 176, 178.

57) Siehe MünchKomm-*K. Schmidt*, HGB, § 230 Rz. 66.

58) *Karsten Schmidt*, Gesellschaftsrecht, § 62 II 1c.

59) *Blaurock*, StG, § 8 Rz. 8.33.

60) Näher zu Genussrechten *Hüffer*, AktG, § 221 Rz. 22 ff; *Sethe*, AG 1993, 293 und 351; siehe auch *Schrell/Kirchner*, BKR 2003, 13, 18.

nungsformen und Verwendungszwecken sind Genussrechte ähnlich vielgestaltig wie die stille Gesellschaft. Gewöhnlich erhält der Inhaber eines Genussrechts gegen Leistung einer Kapitaleinlage von der emittierenden Gesellschaft einen Anspruch auf **gewinnabhängige Verzinsung** des **eingelegten Kapitals**. Die Genussrechte werden häufig verbrieft und als Genussscheine gehandelt. Unter bestimmten Voraussetzungen kann ein Genussrechtskapital nach § 10 Abs. 5 KWG dem Eigenkapital der Kreditinstitute oder nach § 53c Abs. 3a VAG den Eigenmitteln für Versicherungsunternehmen zugerechnet werden. Nicht ausgeschlossen ist im Rahmen des Genussrechtsverhältnisses auch die Einräumung gewisser Kontrollrechte, die freilich nicht mit den Mitverwaltungsrechten eines Aktionärs (Stimm-, Kontroll- und Anfechtungsrecht) vergleichbar sind,[61] und eine Beteiligung am Liquidationserlös der Gesellschaft.

22 Damit weist ein Genussrecht – vor allem wegen der rückzahlbaren Einlage – eine starke Ähnlichkeit mit der stillen Gesellschaft auf.[62] Solchen Vertragsgestaltungen ist in zweierlei Hinsicht ein gewisses Spannungsverhältnis immanent, da man einerseits nach der Abgrenzung zur stillen Beteiligung und andererseits nach der rechtlichen Zulässigkeit einer „aktienähnlichen Ausgestaltung" fragen kann. Im Verhältnis zur stillen Gesellschaft dürfte jedoch in den meisten Fällen deutlich werden, dass das Genussrecht ein **rein schuldrechtliches Gläubigerrecht** mit einer bestimmten „Laufzeit" darstellt, dessen vertragliche Grundlage nicht der für die stille Gesellschaft notwendigen Verfolgung eines gemeinsamen Zwecks dient.[63] Im übrigen haben Genussrechte eine so spezifische Ausprägung in der Rechtspraxis erfahren, dass die §§ 230 ff HGB bei der Rechtsanwendung nicht berücksichtigt werden.[64] Schwieriger dürfte daher die Frage nach der rechtlichen Zulässigkeit der Ausgestaltung eines Genussrechts sein, die stark an die Rechtsstellung eines Vorzugsaktionärs heranreicht. Hintergrund dieser Überlegungen ist die mögliche Umgehung der Bestimmungen über Vorzugsaktien, deren Aus-

---

61) Zum Meinungsstand *Hüffer*, AktG, § 221 Rz. 32 m. w. N. Nach ganz h. M. wäre die Einräumung aktienrechtlicher Mitverwaltungsrechte unzulässig, siehe nur *Habersack*, ZHR 155 (1991), 378, 384 m. w. N.

62) Vgl. KG, Urt. v. 17. 1. 2002 – 2 U 7288/00, ZIP 2002, 890 = NZG 2002, 818, 820 = DB 2002, 1704 = AG 2003, 99; bestätigt durch BGH, Urt. v. 21. 7. 2003 – II ZR 109/02, NZG 2003, 1023; siehe dort auch zur fehlenden Anwendbarkeit von § 221 Abs. 4 AktG auf stille Gesellschaften; MünchKomm-*K. Schmidt*, HGB, § 230 Rz. 53 („... erfüllt ... begrifflich alle Voraussetzungen einer stillen Einlage.").

63) Vgl. BGH, NZG 2003, 1023, 1024; *Blaurock*, StG, § 8 Rz. 8.36 m. w. N.; *Wagner*, in: Assmann/Schütze, § 24 Rz. 25; *Sethe*, AG 1993, 293, 297. Zur Unterscheidung siehe auch MünchKomm-*Hüffer*, BGB, § 793 Rz. 34a und *Krieger*, in: Münchener Handbuch des Gesellschaftsrechts IV, § 63 Rz. 48.

64) MünchKomm-*K. Schmidt*, HGB, § 230 Rz. 53; anders aber *Habersack*, ZHR 155 (1991), 378, 394 f (analoge Anwendung von Bestimmungen über die stille Gesellschaft bei Beeinträchtigungen des Genussrechts durch sorgfaltswidrige Geschäftsführung).

gabe dem Umfang nach beschränkt ist (§ 139 Abs. 2 AktG).[65] Solange die Genussrechtsinhaber deutlich besser gestellt sind als die Aktionäre, dürfte allerdings kein Anlass bestehen, eine Umgehung der Bestimmungen über Vorzugsaktionäre anzunehmen.[66]

cc) Andere Formen mittelbarer Gesellschaftsbeteiligungen

Leichter fällt die Unterscheidung zu den anderen Erscheinungsformen mittelbarer Gesellschaftsbeteiligungen: Die **Unterbeteiligung** begründet eine Beteiligung an einem Gesellschaftsanteil und nicht an einem Handelsgewerbe. Auf sie können als Innengesellschaft eine Reihe von Regelungen für die stille Gesellschaft analog angewendet werden (unten Rz. 342 ff). Von der **Treuhand** unterscheidet sich die stille Gesellschaft im wesentlichen dadurch, dass der stille Gesellschafter und der Geschäftsinhaber einen gemeinsamen Zweck verfolgen (unten Rz. 492 ff). Hierzu leistet der stille Gesellschafter mit der Einbringung seiner Einlage in das Vermögen des Geschäftsinhabers einen Beitrag. In dem typischen Treuhandverhältnis verwaltet der Treuhänder dagegen ein ihm vom Treugeber übertragenes Treugut (den Gesellschaftsanteil) fremdnützig. Dies schließt es nicht aus, die verschiedenen mittelbaren Gesellschaftsbeteiligungen nach Bedarf auch miteinander zu kombinieren (unten Rz. 136).[67] 23

II. Begründung der stillen Gesellschaft

Der Abschluss eines Gesellschaftsvertrags (§ 705 BGB) zwischen dem stillen Gesellschafter und dem Inhaber des Handelsgeschäfts unterscheidet die stille Gesellschaft maßgeblich von den anderen Formen der mittelbaren Unternehmensbeteiligung, bei denen jeweils eine (gesellschaftsvertragliche oder schuldrechtliche) Vertragsbeziehung zwischen einem Dritten (Unterbeteiligten oder Treugeber) und einem Gesellschafter (Hauptbeteiligten oder Treuhänder) zustande kommt. Die **Entstehung** der stillen Gesellschaft ist **unabhängig von der Leistung der Vermögenseinlage** des stillen Gesellschafters und der Aufnahme des Betriebs eines Handelsgeschäfts durch den Geschäftsinhaber. Ebensowenig wird die stille Gesellschaft – mit Ausnahme des Teilgewinnabführungsvertrags an der Aktiengesellschaft – ins Handelsregister eingetragen. 24

65) Näher zu diesen Fragen *Habersack*, ZHR 155 (1991), 378, 384 ff; *Krieger*, in: Münchener Handbuch des Gesellschaftsrechts IV, § 63 Rz. 30.

66) BGH, Urt. v. 5.10.1992 – II ZR 172/91, ZIP 1992, 1542, 1544 dazu EWiR 1993, 3 *(Hammen)*; *Habersack*, ZHR 155 (1991), 378, 386 ff; *Krieger*, in: Münchener Handbuch des Gesellschaftsrechts IV, § 63 Rz. 30.

67) MünchKomm-*K. Schmidt*, HGB, § 230 Rz. 47 (zu Treuhandelementen bei der „Innen-KG").

1. Abschluss des Gesellschaftsvertrags

25 Das für die Begründung einer stillen Gesellschaft maßgebliche Gesellschaftsverhältnis entsteht allein durch den Abschluss eines Gesellschaftsvertrags im Sinne von § 705 BGB.[68] Das Zustandekommen des Gesellschaftsvertrags bestimmt sich nach den allgemeinen Regeln des Bürgerlichen Gesetzbuchs (§§ 145 ff BGB).

a) Formfragen

26 Der Gesellschaftsvertrag ist nach gesellschaftsrechtlichen Bestimmungen grundsätzlich nicht formbedürftig.[69] Ausnahmen können sich aufgrund des Gegenstands der Einlage oder der Schenkung der stillen Einlage ergeben.

aa) Formbedürftige Verfügungen nach allgemeinen Zivilrecht

27 Verpflichtet sich der stille Gesellschafter im Zusammenhang mit der Errichtung der stillen Gesellschaft zur Einbringung eines Grundstücks oder grundstücksgleichen Rechts (z. B. § 311b Abs. 1 BGB [§ 313 BGB a. F.]), seines gesamten oder eines Bruchteils seines gegenwärtigen Vermögens (§ 311b Abs. 2 BGB [§ 313 BGB a. F.]) oder eines GmbH-Anteils (§ 15 Abs. 4 GmbHG) in das Vermögen des Inhabers des Handelsgewerbes (Einlage), bedarf es der **notariellen Beurkundung** des Gesellschaftsvertrags.[70] Formbedürftigkeit besteht auch, wenn der Inhaber des Handelsgeschäfts verpflichtet ist, nach Beendigung des Gesellschaftsverhältnisses über die oben genannten Gegenstände zugunsten des stillen Gesellschafters zu verfügen.

bb) Schenkung von stillen Beteiligungen

28 Nach der gefestigten höchstrichterlichen Rechtsprechung ist ein Vertrag, in dem der Geschäftsinhaber im Rahmen der Neubegründung der stillen Gesellschaft dem stillen Gesellschafter einen Teil des Geschäftskontos zur **Bewirkung** der **Vermögenseinlage** schenkungsweise zuwendet, nach § 518 Abs. 1 BGB gericht-

---

68) Nichts anderes gilt, wenn ein Gesellschaftsanteil in eine stille Beteiligung „umgewandelt" werden soll. Das Gesellschaftsverhältnis wird nach den für die jeweiligen Gesellschaftsform geltenden Regeln beendet, um anschließend den stillen Gesellschaftsvertrag abzuschließen; vgl. *Blaurock*, § 18 Rz. 18.67 f.

69) Zur Anwendung des § 293 Abs. 3 AktG (Schriftform) auf die stille Beteiligung an einer AG oder KGaA siehe unten Rz. 154.

70) Unstreitig, siehe nur *Koenigs*, S. 73 f.

lich oder notariell zu beurkunden.[71] Wesentlich für eine stille Gesellschaft als Innengesellschaft sei es, dass nur ein Gesellschafter das Vermögen des betriebenen Geschäfts innehabe und er dem „stillen" Gesellschafter nach Maßgabe des Gesellschaftsvertrages nur schuldrechtlich verpflichtet sei. Übernehme der Geschäftsinhaber daher die Verpflichtung, den stillen Gesellschafter an seinem Vermögen zu beteiligen, liege darin nach dem Parteiwillen noch keine Vermögensübertragung, sondern nur eine schuldrechtliche Verpflichtung, die – sofern sie unentgeltlich erteilt werde – den Formerfordernissen eines Schenkungsversprechens genügen müsse.[72]

Die wohl h. M. in der Literatur hält dieser Begründung entgegen, dass die Einbuchung der stillen Einlage durch eine in den Geschäftsbüchern vorgenommene Umbuchung einen Schenkungsvollzug i. S. v. § 518 Abs. 2 BGB darstelle.[73] Der Formmangel werde geheilt, weil mit der Einbuchung ein Verzicht auf die Leistung der Einlage verbunden sei (§ 397 BGB), der einer Zahlung der Einlage gleichkomme.[74] Dem steht allerdings § 518 Abs. 1 Satz 2 BGB entgegen, dem zu entnehmen ist, dass eine Erfüllung des Schenkungsversprechens durch **Begründung einer Forderung** gerade nicht als heilender Schenkungsvollzug anzusehen ist.[75] 29

Andere Autoren begründen den Schenkungsvollzug daher mit den gesellschaftsrechtlichen Folgen der Begründung der stillen Gesellschaft. Sie verweisen darauf, dass dem stillen Gesellschafter durch den Abschluss des Gesellschaftsvertrags zugleich die **mitgliedschaftliche Rechtsstellung** eines Gesellschafters vermittelt werde. Der Geschäftsinhaber könne für den Schenkungsvollzug nicht 30

71) BGH, Urt. v. 24. 9. 1952 – II ZR 136/51, BGHZ 7, 174, 179 = NJW 1952, 1412; BGH, Urt. v 29. 10. 1952 – II ZR 16/52, BGHZ 7, 378, 380 = NJW 1953, 138, 139; BGH, Urt. v. 6. 3. 1967 – II ZR 180/65, WM 1967, 685, 685 = DB 1967, 1258; BGH, Urt. v. 2. 7. 1990 – II ZR 243/89, ZIP 1990, 1061 = NJW 1990, 2610, 2616 = BGHZ 112, 40 = DB 1990, 1656, dazu EWiR 1990, 1063 (*Seiler*). Dagegen sind Bedenken, dass bei einer solchen Schenkung überhaupt kein Gesellschaftsvertrag über eine stille Gesellschaft zustande komme, nicht begründet; so aber *Herrmann*, ZHR 147 (1983), 313, 318 ff; dagegen zu Recht *Hengeler*, ZHR 147 (1983), 329; *Karsten Schmidt*, DB 2002, 829, 830.

72) Den Stand der Rechtsprechung zusammenfassend zuletzt *Karsten Schmidt*, DB 2002, 829; OLG Düsseldorf, Urt. v. 17. 12. 1998 – 6 U 193/97 (n.rkr.), NZG 1999, 652, 653 m. Anm. *Zeidler*.

73) Vgl. *Koller*, in: Koller/Roth/Morck, HGB, § 230 Rz. 14; MünchKomm-*Ulmer*, BGB, § 705 Rz. 31; *Blaurock*, StG, § 6 Rz. 6.24; *Zeidler*, NZG 1999, 654; a. A. *Heymann/Horn*, HGB § 230 Rz. 22; *Jebens*, BB 1980, 407, 408.

74) *Koller*, in: Koller/Roth/Morck, HGB, § 230 Rz. 14.

75) BGHZ 7, 174, 179; BGHZ 7, 378, 380; zustimmend *Karsten Schmidt*, Gesellschaftsrecht, § 62 III 1a; *ders.*, ZHR 140 (1976), 475, 487; *ders.*, DB 2002, 829, 831; *Jebens*, BB 1980, 407, 408; *Brandner/Bergmann*, in: Festschrift Sigle, S. 229, 232.

mehr tun, als die stille Beteiligung durch Einbuchung einzuräumen.[76] Eine differenzierende Ansicht nimmt dies nur für eine „atypische" Ausgestaltung der stillen Gesellschaft an, bei der der stille Gesellschafter über ein „qualifiziertes Kreditverhältnis" hinaus zumindest kommanditistenähnliche Einfluss- und Mitspracherechte erhält.[77] Die Einräumung einer atypischen stillen Beteiligung sei Einräumung einer Mitgliedschaft und nicht bloß einer „durch Nebenrechte ergänzten Forderung".[78] Diese Einschränkung überzeugt insofern nicht, als auch die typische Gesellschaft als Innengesellschaft einzuordnen ist. Nicht zuletzt weil die Grenzen zwischen typischer und atypischer Gesellschaft fließend sind, ist es daher nur konsequent, bereits in der Einräumung einer typischen stillen Gesellschaft die Verschaffung einer mitgliedschaftlichen Rechtsposition zu sehen. Um die Wirksamkeit des Rechtsgeschäfts und – damit zusammenhängend – seine **steuerliche**[79] **Anerkennung** nicht zu gefährden, sollten die Beteiligten angesichts der entgegenstehenden Rechtsprechung in der Praxis gleichwohl nach wie vor sowohl den Schenkungsvertrag als auch den Gesellschaftsvertrag notariell beurkunden lassen.

31 Keine Anwendung finden die Grundsätze der BGH-Rechtsprechung zur „schenkungsweisen Begründung" einer stillen Beteiligung, wenn nicht der Geschäftsinhaber dem stillen Gesellschafter einen Teil des Geschäftskontos zur Bewirkung der Vermögenseinlage schenkungsweise zuwendet, sondern Ge-sellschafter der Geschäftsinhaberin die durch den stillen Gesellschaftsvertrag begründeten **Einlageverpflichtungen** des stillen Gesellschafters durch **Umbuchung** von ihren Gesellschafterverrechnungskonten auf das Einlagekonto des stillen Gesellschafters erfüllen.[80] Die Wirksamkeit der Begründung der stillen Gesellschaft ist unabhängig von der Quelle der Mittel zur Erfüllung der Einlageleistung bzw. den rechtlichen Anforderungen an diesen Verschaffungsvorgang zu sehen: Nach § 230 HGB ist eine wirksame Einlageleistung nicht Voraussetzung für die Begründung der stillen Gesellschaft, sondern die Einlageverpflichtung ist umgekehrt Rechtsfolge einer wirksam begründeten stillen Gesellschaft (Rz. 60 ff).[81] Entsprechend handelt es sich bei der Zuwendung des mit dem Geschäftsinhabers nicht personenidentischen Schenkers ohne weiteres um einen Schenkungsvollzug im Sinne von § 518 Abs. 2 BGB, sei es durch Geldübertra-

76) *Blaurock*, StG, § 6 Rz. 6.34 f m. w. N.; MünchKomm-*Ulmer*, BGB, § 705 Rz. 31.

77) *Karsten Schmidt*, Gesellschaftsrecht, § 62 III 1a; a. A. *Heymann/Horn*, HGB § 230 Rz. 22.

78) Zuletzt *Karsten Schmidt*, DB 2002, 829, 832 m. w. N.

79) Siehe die Nachweise zur finanzgerichtlichen Rechtsprechung bei *Jebens*, BB 1980, 407, 408.

80) Überzeugend OLG Düsseldorf, NZG 1999, 652, 653 m. zust. Anm. *Zeidler*; jetzt auch *Karsten Schmidt*, DB 2002, 829, 833 f.

81) So auch *Zeidler*, NZG 1999, 654.

gung oder durch Umbuchung von einem bei der Inhaber-Gesellschaft für den Schenker geführten Konto.[82)]

Bei der Schenkung einer bereits **bestehenden stillen Beteiligung** ist anerkannt, 32
dass die Übertragung der Beteiligung die Heilung des Formmangels nach § 518 Abs. 2 BGB bewirkt.[83)] Dies bedarf keiner näheren Begründung, wenn man in der stillen Gesellschaft als Innenbeteiligung einen Verfügungsgegenstand sieht.[84)] Keiner notariellen Beurkundung bedarf es außerdem, wenn die unentgeltliche Einräumung der stillen Beteiligung zugleich der **Ausstattung** nach § 1624 BGB dient.[85)]

b) Genehmigungserfordernisse bei Beteiligung Minderjähriger

aa) Stiller Gesellschafter

Minderjährige können einen Gesellschaftsvertrag zur Begründung einer stillen 33
Gesellschaft grundsätzlich wirksam nur mit **Zustimmung** (Einwilligung oder Genehmigung) ihres **gesetzlichen Vertreters** abschließen (§§ 107, 108 BGB). Soweit der Minderjährige eine stille Einlage zu erbringen hat, ist die stille Beteiligung nicht lediglich rechtlich vorteilhaft. Anders liegt es, wenn ihm die stille Einlage schenkweise eingebucht wird. Trotz der regelmäßig langfristigen Bindung seiner Einlage dürfte eine (typische) stille Beteiligung jedenfalls bei fehlender Verlustbeteiligung oder weitergehender Verpflichtungen genehmigungsfrei sein.[86)] Eine atypische stille Beteiligung ist dagegen auch bei unentgeltlicher Zuwendung nicht ausschließlich rechtlich vorteilhaft und bedarf der Zustimmung der gesetzlichen Vertreter.[87)] Der gesetzliche Vertreter ist von der Mitwirkung bei der Beteiligung des Minderjährigen als stiller Gesellschafter ausgeschlossen, wenn die Voraussetzungen der § 1629 Abs. 2, § 1795 BGB vorliegen. Nach § 1909 BGB muss daher ein **Ergänzungspfleger** bestellt werden, wenn der gesetzliche Vertreter als weiterer Gesellschafter an der (mehrgliedrigen) stillen Gesellschaft, als vertretungsberechtigter Gesellschafter des Geschäftsinhabers (z. B. OHG,

---

82) Zusammenfassend *Karsten Schmidt*, DB 2002, 829, 833 f.

83) *Heymann/Horn*, HGB § 230 Rz. 22; *Bezzenberger/Keul*, in: Münchener Handbuch des Gesellschaftsrechts II, § 76 Rz. 22; *Karsten Schmidt*, DB 2002, 829, 830. Siehe allgemein zur Schenkung von Gesellschaftsanteilen *Brandner/Bergmann*, in: Festschrift Sigle, S. 327.

84) *Karsten Schmidt*, DB 2002, 829, 830 m. w. N.; anders die früher h. M., *Koenigs*, S. 244 ff.

85) Dazu *Blaurock*, StG, § 6 Rz. 6.30.

86) H. M. MünchKomm-*K. Schmidt*, HGB, § 230 Rz. 105; *Zutt*, in: GroßKomm. HGB, § 230 Rz. 63; *Tiedtke*, DB 1977, 1064, 1065; *Blaurock*, StG, § 9 Rz. 9.34 m. w. N.; a. A. *Bezzenberger/Keul*, in: Münchener Handbuch des Gesellschaftsrechts II, § 76 Rz. 52.

87) MünchKomm-*K. Schmidt*, BGB, § 230 Rz. 105.

KG) oder als Geschäftsinhaber an der Gründung der stillen Gesellschaft beteiligt ist (§ 1795 Abs. 2, § 181 BGB).[88]

34 Wenn an dem Vertrag ein minderjähriger stiller Gesellschafters beteiligt ist, der durch seine Eltern vertreten wird, kommt nach §§ 1643, 1822 Nr. 3 BGB das Erfordernis einer **Genehmigung** des Gesellschaftsvertrags durch das **Vormundschaftsgericht** in Betracht. Gleiches gilt für Personen, die durch ihren Vormund vertreten werden, oder für die ein Betreuer bestellt ist (§ 1908i BGB). Die Rechtslage ist umstritten. Im Grundsatz wird man hier ein Genehmigungserfordernis annehmen müssen, weil auch die stille Beteiligung an einem Unternehmen auf das Betreiben eines Erwerbsgeschäfts (§ 1822 Nr. 3 BGB) gerichtet ist. Zu begründen ist dies jedenfalls für die typische stille Gesellschaft, wenn der stille Gesellschafter auch am Verlust beteiligt ist und für die atypische Ausgestaltung der stillen Gesellschaft mit schuldrechtlicher Beteiligung am Geschäftsvermögen, Geschäftsführungsbefugnissen und Verlustbeteiligung des stillen Gesellschafters.[89] Teilweise wird auch bei fehlender Einflussmöglichkeit und vor allem fehlender Verlustbeteiligung des stillen Gesellschafters ein Genehmigungserfordernis bejaht, da der Minderjährige auch vor dem Risiko geschützt werden solle, dass er nach Beendigung der stillen Gesellschaft seine Einlage nicht mehr zurückerhält.[90] Nach dem Wortlaut des Gesetzes spricht allerdings mehr dafür, dass die Genehmigungspflicht des § 1822 Nr. 3 BGB den Minderjährigen gerade vor Schulden und Nachteilen sichern soll, die aus dem Betreiben eines Erwerbsgeschäfts oder der Beteiligung hieran folgen. Solche Risiken sind nur dann nicht festzustellen, wenn der Minderjährige nur einmalig eine Kapitaleinlage leistet, am Verlust des Erwerbsgeschäfts aber nicht teilnimmt.[91] Hier ist der Minderjährige nicht einem u. U. unüberschaubaren Geschäftsrisiko ausgesetzt, sondern nur dem insoweit überschaubaren Risiko, dass sein Vertragspartner insolvent wird.

---

88) Vgl. BFH, Urt. v. 9. 7. 1987 – IV R 95/85, NJW 1988, 1343, 1343 f; *Blaurock*, StG, § 9 Rz. 9.38; *Tiedtke*, BB 1988, 946, 948, *ders.*, DB 1977, 1064; siehe auch *Weigl*, S. 10.

89) Eingehend MünchKomm-*K. Schmidt*, HGB, § 230 Rz. 106; *ders.*, Gesellschaftsrecht, § 62 III 1 b; *Heymann/Horn*, HGB, § 230 Rz. 23.

90) So wohl auch *Zutt*, in: GroßKomm. HGB, § 230 Rz. 65.

91) BGH, Urt. v. 28. 1. 1957 – III ZR 155/55, NJW 1957, 672, 672 (Leitsatz) = JZ 1957, 382; MünchKomm-*K. Schmidt*, HGB, § 230 Rz. 106 („Nähe zum partiarischen Darlehen"); *Blaurock*, StG, § 9 Rz. 9.46 (siehe dort auch zu weiteren Genehmigungsvorbehalten: § 1822 Nr. 1 BGB – §§ 1807 ff, 1811, 1821 Nr. 1–4, 1822 Nr. 5, 1643 Abs. 1 BGB). Beachte ferner die Haftungsbegrenzung nach § 1629 a BGB (ausführlich dazu unten Teil 3).

bb) Geschäftsinhaber

Aus der Ermächtigung eines Minderjährigen zum selbständigen Betrieb eines Erwerbsgeschäfts folgt, dass der Minderjährige für alle Rechtsgeschäfte **unbeschränkt geschäftsfähig** ist, die der Geschäftsbetrieb mit sich bringt (§ 112 Abs. 1 Satz 1 BGB). Danach ist der Minderjährige als Geschäftsinhaber auch zur Begründung einer stillen Gesellschaft rechtsgeschäftlich in der Lage, es sei denn, dass der gesetzliche Vertreter hierzu der Genehmigung des Vormundschaftsgerichts bedarf (§ 112 Abs. 1 Satz 2 BGB). Einschränkend wird man aber annehmen müssen, dass der minderjährige Geschäftsinhaber eigenständig nur eine typische stille Gesellschaft ohne Einflussmöglichkeiten und ohne schuldrechtliche Beteiligung am Vermögen des Handelsgeschäfts begründen kann.[92] 35

Grundsätzlich bedarf es für den gesetzlichen Vertreter eines (minderjährigen) Geschäftsinhabers zur Aufnahme eines stillen Gesellschafters nicht der familiengerichtlichen Genehmigung,[93] da der Vertrag über die Errichtung der stillen Gesellschaft nicht auf den Betrieb eines Erwerbsgeschäfts gerichtet ist. Beim Abschluss einer atypischen stillen Beteiligung mag man allerdings zweifeln, ob die **Genehmigungsfreiheit** noch dem Schutzzweck des § 1822 Nr. 3 BGB entspricht. Dies ist jedenfalls dann nicht mehr der Fall, wenn die dem stillen Gesellschafter nach der vertraglichen Ausgestaltung eingeräumten Geschäftsführungsbefugnisse absehbar so weitreichend sind, dass dem Geschäftsinhaber nicht mehr autonom die Leitung des Unternehmens obliegt.[94] 36

Die Beteiligung eines Minderjährigen als Gesellschafter an einer Personenhandelsgesellschaft beschränkt den vertretungsberechtigten Gesellschafter beim Abschluss von Verträgen im Namen der Gesellschaft nicht. Er kann damit auch einen Gesellschaftsvertrag über eine stille Gesellschaft ohne vormundschaftsgerichtliche Genehmigung (§ 1822 Nr. 3 BGB) eingehen.[95] Dies folgt nicht zuletzt daraus, dass die Personenhandelsgesellschaft als (teil-)rechtsfähige Gesellschaft unabhängig von der Zusammensetzung ihres Gesellschafterkreises rechtsgeschäftliche Verpflichtungen begründen kann. 37

---

92) MünchKomm-*K. Schmidt*, HGB, § 230 Rz. 108.

93) *Blaurock*, StG, § 9 Rz. 9.40 ff (siehe dort auch zu möglichen Ausnahmen).

94) *Blaurock*, StG, § 9 Rz. 9.43; weitergehend MünchKomm-*K. Schmidt*, HGB, § 230 Rz. 108 (schuldrechtliche Beteiligung am Vermögen genügt, wenn sie sich nicht in einer schlichten Gewinnermittlungsvereinbarung erschöpft).

95) Vgl. BGH, Urt. v. 20. 9. 1962 – II ZR 209/61, BGHZ 38, 26, 30; MünchKomm-*K. Schmidt*, HGB, § 230 Rz. 108.

c) Vertretung des Geschäftsinhabers bei Vertragsschluss

38 Soll beim Abschluss des Gesellschaftsvertrags über eine stille Gesellschaft ein Einzelkaufmann, eine Personengesellschaft oder eine Kapitalgesellschaft als Geschäftsinhaber verpflichtet werden, kann zweifelhaft sein, ob die Vertretungsmacht der für den Geschäftsinhaber handelnden Personen den Abschluss eines stillen Gesellschaftsvertrags umfasst.

aa) Einzelkaufmann

39 Ein Einzelkaufmann kann sich als Geschäftsinhaber beim Abschluss eines Vertrages zur Errichtung einer stillen Gesellschaft nach allgemeinen Grundsätzen vertreten lassen (§§ 164 ff BGB).

40 Bedient er sich zur Geschäftsführung oder Vertretung im Rahmen seines Handelsgeschäfts eines **Prokuristen** (§ 48 HGB) oder **Handlungsbevollmächtigten** (§ 54 HGB), gilt folgendes: Der Abschluss einer stillen Gesellschaft liegt im Rahmen der Vertretungsbefugnis eines Prokuristen (§ 49 HGB), sofern sie nicht die Grundlagen des kaufmännischen Unternehmens berührt. Der Prokurist wird daher grundsätzlich nur beim Abschluss einer atypischen stillen Gesellschaft seine Vertretungsmacht überschreiten.[96] Dagegen kann der Handlungsbevollmächtigte einen Gesellschaftsvertrag zur Begründung einer stillen Gesellschaft ohne besondere Bevollmächtigung nicht abschließen, weil eine stille Beteiligung gerade nicht zu den Geschäften gehört, die der Betrieb des Handelsgewerbes gewöhnlich mit sich bringt (vgl. § 54 Abs. 1 HGB).

bb) Personengesellschaften

41 Bei Personengesellschaften ist zu unterscheiden, ob die Aufnahme des stillen Gesellschafters eine Änderung der Grundlagen (d. h. des Inhalts des Gesellschaftsverhältnisses) der Gesellschaft herbeiführt (sog. Grundlagengeschäft) oder zu den laufenden Maßnahmen zur Erreichung des Gesellschaftszwecks im Rahmen des bestehenden Gesellschaftsverhältnisses zu zählen ist. Eine typische stille Gesellschaft nimmt auf den Inhalt des Gesellschaftsverhältnisses der Personengesellschaft nach einhelliger Auffassung keinen Einfluss;[97] der Gesellschaftsvertrag mit dem „Stillen" kann daher von den vertretungsberechtigten Gesellschaftern (§ 125 Abs. 1, 2 HGB) rechtswirksam im Außenverhältnis auch **ohne Zustimmung sämtlicher Gesellschafter** abgeschlossen werden. Eine da-

96) Vgl. *Schlegelberger/K. Schmidt*, HGB, § 230 Rz. 95, *Blaurock*, StG, § 9 Rz. 9.14.

97) BGH, Urt. v. 18. 10. 1962 – II ZR 12/61, WM 1962, 1353, 1353 f; *Schlegelberger/K. Schmidt*, HGB, § 230 Rz. 97; MünchKomm-*K. Schmidt*, HGB, § 230 Rz. 110.

von zu unterscheidende Frage ist, ob der Abschluss eines stillen Gesellschaftsvertrags ein außergewöhnliches Rechtsgeschäft i. S. v. § 116 Abs. 2, § 164 HGB ist, zu dessen Vornahme im Innenverhältnis ein Beschluss sämtlicher Gesellschafter erforderlich ist. Dies wird allgemein bejaht.[98)] Fehlt ein entsprechender Gesellschafterbeschluss, wird die Wirksamkeit des Vertrags im Außenverhältnis nicht berührt (§ 126 Abs. 2 HGB); die vertretungsberechtigten Gesellschafter sind aber wegen der Überschreitung ihrer Geschäftsführungsbefugnisse der Gesellschaft schadensersatzpflichtig.

Eine andere Beurteilung erfährt überwiegend der Abschluss eines **atypisch** ausgestalteten **stillen Gesellschaftsvertrags**, in welchem dem stillen Gesellschafter Geschäftsführungsbefugnisse, ein Widerspruchsrecht entsprechend § 164 HGB, eine schuldrechtliche Beteiligung am Gesellschaftsvermögen usw. eingeräumt werden. Auch hierdurch wird zwar regelmäßig der Gesellschaftsvertrag der Personengesellschaft als solcher nicht geändert;[99)] in die Grundlagen der Gesellschaft wird aber faktisch so erheblich eingegriffen, dass eine **Vertretungsmacht** des ansonsten vertretungsberechtigten Gesellschafters (§ 126 Abs. 1 HGB) hierfür nicht anzunehmen ist.[100)] Entsprechend wird die Gesellschaft im Außenverhältnis schuldrechtlich nicht verpflichtet. Hierzu bedarf es der Mitwirkung sämtlicher Gesellschafter; sie müssen grundsätzlich einen einstimmigen Beschluss fassen (§ 119 Abs. 1 HGB).[101)] 42

cc) Gesellschaften mit beschränkter Haftung

Wird für eine GmbH als Geschäftsinhaber ein stilles Gesellschaftsverhältnis begründet, gelten ähnliche Grundsätze wie bei den Personengesellschaften. Der Abschluss eines typischen stillen Gesellschaftsvertrags zwischen der GmbH und dem stillen Gesellschafter wird von der **organschaftlichen Vertretungsmacht** des Geschäftsführers nach § 35 GmbHG umfasst, ohne dass es für eine wirksame Verpflichtung der GmbH im Außenverhältnis eines zustimmenden Beschlusses 43

---

98) Vgl. nur MünchKomm-*K. Schmidt*, HGB, § 230 Rz. 111; *Blaurock*, StG, § 9 Rz. 9.55; *Sudhoff/Schlitt*, GmbH & Co KG § 39 Rz. 74.

99) Anders wenn dem stillen Gesellschafter z. B. die Befugnis zur Benennung und Abberufung des geschäftsführenden Gesellschafters übertragen wird; *Schön*, ZGR 1990, 220, 227.

100) BGH, Urt. v. 26. 10. 1978 – II ZR 119/77, DB 1979, 644, 644; *Blaurock*, StG, § 9 Rz. 9.52; *Heymann/Horn*, HGB, § 164 Rz. 7; *Koller*, in: Koller/Roth/Morck, HGB, § 230 Rz. 12; MünchKomm-*K. Schmidt*, HGB, § 230 Rz. 112; *Zutt*, in: GroßKomm. HGB, § 230 Rz. 62. Anders zu beurteilen ist nur die Situation in stillen Publikumsgesellschaften, die darauf angelegt sind, dass der Geschäftsführer oder ein besonderes Vertretungsorgan neue stille Gesellschafter gewinnt; siehe *Westermann*, in: Festschrift Ulmer, S. 657, 660.

101) Vgl. *Uwe H. Schneider*, ZGR 1972, 357, 362; *Immenga*, ZGR 1974, 385, 388 zu gesellschaftsvertraglich zugelassenen Mehrheitsbeschlüssen bei Grundlagengeschäften. Zum sog. Bestimmtheitsgrundsatz: *Hadding*, ZGR 1979, 636, 639 f.

der Gesellschafterversammlung bedarf.[102] Dem steht die „*Supermarkt*"-Entscheidung des II. Zivilsenats des BGH[103] nicht entgegen, die für den Abschluss von Beherrschungs- und Gewinnabführungsverträgen im GmbH-Konzern Zustimmungs- und Formerfordernisse statuiert hat, die den für den Aktienkonzern entwickelten Regeln (§§ 292 ff AktG) weitgehend entsprechen. Ein Beherrschungs- und Gewinnabführungsvertrag mit einer GmbH als abhängiger Gesellschaft bedarf danach der Schriftform, eines notariell zu beurkundenden Zustimmungsbeschlusses der Gesellschafterversammlung, der Zustimmung der Gesellschafterversammlung der herrschenden Gesellschaft sowie der Eintragung in das Handelsregister der abhängigen GmbH. Eine **Übertragung der Zustimmungserfordernisse** nach §§ 292, 293 AktG auf Teilgewinnabführungsverträge oder stille Beteiligungen an einer GmbH wird zu Recht ganz überwiegend abgelehnt.[104] Sie stellen keinen Organisationsvertrag, sondern im wesentlichen einen Austauschvertrag dar.[105] Im Innenverhältnis gilt auch hier freilich, dass sich der vertretungsberechtigte Geschäftsführer gegenüber der Gesellschaft schadensersatzpflichtig macht, wenn er wegen des Abschlusses der stillen Beteiligung seine Geschäftsführungsbefugnisse überschreitet.[106] Wegen der weitreichenden Folgen einer stillen Gesellschaft wird man die Mitwirkung der Gesell-

---

102) H. M., *Karsten Schmidt*, ZGR 1984, 297, 307 ff; *Blaurock*, StG, § 9 Rz. 9.60; a. A. *Weigl*, DStR 1999, 1568, 1572. Umgekehrt wird eine stille Beteiligung nicht allein durch einen entsprechenden Gesellschafterbeschluss, sondern nur durch eine Vereinbarung zwischen der durch ihren Geschäftsführer vertretenen GmbH und dem stillen Gesellschafter begründet; OLG Frankfurt a. M., Urt. v. 26. 10. 2000 – 1 U 65/99 (n.rkr., Revision unter BGH – II ZR 347/00), NZG 2001, 270, 271.

103) BGH, Urt. v. 24. 10. 1988 – II ZB 7/88, BGHZ 105, 324, 332 = ZIP 1989, 29 (mit Anm. *Kort*, S. 1309), dazu EWiR 1989, 59 *(Schulze-Osterloh)*; bestätigt durch BGH, Urt. v. 30. 1. 1992 – II ZB 15/91, ZIP 1992, 395 *(Siemens)*, dazu EWiR 1992, 423 *(Kort)*; BGH, Urt. v. 11. 11. 1991 – II ZR 287/90, BGHZ 116, 37 = ZIP 1992, 29, dazu EWiR 1992, 425 *(Geuting)*; zustimmend *Zöllner*, in: Baumbach/Hueck, GmbHG, Anh. GmbH-KonzernR Rz. 37 ff; *Lutter/Hommelhoff*, GmbHG, Anh. § 13 Rz. 48 ff; *Hachenburg/Ulmer*, GmbHG, § 53 Rz. 137 ff.

104) *Karsten Schmidt*, ZGR 1984, 295, 309 f; *Blaurock*, StG, § 7 Rz. 7.32; *Jebens*, BB 1996, 701, 702 f; *Uwe H. Schneider/Reusch*, DB 1989, 713, 716; *Schlitt/Beck*, NZG 2001, 688, 691; *Koppensteiner*, in: Kölner Komm. z. AktG, § 292 Rz. 5; *Hachenburg/Ulmer*, GmbHG, § 53 Rz. 160 a. E. (s. auch Anh. § 77 Rz. 194); *Heymann/Horn*, HGB, § 230 Rz. 26; *Koller*, in: Koller/Roth/Morck, HGB, § 230 Rz. 12; *Roth/Altmeppen*, GmbHG, Anh § 13 Rz. 112 f; *Schmitt-Ott*, GmbHR 2001, 182, 185; zwischen typischer und atypischer stiller Gesellschaft differenzierend *Westermann*, in: Festschrift Ulmer, S. 657, 662.

105) *Karsten Schmidt*, ZGR 1984, 295, 309; *Uwe H. Schneider/Reusch*, DB 1989, 713, 715 f; differenzierend *Mertens*, AG 2000, 32, 35 ff.

106) Vgl. *Blaurock*, StG, § 9 Rz. 9.60; dort auch zum Durchschlagen der Pflichtwidrigkeit auf das Außenverhältnis, wenn Geschäftsführer und „stiller Gesellschafter" kollusiv zusammenwirken (Ausprägung des Missbrauchs der Vertretungsmacht).

schafter im Innenverhältnis in Form eines zustimmenden Gesellschafterbeschlusses regelmäßig verlangen müssen.[107)]

44 Für die Begründung einer atypischen Gesellschaft im Außenverhältnis ist dagegen eine ausdrückliche Ermächtigung im Gesellschaftsvertrag oder die **Zustimmung aller Gesellschafter** zu verlangen.[108)] Statt einer satzungsändernden Mehrheit (§ 53 Abs. 2 GmbHG) ist insoweit Einstimmigkeit der Gesellschafter erforderlich, weil – anders als bei einer Änderung des GmbH-Gesellschaftsvertrags – eine vom Gesellschaftsvertrag nicht gedeckte und auch nicht publizierte Rechtsbeeinträchtigung der Anteilsinhaber zugunsten des stillen Gesellschafters legitimiert werden soll.[109)] Der Schutz, den der II. Zivilsenat in der „*Supermarkt*"-Entscheidung gewährt hat, ist hier angemessen, weil der atypisch stille Gesellschafter regelmäßig eine Substanzbeteiligung am Gesellschaftsvermögen und vor allem erweiterte Mitsprache- und Geschäftsführungsrechte erhält, die faktisch in die Organisation der GmbH eingreifen.

dd) Aktiengesellschaften und Kommanditgesellschaften auf Aktien

45 Der Vorstand einer Aktiengesellschaft bzw. der persönlich haftende Gesellschafter einer Kommanditgesellschaften auf Aktien hat keine Vertretungsmacht (§§ 78, 278 Abs. 2 AktG) für den Abschluss eines stillen Gesellschaftsvertrags.[110)]

46 Der Gesellschaftsvertrag über eine typische stille Beteiligung an einer Aktiengesellschaft oder einer Kommanditgesellschaft auf Aktien bedarf vielmehr nach § 293 Abs. 1 AktG der **Zustimmung der Hauptversammlung** (mindestens drei Viertel des auf der Hauptversammlung vertretenen Grundkapitals), weil die stille Gesellschaft die Voraussetzungen eines **Teilgewinnabführungsvertrags** (§ 292 Abs. 1 Nr. 2 AktG) erfüllt oder ihm jedenfalls gleichzustellen ist.[111)] Für die stille

---

107) *Blaurock*, StG, § 9 Rz. 9.60; *Bezzenberger/Keul*, in: Münchener Handbuch des Gesellschaftsrechts II, § 76 Rz. 76; a. A. *Gehrlein*, in: Ebenroth/Boujong/Joost, HGB, § 230 Rz. 30; *Uwe H. Schneider/Reusch*, DB 1989, 713, 715 ff (wenn die Gewinnbeteiligung unbedeutend ist).

108) Vgl. MünchKomm-*K. Schmidt*, HGB, § 230 Rz. 115 m. w. N.; *ders.*, ZGR 1984, 295, 309; wohl auch *Mertens*, AG 2000, 32, 35 ff.

109) MünchKomm-*K. Schmidt*, HGB, § 230 Rz. 115; unentschieden *Blaurock*, StG, § 7 Rz. 7.34 (einerseits) und § 9 Rz. 9.61 (andererseits).

110) MünchKomm-*K. Schmidt*, HGB, § 230 Rz. 116.

111) Ganz h. M., OLG Celle, Urt. v. 15. 5. 1996 – 9 U 41/95, AG 1996, 370, 370; OLG Düsseldorf, Urt. v. 12. 7. 1996 – 17 U 201/95, AG 1996, 473, 473; *Bachmann/Veil*, ZIP 1999, 348, 351; *Hüffer*, AktG, § 292 Rz. 15; *Jebens*, BB 1996, 701, 701; *Koppensteiner*, in: Kölner Komm. z. AktG, § 292 Rz. 53; zuvor schon eingehend *Karsten Schmidt*, ZGR 1984, 297, 311; *Blaurock*, StG, § 7 Rz. 7. 19 ff; a. A. *Uwe H. Schneider/Reusch*, DB 1989, 713, 715 (nur bei „konzerninterner stiller Gesellschaft").

Gesellschaft ist charakteristisch, dass der stille Gesellschafter sich an dem Unternehmen der AG beteiligt und aufgrund der gesellschaftsvertraglichen Vereinbarung an dem erwirtschafteten Gewinn der Aktiengesellschaft partizipiert. Damit trägt die stille Gesellschaft ohne weiteres die allgemeine Kennzeichnung eines Vertrages, durch den eine Aktiengesellschaft sich verpflichtet, einen Teil ihres Gewinns oder den Gewinn einzelner ihrer Betriebe ganz oder zum Teil an einen anderen abzuführen. Eine Einschränkung der Zustimmungspflicht der Hauptversammlung folgt auch nicht aus § 292 Abs. 2 AktG, da hierdurch nur unbedeutende Gewinnabführungen (z. B. Gewinnbeteiligungen von Vorstandsmitgliedern oder Arbeitnehmern der Gesellschaft) zur Entlastung der Hauptversammlung von der Zustimmungspflicht ausgenommen werden.[112] Gleiches gilt auch bei einer atypischen Beteiligung.[113] Kommt nach dem stillen Gesellschaftsvertrag eine Geschäftsführungsbefugnis oder umfassende Zustimmungsvorbehalte hinzu, kann sich das Zustimmungserfordernis nach den Umständen des Einzelfalls aber (zusätzlich) auch aus § 291 Abs. 1 AktG – (Teil-)Beherrschungsvertrag – ergeben.[114]

47 An das Erfordernis des Zustimmungsbeschlusses schließen sich weitere **formelle Anforderungen** an: Der Zustimmungsbeschluss muss notariell beurkundet werden (§ 293 Abs. 1 AktG) und die Errichtung der stillen Gesellschaft zur Eintragung in das Handelsregister angemeldet werden (§ 294 Abs. 1 AktG). Die Vorzüge der Verbergung einer stillen Beteiligung an einem Unternehmen sind bei der Aktiengesellschaft zum Schutz zukünftiger Aktionäre damit wesentlich eingeschränkt.

d) Anwendbarkeit der Grundsätze über fehlerhafte Gesellschaften

48 Wenn der stille **Gesellschaftsvertrag** zur Errichtung einer stillen Gesellschaft ganz oder teilweise wegen eines Anfechtungs- oder Nichtigkeitsgrundes **unwirksam** ist, wird kontrovers diskutiert, ob auch für eine fehlerhaft zustande gekommene stille Gesellschaft die gesellschaftsrechtlichen Abwicklungsgrundsätze nach der Lehre von der fehlerhaften Gesellschaft anzuwenden sind.[115]

---

112) *Blaurock*, StG, § 7 Rz. 7.26; MünchKomm-*K. Schmidt*, HGB, § 230 Rz. 116.

113) *Jebens*, BB 1996, 701, 701; *Koppensteiner*, in: Kölner Komm. z. AktG, § 292 Rz. 54.

114) Vgl. *Bachmann/Veil*, ZIP 1999, 348, 353 ff; siehe auch *Schulze-Osterloh*, ZGR 1974, 427, 450 ff zur Annahme eines Betriebsüberlassungsvertrags.

115) Eingehend zum Meinungsstand: *Blaurock*, StG, § 11 Rz. 11.5 ff; MünchKomm-*K. Schmidt*, HGB, § 230 Rz. 127 ff; *Zacharias/Hebig/Rinnewitz*, S. 57 ff; *Armbrüster/Joos*, ZIP 2004, 189; *Wälzholz*, DStR 2003, 1533; *Bayer/Riedel*, NJW 2003, 2567. Zu den Grundlagen der fehlerhaften Gesellschaft *Soergel/Hadding*, BGB, § 705 Rz. 70 ff.

Von einer gefestigten höchstrichterlichen Rechtsprechung wird die Anwendung der Lehre von der fehlerhaften Gesellschaft sowohl für **typische** als auch für **atypische stille Gesellschaften** bejaht.[116] Das Verhältnis der Gesellschafter untereinander rechtfertige es auch bei der stillen Gesellschaft, dass statt der rückwirkenden Abwicklung nur die Auflösung für die Zukunft nach Maßgabe der gesellschaftsrechtlichen Abwicklungsvorschriften zugelassen werde.[117] Mit unterschiedlicher Begründung wird diese Rechtsprechung von Teilen des Schrifttums abgelehnt. So wird mitunter die Anwendung der Grundsätze über die fehlerhafte Gesellschaft insgesamt verneint, weil es in der stillen Gesellschaft an einem Gesamthandseigentum und damit den organisationsrechtlichen Inhalten des vermeintlich wirksamen Gesellschaftsverhältnisses fehle und die bereicherungsrechtliche Rückabwicklung daher unproblematisch sei.[118] In neueren Stellungnahmen wird überwiegend zwischen typischer und atypischer Gesellschaft differenziert und eine Anwendung der Grundsätze nur auf solche stillen Gesellschaften befürwortet, in denen die internen Rechtsverhältnisse „atypisch" der Vermögens- und Organisationsstruktur der Personengesellschaften angenähert sind.[119] Nur wenn der stille Gesellschafter schuldrechtlich am Gesellschaftsvermögen beteiligt sei und er auch bestimmte mitgliedschaftliche Mitverwaltungsrechte ausüben könne, würden „gemeinsame Werte" geschaffen, deren Rückabwicklung das Bereicherungsrecht nicht mehr sachgerecht leisten könne. Nach einer weiteren Ansicht sind die Grundsätze über die fehlerhafte 49

116) BGH, Urt. v. 29. 11. 1952 – II ZR 136/51, BGHZ 8, 157, 167 f; BGH, Urt. 29. 7. 1970 – II ZR 158/69, BGHZ 55, 5, 8 f; BGH, Urt. v. 24. 9. 1979 – II ZR 95/78, BGHZ 75, 214, 217 f; BGH, Urt. v. 24. 5. 1993 – II ZR 136/92, ZIP 1993, 1089, dazu EWiR 1993, 815 *(Dreher)*; zuletzt bestätigt in OLG Frankfurt a. M., Urt. v. 1. 7. 2003 – 14 U 148/02, ZIP 2004, 32, 35 f = NZG 2004, 136; OLG Braunschweig, Urt. v. 3. 9. 2003 – 3 U 231/02; ZIP 2004, 28, 28 ff; OLG Bamberg, Urt. v. 18. 8. 2003 – 4 U 213/02, NZG 2004, 129, 130; OLG Stuttgart, Urt. v. 6. 11. 2002 – 14 U 21/02, ZIP 2003, 763 = DB 2003, 764, dazu EWiR 2003, 505 *(Wagner)* („Real Direkt AG II"); OLG Hamm, Urt. v. 26. 11. 2002 – 27 U 66/02 (n.rkr., Revision unter BGH, II ZR 6/03), ZIP 2003, 1151 = NZG 2003, 228, 229 („Securenta AG/Göttinger Gruppe II"); OLG Dresden, Urt. v. 19. 6. 2002 – 8 U 630/02, ZIP 2002, 1293, 1295 = WM 2002, 2334 = BB 2002, 1776; OLG Celle, Urt. v. 22. 9. 1999 – 9 U 1/99, NZG 2000, 85, 86 m. Anm. *Sosnitza* = AG 2000, 280; OLG Stuttgart, Urt. v. 16. 6. 1999 – 20 U 5/99, (n.rkr., Revision unter BGH – II ZR 211/99), NZG 2000, 93, 94; auch OLG Hamburg, Urt. v. 14. 7. 1999 – 11 U 15/99, NZG 2000, 536, 538 = DStR 1999, 2043; aus dem Schrifttum statt anderer *Blaurock*, StG, § 11 Rz. 11.12; *Westermann*, in: Festschrift Ulmer, S. 657, 663 ff.

117) So zuletzt OLG Dresden ZIP 2002, 1293, 1295.

118) Vgl. MünchKomm-*Ulmer*, HGB, § 705 Rz. 272 f; *Soergel/Hadding*, BGB, § 705 Rz. 92; *Koenigs*, S. 90 ff, 111; siehe zuletzt auch OLG Schleswig, Urt. v. 5. 12. 2002 – 5 U 29/02, ZIP 2003, 74, 77 f.

119) Mit Unterschieden: MünchKomm-*K. Schmidt*, HGB, § 230 Rz. 132 ff; *Karsten Schmidt*, Gesellschaftsrecht, § 62 III 1d; § 6 II 3; *Heymann/Horn*, HGB, § 230 Rz. 28; siehe auch OGH, Urt. v. 24. 10. 2000 – 4 Ob 233/00v, NZG 2001, 465, 466; OLG Stuttgart DB 2003, 764.

Gesellschaft nicht anwendbar, wenn es an schutzbedürftigen weiteren still Beteiligten fehlt.[120)]

50 Unabhängig von der Begründung im einzelnen ist eine die Rechtsprechung ablehnende Auffassung Bedenken ausgesetzt. In der Praxis schafft die differenzierende Ansicht unnötige Abgrenzungsprobleme, da es erhebliche Schwierigkeiten bereitet, eine nachvollziehbare Trennlinie zwischen stillen Gesellschaften zu ziehen, die aufgrund ihrer „atypischen" Ausgestaltung Bestandsschutz erhalten und solchen, bei denen dies nicht der Fall ist.[121)] Verkannt wird, dass auch schon in der „typischen" stillen Gesellschaft durchaus eine durchgeführte **Leistungs- und Risikogemeinschaft** zwischen dem Stillen und dem Geschäftsinhaber begründet wird.[122)] Dies drückt sich auch im Verhältnis zu den Gläubigern des Geschäftsinhabers nicht zuletzt darin aus, dass die am Verlust teilnehmende Einlage des stillen Gesellschafters in der Insolvenz des Geschäftsinhabers nach § 236 HGB als „haftendes Kapital" behandelt wird.[123)] Die Grundsätze für fehlerhafte Gesellschaften sollten daher im Anschluss an die Rechtsprechung als einheitliches Rückabwicklungsprogramm auf sämtliche stille Gesellschaften angewendet werden.

51 Folgt man der hier vertretenen Ansicht, setzt die Anwendung der Grundsätze über die fehlende Gesellschaft voraus, dass die fehlerhaft begründete stille Gesellschaft **in Vollzug gesetzt** worden ist. Das ist der Fall, wenn der stille Gesellschafter Beiträge geleistet oder gesellschaftsrechtliche Rechte ausgeübt hat.[124)] Sind diese Voraussetzungen erfüllt, ist bei einer als Teilgewinnabführungsvertrag im Sinne von § 292 Abs. 1 Nr. 2 AktG zu qualifizierenden stillen Gesellschaft an einer Aktiengesellschaft für die Anwendung der Grundsätze über die fehlende Gesellschaft nicht erforderlich, dass die Hauptversammlung dem Vertrags-

---

120) Vgl. OLG Jena, Urt. v. 26. 2. 2003 – 4 U 786/02; NZG 2004, 131, 133; *Bayer/Riedel,* NJW 2003, 2567, 2571 f und enger *Armbrüster/Joos,* ZIP 2004, 189, 192 f (Anwendung der Regeln auch, wenn eine Vielzahl von „koordinierten" stillen Beteiligten ohne gesellschaftsrechtliche Verbindung unter den Stillen begründet wird).

121) *Blaurock*, StG, § 11 Rz. 11.12, 11.18. Konsequent insofern MünchKomm-*K. Schmidt*, HGB, § 230 Rz. 133, der nach der differenzierenden Aufassung die Anwendung der Grundsätze über fehlerhafte Gesellschaften auf die stille Gesellschaft mit Verbandscharakter („Innen-KG") beschränkt.

122) OLG Stuttgart NZG 2000, 93, 94; OLG Dresden ZIP 2002, 1293, 1295; s. auch *Wälzholz,* DStR 2003, 1533, 1533 f.

123) *Blaurock*, StG, § 11 Rz. 11.15, 11.18 mit ausführlicher Begründung.

124) OLG Hamburg NZG 2000, 536, 538. Nach der Entscheidung genügt es nicht, wenn Zahlungen nicht auf die Einlage, sondern nur auf ein Agio geleistet worden sind.

schluss zugestimmt hat und der Vertrag ins Handelsregister eingetragen worden ist; der besondere Schutzzweck der §§ 293 ff AktG steht dem nicht entgegen.[125)]

Der Anwendung der Grundsätze dürfen indessen keine gewichtigen Interessen der Allgemeinheit oder einzelner schutzwürdiger Personen entgegenstehen.[126)] Als **schutzwürdige Einzelpersonen** sind vor allem Minderjährige anzusehen, die eine stille Gesellschaft eingegangen sind; sie sind so zu stellen, als hätten sie keinen stillen Gesellschaftsvertrag abgeschlossen.[127)] Die Grenzen der Anwendbarkeit der Grundsätze können außerdem aus Allgemeininteresse erreicht sein, wenn nicht nur einzelne Klauseln, sondern der stille Gesellschaftsvertrag insgesamt wegen der Unvereinbarkeit des Gesellschaftszwecks mit einer Verbotsnorm nichtig ist[128)] oder gegen berufsrechtliche Regelungen verstößt.[129)] Nach einer jüngeren Gerichtsentscheidung soll die Anwendung der Grundsätze über die fehlerhafte Gesellschaft zu Lasten eines stillen Gesellschafters auch dann ausscheiden, wenn dieser wegen Sittenwidrigkeit (§ 138 BGB) seines Beitritts ausscheiden will.[130)] Davon soll regelmäßig dann auszugehen sein, wenn eine schwerwiegende Disparität von Chancen und Risiken maßgeblich auf die gewählte gesellschaftsrechtliche Konstruktion selbst zurückzuführen sei und diese gegen grundlegende Strukturprinzipien des Gesellschaftsrechts verstoße.[131)] Dagegen wird die arglistig getäuschte oder durch rechtswidrige Drohung zum Vertragsschluss bestimmte oder sittenwidrig übervorteilte Person als nicht so schutzwürdig angesehen, dass die Grundsätze der fehlerhaften Gesellschaft kei- 52

---

125) Vgl. OLG Hamburg, Urt. v. 31. 1. 2003 – 11 U 196/02, NZG 2003, 436, 437; OLG Stuttgart DB 2003, 764, 765; OLG Hamm NZG 2003, 228, 230; zust. *Wälzholz*, DStR 2003, 1533, 1534 f; *Armbrüster/Joos*, ZIP 2004, 189, 194. Siehe in den Entscheidungen auch zu der Frage, unter welchen Voraussetzungen sich der stille Gesellschafter wieder von dem Vertrag lösen kann, wenn dieser nicht alsbald der Hauptversammlung zur Zustimmung vorgelegt wird (im Ergebnis offen gelassen: Recht auf Widerruf der abgegebenen Willenserklärung analog § 178 BGB oder rücktrittsähnliches Gestaltungsrecht nach Ablauf einer gemäß § 242 BGB zu bestimmenden Zeitdauer).

126) BGHZ 55, 5, 9; eingehend *Blaurock*, StG, § 11 Rz. 11. 19 ff.

127) Näher *Blaurock*, StG; § 11 Rz. 11.24 f.

128) Vgl. aus der Rspr. BGH, Urt. v. 25. 3. 1974 – II ZR 63/72, BGHZ 62, 234, 239, 240 ff = NJW 1974, 1201; sowie *Ulmer*, in: GroßKomm. HGB, § 105 Rz. 355; *Blaurock*, StG, § 11 Rz. 11.21.

129) BGH, Urt. v. 28. 9. 1995 – II ZR 87/94, ZIP 1995, 1750 = DStR 1995, 1721, 1722, dazu EWiR 1995, 1103 *(Petzoldt)*; Blaurock, StG, § 11 Rz. 11.23.

130) OLG Schleswig, Urt. v. 13. 6. 2002 – 5 U 78/01, ZIP 2002, 1244, 1247 = BKR 2002, 1004 m. Anm. *C. Schäfer*, dazu EWiR 2003, 801 *(Frisch)*.

131) OLG Schleswig ZIP 2002, 1244, 1246 f. In dem entschiedenen Fall wurden die beabsichtigte Anlagestrategie der Kapitalanlagegesellschaft nicht eingegrenzt und die Risiken der Anlage verschleiert. Anders OLG Braunschweig, ZIP 2004, 28, 30.

ne Anwendung finden.[132] Ebenso schließt der Aspekt des Verbraucherschutzes die Anwendung der Grundsätze nicht aus.[133] Ein Anleger, der den Abschluss seiner stillen Beteiligung als **Haustürgeschäft** unter den Voraussetzungen des § 312 BGB (§ 1 HWiG a. F.) gemäß § 355 BGB widerrufen kann, hat daher keinen Anspruch auf Rückzahlung seiner Einlage, sondern auf Auseinandersetzung der stillen Gesellschaft und nach erfolgter Auseinandersetzung auf Auszahlung seines Auseinandersetzungsguthabens.[134]

53 Auf der Grundlage dieser Grundsätze kann eine auf fehlerhafter Vertragsgrundlage beruhende stille Gesellschaft nicht mehr rückwirkend abgewickelt, sondern nur mit Wirkung für die Zukunft form- und fristlos aus wichtigem Grund gekündigt werden.[135] Im Zeitpunkt der Kündigung muss der Mangel noch bestehen; anderenfalls hat der kündigende Gesellschafter kein schutzwürdiges Interesse mehr an der Beendigung der stillen Gesellschaft.[136] Die Kündigung führt zur Auflösung und anschließenden Auseinandersetzung zwischen den Beteiligten (§ 235 HGB). Dabei können Schadensersatzansprüche wegen der Vertragsmängel zu bedenken sein.[137] Bis zur Auflösung bestimmen sich die Rechtsbeziehungen der Gesellschafter nach dem Inhalt des Gesellschaftsvertrags, wobei nichtige vertragliche Klauseln durch eine nach den Umständen angemessene Regelung zu ersetzen sind (ergänzende Vertragsauslegung).[138]

---

132) Zuletzt BGH, Urt. v. 2. 7. 2001 – II ZR 304/00, ZIP 2001, 1364 = NZG 2001, 936, 937 = ZfIR 2002, 41, dazu EWiR 2001, 919 *(Allmendinger)*; OLG Stuttgart DB 2003, 764, 765; OLG Hamburg NZG 2003, 436, 437.

133) BGH NZG 2001, 936, 937; OLG Dresden ZIP 2002, 1293, 1296; OLG Braunschweig, Beschl. v. 5. 2. 2003 – 3 U 266/02, ZIP 2003, 1154, 1155; a. A. OLG Jena, NZG 2004, 131, 132 f (soweit Gefahr der Schädigung der Gesellschaftsgläubiger oder der Ungleichbehandlung der Mitgesellschafter ausgeschlossen sei).

134) Vgl. BGH NZG 2001, 936, 937 (für Publikums-GbR); OLG Dresden ZIP 2002, 1293, 1296; OLG Hamburg NZG 2003, 436, 437; MünchKomm-*K. Schmidt*, HGB, § 230 Rz. 135, s. auch *Armbrüster/Joos*, ZIP 004, 189, 194 zur geänderten Konzeption der Widerufsfolgen in § 355 BGB. Ablehnend *Rohlfing*, NZG 2003, 854, 856 ff.

135) Näher *Westermann*, in: Festschrift Ulmer, S. 657, 667 ff.

136) *Blaurock*, StG, § 11 Rz. 11.31.

137) *Blaurock*, StG, § 11 Rz. 11.29; siehe auch OLG Hamburg NZG 2000, 536, 538 (Schadensersatz wegen Verschuldens bei Vertragsschluss). Zur Begrenzung des Schadensersatzanspruchs auf den Betrag des Auseinandersetzungsguthabens OLG Frankfurt a. M., NZG 2004, 136, 138 f; zusammenfassend *Armbrüster/Joos*, ZIP 2004, 189, 198; *Wälzholz*, DStR 2003, 1533, 1535.

138) BGH, Urt. v. 8. 4. 1976 – II ZR 203/74, WM 1976, 1027, 1030; *Blaurock*, StG, § 11 Rz. 11.28; *Gehrlein*, in: Ebenroth/Boujong/Joost, HGB, § 230 Rz. 32.

2. Inhaltskontrolle anhand der Bestimmungen über Allgemeine Geschäftsbedingungen

Insbesondere in den Fällen „stiller Publikumsgesellschaften“ (unten Rz. 136 ff), in denen mit einer Vielzahl von Personen vorformulierte, gleichlautende stille Gesellschaftsverträge abgeschlossen werden, ist zu erörtern, ob eine Inhaltskontrolle anhand der Bestimmungen des BGB über die Gestaltung rechtsgeschäftlicher Schuldverhältnisse durch allgemeine Geschäftsbedingungen (§§ 305 ff BGB n. F. – früher AGBG)[139] in Betracht kommt. 54

Grundsätzlich wird darauf verwiesen, dass auch die stille Gesellschaft von der weit auszulegenden **Bereichsausnahme** des § 310 Abs. 4 BGB n. F. (früher § 23 Abs. 1 AGBG) („Gesellschaftsrecht“) erfasst ist.[140] Danach findet der Abschnitt des BGB über die Gestaltung rechtsgeschäftlicher Schuldverhältnisse durch allgemeine Geschäftsbedingungen auf stille Gesellschaftsverträge keine Anwendung. Auch bei einem möglicherweise nur eingeschränkten gesellschaftsrechtlichen Gehalt könnten die vornehmlich für Austauschverträge gefassten Normen nur eingeschränkt eine Inhaltskontrolle von stillen Gesellschaften leisten.[141] 55

Für die typische stille Gesellschaft ist dies nicht unbestritten.[142] Nach anderer Ansicht überwiegen insoweit die schuldrechtlichen Beziehungen die die Bereichsausnahme begründenden gesellschaftsrechtlichen Elemente derart, dass die Anwendung der AGB-Vorschriften „gerechtfertigt“ erscheint.[143] Teilweise wird dies jedenfalls dann angenommen, wenn eine starke Annäherung zum partiarischen Darlehen festzustellen ist.[144] Für den Erwerb einer stillen Beteiligung zur Vermögensanlage (d. h. ohne unternehmerische Befugnisse) durch einen Verbraucher i. S. v. § 310 Abs. 3 BGB n. F. (früher § 24a AGBG) wird die Bereichsausnahme neuerdings von einer teilweise vertretenen Ansicht auch mit 56

---

139) Tiefgreifende Änderungen sind mit der Versetzung der materiell-rechtlichen Bestimmungen des aufgehobenen AGBG in das BGB im Zuge des Gesetzes zur Modernisierung des Schuldrechts (Schuldrechtsmodernisierungsgesetz – SchuRMoG) vom 26. 11. 2001, BGBl. I 3138 nicht eingetreten. Die meisten Regelungen sind weitgehend wörtlich und zum Teil auch in der bisherigen Reihenfolge übernommen worden.

140) H. M., BGH, Urt. v. 10. 10. 1994 – II ZR 32/94 BGHZ 127, 176, 182 ff = ZIP 1994, 1847; differenzierend MünchKomm-*K. Schmidt*, HGB, § 230 Rz. 122 ff (nur die atypische stille Gesellschaft mit „Verbandscharakter“).

141) Vgl. BGH ZIP 1994, 1847, 1849.

142) Auch vom BGH wird die Rechtslage insoweit als nicht zweifelsfrei bezeichnet; BGHZ 127, 176, 184 f.

143) *Ulmer*, in: Ulmer/Brandner/Hensen, AGBG, § 23 Rz. 24 f; MünchKomm-*K. Schmidt*, HGB, § 230 Rz. 124; ähnlich *H. Schmidt*, ZHR 159 (1995), 734, 744.

144) Siehe etwa *Horn*, in: Wolf/Horn/Lindacher, AGBG, § 23 Rz. 75.

dem Verweis auf die EU-Richtlinie 93/13/EWG beschränkt und eine Inhaltskontrolle nach AGBG bejaht.[145]

57 Ob die Frage der Anwendbarkeit der Bestimmungen des BGB über die Gestaltung rechtsgeschäftlicher Schuldverhältnisse durch allgemeine Geschäftsbedingungen streitentscheidend ist, erscheint jedoch zweifelhaft.[146] Auch wenn man sie für stille Gesellschaften nicht annimmt, genießt der Anleger insofern hinreichenden **Schutz vor Übervorteilung**, als die Gesellschaftsverträge entsprechend der Rechtsprechung des BGH zu Gesellschaftsverträgen von Publikumsgesellschaften nach § 242 BGB einer ähnlichen objektiven Auslegung und Inhaltskontrolle wie AGB unterliegen.[147] Eines Schutzes durch die besonderen „AGB-Normen" bedarf es damit nicht.

3. Mögliche gesetzliche Beschränkungen beim Vertragsabschluss

58 Bei der Gründung einer stillen Gesellschaft kann ganz ausnahmsweise ein Verstoß gegen das Kartellverbot nach § 1 GWB vorliegen. Ob durch die Gründung der stillen Gesellschaft tatsächlich einmal eine **Wettbewerbsbeschränkung** bezweckt ist oder bewirkt wird, hängt von den konkreten Umständen des Einzelfalls ab. Dies kommt insbesondere bei atypischen stillen Gesellschaften in Betracht, die eine Beteiligung des stillen Gesellschafters an Vermögen und Geschäftsführung des Geschäftsinhabers vorsehen.[148] Daneben kann die Errichtung einer (atypischen) stillen Gesellschaft der Zusammenschlusskontrolle nach §§ 23 ff GWB unterfallen.[149]

III. Wesentliche Beitragspflichten der Beteiligten

59 In dem Gesellschaftsvertrag, der die Grundlage der stillen Gesellschaft bildet, verpflichten sich der stille Gesellschafter und der Inhaber des Handelsgeschäfts gegenseitig, die Erreichung des gemeinsamen Zwecks – Führung des Handels-

---

145) KG, Urt. v. 17. 9. 1997 – Kart U 1885/97, WM 1999, 731, 733; OLG Oldenburg, Urt. v. 20. 5. 1999 – 1 U 24/99, DB 2000, 2418, 2419 = NZG 1999, 896 (– Nichtannahme der Revision durch Beschluss des BGH v. 17. 7. 2000 – II ZR 193/99); a. A. zu Recht *Drygala*, ZIP 1997, 968, 971; *Horn*, in: Wolf/Horn/Lindacher, AGBG, § 23 Rz. 73; *Zacharias/Hebig/Rinnewitz*, S. 60.

146) Zuletzt offengelassen in BGH, Urt. v. 27. 11. 2000 – II ZR 218/00, ZIP 2001, 243 = NZG 2001, 269 = DB 2001, 324 = WM 2001, 314.

147) BGH NZG 2001, 269, 269 mit Verweis auf BGHZ 64, 238; OLG Hamburg, Urt. v. 22. 12. 1993 – 5 U 149/93, WM 1994, 499, 501; *Blaurock*, StG, § 9 Rz. 9.28 *Drygala*, ZIP 1997, 968, 971.

148) Ausführlich *Blaurock*, StG, § 9 Rz. 9.67 ff.

149) *Hoffmann/Doehner*, in: Münchener Handbuch des Gesellschaftsrechts II, § 78 Rz. 3 ff.

geschäfts des Inhabers auf gemeinsame Rechnung – zu fördern und insbesondere die ihnen nach den gesetzlichen und vertraglichen Bestimmungen zugewiesenen Beiträge zu leisten (§ 705 BGB). Nach **allgemeinem gesellschaftsrechtlichem Verständnis** hat der Gesellschafter damit zunächst einen „Beitrag im weiteren Sinne“ zu erbringen, der als Ausprägung der allgemeinen Förderungspflicht nicht notwendig einen Vermögenswert haben muss.[150] Daneben besteht gegebenenfalls eine Pflicht, „Beiträge im engeren Sinne“ zu leisten, für die als Primärverpflichtung zu einer (Zweckförderungs-)Leistung grundsätzlich jede Leistung i. S. d. § 241 Abs. 1 BGB n. F. (bisher § 241 BGB) in Betracht kommt, die das Gesellschaftsvermögen mehrt.[151] Der erbrachte Beitrag ist die **Einlage.**[152] Auf die stille Gesellschaft ist diese Terminologie unter Berücksichtigung der spezifischen Besonderheiten im Grundsatz übertragbar.

1. Stiller Gesellschafter

a) Art der Beitragsleistung

Auch der stille Gesellschafter hat danach die Erreichung des Gesellschafts- 60
zwecks durch einen im Gesellschaftsvertrag näher bestimmten, nicht notwendig vermögenswerten Beitrag (im weiteren Sinne) zu fördern.[153] Diese Pflicht ist für die stille Gesellschaft als Form der Gesellschaft bürgerlichen Rechts konstitutiv (§ 705 BGB). Die näheren Einzelheiten ergeben sich aus den gesellschaftsvertraglichen Vereinbarungen.

Im Handelsgesetzbuch selbst wird nur geregelt, dass ein geschuldeter vermö- 61
genswerter Beitrag (im engeren Sinne) nicht in das Vermögen der Gesellschaft – als Innengesellschaft bildet die stille Gesellschaft kein Gesellschaftsvermögen[154] – sondern zwingend in das **Vermögen des Geschäftsinhabers** zu leisten ist. Entsprechend formuliert das Gesetz die rechtlichen Folgen der Leistung des vermögenswerten Beitrags: Die **Einlage** geht in das Vermögen des Inhabers des Handelsgeschäfts über (§ 230 Abs. 1 HGB).

---

150) *Soergel/Hadding*, BGB, § 706 Rz. 1.

151) *Soergel/Hadding*, BGB, § 706 Rz. 1; MünchKomm-*Ulmer*, BGB, § 706 Rz. 2 m. w. N.

152) H. M., BGH, Urt. v. 26. 11. 1979 – II ZR 87/79, WM 1980, 402, 403 = NJW 1980, 1744; MünchKomm-*Ulmer*, BGB, § 706 Rz. 3; *Soergel/Hadding*, BGB, § 706 Rz. 5. Anders ist die terminologische Unterscheidung bei *Karsten Schmidt*, Gesellschaftsrecht, § 20 II 1 a; danach sind unter „Einlage“ die vermögenswerten Beiträge zu verstehen, die das Gesellschaftsvermögen (bzw. die Haftungsmasse) mehren.

153) *Soergel/Hadding*, BGB, § 706 Rz. 1; MünchKomm-*Ulmer*, BGB, § 706 Rz. 2a, jeweils m. w. N.

154) MünchKomm-*K. Schmidt*, HGB, § 230 Rz. 9; *Klauss/Mittelbach*, Rz. 103.

62 Eine stille Gesellschaft setzt indessen eine persönliche Beitragsleistung des stillen Gesellschafters nicht voraus; vielmehr kann die Einlage des stillen Gesellschafters auch durch **schenkweise Einbuchung** des vorgesehenen Betrags auf das Einlagekonto des stillen Gesellschafters auf Kosten des Geschäftsinhabers oder eines Dritten erbracht werden (oben Rz. 28 ff).[155)] Nach dieser Differenzierung ist nicht die vom stillen Gesellschafter selbst geleistete Einlage, sondern nur die auf einem Konto darstellbare bzw. buchungsfähige Einlage Merkmal der stillen Gesellschaft (oben Rz. 12 ff).[156)]

63 **Gegenstand der Vermögenseinlage**, die zur unmittelbaren Mehrung des Vermögens des Geschäftsinhabers führt, kann jede vermögenswerte Leistung sein, die in Geld bewertbar und übertragbar ist.[157)] Hierzu zählen insbesondere Geldeinlagen, die Einbringung von Forderungen gegen den Geschäftsinhaber (durch Aufrechnung oder durch Anrechnung)[158)], Tilgung von Verbindlichkeiten des Geschäftsinhabers (§ 267 BGB) sowie die Einbringung von Gegenständen (Sachen und Rechten) zu Eigentum oder Inhaberschaft.[159)] Eine noch nicht vollständig erbrachte Einlage kann dadurch erbracht werden, dass die künftigen anteiligen Gewinnauszahlungen hierzu verwendet werden.[160)] Ebenso können aber auch die (vermögenswerte) Verpflichtung zur Unterlassung von Handlungen, die Einbringung von Gegenständen zur Benutzung (Nutzungsüberlassung), die Leistung von Diensten und das Zur-Verfügung-Stellen von „Know-how" Vermögenseinlagen sein.[161)] **Störungen bei der Beitragsleistung** bemessen sich

155) MünchKomm-*K. Schmidt*, HGB, § 230 Rz. 37, 143; *Zutt*, in: GroßKomm. HGB, § 230 Rz. 14.

156) Vgl., wenngleich mit anderer Terminologie, MünchKomm-*K. Schmidt*, HGB, § 230 Rz. 37, 143.

157) BGHZ 7, 174, 177; *Heymann/Horn*, HGB, § 230 Rz. 9; MünchKomm-*K. Schmidt*, HGB, § 230 Rz. 149.

158) *Blaurock*, StG, § 6 Rz. 6.11.

159) Vgl. MünchKomm-*K. Schmidt*, HGB, § 230 Rz. 149.

160) Fraglich ist allerdings, ob eine stille Gesellschaft oder nur ein schlichter Beteiligungsvertrag vorliegt, wenn die Einlagepflicht vollständig durch die künftigen Gewinnanteile erfüllt wird und der stille Gesellschafter keinen anderen Beitrag zur Förderung des Gesellschaftszwecks zu erbringen hat; *Blaurock*, StG, § 6 Rz. 6.14.

161) H. M.; BGH, Urt. v. 12. 1. 1998 – II ZR 98/96, ZIP 1998, 509 = NZG 1998, 342, 342 (kostenfreie Gebrauchsüberlassung); *Heymann/Horn*, HGB, § 230 Rz. 9; *Klauss/Mittelbach*, Rz. 105; a. A. MünchKomm-*K. Schmidt*, HGB, § 230 Rz. 149; *Blaurock*, StG § 6 Rz. 6.31 ff (Unterscheidung zwischen bilanzierungsfähigen und nicht bilanzierungsfähigen Vermögenswerten, wobei Dienstleistungen nach *Blaurock* jedenfalls bilanzierungsfähig sind, wenn eine in Raten zu leistende Geldeinlage vereinbart wird, die mit der festgelegten Dienstleistungsvergütung zu verrechnen ist (Rz. 6.38). Praktisch bedeutsam ist insoweit die Abgrenzung zu partiarischen Dienst-, Miet- oder Pachtverträgen (§ 8 Rz. 8.18 ff).

nach den allgemeinen Leistungsstörungs- und Gewährleistungsregeln der Personenhandelsgesellschaften.[162]

b) Bewertung der Vermögenseinlage

Die Gläubiger des Geschäftsinhabers können auf die Vermögenseinlage des stillen Gesellschafters zugreifen, um ihre (Geschäfts-)Forderungen gegen den Geschäftsinhaber zu befriedigen. Gleichwohl hat die Einlage nach dem gesetzlichen Leitbild ausdrücklich **keine Kapitalfunktion** in dem Sinne, dass sie als Haftsumme dient und die Gläubiger auch von dem stillen Gesellschafter Zahlung verlangen können, wenn er die Vermögenseinlage noch nicht erbracht hat. Sie haben nur einen mittelbaren Zugriff insoweit, als sie den Anspruch des Geschäftsinhabers auf Beitragsleistung pfänden und sich überweisen lassen können (§§ 829, 835 ZPO).[163] Auch bei noch ausstehender Vermögenseinlage treffen die Geschäftsverbindlichkeiten ausschließlich den Inhaber des Handelsgewerbes (§ 230 Abs. 2 HGB). 64

Da der stille Gesellschafter mithin auch nicht mit einer Hafteinlage im Handelsregister publiziert wird, kommt es im Verhältnis zum Geschäftsverkehr auf die Einlagefähigkeit und Bewertung bestimmter Beitragsleistungen nicht an. Bedeutung hat dies nur im Innenverhältnis zwischen dem Geschäftsinhaber und dem stillen Gesellschafter. Die an der stillen Gesellschaft Beteiligten können daher in den gesetzlichen Grenzen (§ 138 BGB) die **Höhe der Gutschrift** (Einlagebetrag) – ohne Rücksicht auf den objektiven Verkehrswert der Einlage – auf dem Einlagekonto des stillen Gesellschafters **frei bestimmen.**[164] Eine Über- oder Unterbewertung der Vermögenseinlage ist jedoch durchaus rechtlich relevant, weil in Höhe des Mehr- oder Minderwerts eine steuerpflichtige Schenkung oder ein Schenkungsversprechen des Geschäftsinhabers bzw. des stillen Gesellschafters vorliegen kann. Die Bewertung der Einlage ist intern auch insofern maßgeblich, als die Gewinn- und Verlustbeteiligung des stillen Gesellschafters in den Gesellschaftsverträgen oftmals an das Verhältnis der Einlagegutschrift auf dem Einlagekonto zum Geschäftsvermögen des Inhabers (Beteiligungsquote) 65

---

162) *Koller*, in: Koller/Roth/Morck, HGB, § 230 Rz. 16; näher zum Zusammenwirken der schuldrechtlichen und gesellschaftsrechtlichen Folgen MünchKomm-*K. Schmidt*, HGB, § 230 Rz. 157; *Blaurock*, StG § 6 Rz. 6.50 ff.

163) Ob dem stillen Gesellschafter in einem solchen Fall nach dem Rechtsgedanken des § 610 BGB a. F. (jetzt § 490 Abs. 1 BGB) im Zweifel ein außerordentliches Kündigungsrecht zusteht, ist streitig; dafür *Karsten Schmidt*, KTS 1977, 1, 5.

164) BGHZ 7, 174, 178 f; *Baumbach/Hopt*, HGB, § 230 Rz. 22; *Kühn*, in: Münchener Handbuch des Gesellschaftsrechts II, § 83 Rz. 16, 20; *Klauss/Mittelbach*, Rz. 111; MünchKomm-*K. Schmidt*, HGB, § 230 Rz. 150.

gekoppelt wird und auch der Auseinandersetzungsanspruch bei Auflösung der stillen Gesellschaft (§ 235 HGB) von dem Kontostand abhängt.[165] Werden im Gesellschaftsvertrag keine Regelungen über die Bewertung der Vermögenseinlage getroffen, bestimmt sich die Bewertung der Vermögenseinlage nach objektiven Maßstäben.

c) Übertragbarkeit und Pfändbarkeit der stillen Beteiligung

66 Nach § 717 Satz 1 BGB sind die einzelnen aus der Mitgliedschaft in einer GbR folgenden Rechte (Vermögens- und Verwaltungsrechte) nicht übertragbar. Dieses **Abspaltungsverbot** gilt auch für die stille Gesellschaft. Danach können etwa die Informations- und Kontrollrechte aus § 233 HGB sowie vertraglich eingeräumte die Widerspruchs- oder Geschäftsführungsrechte nicht auf dritte Personen übertragen werden.[166] Auch die Überlassung der Rechte zur Ausübung im eigenen Namen ist nicht zulässig.

67 Nur die in § 717 Satz 2 BGB aufgeführten (Einzel-)Ansprüche auf den **anteiligen Gewinn** (§ 232 HGB) und das **künftige Auseinandersetzungsguthaben** (§ 235 HGB) sind übertragbar (und damit auch verpfändbar), soweit nicht vertraglich etwas anderes vereinbart ist (§ 399 BGB).[167] Wenn die Voraussetzungen für die Entstehung des (künftigen) vermögensrechtlichen Anspruchs in der Person des stillen Gesellschafters erfüllt sind, erwirbt der Zessionar den Anspruch in Höhe des abgetretenen Betrags. Zwar gehen auf den Zessionar nicht etwa auch die Informations- und Kontrollrechte aus § 233 HGB über, jedoch ist der Geschäftsinhaber nach Treu und Glauben zur Mitteilung des errechneten Anspruchs (z. B. Gewinnanteil) verpflichtet.[168] Eine Vorausabtretung wird jedoch hinfällig, wenn der stille Gesellschafter seine Beteiligung auf einen Dritten überträgt, bevor der Auseinandersetzungsanspruch in seiner Person entstanden ist. Nur der Erbe des stillen Gesellschafters, auf den die Beteiligung im Wege der Gesamtrechtsnachfolge übergegangen ist, bleibt daran gebunden, wenn der stille Gesellschafter im voraus über den künftigen vermögensrechtlichen Anspruch

---

165) *Blaurock*, StG § 6 Rz. 6.61.

166) BGH, Urt. v. 3. 11. 1975 – II ZR 98/74, BB 1976, 11.

167) *Blaurock*, StG, § 10 Rz. 10.29 ff; MünchKomm-*K. Schmidt*, HGB, § 230 Rz. 174; BGH, Urt. v. 12. 1. 1998 – II ZR 98/96, ZIP 1998, 509 = NJW 1998, 1551 f (Rückgewähranspruch aus § 732 BGB); weitergehend *Heymann/Horn*, HGB, § 230 Rz. 49 (auch die Ansprüche aus Geschäftsführung bei atypischer stiller Gesellschaft). Umgekehrt kann der Geschäftsinhaber grundsätzlich einen Anspruch auf Leistung der rückständigen Einlage oder auf seine Geschäftsführervergütung abtreten; *Gehrlein*, in: Ebenroth/Boujong/Joost, HGB, § 230 Rz. 62 m. w. N.

168) BGH BB 1976, 11.

verfügt hat.[169] Die Gläubiger des stillen Gesellschafters können die nach § 717 Satz 2 BGB übertragbaren (Einzel-)Ansprüche auf den Gewinnanteil und das künftige Auseinandersetzungsguthaben auch pfänden und sich zur Einziehung überweisen lassen (§ 851 ZPO).[170]

Entgegen der allgemeinen Ansicht ergibt sich die grundsätzlich fehlende **Übertragbarkeit der Mitgliedschaft** in der stillen Gesellschaft nicht aus § 717 Satz 1 BGB, sondern folgt aus allgemeinen Grundsätzen, namentlich dem Erfordernis der Zustimmung zu einer Vertragsübernahme (§§ 414, 415 BGB).[171] In der Sache unbestritten ist jedenfalls, dass ein Wechsel des stillen Gesellschafters durch rechtsgeschäftliche Übertragung der stillen Beteiligung nur zulässig ist, wenn der Geschäftsinhaber damit einverstanden ist.[172] Rechtstechnisch wird die Übertragung dadurch bewirkt, dass der Erwerber anstelle des bisherigen stillen Gesellschafters in den bestehenden Gesellschaftsvertrag eintritt.[173] Die notwendige **Zustimmung des Geschäftsinhabers** kann schon im Gesellschaftsvertrag erteilt werden. Er kann im übrigen auch nach Treu und Glauben (§ 242 BGB) verpflichtet sein, die Zustimmung zu erteilen.[174] Mussten in einer Personengesellschaft, an der eine stille Gesellschaft besteht, intern alle Gesellschafter der Begründung der stillen Gesellschaft zustimmen, gilt dies auch für die Übertragung der stillen Beteiligung.[175] Das Zustimmungsrecht besteht analog für die dingliche Belastung der stillen Beteiligung, beispielsweise mit einem Nießbrauch (§ 1069 BGB),[176] oder die Verpfändung der stillen Beteiligung (§ 859 Abs. 1 ZPO). Eine „**Anteilspfändung**" ist für die stille Gesellschaft als Innengesellschaft zwar nicht unumstritten, aber schon deshalb anzuerkennen, weil sie ge- 68

169) Vgl. BGH, Urt. v. 14. 7. 1997 – II ZR 122/96, ZIP 1997, 1589, 1590 = NJW 1997, 3370 = DStR 1997, 1615, dazu EWiR 1997, 1033 *(Schultz)* und BGH, Urt. v. 13. 11. 2000 – II ZR 52/99, ZIP 2001, 69 = DStR 2001, 494 (m. Anm. *Goette*) = DB 2001, 140 = NZG 2001, 164, dazu EWiR 2001, 217 *(Marotzke/Harder)*.

170) *Karsten Schmidt*, KTS 1977, 1, 6 f; MünchKomm-*K. Schmidt*, HGB, § 230 Rz. 176; *Gehrlein*, in: Ebenroth/Boujong/Joost, HGB, § 230 Rz. 66; *Heymann/Horn*, HGB, § 230 Rz. 50; *Bezzenberger/Keul*, in: Münchener Handbuch des Gesellschaftsrechts II, § 89 Rz. 16.

171) *Soergel/Hadding*, § 719 Rz. 14, anders in der Begründung MünchKomm-*Ulmer*, HGB, § 719 Rz. 21.

172) BGH NZG 1998, 342, 343; *Blaurock*, StG, § 10 Rz. 10.33; *Heymann/Horn*, HGB, § 230 Rz. 49; MünchKomm-*K. Schmidt*, HGB, § 230 Rz. 175.

173) Siehe allgemein BGH, Urt. v. 28. 4. 1954 – II ZR 7/53, BGHZ 13, 179, 185 f.

174) *Koenigs*, S. 259 f; MünchKomm-*K. Schmidt*, HGB, § 230 Rz. 175.

175) *Schlegelberger/K. Schmidt*, HGB, § 230 Rz. 160; a. A. *Heymann/Horn*, HGB, § 230 Rz. 49.

176) *Gehrlein*, in: Ebenroth/Boujong/Joost, HGB, § 230 Rz. 65; *Wagner*, in: Hadding/Uwe H. Schneider, S. 105, 114 ff.

danklich jedenfalls als Pfändung aller aus der Mitgliedschaft folgenden Rechte vorstellbar ist.[177]

69 Weitere Zustimmungserfordernisse kommen grundsätzlich hinzu, wenn die **stille Gesellschaft mehrgliedrig** ist – hier müssen auch die anderen, gesellschaftsrechtlich verbundenen stillen Gesellschafter der Übertragung einer Mitgliedschaft (stillen Beteiligung) zustimmen.[178] Die Zustimmung wird jedoch regelmäßig entweder im Gesellschaftsvertrag vorweggenommen oder die Befugnis zur Erteilung der Zustimmung wird auf einen Beirat oder seltener auf die Gesellschafterversammlung übertragen.[179]

2. Geschäftsinhaber

70 Die Beitragsleistung des Geschäftsinhabers besteht in der **Führung seines Handelsgeschäfts** im gemeinsamen Interesse auf gemeinsame Rechnung.[180] Durch den Abschluss des stillen Gesellschaftsvertrags wird der Betrieb des Handelsgeschäfts zugleich zum Zweck der stillen Gesellschaft. Im Innenverhältnis zum stillen Gesellschafter ist der Geschäftsinhaber daher bestimmten Schranken unterworfen, die neben dem Gesellschaftszweck auf die allgemeine Treuepflicht und die Teilhabe des stillen Gesellschafters an den Ergebnissen des Unternehmens zurückzuführen sind. Entsprechend obliegt es dem Geschäftsinhaber, den Zweck zu wahren und die in sein Vermögen übergegangene Einlage des stillen Gesellschafters nur zweckentsprechend (d. h. für den Betrieb des Unternehmens) zu verwenden.[181]

71 Ferner gehört dazu, dass der Geschäftsinhaber im Rahmen seines unternehmerischen Gestaltungsspielraums die im Zeitpunkt der Errichtung der stillen Gesellschaft bestehenden Grundlagen erhalten muss. **Grundlagenänderungen**, vor allem also die wesentliche Veränderung (Einschränkung oder Erweiterung)

---

177) Vgl. MünchKomm-*K. Schmidt*, HGB, § 230 Rz. 176; *Heymann/Horn*, HGB, § 230 Rz. 50; *Gehrlein*, in: Ebenroth/Boujong/Joost, HGB, § 230 Rz. 66; i. E. auch *Wagner*, in: Hadding/Uwe H. Schneider, S. 105, 112.

178) *Schlegelberger/K. Schmidt*, HGB, § 230 Rz. 160; MünchKomm-*K. Schmidt*, HGB, § 230 Rz. 175.

179) *Reusch*, S. 238.

180) *Blaurock*, StG, § 12 Rz. 12.5; *Gehrlein*, in: Ebenroth/Boujong/Joost, HGB, § 230 Rz. 40.

181) Vgl. *Heymann/Horn*, HGB, § 230 Rz. 35.

oder wirtschaftliche Umgestaltung des Handelsgeschäfts[182] (z. B. durch Verpachtung, Aufnahme neuer Gesellschafter, Kapitalentzug, wesentliche Änderung der Betriebs- oder Rechtsform), die Aufgabe (Einstellung) oder Veräußerung des Handelsgeschäfts sowie Geschäfte außerhalb des Unternehmensgegenstands können nicht mehr ohne **Zustimmung des stillen Gesellschafters** vorgenommen werden.[183] Ein solches Zustimmungsrecht ist auch ohne entsprechende vertragliche Regelung anzunehmen. Was als Änderung der Grundlagen des Handelsgeschäfts zu qualifizieren ist, ist dann aber häufig nur schwer bestimmbar. Die Beurteilung hat sich im Einzelfall an den Grundsätzen von Treu und Glauben, der Handelsüblichkeit und der Verkehrssitte zu orientieren.[184]

IV. Rechtsstellung der Beteiligten

Die Rechtsstellung der Beteiligten eines stillen Gesellschaftsverhältnisses wird 72
durch die im Gesellschaftsvertrag bestimmten Beitragspflichten bereits maßgeblich vorgegeben. Angesichts des gemeinsam zu verfolgenden Zwecks unterliegen der Geschäftsinhaber und der stille Gesellschafter einer **gegenseitigen Treuebindung.**[185] Sie sind insbesondere gehalten, auf die gemeinschaftlichen Interessen Rücksicht zu nehmen und nicht zum Nachteil der Gesellschaft zu handeln. Im Zweifel schließt dies auch die Pflicht zur Geheimhaltung der stillen Gesellschaft mit ein. Die Rechte und Pflichten der Beteiligten sind zunächst in Anlehnung an das gesetzliche Leitbild (§§ 230 ff HGB) darzustellen, um anschließend die beinahe unüberschaubare Vielfalt individueller vertraglicher Ausgestaltung – zumindest exemplarisch – zu veranschaulichen (unten Rz. 117 ff).

---

182) BGH, Urt. v. 25. 9. 1963 – V ZR 133/61, WM 1963, 1209, 1210 = BB 1963, 1277; BGH, Urt. v. 29. 6. 1987 – II ZR 173/86, ZIP 1987, 1316; 1318 = NJW 1988, 413, dazu EWiR 1987, 1219 *(Blaurock)*.

183) MünchKomm-*K. Schmidt*, HGB, § 230 Rz. 137; *Klauss/Mittelbach*, Rz. 68; *Heymann/Horn*, HGB § 230 Rz. 35; *Reusch*, S. 111.

184) *Blaurock*, StG, § 12 Rz. 12.12. Aus der Praxis der Gerichte siehe BGH, Urt. v. 24. 4. 1980 – II ZR 144/79, BB 1980, 958 (Realisierung eines anderen Filmprojekts als im Gesellschaftsvertrag einer mehrgliedrigen stillen Gesellschaft vorgesehen); BGH WM 1963, 1209 (Veräußerung des zur Betriebsfortführung benötigten Grundstücks); BGH, Urt. v. 29. 6. 1987 – II ZR 173/86, ZIP 1987, 1316 = WM 1987, 1198, 1194, dazu EWiR 1987, 1219 *(Blaurock)* (Auszahlung der Einlage des Stillen an nahestehendes Unternehmen ohne entsprechende Gegenleistung).

185) BGH, Urt. v. 11. 7. 1951 – II ZR 45/50, BGHZ 3, 75, 81; BGH, Urt. v. 29. 6. 1987 – II ZR 173/86, ZIP 1987, 1316, 1318; BGH, Urt. v. 14. 11. 1994 – II ZR 160/93, ZIP 1995, 738 = NJW 1995, 1353, 1354; *Blaurock*, StG, § 12 Rz. 12.1; *Sudhoff/Schlitt*, GmbH & Co KG, § 39 Rz. 78. Die Intensität der Treuebindung hängt von der näheren Ausgestaltung des Gesellschaftsvertrages ab. Stärkere Bindungen können sich etwa ergeben, wenn der stille Gesellschafter an der Geschäftsführung beteiligt ist.

1. Organisationsstruktur und Außenhaftung

a) Geschäftsführung durch den Geschäftsinhaber

aa) Pflichteninhalt

73 Die Geschäftsführung für das Handelsgeschäft (und damit für die stille Gesellschaft) ist grundsätzlich Aufgabe und Pflicht des Geschäftsinhabers, die ihm – wie § 230 Abs. 2 HGB zu entnehmen ist – auch nicht erst verliehen werden muss. Die Regelung in § 712 BGB, nach der einem Gesellschafter die Geschäftsführungsbefugnis aus wichtigem Grund durch Beschluss der anderen Gesellschafter entzogen werden kann, findet auf den Geschäftsinhaber keine Anwendung.[186] Der Unterschied zur Rechtslage vor Begründung der stillen Gesellschaft besteht nur darin, dass der Geschäftsinhaber das eigene Handelsgeschäft fortan für gemeinsame Rechnung führt.[187]

74 Bei der Geschäftsführung steht ihm das **weite unternehmerische Ermessen** zu, das für die Führung von Handelsunternehmen anerkannt ist.[188] Abzugrenzen sind die (Geschäftsführungs-)Befugnisse gegen den beschriebenen Bereich der Grundlagenentscheidungen (oben Rz. 71), der der alleinigen Dispositionsbefugnis des Geschäftsinhabers entzogen ist. Die Grenzen zwischen Handlungen, die der Geschäftsführung zuzuweisen sind und solchen, die an die Grundlagen der stillen Gesellschaft heranreichen, sind indes insbesondere bei der stillen Gesellschaft fließend.[189] Es empfiehlt sich daher, durch präzise **Vereinbarungen** im Gesellschaftsvertrag eine klare Grenzziehung vorzunehmen.

75 Außerhalb des Bereichs der Grundlagengeschäfte hat der stille Gesellschafter nach dem gesetzlichen Leitbild rechtlich keine Möglichkeit, auf die Geschäftsführung Einfluss zu nehmen. Auch bei ungewöhnlichen Geschäften muss sich der Geschäftsinhaber nicht der Zustimmung des stillen Gesellschafters vergewissern und dieser hat auch **kein Widerspruchsrecht** (analog § 164 Satz 2

---

186) Bei atypischer Ausgestaltung der stillen Gesellschaft kann im Gesellschaftsvertrag allerdings vereinbart werden, dass der stille Gesellschafter die Berechtigung hat, dem Inhaber die Geschäftsführung zu entziehen oder einen anderen mit den Geschäftsführungsaufgaben zu betrauen; *Blaurock*, StG, § 12 Rz. 12.88.

187) Grundsätzlich bedeutet die „gemeinsame Rechnung" nicht, dass der Geschäftsinhaber Aufwendungen aus der Geschäftsführung gegen den stillen Gesellschafter nach Maßgabe der §§ 713, 670 BGB geltend machen kann. Die Aufwendungen schmälern ohne weiteres den Unternehmensgewinn, ohne Ansprüche gegen den stillen Gesellschafter auszulösen; näher MünchKomm-*K. Schmidt*, HGB, § 230 Rz. 180 mit Nachweisen auch für die offenbar anderslautende h. M.

188) Vertragliche Einschränkungen des Beurteilungsspielraums sind möglich; *Koller*, in: Koller/Roth/Morck, HGB, § 230 Rz. 20.

189) Vgl. *Blaurock*, StG, § 12 Rz. 12.12, 12.26.

HGB).[190] Seine Stellung darf den Geschäftsinhaber freilich nicht zu einer treuwidrigen Führung der Geschäfte verleiten; insbesondere ist es ihm verwehrt, durch die Vereinbarung ungünstiger Vertragsinhalte Vermögenswerte des Unternehmens auf sich oder auf nahestehende Personen zu übertragen.[191]

Der Führung des Unternehmens (und damit der Erzielung der Gewinne) auf 76
gemeinsame Rechnung entspricht es auch, dass der Geschäftsinhaber aufgrund seiner geschäftsführenden Tätigkeit einem aus der allgemeinen Treuepflicht abzuleitenden **Wettbewerbsverbot** unterliegt.[192] Jedenfalls wenn die stille Gesellschaft im Innenverhältnis wie eine Kommanditgesellschaft ausgestaltet ist („atypische stille Gesellschaft"), kommt auch eine entsprechende Anwendung von §§ 112, 113 HGB in Betracht.[193] Im Rahmen der kartellrechtlichen Grenzen der Funktionsnotwendigkeit der Wettbewerbsbeschränkung zur Durchsetzung des Gesellschaftszwecks (§ 1 GWB)[194] sollten die Wettbewerbsverhältnisse im Gesellschaftsvertrag geregelt werden und können nach Bedarf auch durch eine Vertragsstrafe gesichert werden.

bb) Haftung bei Pflichtverletzung

Eine schuldhafte Verletzung der Pflichten durch den Inhaber des Handelsge- 77
schäfts berechtigt den stillen Gesellschafter nach allgemeinen zivilrechtlichen Grundsätzen (§ 280 BGB – positive Forderungsverletzung) zum **Schadensersatz.**[195] Der stille Gesellschafter hat einen Anspruch darauf, so gestellt zu werden, als sei die schädigende Handlung nicht vorgenommen worden. Der Schaden richtet sich nach dem entgangenen Gewinn (bzw. der geringeren Wertausschüttung), der nach dem gewöhnlichen Geschäftsverlauf voraussichtlich erwartet

190) *Heymann/Horn*, HGB, § 230 Rz. 34; *Schlegelberger/K. Schmidt*, HGB, § 230 Rz. 132. Zu Abgrenzungsproblemem siehe aber auch *Blaurock*, StG, § 12 Rz. 12.24 ff. Zur Möglichkeit, dem stillen Gesellschafter ein solches Widerspruchsrecht vertraglich einzuräumen, siehe *Klauss/Mittelbach*, Rz. 86.

191) BGH ZIP 1987, 1316, 1318.

192) MünchKomm-*K. Schmidt*, HGB, § 230 Rz. 141; *Blaurock*, StG, § 12 Rz. 12.52 ff. – Der stille Gesellschafter ist nach dem gesetzlichen Leitbild rein kapitalistisch an dem Handelsgewerbe des Geschäftsinhabers beteiligt; er unterliegt keinem Wettbewerbsverbot. Ein Wettbewerbsverbot analog § 112 HGB kommt allerdings auch für ihn in Betracht, wenn er als „atypischer stiller Gesellschafter" an der Geschäftsführung beteiligt ist; siehe *Armbrüster*, ZIP 1997, 261, 272 m. w. N.

193) MünchKomm-*K. Schmidt*, HGB, § 230 Rz. 141. Die unterschiedliche Herleitung des Wettbewerbsverbots ist v. auch wegen des Eintrittsrechts der Inhabergesellschaft von Bedeutung.

194) Eingehend dazu *Hoffmann/Doehner*, in: Münchener Handbuch des Gesellschaftsrechts II, § 82 Rz. 8.

195) BGH ZIP 1987, 1316, 1318 m. Anm. *Windbichler*, ZGR 1989, 434; *Heymann/Horn*, HGB, § 230 Rz. 39; MünchKomm-*K. Schmidt*, HGB, § 230 Rz. 140.

werden durfte (§ 252 BGB).[196] In einer atypischen stillen (mehrgliedrigen) Gesellschaft kann allerdings zweifelhaft sein, ob der Schadensersatz durch Leistung an die stillen Gesellschafter oder nur durch Wiederherstellung des Gesellschaftsvermögens zu leisten ist.[197] Nach der höchstrichterlichen Rechtsprechung ist eine Ersatzleistung an die stillen Gesellschafter selbst in der Regel nur möglich, wenn die Vermögensbindung der Ersatzleistung aufgrund gesellschaftsvertraglicher Vereinbarung (Mehrheitsbeschluss der stillen Gesellschafter) aufgehoben worden ist.[198] **Haftungsmaßstab** für die Nicht- oder Schlechterfüllung der gesellschaftsrechtlichen Verpflichtungen ist grundsätzlich § 708 BGB (Sorgfalt in eigenen Angelegenheiten, § 277 BGB).[199] Von dieser Haftungsmilderung ist jedoch nicht auszugehen, wenn – wie etwa in einer stillen Publikumsgesellschaft oder bei einer stillen Beteiligung an einer Publikumsgesellschaft – zwischen den Beteiligten kein von § 708 BGB vorausgesetztes Vertrauensverhältnis besteht (normaler Verschuldensmaßstab gemäß § 276 BGB).[200]

78 Bei schwerwiegenden Pflichtverletzungen des Geschäftsinhabers ist der stille Gesellschafter auch berechtigt, das Gesellschaftsverhältnis **fristlos zu kündigen** (§§ 234 Abs. 1 Satz 2 HGB, 723 Abs. 1 Satz 2, 3 BGB).[201] Neben diesem nachträglichen Schutz erscheint nicht ausgeschlossen, ihm auch das Recht zuzusprechen, im Wege der **Leistungsklage** die Durchführung oder Unterlassung bestimmter Geschäfte zu verlangen, wenn anderenfalls die Pflicht zur vertragsgemäßen Führung des Unternehmens verletzt würde.

b) Kontroll- und Informationsrechte des stillen Gesellschafters

79 Zur Wahrung seiner Interessen werden dem stillen Gesellschafter vom Gesetz in § 233 HGB Informations- und Kontrollrechte eingeräumt, die den **Rechten**

---

196) Näher *Blaurock*, StG, § 12 Rz. 12.39. Siehe auch die Unterscheidung der Schadensersatzformen nach *Windbichler*, ZGR 1989, 434, 440: (1) Wertminderung der stillen Beteiligung durch Schädigung des Geschäftsvermögens des Inhabers; (2) Verminderung der Ausschüttungschance durch zweckwidrige Verwendung von Liquiditätsreserven; (3) Verminderung der Gewinnchance durch schlechte Geschäfte des Inhabers.

197) In letzterem Sinne BGH ZIP 1987, 1316, 1318; *Gehrlein*, in: Ebenroth/Boujong/Joost, HGB, § 230 Rz. 48; krit. dagegen *Windbichler*, ZGR 1989, 434, 443; *Heymann/Horn*, HGB, § 230 Rz. 39. Danach ist bei dieser Form des Innenausgleichs zu berücksichtigen, dass eine Leistung in das Geschäftsvermögen Leistung des Geschäftsinhabers an sich selbst ist, was Kontrollprobleme aufwirft.

198) BGH NJW 1995, 1353, 1356.

199) *Gehrlein*, in: Ebenroth/Boujong/Joost, HGB, § 230 Rz. 39.

200) Vgl. BGH, Urt. v. 4. 7. 1977 – II ZR 150/75, BGHZ 69, 207, 209 ff = NJW 1977, 2311; *Blaurock*, StG, § 12 Rz. 12.40.

201) *Heymann/Horn*, HGB, § 230 Rz. 40; MünchKomm-*K. Schmidt*, HGB, § 230 Rz. 140.

eines Kommanditisten nach § 166 HGB entsprechen.[202] Das Informations- und Kontrollrecht steht dem stillen Gesellschafter als mitgliedschaftliches Recht grundsätzlich nur persönlich[203] und unabhängig von der Erfüllung seiner eigenen gesellschaftsrechtlichen Verpflichtungen zu.[204] Der stille Gesellschafter kann die Informations- und Kontrollrechte während des Bestehens der stillen Gesellschaft und auch in modifizierter Form nach Auflösung für die Überprüfung des Auseinandersetzungsguthabens und schwebender Geschäfte geltend machen.

aa) Gesetzliche Regelung

Das gesetzliche Kontrollrecht des stillen Gesellschafters ist nach § 233 Abs. 1 **80**
HGB im wesentlichen auf die **Prüfung der Richtigkeit des Jahresabschlusses** beschränkt. Hierzu kann er vom Geschäftsinhaber eine abschriftliche Mitteilung des Jahresabschlusses (Bilanz sowie Gewinn- und Verlustrechnung, § 242 Abs. 3 HGB) verlangen und die Bücher und Papiere einsehen.[205] Nur konsequent ist es, aus § 233 Abs. 1 HGB auch einen Anspruch des stillen Gesellschafters gegen den Geschäftsinhaber auf ordnungsgemäße Buchführung und Bilanzierung herzuleiten.[206]

Die **Pflicht zur Mitteilung des Jahresabschlusses** bedeutet zunächst Vorlage der **81**
vom Geschäftsinhaber aufzustellen Handelsbilanz und der Gewinn- und Verlustrechnung (§ 242 Abs. 3 HGB).[207] Über die Handelsbilanz hinaus können aber auch die Steuerbilanz, gesonderte Abrechnungen für die stille Gesellschaft oder andere Unterlagen abschriftlich verlangt werden, wenn diese für die Ge-

---

202) Eingehend zu den Informationsrechten des typischen stillen Gesellschafters *Schlitt*, S. 65 ff.

203) *Blaurock*, StG, § 12 Rz. 12.65; *Heymann/Horn*, HGB, § 233 Rz. 1; *Schlitt*, S. 141 ff. Zur ausnahmsweise zulässigen Beauftragung eines Dritten bei Verhinderung des Stillen siehe BGH, Urt. v. 8. 11. 1957 – II ZR 54/56, BGHZ 25, 115, 123; *Heymann/Horn*, HGB, § 233 Rz. 2; *Schlitt*, S. 145. Bedeutung hat dies auch für die Abtretung des Gewinnanteils (§ 717 Satz 2 BGB), die dem Zessionar keine Informationsrechte gegen den Geschäftsinhaber aus § 233 HGB, sondern nur einen vertraglichen Anspruch gegen den stillen Gesellschafter auf Mitteilung des errechneten Gewinnanteils verschafft (Treu und Glauben); vgl. BGHZ 25, 115, 122 ff; BB 1976, 11.

204) Insbesondere die Leistung der Einlage: *Blaurock*, StG, § 12 Rz. 12.68; *Baumbach/Hopt*, HGB, § 233 Rz. 1; MünchKomm-*K. Schmidt*, HGB, § 233 Rz. 3; *Kühn*, in: Münchener Handbuch des Gesellschaftsrechts II, § 81 Rz. 12; *Gehrlein*, in: Ebenroth/Boujong/Joost, HGB, § 233 Rz. 2.

205) Näher *Schlitt*, S. 85 ff.

206) *Blaurock*, StG, § 12 Rz. 12.72.

207) MünchKomm-*K. Schmidt*, HGB, § 233 Rz. 9; *Gehrlein*, in: Ebenroth/Boujong/Joost, HGB, § 233 Rz. 7.

winn- und Verlustbeteiligung des stillen Gesellschafters maßgeblich sind.[208] Denn deren Prüfung soll dem stillen Gesellschafter letztlich ermöglicht werden.

82 Auch das **Einsichtsrecht** besteht in dem Umfang, in dem die Einsichtnahme zur Prüfung der Bilanz erforderlich ist.[209] Die Begutachtung der Unterlagen ist in den Geschäftsräumen des Geschäftsinhabers zu angemessener Zeit und in angemessenem zeitlichen Rahmen vorzunehmen (Ausprägung der gegenseitigen Treuepflicht). Die Mitnahme der Dokumente kann der stille Gesellschafter nicht verlangen; allenfalls ist es ihm gestattet, von einzelnen Unterlagen Kopien anzufertigen.[210] Auch ist ihm zuzubilligen, einen Sachverständigen zur Prüfung hinzuziehen.[211]

83 Darüber hinaus stehen dem stillen Gesellschafter die in § 716 BGB dem von der Geschäftsführung ausgeschlossenen Gesellschafter zugewiesenen weiteren Rechte, sich von den Angelegenheiten der Gesellschaft jederzeit persönlich zu unterrichten, die Geschäftsbücher und die Papiere der Gesellschaft einzusehen und sich aus ihnen eine Übersicht über den Stand des Gesellschaftsvermögens anzufertigen, ausdrücklich nicht zu (§ 233 Abs. 2 HGB). Mit anderen Worten: Der stille Gesellschafter hat **kein Recht auf „laufende Information“**.[212] Entsprechend hat der stille Gesellschafter auch die allgemeinen zivilrechtlichen Auskunftsansprüche nach §§ 242, 810 BGB nicht, da anderenfalls seine nur eingeschränkte Einsichtnahmemöglichkeit umgangen werden könnte.[213]

84 Über den Wortlaut der ausdrücklich geregelten Informationsrechte hinaus wird man dem stillen Gesellschafter aber – auch ohne Vorliegen eines wichtigen Grundes[214] – ein **Recht auf ergänzende Auskunft** zusprechen müssen, soweit er sie zur sachgerechten Wahrnehmung seiner Gesellschafterrechte, insbesondere zur Kontrolle des Jahresabschlusses, zur Beurteilung strukturändernder Geschäfte (Grundlagengeschäfte) oder zur Ausübung seines für andere Maßnah-

---

208) Vgl. *Blaurock*, StG, § 12 Rz. 12.69; *Gehrlein*, in: Ebenroth/Boujong/Joost, HGB, § 233 Rz. 7.

209) Eingehend *Schlitt*, S. 90 f, 151 ff.

210) Vgl. *Baumbach/Hopt*, HGB, § 233 Rz. 4 i. V. m. § 118 Rz. 4; *Gehrlein*, in: Ebenroth/Boujong/Joost, HGB, § 233 Rz. 9; *Heymann/Horn*, HGB, § 233 Rz. 7; *Zutt*, in: GroßKomm. HGB, § 233 Rz. 8.

211) Vgl. *Blaurock*, StG, § 12 Rz. 12.71 (siehe dort auch zur gerichtlichen Bestellung des Sachverständigen im Streitfall). Wenn der Einsatz des Buchsachverständigen wegen Versäumnises des Geschäftsinhabers objektiv geboten war, muss dieser dem stillen Gesellschafter die Kosten erstatten. Allgemein zur Ausübung von Gesellschafter-Informationsrechten durch Sachverständige *Hirte*, BB 1985, 2208.

212) *Schlitt*, S. 85, 117 f.

213) *Blaurock*, StG, § 12 Rz. 12.86; *Schlitt*, S. 132.

214) A. A. *Kort*, DStR 1997, 1372; 1375.

men eingeräumten vertraglichen Mitwirkungs- und Widerspruchsrechts benötigt.[215)]

Fraglich kann sein, inwieweit sich das Kontrollrecht des stillen Gesellschafters gegen den Geschäftsinhaber auch auf dessen Beziehungen zu **verbundenen Unternehmen** (§ 16 AktG) erstreckt.[216)] Soweit dies der sachgerechten Prüfung der Bilanzen dient, erstreckt sich das Einsichtsrecht auch auf die Unterlagen des Geschäftsinhabers, die die Geschäftsvorfälle zu den verbundenen Unternehmen dokumentieren.[217)] Gleiches gilt für Unterlagen eines hundertprozentigen Tochterunternehmens des Geschäftsinhabers, weil anderenfalls die Möglichkeit der Ausgliederung die Kontrollrechte des stillen Gesellschafters verkürzen könnte, obwohl Interessen Dritter hier nicht berührt sind.[218)] Darüber hinaus ist eine prinzipielle Ausweitung des Einsichtsrechts auf Geschäftsunterlagen verbundener Unternehmen, an denen Rechte außenstehender Gesellschafter bestehen, abzulehnen. Etwas anderes kann sich hier allenfalls dann ergeben, wenn in Abwägung mit den Drittinteressen die Voraussetzungen eines außerordentlichen Auskunftsrechts nach § 233 Abs. 3 HGB erfüllt sind,[219)] etwa weil die Einlage nach dem stillen Gesellschaftsvertrag dem verbundenen Unternehmen zur Verfügung stehen soll und zwischen dem Geschäftsinhaber und dem Beteiligungsunternehmen eine besondere personelle und finanzielle Verflechtung festzustellen ist.[220)] 85

Auf Antrag des stillen Gesellschafters im Verfahren der freiwilligen Gerichtsbarkeit kann das Gericht, wenn wichtige Gründe vorliegen, die Mitteilung einer Bilanz und eines Jahresabschlusses oder sonstiger Aufklärungen sowie die Vorla- 86

215) Ausführlich *Schlitt*, S. 118 ff („Auskunftsanspruch praeter legem"); MünchKomm-*K. Schmidt*, HGB, § 233 Rz. 17 ff („Erweiterung durch Rechtsfortbildung"); *ders.*, Informationsrechte, S. 79; *Koller*, in: Koller/Roth/Morck, HGB, § 233 Rz. 2. Als problematisch erweist sich die Herleitung aus §§ 713, 666 BGB, weil diese Bestimmungen nur ein kollektives Informationsrecht statuieren; *Karsten Schmidt*, Informationsrechte, S. 66; *Schlitt*, S. 111 ff; *Gehrlein*, in: Ebenroth/Boujong/Joost, HGB, § 233 Rz. 13; siehe aber andererseits *Heymann/Horn*, HGB, § 233 Rz. 11.

216) Ausführlich hierzu *Schlitt*, S. 80 ff; *Blaurock*, StG, § 12 Rz. 12.77 ff.

217) BGH, Urt. v. 20. 6. 1983 – II ZR 85/82, ZIP 1983, 935, 936; BGH, Urt. v. 16. 1. 1984 – II ZR 36/83, ZIP 1984, 702, 703 = NJW 1984, 2470; *Blaurock*, StG, § 12 Rz. 12.78; *Gehrlein*, in: Ebenroth/Boujong/Joost, HGB, § 233 Rz. 10.

218) Vgl. BGHZ 25, 115, 118, BGH ZIP 1984, 702, 703; *Gehrlein*, in: Ebenroth/Boujong/Joost, HGB, § 233 Rz. 10.

219) Hierzu eingehend *Blaurock*, StG, § 12 Rz. 12.81; vgl. auch *Hepting*, in: Festschrift Pleyer, S. 301, 307.

220) Vgl. BGH ZIP 1984, 702, 703 f; MünchKomm-*K. Schmidt*, HGB, § 233 Rz. 9; *Hepting*, in: Festschrift Pleyer, S. 301, 306 f.

ge der Bücher und Papiere jederzeit anordnen (§ 233 Abs. 3 HGB).[221] Ob es sich bei § 233 Abs. 3 HGB um eine reine Verfahrensvorschrift, die ein **außerordentliches Informationsrecht** stillschweigend voraussetzt[222] oder aber um eine Bestimmung mit materiellem Gehalt handelt,[223] mag hier dahinstehen. Für die praktische Anwendung bringt diese Frage keine weiterführende Erkenntnis. Aus der Formulierung des Gesetzes „sonstige Aufklärungen" lässt sich jedenfalls ableiten, dass sich das außerordentliche Informationsrecht nicht in der Mitteilung der Bilanz und in der Vorlegung von Büchern und Papieren (Abs. 1) erschöpft, sondern sich auf jede Form der Auskunft, Vorlage und Einsichtnahme erstreckt.[224] Ein wichtiger Grund liegt vor, wenn der konkrete Verdacht besteht, dass die berechtigten Interessen des stillen Gesellschafters gefährdet sind, so etwa bei einem berechtigten Misstrauen gegen die Geschäftsführung des Geschäftsinhabers oder grundloser Verweigerung der Bucheinsicht.[225]

87 Prozessual sind sowohl die ordentlichen als auch die außerordentlichen Kontrollrechte im Wege der **Leistungsklage** vor den ordentlichen Gerichten geltend zu machen und nach §§ 883 ff ZPO zu vollstrecken.[226] Für den einstweiligen Rechtsschutz stellt sich die Frage, wie die Eilkompetenz des Registergerichts im Streitverfahren der freiwilligen Gerichtsbarkeit nach § 233 Abs. 3 HGB i. V. m. § 145 FGG vom Verfahren einer einstweiligen Verfügung (§§ 935 ff, 940 ZPO) abzugrenzen ist. Teilweise wird hierzu vertreten, **einstweiliger Rechtsschutz** werde für die außerordentlichen Kontrollrechte nur nach § 233 Abs. 3 HGB gewährt, während der stille Gesellschafter bei den ordentlichen Kontrollrechten wählen könne, ob er im Eilverfahren nach §§ 935 ff ZPO oder nach § 233 Abs. 3 HGB i. V. m. § 145 FGG vorgehe.[227] Hinreichend praktikabel ist dies nicht, wenn man bedenkt, dass doch häufig erst im Prozess geklärt wird, ob der stille Gesellschafter ein ordentliches oder außerordentliches Kontrollrecht geltend

---

221) Die Entscheidung erfolgt im Beschlussverfahren (§§ 145, 146 FGG) oder bei Vorliegen einer Schiedsklausel durch ein Schiedsgericht, *Blaurock*, StG, § 12 Rz. 12.76, § 10 Rz. 10.43 ff.

222) MünchKomm-*K. Schmidt*, HGB, § 233 Rz. 14; *Schlegelberger/K. Schmidt*, HGB, § 233 Rz. 9; *ders.*, Informationsrechte, S. 74 ff i. V. m. S. 79; ihm folgend *Baumbach/Hopt*, HGB, § 233 Rz. 6.

223) H. M., BGH ZIP 1984, 702, 703; *Heymann/Horn*, HGB, § 233 Rz. 9; *Schlitt*, S. 101 f; *Zutt*, in: GroßKomm. HGB, § 233 Rz. 14.

224) *Gehrlein*, in: Ebenroth/Boujong/Joost, HGB, § 233 Rz. 16; *Heymann/Horn*, HGB, § 233 Rz. 12; *Kühn*, in: Münchener Handbuch des Gesellschaftsrechts II, § 81 Rz. 5; *Schlitt*, S. 106.

225) BGH ZIP 1984, 702, 703; *Blaurock*, StG, § 12 Rz. 12.74; *Kühn*, in: Münchener Handbuch des Gesellschaftsrechts II, § 81 Rz. 5; *Kort*, DStR 1997, 1372, 1474; ausführlich *Schlitt*, S. 102 ff.

226) *Gehrlein*, in: Ebenroth/Boujong/Joost, HGB, § 233 Rz. 18 u. 20; *Heymann/Horn*, HGB, § 233 Rz. 10; MünchKomm-*K. Schmidt*, HGB, § 233 Rz. 28.

227) *Gehrlein*, in: Ebenroth/Boujong/Joost, HGB, § 233 Rz. 19; *Heymann/Horn*, HGB, § 233 Rz. 10.

machen konnte.[228] Richtig erscheint es daher, in § 233 Abs. 3 HGB ein spezielles Eilverfahren für alle Informations- und Kontrollrechte zu erblicken und daher eine Sperrwirkung für den einstweiligen Rechtsschutz nach §§ 935 ff, 940 ZPO anzunehmen.[229]

bb) Vertragliche Regelungen

Das Informations- und Kontrollrecht des stillen Gesellschafters kann – § 233 Abs. 3 HGB ausgenommen[230] – in atypischen Gestaltungen eingeschränkt, in jedem Fall aber vertraglich erweitert werden. 88

Die möglichen Formen der **Einschränkung des ordentlichen Informationsrechts** nach § 233 Abs. 1 HGB sind vielgestaltig.[231] Indessen ist ein völliger Ausschluss bedenklich.[232] Zwar wird man bei Verdacht einer unredlichen Geschäftsführung insoweit keine Sittenwidrigkeit annehmen können, da dem stillen Gesellschafter in jedem Fall das außerordentliche Informationsrecht aus wichtigem Grund verbleibt.[233] Von der besonderen Situation unlauterer Handlungen des Geschäftsinhabers abgesehen ist die abschriftliche Mitteilung des Jahresabschlusses als unverzichtbares Mindestinformationsrecht anzusehen, weil der Jahresabschluss für die Festlegung des Gewinnanspruchs des stillen Gesellschafters von zentraler Bedeutung ist.[234] Im übrigen ist eine so weitgehende Beschränkung als Indiz dafür anzusehen, dass keine stille Gesellschaft, sondern ein partiarisches Rechtsverhältnis vorliegt.[235] Die Beschränkungsmöglichkeiten liegen damit vor allem im Bereich des Einsichtsrechts. Voraussetzung dafür ist jedoch, dass die Einschränkung Bestandteil eines individuell ausverhandelten Gesellschaftsvertrages ist. In stillen Publikumsgesellschaften, in denen die Anleger keinen Einfluss auf die Ausgestaltung der Gesellschaftsverträge haben, können engere Grundsätze gelten. 89

Eine **Erweiterung des Kontrollrechts** ist grundsätzlich ohne weiteres möglich und insbesondere dann anzutreffen, wenn der stille Gesellschafter in „atypischen 90

---

228) So zu Recht MünchKomm-*K. Schmidt*, HGB, § 233 Rz. 29.

229) MünchKomm-*K. Schmidt*, HGB, § 233 Rz. 29.

230) Der zwingende Charakter des außerordentlichen Kontrollrechts entspricht h. M.; BGH ZIP 1984, 702, 703; *Heymann/Horn*, HGB, § 233 Rz. 14; *Klauss/Mittelbach*, Rz, 98; *Koenigs*, S. 171. Dagegen sind Schiedsvereinbarungen als zulässig anzusehen; näher *Schlitt*, 108 f.

231) Vgl. *Schlitt*, S. 98.

232) *Kort*, DStR 1997, 1372, 1375; a. A. BayObLG, Urt. v. 27. 10. 1988 – BReg. 3 Z 100/88, ZIP 1988, 1548 = WM 1988, 1789, 1790, dazu EWiR 1989, 273 *(Priester)*; *Heymann/Horn*, HGB, § 233 Rz. 14.

233) *Kort*, DStR 1997, 1372, 1375; a. A. *Blaurock*, StG, § 12 Rz. 12.89.

234) *Schlitt*, S. 96; siehe auch *Zutt*, in: GroßKomm. HGB, § 233 Rz. 17.

235) *Blaurock*, StG, § 12 Rz. 12.89; MünchKomm-*K. Schmidt*, HGB, § 233 Rz. 26.

Gestaltungen“ schuldrechtlich am Gesellschaftsvermögen beteiligt ist oder Geschäftsführungsbefugnisse wahrnimmt.[236] Auch ohne entsprechende vertragliche Regelung wird man annehmen müssen, dass der Umfang der Kontroll- und Informationsrechte des stillen Gesellschafters „akzessorisch“ zu einer vermögens- oder organisationsrechtlichen Erweiterung der Rechte des stillen Gesellschafters zunimmt.[237] Anderenfalls entstünde eine zunehmende Schieflage zwischen den Einflussmöglichkeiten bzw. der vermögensrechtlichen Beteiligung des stillen Gesellschafters und den Informationsrechten, die er zu deren sachgerechter Wahrnehmung oder Kontrolle benötigt.

91 Vor allem in mehrgliedrigen stillen Gesellschaften (unten Rz. 126 ff) kommt in Betracht, dass nicht jeder einzelne stille Gesellschafter das Kontrollrecht nach § 233 HGB ausüben darf, sondern dass dies durch einen Vertreter oder Beirat vorgenommen wird.[238] Gegen diese **Mediatisierung** des Informations- und Kontrollrechts in stillen Publikumsgesellschaften ist nichts einzuwenden, wenn sie von Anfang an in dem stillen Gesellschaftsvertrag vorgesehen ist[239] und die Regelung den Schutz der Anleger angemessen berücksichtigt. Im einzelnen müssen den stillen Gesellschafter danach ausreichende Einflussmöglichkeiten auf das Kollektivorgan bleiben (Wahl, Abwahl), und dieses muss seinerseits verpflichtet sein, die einzelnen stillen Gesellschafter in einer Anlegerversammlung zu informieren.[240] Auch das außerordentliche Kontrollrecht nach § 233 Abs. 3 HGB wird dann vorrangig durch das Kollektivorgan wahrgenommen; ein außerordentliches Individualkontrollrecht muss dem einzelnen stillen Gesellschafter allerdings verbleiben, soweit dies zum Schutz seiner Rechte erforderlich ist.[241]

92 Neben den individuellen – mediatisierten – Informationsrechten der einzelnen stillen Gesellschafter ist für die mehrgliedrige stille Gesellschaft außerdem ein **kollektives Informationsrecht** der Gesamtheit der stillen Gesellschafter aner-

---

236) Insoweit werden häufig die durch § 233 Abs. 2 HGB ausgeschlossenen Rechte auf laufende Information eingeräumt (§ 716 BGB); *Blaurock*, StG, § 12 Rz. 12.88; *Kort*, DStR 1997, 1372, 1375 f.

237) Wie hier *Karsten Schmidt*, Gesellschaftsrecht, § 62 IV 2a; *Schlitt*, S. 120; siehe auch *Zutt*, in: GroßKomm. HGB, § 233 Rz. 10; a. A. *Heymann/Horn*, HGB, § 230 Rz. 54.

238) Näher dazu *Schlitt*, S. 182 ff.

239) Zur nachträglichen Mediatisierung der Informationsrechte durch vertragsändernden Gesellschafterbeschluss *Schlitt*, S. 242 ff.

240) *Heymann/Horn*, HGB, § 233 Rz. 15; *Kort*, DStR 1997, 1372, 1376; ausführlich zum Pflichtenkatalog des Kollektivorgans *Schlitt*, S. 199 ff, 220 ff.

241) H. M., vgl. BGH ZIP 1984, 702, 703 f; *Heymann/Horn*, HGB, § 233 Rz. 15; *Blaurock*, StG, § 12 Rz. 12.66; *Reusch*, S. 202; MünchKomm-*K. Schmidt*, HGB, § 233 Rz. 27; weitergehend *Schlitt*, S. 215 ff; *Kort*, DStR 1997, 1372, 1376 (auch das Recht, eine Abschrift des Jahresabschlusses zu verlangen, ist unentziehbar).

kannt (§§ 713, 666 BGB).[242] Der Geschäftsinhaber erfüllt seine daraus folgende Informationsverpflichtung durch regelmäßige Berichterstattung in der Gesellschafterversammlung. Dabei kann er sich jedoch auf die Informationen beschränken, die vom Beirat nicht mitgeteilt worden sind. Das kollektive Informationsrecht hat daher nur subsidiäre Bedeutung. Auch insoweit kann eine Mediatisierung erfolgen, indem das kollektive Informationsrecht nur von einem Beirat ausgeübt wird.[243] Wenn der Beirat untätig bleibt, hat der einzelne stille Gesellschafter das Recht, vom Geschäftsinhaber Erfüllung des Informationsanspruchs gegenüber dem Beirat zu verlangen (actio pro socio).[244] Es ist dann nur konsequent, eine entsprechende Einzelklagebefugnis gegen den Beirat anzunehmen, wenn zwar der Geschäftsinhaber seine Informationspflichten erfüllt hat, jedoch der Beirat die Unterrichtung der Gesamtheit der stillen Gesellschafter schuldig geblieben ist.[245]

c) Außenhaftung

Die stille Gesellschaft tritt als Innengesellschaft im Geschäftsverkehr nicht auf. 93
Demnach wird sie auch nicht gemäß §§ 164 ff BGB durch den Inhaber des Handelsgewerbes vertreten. Vielmehr tritt der **Geschäftsinhaber** nach außen unter seiner Firma auf; ihn allein treffen auch die **Geschäftsverbindlichkeiten** (§ 230 Abs. 2 HGB). Der stille Gesellschafter wird aus den vom Inhaber des Handelsgeschäfts abgeschlossenen Rechtsgeschäften weder berechtigt noch verpflichtet. Auch bei noch ausstehender Vermögenseinlage des stillen Gesellschafters ändert sich hieran nichts; seine Einlage hat gerade nicht die Funktion einer Haftsumme, die den Gläubigern bei Nichteinzahlung einen unmittelbaren Zahlungsanspruch gewährt (Rz. 64). In der „typischen" stillen Gesellschaft wird nur intern insoweit eine durchgeführte Leistungs- und Risikogemeinschaft zwischen dem Stillen und dem Geschäftsinhaber begründet, als er seine Einlage – wenn er am Verlust teilnimmt – verlieren kann und die Einlage des stillen Gesellschafters in der Insolvenz des Geschäftsinhabers nach § 236 HGB als haftendes Kapital behandelt wird (unten Rz. 300 ff).[246]

Die gesetzliche Ordnung der Haftungsverhältnisse ändert sich grundsätzlich 94
auch dann nicht, wenn der stille Gesellschafter durch die **Übertragung von Ge-**

---

242) *Karsten Schmidt*, Informationsrechte, S. 30; MünchKomm-*K. Schmidt*, HGB, § 233 Rz. 20; *Baumbach/Hopt*, HGB, § 233 Rz. 7; *Zutt*, in: GroßKomm. HGB, § 233 Rz. 9; *Albracht*. S. 123; *Schlitt*, S. 125; *Reusch*, S. 209.

243) MünchKomm-*K. Schmidt*, HGB, § 233 Rz. 21; *Reusch*, S. 210 f; *Kort*, DStR 1997, 1372, 1376.

244) Näher *Schlitt*, S. 128 ff, 223 ff, ihm folgend *Kort*, DStR 1997, 1372, 1376. Grundlegend zur actio pro socio: *Hadding*, Actio pro socio; *ders.*, JZ 1975, 159.

245) *Schlitt*, S. 226.

246) *Blaurock*, StG, § 11 Rz. 11.15, 11.18.

schäftsführungsbefugnissen und der Erteilung einer Generalvollmacht in „atypischen" Gesellschaften zum eigentlichen Geschäftsführer und Vertreter des Geschäftsinhabers wird.[247] Hier kommt eine persönliche Haftung des stillen Gesellschafters allenfalls in Betracht, wenn er einen **Rechtsschein** zurechenbar dadurch gesetzt hat, dass er im Geschäftsverkehr als (OHG-)Gesellschafter aufgetreten ist.[248]

95 In den seltenen **Missbrauchsfällen**, in denen die stille Beteiligung bewusst dazu ausgenutzt wird, auf Kosten Dritter in sittenwidriger Weise vermögenswerte Vorteile zu erwirtschaften, wird ebenfalls eine unmittelbare Haftung des stillen Gesellschafters nach § 826 BGB anzunehmen sein.[249] Keiner näheren Erörterung bedarf es schließlich, dass der stille Gesellschafter auch haftet, wenn er für die Geschäftsschulden eine **Bürgschaft** (Garantie, Schuldmitübernahme) übernommen oder andere Sicherheiten gestellt hat.

2. Vermögensverhältnisse; Gewinn- und Verlustbeteiligung

a) Vermögen des Geschäftsinhabers

96 Die grundlegenden Vermögensverhältnisse in einer stillen Gesellschaft sind schnell zusammengetragen. Bereits aus der Verpflichtung des stillen Gesellschafters, die vertraglich vereinbarte Vermögenseinlage so zu leisten, dass sie in das Vermögen des Inhabers des Handelsgeschäfts übergeht (§ 231 Abs. 1 HGB), kann entnommen werden, dass nicht vorgesehen ist, ein gesamthänderisch gebundenes Gesellschaftsvermögen zu bilden. Wie bereits festgestellt, kann die stille Gesellschaft als Innengesellschaft **kein Gesamthandsvermögen** erwerben.[250] Nach Gründung der stillen Gesellschaft bleibt der Geschäftsinhaber – wie zuvor – Eigentümer und Besitzer bzw. Inhaber der das Geschäftsvermögen umfassenden Gegenstände. Mit Einbringung der als Vermögenseinlage vorgesehenen Gegenständen in sein Geschäftsvermögen erhält er auch hieran Eigentum. Die vermögensrechtliche stille Beteiligung ist danach auf ein „qualifiziertes

---

247) Vgl. BGH, Urt. v. 6. 11. 1963 – IV ZR 32/63, BB 1964, 327, 327 = WM 1964, 296, 297; BGH, Urt. v. 19. 10. 1966 – II ZR 152/64, WM 1966, 1219, 1221; MünchKomm-*K. Schmidt*, HGB, § 230 Rz. 13. Zum Verhältnis von Einfluss im Unternehmen und gesellschaftsrechtlicher Haftungsstruktur allgemein *Blaurock*, in: Festschrift Stimpel, 1985, S. 553.

248) *Koller*, in: Koller/Roth/Morck, HGB, § 230 Rz. 19 (dort auch zu weiteren Haftungstatbeständen). Eine Rechtsscheinshaftung ist von Bedeutung, wenn der stille Gesellschafter selbst Geschäftsinhaber war und sein Unternehmen mit Firma auf den neuen Geschäftsinhaber übertragen hat, ohne dies ordnungsgemäß eintragen und bekanntmachen zu lassen; siehe MünchKomm-*K. Schmidt*, HGB, § 230 Rz. 15.

249) *Blaurock*, StG, § 12 Rz. 12.105 m. w. N.; MünchKomm-*K. Schmidt*, HGB, § 230 Rz. 16.

250) Vgl. *Schlegelberger/K. Schmidt*, HGB, § 230 Rz. 9; *Groh*, in: Festschrift Kruse, 2001, S. 417, 417; *Gehrlein*, in: Ebenroth/Boujong/Joost, HGB, § 230 Rz. 4.

Kreditverhältnis“[251] beschränkt, zumal sie ausdrücklich keine dingliche Beteiligung (Mitberechtigung) des stillen Gesellschafters am Gesellschaftsvermögen des Handelsgeschäfts gewährt.

b) Gewinnbeteiligung des stillen Gesellschafters

In einer stillen Gesellschaft ist die anteilsmäßige Beteiligung des stillen Gesellschafters am (Bilanz-)Gewinn des gesamten oder eines Teils des Handelsunternehmens (z. B. einer Niederlassung, Zweigstelle oder einzelner Abteilungen) zwingend vorgesehen, § 231 Abs. 1 HGB. Die Gewinnbeteiligung kann demnach vertraglich nicht ausgeschlossen werden (§ 231 Abs. 2, 2. Halbs. HGB).[252] Ein Rechtsverhältnis, in dem eine Gewinnbeteiligung abbedungen ist, ist zwar nicht unwirksam, kann aber jedenfalls keine stille Gesellschaft sein.[253] Charakteristisch für eine stille Beteiligung ist, dass der stille Gesellschafter das Risiko des geschäftlichen Erfolges des Unternehmens mitträgt. Diese „Beteiligung“ am geschäftlichen Risiko durch den stillen Gesellschafter ist auch dann gegeben, wenn die Gewinnbeteiligung betragsmäßig oder prozentual auf einen **Höchst- oder Mindestsatz** festgesetzt wird.[254] 97

Dagegen genügt eine feste, von den wechselnden Geschäftsergebnissen unabhängige Verzinsung nicht.[255] Sie indiziert, dass das Rechtsverhältnis als Darlehen und nicht als stille Gesellschaft ausgestaltet ist. Keine Gewinnbeteiligung ist auch die bloße Umsatzbeteiligung, da hier die Erzielung eines Gewinns in einem Geschäftsjahr gerade nicht Voraussetzung für die Ausschüttung eines Anteils ist; zwingend notwendig ist jedenfalls eine Koppelung der Zahlungszusage an ein positives Geschäftsergebnis des Handelsgeschäfts.[256] 98

aa) Dispositive gesetzliche Regeln zur Gewinnberechnung

Die dispositive gesetzliche Regelung in § 231 Abs. 1 HGB erfasst nur den Fall, dass die Beteiligten keine Regelung über Art und Umfang der Gewinnbeteiligung des stillen Gesellschafters getroffen haben. 99

---

251) *Karsten Schmidt*, ZHR 140 (1976), 475, 478.

252) Ein Ausschluss der Gewinnbeteiligung des Geschäftsinhabers ist demgegenüber rechtlich zulässig, wenn der Inhaber im Innenverhältnis von den Verlusten des Handelsgeschäfts befreit ist. Er kommt in Betracht, wenn die stille Gesellschaft Treuhandzwecken dient; *Blaurock*, StG, § 7 Rz. 7.15; MünchKomm-*K. Schmidt*, HGB, § 231 Rz. 25.

253) *Haarmann*, in: Festschrift Müller, S. 425, 428 m. w. N.

254) *Baumbach/Hopt*, HGB, § 231 Rz. 2; *Blaurock*, StG, § 7 Rz. 7.6 m. w. N.

255) Zutreffend MünchKomm-*K. Schmidt*, HGB, § 231 Rz. 24; vgl. auch *Blaurock*, StG, § 7 Rz. 7.4 m. w. N. („festen Anteil“).

256) Vgl. RG, Urt. v. 6. 12. 1928 – IV 93/28, RGZ 122, 387, 390; *Blaurock*; StG, § 7 Rz. 7.5; *Gehrlein*, in: Ebenroth/Boujong/Joost, HGB, § 230 Rz. 19.

100 Hier gilt ein den Umständen nach **„angemessener Anteil"** als bedungen. Bei der Festsetzung der Quote sind Art und Umfang der Einlage und ihr Verhältnis zum Geschäftsvermögen, Verlustbeteiligung oder -ausschluss sowie zusätzliche Beitragsleistungen des stillen Gesellschafters zu berücksichtigen.[257)] Sollten die Beteiligten nur die Verlustbeteiligung näher bestimmt haben, gilt die Quote im Zweifel auch für die Gewinnbeteiligung (§ 722 Abs. 2 BGB). Die gesetzliche Regelung sieht in § 232 Abs. 1 HGB außerdem vor, dass am Schluss jedes Geschäftsjahres der Gewinn zu berechnen und der auf den stillen Gesellschafter fallende Anteil an ihn auszuzahlen ist. Für die Gewinn- und Verlustberechnung im Verhältnis zum stillen Gesellschafter ist neben der Handelsbilanz des Geschäftsinhabers, in der die stille Gesellschaft nur als Verbindlichkeit in Erscheinung tritt, eine **Nebenrechnung** erforderlich.[258)] Dabei handelt es sich nicht um eine Bilanz der stillen Gesellschaft, die als Innengesellschaft keinen Buchführungs- oder Bilanzierungspflichten unterliegt,[259)] sondern um eine interne Rechnungslegung zur Berechnung von Gewinn- und Verlust durch den Geschäftsinhaber.[260)] In der Praxis wird die Abrechnung mit dem stillen Gesellschafter der Bilanzaufstellung des Geschäftsinhabers vorausgehen und dann in die Rechnungslegung des Unternehmens einfließen.[261)]

101 **Stehengelassene Gewinne** führen – mangels anderer Vereinbarungen – nicht zu einer Erhöhung des Einlagekontos des stillen Gesellschafters (§ 232 Abs. 3 HGB).

bb) Gesellschaftsvertragliche Regeln zur Gewinnberechnung

102 Die Beteiligten des stillen Gesellschaftsverhältnisses können die Gewinnbeteiligung im Gesellschaftsvertrag regeln. Diese Vereinbarung ist dann primär maßgeblich. Bei der näheren Ausgestaltung des zwischen ihnen verteilbaren Gewinns sind die Beteiligten grundsätzlich keinen Einschränkungen unterworfen. Aufgrund der **weitreichenden Gestaltungsfreiheit** können etwa die **Wertansätze** in der für die Gewinnbeteiligung gesondert erstellten „Bilanz" bzw. Nebenrechnung, das relevante Verhältnis (z. B. Einlage des Stillen zum Geschäftsvermö-

---

257) *Bezzenberger/Keul*, in: Münchener Handbuch des Gesellschaftsrechts II, § 86 Rz. 37.

258) MünchKomm-*K. Schmidt*, HGB, § 232 Rz. 11; *Heymann/Horn*, HGB, § 232 Rz. 2; *Groh*, in: Festschrift für Kruse, 2001, S. 417, 422.

259) Siehe bereits *Knoche*, BB 1972, 656; *Döllerer*, DStR 1985, 295, 296.

260) Vgl. *Blaurock*, StG, § 14 Rz. 14.8 u. § 13 Rz. 13.79; MünchKomm-*K. Schmidt*, HGB, § 232 Rz. 11; missverständlich *Klauss/Mittelbach*, Rz. 134. Siehe aber auch *Groh*, in: Festschrift für Kruse, S. 417, 422 ff, der zwar ebenfalls keine Handelsbilanz, wohl aber eine Steuerbilanz der atypischen stillen Gesellschaft annimmt, weil sie steuerrechtlich als „Subjekt der Gewinnerzielung und Gewinnermittlung" anerkannt sei.

261) MünchKomm-*K. Schmidt*, HGB, § 232 Rz. 14.

gen), die Berechnungsgrundlage für die Gewinn- und Verlustfeststellung – Handelsbilanz oder Steuerbilanz – bestimmt oder die Gewinnteilhabe auf Gewinne aus bestimmten Geschäftstätigkeiten[262] beschränkt werden. Dies hat in der Praxis zur Ausformung so unterschiedlicher Gewinnbeteiligungsstrukturen geführt, dass hier nur versucht werden kann, einige Leitlinien aufzuzeigen.

Der aus dem Handelsgeschäft stammende **(Betriebs-)Gewinn** folgt als positives 103 Ergebnis eines Wirtschaftsjahres zunächst aus dem handelsrechtlichen Jahresabschluss (Bilanz sowie Gewinn- und Verlustrechnung, § 242 Abs. 3 HGB) des Unternehmens. Neben der Handelsbilanz kann aber auch die Steuerbilanz für eine Gewinnbeteiligung als maßgebliche Referenz vereinbart werden.[263] Ob der **handels- oder steuerrechtliche Jahresabschluss** als Berechnungsgrundlage für den Gewinnanteil des stillen Gesellschafters herangezogen wird,[264] spielt dann eine Rolle, wenn das Unternehmen die Handelsbilanz nicht (soweit wie zulässig) der Steuerbilanz anpasst. Ist dies nicht der Fall, wird in der Praxis offenbar die Steuerbilanz bevorzugt.[265] Dies hat für den stillen Gesellschafter nicht nur den Vorteil der Kontrolle durch die Finanzbehörden, sondern auch dass die durch Unterbewertungen auf der Aktivseite handelsrechtlich zulässige Bildung stiller Reserven zu Lasten des Jahresgewinns hier nicht in gleichem Umfang möglich ist.[266] Aus Sicht des Geschäftsinhabers sind insoweit Modifikationen angezeigt, als bestimmte Ausgaben, die handelsrechtlich und betriebswirtschaftlich Aufwand sind, vom Steuerrecht nicht als Betriebsausgaben anerkannt werden.[267]

Die Gewinne müssen im Rahmen des vereinbarten **Gesellschaftszwecks** und un- 104 abhängig von der Begründung ihrer geschäftlichen Grundlage seit Bestehen der stillen Gesellschaft erzielt worden sein.[268] Abweichend kann für das maßgebliche Geschäftsjahr eine Regelung getroffen werden, dass nur solche Geschäfte relevant sind, die nach Begründung der stillen Gesellschaft vom Geschäftsinhaber abgeschlossen werden und solche, deren Abschluss zeitlich vorher liegt, die

---

262) Vgl. MünchKomm-*K. Schmidt*, HGB, § 232 Rz. 3.

263) *Blaurock*, StG, § 7 Rz. 7.2.

264) Ausführlich zu den Vorzügen und Nachteilen *Blaurock*, StG, § 14 Rz. 14.18 ff.

265) *Groh*, in: Festschrift für Kruse, S. 417, 421 f. Die Zulässigkeit der Heranziehung der Steuerbilanz ist seit BFH, Urt. v. 9. 7. 1969 – I R 188/67, BStBl II 1969, 690 ff unbestritten.

266) *Blaurock*, StG, § 14 Rz. 14.30 („reservenfeindlich"). Andererseits kann die Vereinbarung, dass die Steuerbilanz maßgeblich ist, auch dazu führen, dass der Geschäftsinhaber von steuerrechtlich zugelassenen Abschreibungsmöglichkeiten auch dann Gebrauch machen kann, wenn diese das Jahresergebnis gewinnmindernd beeinflussen; OLG Bremen, Urt. v. 9. 12. 1999 – 2 U 57/99, NZG 2000, 949, 950.

267) Näher *Blaurock*, StG, § 14 Rz. 14.31.

268) Vgl. *Bezzenberger/Keul*, in: Münchener Handbuch des Gesellschaftsrechts II, § 86 Rz. 15, 23; *Blaurock*, StG, § 7 Rz. 335.

sich aber erst jetzt vermögensmäßig realisieren, ausgenommen sein sollen. Regelmäßig ausgenommen sind erfolgswirksam aufgelöste anteilige stille Reserven, die schon zu Beginn der stillen Gesellschaft vorhanden waren.[269] Auch Kapitalmaßnahmen der Inhabergesellschaft gehören nicht zur Geschäftstätigkeit; der stille Gesellschafter partizipiert daher nicht an einem aufgrund einer Kapitalerhöhung der Inhabergesellschaft gebildeten Agio.[270] Zu berücksichtigen ist außerdem, dass auf den Jahresabschluss Entscheidungen des Geschäftsinhabers einwirken, die sich auf die Ausübung von Ansatz- und Bewertungswahlrechten sowie Beurteilungsermessen beziehen. In Anlehnung an die zur Kommanditgesellschaft ergangene Rechtsprechung des Bundesgerichtshofs[271] muss insoweit zwischen Bilanzierungsentscheidungen, die der Darstellung der Vermögenslage des Unternehmens dienen, der **Gewinnerzielung**, und solchen, die die **Gewinnverwendung** betreffen, unterschieden werden.[272] Maßnahmen, die bereits zur Gewinnverwendung zählen, etwa die Bildung offener Rücklagen durch den Geschäftsinhaber, belasten den Gewinnanteil des stillen Gesellschafters nicht.[273]

105 Die Berechung der Gewinnteilhabe des Stillen stellt die Beteiligten je nach Ausgestaltung der stillen Gesellschaft vor unterschiedliche Schwierigkeiten. Die Gewinnbeteiligung des typisch stillen Gesellschafters ist nur auf die Gewinne und Verluste bezogen, die aus dem Betrieb des Handelsgewerbes stammen.[274] Bei der Erstellung der gesonderten Bilanz zur Gewinnermittlung müssen daher Korrekturen vorgenommen werden, um das Betriebsergebnis des Handelsgeschäfts für die Ermittlung des Gewinnanteils des stillen Gesellschafters zutreffend widerzuspiegeln. Diese im Rahmen der Bereinigung in typischen stillen Gesellschaften notwendigen Abgrenzungen können im einzelnen sehr schwierig sein. Eine wesentlich **vereinfachte Gewinnberechnung** kann bei der atypischen Gestaltung des stillen Gesellschaftsverhältnisses vorgenommen werden. Eine Unterscheidung der Gewinne nach ihrer Ursache erübrigt sich, wenn der stille Gesellschafter schuldrechtlich an dem Geschäftsvermögen – und damit eben am gesamten Gewinn (einschließlich stiller Reserven) – des Inhabers beteiligt wird.

---

269) *Schulze-Osterloh*, in: Festschrift Kruse, S. 377, 382 ff; *Zutt*, in: GroßKomm. HGB, § 232 Rz. 17.

270) *Blaurock*, StG, § 14 Rz. 14.37.

271) BGH, Urt. v. 29. 3. 1996 – II ZR 263/94, BGHZ 132, 263, 275 f = ZIP 1996, 750, dazu EWiR 1996, 513 *(Müller)*.

272) *Blaurock*, StG, § 14 Rz. 14.37; *Groh*, in: Festschrift Kruse, S. 377, 385.

273) Die Abgrenzung kann im Einzelfall schwierig sein; vgl. *Schulze-Osterloh*, BB 1997, 1783; *Ulmer*, in: Festschrift Lutter, S. 935, 941 ff.

274) H. M., MünchKomm-*K. Schmidt*, HGB, § 232 Rz. 5; *Heymann/Horn*, HGB, § 232 Rz. 3; a. A. zuletzt *Schulze-Osterloh*, in: Festschrift Kruse, S. 377, 379 ff; zuvor *Sudhoff*, NJW 1960, 2121, 2122; *Fischer*, JR 1962, 201, 204.

In vielen Fällen wird daher in der Praxis aus Vereinfachungsgründen eine gesonderte Buchhaltung auch bei im übrigen typischer Ausgestaltung der stillen Gesellschaft nicht vorgenommen, sondern die Gewinnbeteiligung des stillen Gesellschafters aus dem ausgewiesenen Jahresgewinn ohne Rücksicht auf die Ergebnisquelle errechnet.[275)]

cc) Besonderheiten der Gewinnberechnung

In der typischen stillen Gesellschaft hat eine Bereinigung des Jahresergebnisses zunächst insoweit zu erfolgen, als bestimmt werden muss, welche Gewinne zur **Betriebstätigkeit des Geschäftsinhabers** gehören. 106

Hierzu zu zählen sind vornehmlich der Erfolg aus den getätigten Umsatzgeschäften, daneben aber auch Wertveränderungen im Umlaufvermögen, Forderungsverzichte von Gläubigern im Rahmen der Sanierung oder die Verjährung von Geschäftsverbindlichkeiten.[276)] Nach h. M. ist der typische stille Gesellschafter dagegen von **Vermögenszuwächsen**, die ihre Ursache nicht im Betrieb des Handelsgewerbes haben, ebenso ausgeschlossen,[277)] wie sich außerhalb liegende Vermögensminderungen (Aufwendungen)[278)] nicht zu seinen Lasten auswirken. Entsprechend sind in rechtlich zulässiger Weise gebildete stille Reserven[279)] sowie der Geschäftswert (Firmenwert) des Unternehmens von der Gewinnbeteiligung nicht erfasst. Auch Wertveränderungen im Anlagevermögen, sofern dieses nicht regelmäßig ausgetauscht wird,[280)] und die Gewinnerzielung aus der (Teil-)Veräußerung des Unternehmens[281)] werden nicht hierzu gezählt. An dem Ausschluss des stillen Gesellschafters von den stillen Reserven ändert sich auch dann nichts, wenn ein zur stillen Reserve gehörender Gegen- 107

275) *Blaurock*, StG, § 14 Rz. 14.49; *Bezzenberger/Keul*, in: Münchener Handbuch des Gesellschaftsrechts II, § 86 Rz. 7; *Schulze-Osterloh*, in: Festschrift Kruse, S. 377, 380.

276) Vgl. *Blaurock*, StG, § 14 Rz. 14.38; MünchKomm-*K. Schmidt*, HGB, § 232 Rz. 6.

277) *Blaurock*, StG, § 14 Rz. 14.40; *Bezzenberger/Keul*, in: Münchener Handbuch des Gesellschaftsrechts II, § 86 Rz. 2; MünchKomm-*K. Schmidt*, HGB, § 232 Rz. 7 f.

278) Zum Beispiel Aufwendungen aufgrund Fehlverhaltens des Geschäftsinhabers; BGH, Urt. v. 14. 11. 1994 – II ZR 160/93, ZIP 1995, 738 = NJW 1995, 1353, dazu EWiR 1995, 677 *(Westermann)*.

279) BGHZ 127, 176, 181; OLG Frankfurt a.M., Urt. v. 15. 3. 2001 – 12 U 214/99, NZG 2001, 696; MünchKomm-*K. Schmidt*, HGB, § 232 Rz. 15 („soweit nicht auf Kosten des stillen Gesellschafters gebildet"); *Karsten Schmidt*, Gesellschaftsrecht, § 62 IV 3 a. Vgl. dazu auch *Baumbach/Hopt*, HGB, § 253 Rz. 25; *Schulze-Osterloh*, in: Baumbach/Hueck, GmbHG, § 42 Rz. 239.

280) H. M., siehe nur *Blaurock*, StG, § 14 Rz. 14.45; *Koller*, in: Koller/Roth/Morck, HGB, § 232 Rz. 2.

281) Vgl. *Koller*, in: Koller/Roth/Morck, HGB, § 232 Rz. 2 („in der Regel"). Zum Schadensersatzanspruch des Stillen bei pflichtwidriger Veräußerung des Handelsgewerbes *Habersack*, JuS 1989, 739.

stand während des Bestehens der stillen Gesellschaft veräußert wird.[282] Nach dem Gesagten können **Werterhöhungen** bei dem nicht zum Umsatz bestimmten Anlagevermögen ausnahmsweise in die Gewinnermittlung einzubeziehen sein, wenn dieser Mehrwert durch Aufwendungen von Gesellschaftsmitteln geschaffen worden ist.[283] Einschränkend wird man außerdem **„betriebsbedingte Wertänderungen"**, also insbesondere planmäßige und außerplanmäßige Abschreibungen im Rahmen von § 253 Abs. 2, 3 HGB sowie kaufmännisch gebotene Rückstellungen bis zu ihrer Auflösung bei der Ermittlung des relevanten Gewinns berücksichtigen müssen.[284]

dd) Auslegungsbedarf und Feststellung des Jahresabschlusses

108 Erstaunlich ist, dass die mit erheblichen Schwierigkeiten verbundene Gewinnberechnung im einzelnen häufig keine hinreichend klare vertragliche Regelung erfährt und daher Anlass für Rechtsstreitigkeiten gibt.[285] Wenn auf eine detaillierte Regelung der Gewinnbeteiligung des stillen Gesellschafters im Gesellschaftsvertrag verzichtet wird, kommt es für den Willen der Beteiligten auf eine sorgfältige Auslegung an.

109 Wird im Vertrag über die stille Gesellschaft etwa die Maßgeblichkeit der Jahresbilanz vereinbart, so ist durch Auslegung zu ermitteln, ob nur die **Wertansätze** der Jahresbilanz gelten oder ob sich der zu verteilende Jahresgewinn selbst aus der Bilanz ergeben soll.[286] Zweifelhaft kann außerdem sein, ob der auf den stillen Gesellschafter jährlich zu verteilende Gewinn bei einer Berechnung ohne Differenzierung nach der Herkunft endgültig festgelegt werden soll oder der stille Gesellschafter in der Auseinandersetzung nach Auflösung der stillen Gesellschaft noch die nachträgliche **Berichtigung** der ihm entgangenen Gewinne verlangen kann.[287]

110 An der **Aufstellung und Feststellung der Bilanz** des Geschäftsinhabers ist der stille Gesellschafter grundsätzlich nicht beteiligt. Etwas anderes kann sich nur dann ergeben, wenn ihm im Rahmen einer atypischen stillen Gesellschaft Ge-

---

282) OLG Frankfurt a. M., NZG 2001, 696, 696.

283) Vgl. OLG Frankfurt a. M. NZG 2001, 696.

284) Wie hier *Koller*, in: Koller/Roth/Morck, HGB, § 232 Rz. 2; enger *Blaurock*, StG, § 14 Rz. 14.46; *Bezzenberger/Keul*, in: Münchener Handbuch des Gesellschaftsrechts II, § 86 Rz. 14 („Rücksichtnahme").

285) Vgl. *Karsten Schmidt*, Gesellschaftsrecht, § 62 IV 3 a.

286) OLG Frankfurt a. M., NZG 2001, 696; MünchKomm-*K. Schmidt*, HGB, § 232 Rz. 17.

287) Näher dazu *Blaurock*, StG, § 14 Rz. 14.50; MünchKomm-*K. Schmidt*, HGB, § 232 Rz. 18; OLG Bremen, NZG 2000, 949, 950; zum vertraglichen Ausschluss der nachträglichen Korrektur OLG Frankfurt a. M., NZG 2001, 696, 697.

schäftsführungsbefugnisse überantwortet sind. Ebenso trifft das Recht und die **Pflicht zur Berechnung des Gewinnanteils** des stillen Gesellschafters allein den Geschäftsinhaber und ist von ihm in der Frist gemäß § 243 Abs. 3 HGB analog zu erfüllen.[288] Ist die Handelsbilanz des Geschäftsinhabers im Zweifel Grundlage der Gewinnermittlung, stellt sich daher die Frage, welche Bindungswirkung die Bilanzmitteilung durch den Geschäftsinhaber gegenüber dem stillen Gesellschafter entfaltet.[289] Regelmäßig wird es sich insoweit anbieten, vertraglich ein Verfahren festzulegen, nach dem der stille Gesell-schafter der für die Gewinnfeststellung maßgeblichen Bilanz zustimmt und damit zum Ausdruck bringt, dass er sie als vertragsgemäß erstellt anerkennt.[290] Eine solche **„Anerkennung der Bilanz"** ist ein Feststellungsvertrag, der die Wirkung eines deklaratorischen Schuldanerkenntnisses entfaltet.[291] Aber auch wenn es an einer ausdrücklichen vertraglichen Regelung fehlt, wird der Geschäftsinhaber mit der Mitteilung der Bilanz bei vertragsgemäßer Erstellung eine „Anerkennung der Bilanz" im oben verstandenen Sinne verlangen können.[292] Auch wird man eine stillschweigende Anerkennung durch den stillen Gesellschafter anzunehmen haben, wenn er nicht innerhalb einer angemessenen Frist Einwendungen erhebt.[293]

ee) Fälligkeit des Gewinnauszahlungsanspruchs und Auszahlungsmodalitäten

Der Anspruch des stillen Gesellschafters auf Auszahlung der anteiligen Gewinne wird fällig, wenn der Gewinn berechnet ist oder nach den vertraglichen (oder gesetzlichen) Bestimmungen berechnet sein sollte.[294] 111

288) *Koller*, in: Koller/Roth/Morck, HGB, § 232 Rz. 4; *Heymann/Horn*, HGB, § 232 Rz. 1; *Haarmann*, in: Festschrift Müller, S. 425, 430.

289) Ausführlich dazu *Haarmann*, in: Festschrift Müller, S. 425.

290) *Schlegelberger/K. Schmidt*, HGB, § 232 Rz. 20; *Haarmann*, in: Festschrift Müller, S. 425, 436.

291) *Blaurock*, StG, § 14 Rz. 14.13; MünchKomm-*K. Schmidt*, HGB, § 232 Rz. 20; MünchKomm-*Hüffer*, BGB, § 781 Rz. 22; vgl. auch BGH, Urt. v. 29. 3. 1996 – II ZR 263/94, ZIP 1996, 750 = BB 1996, 1105, 1106, dazu EWiR 1996, 513 *(Müller)*.

292) *Blaurock*, StG, § 14 Rz. 14.13; MünchKomm-*K. Schmidt*, HGB, § 232 Rz. 20; anders *Haarmann*, in: Festschrift Müller, S. 425, 441 ff.

293) *Blaurock*, StG, § 14 Rz. 14.14; BGH, Urt. v. 3. 11. 1975 – II ZR 87/74, DB 1976, 42, 43; OLG Düsseldorf, Urt. 26. 11. 1993 – 7 U 146/92, NJW-RR 1994, 1455, 1458. Anders *Ulmer*, in: GroßKomm. HGB, § 120 Rz. 17 und ihm folgend *Haarmann*, in: Festschrift Müller, S. 425, 441, die einen entsprechenden Feststellungsvertrag nicht annehmen, wenn der stille Gesellschafter die mitgeteilte Bilanz nur passiv entgegennimmt.

294) Näher *Blaurock*, StG, § 14 Rz. 14.3 ff. Der Überprüfung der ordnungsgemäßen Gewinnermittlung durch den Geschäftsinhaber dient vornehmlich auch das klageweise durchsetzbare Kontroll- und Informationsrecht des stillen Gesellschafters (§ 233 Abs. 1 HGB; Vorlage der Bücher). Auch auf die Vornahme der Berechnung und die Auszahlung kann der stille Gesellschafter klagen (§ 254 ZPO; §§ 286 ff BGB n. F. (§§ 284 ff BGB a. F.) oder §§ 352 f HGB).

112 Der Anspruch kann allerdings einredebehaftet sein. Ein stiller Gesellschafter, der auch am Verlust des Handelsgeschäfts teilnimmt, kann die Auszahlung nicht verlangen, wenn sein Guthaben auf dem Einlagekonto aufgrund von Verlusten unter den vertraglich festgelegten Betrag gesunken ist. Der Gewinn wird für die **Auffüllung der Einlage** verwendet (§ 232 Abs. 2 Satz 2 Halbs. 2 HGB). Mit einer noch ausstehenden fälligen Einlageforderung kann der Geschäftsinhaber gegen den Gewinnauszahlungsanspruch aufrechnen (§ 387 BGB) oder ein Zurückbehaltungsrecht (§ 273 BGB) geltend machen. Ansonsten ist der Gewinnanteil grundsätzlich an den stillen Gesellschafter auszuzahlen. Ein nicht erhobener Gewinn vermehrt die Einlage (und damit die Quote für die Gewinnbeteiligung) des stillen Gesellschafters nach dem gesetzlichen Leitbild nicht (§ 232 Abs. 3 HGB). Der stehengelassene Gewinn wird entsprechend als Darlehensforderung auf einem gesonderten Konto verbucht.[295] Eine andere Vereinbarung kann – auch stillschweigend – getroffen werden (§ 232 Abs. 3 Halbs. 2 HGB).[296]

113 Die Auszahlungsmodalitäten können darüber hinaus vertraglich frei vereinbart werden. Dabei sind die Beteiligten auch nicht an die zeitliche Vorgabe des § 232 Abs. 1 BGB gebunden, wonach die Auszahlung jeweils nach der Berechnung am **Schluss eines Geschäftsjahres** zu erfolgen hat. In der Praxis häufig anzutreffen ist eine Aufteilung der Auszahlung dergestalt, dass vorab eine Dividende aus vorhandenem Reingewinn ausgezahlt („Gewinnvoraus“, Zwischenausschüttungen) und erst später nach exakter Berechnung eine Verteilung des restlichen Gewinns vorgenommen wird.[297]

c) Verlustbeteiligung des stillen Gesellschafters

114 Ein weiteres – gleichwohl abdingbares (§ 231 Abs. 2 Halbs. 1 HGB) – Merkmal[298] der stillen Gesellschaft ist die Verlustbeteiligung des stillen Gesellschafters. Ob die Beteiligten einen Ausschluss der Teilnahme des stillen Gesellschafters am Verlust intendieren, muss sich im Zweifelsfalle aus den näheren Umständen im Zusammenhang mit den anderen Regelungen des Gesellschaftsvertrags ergeben.[299] Auch hier gilt ein **„angemessener Anteil“** am Verlust als bedungen, wenn ausnahmsweise nur die Höhe der Verlustbeteiligung dem Gesellschaftsvertrag nicht zu entnehmen ist (§ 231 Abs. 1 HGB).

---

295) Vgl. *Klauss/Mittelbach*, Rz. 147.

296) Vgl. MünchKomm-*K. Schmidt*, HGB, § 232 Rz. 28.

297) *Blaurock*, StG, § 7 Rz. 7.10.

298) Der Ausschluss der Verlustbeteiligung hindert – wie § 231 Abs. 2 HGB verdeutlicht – nicht die Annahme einer stillen Gesellschaft; *Schön*, ZGR 1993, 210, 222.

299) *Blaurock*, StG, § 14 Rz. 14.67.

Die weiteren Modalitäten der Verlustbeteiligung werden in § 232 Abs. 2 HGB geregelt. Danach nimmt der stille Gesellschafter am Verlust nur bis zum Betrag seiner eingezahlten oder rückständigen Einlage teil (§ 232 Abs. 2 Satz 1 HGB). Der anteilige Verlustbetrag wird vom Einlagekonto des stillen Gesellschafters abgebucht. Wie oben schon angedeutet, ist der Gewinn bei einem negativen Einlageguthaben für die Deckung der Einlage zu verwenden (§ 232 Abs. 2 Satz 2 Halbs. 2 HGB). Die Verlustbeteiligung ist folglich begrenzt: Der stille Gesellschafter muss im Ergebnis nicht mehr als die vereinbarte Einlage leisten. Auch bei negativem Stand des Einlagekontos haftet der stille Gesellschafter in keinem Fall den Gläubigern des Unternehmens; diese können allenfalls eine ausstehende Einlageforderung des Geschäftsinhabers gegen den stillen Gesellschafter pfänden und sich zur Einziehung überweisen lassen. 115

Die vertraglichen **Vereinbarungsmöglichkeiten** der Beteiligten sind allerdings auch in Bezug auf die Verlustbeteiligung nicht eingeschränkt. Der stille Gesellschafter kann daher auch über seine Einlage hinaus am Verlust des Handelsgeschäfts – bis hin zu einer uneingeschränkten Einstandspflicht für etwaige Verluste –[300] beteiligt werden. 116

V. Atypische Ausgestaltung des Gesellschaftsverhältnisses

In der Ausgestaltung ihres Innenverhältnisses sind die Beteiligten des stillen Gesellschaftsvertrages weitestgehend frei. Der häufig **steuerlich motivierten „Typendehnung"** der stillen Gesellschaft sind mit Ausnahme der wenigen zwingenden Strukturmerkmale keine Grenzen gesetzt: Die Rechtsstellung des stillen Gesellschafters kann auf schuldrechtlicher Grundlage der Rechtsstellung des Kommanditisten angenähert und bis hin zu einer „faktischen Herrschaft" des stillen Gesellschafters über das Unternehmen erweitert werden. 117

Die **Gestaltungsvielfalt** erfordert eine Beschränkung auf wesentliche Aspekte einer vertraglichen Abweichung vom gesetzlichen Leitbild.[301] Zugleich macht sie deutlich, dass der gebräuchliche Begriff der atypischen Gesellschaft problematisch ist, weil nicht hinreichend bestimmt werden kann, wo die Trennlinie zwischen noch typischer und atypischer stiller Gesellschaft verläuft und es die 118

---

300) Eine so weitgehende – wirtschaftlich der Haftung eines unbeschränkt haftenden Gesellschafters entsprechende – Verlusttragungspflicht bedarf allerdings einer ausdrücklichen Verpflichtungserklärung; vgl. OLG Karlsruhe, Urt. v. 19. 2. 1986 – 6 U 111/85, ZIP 1986, 916, 918, dazu EWiR 1986, 701 *(Riegger)*; BGH, Urt. v. 17. 3. 1966 – II ZR 282/63, NJW 1966, 1309, 1311.

301) Umfassend zur atypischen stillen Beteiligung *Zacharias/Hebig/Rinnewitz*, S. 25 ff. Zu den Besonderheiten einer atypischen stillen Gesellschaft an einer eingetragenen Genossenschaft vgl. *Beuthien,* NZG 2003, 849.

atypische Gesellschaft nicht geben kann.[302] Die allein maßgeblichen Änderungen der „strukturbildenden Merkmale“ lassen sich – von der Mitgliedschaft des stillen Gesellschafters ausgehend – in die Modifikation seiner Vermögensrechte und seiner Mitwirkungsrechte unterteilen. Darüber hinaus bilden die Struktur des Gesellschaftsverhältnisses (zweigliedrig – mehrgliedrig bzw. verbandsmäßige Organisation) und die Kombination von stiller Beteiligung und Gesellschafterstellung am selben Unternehmen Anknüpfungspunkte für eine grobe Einteilung der Gestaltungsformen.

1. Änderungen der Mitgliedschaftsrechte des stillen Gesellschafters

a) Teilhabe am Geschäftsvermögen

119 Durch eine schuldrechtliche Vereinbarung mit dem Geschäftsinhaber kann der stille Gesellschafter am Unternehmensvermögen beteiligt werden.[303] Rechtlich bewirkt wird dadurch eine **„echte Wertbeteiligung** des Stillen an der Substanz des Handelsgewerbes“;[304] er nimmt nunmehr obligatorisch im Innenverhältnis nicht nur an den Wertveränderungen des Umlaufvermögens, sondern auch des Anlagevermögens einschließlich der Rücklagen, der stillen Reserven und des Firmenwerts des Unternehmens teil. Eine dingliche Beteiligung des stillen Gesellschafters am Geschäftsvermögen wird dadurch ebensowenig wie ein Gesellschaftsvermögen der stillen Gesellschaft geschaffen. Der stille Gesellschafter wird vielmehr nur so gestellt, als ob zwischen ihm und dem Geschäftsinhaber eine dingliche Vermögensgemeinschaft bestünde;[305] rechnerisch steht er einem Kommanditisten (Gesamthänder) gleich.[306] Zum Teil wird, soweit die schuldrechtliche Vermögensbeteiligung des stillen Gesellschafters betroffen ist, ein **Treuhandverhältnis** zwischen dem Geschäftsinhaber und dem stillen Gesell-

302) Siehe auch MünchKomm-*K. Schmidt*, HGB, § 230 Rz. 72 f; *Schulze-Osterloh*, in Festschrift Kruse, S. 377 („Der atypische stille Gesellschafter ist der typische stille Gesellschafter“). Zu den wirtschaftlichen Aspekten einer atypisch stillen Beteiligung *Zacharias/Hebig/Rinnewitz*, S. 197 ff.

303) Zur rechnerischen Beteiligung des stillen Gesellschafters am Unternehmensvermögen als Merkmal einer atypischen Beteiligung BGH, Urt. v. 16. 5. 1994 – II ZR 223/92, NJW-RR 1994, 1185, 1186; BGH, Urt. v. 13. 4. 1995 – II ZR 132/94, WM 1995, 1277, 1277 f = NJW-RR 1995, 1061; *Reusch*, S. 21 f; *Bezzenberger/Keul*, in: Münchener Handbuch des Gesellschaftsrechts II, § 73 Rz. 32 f; zur rechtlichen Unbedenklichkeit siehe auch *Blaurock*, StG, § 4 Rz. 4.30, sowie *Beuthien*, NZG 2003, 849, 852 (für die Genossenschaft).

304) *Blaurock*, StG, § 4 Rz. 4.28.

305) BGHZ 7, 174, 178; *Blaurock*, StG, § 4 Rz. 4.28; MünchKomm-*K. Schmidt*, HGB, § 230 Rz. 80.

306) BGHZ 7, 174, 178; *Schlegelberger/K. Schmidt*, HGB, § 230 Rz. 69 m. w. N.

schafter angenommen.[307] Dies soll im Unterschied zu der „schuldrechtlich-rechnerischen Vermögensbeteiligung“ dann der Fall sein, wenn der stille Gesellschafter intern wie ein Kommanditist gestellt ist und damit als Mitinhaber des Unternehmens einbezogen wird.[308] Ob sich ein Erkenntnisgewinn aus dieser Charakterisierung ergibt, ist noch nicht abschließend vorherzusehen. Regelmäßig wird es genügen anzunehmen, dass der Geschäftsinhaber aufgrund des stillen Gesellschaftsverhältnisses **gesteigerten Treuepflichten** unterliegt, wenn eine so intensive Mitberechtigung des Stillen an dem im Alleineigentum des Geschäftsinhabers stehenden Geschäftsvermögen vereinbart worden ist. Je nachdem, welche Einflussmöglichkeiten sich dem stillen Gesellschafter aufgrund dieser rechtlichen Beziehung erschließen, kann sich umgekehrt eine Konzernabhängigkeit der Inhabergesellschaft gemäß § 17 AktG ergeben.[309]

Folgen hat die schuldrechtliche Modifikation der Vermögensrechte des stillen Gesellschafters damit zunächst für seine **Gewinnbeteiligung.** Außerdem kann der stille Gesellschafter in der **Auseinandersetzung** der stillen Gesellschaft nicht mehr nur nach § 235 Abs. 1 HGB die Rückzahlung der unter Umständen aufgrund Verlustvortrags verminderten Vermögenseinlage, sondern das Guthaben verlangen, das auf der Grundlage einer das gesamte Geschäftsvermögen erfassenden Liquidationsbilanz und der vereinbarten Beteiligungsquote ermittelt wird.[310] 120

b) Beteiligung an der Geschäftsführung

Regelmäßig ist die schuldrechtliche Vermögensbeteiligung des stillen Gesell- 121
schafters mit einer Erweiterung seiner gesetzlich vorgesehenen **Kontroll- und Informationsrechte** verbunden.[311] Man wird sogar davon ausgehen müssen, dass die rechnerische Beteiligung am Geschäftsvermögen dem stillen Gesellschafter unabhängig von einer ausdrücklichen Vereinbarung zusätzliche Kontroll- und Informationsrechte verschafft.[312]

Unabhängig von der vermögensrechtlichen Gestaltung kann eine stille Gesell- 122
schaft auch dadurch atypisch ausgeformt werden, dass der stille Gesellschafter

---

307) So vor allem MünchKomm-*K. Schmidt*, HGB, § 230 Rz. 81 f; *ders.*, in: Festschrift Bezzenberger, S. 405; siehe auch *Gehrlein*, in: Ebenroth/Boujong/Joost, HGB, § 230 Rz. 58.

308) MünchKomm-*K. Schmidt*, HGB, § 230 Rz. 81.

309) MünchKomm-*K. Schmidt*, HGB, § 230 Rz. 82.

310) *Blaurock*, StG, § 4 Rz. 4.29.

311) *Bezzenberger/Keul*, in: Münchener Handbuch des Gesellschaftsrechts II, § 73 Rz. 34 f.

312) Vgl. MünchKomm-*K. Schmidt*, HGB, § 233 Rz. 19; skeptisch *Bezzenberger/Keul*, in: Münchener Handbuch des Gesellschaftsrechts II, § 73 Rz. 34.

Geschäftsführungsbefugnisse erhält.[313] Eine bloße Erweiterung der gesetzlich vorgesehenen Informationsrechte genügt hierfür nicht. Konkret bedeutet dies vielmehr, dass der stille Gesellschafter zumindest Zustimmungs- und Widerspruchsrechte[314] oder weitergehende unmittelbare Geschäftsführungs- und Entscheidungsbefugnisse für das gesamte Unternehmen oder einen bestimmten Geschäftsbereich hat.[315] Die Beteiligung an der Geschäftsführung kann sogar so groß sein, dass dem Geschäftsinhaber die Geschäftsführungsbefugnis entzogen und eine Alleingeschäftsführung durch den stillen Gesellschafter vereinbart ist.[316] Wirkung entfaltet eine solche Übertragung von Geschäftsführungsbefugnissen zunächst nur im Innenverhältnis der Beteiligten der stillen Gesellschaft. Im Außenverhältnis kann die alleinige Handlungsbefugnis des Inhabers weder ausgeschlossen noch rechtswirksam beschränkt werden.[317] Rechtsgeschäfte, die er unter Verletzung der internen Absprachen abschließt, sind daher nach außen uneingeschränkt wirksam.

123 Beabsichtigen die Beteiligten, den stillen Gesellschafter auch im Außenverhältnis mit Befugnissen auszustatten, müssen sie mit der Beteiligung an der Geschäftsführung **Vertretungsmacht** verbinden. Die Vertretungsmacht erstreckt sich immer auf den Inhaber des Handelsgeschäfts, nicht auf die stille Gesellschaft.[318] Von der Rechtsform des Unternehmens hängt es ab, ob dem stillen Gesellschafter nur eine Prokura (§ 48 HGB)[319] oder Handlungsvollmacht (§ 54 HGB) erteilt werden kann (so bei Einzelkaufmann und wegen des Prinzips der Selbstorganschaft bei Personengesellschaften) oder er auch organschaftliche Vertretungsmacht als Geschäftsführer[320] oder Vorstand erhalten kann (so bei der GmbH oder AG).[321] Analog § 712 Abs. 1 BGB ist der Inhaber des Handelsgeschäfts berechtigt, dem stillen Gesellschafter bei Vorliegen eines wichtigen Grundes die **Geschäftsführungsbefugnis zu entziehen** und die Geschäftsfüh-

---

313) BGHZ 8, 157, 160; BGH, Urt. v. 27. 3. 1961 – II ZR 256/59, BB 1961, 583; BGH, Urt. v. 6. 11. 1963 – IV ZR 32/63, DB 1964, 476.

314) *Bezzenberger/Keul*, in: Münchener Handbuch des Gesellschaftsrechts II, § 73 Rz. 37.

315) *Blaurock*, StG, § 12 Rz. 12.90. Zur Übertragung der Geschäftsführungsbefugnis durch schlüssiges Verhalten: BGH, Urt. v. 18. 10. 1965 – II ZR 232/63, DB 1966, 187

316) MünchKomm-*K. Schmidt*, HGB, § 230 Rz. 77.

317) *Blaurock*, StG, § 12 Rz. 12.93.

318) Letzteres ist nicht möglich, weil die stille Gesellschaft eine reine Innengesellschaft ist. Vgl. BGH BB 1961, 583 = WM 1961, 574; *Blaurock*, StG, § 12 Rz. 12.95.

319) *Karsten Schmidt*, Handelsrecht, § 16 III 2c.

320) Zur steuerlichen Bedeutung der Geschäftsführertätigkeit des Stillen *Weber*, GmbHR 1994, 144.

321) MünchKomm-*K. Schmidt*, HGB, § 230 Rz. 78 mit dem Hinweis, dass diese Variante der atypischen Gesellschaft selten ist.

rung wieder selbst zu übernehmen.[322] Die Prokura oder Handlungsvollmacht des stillen Gesellschafters kann vom Geschäftsinhaber einseitig mit Außenwirkung widerrufen werden.[323]

Die Haftung des stillen Gesellschafters für **fehlerhafte Geschäftsführung** richtet sich nach der rechtlichen Grundlage, auf der die Geschäftsführungsbefugnis beruht. Nach dem Gesellschaftsvertrag der stillen Gesellschaft ist die Sorgfalt, die der stille Gesellschafter in eigenen Angelegenheiten anzuwenden pflegt, maßgeblich (§§ 708, 277 BGB). Etwas anderes kann dann gelten, wenn er aufgrund eines besonderen Dienst- oder Organschaftsverhältnisses mit Geschäftsführungsbefugnissen und Vertretungsmacht für die (Inhaber-)Gesellschaft ausgestattet ist.[324] **124**

2. Änderung der zweigliedrigen Struktur des stillen Gesellschaftsverhältnisses

Beteiligen sich mehrere Personen als stille Gesellschafter an einem Unternehmen ist nach der vertraglichen Gestaltung festzustellen, ob damit eine Vielzahl von stillen Gesellschaften nebeneinander besteht oder die Rechtsbeziehungen so verdichtet sind, dass von einem einheitlichen Gesellschaftsverhältnis mit gegenseitigen Rechten und Pflichten ausgegangen werden kann. **125**

a) Mehrgliedrige stille Gesellschaft

aa) Grundform der zweigliedrigen stillen Gesellschaft

Nach dem gesetzlichen Leitbild ist eine stille Gesellschaft eine zweigliedrige Innengesellschaft, an der der Geschäftsinhaber und der stille Gesellschafter beteiligt sind. Dies schließt es nicht aus, dass der Geschäftsinhaber mit mehreren Personen stille Gesellschaftsverhältnisse eingeht. Es bestehen dann mehrere zweigliedrige stille Gesellschaftsverhältnisse, die rechtlich unverbunden nebeneinander stehen („soviele stille Gesellschafter als stille Gesellschaftsverträge“).[325] Ausnahmsweise wird man von zweigliedrigen Rechtsverhältnissen selbst dann noch ausgehen können, wenn zum Abschluss mehrerer stiller Gesellschaftsver- **126**

---

322) *Blaurock*, StG, § 12 Rz. 12.91; MünchKomm-*K. Schmidt*, HGB, § 230 Rz. 77.

323) A. A. *Gehrlein*, in: Ebenroth/Boujong/Joost, HGB, § 230 Rz. 60.

324) *Blaurock*, StG, § 12 Rz. 12.40, 12.96; *Gehrlein*, in: Ebenroth/Boujong/Joost, HGB, § 230 Rz. 39.

325) RG, Urt. v. 1. 2. 1890 – Rep. I 304/89, RGZ 25, 41, 45; BGH, Urt. v. 10. 7. 1958 – II ZR 320/56, WM 1958, 1336, 1337; BGH, Urt. v. 21. 4. 1980 – II ZR 144/79, WM 1980, 868, 868 f; *Heymann/Horn*, HGB, § 230 Rz. 60; *Baumbach/Hopt*, HGB, § 230 Rz. 7. Zur wechselseitigen stillen Gesellschaft siehe *Blaurock*, StG, § 6 Rz. 6.16.

hältnisse nur ein Vertragsformular verwendet wird.[326] Bei Eingehung weiterer oder Kündigung einzelner stiller Gesellschaften bedarf es grundsätzlich nicht der Abstimmung des Geschäftsinhabers mit den anderen stillen Gesellschaftern.

bb) Koordination der Rechtsausübung unter den stillen Gesellschaftern

127 Wenn sich der Geschäftsinhaber einer Vielzahl von stillen Gesellschaftern gegenüber sieht, besteht ein erhebliches praktisches Bedürfnis dafür, dass ihre Mitgliedschaftsrechte nicht isoliert nebeneinander bestehen, sondern gebündelt und koordiniert werden.[327] Damit können „Sonderwege" einzelner stiller Gesellschafter ausgeschlossen werden und über eine gemeinsame Interessens- und Willenswahrnehmung die Position gegenüber dem Geschäftsinhaber gestärkt werden. Im Rahmen der Vertrags- und Gestaltungsfreiheit ist eine solche Gestaltung des **Innenverhältnisses der Beteiligten** unproblematisch. Auch ändert dies zunächst nichts an der Selbständigkeit der stillen Gesellschaftsverhältnisse.[328]

128 Etwas anderes kann sich dann ergeben, wenn die Koordination vertraglich unter **Mitwirkung des Geschäftsinhabers** vorgenommen wird. Häufig finden sich solche Gestaltungen schon vorformuliert in den Gesellschaftsverträgen.[329] Der Geschäftsinhaber selbst hat häufig ein Interesse an der gemeinsamen Ausübung der Mitgliedschaftsrechte durch die Stillen. Welche rechtlichen Wirkungen damit bezweckt sind und ob eine mehrgliedrige stille Gesellschaft mit Verbandscharakter entstehen soll, ist im einzelnen durch **Vertragsauslegung** zu ermitteln.[330] Regelmäßig dürfte ohne eine besondere Einbeziehung auch des Geschäftsinhabers nur eine gesellschaftliche Bindung unter den Stillen zustande kommen. Aufgrund der bereits im stillen Gesellschaftsvertrag getroffenen Regelung sind die stillen Gesellschafter indessen nicht nur untereinander in der individuellen Ausübung ihrer Kontrollrechte beschränkt, sondern auch gegenüber dem Geschäftsinhaber.[331]

129 Es bietet sich auf einer ersten Stufe an, einen **gemeinsamen Vertreter oder Treuhänder** zu beauftragen, die den einzelnen stillen Gesellschaftern zustehen-

---

326) *Schlitt*, S. 41 m. w. N.

327) *Schlitt*, S. 41.

328) Vgl. *Bezzenberger/Keul*, in: Münchener Handbuch des Gesellschaftsrechts II, § 73 Rz. 15 (bei Bestehen eines Poolvertrags unter den Stillen).

329) *Schlitt*, S. 45 mit Verweis auf den Sachverhalt in BGH ZIP 1987, 1316; siehe auch OLG Düsseldorf, Urt. v. 13. 3. 1985 – 15 U 173/84, ZIP 1985, 933 = WM 1985, 872, 873, dazu EWiR 1985, 595 *(Brandner)* (Bildung einer GbR unter den stillen Gesellschaftern).

330) *Bezzenberger/Keul*, in: Münchener Handbuch des Gesellschaftsrechts II, § 75 Rz. 20; *Schlitt*, S. 49.

331) *Schlitt*, S. 45.

den Kontroll-oder Mitverwaltungsrechte in ihrem Namen und für ihre Rechnung weisungsgebunden wahrzunehmen (unechte Treuhand). Damit ist unmittelbar jedoch nur die Übertragung der Ausübung der Rechte gegenüber dem Geschäftsinhaber angesprochen. Im Vorfeld muss ein Konsens unter den Stillen gefunden werden, insbesondere wenn im Einzelfall Weisungen erteilt werden sollen. Zu diesem Zweck kann etwa vereinbart werden, dass die stillen Gesellschafter nur noch gemeinsam aufgrund vorheriger Beschlussfassung von ihren Kontroll- und Informationsrechten Gebrauch machen.[332] Regelmäßig wird die Koordination der gemeinsamen Interessenswahrnehmung daher mit dem Zusammenschluss zu einer Gesellschaft bürgerlichen Rechts (GbR) einhergehen.

cc) Zusammenschluss der stillen Gesellschafter zu einer GbR

Ein Zusammenschluss mehrerer stiller Gesellschafter zu einer GbR oder in 130
einem eingetragenen Verein wird mit dem Zweck vorgenommen, die gemeinsamen Interessen gegenüber dem Geschäftsinhaber umfassend zu bündeln (**Poolvertrag, Konsortium**).[333] Er beruht – unabhängig davon, ob er von Anfang an vorgesehen ist oder nachträglich zustande kommt[334] – auf einer gesonderten Vereinbarung. Der stille Gesellschafter ist damit an zwei Innengesellschaften beteiligt, zum einen an seinem stillen (zweigliedrigen) Gesellschaftsvertrag mit der Inhabergesellschaft und zum anderen an der mehrgliedrigen GbR unter den stillen Gesellschaftern.

Der **Umfang der gegenseitigen Koordination** kann grundsätzlich frei in dem 131
GbR-Vertrag bestimmt werden. Häufig bestellen die Mitglieder der GbR interne Beiräte oder Gremien, die zur Ausübung ihrer Rechte eingesetzt werden. Möglich ist auch, dass nicht nur die Mitwirkungs- und Kontrollrechte, sondern auch die Einlagerechte gepoolt und von einem stillen Gesellschafter für die anderen verfolgt werden (gewillkürte Prozessstandschaft).[335] Der Zusammenschluss der stillen Gesellschafter zur GbR darf allerdings nicht dazu führen, dass die Rechte der einzelnen stillen Gesellschafter in dem jeweiligen stillen Gesellschaftsverhältnis in stärkerem Maß eingeschränkt werden, als es die gesetzlichen Bestimmungen zur stillen Gesellschaft zulassen. Dies gilt insbesondere für das Kündi-

---

332) Näher *Blaurock*, StG, § 5 Rz. 5.51.

333) Vgl. beispielhaft BGH, Urt. v. 30. 3. 1998 – II ZR 20/97, ZIP 1998, 859 = DB 1998, 1127; OLG Düsseldorf, Urt. v. 17. 2. 1994 – 6 U 44/93, DB 1994, 2489.

334) *Zutt*, in: GroßKomm. HGB, § 230 Rz. 47; *Reusch*, S. 71; *Schlitt*, S. 45.

335) BGH NJW 1995, 1353, 1355; BGH NJW 1988, 413, 415; *Gehrlein*, in: Ebenroth/Boujong/Joost, HGB, § 230 Rz. 76.

gungsrecht des stillen Gesellschafters nach § 234 HGB, das nicht an die Zustimmung der anderen stillen Gesellschafter gebunden werden kann.[336)]

132 Zu unterscheiden ist eine solche Gestaltung von dem Fall, in dem sich verschiedene Personen zu einer rechtsfähigen **(Außen-)Gesellschaft bürgerlichen Rechts**[337)] zusammenschließen und diese Gesellschaft sich selbst als stille Gesellschafterin am Unternehmen des Geschäftsinhabers beteiligt.[338)] Sie ist dann selbst Vertragspartner des Geschäftsinhabers, mit dem ein (zweigliedriges) stilles Gesellschaftsverhältnis begründet wird.[339)]

dd) Einheitliches stilles Gesellschaftsverhältnis

133 Lange Zeit war umstritten, ob entgegen dem Grundsatz der Zwei-Parteien-Beziehung auch eine sog. **mehrgliedrige stille Gesellschaft** rechtlich möglich ist, in der mehrere stille Gesellschafter mit dem Inhaber des Handelsgeschäfts in einem Gesellschaftsverhältnis verbunden sind.[340)] Heute ist diese Gestaltungsform anerkannt.[341)]

134 Begründet wird die mehrgliedrige stille Gesellschaft mit Verbandscharakter durch Abschluss eines einzigen, des Beitritts weiterer stiller Gesellschafter fähigen Gesellschaftsvertrages zwischen dem Geschäftsinhaber und allen stillen Ge-

---

336) Vgl. übereinstimmend BGH WM 1980, 868, 868; *Blaurock*, StG, § 5 Rz. 5.48; *Gehrlein*, in: Ebenroth/Boujong/Joost, HGB, § 230 Rz. 7.

337) Vgl. zur Rechtsfähigkeit BGHZ 146, 341 und statt anderer *Hadding*, ZGR 2001, 712 m. w. N.

338) So bereits *Hueck*, in: Festschrift Lehmann, 1937, S. 239, 241; *Fischer*, WM 1981, 638; *Schlegelberger/K. Schmidt*, HGB, § 230 Rz. 30. Siehe jetzt MünchKomm-*K. Schmidt*, HGB, § 230 Rz. 86; *Schlitt*, S. 254 f; *Weimar*, ZIP 1993, 1509, 1511.

339) Übereinstimmend *Blaurock*, NJW 1972, 1119, 1120; *Koenigs*, S. 14, *Reusch*, S. 85; *Schlitt*, S. 43; *Weimar*, ZIP 1993, 1509, 1513; *Zutt*, in: GroßKomm. HGB, § 230 Rz. 46; siehe auch BGH, Urt. v. 13. 3. 1989 – II ZR 193/88, NJW-RR 1989, 993 = WM 1989, 786 zur „Publikums-GbR".

340) Zur früheren Ansicht RG, Urt. v. 1. 2. 1890 – Rep. I. 304/89, RGZ 25, 41, 45; *Lübbert*, ZHR 58 (1906), 464, 504 f; *Düringer/Hachenburg/Flechtheim*, HGB, § 335 Rz. 37; *Klauss/Mittelbach*, Rz. 42; offen gelassen in BGH WM 1958, 1336, 1337. Ausführliche Darstellung des Meinungsbildes bei *Schlegelberger/K. Schmidt*, HGB, § 230 Rz. 73; MünchKomm-*K. Schmidt*, HGB, § 230 Rz. 83; *Schlitt*, S. 46 ff.

341) BGHZ 125, 74, 76 f; BGHZ 127, 176, 179; BGH ZIP 1994, 1847, 1848; BGH NJW 1995, 1353, 1355; zuvor bereits BGH, Urt. v. 15. 11. 1971 – II ZR 130/69, BGH NJW 1972, 338; BGH BB 1980, 958 f; BGHZ 106, 7, 10 = BB 1989, 100; aus der Literatur: *Blaurock*, NJW 1972, 1119 f; *ders.*, Unterbeteiligung, S. 100 ff; *ders.*, StG, § 5 Rz. 227; *Böttcher/Zartmann/Faut*, S. 48; *Horn*, ZGR 1974, 133, 157; *Hueck*, in: Festschrift Lehmann, 1937, S. 239, 241 f; *Reusch*, S. 83; *Karsten Schmidt*, DB 1976, 1705 f; *Schlitt*, S. 46 ff; *Sudhoff/Schlitt*, GmbH & Co KG, § 39 Rz. 88; MünchKomm-*K. Schmidt*, HGB, § 230 Rz. 37, 83 (mit der Unterscheidung zwischen dem zweigliedrigen Einlageverhältnis und dem mehrgliedrigen Gesellschaftsverhältnis).

sellschaftern.[342] Was im Einzelfall von den Beteiligten gewollt ist, muss durch Auslegung unter Berücksichtigung aller Umstände – insbesondere Inhalt und Zweck der stillen Beteiligungen – ermittelt werden.[343] Man wird ein einheitliches Gesellschaftsverhältnis etwa dann annehmen können, wenn der Geschäftsinhaber mit den stillen Gesellschaftern gemeinsame Einrichtungen, besondere Organe oder Gremien (z. B. Gesellschafterversammlung, Beirat) schafft, um dem stillen Gesellschaftsverhältnis eine eigene **Organisationsverfassung** („eigene Verbandsstruktur"[344]) zu geben, welche die gesellschaftsvertraglichen Grundlagen des Unternehmens (also des Handelsgeschäfts) faktisch überlagert. Die einzelnen Varianten der atypischen Ausgestaltung sind vielgestaltig. So kann der Geschäftsinhaber in der Gesellschafterversammlung mit einem eigenen Stimmrecht vertreten sein.[345] Häufig richtet sich die **Stimmkraft der stillen Gesellschafter** nach deren festen Kapitalanteilen. Es kann auch vereinbart sein, dass die stillen Gesellschafter als Organmitglieder in den Organen der Inhabergesellschaft mitwirken, auf die Zusammensetzung der bei der Inhabergesellschaft gebildeten Gremien Einfluss haben oder – ähnlich einem Kommanditisten – mit einem Widerspruchsrecht bei außergewöhnlichen Maßnahmen der Geschäftsführung ausgestattet sind.[346] Umgekehrt führt eine solche Binnenorganisation – wie für die Informations- und Kontrollrechte bereits beschrieben – zu einer starken Mediatisierung der Rechtsstellung der stillen Gesellschafter.

Da schon aufgrund des einheitlichen Gesellschaftsverhältnisses entsprechende **135**
gesellschaftsrechtliche Beziehungen unter den Stillen und der Inhabergesellschaft bestehen, erscheint es in der mehrgliedrigen stillen Gesellschaft überflüssig, dass die stillen Gesellschafter untereinander eine GbR bilden.[347] Wenn eine solche Gestaltung vorgesehen ist wird man daher grundsätzlich von mehreren koordinierten zweigliederigen stillen Gesellschaften und nicht von einer mehrgliedrigen stillen Gesellschaft auszugehen haben.[348] Andererseits ist nicht zu verkennen, dass über lange Zeit die Begründung einer von dem stillen Gesellschaftsverhältnis zu unterscheidenden BGB-Innengesellschaft als einzige Mög-

---

342) *Karsten Schmidt*, in: Festschrift Bezzenberger, S. 401, 402.

343) *Heymann/Horn*, HGB, § 230 Rz. 61 („Beteiligungen erkennbar in einem planvoll wirtschaftlichen Zusammenhang stehen").

344) *Blaurock*, StG, § 4 Rz. 4.27. Siehe auch den Überblick bei *Schiefer*, DStR 1997, 119, 122 f, zu den Organen der Publikums-KG.

345) *Polzer*, in: Münchener Handbuch des Gesellschaftsrechts II, § 74 Rz. 9; *Heymann/Horn*, HGB, § 230 Rz. 62.

346) *Schlitt*, S. 50.

347) Vgl. OLG Düsseldorf DB 1994, 2489, 2490; *Schlitt*, S. 48 f, 50; missverständlich dagegen BGH, Urt. v. 14. 11. 1994 – II ZR 160/63, WM 1995, 701, 705.

348) Vgl. OLG Düsseldorf, DB 1994, 2489, 2490; *Schlitt*, S. 49; unklar insoweit allerdings BGHZ 125, 74, 76 f.

lichkeit angesehen wurde, eine mehrgliedrige stille Gesellschaft zu etablieren.[349] Als Ziel der Vertragsgestaltung wird auch bei einer solchen Regelungen die Schaffung einer an das Recht der GmbH & Co KG angenäherten Binnenverfassung nicht von vornherein ausgeschlossen werden können.[350] Ein daran anknüpfendes Denkmodell von der GmbH & Still als **„virtueller Kommanditgesellschaft"** lässt die GbR unter den stillen Gesellschaftern, die Anfang an in den stillen Gesellschaftsverträgen niedergelegt ist, in einem anderen Licht erscheinen.[351] Dies verlangt nicht nur eine sorgfältige Prüfung auch bei einer solchen Gestaltung, ob eine „mehrgliedrige stille Gesellschaft" anzunehmen ist, sondern hat auch weitergehende Implikationen für die Vorstellungswelt von der stillen Gesellschaft, die zukünftig noch zu vertiefen sein wird.[352]

b) Stille Publikumsgesellschaft

136 Der wohl wichtigste Anwendungsfall der mehrgliedrigen stillen Gesellschaft ist die sog. stille Publikumsgesellschaft.[353] Sie kann aber ebenso als Mehrzahl von zweigliedrigen Gesellschaften mit den oben beschriebenen Koordinierungsmöglichkeiten ausgestaltet sein. Im weiteren Sinne können auch die Konstruktionen als Variante der stillen Publikumsgesellschaft angesehen werden, in denen die Anleger Gesellschafter einer (Außen-)Gesellschaft des bürgerlichen Rechts werden, die selbst die Position des stillen Gesellschafters gegenüber der Inhabergesellschaft einnimmt (**„Publikums-GbR"**).[354] Hinzu kommen „Treuhandkonstruktionen": Neben der oben bereits erwähnten unechten Treuhand, bei der die Anleger selbst stille Gesellschafter sind und nur ihre Gesellschafterrechte von dem Treuhänder wahrnehmen lassen, ist die sog. **kupierte stille Publikumsgesellschaft** anzutreffen: Hier ist nicht der Anleger, sondern nur der Treuhänder stiller Gesellschafter.

349) RGZ 25, 41, 45; *Koenigs*, S. 228; weitere Nachweise bei *Karsten Schmidt*, in: Festschrift Bezzenberger, S. 401, 403.

350) *Karsten Schmidt*, in: Festschrift Bezzenberger, S. 401, 405.

351) Instruktiv *Karsten Schmidt*, in: Festschrift Bezzenberger, S. 401, 405 ff; siehe auch aus steuerlicher Sicht *Groh*, in: Festschrift Kruse, S. 417, 417 f („fiktive Gesamthandsgesellschaft") und zu den gemeinsamen historischen Wurzeln von stiller Gesellschaft und Kommanditgesellschaft *Lübbert*, ZHR 58 (1906), 464.

352) Vgl. *Karsten Schmidt*, in: Festschrift Bezzenberger, S. 401, 409 ff, der entgegen BGH NJW 1995, 1353 die organsiationsrechtliche Einheit der mehrgliedrigen stillen Gesellschaft als taugliche Grundlage für eine actio pro socio hält.

353) Da in der Regel Publikumsgesellschaften eine große Anzahl von stillen Beteiligungen eingehen, kann auch von „Publikumsgesellschaften mit stillen Beteiligungen" gesprochen werden; *Heymann/Horn*, HGB, § 230 Rz. 63.

354) *Schlitt*, S. 61.

Der Begriff der stillen Publikumsgesellschaft erweist sich damit weniger als weitere neben der zwei- oder mehrgliedrigen Ausgestaltung stehende „Gattung" einer atypischen stillen Gesellschaft, sondern als Beschreibung einer von Anlegerprospekten (unten Rz. 144 ff) begleiteten **massenhaften stillen Beteiligung von Anlegern** auf der Grundlage gleichlautender Gesellschaftsverträge.[355] Als Beteiligungs- oder Anlageform für eine Vielzahl von Personen hat sie eine große praktische Bedeutung im Rahmen von Publikumspersonengesellschaften („GmbH & Still" oder GmbH & Co KG) und Mitarbeiterbeteiligungen.[356] Als Gestaltungsform der Publikumspersonengesellschaft steht sie neben zahlreichen anderen Ausprägungen, namentlich der kapitalgesellschaftsrechtlich organisierten, im Kommanditistenkreis offenen Publikums-KG und der Publikums-Treuhandgesellschaft, in der ein Treuhänder einen Kommanditanteil für eine Vielzahl von Anlegern hält (unten Rz. 587 ff).[357] Die Grenzen zwischen den genannten Rechtsformen sind fließend. 137

Trotz des nahezu unüberschaubaren Variantenreichtums wird man für die mehrgliedrige stille Publikumsgesellschaft folgende „typische" Gestaltungen festhalten können: Durch die Gesellschaftsverträge wird – wie oben bereits beschrieben – regelmäßig eine **Gesellschaftsversammlung** und ein **Beirat** etabliert, die als besondere Organe zu einer Mediatisierung der Mitgliedschaftsrechte führen.[358] Insoweit weisen die stillen Publikumsgesellschaften häufig eine **körperschaftliche Struktur** auf, die derjenigen von Aktiengesellschaften oder Gesellschaften mit beschränkter Haftung entlehnt ist. Dies kann im Einzelfall die Frage der analogen Anwendbarkeit von Formvorschriften aus dem Recht der GmbH oder der Aktiengesellschaft aufwerfen.[359] Auch in vermögensrechtlicher Hinsicht wird die stille Gesellschaft in der Regel atypisch ausgestaltet: Den stillen Gesellschaftern sind neben einer garantierten Mindestverzinsung der stillen Einlage eine schuldrechtliche Beteiligung am Gesellschaftsvermögen der 138

355) Vgl. *Reusch*, S. 70; *Schlitt*, S. 55; anders Bezzenberger/Keul, in: Münchener Handbuch des Gesellschaftsrechts II, § 72 Rz. 22.

356) *Heymann/Horn*, HGB, § 230 Rz. 60 m. w. N.; *ders.*, ZGR 1974, 133, 156 f.

357) Siehe den Überblick bei *Karsten Schmidt*, Gesellschaftsrecht, § 57 I 2.

358) Ausführlich *Schlitt*, S. 182 ff. Zur Durchführung der Gesellschafterversammlung in einer Publikums-Kommanditgesellschaft *Hadding*, in: Gedächtnisschrift Schultz, S. 65.

359) Vgl. BGH, Urt. v. 30. 3. 1998 – II ZR 20/97, ZIP 1998, 859 = NZG 1998, 463: Der Senat bejaht eine Einberufungsfrist für die Gesellschafterversammlung analog § 121 Abs. 4 AktG. Eine Pflicht zur Mitteilung der Beschlussgegenstände zusammen mit der Einladung zur Gesellschafterversammlung analog § 51 GmbHG lehnt er allerdings ab. Ebenso ist kein Raum für die gerichtliche Kontrolle der Angemessenheit eines von der Gesellschafterversammlung festgelegten Aufwendungsersatzes für Gesellschafter, die über ihre organschaftlichen Aufgaben im fakultativen Beirat hinaus Aufgaben im Interesse aller stillen Gesellschafter wahrnehmen (keine Analogie zu § 113 AktG).

Inhabergesellschaft eingeräumt.[360] Am Verlust nehmen sie vielfach nicht teil. Vorgesehen sein kann auch, dass neben der stillen Einlage der Inhabergesellschaft ein Darlehen zu gewähren[361] oder eine Kommanditbeteiligung zu übernehmen ist.

139 Angesichts dieser Strukturen gewinnt der **Anlegerschutz** sowohl in gesellschafts- als auch in kapitalmarktrechtlicher Hinsicht besondere Bedeutung (zur Prospekthaftung unten Rz. 144 ff und zur Qualifizierung von stillen Gesellschaften als Einlagegeschäfte unten Rz. 334 ff).[362] Zum Schutz der Anleger vor Übervorteilung finden grundsätzlich die von der Rechtsprechung zu den ähnlich strukturierten Publikumspersonengesellschaften (insbesondere der Publikums-KG[363]) entwickelten Rechtsgrundsätze Anwendung.[364] Freilich wird man im Einzelfall wegen der bestehenden Unterschiede zwischen beiden Gesellschaftsformen sorgfältig zu untersuchen haben, ob die Regeln auch die stille Publikumsgesellschaft zutreffend erfassen.[365] Eine größere Nähe und damit Notwendigkeit für eine Anwendung des „Sonderrechts" besteht bei der mehrgliedrig strukturierten stillen Publikumsgesellschaft.[366]

140 Hervorzuheben aus dem „Sonderrecht" für stille Publikumsgesellschaften ist folgendes: Der Gesellschaftsvertrag einer stillen Publikumsgesellschaft, auf dessen Inhalt die stillen Gesellschafter keine Einwirkungsmöglichkeit haben, unterliegt einer objektiven Auslegung und richterlichen **Inhaltskontrolle** (oben Rz. 57). Eine gesellschaftsvertragliche Änderung durch eine abweichende Übung der Gesellschafter ist daher nicht anzuerkennen.[367] Demgegenüber sind die grundsätzlich durch Mehrheitsbeschluss zu fassenden Entscheidungen der stillen Gesellschafter nicht an den Bestimmtheitsgrundsatz gebunden, sondern können eine Änderung des Gesellschaftsvertrags auch bewirken, wenn der Rege-

---

360) Vgl. *Blaurock*, in: Festschrift Heinsius, S. 33, 38, *Schlitt*, S. 56 m. w. N.

361) Vgl. BGH, Urt. v. 16. 1. 1984 – II ZR 36/83, ZIP 1984, 702; BGH, Urt. v. 14. 4. 1986 – II ZR 123/85, WM 1986, 904, 905, dazu EWiR 1986, 1075 *(Rössner/Schmitt)*; *Albracht*, S. 21.

362) Zuletzt hat *Bornemann*, ZHR 166 (2002), 211, 241 ff darauf hingewiesen, dass Organisationsmängel und Kontrolldefizite durch das gesellschaftsrechtliche „Sonderrecht" nur in eingeschränktem Maße kompensiert werden können.

363) Monographisch zum Anlegerschutz in der Publikums-KG: *Grote*, Anlegerschutz in der Publikums-KG durch Einrichtung eines Beirates.

364) *Heymann/Horn*, HGB, § 230 Rz. 63; *Schlitt*, S. 62. Zum „Sonderrecht" für die Publikumspersonengesellschaften siehe auch *Reusch*, S. 36 ff.

365) *Fischer*, WM 1981, 638, 644; *Polzer*, in: Münchener Handbuch des Gesellschaftsrechts II, § 74 Rz. 3; *Schlitt*, S. 62.

366) *Schlitt*, S. 63 m. w. N.

367) BGH NJW 1990, 2684 f.

lungsgegenstand nicht als abänderbar im Gesellschaftsvertrag aufgeführt ist.[368] Unwirksam ist nach den geschilderten Prinzipien etwa ein freies Kündigungsrecht des regelmäßig nur gering oder überhaupt nicht an Gewinn und Verlust beteiligten Geschäftsinhabers gegenüber den stillen Gesellschaftern[369] oder die Übernahme der Beteiligungen der stillen Gesellschafter nach freiem Ermessen.[370] Der Geschäftsinhaber kann den stillen Gesellschaftern zur Zahlung von Schadensersatz verpflichtet sein, wenn er zur Erreichung des Gesellschaftszwecks nicht benötigte Gelder nicht ausschüttet oder Beiträge der Stillen abredewidrig verwendet.[371] Die stillen Gesellschafter können auch die Geschäftsführer der Inhabergesellschaft aus dem Gesichtspunkt des Dienstvertrages mit Schutzwirkung für Dritte oder aus Delikt in Anspruch nehmen, wenn diese ihre Pflichten verletzen.[372] Die Mitglieder eines im Rahmen der eigenen Verbandsstruktur der stillen Publikumsgesellschaft etablierten Beirats unterliegen ebenfalls einer strengen Haftung und können sich nicht auf den milderen Haftungsmaßstab des § 708 BGB berufen.[373]

3. Stille Beteiligung des Kommanditisten

Publikumsgesellschaften finanzieren sich häufig sowohl über die Einlagen ihrer 141
Kommanditisten als auch über stille Vermögenseinlagen. Als Formen der Unternehmensfinanzierung stehen sie isoliert nebeneinander, wenn verschiedene Personen an dem Handelsgewerbe als Kommanditisten oder als stille Gesellschafter beteiligt sind.

In mehrgliedrigen – durchaus aber auch in den zweigliedrigen – stillen Gesell- 142
schaften kann eine stille Beteiligung auch mit einer Kommanditistenbeteiligung verbunden werden (**„gesplittete Einlage"**).[374] Die Anleger erwerben neben der

---

368) BGH, Urt. v. 12. 5. 1977 – II ZR 89/75, BGHZ 69, 160, 165 f = NJW 1977, 2160; *Reusch*, S. 132; *Schlitt*, S. 63; *Albracht*, S. 104. Siehe auch *Hadding*, ZGR 1979, 636. Die überstimmten, nicht treuwidrig handelnden Gesellschafter haben ein außerordentliches Kündigungsrecht, BGHZ 69, 160, 167.

369) BGHZ 125, 74, 79; *Gehrlein*, in: Ebenroth/Boujong/Joost, HGB, § 230 Rz. 82.

370) BGH, Urt. v. 3. 5. 1982 – II ZR 78/81, BGHZ 84, 11, 14 f = ZIP 1982, 839 = WM 1982, 760; BGH, Urt. v. 21. 3. 1988 – II ZR 135/87, BGHZ 104, 50, 57 ff = ZIP 1988, 906, dazu EWiR 1988, 655 *(Blaurock)*; *Schlitt*, S. 62 Fn. 280.

371) VGl. BGH NJW 1995, 1353, 1354; *Gehrlein*, in: Ebenroth/Boujong/Joost, HGB, § 230 Rz. 82.

372) BGH NJW 1995, 1353, 1357; *Heymann/Horn*, HGB, § 230 Rz. 63.

373) *Heymann/Horn*, HGB, § 230 Rz. 63.

374) Ausführlich MünchKomm-*K. Schmidt*, HGB, § 230 Rz. 90 f; *Schön*, ZGR 1990, 220, 222; *Weimar*, DB 1987, 1077; *Schiefer*, DStR 1997, 119, 121. Davon zu unterscheiden sind Fälle der zufälligen Koinzidenz von stiller Beteiligung und Kommanditbeteiligung; dazu BGH WM 1979, 71, 72; *Schön*, ZGR 1990, 220, 240 f.

stillen Beteiligung noch eine Kommanditbeteiligung an der Inhabergesellschaft. Die Höhe der stillen Vermögenseinlage steht regelmäßig in einem festen Verhältnis zur Kommanditeinlage.[375)] Die Bindung der stillen Beteiligung an die Kommanditbeteiligung ist auch darüber hinaus zwingend, so dass eine gesonderte Kündigung der stillen Gesellschaft ausgeschlossen ist.[376)]

143 Maßgeblicher Grund für die Ausgestaltung einer „gesplitteten Einlage" war die Überlegung, der Inhabergesellschaft möglichst viel Kapital zuzuführen, ohne dass die Kapitalgeber den haftungsrechtlichen Folgen einer Kommanditeinlage (in der Insolvenz der Gesellschaft) ausgesetzt sind.[377)] Entsprechend macht die Kommanditeinlage in vielen Fällen nur 20–30 % der Gesamteinlage aus.[378)] Die Grenzen zwischen den beiden „Beteiligungsformen" sind fließend; bisweilen wird sogar in Frage gestellt, ob eine solche Verbindung überhaupt einen stillen Gesellschaftsvertrag zur Entstehung bringt.[379)] Die höchstrichterliche Rechtsprechung hat die antizipierten haftungsrechtlichen Vorteile der Gestaltung nicht bestätigt, sondern angenommen, dass die stille Beteiligung nur einen Bestandteil der sog. Pflichteinlage des Kommanditisten bildet. Entsprechend wurde die stille Einlage trotz des vertraglichen Ausschlusses der Verlustteilnahme des Stillen zum haftenden Kapital gerechnet, auf das die Gläubiger der Inhabergesellschaft in der Insolvenz Zugriff nehmen können (unten Rz. 303 ff).[380)] Eine gewisse Nähe besteht hier zu der Vereinbarung von Finanzplankrediten neben der eigentlichen Hafteinlage.[381)] Maßgebend für eine solche rechtliche Bewertung war unter anderem, dass sich die Pflicht zur stillen Beteiligung aus dem Gesellschaftsvertrag der Kommanditgesellschaft ergibt, der Gesellschaftszweck („Projektfinanzierung") ohne die stille Vermögenseinlage objektiv nicht zu erreichen ist und die Mittel im Gesellschaftsvertrag einheitlich als **„Eigenkapital"**

375) Vgl. BGH, Urt. v. 12. 5. 1977 – II ZR 89/75, BGHZ 69, 160, 169 f; BGH, Urt. v. 5. 11. 1979 – II ZR 145/78, ZIP 1980, 192 = NJW 1980, 1522, 1523 = WM 1980, 332 = BB 1980, 381; BGH, Urt. v. 9. 2. 1981 – II ZR 38/80, ZIP 1981, 734 = WM 1981, 761; *Weimar*, DB 1987, 1077, 1079.

376) BGHZ 69, 160, 170.

377) *Albracht*, S. 39; *Schlitt*, S. 58; *Bezzenberger/Keul*, in: Münchener Handbuch des Gesellschaftsrechts II, § 72 Rz. 30.

378) Exemplarisch der Sachverhalt zu BGH, Urt. v. 7. 3. 1983 – II ZR 11/82, BGHZ 87, 84 = ZIP 1983, 563 = WM 1983, 472.

379) *Reusch*, S. 84.

380) BGH NJW 1980, 1522, 1522 f; BGH, Urt. v. 9. 2. 1981 – II ZR 38/80, ZIP 1981, 734, 735 = WM 1981, 761 = NJW 1981, 2251; BGH, Urt. v. 21. 3. 1988 – II ZR 238/87, ZIP 1988, 638, 640 f (keine Publikumsgesellschaft).

381) Siehe dazu *Wilken*, ZIP 1996, 61.

ausgewiesen sind.[382] Vor diesem Hintergrund hat die gesplittete Einlage erheblich an Attraktivität verloren.

4. Prospekthaftung

Wenn stille Beteiligungen eingesetzt werden, um beim Publikum, also einer Vielzahl von Investoren, Kapital aufzunehmen, ist regelmäßig zu beobachten, dass die (Inhaber-)Gesellschaften sich nur über einen kleinen Teil über ihre Gesellschafter finanzieren und ihren **Finanzierungsbedarf** hauptsächlich über stille Beteiligungen decken. Dies ist kein neues Phänomen, sondern durchaus seit längerer Zeit insbesondere bei Publikumspersonengesellschaften aber auch bei in anderen Rechtsformen verfassten Inhabergesellschaften zu beobachten.[383] In der jüngeren Vergangenheit ist das Werben von Aktiengesellschaften um die Beteiligung von zahlreichen stillen Gesellschaftern negativ in den Vordergrund gerückt.[384] In diesen Fällen verwendet das kapitalsammelnde Unternehmen häufig einen „**Emissionsprospekt**", um öffentlich zu werben und das Publikum für den Abschluss von Vermögensanlageverträgen zu interessieren.[385] Stellt sich später heraus, dass bestimmte Angaben im Prospekt unrichtig oder unvollständig waren und nicht auszuschließen ist, dass die Investitionsentscheidung auf der Grundlage dieser fehlerhaften Informationen erfolgt ist, kommen Prospekthaftungsansprüche der Anleger gegen die Gesellschaft und die „Prospektverantwortlichen" in Betracht.[386] 144

a) Rechtsgrundlage

Rechtsgrundlage ist die allgemeine zivilrechtliche Prospekthaftung, wie sie die Rechtsprechung ursprünglich für eine Publikums-KG, die sich zum Zwecke der 145

---

382) Vgl. *Schön*, ZGR 1990, 220, 240.

383) Zur stillen Beteiligung an einer GmbH zuletzt OLG Karlsruhe, Urt. v. 26. 10. 2000 – 9 U 58/00 (n.rkr., Revision unter BGH – II ZR 341/00), NZG 2001, 234 = DB 2001, 1485.

384) Vgl. hierzu BGH NZG 2001, 269; OLG Oldenburg DB 2000, 2418; OLG CelleNZG 2000, 85; OLG Köln, Urt. v. 26. 8. 1999 – 1 U 43/99, NZG 2000, 89 = AG 2000, 281; OLG München, Urt. v. 23. 7. 1999 – 15 U 2827/99, NZG 2000, 92; OLG Stuttgart NZG 2000, 93; OLG Celle AG 1996, 370, 371 f.

385) Näher zu den Voraussetzungen für das Vorliegen eines Prospekts *Grumann*, BKR 2002, 310, 311 ff.

386) Zu weiteren Haftungstatbeständen bei Verletzung vorvertraglicher Informations- und Aufklärungspflichten (Auskunftsvertrag und culpa in contrahendo, § 311 Abs. 2, 3, § 241 Abs. 2 BGB) sowie unerlaubter Handlung (§ 826 BGB/§ 823 Abs. 2 BGB i. V. m. § 264a StGB bzw. §§ 263, 266 StGB) vgl. *Henze*, in: Ebenroth/Boujong/Joost, HGB, § 177a Anh. B Rz. 61 ff; OLG Schleswig, Urt. v. 29. 8. 2002 – 5 U 8/02, ZIP 2002, 1725 = NZG 2003, 166 OLG Schleswig, Urt. v. 13. 6. 2002 – 5 U 78/01, ZIP 2002, 1244, 1249, dazu EWiR 2003, 801 *(Frisch)* (§ 823 Abs. 2 BGB i. V. m. § 1 Abs. 1 Nr. 1, §§ 32 ff KWG – offen gelassen); Bayer/Riedel, NJW 2003, 2567, 2568 f.

Kapitalbeschaffung an eine Vielzahl von Kommanditisten wendet, entwickelt hat.[387] Die Grundsätze finden in gleicher Weise Anwendung, wenn eine Gesellschaft mit einem Prospekt um die **Beteiligung von stillen Gesellschaftern** wirbt, ohne dass es auf die Rechtsform der Geschäftsinhaber-Gesellschaft ankommt.[388] Dies entspricht der allgemein in der Rechtsprechung zu beobachtenden Tendenz, die Prospekthaftungsgrundsätze auf sämtliche Beteiligungskapitalanlagen auf dem „grauen Kapitalmarkt" auszudehnen.[389] Anders als bei der spezialgesetzlich geregelten Prospekthaftung besteht hier keine Pflicht zur Veröffentlichung eines Prospekts.[390] Entsprechend knüpft die Haftung auch nicht an eine bestimmte Prospektform an, sondern erfasst sämtliche Vertriebsangaben.[391] Erforderlich ist, dass in der Informationsunterlage der Eindruck erweckt wird, es seien für die Anlageentscheidung wesentliche Angaben erhalten.[392] Bislang wird hierfür an dem Erfordernis der Schriftlichkeit der Vertriebsangaben festgehalten; angesichts der Entwicklung der elektronischen Medien sollte eine Erstreckung hierauf indessen außer Frage stehen.[393]

146 Die von der Rechtsprechung entwickelten Grundsätze über die allgemeine zivilrechtliche Prospekthaftung unterliegen im Hinblick auf die stille Gesellschaft als Beteiligungsform keinen Besonderheiten und sind hier daher nur kurz in groben Grundzügen zu skizzieren.[394] Grundsätzlich stellt sich die Prospekthaftung als **Weiterführung des Grundgedankens der Vertrauenshaftung** für ein „Ver-

---

387) Siehe nur BGH, Urt. v. 24. 4. 1978 – II 172/76, BGHZ 71, 284; BGH, Urt. v. 16. 11. 1978 – II ZR 94/77, BGHZ 72, 382; *Hopt*, in: Festschrift 50 Jahre BGH, S. 497, 527 m. w. N.; *Baumbach/Hopt*, HGB, Anh. § 177a Rz. 60; MünchKomm-*Grunewald*, HGB, § 161 Rz. 141 ff.

388) OLG Hamburg, Urt. v. 18. 2. 2000 – 11 U 213/98, NZG 2000, 1083, 1084 = AG 2001, 141; OLG Hamburg, Urt. v. 31. 3. 2000 – 11 U 74/99, NZG 2000, 1144, 1144; beide für die AG; BGH, Urt. v. 26. 9. 1991 – VII ZR 376/89, BGHZ 115, 213 = ZIP 1992, 552 = NJW 1992, 228, dazu EWiR 1991, 1171 *(Müller)* für die GmbH.

389) Vgl. *Hopt*, in: Festschrift 50 Jahre BGH, S. 497, 527; *Kiethe*, ZIP 2000, 216, 219.

390) *Baumbach/Hopt*, HGB, Anh. § 177a Rz. 59; *Grumann*, BKR 2002, 310, 313; *Kiethe*, ZIP 2000, 216, 218 m. w. N.; MünchKomm-*Grunewald*, HGB, § 161 Rz. 141. Die wirtschaftsrechtliche Abteilung des 64. Deutschen Juristentags 2002 hat eine entsprechende Prospektpflicht empfohlen, um den grauen Kapitalmarkt und die sich daraus für die Anleger ergebenden Risiken einzudämmen; zu entsprechenden Gesetzgebungsvorhaben s. auch *Seibert*, BB 2003, 693, 698.

391) *Baumbach/Hopt*, HGB, Anh. § 177a Rz. 59; MünchKomm-*Grunewald*, HGB, § 161 Rz. 142. Siehe auch *Kiethe*, ZIP 2000, 216, 218 f (nur solche Publikationen, deren Inhalt über eine reine Werbeaussage erheblich hinausgeht und für den Anlageentschluss bedeutsame Informationen enthält).

392) MünchKomm-*Grunewald*, HGB, § 161 Rz. 142; *Kiethe*, ZIP 2000, 216, 219.

393) Siehe auch MünchKomm-*Grunewald*, HGB, § 161 Rz. 142.

394) Im einzelnen dazu *Assmann*, in: Assmann/Schütze, § 7 Rz. 137 ff.

schulden bei Vertragshandlungen" dar[395] und richtet sich in Anspruchsinhalt und Rechtsfolgen nach der Haftung für Rat und Auskunft.[396] Dabei knüpft sie allerdings nicht an ein konkretes, sondern ein typisches Vertrauen der Anleger auf die Richtigkeit und Vollständigkeit der von den Prospektverantwortlichen gemachten Angaben an.[397] Der Prospekt hat als allgemeine Grundlage für den Beitrittsentschluss der Investoren ein zutreffendes Bild für eine sachgerechte Beurteilung der angebotenen Kapitalbeteiligung zu vermitteln.[398] Dazu gehört, dass sämtliche Umstände, die für die Entschließung der mit dem Prospekt angesprochenen Anlageinteressenten von Bedeutung sind oder sein können, sachlich richtig, klar und vollständig dargestellt werden.[399] Dies impliziert auch eine Pflicht zu zeitnahen Nachforschungen und Überprüfungen sowie zu Berichtigung und Nachtrag schuldlos unrichtiger Angaben oder nachträglich eingetretener wesentlicher Änderungen für die Dauer des Angebots.[400] In den wesentlichen Punkten **unrichtige oder unvollständige irreführende Prospektangaben** stellen eine rechtswidrige Verletzung der dem einzelnen Anleger gegenüber bestehenden Verhaltenspflichten der Prospektverantwortlichen dar.[401]

b) Prospekthaftungspflichtige

Zum Kreis der Prospektverantwortlichen, die den Anlegern wegen Prospektfehlern einzustehen haben, gehören die Personen, die für die Geschicke der Ge- 147

395) BGH, Urt. v. 6. 10. 1980 – II ZR 60/80, BGHZ 79, 337, 341 ff = ZIP 1981, 517; BGH, Urt. v. 21. 5. 1984 – II ZR 83/84, ZIP 1984, 1086 = NJW 1984, 2523 (zur Abgrenzung von Prospekthaftung und Verschulden bei Vertragsschluss); *Baumbach/Hopt*, HGB, Anh. § 177a Rz. 60, 62; *Kiethe*, ZIP 2000, 216.

396) *Baumbach/Hopt*, HGB, § 347 Rz. 23 ff. Die Regelungen des Schuldrechtsmodernisierungsgesetzes haben für die hier dargestellte allgemeine zivilrechtliche Prospekthaftung keine Neuerungen gebracht; vgl. *Grumann*, BKR 2002, 310, 311.

397) BGHZ 71, 284, 286 f; BGHZ 72, 382, 384 f; BGH, Urt. v. 22. 3. 1979 – VII ZR 259/77, BGHZ 74, 103, 109; BGH, Urt. v. 22. 5. 1980 – II ZR 209/79, BGHZ 77, 172, 175 f = ZIP 1980, 532; BGHZ 79, 337, 340; BGH, Urt. v. 22. 3. 1982 – II ZR 114/81, BGHZ 83, 222, 224 f; *Grumann*, BKR 2002, 310, 311.

398) Vgl. BGH, Urt. v. 29. 5. 2000 – II ZR 280/98, ZIP 2000, 1296 = NZG 2000, 997, 998; BGH, Urt. v. 21. 10. 1991 – II ZR 204/90, BGHZ 116, 7, 12 = ZIP 1991, 1597, dazu EWiR 1992, 33 *(Schiemann)*; OLG Hamburg NZG 2000, 1083, 1084.

399) BGH, Urt. v. 25. 11. 1981 – IVa ZR 286/80, ZIP 1982, 169 = NJW 1982, 1095; BGHZ 116, 7, 12; OLG Hamburg NZG 2000, 536, 537 m. Anm. *Michalski/Schulenberg*; *Baumbach/Hopt*, HGB, § 347 Rz. 24 ff. Zu Beispielsfällen siehe MünchKomm-*Grunewald*, HGB, § 161 Rz. 143.

400) *Baumbach/Hopt*, HGB, § 347 Rz. 28 m. w. N.

401) Vgl. BGH, Urt. v. 5. 7. 1993 – II ZR 194/92, BGHZ 123, 106, 113 = ZIP 1993, 1467; BGH, Urt. v. 6. 10. 1980 – II ZR 60/80, BGHZ 79, 337, 344 = ZIP 1981, 517. Näher zur Erheblichkeit des Umstandes für die Anlageentscheidung *Kiethe*, ZIP 2000, 216, 219 f.

sellschaft und damit für die Herausgabe des Prospekts verantwortlich sind.[402] Dazu sind „**Initiatoren**, Gründer und Gestalter der Gesellschaft, soweit sie das Management bilden oder beherrschen“[403] ebenso zu zählen wie „Personen, die hinter der Gesellschaft stehen und neben der Geschäftsleitung besonderen Einfluss in der Gesellschaft ausüben und deshalb Mitverantwortung tragen“.[404] Ausreichend ist, dass die Prospekte mit der Kenntnis der Prospektverantwortlichen in Verkehr gebracht worden sind.[405] Ein **Organmitglied** kann sich nicht damit entlasten, dass es nach der internen Ressortaufteilung nicht für die Prospekterstellung zuständig war, weil die Prospekthaftung gerade nicht an eine konkrete Vertrauensverletzung eines Organmitglieds, sondern an ein typisches, der Gesellschaft, ihren Organen und Initiatoren entgegengebrachtes Vertrauen anknüpft.[406] Haftbar können aber auch die beratenden **Rechtsanwälte und Wirtschaftsprüfer** und andere Personen gemacht werden, die aufgrund berufsmäßiger Sachkenntnis oder wirtschaftlicher Stellung eine Garantenstellung haben, wenn sie – auch unterhalb der Schwelle der Stellvertretung für die Gesellschaft – durch eine nach außen gekehrte Mitwirkung am Prospekt einen besonderen Vertrauenstatbestand geschaffen haben.[407] Haftungsvoraussetzung ist aber, dass die von ihnen garantierte Aussage nicht zutrifft.[408] Besondere Rechtspflichten treffen auch die Banken.[409]

c) Kausalität, Verschulden, Schaden

148 Ein festgestellter Prospektfehler steht in einem **ursächlichen Zusammenhang** zum Schaden des Anlegers, wenn die Anlageentscheidung zumindest auch von den unrichtigen oder unvollständigen Prospektangaben mitbestimmt war und

---

402) Vgl. BGH, Urt. v. 1. 12. 1994 – III ZR 93/93, NJW 1995, 1025; *Grumann*, BKR 2002, 310, 314 ff; *Schiefer*, DStR 1997, 164, 166 f; MünchKomm-*Grunewald*, HGB, § 161 Rz. 144.

403) OLG Hamburg NZG 2000, 1083, 1085.

404) BGH, Urt. v. 26. 9. 1991 – VII ZR 376/89, BGHZ 115, 213, 218 = ZIP 1992, 552, dazu EWiR 1991, 1171 *(Müller)*; OLG Köln NZG 2000, 89, 91 f; siehe auch OLG Karlsruhe, NZG 2001, 234, 235 (im Prospekt vorgesehener Treuhänder für die stillen Gesellschafter); OLG Hamburg NZG 2000, 1083; BayObLG, Beschl. v. 18. 7. 2002 – 1 Z AR 62/02, NZG 2002, 1104, 1105 = ZIP 2002, 2214.

405) BGHZ 72, 382, 388.

406) OLG Hamburg NZG 2000, 1083, 1086.

407) BGH, Urt. v. 22. 5. 1980 – II ZR 209/79, BGHZ 77, 172 = ZIP 1980, 532, BGH, Urt. v. 31. 5. 1990 – VII ZR 340/88, BGHZ 111, 314 = ZIP 1990, 928, dazu EWiR 1990, 757 *(Assmann)*; BGH, Urt. v. 31. 3. 1992 – XI ZR 70/91, WM 1992, 901, 906 = ZIP 1992, 912, dazu EWiR 1992, 547 *(v. Stebut)*; *Hopt*, in: Festschrift 50 Jahre BGH, S. 497, 529; *Baumbach/Hopt*, HGB, Anh. § 177a Rz. 63 m. w. N.; MünchKomm-*Grunewald*, HGB, § 161 Rz. 144.

408) MünchKomm-*Grunewald*, HGB, § 161 Rz. 144.

409) *Baumbach/Hopt*, HGB, Anh. § 177a Rz. 66 m. w. N. Siehe auch *Schiefer*, DStR 1997, 164, 167 ff.

wenn sich der Anleger in Kenntnis der wahren Sachlage nicht an dem Anlageobjekt beteiligt hätte.[410] Grundsätzlich spricht bereits die Lebenserfahrung dafür, dass ein in wesentlichen Punkten unrichtiger Prospekt für den auf seiner Grundlage erklärten „Beitritt" ursächlich gewesen ist.[411] Die Anforderungen an den Kausalitätsnachweis durch den Anleger sind also nicht streng. Es muss nach der Gesamtwürdigung der erhobenen Beweise allerdings die Überzeugung bestehen, dass der Prospektfehler nicht als Vorwand genutzt wird, weil sich die Anlageentscheidung aus anderen Gründen als nachteilig herausgestellt hat.[412] Die allgemeine zivilrechtliche Prospekthaftung ist eine **Verschuldens-, keine Garantiehaftung**. Im Unterschied zur Beschränkung auf grobe Fahrlässigkeit, wie sie in spezialgesetzlichen Regelungen vorgenommen wird (siehe etwa § 45 Abs. 1 BörsG), gilt hier der Verschuldensmaßstab der einfachen Fahrlässigkeit (§ 276 Abs. 1 BGB).[413]

Ersetzt wird in der Regel der **Vertrauensschaden**;[414] dabei wird grundsätzlich 149
vermutet, dass der Empfänger bei richtigem Rat das Geschäft nicht getätigt hätte (sog. Vermutung aufklärungsrichtigen Verhaltens).[415] Der ersetzbare Schaden besteht damit in der Regel in dem vollständigen oder teilweisen Verlust der Einlage, Nebenkosten und Agio sowie entgangenen Zins- (aus alternativem Kapitaleinsatz) und Steuervorteilen.[416]

d) Verjährung

Ansprüche aus zivilrechtlicher Prospekthaftung verjähren in Analogie zu den 150
Verjährungsbestimmungen für die gesetzliche Prospekthaftung (§ 46 BörsG, § 127 Abs. 5 InvG) grundsätzlich binnen sechs Monaten seit Kenntnisnahme vom Prospektmangel, spätestens jedoch in drei Jahren ab Begründung der stillen

---

410) OLG Hamburg NZG 2000, 1083, 1086; MünchKomm-*Grunewald*, HGB, § 161 Rz. 144 m. w. N.

411) BGH, Urt. v. 28. 9. 1992 – II ZR 224/91, NJW 1992, 3296, 3296 f = ZIP 1992, 1561, dazu EWiR 1993, 347 *(Schäfer)*; *Schiefer*, DStR 1997, 164, 167.

412) Vgl. BGH, Urt. v. 5. 7. 1993 – II ZR 194/92, BGHZ 123, 106, 109 = ZIP 1993, 1467; *Henze*, in: Ebenroth/Boujong/Joost, HGB, § 177a Anh. B Rz. 48.

413) Zum Mitverschulden des Anlegers (§ 254 BGB) siehe MünchKomm-*Grunewald*, HGB, § 161 Rz. 149.

414) *Baumbach/Hopt*, HGB, § 347 Rz. 35 m. w. N.; siehe auch MünchKomm-*Grunewald*, HGB, § 161 Rz. 147 f.

415) Ständige Rechtsprechung BGH, Urt. v. 22. 5. 1985 – IVa ZR 190/83, BGHZ 94, 356, 363; BGH, Urt. v. 26. 9. 1991- VII ZR 376/89, BGHZ 115, 213, 223; BGHZ 123, 114; *Baumbach/Hopt*, HGB, § 347 Rz. 37.

416) *Henze*, in: Ebenroth/Boujong/Joost, HGB, § 177a Anh. B Rz. 66 ff (mit umfangreichen Rechtsrechungsnachweisen); siehe dort auch zur Anrechnung von Vorteilen. Zur Begrenzung des Schadensersatzanspruchs im Rahmen der Auseinandersetzung einer fehlerhaften stillen Gesellschaft *Armbrüster/Joos*, ZIP 2004, 189, 198; *Wälzholz*, DStR 2003, 1533, 1535.

Gesellschaft (Erwerb der Kapitalanlage).[417] Dies gilt insbesondere, wenn die Forderung auf „typischem Vertrauen" beruht und sich gegen die oben genannten „Garanten" richtet, die dem Geschädigten erst bei Vertragsschluss bekannt geworden sind.[418] Demgegenüber soll die allgemeine zivilrechtliche Regelverjährung maßgeblich sein, sofern sich die Forderung gegen die Personen richtet, die persönlich Vertrauen in Anspruch genommen oder in eigenen wirtschaftlichen Interessen gehandelt haben (Haftung aus Geschäftsbesorgungs-, Beratungs- bzw. Auskunftsvertrag oder aus culpa in contrahendo, § 311 Abs. 2 und 3, § 241 Abs. 2 BGB).[419] Nach Inkrafttreten der Schuldrechtsreform bedeutet dies allerdings eine Verkürzung der Verjährung von dreißig auf drei Jahre (§ 195 BGB n. F.).

5. Stille Beteiligungen an Aktiengesellschaften

151 Stille Beteiligungen an Aktiengesellschaften bilden heute nicht mehr die Ausnahme, sondern gewinnen zunehmend an Bedeutung.[420] Abzugrenzen sind zwei Erscheinungsformen: Einerseits werden stille Beteiligungen an (börsennotierten) Aktiengesellschaften „massenweise" unter Verwendung eines Emissionsprospekts eingesetzt, um beim Publikum Kapital aufzunehmen.[421] Hierdurch lassen sich auch Gewinnbeteiligungen an Sparten oder einzelnen Betriebsstätten rechtlich darstellen, wie sie den aus aktienrechtlicher Sicht mit großen Unsicherheiten behafteten tracking stocks zugeschrieben werden.[422] Gerade auch in einem schwachen Umfeld an den Kapitalmärkten kann die stille Einlage

417) BGHZ 83, 222, 225; *Henze*, in: Ebenroth/Boujong/Joost, HGB, § 177a Anh. B Rz. 71 (mit weiteren Rechtsrechungsnachweisen); MünchKomm-*Grunewald*, HGB, § 161 Rz. 150 f (dort auch zur Ausnahme für Bauträger- und Bauherrenmodelle).

418) BGHZ 83, 222, 227; BGHZ 115, 213, 224; *Hopt*, in: Festschrift 50 Jahre BGH, S. 497, 532. Zum zuständigen Gericht bei Prospekthaftungsklagen siehe BayOblG NZG 2002, 1004, 1005.

419) *Baumbach/Hopt*, HGB, § 347 Rz. 39; *Henze*, in: Ebenroth/Boujong/Joost, HGB, § 177a Anh. B Rz. 72; *Hopt*, in: Festschrift 50 Jahre BGH, S. 497, 532; siehe allgemein auch *Kiethe*, ZIP 2000, 216, 223 f.

420) Vgl. etwa die Hauptversammlungsbeschlüsse der Basler AG (Bundesanzeiger v. 23. 4. 2002, TOP 5) und der IKB Deutsche Industriebank AG (Bundesanzeiger v. 19. 7. 2002, TOP 7); s. auch *Berninger*, Der Konzern 2003, 683.

421) Vgl. hierzu zuletzt BGH NZG 2001, 269; OLG Oldenburg, Urt. v. 20. 5. 1999 – 1 U 24/99, DB 2000, 2418 f; OLG Celle, NZG 2000, 85 (m. Anm. *Sosnitza* AG 2000, 280); OLG Köln, NZG 2000, 89 = AG 2000, 281 OLG München NZG 2000, 92; OLG Stuttgart NZG 2000, 93. In diesen Parallelfällen hatten sich 38.500 Anleger als stille Gesellschafter an einer AG beteiligt.

422) Vgl. MünchKomm-*K. Schmidt*, HGB, § 230 Rz. 39; *Schrell/Kirchner*, BKR 2003, 13, 17; siehe auch *Zacharias/Hebig/Rinnewitz*, S. 137 ff. Zu tracking stocks siehe *Baums*, in: Festschrift Bojong, S. 19; *Sieger/Hasselbach*, AG 2001, 188; *Friedl*, BB 2002, 1157.

eine interessante alternative Finanzierungsform darstellen. Andererseits spielt die stille Gesellschaft heute eine nicht zu unterschätzende Rolle im Zusammenhang mit sog. bridge-Finanzierungen oder venture capital:[423)] „Jüngere“ (nicht börsennotierte) Aktiengesellschaften bedienen sich der stillen Gesellschaft, um einzelne Beteiligungsgesellschaften oder strategische Investoren vor einem Börsengang mittelfristig zu beteiligen. Nicht selten wird dabei konkret vereinbart, dass die stille Gesellschaft der „Vorfinanzierung zukünftigen Aktienkapitals“ dient, d. h. im Rahmen eines Börsengangs in Aktienkapital umgewandelt werden soll.[424)] Diese Gestaltungen werfen zahlreiche Rechtsfragen im Schnittfeld von zwingendem Aktienrecht und Binnenverfassung der stillen Gesellschaft auf. Zu unterscheiden sind die formalen Vorgaben, die das Aktienrecht für die Begründung einer stillen Beteiligung macht, sowie die möglichen Einschränkungen für die inhaltlichen Gestaltungsmöglichkeiten.

a) Formale Anforderungen an die Begründung der stillen Gesellschaft

Die stille Gesellschaft kann als Innengesellschaft nicht selbst Unternehmens- 152
trägerin sein, die ein eigenes periodisches Ergebnis erwirtschaftet, das von dem der Aktiengesellschaft zu unterscheiden ist. Nur der stille Gesellschafter selbst kann aufgrund der stillen Beteiligung an dem Gewinn der AG partizipieren.[425)] Nach der heute nahezu einhelligen Auffassung steht die Einordnung einer stillen Beteiligung an einer Aktiengesellschaft als **Teilgewinnabführungsvertrag** gemäß § 292 Abs. 1 Nr. 2 AktG daher außer Zweifel.[426)] Hierfür genügt als Voraussetzung, dass die Aktiengesellschaft sich verpflichtet, einen Teil ihres Gewinns ganz oder zum Teil an den stillen Gesellschafter abzuführen. Dies ist bei der stillen Gesellschaft ohne Weiteres der Fall: Die Gewinnbeteiligung ist für ihr Beste-

423) Näher zu bridge-Finanzierungen oder venture capital *Pfeifer*, BB 1999, 1665; *Leopold* DStR 1999, 470; *Schäfer*, ZGR-Sonderheft Nr. 16, S. 62.

424) Eingehend bereits *Semler*, in: Festschrift Werner, 1984, S. 855; instruktiv zu Rechtsproblemen im Vorfeld eines Börsengangs auch *Schlitt/Beck*, NZG 2001, 688.

425) *Karsten Schmidt*, ZGR 1984, 295, 299 ff.

426) OLG Celle NZG 2000, 85, 86 (m. Anm. *Sosnitza*) = AG 2000, 280; OLG Stuttgart NZG 2000, 93, 94; OLG Düsseldorf AG 1996, 473; LG Berlin, Beschl. v. 19. 7. 2000 – 105 O 32/00, DB 2000, 2466, 2468; KG NZG 2002, 818, 821; *Bezzenberger/Keul*, in: Münchener Handbuch des Gesellschaftsrechts II, § 76 Rz. 64; MünchKomm-*Altmeppen*, AktG, § 292 Rz. 65; *Hüffer*, AktG, § 292 Rz. 15; MünchKomm-*K. Schmidt*, HGB, § 230 Rz. 116; *Karsten Schmidt*, ZGR 1984, 295, 299; *Bachmann/Veil*, ZIP 1999, 348, 351; *Blaurock*, StG, § 7 Rz. 7.23; *ders.*, in: Festschrift Großfeld, S. 83, 85; *Jeben*, BB 1996, 701; *Mertens*, AG 2000, 32; *Schlitt/Beck*, NZG 2001, 688, 688 f; *Winter*, in: Festschrift Peltzer, S. 645, 649; differenzierend *Schulze-Osterloh*, ZGR 1974, 427, 431 ff, 450 ff (atypische stille Beteiligung als Betriebsüberlassungvertrag i. S. v. § 292 Abs. 1 Nr. 3 AktG); *Uwe H. Schneider/Reusch*, DB 1989, 713, 715, die keine analoge Anwendung der §§ 293 ff AktG auf die „konzernexterne stille Gesellschaft“ zulassen.

hen konstitutiv und kann nicht ausgeschlossen werden (§ 231 Abs. 2 2. HS HGB). Unerheblich ist, dass der Gewinnanteil des stillen Gesellschafters sich nicht am Jahresüberschuss der AG orientiert, sondern schon bei der Aufstellung des Jahresabschlusses als Betriebsausgabe ausgewiesen wird.[427] Diese Teilhabe stellt im übrigen einen Eingriff in das Gewinnverwendungsrecht der Hauptversammlung (§ 174 AktG) dar, der allein schon das Zustimmungsrecht rechtfertigen würde.

153 Ausgenommen sind nur stille Beteiligungen von **Vorstands- oder Aufsichtsratsmitgliedern**[428] sowie von einzelnen Arbeitnehmern der Gesellschaft. Sie unterliegen ebensowenig dem Recht der Teilgewinnabführungsverträge wie „eine Abrede über eine Gewinnbeteiligung im Rahmen von Verträgen des laufenden Geschäftsverkehrs oder Lieferverträgen" (§ 292 Abs. 2 AktG). Der Anwendungsbereich des Tatbestandsmerkmals **„Verträge des laufenden Geschäftsverkehrs"** ist bislang allerdings nicht hinreichend geklärt. Einigkeit besteht nur dahingehend, dass § 292 Abs. 2 AktG nur einen eng umfassten Kern von „konzernunverdächtigen" Verträgen, die eine Gewinnabführung vorsehen, aus dem Begriff des Teilgewinnabführungsvertrages herausnehmen soll.[429] Stille Gesellschaften, die – in Anlehnung an § 116 HGB – zu den „ungewöhnlichen Geschäften" eines Unternehmens zu zählen sind, gehören nicht hierzu.[430]

154 Zu seiner Wirksamkeit bedarf der in **schriftlicher Form** abzuschließende (§ 293 Abs. 3 AktG) Gesellschaftsvertrag über eine stille Beteiligung an einer Aktiengesellschaft der Zustimmung von mindestens drei Vierteln des in der **Hauptversammlung** der Aktiengesellschaft vertretenen Grundkapitals (§ 293 Abs. 1 AktG). Die Satzung der AG kann eine größere Kapitalmehrheit oder weitere Erfordernisse bestimmen (§ 293 Abs. 1 Satz 2 und Satz 3 AktG). Die Zustimmung der Hauptversammlung ist auch dann nicht entbehrlich, wenn in der Satzung der Gesellschaft die „Einräumung stiller Beteiligungen" in den Unternehmensgegenstand aufgenommen ist. Damit wird nur der Rahmen festgelegt, in dem der Vorstand nach Maßgabe seiner Leitungsbefugnis (§ 76 Abs. 1 AktG) grundsätzlich die Geschäfte der Gesellschaft führen kann; zwingende Entscheidungszu-

---

427) *Schlitt/Beck*, NZG 2001, 688, 689.

428) Offen bleibt, weshalb das OLG Celle, NZG 2000, 85, 86, § 292 Abs. 2 AktG in dem von ihm entschiedenen Fall hierauf nicht eingegangen ist. Der stille Gesellschafter war zugleich Mitglied des Aufsichtsrats der AG.

429) *Karsten Schmidt*, ZGR 1984, 293, 302.

430) MünchKomm-*Altmeppen*, AktG, § 291 Rz. 80; *Karsten Schmidt*, ZGR 1984, 295, 302; *Semler*, in: Festschrift Werner, 1984, S. 855, 861; *Blaurock*, StG, § 7 Rz. 7.26 (insbesondere für Publikumsgesellschaften: „einkalkuliertes, wesentliches Instrument der Kapitalbeschaffung und als solches ein tragender Pfeiler der gesamten Konzeption").

ständigkeiten der Hauptversammlung können dadurch nicht ersetzt oder abbedungen werden.[431]

Grundsätzlich wird davon auszugehen sein, dass der „Zustimmungsbeschluss" der Hauptversammlung als **(nachträgliche) Genehmigung** des bereits abgeschlossenen Gesellschaftsvertrags über die stille Gesellschaft zu fassen ist.[432] Die Hauptversammlung der Aktionäre, zu deren Schutz das Zustimmungserfordernis besteht, kann einen Beschluss nur auf der Grundlage umfassender und vollständiger Informationen über das Vertragswerk fassen. Deutlich unterstrichen wird dies durch die besonderen Vorschriften zur Berichterstattung über und Prüfung von Unternehmensverträgen vor der Beschlussfassung (§§ 293a ff AktG). Ähnlich wie in anderem Zusammenhang (Verschmelzung, Nachgründung) wird man einen **Einwilligungsbeschluss**, also die Abstimmung über einen Vertragsentwurf, nur zulassen können, wenn dieser nach der Beschlussfassung der Hauptversammlung inhaltlich unverändert abgeschlossen werden soll.[433] 155

Bestimmte Gestaltungen können Erleichterung bei der Durchführung des Abstimmungsprozesses verschaffen. So kann etwa bei der Abstimmung über mehrere stille Gesellschaften **eine einheitliche Beschlussfassung** der Hauptversammlung vorgenommen werden (Blockabstimmung).[434] Eine solche einheitliche Beschlussfassung über mehrere Beschlussgegenstände ist jedenfalls dann als rechtlich zulässig anzusehen, wenn zwischen den Gegenständen ein einheitlicher Sachzusammenhang besteht, die Verträge weitgehend inhaltlich gleichlautend oder gleicher Struktur sind und der Versammlungsleiter zuvor darauf hinweist, dass durch (mehrheitliche) Ablehnung der Beschlussvorlage eine Einzelabstimmung herbeigeführt werden kann. Dagegen ist ein Beschluss der Hauptversammlung eines stillen Gesellschafters in der Rechtsform der AG oder KGaA nicht erforderlich, weil § 293 Abs. 2 AktG dies nur für Beherrschungs- und Gewinnabführungsverträge vorsieht. 156

Der stille Gesellschaftsvertrag ist einschließlich der Vereinbarung über die Höhe der Gewinnbeteiligung und des Namens des stillen Gesellschafters zur **Eintragung in das Handelsregister** (§ 294 Abs. 2 AktG) anzumelden. Damit besteht 157

---

431) Nachdrücklich *Blaurock*, StG, § 7 Rz. 7.27; *ders.*, in: Festschrift Großfeld, S. 83, 88; offengelassen bei *Bachmann/Veil*, ZIP 1999, 348, 351 Fn. 37.

432) Vgl. den Hauptversammlungsbeschluss der Basler AG (Bundesanzeiger v. 23. 4. 2002, TOP 5).

433) So auch *Blaurock*, StG, § 7 Rz. 7.28.

434) BGH, NZG 2003, 1023; KG NZG 2002, 818, 819 f; LG Berlin, DB 2000, 2466, 2467 = AG 2001, 95 – Hauptversammlungsbeschluss über den Abschluss von neun Verträgen über die Errichtung stiller Gesellschaften.

keine Möglichkeit der „Geheimhaltung“ der stillen Gesellschaft. Eine Umgehung des Eintragungserfordernisses (§ 294 Abs. 2 AktG) durch anderweitige Abreden der Vertragsparteien ist nicht möglich.[435] Bis zur Eintragung in das Handelsregister ist die stille Gesellschaft schwebend unwirksam.[436]

b) Inhaltliche Schranken der Vertragsgestaltung

158 Die Darstellung der Kontroll-, Informations- und Mitwirkungsrechte des stillen Gesellschafters in der Literatur, insbesondere ihrer „atypischen“ Erweiterung, und der (aktiven) Teilhabe des stillen Gesellschafters an der Geschäftsführung des Geschäftsinhabers, differenziert überwiegend nicht nach den Gesellschaftsformen der „Geschäftsinhaber“-Gesellschaft. Erst in der jüngeren Literatur finden sich vereinzelt Hinweise darauf, dass die von der **„Satzungsstrenge“** und vom Prinzip der Leitungsverantwortung des Vorstands (§ 76 AktG) geprägte Aktiengesellschaft geringere Gestaltungsmöglichkeiten als das Recht der GmbH zuläßt.[437] Nachzugehen ist daher der Frage, ob sich inhaltliche Beschränkungen aus dem zwingenden Organisationsrecht der Aktiengesellschaft ergeben können.

aa) Kontroll- und Informationsrechte

159 Die Kontroll- und Informationsrechte des stillen Gesellschafters gemäß § 233 HGB sind mit dem zwingenden Organisationsrecht einer Aktiengesellschaft grundsätzlich in Einklang zu bringen.[438] Sie werden als notwendige „Annexrechte“ des stillen Gesellschafters jedenfalls durch den mit qualifizierter Mehrheit zu fassenden **Beschluss der Hauptversammlung** legitimiert.[439] Wenn die Aktionäre durch Hauptversammlungsbeschluss wirksam eine stille Beteiligung begründen können, erstreckt sich die Zustimmung zwangsläufig auch auf die der Hauptversammlung bekannten Rechte, die zur sachgerechten Ausübung des Mitgliedschaftsrechts und Überprüfung des Gewinnanspruchs des Stillen erforderlich sind.

---

435) *Blaurock*, in: Festschrift Großfeld, S. 83, 90.

436) Zur Anwendbarkeit der Grundsätze über die fehlerhafte Gesellschaft OLG Hamm NZG 2003, 228.

437) So *Windbichler*, in: GroßKomm. z. AktG, § 17 Rz. 42; ausführlich *Bachmann/Veil*, ZIP 1999, 348 u. *Schlitt/Beck*, NZG 2001, 688, 692. Vgl auch BGH, NZG 2003, 1023, 1023 f; KG NZG 2002, 818, 820 f; LG Berlin DB 2000, 2466 zu anderen möglichen Kollisionsfeldern: Kein „Bezugsrecht“ der Aktionäre analog §§ 221 Abs. 4, 186 AktG beim Abschluss eines stillen Gesellschaftsvertrags – Abgrenzung zwischen stiller Gesellschaft und Vorzugsaktien –, keine Treupflichtverletzung bei der Errichtung stiller Gesellschaften.

438) Zweifelnd aber *Bachmann/Veil*, ZIP 1999, 348, 351.

439) So im Ergebnis auch *Bachmann/Veil*, ZIP 1999, 348, 352.

Auf diese Weise kann grundsätzlich auch die Legitimation erweiterter, also über die gesetzliche Regelung hinausgehender, **Kontroll- und Informationsrechte** erreicht werden.[440] Wenn der stille Gesellschafter zugleich Aktionär ist, dürfte die Erweiterung auch nicht gegen den Gleichbehandlungsgrundsatz (§ 53a AktG) verstoßen, weil es sich gerade nicht um eine unzulässige statutarische Erweiterung des Informationsrechts (§ 131 AktG) zugunsten einzelner Aktionäre,[441] sondern um eine ausschließlich im stillen Gesellschaftsverhältnis begründete Abrede handelt.[442] In den Fällen, in denen stille Beteiligungen in großer Zahl an das Publikum ausgegeben werden, wird das Problem der (weitergehenden) Kontroll- und Informationsrechte dadurch „entschärft", dass sie mediatisiert, d. h. an einen (zur Verschwiegenheit verpflichteten) Beirat vergeben werden. Der Vorstand bleibt allerdings immer verpflichtet, im Einzelfall zu prüfen, ob die Voraussetzungen für eine Informationsweitergabe erfüllt sind; sie muss immer in sachlichem Zusammenhang mit der stillen Beteiligung stehen. Außerdem kann ausnahmsweise das Interesse der Gesellschaft an Vertraulichkeit das Interesse des stillen Gesellschafters an Erlangung der Information überwiegen. Insoweit unterliegen die Informations- und Kontrollrechte immanenten Schranken.[443] Grenzen ziehen bei börsennotierten Aktiengesellschaften nicht nur das Gesellschaftsrecht (§ 93 Abs. 1 Satz 2 AktG),[444] sondern auch das Kapitalmarktrecht (§ 14 Abs. 1 Nr. 2 WpHG).[445] Die Sorge, dass eine Vielzahl außerhalb des Verbandes stehender stiller Gesellschafter Informationen erhält, die unter Umständen nicht einmal den Aktionären zugänglich sind, erscheint weitgehend unberechtigt. 160

bb) Zustimmungsvorbehalt bei Strukturmaßnahmen

Für eine typische stille Gesellschaft wird ganz überwiegend vertreten, dass der Geschäftsinhaber – auch ohne entsprechende Vertragsbestimmungen – bereits aufgrund seiner Treubindungen verpflichtet ist, für bestimmte außergewöhnliche Maßnahmen im Innenverhältnis die Zustimmung des stillen Gesellschafters einzuholen.[446] Der Geschäftsinhaber soll nicht die wesentlichen Grundlagen 161

---

440) Anders wohl *Bachmann/Veil*, ZIP 1999, 348, 351; *Schlitt/Beck*, NZG 2001, 688, 693. Vgl. aber den Hauptversammlungsbeschluss der Basler AG (Bundesanzeiger v. 23. 4. 2002, TOP 5 „umfangreiche Informationspflichten" [der Basler AG als Inhabergesellschaft]).

441) Dazu *Hüffer*, AktG, § 23 Rz. 38.

442) Anders *Schlitt/Beck*, NZG 2001, 688, 693.

443) Zu den immanenten Schranken des Informationsrechts des stillen Gesellschafters *Schlitt*, S. 150 ff; siehe auch *Bachmann/Veil*, ZIP 1999, 348, 352.

444) Vgl. nur *Hüffer*, AktG, § 93 Rz. 6 ff.

445) Dazu näher *Uwe H. Schneider/Singhof*, in: Festschrift Kraft, S. 607; *Singhof*, ZGR 2001, 146.

446) MünchKomm-*K. Schmidt*, HGB, § 230 Rz. 137.

seines Unternehmens ohne Zustimmung des stillen Gesellschafters ändern dürfen, da sie zugleich die Grundlagen der stillen Gesellschaft betreffen.[447)]

162 Ein solches Zustimmungsrecht wird im Zusammenhang mit zwingendem Aktienrecht, insbesondere mit der **Verbandsautonomie** der Aktiengesellschaft, kritisch gesehen.[448)] Dieser Grundsatz ist allerdings nicht spezifisch aktienrechtlich, sondern betrifft alle Gesellschaftsformen, wenn für die Gesellschaft besonders bedeutsame Entscheidungen in die Hände von Nichtgesellschaftern gelegt werden sollen. So weit geht indessen der von der Rechtsprechung entwickelte Grundsatz der Entscheidungsteilhabe bei Veränderung der Grundlagen der stillen Gesellschaft nicht. Dem stillen Gesellschafter soll keineswegs für alle Strukturmaßnahmen ein Zustimmungsrecht eingeräumt werden, sondern nur für solche, die die Verpflichtung des Geschäftsinhabers verletzen, die vom stillen Gesellschafter geleistete Einlage nicht für andere Zwecke als für den Betrieb des Unternehmens zu verwenden. In Betracht kommen z. B. eine wesentliche Veränderung oder Veräußerung des Handelsgeschäfts, Kapitalentzug oder die Umwandlung der Gesellschaft. Nicht verkannt werden darf außerdem, dass der stille Gesellschafter keineswegs mit oder neben den Aktionären über die Strukturmaßnahmen zu befinden hat, sondern nur aufgrund des eigenen (stillen) Gesellschaftsverhältnisses mit der Aktiengesellschaft Rechte wahrnimmt.[449)] Wollte man den **„internen" Zustimmungsvorbehalt** des stillen Gesellschafters mit dem Hinweis auf entgegenstehendes Aktienrecht vollkommen ausschließen, wäre eine stille Beteiligung an einer Aktiengesellschaft nicht möglich, weil dem stillen Gesellschafter die Kontrollmöglichkeit über eine vertragsgemäße Verwendung seiner Einlage entzogen würde. Dem Vorstand der Aktiengesellschaft steht zudem ein Gestaltungsspielraum zu.[450)] Insgesamt dürfte der Zustimmungsvorbehalt daher nur in wenigen, außergewöhnlichen Fällen überhaupt mit der Entscheidungsautonomie der Gesellschaft kollidieren.

163 Auch in den Fällen, in denen eine **Grundlagenänderung** im Gesellschaftsinteresse liegt, jedoch nicht die Zustimmung des stillen Gesellschafters findet, lässt sich ein angemessener Schutz der Interessen des stillen Gesellschafters erreichen. In jedem Fall wird man die „Geschäftsinhaber"-Gesellschaft als verpflichtet ansehen müssen, den stillen Gesellschafter rechtzeitig über die geplante Strukturmaßnahme zu unterrichten. Holt sie die Zustimmung nicht ein oder

---

447) Vgl. BGH WM 1963, 1209, 1210; BGH ZIP 1987, 1316, 1318; BGHZ 127, 176, 185.

448) Zweifelnd insoweit *Bachmann/Veil*, ZIP 1999, 348, 349.

449) Insofern wird auch keine Satzungs- oder Strukturänderung von der Zustimmung Dritter abhängig gemacht. Dies wäre ohne Weiteres unwirksam; *Wiedemann*, in: GroßKomm. z. AktG, § 179 Rz. 135; *Hüffer*, AktG, § 179 Rz. 23.

450) Allgemein dazu: MünchKomm-*K. Schmidt*, HGB, § 230 Rz. 137; *Koenigs*, S. 143.

führt sie die Grundlagenänderung trotz ablehnender Haltung des stillen Gesellschafters durch, würde die Durchsetzung von Erfüllungsansprüchen des stillen Gesellschafters im Wege der Unterlassungsklage oder der einstweiligen Verfügung mit dem Gesellschaftsinteresse und der Organisationssouveränität der Aktiengesellschaft kollidieren. Der Gesellschaftsvertrag der stillen Gesellschaft ist daher so auszulegen, dass der stille Gesellschafter keinen Anspruch auf Unterlassung durchsetzen kann, sondern wegen der Pflichtverletzung der Inhabergesellschaft auf ein **Recht zur Kündigung** der stillen Gesellschaft aus wichtigem Grund verwiesen wird (vgl. §§ 234 Abs. 1 Satz 2 HGB, 723 BGB).[451] Neben dem beschriebenen Recht zur außerordentlichen Kündigung berechtigt eine Pflichtverletzung des Geschäftsinhabers (Durchführung der Maßnahme ohne bzw. entgegen der Zustimmung des stillen Gesellschafters) den stillen Gesellschafter nach allgemeinen schuldrechtlichen Grundsätzen auch zum **Schadensersatz.**[452] Der stille Gesellschafter muss sich nicht darauf verweisen lassen, entweder außerordentlich zu kündigen und Schadensersatz zu verlangen oder die stille Gesellschaft aufrechtzuerhalten und auf weitere Ansprüche zu verzichten.[453] Ob tatsächlich eine Schadensersatzfolge ausgelöst wird, hängt vom Einzelfall ab. Der stille Gesellschafter kann nur den Schaden ersetzt verlangen, der ihm nachweisbar durch die Geschäftsführungsmaßnahme entstanden ist. Andererseits ist auch der stille Gesellschafter selbst gehalten, seine Zustimmung nicht treuwidrig zu versagen.

cc) Mitwirkungsrechte bei Geschäftsführungsfragen

Wenn dem stillen Gesellschafter schuldrechtlich Einflussmöglichkeiten auf die **164**
Geschäftsführung der „Geschäftsinhaber"-Gesellschaft eingeräumt werden, wird teilweise angenommen, solche „atypischen" stillen Beteiligungen erfüllten nicht mehr die Tatbestandsmerkmale eines Teilgewinnabführungsvertrags, sondern eines **Betriebsüberlassungsvertrages** (§ 292 Abs. 1 Nr. 3 AktG).[454] Die ganz h. M. lehnt diese Einordnung ab.[455] Dem ist insoweit zu folgen, als die Vorstellung von einem Betriebsüberlassungsvertrag von der für eine Innengesellschaft nicht vertretbaren Prämisse ausgeht, die stille Gesellschaft bilde einen vom Willen der Aktiengesellschaft zu unterscheidenden unternehmerischen Willen

451) I. E. auch *Bachmann/Veil*, ZIP 1999, 348, 350 und *Schlitt/Beck*, NZG, 2001, 688, 692, die aber wohl den Zustimmungsvorbehalt von vornherein geltungserhaltend als Recht zur außerordentlichen Kündigung auslegen.

452) Vgl. MünchKomm-*K. Schmidt*, HGB § 230 Rz. 140.

453) Anders *Bachmann/Veil*, ZIP 1999, 348, 350.

454) Vgl. *Schulze-Osterloh*, ZGR 1974, 427, 453 ff.

455) *Blaurock*, StG, § 7 Rz. 7.24; *ders.*, in: Festschrift Großfeld, S. 83, 86; *Bachmann/Veil*, ZIP 1999, 348, 353; MünchKomm-*Altmeppen*, AktG, § 292 Rz. 67; *Hüffer*, AktG, § 292 Rz. 15.

und sei daher ein selbständiges Unternehmen.[456] Für die Annahme eines Betriebsüberlassungvertrags ist diese mit der stillen Gesellschaft nicht vereinbare Auffassung allerdings überhaupt nicht erforderlich. Naheliegend ist vielmehr, dass der Betriebsüberlassungsvertrag mit dem stillen Gesellschafter zustande kommt und ihm selbst der Betrieb überlassen wird.

165 Nach anderer Ansicht schränkt § 291 Abs. 1 AktG die Gestaltungsfreiheit für Mitwirkungsrechte insoweit ein, als **Zustimmungsvorbehalte** zugunsten eines stillen Gesellschafters nur dann wirksam vereinbart werden können, wenn sie die Leitungsbefugnis des Vorstands nicht nur beschneiden, sondern eine „partielle" Leitungsmacht des stillen Gesellschafters und damit einen aktienrechtlich zulässigen Teilbeherrschungsvertrag begründen.[457] Dies überzeugt nicht, weil dadurch die Etablierung von Zustimmungsvorbehalten ohne Zwang begrenzt wird. § 291 Abs. 1 AktG ist allerdings von Bedeutung, weil im Einzelfall zu bestimmen sein wird, ob die eingeräumten Leitungsbefugnisse eine solche Intensität erreichen, dass sie Verlustausgleich (§ 302 AktG), Abfindung (§ 305 AktG) und Ausgleich (§ 304 AktG) als angemessene Rechtsfolgen erscheinen lassen. Dies kann je nach Ausgestaltung auch schon bei **Widerspruchs- oder Vetorechten** der Fall sein. Aus dem Vertrag muss in diesen Fällen deutlich hervorgehen, dass der Vorstand die zustimmungsbedürftigen Maßnahmen in keinem Fall ohne die Zustimmung des stillen Gesellschafters vollziehen darf. Unterhalb der Schwelle der Teilbeherrschung liegt eine Abstimmung (Zustimmungsvorbehalt, Widerspruchsrecht nach dem Vorbild des § 164 HGB) mit dem stillen Gesellschafter grundsätzlich im aktienrechtlich vertretbaren Rahmen, sofern sie durch den ohnehin notwendigen qualifizierten Hauptversammlungsbeschluss legitimiert wird.[458] Notwendig ist indessen eine Konkordanz zwischen der Binnenverfassung von stiller Gesellschaft und Aktiengesellschaft. Sie lässt sich dadurch erreichen, dass den Pflichten des Vorstands nach Aktienrecht im Zweifelsfall der Vorrang einzuräumen ist. Zustimmungsvorbehalte können schuldrechtlich nur als nachgiebiges Recht vereinbart werden. Die eigenverantwortliche Geschäftsführung obliegt nach wie vor dem Vorstand der Gesellschaft (§ 76 AktG); „in letzter Instanz" bleibt er allein dem Gesellschaftsinteresse der AG verpflichtet. Ist ein Zustimmungsvorbehalt oder ein anderes Mitwirkungsrecht des stillen Gesellschafters vereinbart, kann der Vorstand sich daher grundsätzlich mit dem stillen

---

456) So aber *Schulze-Osterloh*, ZGR 1974, 427, 447; zu Recht anders MünchKomm-*Altmeppen*, AktG, § 292 Rz. 67.

457) Vgl. *Bachmann/Veil*, ZIP 1999, 348, 354. Allgemein zur Zulässigkeit von Teilbeherrschungsverträgen *Krieger*, in: Münchener Handbuch des Gesellschaftsrechts IV, § 70 Rz. 5.

458) Vgl. LG Berlin, DB 2000, 2466, 2468. Von einer grundsätzlichen Zulässigkeit geht offenbar auch *Krieger*, in: Münchener Handbuch des Gesellschaftsrechts IV, § 72 Rz. 17, aus.

Gesellschafter abstimmen, ohne dass er dadurch bereits seine Pflichten verletzt. Versagt der stille Gesellschafter seine Zustimmung, hat der Vorstand die Geschäftsführungsmaßnahme gleichwohl vorzunehmen, wenn sie im Gesellschaftsinteresse liegt. Ein stiller Gesellschafter hat in diesem Fall ein **außerordentliches Kündigungsrecht** (§ 234 Abs. 1 Satz 2 HGB, § 723 BGB) nach den oben geschilderten Grundsätzen. Angesichts der aktienrechtlichen Besonderheiten, die ein schuldrechtlich vereinbartes Zustimmungsrecht auf eine Pflicht zu vorheriger Abstimmung und letztlich autonomer Entscheidungsbefugnis des Vorstands zurückführen, dürfte ein Schadensersatzanspruch daneben nur in besonderen Ausnahmefällen in Betracht kommen.

dd) Weitergehende Teilhabe an der Geschäftsführung

Damit bleibt die Frage nach den zulässigen Grenzen einer kontinuierlichen Teilhabe des stillen Gesellschafters an der Geschäftsführung der AG. Für atypische Gestaltungen einer stillen Beteiligung sind die §§ 76, 291 Abs. 1 AktG der relevante Maßstab. Die Grenze zulässiger Gestaltung ist damit erreicht, wenn eine eigenverantwortliche Unternehmensleitung des Vorstands durch die schuldrechtlichen Vereinbarungen in dem Gesellschaftsvertrag über die stille Gesellschaft beeinträchtigt oder verhindert wird.[459] **166**

Dies bedeutet jedoch nicht, dass eine Gestaltung mit weitgehenden Leitungsbefugnissen des stillen Gesellschafters ausgeschlossen ist. Nach den oben angestellten Überlegungen wird die stille Gesellschaft in einem solchen Fall zu einem **Teilbeherrschungs-**[460] **oder Beherrschungsvertrag**[461] mit den damit verbundenen Rechtsfolgen (§§ 302 bis 305 AktG) ausgeformt.[462] Der weitgehenden Leitungsbefugnis des stillen Gesellschafters entsprechen dann auch die Haftungsfolgen seines verantwortlichen Handelns (§ 309 AktG). Nicht zuletzt auch im Hinblick hierauf dürften so weitgehende Leitungsbefugnisse für den stillen Gesellschafter in der Praxis wenig attraktiv sein. **167**

---

459) Zutreffend *Uwe H. Schneider/Reusch*, DB 1989, 713, 714. Zum Grenzbereich zwischen Betriebsüberlassungs- und Beherrschungsverträgen siehe MünchKomm-*Altmeppen*, AktG, § 292 Rz. 138; anders noch *Huber*, ZHR 152 (1988), 1, 33 ff; *ders.*, ZHR 152 (1988), 123, 156 ff.

460) Näher dazu MünchKomm-*Altmeppen*, AktG, § 291 Rz. 85 ff.

461) Für die Zuordnung zu einem Unternehmensvertrag ist allgemein der nach objektiven Gesichtspunkten zu ermittelnde Inhalt des Vertrages maßgebend; siehe MünchKomm-*Altmeppen*, AktG, § 291 Rz. 43.

462) So wohl auch *Windbichler*, in: GroßKomm. z. AktG, § 17 Rz. 42 („gegebenenfalls handelt es sich um einen [fehlerhaften] Beherrschungsvertrag"). Exemplarisch ist der Nachweis bei *Bezzenberger/Schuster*, ZGR 1996, 481, 494 Fußn. 47: „Vertrag über eine stille Gesellschaft und zur Begründung einer einheitlichen Leitung zwischen der Landesbank Berlin – Girozentrale – und der Bankgesellschaft Berlin Aktiengesellschaft".

168 Beantwortet ist damit auch, inwiefern eine stille Beteiligung an einer AG ein Beherrschungsmittel darstellen kann, das zur **Abhängigkeit** der Gesellschaft i. S. v. § 17 AktG führt. Außer Zweifel steht, dass eine typische, am Grundmodell der §§ 230 ff HGB orientierte stille Beteiligung keinen Einfluss vermittelt, der geeignet ist, Abhängigkeit zu begründen. Anders ist dies gegebenenfalls für eine atypische stille Beteiligung mit großem Einflusspotential zu beurteilen; sie kann zu einer „vertraglich begründeten" Abhängigkeit führen.[463)] Eine Beherrschungsmöglichkeit wird insbesondere anzunehmen sein, wenn die atypische stille Beteiligung mit einer Minderheitsbeteiligung des stillen Gesellschafters an der AG zusammentrifft.

c) Zulässige Höhe der Gewinnabführung

169 Eine weitere Beschränkung ergibt sich schließlich für die zulässige Höhe der Gewinnabführung. Gewinn i. S. v. § 291 Abs. 1 Satz 1 AktG ist der ohne die Gewinnabführung entstehende Jahresüberschuss, vermindert um einen Verlustvortrag aus dem Vorjahr und um den Betrag, der nach § 300 AktG in die gesetzliche Rücklage einzustellen ist (§ 301 AktG). Der nach der Vereinbarung abzuführende Gewinn darf folglich **nicht über den Jahresüberschuss** hinausgehen. Ganz überwiegend wird der Anwendungsbereich von § 301 AktG wegen der gleichlautenden Terminologie in § 292 Abs. 1 Nr. 2 AktG auch auf Teilgewinnabführungsverträge erstreckt.[464)] Dies überzeugt, da die mit der Vorschrift bezweckte Kapitalerhaltung auch hier sinnvoll ist. Die Aktiengesellschaft soll nicht in die Lage kommen, dass sie zu Lasten der Gläubiger und Aktionäre wegen (übermäßiger) Ausschüttungen nicht (mehr) in der Lage ist, ihre Verluste aufzuholen. Damit ist auch im Rahmen einer stillen Beteiligung § 301 AktG immer zu beachten. Konfliktpotential liegt vor allem in Vereinbarungen, die für den stillen Gesellschafter (also auch in Verlustjahren) eine Mindestgewinnabführung vorsehen.[465)] Ein Verstoß gegen die Bestimmung führt zwar nicht zur Unwirksamkeit der Abrede, aber zu einem schuldhaften Pflichtverstoß des Vorstands mit der Schadensersatzfolge des § 93 AktG.[466)]

---

463) *Windbichler*, in: GroßKomm. z. AktG, § 17 Rz. 30, 42; siehe auch *Bezzenberger/Schuster*, ZGR 1996, 481, 487 ff zur stillen Beteiligung an einer Landesbank.

464) MünchKomm-*Altmeppen*, AktG, § 291 Rz. 56; § 301 Rz. 7 m. w. N. (selbst aber durchaus zweifelnd).

465) *Blaurock*, StG, § 7 Rz. 7.20.

466) *Blaurock*, StG, § 7 Rz. 7.31.

VI. Umwandlung der beteiligten Rechtsträger

Die stille Gesellschaft kann als Innengesellschaft nicht Gegenstand von Umwandlungsvorgängen nach dem Umwandlungsgesetz sein. Wenn jedoch die an der stillen Gesellschaft beteiligten Rechtsträger umgewandelt werden sollen, hat dies erhebliche rechtliche Auswirkungen für das stille Gesellschaftsverhältnis. 170

1. Allgemeine Umwandlungsgrundsätze

Das Umwandlungsgesetz hält für die Auswirkungen von Umwandlungsvorgängen auf stille Beteiligungsverhältnisse keine ausdrückliche Regelung bereit. Daher kann es einerseits zu Überlagerungen der gesellschaftsvertraglichen Verfassung der stillen Gesellschaft durch das Umwandlungsgesetz mit Blick auf die Entscheidung über die Vornahme eines Umwandlungsvorgangs kommen. Andererseits stellt sich die Frage, ob die stille Gesellschaft im Zuge des Umwandlungsvorgangs fortbesteht oder beendet wird. 171

a) Universalsukzession und Übertragbarkeit des stillen Beteiligungsverhältnisses

Das Umwandlungsrecht regelt als Formen der Umwandlung die Verschmelzung, Spaltung (Aufspaltung, Abspaltung, Ausgliederung), den Vermögenswechsel und den Formwechsel (§ 1 Abs. 1 UmwG). Mit Ausnahme des Formwechsels, der sich ohne Vermögensübertragung durch Änderung der Rechtsform des formwechselnden Rechtsträgers vollzieht (§ 202 Abs. 1 Nr. 1 UmwG), ist die Universalsukzession das tragende Prinzip umwandlungsrechtlicher Sachverhalte.[467)] Es findet eine **Gesamtrechtsnachfolge** des übernehmenden Rechtsträgers in die Rechte und Pflichten des übertragenden Rechtsträgers (vgl. § 20 Abs. 1 Nr. 1, § 176 Abs. 3 UmwG) statt. Soweit sich dieses Prinzip nach der Struktur des Umwandlungsvorgangs (also insbesondere bei der Spaltung) nicht auf sämtliche Rechte und Pflichten des übertragenden Rechtsträgers erstreckt (vgl. § 131 Abs. 1 Nr. 1 Satz 1 UmwG), spricht man von partieller Universalsukzession.[468)] An der Wirkungsweise des Übertragungsvorgangs ändert dies grundsätzlich nichts.[469)] 172

Insgesamt wird man nach zivilrechtlichem Verständnis keinen ernstlichen Zweifel an der Übertragbarkeit auch des stillen Beteiligungsverhältnisses (d. h. der Mitgliedschaft in der stillen Gesellschaft) bei umwandlungsrechtlichen Sachver- 173

---

467) Statt Anderer *Mertens*, AG 1994, 66, 67; *Kübler*, in: Semler/Stengel, UmwG, § 20 Rz. 2.

468) Näher *Kübler*, in: Semler/Stengel, UmwG, § 131 Rz. 7.

469) Vgl. aber § 126 Abs. 1 Nr. 9, § 131 Abs. 1 Nr. 1 Satz 2, § 132 UmwG wegen der Besonderheiten.

halten haben können.[470] Die Universalsukzession bewirkt den **Übergang des Vermögens** als Einheit auf den Erwerber, ohne dass eine Aufteilung nach Erwerbsakten für die einzelnen Gegenstände im Sinne von § 90 BGB erforderlich ist. Damit hindert auch der Umstand, dass nach dem Spezialitätsprinzip Verfügungen über die Mitgliedschaft als Gesamtheit von Rechten und Pflichten nicht ohne weiteres möglich sind,[471] nicht ihre Übertragung im Rahmen der Gesamtrechtsnachfolge.

174 Entsprechend ist die Mitgliedschaft in der stillen Gesellschaft auch im Rahmen der für die **Spaltung** maßgeblichen partiellen Universalsukzession insgesamt übertragbar. Nach richtigem Verständnis ist § 126 Abs. 1 Nr. 9 UmwG, der für die genaue **Bezeichnung und Aufteilung des Vermögens** eines Rechtsträgers in der Spaltung nicht explizit die Gesamtheit von Rechten und Pflichten (Mitgliedschaft), sondern ausschließlich den Begriff „Gegenstand" verwendet, dahin auszulegen, dass alles erfasst wird, was nach dem Willen der Beteiligten als „Teilvermögen" übergehen soll.[472] Ziel der Vorschrift ist nicht die Sicherung des Spezialitätsprinzips, sondern die für die teilweise Gesamtrechtsnachfolge unabdingbare Zuordnung von Vermögensbestandteilen zum übergehenden Teilvermögen (Bestimmtheitsgrundsatz). Eine andere Auslegung wäre weder mit dem einheitlichen Ansatz des Gesetzgebers für die Rechtsfolgen umwandlungsrechtlicher Sachverhalte mit Vermögensübertragung[473] noch mit der in § 126 Abs. 1 Nr. 9 UmwG gleichfalls vorausgesetzten Übertragbarkeit ganzer Betriebe und Betriebsteile zu vereinbaren.[474] Ordnet man mit einer jüngeren Auffassung die Mitgliedschaft als subjektives Recht ein,[475] dürfte die Subsumtion unter den Begriff des Gegenstands sowohl im Sinne von § 90 BGB als auch § 126 Abs. 1 Nr. 9 UmwG ohnehin keine Probleme bereiten.

b) Entscheidungsautonomie der Anteilsinhaber und Mitwirkungsrechte

175 Die Kompetenz zur **Beschlussfassung** über die Umwandlung eines Rechtsträgers liegt nach dem Umwandlungsgesetz unabhängig von seiner Rechtsform

---

470) Für die Verschmelzung *Blaurock*, StG, § 18 Rz. 18.12 f; *Dehmer*, UmwG, § 20 Rz. 53; zum alten Recht *Schlegelberger/K. Schmidt*, HGB, § 234 Rz. 48.

471) Vgl. zu den Fragen der rechtssystematischen Einordnung der Mitgliedschaft *Hadding*, in: Festschrift Steindorff, S. 31, 39 und – mit anderem Ansatz – *Habersack*, S. 59 ff.

472) Ausführlich *Jung*, ZIP 1996, 1734, 1735; vgl. auch *Hörtnagel*, in: Schmitt/Hörtnagel/Stratz, UmwG, § 126 Rz. 60, 94; *Hennrichs*, S. 125 ff; *Schröer*, in: Semler/Stengel, UmwG, § 126 Rz. 71.

473) Vgl. dazu auch *Heidenhain*, ZIP 1995, 801, 803 f; *Hennrichs*, S. 146 ff.

474) Ausführlich *Jung*, ZIP 1996, 1734, 1735. Siehe dort auch zur Unanwendbarkeit von § 132 Satz 1 Alt. 2 UmwG i. V. m. § 717 Satz 1 oder § 719 Abs. 1 BGB.

475) Siehe nur *Habersack*, S. 59 ff.

ausschließlich bei den Anteilsinhabern; Mitwirkungsrechte Dritter sind ausgeschlossen (vgl. etwa § 13 Abs. 1 UmwG).[476] Dies berührt – insbesondere bei der Umwandlung des Geschäftsinhabers – einen Kernbereich der gesellschaftsrechtlichen Verfassung der stillen Gesellschaft. Danach bedarf eine Änderung der wesentlichen Grundlagen des vom Geschäftsinhabers betriebenen Handelsgeschäfts oder dessen rechtlicher Organisation der Zustimmung des stillen Gesellschafters.[477] Für die einzelnen Umwandlungsformen ist daher zu klären, ob das Gesellschaftsverhältnis durch die Umwandlung eines beteiligten Rechtsträgers so verändert wird, dass sie im Innenverhältnis nicht ohne Billigung des anderen Vertragsteils vorgenommen werden darf. Für das Außenverhältnis bedarf es der Untersuchung, ob die erwähnte Entscheidungsautonomie der Anteilsinhaber des umzuwandelnden Rechtsträgers ohne Ausnahme gilt oder in bestimmten Fällen eine Umwandlung ohne Zustimmung des anderen Vertragsteils nicht wirksam vollzogen werden kann.

2. Verschmelzung der Inhabergesellschaft

a) Wirkungen der Eintragung der Verschmelzung

Bei der Verschmelzung ist danach zu unterscheiden, ob die Inhabergesellschaft 176
als übertragender oder übernehmender Rechtsträger teilnimmt.

aa) Aufnehmende Gesellschaft

Wenn die Inhabergesellschaft nur als aufnehmende Gesellschaft an einer Ver- 177
schmelzung beteiligt ist, bleibt die stille Gesellschaft bestehen, ohne dass dies der besonderen Anordnung im Umwandlungsgesetz bedarf. Wie jeder andere Gläubiger wird der stille Gesellschafter durch die Gläubigerschutzbestimmungen des Umwandlungsgesetzes geschützt.[478] Im übrigen besteht wegen der Änderung der Vermögensgrundlage des stillen Gesellschaftsverhältnisses aber ein **Anspruch auf Anpassung** des Gesellschaftsvertrags an die Verschmelzungsfolgen. Der stille Gesellschafter kann wegen der durch die Verschmelzung neu eintretenden Anteilsinhaber vor allem eine Verwässerung seines Gewinnrechts erleiden; ebenso ist aber auch eine Besserstellung vorstellbar. Ein Bedürfnis für die Anpassung besteht damit auf beiden Seiten. Nicht einzusehen ist, warum der stille Gesellschafter – bei Wahrung seiner Belange – ein Anpassungsangebot nicht anzunehmen verpflichtet sein soll, wenn er ungerechtfertigt bessergestellt

---

476) Vgl. *Winter*, in: Festschrift Peltzer, S. 645.

477) *Koller*, in: Koller/Roth/Morck, HGB, § 230 Rz. 20.

478) *Erkens*, S. 122.

worden ist.[479] Soweit die Anpassungsrechte verletzt werden, kann ein Recht auf außerordentliche Kündigung begründet sein.

bb) Übertragende Gesellschaft

(1) Universalsukzession

178 Mit Eintragung der Verschmelzung im Handelsregister des übernehmenden Rechtsträgers geht die Mitgliedschaft des Geschäftsinhabers in der stillen Gesellschaft im Zuge der Universalsukzession auf den übernehmenden Rechtsträger über (§ 20 Abs. 1 Nr. 1 UmwG).[480] Das gleichzeitige **Erlöschen des übertragenden Rechtsträgers** (§ 20 Abs. 1 Nr. 2 UmwG) steht der Gesamtrechtsnachfolge in bezug auf die stille Beteiligung nicht entgegen. Anders als beim Tod des Geschäftsinhabers, für den § 727 Abs. 1 BGB die Auflösung der stillen Gesellschaft vorsieht, fehlt es an einer Norm, die Entsprechendes für die Verschmelzung anordnet. Für eine Gleichstellung des Erlöschens der Inhabergesellschaft mit dem Tod des Geschäftsinhabers gibt es keine Rechtfertigung, zumal dies einer Sonderbehandlung in der Systematik des Umwandlungsgesetzes gleichkäme.[481] Bildlich gesprochen „lebt“ der übertragende Rechtsträger im übernehmenden Rechtsträger „wirtschaftlich fort“.[482] Auch verlangt der Schutz des stillen Gesellschafters nicht, dass die Universalsukzession durchbrochen wird.

(2) Stille Beteiligung als Sonderrecht nach § 23 UmwG?

179 Eine offenbar überwiegende Meinung geht davon aus, dass die stille Beteiligung dem stillen Gesellschafter ein „Sonderrecht“ im Sinne von § 23 UmwG verschafft.[483] Danach hätte der stille Gesellschafter kein Mitspracherecht im Umwandlungsprozess, sein „Sonderrecht“ wäre im Verschmelzungsvertrag anzugeben (§ 5 Abs. 1 Nr. 7 UmwG) und die stille Beteiligung erführe einen „automatischen“ umwandlungsrechtlichen Vermögensschutz (§ 23 UmwG).

---

479) MünchKomm-*K. Schmidt*, HGB, § 234 Rz. 33; a. A. *Blaurock*, StG, § 18 Rz. 18.33.

480) Vgl. *Blaurock*, StG, § 18 Rz. 18.12 f; *Erkens*, S. 103; MünchKomm-*K. Schmidt*, HGB, § 234 Rz. 35.

481) Ausf. *Blaurock*, StG, § 18 Rz. 18.13.

482) *Blaurock*, StG, § 18 Rz. 18.13; *Bezzenberger/Keul*, in: Münchener Handbuch des Gesellschaftsrechts II, § 87 Rz. 10; *Ulmer*, in: GroßKomm. HGB, § 131 Rz. 86; *Winter*, in: Festschrift Peltzer, S. 645, 649.

483) *Blaurock*, StG, § 18 Rz. 18.19; *Stratz*, in: Schmitt/Hörtnagel/Stratz, UmwG, § 23 Rz. 5 und 8; *Lutter/Grunewald*, UmwG, § 23 Rz. 15; *Jung*, ZIP 1996, 1734, 1738; *Bachmann/Veil*, ZIP 1999, 348, 350; *Winter*, in: Festschrift Peltzer, S. 645, 648 ff; *Kalss*, in: Semler/Stengel, UmwG, § 23 Rz. 7; *Westermann*, in: Festschrift Ulmer, S. 657, 670; LG Bonn, Urt. v. 15. 2. 2001 – 14 O 54/00, DB 2001, 1406, 1407, dazu EWiR 2001, 445 *(Blaurock/Brandner)*; a. A. aber *Marsch-Barner*, in: Kallmeyer, UmwG, § 23 Rz. 3 und *Hüffer*, in: Festschrift Lutter, S. 1227, 1236 f.

Dem ist aus verschiedenen Gründen nicht zu folgen. § 23 UmwG trifft ersichtlich eine Regelung für Rechte, die wegen ihres Forderungsinhalts von dem neuen Rechtsträger nicht mehr erfüllt werden können. Sie gehen nicht nach § 20 UmwG über, sondern an ihrer Stelle sind gleichwertige Rechte zu gewähren. Dazu zählen einerseits Anteilsrechte ohne Stimmrecht, denen besondere Vermögensrechte zustehen, andererseits „mitgliedschaftsbezogene" oder „mitgliedschaftsähnliche" Gläubigerrechte. Gemeinsam ist ihnen, dass es sich hierbei um Sonderrechte „in" dem übertragenden Rechtsträger handelt, die zu ihrer Begründung eines Gesellschafterbeschlusses bedürfen, weil sie entweder selbst eine **mitgliedschaftliche Grundlage** haben (z. B. Vorzugsaktien), in Mitgliedschaften „umgewandelt" werden können und damit die Struktur des Grundkapitals verändern (in diesem Sinne „mitgliedschaftsbezogen", z. B. Wandelschuldverschreibungen, Optionsschuldverschreibungen) oder insofern „mitgliedschaftsähnlich" sind, als sie die Leistung an den Rechtsinhaber an den erwirtschafteten Gewinn oder den Dividendensatz der Aktiengesellschaft anknüpfen (Genussscheine, Gewinnschuldverschreibungen).[484] Deutlich wird damit, dass ein übernehmender Rechtsträger als Schuldner dieser Verpflichtungen ohne die Regelung des § 23 UmwG der spezifisch auf den übertragenden Rechtsträger (mitgliedschafts-)bezogenen Leistung nicht mehr leisten könnte, ebensowenig aber auch verpflichtet wäre, einen „gleichwertigen Forderungsinhalt" zu schaffen. 180

Bei den Rechten, die der stille Gesellschafter gegen die Inhabergesellschaft hat, handelt es sich nicht um solche Rechte in dieser Gesellschaft. Vielmehr richten sich die Ansprüche gegen die Inhabergesellschaft und sind nicht auf eine Mitgliedschaft in dieser Gesellschaft bezogen. Ihre Grundlage haben sie in einem (weiteren) Gesellschaftsverhältnis, eben der stillen Gesellschaft. Soweit ersichtlich wird auch der Teilgewinnabführungsvertrag nach § 292 Abs. 1 Nr. 2 AktG nicht unter § 23 UmwG subsumiert. Der Vertrag hat grundsätzlich Bestand,[485] ohne dass ein Bedürfnis für eine gesetzlich angeordnete Verpflichtung zur Anpassung des Forderungsinhalts besteht. Recht und Pflicht zur Vertragsanpassung lassen sich ohne weiteres aus allgemeinen Vertragsprinzipien ableiten. Nichts anderes kann für stille Gesellschaften an anderen Rechtsträgern als Aktiengesellschaften gelten. Es besteht kein Raum für den **„schematischen umwandlungsrechtlichen Vermögensschutz"** nach § 23 UmwG.[486] Dies wird auch durch das interne Zustimmungsrecht des stillen Gesellschafters bestätigt. Stimmt der stille Gesellschafter danach der Verschmelzung ohne Änderung bzw. Anpassung sei- 181

484) Anders *Kalss*, in: Semler/Stengel, UmwG, § 23 Rz. 1, die ausschließlich darauf abstellt, ob die Rechte „partiarisch" ausgestattet sind.

485) Vgl. MünchKomm-*Altmeppen*, AktG, § 297 Rz. 132; *Müller*, BB 2002, 157, 159 Fußn. 35.

486) So zu Recht *Hüffer*, in: Festschrift Lutter, S. 1227, 1237.

ner Rechtsposition zu, bedarf er keines Schutzes. Wird die Verschmelzung ohne Zustimmung des stillen Gesellschafters rechtswirksam durchgeführt, bleibt er nicht schutzlos. Aufgrund der gesellschaftsrechtlichen Treuepflicht hat er einen **Anspruch auf Anpassung** des Gesellschaftsvertrags an die veränderten Umstände. Daneben wird man dem stillen Gesellschafter, über dessen Zustimmungsrecht sich die Inhabergesellschaft mit ihrem autonomen Gesellschafterbeschluss hinweggesetzt hat, ein Recht auf **Kündigung** mit der Folge der Auseinandersetzung (§ 235 HGB) und gegebenenfalls auch einen Schadensersatzanspruch wegen der Verletzung des gesellschaftsvertraglich begründeten Zustimmungsrechts zugestehen müssen.

(3) Besonderheiten bei der Verschmelzung auf eine Aktiengesellschaft

182 Wird die Inhabergesellschaft auf eine Aktiengesellschaft verschmolzen, ist fraglich, ob ein wirksamer Rechtsübergang auf die aufnehmende Gesellschaft nur stattfindet, wenn die **gesteigerten Wirksamkeitserfordernisse** für einen Teilgewinnabführungsvertrag (§ 292 Abs. 1 Nr. 2 AktG) (oben Rz. 152 ff), also die Zustimmung der Hauptversammlung zu dem Abschluss des stillen Gesellschaftsvertrags und die konstitutive Eintragung in das Handelsregister der (Geschäftsinhaber-)Aktiengesellschaft (§§ 293, 294 AktG), eingehalten werden.

183 Teilweise wird angenommen, dass die stille Gesellschaft mit Eintragung der Verschmelzung beendet wird, falls nicht parallel auch eine Eintragung der stillen Gesellschaft in das **Handelsregister** der aufnehmenden Aktiengesellschaft vorgenommen wird.[487] Eine Beendigung der stillen Gesellschaft widerspräche jedoch dem Prinzip der Universalsukzession, wenn sie an dem übertragenden Rechtsträger rechtswirksam begründet war. Außerdem wäre der Vorstand der übernehmenden Gesellschaft frei zu entscheiden, ob er eine – möglicherweise unliebsame – stille Gesellschaft durch Unterlassen der Handelsregisteranmeldung zum Erlöschen brächte. Eine einmal wirksam begründete stille Gesellschaft kann daher aufgrund der Universalsukzession nicht nachträglich unwirksam werden.[488] Man mag allenfalls annehmen, dass die stille Gesellschaft bis zu einer Eintragung in das Handelsregister nach den Grundsätzen einer fehlerhaften Gesellschaft fortzusetzen ist.[489] Den berechtigten Interessen nach Herstellung einer (konstitutiven) Registerpublizität ist dadurch Rechnung zu tragen, dass den Vorstand

---

487) So für den Formwechsel: *Mertens*, AG 2000, 32, 38.

488) Wie hier *Winter*, in: Festschrift Peltzer, S. 645, 650; *Schlitt/Beck*, NZG 2001, 688, 691; *Bezzenberger/Keul*, in: Münchener Handbuch des Gesellschaftsrechts II; § 87 Rz. 15; *Semler*, in: Festschrift Werner, S. 855, 870 f; *Westermann*, in: Festschrift Ulmer, S. 657, 671.

489) Siehe auch *Mertens*, AG 2000, 32, 38, der aber wohl keine Pflicht zur Fortsetzung annimmt.

eine Pflicht (aus dem stillen Gesellschaftsverhältnis) trifft, das Bestehen der stillen Gesellschaft unverzüglich zum Handelsregister anzumelden.[490)]

b) Zustimmungsrecht nach dem stillen Gesellschaftsvertrag

aa) Aufnehmende Gesellschaft

Da die stille Gesellschaft bei einer Beteiligung der Inhabergesellschaft an einer 184
Verschmelzung als aufnehmende Gesellschaft „nur" auf ein verändertes Gesellschaftsvermögen trifft, die beteiligte (Geschäftsinhaber-)Gesellschaft aber weder erlischt, noch ihre Rechtsform ändert, liegt es nahe, eine grundsätzliche **Mitwirkungsberechtigung** im Innenverhältnis abzulehnen.[491)] Dabei würde man jedoch verkennen, dass die Vermögensveränderung regelmäßig auch die Rechte, insbesondere die Gewinnbeteiligung, des stillen Gesellschafters berührt. Die Einzelheiten lassen sich häufig erst nach eingehender Prüfung feststellen. Unabhängig davon, ob der stille Gesellschafter hierdurch besser- oder schlechtergestellt wird, liegt es näher, ein Zustimmungserfordernis anzunehmen.[492)]

bb) Übertragende Gesellschaft

Der stille Gesellschafter hat im Verhältnis zur übertragenden Inhabergesellschaft 185
unabhängig von der **Höhe der stillen Einlage** ein Zustimmungsrecht (Innenverhältnis).[493)] Denn die Verschmelzung gehört ebenso wie andere Strukturmaßnahmen zu außergewöhnlichen Geschäften, die die rechtliche Organisation der Inhabergesellschaft verändern und unmittelbar auch das stille Gesellschaftsverhältnis betreffen. Art und Ausmaß der damit verbundenen Änderungen auch für das stille Gesellschaftsverhältnis lassen sich exakt nur nach eingehender Prüfung feststellen. Damit ist zugleich gesagt, dass die Verschmelzung zu den Grundlagengeschäften der stillen Gesellschaft zu zählen ist, deren Zustimmungsbedürftigkeit kraft Gesetzes besteht, ohne dass hierfür eine gesellschaftsvertragliche Regelung im Gesellschaftsvertrag der stillen Gesellschaft getroffen

---

490) Vgl. *Schlitt/Beck*, NZG 2001, 688, 691; *Winter*, in: Festschrift Peltzer, S. 645, 650 („öffentlich-rechtliche Pflicht"). Demgegenüber nimmt *Westermann*, in: Festschrift Ulmer, S. 657, 671 an, dass der Registereintragung aufgrund der Universalsukzession nurmehr ein deklaratorischer Charakter beizulegen ist.

491) MünchKomm-*K. Schmidt*, HGB, § 234 Rz. 33.

492) *Blaurock*, StG, § 18 Rz. 18.33; differenzierend MünchKomm-*K. Schmidt*, HGB, § 234 Rz. 33.

493) *Blaurock*, StG, § 18 Rz. 18.22; für die alte Rechtslage *Crezelius*, JbFSt 1992/93, S. 229, 231; einschränkend *Winter*, in: Festschrift Peltzer, S. 645, 652 (nur zugunsten des atypisch stillen Gesellschafters); MünchKomm-*K. Schmidt*, HGB, § 234 Rz. 35 (Mitwirkungsrecht nur bei der atypischen Gesellschaft, bei der typischen Gesellschaft dagegen nur, wenn wesentliche Interessen des stillen Gesellschafters berührt sind); ähnlich auch *Erkens*, S. 113 ff.

sein müsste.[494] Dieses gesellschaftsrechtliche Zustimmungsrecht wird auch vom Umwandlungsgesetz nicht ausgeschlossen.[495]

186 Mit dem Zustimmungsrecht korrespondiert ein **Informationsrecht** des stillen Gesellschafters, denn er muss in der Lage sein, sich über die Ausübung seines Zustimmungsrechts sachgerecht zu informieren. Dieses über § 233 HGB hinausgehende Recht auf (ergänzende) Informationen ist aus allgemeinen Grundsätzen, insbesondere der Treuepflicht der Inhabergesellschaft herzuleiten.[496] Es besteht auch, wenn die Informationsrechte des stillen Gesellschafters im übrigen gesellschaftsvertraglich eingeschränkt sind.[497] Zur Herleitung des Informationsrechts bedarf es eines Rückgriffs auf § 42 UmwG (§§ 216, 230, 238, 251 UmwG), der das Informationsrecht der Anteilsinhaber statuiert, nicht.[498] Diese Analogie könnte den Fehlschluss nahelegen, das Informationsrecht stünde parallel und eigenständig neben dem Informationsrecht der Anteilsinhaber. Tatsächlich kann es inhaltlich aber nicht weiter reichen als deren Rechte. Die **Erstellung der Berichte** steht im Verhältnis zum stillen Gesellschafter **zur alleinigen Disposition der Anteilsinhaber** der Inhabergesellschaft; wenn die Anteilsinhaber aller beteiligten Rechtsträger auf die Berichterstattung verzichten, ist sie entbehrlich (§ 8 Abs. 3 UmwG).[499] Der stille Gesellschafter hat damit einen Anspruch auf Überlassung des Verschmelzungsberichts und des Verschmelzungsprüfungsberichts nur dann, wenn sie auch erstellt worden sind.[500]

c) Mitwirkungs- oder Stimmrecht nach dem Umwandlungsgesetz

aa) Typische stille Gesellschaft

187 Das Umwandlungsgesetz sieht als Wirksamkeitsvoraussetzung für den Verschmelzungsprozess kein Mitwirkungsrecht des stillen Gesellschafters vor, sondern geht – wie bereits erwähnt – von einer ausschließlichen **Entscheidungsautonomie der Gesellschafter** der beteiligten Rechtsträger über die Verschmelzung aus (§ 13 UmwG). Dem ist beizupflichten. Ein generelles Zustimmungs-

---

494) Vgl. allgemein zum „ungeschriebenen" Zustimmunsgerfordernis BGHZ 127, 176 ff; MünchKomm-*K. Schmidt*, HGB, § 230 Rz. 137.

495) Vgl. *Lutter/Winter*, UmwG, § 51 Rz. 12 ff; *ders.*, in: Festschrift Peltzer, S. 645, 648: Das Umwandlungsrecht schließt nur aus, dass die Verschmelzung im Außenverhältnis mit „quasidinglicher" Wirkung von der Zustimmung eines Dritten abhängig gemacht wird.

496) Vgl. *Schlitt*, S. 118 ff; *Schlitt/Beck*, NZG 2001, 688, 690.

497) *Schlitt/Beck*, NZG 2001, 688, 690; zur Zulässigkeit der Einschränkung des Informationsrechts *Schlitt*, S. 93 ff, 107 ff, 122 ff.

498) So aber *Blaurock*, StG, § 18 Rz. 18.14; wohl auch *Winter*, in: Festschrift Peltzer, S. 645, 652.

499) Vgl. auch *Winter*, in: Festschrift Peltzer, S. 645, 652; *Schlitt/Beck*, NZG 2001, 688, 690 (für den Formwechsel).

500) Anders *Blaurock*, StG, § 18 Rz. 18.50 (für den Formwechsel).

recht außenstehender Dritter, die mit der Gesellschaft in vertraglichen Beziehungen stehen, würde den umwandlungsrechtlichen Prinzipien widersprechen. Das grundsätzliche Auseinanderklaffen von interner und externer Zustimmungsbedürftigkeit kennzeichnet die Lage des stillen Gesellschafters in der Umwandlung der Inhabergesellschaft.

bb) Atypische stille Gesellschaft

Richtet man den Blick auf die atypische stille Gesellschaft, erscheint es trotz der fehlenden gesetzlichen Regelung nicht ausgeschlossen anzunehmen, dass die Verschmelzung analog § 13 Abs. 1 UmwG ohne Mitwirkung des atypisch stillen Gesellschafters nicht wirksam vorgenommen werden kann.[501] In Anlehnung an § 13 Abs. 1 UmwG wäre das „Stimmrecht" des atypisch stillen Gesellschafters nicht als Vetorecht ausgestaltet, sondern müsste seiner **wirtschaftlichen Kapitalbeteiligung** entsprechen.[502] Dafür könnte vor allem der materielle Gehalt der atypischen stillen Gesellschaft sprechen: Die Verschmelzung berührt beim atypisch stillen Gesellschafter nicht nur die Gewinnbeteiligung, sondern die gesamte, aufgrund der Regelungen im Gesellschaftsvertrag schuldrechtlich der Mitgliedschaft in der Inhabergesellschaft angenäherte Rechtsstellung des „atypisch Stillen" gegenüber der Inhabergesellschaft. In diesen in der jüngeren Literatur zum Teil als „virtuelle KG"[503] oder „fiktive Gesamthandsgemeinschaft"[504] bezeichneten Ausformungen ist die Rechtsstellung des stillen Gesellschafters nahezu identisch mit der eines Kommanditisten. Dies wirkt sich nicht nur auf die Rechte, sondern auch auf den Pflichtenkatalog aus. In verschiedener Hinsicht wird der atypisch Stille dem Anteilsinhaber der Inhabergesellschaft gleichgestellt (insbesondere etwa im Kapitalersatzrecht). 188

Von der überwiegenden Auffassung wird diese Ansicht mit der Begründung abgelehnt, die als abschließend gedachte gesetzliche Regelung gehe von einer autarken **Umsetzung** des **Verschmelzungsvorhabens** durch das Unternehmen bzw. die Anteilsinhaber aus.[505] Eine andere Lösung sei mit dem Gesichtspunkt der Rechtssicherheit im Verschmelzungsvorgang und der „erleichterten Universalsukzession" nicht vereinbar. Dem wird man nur zustimmen können, wenn man außerhalb des Gesetzes Mitwirkungs-, Zustimmungs- oder Vetorechte von 189

---

501) Andeutungsweise *Hüffer*, in: Festschrift Lutter, S. 1227, 1237.

502) Siehe die Andeutung von *Hüffer*, in: Festschrift Lutter, S. 1227, 1237.

503) *Karsten Schmidt*, in: Festschrift Bezzenberger, S. 401, 406; MünchKomm-*K. Schmidt*, HGB, § 230 Rz. 81, 87.

504) *Groh*, in: Festschrift Kruse, S. 417.

505) Vgl. *Blaurock*, StG, § 18 Rz. 18.18 ff; *Jung*, ZIP 1996, 1734, 1736; *Winter*, in: Festschrift Peltzer, S. 645, 648; *Lutter/Winter*, UmwG, § 50 Rz. 6; *Schlitt/Beck*, NZG 2001, 688, 689.

Dritten konstruiert, mit denen die Anteilsinhaber der (Geschäftsführer-)Gesellschaft nicht zu rechnen brauchten. Es erscheint andererseits im Grundsatz nicht ausgeschlossen, dass die Gesellschafter autonom (und einstimmig) auf die alleinige Entscheidungsbefugnis verzichten und einen Teil davon auf einen stillen Gesellschafter übertragen, der faktisch eine gewichtige Stellung im Gesellschaftsgefüge einnimmt. Im Ergebnis muss es dennoch dabei bleiben, dass der atypisch stille Gesellschafter formell an der Beschlussfassung nach dem Umwandlungsgesetz nicht teilnimmt. Dies hat vor allem praktische Gründe. Ohne gesetzliche Grundlage kann von dem Registergericht nicht erwartet werden, dass es nach eigener inhaltlicher Prüfung feststellt, ob eine stille Gesellschaft aufgrund der atypischen Ausgestaltung ein im Außenverhältnis konstitutives Zustimmungsrecht des stillen Gesellschafters begründet.

d) Rechtsfolgen bei Verletzung des stillen Gesellschaftsvertrags

190 Wenn die internen Mitwirkungs- und Zustimmungsrechte des stillen Gesellschafters beachtet werden und dieser dem Verschmelzungsvorhaben auch zustimmt, enthält die formlos mögliche **Zustimmung** auch das Einverständnis zu der Änderung des Gesellschaftsvertrags, der mit dem Eintritt des übernehmenden Rechtsträgers in die stille Gesellschaft notwendig wird.[506] Regelmäßig wird bereits in diesem Rahmen die gegebenenfalls erforderliche weitere **Vertragsanpassung** vorgenommen.[507] Wird dieser Anspruch auf Vertragsanpassung von dem übernehmenden Rechtsträger als neue Inhabergesellschaft nicht erfüllt, kann der stille Gesellschafter das Gesellschaftsverhältnis außerordentlich kündigen.[508] Wenn dagegen schon die im Innenverhältnis erforderliche Zustimmung des stillen Gesellschafters zu dem Verschmelzungsvorhaben nicht eingeholt oder das Verschmelzungsvorhaben trotz ablehnender Haltung des stillen Gesellschafters durchgeführt wird, ergibt sich folgendes Bild.

aa) Typische stille Gesellschaft

191 Der typische stille Gesellschafter kann die Verschmelzung selbst grundsätzlich nicht verhindern oder ihre Rückgängigmachung geltend machen. Unabhängig davon, dass die Durchführung der Verschmelzung ohne Zustimmung im Innenverhältnis rechtswidrig sein könnte, genießt die eingetragene Verschmelzung nach § 20 Abs. 2 UmwG umfassenden Bestandsschutz. Vor Eintragung der Verschmelzung ins Handelsregister kann der stille Gesellschafter wegen der fehlen-

---

506) Vgl. *Theil*, S. 140 f.

507) Ein Anspruch auf Vertragsanpassung folgt aus dem Gesellschaftsverhältnis. Anders die wohl h. M., *Blaurock*, StG, § 18 Rz. 18.24 m. w. N. (Anspruch aus § 23 UmwG).

508) MünchKomm-*K. Schmidt*, HGB, § 234 Rz. 33.

den Außenwirkung des Zustimmungsrechts nicht mit der Maßgabe beim Registergericht intervenieren, es fehle an seiner Zustimmung. Voraussetzung für die Eintragung ist nur die Zustimmung der Anteilseigner (§ 13 UmwG); das Registergericht kann die Eintragung der Verschmelzung daher nicht von einer internen Zustimmungsbefugnis abhängig machen.[509] Allerdings hat der stille Gesellschafter gegen die Inhabergesellschaft einen Anspruch darauf, dass die Verschmelzung ohne seine Zustimmung unterbleibt. Diesen Unterlassungsanspruch könnte er im Wege der **einstweiligen Verfügung** gegen die Eintragung (vgl. § 16 Abs. 2 HGB zur Bindungswirkung gegenüber dem Registergericht) geltend machen.[510] Wegen der verschuldensunabhängigen Schadensersatzhaftung aus § 945 ZPO wird er dieses Rechtsmittel aber nur bei evidenter Rechtswidrigkeit seiner Übergehung und offensichtlicher Unangemessenheit der angebotenen Vertragsanpassung anstreben.[511] Der stille Gesellschafter kann die (vollzogene) Verschmelzung zum Anlass nehmen, die stille Gesellschaft aus **wichtigem Grund** zu **kündigen** (§ 723 Abs. 1 Satz 2 2. HS BGB).[512] Dem aufnehmenden Rechtsträger steht ein Kündigungsrecht nicht zu.[513]

Daneben kann der stille Gesellschafter nach allgemeinen Grundsätzen wegen der Verletzung des Gesellschaftsvertrags Schadensersatz verlangen.[514] Der **Schadensersatzanspruch** ist schon wegen des erwähnten Bestandsschutzes für die Verschmelzung nicht auf Naturalrestitution, sondern auf den Ausgleich in Geld gerichtet. Anspruchsgegner ist der übertragende Rechtsträger, der hierfür als fortbestehend angesehen wird (§ 25 Abs. 2 UmwG).[515] In der Regel wird es allerdings an einem entsprechenden Schaden fehlen. Zu berücksichtigen ist außerdem – auch wenn dies gleichfalls selten sein wird – dass eine **Zustimmungsverweigerung** ihrerseits treuwidrig sein kann, insbesondere, wenn mögliche Nach- **192**

509) Soweit man die stille Gesellschaft als Sonderrecht i. S. v. § 23 UmwG sieht, wird man das vollständige Fehlen von Angaben über die vorgesehenen Maßnahmen im Verschmelzungsvertrag als Eintragungshindernis anzusehen haben; vgl. *Winter*, in: Festschrift Peltzer, S. 645, 655.

510) *Winter*, in: Festschrift Peltzer, S. 645, 655 f.

511) Zu Vorstehendem *Winter*, in: Festschrift Peltzer, S. 645, 656.

512) *Bezzenberger/Keul*, in: Münchener Handbuch des Gesellschaftsrechts II, § 87 Rz. 19; *Blaurock*, StG, § 18 Rz. 18.26 f; *Winter*, in: Festschrift Peltzer, S. 645, 658. Siehe auch MünchKomm-*K. Schmidt*, HGB, § 234 Rz. 35; *Erkens*, S. 121 ff. Eine Auflösung der Gesellschaft wegen Unmöglichkeit der Erreichung des Gesellschaftszwecks (§ 726 BGB) wird dagegen nur in ganz besonderen Ausnahmefällen in Betracht zu ziehen sein, siehe *Blaurock*, StG, § 18, Rz. 18.25; dagegen nach altem Recht *Crezelius*, JbFSt 1992/93, S. 229, 231 f.

513) MünchKomm-*K. Schmidt*, HGB, § 234 Rz. 35; *Erkens*, S. 124.

514) Siehe nur *Blaurock*, StG, § 18 Rz. 18.27.

515) Vgl. *Jung*, ZIP 1996, 1734, 1738 f und allgemein *Kübler*, in: Semler/Stengel, UmwG, § 25 Rz. 25 ff.

teile unproblematisch durch eine Vertragsanpassung aufgefangen werden könnten.[516)]

bb) Atypische stille Gesellschaft

193 Nichts anderes gilt im Grundsatz auch für die atypisch stille Gesellschaft. Teilweise wird die zum Erlöschen der Inhabergesellschaft führende Verschmelzung aber als „struktureller" Eingriff in eine atypisch stille Gesellschaft mit Verbandscharakter gesehen, der ohne Mitwirkung des atypisch Stillen im Innenverhältnis rechtswidrig sei.[517)] Die Verschmelzung ohne Zustimmung des atypisch stillen Gesellschafters führe daher ipso iure zur Auflösung der stillen Gesellschaft, so dass auf den aufnehmenden Rechtsträger nur noch die Liquidationsverbindlichkeiten der erlöschenden Inhabergesellschaft übergingen.[518)] Zu fragen ist allerdings, ob diese von der Rechtslage bei der typischen stillen Gesellschaft abweichende Lösung erforderlich ist. Ohne weiteres scheint dies nicht der Fall zu sein. Der atypische stille Gesellschafter ist in gleichem Maße geschützt, wenn man es seiner Entscheidung in der konkreten Situation überlässt, ob er von seinem **außerordentlichen Kündigungsrecht** Gebrauch machen und die stille Gesellschaft beenden oder sie mit einer entsprechenden vertraglichen Anpassung fortführen will.

3. Spaltung des Geschäftsinhabers

a) Spaltung von Unternehmen

194 In § 123 UmwG sind – mit weiteren Unterteilungen – im wesentlichen **drei Formen** der Spaltung vorgesehen: Ein Rechtsträger kann sein Vermögen aufspalten, von seinem Vermögen einen Teil oder mehrere Teile abspalten oder aus seinem Vermögen einen Teil oder mehrere Teile ausgliedern.[519)] Gemeinsam ist diesen Spaltungsformen, dass das Vermögen nicht als ganzes übertragen wird, sondern entweder auf verschiedene Rechtsträger aufgeteilt oder nur teilweise „übertragen" wird. Dem entspricht das Prinzip der **„partiellen" Universalsukzession**. Für die stille Gesellschaft an einem zu spaltenden Rechtsträger bedeutet dies jedenfalls, dass es im Blick auf die Fortsetzung der stillen Gesellschaft der klaren Zuordnung zu einem aus der Spaltung hervorgehenden Rechtsträger bedarf. Diese Funktion übernimmt der Spaltungsvertrag oder -plan.[520)]

516) Näher dazu *Blaurock*, StG, § 18 Rz. 18.23.
517) MünchKomm-*K. Schmidt*, HGB, § 234 Rz. 36.
518) MünchKomm-*K. Schmidt*, HGB, § 234 Rz. 36.
519) Näher *Geck*, DStR 1995, 416; *Stengel/Schwanna*, in: Semler/Stengel, UmwG, § 123 Rz. 11 ff.
520) Eingehend *Erkens*, S. 139 ff; *Schröer*, in: Semler/Stengel, UmwG, § 126 Rz. 25 ff.

Die Feststellungen zur Übertragbarkeit der stillen Gesellschaft sowie zu den Informations- und Mitwirkungsrechten des stillen Gesellschafters finden grundsätzlich auch bei der Spaltung der Inhabergesellschaft Anwendung. Das Umwandlungsgesetz verweist, soweit im dritten Buch nichts anderes bestimmt ist, für die Spaltung auf die Verschmelzungsvorschriften (§ 125 UmwG). An dem Spaltungsvertrag (§ 126 UmwG) und am Spaltungsbeschluss (§§ 125, 13 UmwG) wirkt ein stiller Gesellschafter nicht mit. Für eine nicht unerhebliche rechtliche Unsicherheit sorgt indessen § 132 Satz 1 Alt. 2 UmwG. Nach dieser Bestimmung bleiben „allgemeine Vorschriften", welche die Übertragbarkeit eines bestimmten Gegenstands ausschließen oder an bestimmte Voraussetzungen knüpfen, unberührt. Da der Spaltungsvorgang (unter Umständen) die **Übertragung des Anteils** der **Inhabergesellschaft** an der stillen Gesellschaft auf den übernehmenden oder neuen Rechtsträger bewirkt, wird hierin eine Bezugnahme auf §§ 717, 719 BGB gesehen, die ihrerseits die Grundlage für die Zustimmungsbedürftigkeit der Anteilsübertragung bilden.[521] Danach wäre die Spaltung auch bei der typischen stillen Gesellschaft einer – von der Einlagehöhe unabhängigen – Zustimmungsbedürftigkeit im Außenverhältnis ausgesetzt. 195

Dies wird weithin als mit dem neuen Umwandlungsrecht zugrundeliegenden Prinzip der vereinfachten Umwandlungstechnik mittels Universalsukzession unvereinbar angesehen.[522] Um dem Bedürfnis nach Rechtssicherheit im Spaltungsvorgang gerecht zu werden, wird eine teleologische Reduktion des § 132 UmwG vorgeschlagen.[523] Dafür gibt es eine Reihe von Ansätzen, die hier nicht im einzelnen darzustellen sind.[524] Insgesamt erscheint der einschränkende Ansatz plausibel, denn es ist nicht einzusehen, weshalb die Anteilseigner bei der Spaltung grundsätzlich auf die bei einer Singularsukzession geltenden Prinzipien verwiesen werden sollen. Damit würde bei der stillen Gesellschaft eine grundsätzliche Harmonisierung mit den bei der Verschmelzung festgestellten Regeln erreicht: Der „übergangene" stille Gesellschafter kann zwar den Übergang der stillen Beteiligung nicht verhindern, hat aber jedenfalls ein **Recht auf Kündigung** mit der Folge der Auseinandersetzung der stillen Gesellschaft (§ 235 HGB). Im übrigen kann er verlangen, dass seine Rechte in der Spaltung gewahrt werden und ist zur Anpassung des stillen Gesellschaftsvertrags berechtigt und 196

---

521) Vgl. MünchKomm-*Ulmer*, BGB, § 719 Rz. 21 ff.

522) *Jung*, ZIP 1996, 1734, 1736; ihm folgend *Blaurock*, StG, § 18 Rz. 18.40 f. Allgemein zur Kritik an § 123 UmwG auch *Heidenhain*, ZIP 1995, 801, 804 f; *Mertens*, AG 1994, 66, 72 und zusammenfassend *Schröer*, in: Semler/Stengel, UmwG, § 132 Rz. 17.

523) *Heidenhain*, ZIP 1995, 801, 804 f; *ders.*, NJW 1995, 2873, 2879; *Hennrichs*, S. 153; *Jung*, ZIP 1996, 1734, 1736 f; *Kallmeyer*, in: Kallmeyer, UmwG, § 132 Rz. 8; *Lutter/Teichmann*, UmwG, § 132 Rz. 10 ff.

524) Dazu *Schröer*, in: Semler/Stengel, UmwG, § 132 Rz. 18 ff.

verpflichtet.[525] Dem Schutz des stillen Gesellschafters als Gläubiger der Inhabergesellschaft hinsichtlich der Rückgewähr der Einlage wird schließlich durch § 133 Abs. 1 UmwG Genüge getan, der die gesamtschuldnerische Haftung aller beteiligten Rechtsträger für Verbindlichkeiten des übertragenden Rechtsträgers vorsieht, die vor dem Wirksamwerden der Spaltung begründet worden sind.

197 Folgt man dem nicht, wird man zur Sicherheit von einer **Zustimmungsbedürftigkeit** des Stillen auch im Außenverhältnis auszugehen haben. Wenn der stille Gesellschafter der Spaltung zustimmt, wird die stille Gesellschaft mit dem Rechtsträger fortgesetzt, der im Spaltungsplan insoweit als Inhabergesellschaft ausgewiesen ist (§ 131 Abs. 1 Nr. 1 Satz 1 UmwG). Daneben wird man auch eine stillschweigende Zustimmung zur Übertragung annehmen können, etwa wenn die stille Gesellschaft sich nur auf das zu übertragende Geschäft bezieht und die Gesellschafter der bisherigen und der neuen Inhabergesellschaft identisch sind.[526] In den Fällen, in denen der stille Gesellschafter seine – im Innenverhältnis fraglos erforderliche – Zustimmung verweigert oder übergangen wird, verbleibt die stille Gesellschaft bei dem übertragenden Rechtsträger (§ 131 Abs. 1 Nr. 1 Satz 2 UmwG) oder wird bei der Aufspaltung wegen des Untergangs des übertragenden Rechtsträgers beendet.[527]

b) Ausgliederung aus dem Vermögen eines Einzelkaufmanns

198 Nach §§ 152 ff UmwG kann ein Einzelkaufmann sein Unternehmen ganz oder teilweise auf eine bestehende Gesellschaft (Ausgliederung zur Aufnahme) oder eine neu zu gründende Gesellschaft (Ausgliederung zur Neugründung) übertragen. Dadurch wird gleichsam der „Formwechsel des einzelkaufmännischen Unternehmens" ermöglicht. Die zur Spaltung angestellten Überlegungen über das „Schicksal" einer stillen Beteiligung gelten entsprechend.[528]

4. Formwechsel der Inhabergesellschaft

a) Nach Umwandlungsgesetz

199 Durch den Formwechsel von Unternehmen nach §§ 190 ff UmwG erhält die Inhabergesellschaft auf der Grundlage eines Gesellschafterbeschlusses nach § 193

---

525) MünchKomm-*K. Schmidt*, HGB, § 234 37; *Erkens*, S. 145 f; 151 ff.

526) Vgl. *Kallmeyer*, UmwG, § 132 Rz. 8 (z. B. Spaltung zur Neugründung oder auf beteiligungsidentische Schwestergesellschaften).

527) Vgl. *Blaurock*, StG, § 18 Rz. 18.43. *Jung*, ZIP 1996, 1734, 1737, versucht die Beendigung der stillen Gesellschaft im Fall der Aufspaltung durch eine analoge Anwendung von § 132 Satz 2 UmwG abzuwenden. Siehe dagegen *Geck*, DStR 1995, 416, 420, der wohl eine Aufspaltung gegen die Zustimmung des stillen Gesellschafters nicht für möglich hält.

528) *Blaurock*, StG, § 18 Rz. 18.46.

Abs. 1 UmwG (und ggf. der Zustimmung von Gesellschaftern mit besonderen Rechten in der Gesellschaft nach § 233 Abs. 2 i. V. m. § 50 Abs. 2 UmwG und § 241 Abs. 2 i. V. m. § 50 Abs. 2 UmwG) eine neue Rechtsform. Es findet für die Gesellschaft ein **„Austausch des anwendbaren Normensystems"** statt.[529] Da hierbei weder eine Vermögensübertragung noch – grundsätzlich – ein Gesellschafterwechsel stattfindet, unterscheidet sich der Formwechsel als reiner Organisationsakt von den oben dargestellten Umwandlungsformen.

Der Formwechsel lässt die Identität des Rechtsträgers unberührt; die **Fortsetzung der stillen Gesellschaft** steht daher außer Frage.[530] Dies gilt uneingeschränkt auch für den Fall, dass die stille Gesellschaft nach dem Recht des neuen Rechtsträgers besonderen Form- und Wirksamkeitserfordernissen unterliegt. Ebenso wird die stille Gesellschaft auch nicht in ihrer Existenz berührt, wenn eine Kapitalgesellschaft in eine GbR umgewandelt wird. Mangels Handelsgewerbes wird sie indes „nur" noch als stille Gesellschaft bürgerlichen Rechts fortgesetzt werden können. Nach der Ausweitung des Zugangs zu Handelspersonengesellschaften durch die Reform des Kaufmannsbegriffs in § 1 HGB dürfte ein solcher Formwechsel ohnehin nur noch geringe praktische Bedeutung haben. 200

Auch hinsichtlich der **Mitwirkungs- und Zustimmungsrechte** des stillen Gesellschafters gelten im Prinzip die oben zu anderen Umwandlungsformen dargestellten Grundsätze. Es ist gerechtfertigt, dem stillen Gesellschafter beim (identitätswahrenden) Formwechsel ein internes Zustimmungsrecht einzuräumen.[531] Denn er trifft auf veränderte rechtliche Rahmenbedingungen, die beispielsweise eine Beteiligung des Stillen an Geschäftsführungsmaßnahmen und Strukturentscheidungen einschränken oder das potentielle Haftungsrisiko erweitern können. Entsprechend ist der stille Gesellschafter von einem geplanten Formwechsel über § 233 HGB hinaus umfassend zu informieren.[532] Soweit nach dem Umwandlungsrecht ein Umwandlungsbericht zu erstatten ist, erstreckt sich das **Informationsrecht** des stillen Gesellschafters auch darauf. Insgesamt wird 201

---

529) Vgl. *Meister/Klöcker*, in: Kallmeyer, UmwG, § 202 Rz. 21; *Kübler*, in: Semler/Stengel, UmwG, § 202 Rz. 2.

530) *Blaurock*, StG, § 18 Rz. 18.51; *Heymann/Horn*, HGB, § 234 Rz. 28; *Theil*, S. 54.

531) Vgl. nur *Blaurock*, StG, § 18 Rz. 18.49; *Schlitt/Beck*, NZG 2001, 688, 690; *Schlitt*, in: Semler/Stengel, UmwG, § 217 Rz. 26; s. auch *Felix*, BB 1987, 1265, 1268, der darauf verweist, dass ein Formwechsel einer OHG mit persönlicher Haftung der Gesellschafter in eine (schwach) kapitalisierte GmbH unter Umständen nachteilig im Blick auf die Sicherheit für die Einlage des Stillen sein kann.

532) *Schlitt*, S. 118 ff; *Schlitt/Beck*, NZG 2001, 688, 690; so auch grundsätzlich *Blaurock*, StG, § 18 Rz. 18.50 (allerdings unter Verweis auf §§ 216, 230 Abs. 1, §§ 238, 251 Abs. 1 UmwG analog).

man allerdings beim Formwechsel für die Rechtfertigung einer ablehnenden Haltung des stillen Gesellschafters unter dem Gesichtspunkt der Treuepflicht engere Grenzen als bei anderen Umwandlungsformen ziehen müssen. Der atypisch stille Gesellschafter ist von dem Formwechsel in stärkerem Maße betroffen als der typisch stille Gesellschafter und daher noch eher in der Lage, eine Ablehnung zu rechtfertigen.[533] Nach allgemeinen Grundsätzen hat der stille Gesellschafter im Einzelfall einen Anspruch auf **Vertragsanpassung** und kann die stille Gesellschaft außerordentlich kündigen, wenn diesem Anspruch nicht entsprochen wird oder er bereits seine Zustimmung zu der Umwandlung nicht erteilt hatte.

b) Kraft anderer gesetzlicher Regeln

202 Das Umwandlungsgesetz braucht die Varianten eines Formwechsels nicht ausdrücklich zu regeln, die bereits kraft anderer Gesetzesbestimmungen stattfinden. Zu denken ist hier insbesondere an den **Formwechsel unter handelsrechtlichen Personengesellschaften**, der im Umwandlungsgesetz keine ausdrückliche Erwähnung findet (vgl. § 214 Abs. 1 UmwG).[534] So kann eine offene Handelsgesellschaft durch Änderung des Gesellschaftervertrags „identitätswahrend" in eine Kommanditgesellschaft umgewandelt werden. Ein Formwechsel kann auch dann vollzogen werden, wenn die Kommanditisten nach Ausscheiden des einzigen Komplementärs die Gesellschaft ohne (neuen) Komplementär werbend fortführen; die Gesellschaft wird dann regelmäßig zur OHG.[535] Wegen der damit verbundenen Änderung der Vermögens- und Haftungsstruktur hat der stille Gesellschafter nach allgemeinen Grundsätzen ein internes **Zustimmungsrecht.** Wird es missachtet, berechtigt dies den stillen Gesellschafter zur außerordentlichen Kündigung.

203 Schließlich ergibt sich eine Änderung des Organisationsrechts auch, wenn in (handelsrechtlichen) Personengesellschaften bei nur zwei vorhandenen Gesellschaftern die Gesellschafterzahl auf einen absinkt. Ein solcher Fall kann entweder durch Kündigung eines Gesellschafters oder durch die Ausschließung eines Gesellschafters eintreten. Nach § 140 Abs. 1 Satz 2 HGB steht der **Ausschließungsklage** nicht entgegen, dass nach der Ausschließung nur ein Gesellschafter verbleibt. Mit dem rechtskräftigen Urteil wird der ausschließende Gesellschafter automatisch, formlos und mit Ausnahme höchstpersönlicher Rechte und Pflich-

533) Wie hier *Schlitt/Beck*, NZG 2001, 688, 690.

534) Vgl. nur *Baumbach/Hopt*, HGB, Einl. v. § 105 Rz. 21, 23; *Schlitt*, in: Semler/Stengel, UmwG, § 214 Rz. 34.

535) BGH, Urt. v. 23. 11. 1978 – II ZR 20/78, NJW 1979, 1705, 1706; näher zum Wegfall des einzigen Komplementärs und den Rechtsfolgen nur *Koller*, in: Koller/Roth/Morck, HGB, § 131 Rz. 8; *Frey/v. Bredow*, ZIP 1998, 1621.

ten einziger Träger aller Aktiva und Passiva der Gesellschaft.[536)] Ob dies letztlich ein Fall der Anwachsung[537)] oder der Gesamtrechtsnachfolge[538)] ist, mag hier dahinstehen. Die stille Gesellschaft wird mit dem verbleibenden Gesellschafter fortgesetzt. Bei der von einem Gesellschafter erstrebten Ausschließung, aber auch bei dem Erwerb von allen Gesellschaftsanteilen durch einen Gesellschafter oder der vertraglichen Übernahme mit Aktiva und Passiva besteht im Innenverhältnis ein **Zustimmungsrecht** des stillen Gesellschafters nach allgemeinen Grundsätzen.[539)] Bei Missachtung hat der stille Gesellschafter ein außerordentliches Kündigungsrecht und u. U. einen Anspruch auf Schadensersatz, insbesondere wenn er durch das Ausscheiden des persönlich haftenden Gesellschafters schlechter steht.[540)]

5. Umwandlung des stillen Gesellschafters

Die Umwandlung des stillen Gesellschafters kann (im Innen- und Außenver- 204
hältnis) **ohne Zustimmung des Geschäftsinhabers** wirksam vollzogen werden und löst auch bei fehlender Abstimmung im Innenverhältnis grundsätzlich keine weitergehenden Rechtsfolgen aus.[541)] Danach können auch weder der Geschäftsinhaber noch der stille Gesellschafter ihr Gesellschaftsverhältnis wegen eines Umwandlungsvorgangs außerordentlich kündigen. Zu berücksichtigen ist, dass der Geschäftsinhaber vornehmlich Interesse an der Vermögenseinlage des stillen Gesellschafters hat. Sie bleibt von der Umwandlung des stillen Gesellschafters unberührt.[542)] Deutlich wird die fehlende Bedeutung der Umwandlung für das stille Gesellschaftsverhältnis nicht zuletzt an § 234 Abs. 2 HGB, der klarstellt, dass nicht einmal beim Tod des stillen Gesellschafters ein Auflösungsgrund für die stille Gesellschaft besteht. Das Gesetz geht also ganz offenbar davon aus, dass es für den Fortbestand der stillen Gesellschaft nicht auf die Person des stillen Gesellschafters ankommt.[543)] Entsprechendes gilt für seine rechtliche Organisation oder Rechtsform.

536) H. M., siehe nur *Koller*, in: Koller/Roth/Morck, HGB, § 140 Rz. 4 f m. w. N. auf die abweichende Meinung (Gesellschaft existiert weiter; nur alle Anteile sind in einer Hand vereinigt).

537) BGH, Urt. v. 14. 11. 1988 – II ZR 77/88, NJW 1989, 1030, 1031.

538) BGH, Urt. v. 13. 7. 1967 – II ZR 268/64, BHGZ 48, 203, 205; *Ulmer*, in: GroßKomm. HGB, § 142 Rz. 27; *Koller*, in: Koller/Roth/Morck, HGB, § 140 Rz. 4.

539) Siehe auch *Blaurock*, StG, § 18 Rz. 18.56.

540) *Blaurock*, StG, § 18 Rz. 18.56.

541) Vgl. *Blaurock*, StG, § 18 Rz. 18.59; s. auch *Felix*, BB 1987, 1265, 1267.

542) Zutreffend *Blaurock*, StG, § 18 Rz. 18.59.

543) MünchKomm-*K. Schmidt*, HGB, § 234 Rz. 56.

205 Ganz unzweifelhaft hat daher ein **Formwechsel** des stillen Gesellschafters keine Auswirkungen auf den Bestand der stillen Gesellschaft und bedarf auch intern nicht der Zustimmung des Geschäftsinhabers.[544] Nichts anderes gilt aber grundsätzlich auch für **Verschmelzung** und **Spaltung**. In Anlehnung an die Regelung des § 234 Abs. 2 HGB ist hier eine unmittelbare Rechtsnachfolge des übernehmenden Rechtsträgers in die Stellung als stiller Gesellschafter anzunehmen.[545] Bei der Spaltung bedarf es im Spaltungsvertrag oder -plan der näheren Bezeichnung des übernehmenden bzw. neuen Rechtsträgers, der in die Rechtsposition des stillen Gesellschafters eintritt.

206 Nicht verkannt werden darf jedoch, dass unter besonderen Umständen eine andere rechtliche Beurteilung angezeigt sein kann.[546] So kann etwa bei einer **atypischen stillen Beteiligung**, durch die dem stillen Gesellschafter weitreichende Einflussmöglichkeiten bzw. unternehmerische Mitwirkungsrechte im Handelsgeschäft des Geschäftsinhabers eingeräumt werden, die rechtliche Organisation des Stillen durchaus von relevanter Bedeutung für den Geschäftsinhaber sein. Denn nach der Rechtsform des stillen Gesellschafters bestimmt sich auch die interne Willensbildung unter den Gesellschaftern und die Geschäftsführung und damit nicht zuletzt die Art und Weise, mit der ein stiller Gesellschafter von seinen unternehmerischen Mitwirkungsrechten Gebrauch macht. In einem solchen Fall wird man der Inhabergesellschaft ein **außerordentliches Kündigungsrecht** einräumen müssen, wenn die Umwandlung nicht abgestimmt wurde.

VII. Auflösung und Auseinandersetzung der stillen Gesellschaft

207 Die Auflösung und Auseinandersetzung der stillen Gesellschaft wird in §§ 234, 235 HGB nur partiell und insoweit geregelt, als besondere Bestimmungen erforderlich sind, um die grundsätzlich anwendbaren §§ 705 ff BGB zu modifizieren. Im übrigen kann auf allgemeine Grundsätze und die Auflösungs- und Auseinandersetzungsregeln für eine Innengesellschaft nach bürgerlichem Recht zurückgegriffen werden.

1. Grundlagen

a) Rechtsqualität und Bedeutung der Auflösung

208 Nach wohl überwiegender Ansicht fallen Auflösung und Vollbeendigung der stillen Gesellschaft ohne die Zwischenstufe eines Abwicklungsstadiums in einem

544) Vgl. *Blaurock*, StG, § 18 Rz. 18.60.

545) *Blaurock*, StG, § 18 Rz. 18.58; *Stratz*, in: Schmitt/Hörtnagel/Stratz, UmwG, § 20 Rz. 53.

546) So andeutungsweise auch *Blaurock*, StG, § 18 Rz. 18.59 („für den Regelfall“).

Akt zusammen.[547] Dabei wird betont, dass nur schuldrechtliche Beziehungen zwischen den Beteiligten zu lösen seien.[548]

Richtig daran ist, dass sich eine gesellschaftsrechtliche Liquidation mangels gesamthänderisch gebundenem Gesellschaftsvermögen erübrigt. Der Hinweis der überwiegenden Auffassung, dies stehe der Beendigung eines Schuldverhältnisses gleich, ist allerdings nur schwer mit dem gesellschaftsrechtlichen Charakter der stillen Gesellschaft in Einklang zu bringen. Immerhin ist die typische stille Beteiligung nicht nur kreditähnliche Bereitstellung von Geldmitteln, sondern auch durch eine mitgliedschaftliche Bindung mit der Inhabergesellschaft gekennzeichnet. Nach richtigem Verständnis gilt hier nichts anderes als bei Innengesellschaften nach bürgerlichem Recht; mit der Auflösung wird die stille Gesellschaft in eine **Abwicklungsgesellschaft** mit dem Zweck der Auseinandersetzung unter den Gesellschaftern „umgewandelt".[549] Dies legt auch das Gesetz nahe, das in § 235 Abs. 1 HGB die Auseinandersetzung zwischen Geschäftsinhaber und stillem Gesellschafter und in § 235 Abs. 2 HGB die Abwicklung der schwebenden Geschäfte vorsieht. Am Ende dieses Prozesses steht die Feststellung des Endguthabens und die Berichtigung in Geld oder die Deckung eines eventuellen Passivsaldos. 209

Bei **mehrgliedrigen stillen Gesellschaften**, die einen Mehrpersonenverband bilden, ist zwischen dem Ausscheiden eines einzelnen stillen Gesellschafters, das den Bestand des einheitlichen Gesellschaftsverhältnisses unter den übrigen Beteiligten unberührt lässt und der Auflösung der mehrgliedrigen stillen Gesellschaft insgesamt zu unterscheiden.[550] Kündigt ein einzelner stiller Gesellschafter, scheidet er unter „Abwicklung" seines Einlagenverhältnisses aus dem mehrgliedrigen Organisationsverhältnis aus; hiervon bleibt der Bestand des Organisationsverhältnisses unberührt.[551] Anders verhält es sich, wenn die stille Gesellschaft „als Mehrpersonenverband" unter Auflösung aller Einlagen liquidiert wird. Hierzu bedarf es eines **Auflösungsbeschlusses** der Gesellschafterversammlung. Fehlt ein ausdrücklicher Beschluss, kann es notwendig sein, eine Vielzahl von Einzelkündigungen, die erkennbar in einem zeitlichen und sachlichen Zusammenhang stehen, in einen Auflösungsbeschluss umzudeuten (§ 140 210

547) *Gehrlein*, in: Ebenroth/Boujong/Joost, HGB, § 235 Rz. 1; *Koller*, in Koller/Roth/Morck, HGB, § 234 Rz. 13; *Zutt*, in: GroßKomm. HGB, § 234 Rz. 2.

548) Vgl. BGH NJW 1982, 99, 100; BGH NJW 1990, 573, 574; *Koller*, in Koller/Roth/Morck, HGB, § 234 Rz. 13; wohl auch *Groh*, in: Festschrift Kruse, S. 417, 428.

549) *Blaurock*, StG, § 15 Rz. 15.3; *ders.*, Unterbeteiligung, S. 174; *Baumbach/Hopt*, HGB, § 234 Rz. 1; *Heymann/Horn*, HGB, § 234 Rz. 2, 13.

550) MünchKomm-*K. Schmidt*, HGB, § 234 Rz. 2; näher *Reusch*, S. 238 ff.

551) Vgl. *Heymann/Horn*, HGB, § 234 Rz. 13; *Reusch*, S. 239, 247; *Klöpper*, S. 43.

BGB).[552] Nur auf diese Weise kann dem Prinzip der Risikogemeinschaft aller stillen Gesellschafter entsprochen werden, denn gerade in den Fällen, wo beispielsweise Untreue in der Geschäftsführung zu besorgen ist, könnten einzelne stille Gesellschafter in einem „Wettlauf der Kündigungen“ ihre Einlage vollständig zurückerhalten, während andere von der unter einer Vielzahl von Auszahlungen zusammengebrochenen Inhabergesellschaft allenfalls noch eine „Quote“ erwarten dürften.[553]

b) Vertragliche Regelungen zur Fortsetzung

211 Nach dem freien **Willen der Beteiligten** kann eine aufgelöste stille Gesellschaft auch fortgesetzt werden.[554] Wenn man mit der oben dargestellten Auffassung von einem Fortbestand der stillen Gesellschaft mit einem geänderten Gesellschaftszweck nach Auflösung ausgeht, bedarf es hierzu keiner Neubegründung des stillen Gesellschaftsverhältnisses. Man wird angesichts der Regelung in § 234 Abs. 1 i. V. m. § 134 HGB auch davon auszugehen haben, dass die Beteiligten die stille Gesellschaft stillschweigend fortsetzen können.[555] Allein die Fortführung des Handelsgeschäfts ist hierfür freilich kein hinreichendes Indiz; hinzutreten müssen weitere Umstände, aus denen sich ergibt, dass die Beteiligten die stille Gesellschaft (und insbesondere die Beteiligung des Stillen an Gewinn und Verlust) als fortbestehend betrachten.[556] Im Zweifel müssen sie dabei so gestellt werden, als ob die stille Gesellschaft ohne Unterbrechung als „werbende“ Gesellschaft fortbestanden hätte.[557] Aber auch nach zwischenzeitlicher Unterbrechung kann die stille Gesellschaft von diesem Zeitpunkt oder – aufgrund nachträglicher Entscheidung der Parteien – von Beginn an fortgesetzt werden.[558]

2. Auflösungsgründe

a) Kündigung

212 Die Kündigung des stillen Gesellschaftsverhältnisses kann durch eine (grundsätzlich) **formlose Kündigungserklärung** von jedem der Beteiligten oder von einem ihrer Gläubiger ausgesprochen werden.[559] Sie führt bei der zweigliedrigen

---

552) *Reusch*, S. 245.

553) *Reusch*, S. 244 f.

554) MünchKomm-*K. Schmidt*, HGB, § 234 Rz. 3; anders für die wohl noch h. M. *Blaurock*, StG, § 15 Rz. 15.7.

555) MünchKomm-*K. Schmidt*, HGB, § 234 Rz. 3.

556) *Schlegelberger/K. Schmidt*, HGB, § 234 Rz. 3; *Heymann/Horn*, HGB, § 234 Rz. 4.

557) *Blaurock*, StG, § 15 Rz. 15.7.

558) *Schlegelberger/K. Schmidt*, HGB, § 234 Rz. 3.

559) MünchKomm-*K. Schmidt*, HGB, § 234 Rz. 18.

Grundform der stillen Gesellschaft stets zur Auflösung der stillen Gesellschaft.[560] Zum Fortbestand der mehrgliedrigen stillen Gesellschaft siehe Rz. 125 ff.

Vor diesem Hintergrund ist die Regelung in § 234 Abs. 1 HGB zu sehen, die einen Vorrang der Regelungen für die offene Handelsgesellschaft (§§ 132, 134, 135 HGB) gegenüber der anderenfalls auf die stille Gesellschaft anwendbaren Kündigungsregelung in § 723 BGB bestimmt. Eine auf unbestimmte Zeit eingegangene und daher jederzeit kündbare stille Gesellschaft (vgl. § 723 Abs. 1 Satz 1 BGB) würde weder den **„Kontinuitätsinteressen" der Inhabergesellschaft**, dem Bedürfnis für einen angemessenen zeitlichen Vorlauf vor Fälligkeit der Einlagenrückzahlungsverpflichtung noch der Bedeutung des Geschäftsjahrs für ein kaufmännisch geführtes Unternehmen gerecht.[561] 213

aa) Ordentliche Kündigung

Nach Maßgabe der §§ 132 und 134 HGB kann daher sowohl eine auf unbestimmte Zeit oder auf Lebenszeit eingegangene als auch eine nach Ablauf der für ihre Dauer bestimmten Zeit stillschweigend verlängerte stille Gesellschaft nur unter Einhaltung einer **Kündigungsfrist von sechs Monaten** zum Schluss des Geschäftsjahres ordentlich gekündigt werden.[562] 214

Das ordentliche Kündigungsrecht kann vertraglich nicht ausgeschlossen (§ 723 Abs. 3 BGB),[563] sondern nur in bestimmtem Umfang modifiziert werden. So können die Kündigungsfristen der §§ 132, 134 HGB im Gesellschaftsvertrag (für die Beteiligten unterschiedlich) verlängert oder verkürzt werden. Ein unzulässiger Ausschluss des ordentlichen Kündigungsrechts ist dagegen auch in Abreden zu sehen, die das unentziehbare Kündigungsrecht „faktisch" unmöglich machen sollen. Zu denken ist hier etwa an die Verknüpfung der Ausübung des Kündigungsrechts mit wirtschaftlichen Nachteilen (z. B. erhebliche Verzögerung der Auszahlung des Auseinandersetzungsguthabens), Vertragsstrafen, Wettbewerbsverboten oder der Abfindung zum Buchwert des Handelsgeschäfts.[564] Das Verbot, das Recht zur ordentlichen Kündigung zu beschränken, verliert al- 215

560) Vgl. *Heymann/Horn*, HGB, § 234 Rz. 13.

561) Vgl. *Blaurock*, StG, § 15 Rz. 15.20; *Heymann/Horn*, HGB, § 234 Rz. 5.

562) Zur Wirksamkeit einer Kündigung vor Vollzug der Gesellschaft BGH WM 1995, 1277, 1277 f.

563) Siehe dazu BGH, Urt. v. 20.12.1956 – II ZR 166/55, BGHZ 23, 10, 14; BGH, Urt. v. 11.7.1968 – II ZR 179/66, BGHZ 50, 316, 321 = NJW 1968, 2003; BGH NJW 1992, 2696, 2698; *Baumbach/Hopt*, HGB; § 234 Rz. 8; *Zutt*, in: GroßKomm. HGB, § 234 Rz. 23; MünchKomm-*K. Schmidt*, HGB, § 234 Rz. 47 m. w. N.; *Koenigs*, S. 263 ff.

564) *Blaurock*, StG, § 15 Rz. 15.23 f.

lerdings viel von seinem Wert, weil es nur für die auf unbestimmte Zeit eingegangene Gesellschaft vorgeschrieben ist. Unterhalb kritischer zeitlicher Höchstgrenzen (Lebenserwartung des Stillen) kann die Kautelarpraxis daher **stille Gesellschaften mit langen Laufzeiten** eingehen, für die diese Beschränkung nicht gilt. Dies wird kritisch gesehen, weithin aber für zulässig gehalten.[565)]

216 Das Recht zur ordentlichen Kündigung unterliegt grundsätzlich nicht der Missbrauchskontrolle des § 242 BGB (missbräuchliche Rechtsausübung). Eine Ausnahme ist jedoch für die ordentliche Kündigung des Geschäftsinhabers in der **stillen Publikumsgesellschaft** anzunehmen. Aus Gründen des Anlegerschutzes ist seine Kündigung nur als wirksam anzusehen, wenn für sie ein sachlicher Grund vorliegt. Da das der Inhabergesellschaft für die unternehmerische Betätigung zur Verfügung stehende Vermögen häufig nahezu ausschließlich von den stillen Gesellschaftern aufgebracht wird, sollen sie nicht ohne weiteres um die „Früchte" ihrer Beteiligung gebracht werden können. Außerdem könnten sie ein freies Kündigungsrecht als „Disziplinierungsmittel" empfinden, das sie bei der Wahrnehmung ihrer gesellschaftsvertraglichen Rechte in ihrer Entscheidungsfreiheit beeinflussen kann. Eine gesellschaftsvertragliche Kündigungsklausel, die dem Geschäftsinhaber das Recht vermittelt, den kapitalanlegenden stillen Gesellschafter nach freiem Ermessen „hinauszukündigen", ist daher grundsätzlich unwirksam.[566)]

bb) Außerordentliche Kündigung

217 Die stille Gesellschaft kann aus wichtigem Grund jederzeit von einem der Beteiligten **ohne Einhaltung einer Kündigungsfrist** gekündigt werden.[567)] Die Kündigung aus wichtigem Grund wird durch § 234 Abs. 1 Satz 2 HGB mit der Bezugnahme auf § 723 BGB ausdrücklich anerkannt.

218 Einschränkend ist jedoch zum einen zu berücksichtigen, dass die außerordentliche Kündigung als ultima ratio erst nach erfolgloser Ausschöpfung anderer zumutbarer Mittel, wie etwa der Vertragsanpassung, zu erklären ist (Prinzip der

---

565) Vgl. MünchKomm-*K. Schmidt*, HGB, § 234 Rz. 47, *Heymann/Horn*, HGB, § 234 Rz. 6; jeweils m. w. N.

566) Vgl. BGHZ 125, 74, 79 f m. Anm. *Blaurock*, EWiR 1994, 585, 586; *Blaurock*, StG, § 15 Rz. 15.27; *Gehrlein*, in: Ebenroth/Boujong/Joost, HGB, § 234 Rz. 26; *Klöpper*, S. 44 ff. Dies geht auf die Rechtsprechung zur Publikumspersonengesellschaft zurück; vgl. BGHZ 84, 11, 14 f; BGHZ 104, 50, 57 f.

567) Vgl. zur nur unter eingeschränkten Voraussetzungen möglichen Umdeutung (§ 140 BGB) einer unwirksamen außerordentlichen in eine ordentliche Kündigung BGH NZG 1998, 342 = BB 1998, 1811.

Verhältnismäßigkeit)[568] und grundsätzlich nicht zur **Unzeit** erfolgen darf.[569] Die Kündigung zur Unzeit ist zwar nicht unwirksam, verpflichtet aber zum Schadensersatz, wenn nicht ein überwiegendes Interesse an der sofortigen Lösung des Gesellschaftsverhältnisses bestand.[570]

Im **Gesellschaftsvertrag** kann näher konkretisiert werden, welche Umstände einen wichtigen Grund bilden sollen oder umgekehrt den Fortbestand der stillen Gesellschaft nicht in Frage stellen.[571] Das Verbot der Beschränkung des Kündigungsrechts nach § 723 Abs. 3 BGB steht dem nicht entgegen, sondern führt lediglich dazu, dass die Kündigung aus einem sonstigen, im Vertrag nicht aufgeführten wichtigen Grund durch die vertragliche Regelung nicht schlechthin ausgeschlossen werden kann. Eine vertragliche Konkretisierung des wichtigen Grundes kann daher allenfalls Indizwirkung dafür entfalten, dass die Beteiligten andere Umstände nicht als so wesentlich ansehen, um ein Recht zur außerordentlichen Kündigung zu geben.[572] 219

Ohne vertragliche Regelung ist ein **wichtiger Grund** anzunehmen, wenn die Fortsetzung der stillen Gesellschaft für den kündigenden Gesellschafter unzumutbar geworden und das erforderliche Vertrauensverhältnis nachhaltig gestört ist.[573] Bei der Auslegung und der Entscheidung im Einzelfall ist zu berücksichtigen, dass sich hinsichtlich der Störung des Vertrauens nach der Gestaltung des Gesellschaftsverhältnisses **Abstufungen** und damit das Erfordernis der umfassenden Interessenabwägung unter Würdigung aller Umstände ergeben können.[574] Insbesondere kann nicht unreflektiert auf die zu § 133 HGB entwickelten Prinzipien zurückgegriffen werden, weil zumindest bei der typischen stillen Gesellschaft die persönlichen Vertrauensbeziehungen zwischen dem stillen Gesellschafter und dem Geschäftsinhaber weniger intensiv als diejenigen der Gesellschafter in einer OHG oder KG sein werden.[575] Andererseits hat der stille Gesellschafter geringere Überwachungsrechte, weshalb ihm auch auf einer nicht vollständigen Tatsachengrundlage unter Umständen die Möglichkeit zur außerordentlichen Kündigung gegeben werden muss.[576] Das Vertrauensverhältnis des 220

568) Vgl. *Klauss/Mittelbach*, Rz. 186; s. auch OLG Braunschweig, ZIP 2004, 28, 31 (ergebnislose Aufforderung zur Pflichtenerfüllung erforderlich).

569) *Blaurock*, StG, § 15 Rz. 15.36.

570) Vgl. BGH, Urt. v. 8. 7. 1976 – II ZR 34/75, DB 1977, 87, 89; *Blaurock*, StG, § 15 Rz. 15.36; *Gehrlein*, in: Ebenroth/Boujong/Joost, HGB, § 234 Rz. 30.

571) *Blaurock*, StG, § 15 Rz. 15.27; MünchKomm-*K. Schmidt*, HGB, § 234 Rz. 49.

572) MünchKomm-*K. Schmidt*, HGB, § 234 Rz. 49.

573) *Blaurock*, StG, § 15 Rz. 15.32; *Heymann/Horn*, HGB, § 234 Rz. 9.

574) Vgl. BGH WM 1976, 1027, 1030; *Heymann/Horn*, HGB, § 234 Rz. 9.

575) MünchKomm-*K. Schmidt*, HGB, § 234 Rz. 49.

576) Vgl. *Koller*, in: Koller/Roth/Morck, HGB, § 234 Rz. 3.

atypisch stillen Gesellschafters zu dem Geschäftsinhaber ist wesentlich stärker ausgeprägt, insbesondere wenn ihm besondere Mitwirkungs- oder Geschäftsführungsbefugnisse übertragen worden sind.

221 Von einem wichtigen Grund wird man allgemein bei einer **Verletzung wesentlicher gesellschaftsvertraglicher Verpflichtungen**, berechtigten Zweifeln an der Rechtschaffenheit (etwa bei Information und Gewinnabrechnung) und Eignung des Geschäftsinhabers sowie der Einstellung oder nachhaltigen Unrentabilität des Geschäftsbetriebs, der Gefährdung der Vermögensinteressen des stillen Gesellschafters (vor allem durch Zwangsvollstreckungsmaßnahmen),[577] bedeutenden Leistungsstörungen (z. B. Nichtauszahlung des Gewinnanteils) und der Konzernierung der Inhabergesellschaft ausgehen können.[578] Ein praktisch bedeutsamer wichtiger Grund für eine außerordentliche Kündigung ist daneben in der Verletzung des internen **Mitwirkungsrechts** des stillen Gesellschafters bzw. der **Versagung seiner Zustimmung** zu wesentlichen Veränderungen des Unternehmens des Geschäftsinhabers zu sehen.[579] Dies ist verschiedentlich, etwa bei der Umwandlung der Inhabergesellschaft, bereits erwähnt worden (Rz. 191 ff). Die Zustimmung des stillen Gesellschafters ist auch bei der Veräußerung des Unternehmens durch den Geschäftsinhaber einzuholen, wenngleich ein Übergang der stillen Gesellschaft auf den neuen Unternehmensträger nicht ohne weiteres, sondern nur im Wege der Vereinbarung mit dem stillen Gesellschafter (Vertragsübernahme) herbeigeführt werden kann.[580] Fehlt es an der Zustimmung, so hat der stille Gesellschafter ein Recht zur außerordentlichen Kündigung. Dagegen bedarf ein Wechsel im Gesellschafterbestand der Inhabergesellschaft – etwa durch Anteilsveräußerung – nicht der Zustimmung des stillen Gesellschafters und berechtigt entsprechend auch nicht ohne weiteres zur Kündigung. Nur im Einzelfall kann dies bei einem Gesellschafterwechsel in einer Personengesellschaft des Handelsrechts anders zu beurteilen sein, wenn für das stille Gesellschaftsverhältnis das besondere Vertrauensverhältnis zwischen dem stillen Gesellschafter und dem ausgeschiedenen Gesellschafter der Inhabergesellschaft von Bedeutung ist.[581] In der Person des (atypisch) stillen Gesellschafters kann die Verletzung der ihm im Rahmen seiner Mitwirkungs- oder Ge-

---

577) Dazu insbesondere *Karsten Schmidt*, KTS 1977, 1, 4 f.

578) *Blaurock*, StG, § 15 Rz. 15.32; *Heymann/Horn*, HGB, § 234 Rz. 10 f; MünchKomm-*K. Schmidt*, HGB, § 234 Rz. 49 m. w. N.

579) BGH WM 1976, 1027, 1030; MünchKomm-*K. Schmidt*, HGB, § 234 Rz. 49.

580) *Schlegelberger/K. Schmidt*, HGB, § 234 Rz. 45.

581) *Schlegelberger/K. Schmidt*, HGB, § 234 Rz. 46; weniger deutlich jetzt MünchKomm-*K. Schmidt*, HGB, § 234 Rz. 49; s. auch *Theil*, S. 180 ff.

schäftsführungsbefugnisse obliegenden Pflicht zur Vertraulichkeit gegenüber Dritten einen wichtigen Grund darstellen.[582)]

Über das Vorliegen eines wichtigen Grundes muss im Streitfall das zuständige Gericht befinden. Zulässig ist indes, vertraglich die **Zuständigkeit eines Schiedsgerichts** festzulegen.[583)] Hierin liegt keine Beschränkung des Kündigungsrechts. Die **Beweislast** für das Vorliegen eines wichtigen Grundes obliegt nach den allgemeinen Grundsätzen jeweils dem Beteiligten, der die Kündigung erklärt hat. 222

cc) Kündigung des stillen Gesellschaftsverhältnisses durch Gläubiger der Beteiligten

Nach Maßgabe von § 234 Abs. 1 i. V. m. § 135 HGB kann ein Gläubiger des stil- 223
len Gesellschafters die für eine bestimmte oder unbestimmte Zeit eingegangene stille Gesellschaft unter Beachtung der sechsmonatigen Kündigungsfrist zum Jahresende kündigen.[584)] Dies setzt voraus, dass er aufgrund eines nicht nur vorläufig vollstreckbaren Titels die Pfändung und Überweisung des Rückzahlungsanspruchs des stillen Gesellschafters erwirkt und innerhalb der letzten sechs Monate erfolglos die Zwangsvollstreckung in das bewegliche Vermögen des stillen Gesellschafters versucht hat. Mit der wirksamen Kündigung wird die stille Gesellschaft zum Ende des Geschäftsjahres aufgelöst und die gepfändete und überwiesene Rückzahlungsforderung fällig.

Ein entsprechendes Kündigungsrecht der Gläubiger des **Geschäftsinhabers** ist 224
nicht vorgesehen. Das ist auch nicht notwendig, weil seine Gläubiger ohnehin auf das gesamte Vermögen einschließlich der Einlage des stillen Gesellschafters zugreifen können. Demnach können sie auch einen Anspruch des Geschäftsinhabers gegen den stillen Gesellschafter auf Leistung einer noch nicht erbrachten Einlage oder auf Verlustausgleich[585)] pfänden und sich zur Einziehung überweisen lassen. Allerdings hat der stille Gesellschafter – wie bereits erwähnt – seinerseits ein außerordentliches Kündigungsrecht, wenn ein Gläubiger in das Vermögen des Geschäftsinhabers vollstreckt.[586)]

---

582) *Heymann/Horn*, HGB, § 234 Rz. 11.

583) *Blaurock*, StG, § 15 Rz. 15.33.

584) Vgl. *Schlegelberger/K. Schmidt*, HGB, § 234 Rz. 42 („Die Regelung soll verhindern, dass Mittel durch langfristige Anlage in Unternehmen den Gläubigern des Kapitalgebers dauerhaft entzogen werden können."); *ders.*, KTS 1977, 1, 6 ff.

585) Vgl. *Geck*, DStR 1994, 657, 659.

586) *Karsten Schmidt*, KTS 1977, 1, 5.

b) Sonstige Auflösungsgründe

225 Die sonstigen Auflösungsgründe sind im Handelsgesetzbuch nicht noch einmal gesondert aufgeführt und bestimmen sich daher im wesentlichen nach dem **Recht der Gesellschaft bürgerlichen Rechts.** Dies gilt im Grundsatz auch für die hierzu im Gesetz getroffenen Anordnungen für den zunächst eintretenden Schwebezustand. Es kommt vor, dass die Beteiligten erst mit zeitlicher Verzögerung von dem Tatbestand erfahren. Auch in einer stillen Gesellschaft muss hinsichtlich der in der Zwischenzeit getätigten Maßnahmen Sicherheit bestehen. Die einem atypisch stillen Gesellschafter verliehene Geschäftsführungsbefugnis gilt daher nach § 729 Satz 1 BGB als fortbestehend, bis er von der Auflösung Kenntnis erlangt hat oder die Auflösung kennen muss.[587)]

aa) Erreichen und Verfehlen des Gesellschaftszwecks

226 Nur geringe praktische Bedeutung haben für die stille Gesellschaft die Auflösungstatbestände der Zweckerreichung oder Zweckvereitelung (§ 726 BGB).[588)] Von den beiden Tatbeständen dürfte allenfalls die (vollständige und endgültige) Zweckvereitelung relevant sein, die etwa bei Nichterteilung oder Entzug einer notwendigen öffentlich-rechtlichen Erlaubnis oder Genehmigung für den Geschäftsinhaber, dem völligen Verfall des Geschäftsvermögens des Geschäftsinhabers oder einem sonstigen endgültigen Unvermögen zur Geschäftsfortführung aus rechtlichen Gründen vorliegen kann.[589)] Dagegen begründen andere „verwandte" Umstände keine Zweckvereitelung, sondern ein Recht zur **außerordentlichen Kündigung** (z. B. Auflösung der Inhabergesellschaft, nachhaltige Unrentabilität des Unternehmens des Geschäftsinhabers und Einstellung des Handelsgeschäfts).[590)]

---

587) Vgl. *Gehrlein*, in: Ebenroth/Boujong/Joost, HGB, § 234 Rz. 16 m. w. N.

588) Zu den Einzelheiten des § 726 BGB *Soergel/Hadding*, BGB, § 726 Rz. 1 ff; für die stille Gesellschaft *Geck*, DStR 1991, 622, 623.

589) Vgl. BGH, Urt. v. 12. 7. 1982 – II ZR 157/81, BGHZ 84, 378, 381 = ZIP 1982, 1070 = WM 1982, 974 = NJW 1982, 2821; *Heymann/Horn*, HGB, § 234 Rz. 17; *Blaurock*, StG, § 15 Rz. 15.15 ff.

590) H. M., MünchKomm-*K. Schmidt*, HGB, § 234 Rz. 16; *Heymann/Horn*, HGB, § 234 Rz. 13; anders für die Einstellung des Geschäftsbetriebs wohl *Blaurock*, StG, § 15 Rz. 15.15. Zur Auslegung vertraglicher Abfindungsregelung für den Fall der Beendigung der stillen Gesellschaft bei gleichzeitiger Einstellung des Unternehmens BGH DB 2001, 1826.

bb) Zeitablauf, Eintritt einer auflösenden Bedingung, Beschluss über die Aufhebung

Die stille Gesellschaft endet mit Ablauf einer im Gesellschaftsvertrag bestimmten Zeit[591] und mit Eintritt einer im Gesellschaftsvertrag vorgesehenen auflösenden Bedingung. Außerdem können die Gesellschafter jederzeit beschließen, die Gesellschaft aufzulösen, oder einen Aufhebungsvertrag eingehen. Gewisse Einschränkungen dürften sich aber dann ergeben, wenn die stille Gesellschaft an einer **Aktiengesellschaft** unter Einhaltung der §§ 292 ff AktG (Teilgewinnabführungsvertrag) begründet worden ist. Hier bedarf es einer gewissen Planung, da eine rückwirkende oder unterjährige Aufhebung dann nicht möglich ist (§ 296 AktG).[592] Vorstellbar ist insoweit allenfalls, durch eine vorgeschaltete Vertragsänderung, die der Zustimmung der Hauptversammlung bedarf (§ 295 Abs. 1 AktG), den vertraglich bestimmten Abrechnungszeitraum zu ändern, um auf diesem Wege eine frühere Aufhebung zu erreichen. 227

cc) Tod des Geschäftsinhabers

Die stille Gesellschaft endet gemäß § 727 Abs. 1 BGB mit dem Tod oder der Todeserklärung des Geschäftsinhabers (Einzelunternehmers).[593] Die Auflösung tritt unabhängig davon ein, ob die Erben des Geschäftsinhabers sich entschließen, das Handelsgeschäft einzustellen oder fortzuführen. Die Erben sind in jedem Fall verpflichtet, den Tod des Geschäftsinhabers dem stillen Gesellschafter unverzüglich anzuzeigen (§ 727 Abs. 2 BGB). Dagegen unterliegen sie grundsätzlich keiner Pflicht nach § 727 Abs. 2 BGB, die dem Erblasser durch den Gesellschaftsvertrag übertragenen Geschäfte einstweilen fortzuführen, selbst wenn mit dem Aufschub Gefahr verbunden ist.[594] Dies folgt jedoch nicht etwa aus dem angeblichen Zusammenfallen von Auflösung und Vollbeendigung,[595] sondern daraus, dass hierfür bei der typischen und regelmäßig auch bei der atypischen stillen Gesellschaft regelmäßig kein Bedürfnis besteht. Für den praktisch bedeutsamen Fall – der Fortführung und **Abwicklung der schwebenden Ge-** 228

---

591) Zur notwendigen vertraglichen Bestimmtheit für die Annahme eines auf bestimmte Zeit geschlossenen Vertrags OLG Karlsruhe, Urt. v. 26. 10. 1999 – 8 U 65/99, NZG 2000, 304, 305; siehe auch BGH NJW 1992, 2696, 2698; BGH NJW 1998, 1551. Vor dem Ablauf der vertraglich bestimmten Zeit ist die Kündigung nur zulässig, wenn ein wichtiger Grund vorliegt, § 723 Abs. 1 Satz 2 BGB.

592) Siehe auch *Schlitt/Beck*, NZG 2001, 688, 694.

593) Keine (analoge) Anwendung findet die Vorschrift auf den Tod eines persönlich haftenden Gesellschafters oder Komplementärs in einer OHG oder KG; MünchKomm-*K. Schmidt*, HGB, § 234 Rz. 7.

594) Streitig; wie hier MünchKomm-*K. Schmidt*, HGB, § 234 Rz. 8; a. A. *Blaurock*, StG, § 15 Rz. 15.42; *Heymann/Horn*, HGB, § 234 Rz. 19.

595) So etwa *Gehrlein*, in: Ebenroth/Boujong/Joost, HGB, § 234 Rz. 11.

schäfte, an denen der stille Gesellschafter beteiligt ist – enthält § 235 Abs. 2 HGB ohnehin eine Sonderbestimmung, an die die Erben uneingeschränkt gebunden sind. Eine weitergehende, an § 727 Abs. 2 BGB angelehnte **Pflicht zur Fortführung von Geschäften** mag sich nur im Einzelfall bei der atypischen stillen Gesellschaft ergeben, wenn die vermögensmäßige Sonderstellung des atypisch stillen Gesellschafters weitergehende Vorkehrungen zur Sicherung des Gesellschaftszwecks der Abwicklungsgesellschaft erforderlich macht.[596] Umgekehrt kann auch den atypisch stillen Gesellschafter, der zur Geschäftsführung berechtigt war, bis zum Eintritt der Erben eine entsprechende Pflicht treffen.[597]

229 § 727 Abs. 1 BGB enthält dispositives Recht. Abweichend von dieser Regel kann im stillen Gesellschaftsvertrag in einer **Fortsetzungsklausel** vorgesehen werden, dass die stille Gesellschaft mit den Erben fortzuführen ist oder jedenfalls den Erben oder dem stillen Gesellschafter ein Recht eingeräumt wird, die Fortsetzung der stillen Gesellschaft zu verlangen.[598] In einem solchen Fall besteht eine dauernde Fortführungspflicht bis zur nächsten Möglichkeit, die stille Gesellschaft ordentlich zu kündigen. Der stille Gesellschafter kann den Tod des Geschäftsinhabers nicht zum Anlass für eine außerordentliche Kündigung nehmen.

230 Wenn mehrere Erben dem stillen Gesellschafter als Erbengemeinschaft (§ 2032 BGB) gegenübertreten, genügen die Fortsetzungsklauseln häufig nicht, um die Angelegenheiten dauerhaft zu befrieden. Die **Erbengemeinschaft** ist nicht als Gemeinschaft auf Dauer angelegt, sondern als „Zwischenstufe" zur Erbauseinandersetzung, die jeder Miterbe grundsätzlich jederzeit verlangen kann (§ 2042 BGB). Die **Erbauseinandersetzung** erfordert weitere Maßnahmen, wie etwa die Übertragung des Unternehmens auf einen der Miterben oder die Einbringung des Unternehmens in eine Kapitalgesellschaft oder in eine KG, denen der stille Gesellschafter seine Zustimmung erteilen muss.[599] Nur der Zusammenschluss der Erben in einer OHG zur Fortführung des Unternehmens wird allgemein als nicht zustimmungsbedürftig gesehen.[600] Auch in den Fällen, in denen der stille Gesellschafter ein Zustimmungsrecht hat, kann er nach Maßgabe seiner gesellschaftsrechtlichen Treuepflicht gehalten sein, seine Zustimmung nicht zu verweigern.[601] Will man solche möglichen Streitfälle vorsorgend bereits einer Rege-

596) MünchKomm-*K. Schmidt*, HGB, § 234 Rz. 8; siehe auch *Blaurock*, StG, § 15 Rz. 15.42.

597) *Blaurock*, StG, § 15 Rz. 15.43.

598) *Blaurock*, StG; § 15 Rz. 15.43.

599) MünchKomm-*K. Schmidt*, HGB, § 234 Rz. 10; *Blaurock*, StG, § 15 Rz. 15.45 f; *Gehrlein*, in: Ebenroth/Boujong/Joost, HGB, § 234 Rz. 12.

600) MünchKomm-*K. Schmidt*, HGB, § 234 Rz. 10; *Zutt*, in: GroßKomm. HGB, § 234 Rz. 33.

601) MünchKomm-*K. Schmidt*, HGB, § 234 Rz. 10; *Zutt*, in: GroßKomm. HGB, § 234 Rz. 33; *Gehrlein*, in: Ebenroth/Boujong/Joost, HGB, § 234 Rz. 12.

lung zuführen, empfiehlt es sich, in die Fortsetzungsklausel des Gesellschaftsvertrags auch die Befugnis der Erben aufzunehmen, das Unternehmen unter Fortsetzung des stillen Gesellschaftsverhältnisses auf einen Miterben oder auf eine Gesellschaft zu übertragen. Ebenso kann in dem Gesellschaftsvertrag vorgesehen werden, dass das Unternehmen mit dem Tod des Geschäftsinhabers auf den stillen Gesellschafter übergehen soll.[602] Eine solche Regelung verschafft dem stillen Gesellschafter einen entsprechenden schuldrechtlichen Anspruch gegen die Erben, die gegen Zahlung ihres Auseinandersetzungsguthabens aus der stillen Gesellschaft ausscheiden. Die stille Gesellschaft erlischt schließlich durch Konfusion.

dd) Insolvenz eines Gesellschafters

231 Mit der Eröffnung des Insolvenzverfahrens über das Vermögen des Geschäftsinhabers oder des stillen Gesellschafters wird die stille Gesellschaft aufgelöst (§ 728 Abs. 2 Satz 1 BGB) und außerhalb des Insolvenzverfahrens auseinandergesetzt (§ 84 InsO).[603] Daran ändert auch ein Insolvenzplan (§ 217 InsO) nichts. Gleiches gilt für den Fall des Nachlassinsolvenzverfahrens, sofern die Auflösung der Gesellschaft nicht schon mit dem Todesfall eingetreten ist.[604] Die **Auflösung** der stillen Gesellschaft als Folge der Insolvenz eines ihrer Gesellschafter ist zwingend; nur in mehrgliedrigen stillen Gesellschaften können im Gesellschaftsvertrag Fortsetzungsvereinbarungen getroffen werden. Allerdings sind sie auf die Insolvenz eines der stillen Gesellschafter beschränkt; denn die Fortsetzung nur unter den stillen Gesellschaftern ist jedenfalls in unveränderter Form nicht möglich.[605]

232 Zum Teil wird angenommen, dass die **Einstellung des Insolvenzverfahrens** rückwirkend die Auflösung der stillen Gesellschaft wieder aufhebt.[606] Nach richtigem Verständnis bedarf es indessen einer solchen „Rückgängigmachung" nicht, da mit der Eröffnung des Insolvenzverfahrens keine Vollbeendigung der stillen Gesellschaft, sondern nur ihre Umwandlung in eine Abwicklungsgesellschaft eingetreten ist. Wird später das Insolvenzverfahren vorzeitig beendet,

602) *Blaurock*, StG, § 15 Rz. 15.48; *Zutt*, in: GroßKomm. HGB, § 234 Rz. 35.

603) H. M.; eingehend *Karsten Schmidt*, KTS 1977, 1, 5 ff; siehe auch *Blaurock*, StG, § 15 Rz. 15.62; *Koller*, in: Koller/Roth/Morck, HGB, § 234 Rz. 6; *Gehrlein*, in: Ebenroth/Boujong/Joost, HGB, § 234 Rz. 16; a. A. *Geck*, DStR 1994, 657, 660 für die Insolvenz des stillen Gesellschafters.

604) H. M.: MünchKomm-*K. Schmidt*, HGB, § 234 Rz. 11; *Gehrlein*, in: Ebenroth/Boujong/Joost, HGB, § 234 Rz. 16; *Heymann/Horn*, HGB, § 234 Rz. 21; a. A. *Blaurock*, StG, § 15 Rz. 15.65.

605) *Heymann/Horn*, HGB, § 234 Rz. 19.

606) Für die alte Rechtslage unter der Konkursordnung *Zutt*, in: GroßKomm. HGB, § 234 Rz. 10.

kann sie sich auch ohne weiteres wieder in eine „werbende" stille Gesellschaft wandeln.[607] Insbesondere bei der Einstellung mangels Masse (§ 207 InsO), aber auch bei der Einstellung mit Zustimmung der Gläubiger (§ 213 InsO) wird jedoch ein wichtiger Grund für eine außerordentliche Kündigung gegeben sein. Anders mag dies allenfalls in den Fällen der Einstellung des Insolvenzverfahrens wegen Wegfalls des Eröffnungsgrundes (§ 212 InsO) sein, wenn sichergestellt ist, dass das Verfahren nicht sogleich wieder eröffnet werden muss.

3. Auflösungsfolgen

a) Funktion und Wirkungsweise der Auseinandersetzung

233 Die Auflösung der stillen Gesellschaft führt zur Auseinandersetzung zwischen dem Geschäftsinhaber und dem stillen Gesellschafter und der Berichtigung des Guthabens des stillen Gesellschafters in Geld (§ 235 Abs. 1 HGB).

234 Mangels eines Gesellschaftsvermögens handelt es sich hierbei nicht um eine Liquidation im Sinne von § 730 BGB, sondern um eine **Gesamtabrechnung** der gegenseitigen Forderungen aus dem stillen Gesellschaftsverhältnis für den Zeitraum zwischen der letzten Gewinn- und Verlustberechnung im Sinne des § 232 HGB und dem Auflösungsdatum.[608] In einem einheitlichen Verfahren soll der **Stand der stillen Einlage** unter Berücksichtigung noch nicht abgerechneter Gewinne und Verluste festgestellt werden. Im Zuge dieses Abrechnungsverfahrens kommt es zu einer Gesamtsaldierung; die Geldzahlungsansprüche werden grundsätzlich zu unselbständigen Rechnungsposten, die nicht mehr einzeln geltend gemacht werden können.[609] Ausnahmsweise bleibt jedoch ein Mindestanspruch als Teilbetrag selbständig einklagbar, etwa auf Rückzahlung des Einlageguthabens, wenn der stille Gesellschafter nicht am Verlust teilnimmt.[610]

235 Die Auseinandersetzung obliegt dem **Geschäftsinhaber**; er ist verpflichtet, die Abrechnung durchzuführen und alle Geschäfte vorzunehmen, die notwendig

---

607) So zu Recht *Blaurock*, StG, § 15 Rz. 15.63.

608) H. M.; siehe nur *Blaurock*, StG, § 16 Rz. 16.1 m. w. N.; im Ergebnis ebenso MünchKomm-*K. Schmidt*, HGB, § 235 Rz. 2 ff, *ders.*, Gesellschaftsrecht, § 62 V 1 b der zur Ergänzung eine analoge Anwendung der §§ 738 ff BGB (Ausscheiden eines Gesellschafters aus der Gesamthandsgemeinschaft) heranzieht. Die daraus folgenden Unterschiede dürften freilich gering sein.

609) BGH, Urt. v. 2. 7. 1962 – II ZR 204/60, BGHZ 37, 299, 305; BGH DB 1977, 2040; *Blaurock*, StG, § 16 Rz. 16.2; *Heymann/Horn*, HGB, § 235 Rz. 9; *Reusch*, S. 256; ebenso MünchKomm-*K. Schmidt*, HGB, § 235 Rz. 18; *Zutt*, in: GroßKomm. HGB, § 235 Rz. 6; a. A. offenbar *Baumbach/Hopt*, HGB, § 235 Rz. 1.

610) BGH NJW 1992, 2696, 2697; *Blaurock*, StG, § 16 Rz. 16.2; *Heymann/Horn*, HGB, § 235 Rz. 9.

sind, um die Berechnung zu ermöglichen. Daneben steht die Abwicklung der zur Zeit der Auflösung der stillen Gesellschaft **schwebenden Geschäfte** nach § 235 Abs. 2 HGB, die jedoch im Regelfall Gegenstand gesonderter (nachträglicher) Abrechnung sind. Gegenstände, die dem Geschäftsinhaber nur für die Dauer der stillen Gesellschaft überlassen sind, müssen rückübertragen werden. Eine Pflicht zur Feststellung der Bilanz (Auseinandersetzungsbilanz; siehe auch Rz. 237) besteht grundsätzlich nicht. Der Geschäftsinhaber kann vom stillen Gesellschafter jedoch die **Anerkennung der Bilanz** verlangen.[611] Wenn die Bilanz und das auf ihrer Grundlage errechnete Auseinandersetzungsguthaben von den Beteiligten anerkannt werden, liegt ein Feststellungsvertrag vor, auf dessen Grundlage der stille Gesellschafter mit erleichterter Beweislast klagen kann.

b) Durchführung der Auseinandersetzung

aa) Ermittlung des Auseinandersetzungsanspruchs

Wie eingangs erwähnt, ist Ziel der Auseinandersetzungsrechnung die **Gesamtabrechnung** aller gegenseitigen Ansprüche aus dem stillen Gesellschaftsverhältnis.[612] Dadurch wird der dem stillen Gesellschafter auszuzahlende oder von ihm noch einzuzahlende Betrag bestimmt. Die Höhe der stillen Beteiligung hängt von den Vereinbarungen der Beteiligten und davon ab, wie sich die maßgeblichen Konten bis zum Stichtag für die Auseinandersetzung (Tag der Auflösung) entwickelt haben.[613] 236

Regelmäßig ist die Ermittlung des Auseinandersetzungsanspruchs nur auf der Grundlage einer **Auseinandersetzungsbilanz** auf diesen Stichtag möglich.[614] Diese Bilanz ist, soweit der Gesellschaftsvertrag keine abweichenden Bestimmungen vorhält, nach den gleichen Grundsätzen wie für die Ermittlung des laufenden Jahresergebnisses (Erfolgsermittlungsbilanz) aufzustellen.[615] Da der typische stille Gesellschafter nur an den Erträgen, nicht jedoch (rechnerisch) am Geschäftsvermögen beteiligt ist, handelt es sich hierbei jedenfalls nicht um eine Liquidations- oder Vermögensbilanz, sondern um eine Ertragsbilanz.[616] Danach 237

---

611) Vgl. MünchKomm-*K. Schmidt*, § 235 Rz. 19 (wohl h. M.); anders BGH, Urt. v. 23. 6. 1986 – II ZR 130/85, NJW-RR 1986, 1419; *Gehrlein*, in: Ebenroth/Boujong/Joost, HGB, § 235 Rz. 10; *Koller*, in: Koller/Roth/Morck, HGB, § 235 Rz. 5.

612) In die Gesamtabrechnung sind daher auch im Rahmen der stillen Gesellschaft entstandene Schadensersatzansprüche einzubeziehen, siehe BGHZ 55, 5, 9 f.

613) Näher *Blaurock*, StG, § 16 Rz. 16.11.

614) Zur Entbehrlichkeit der Aufstellung einer Auseinandersetzungsbilanz BGH DB 1977, 2040.

615) *Blaurock*, StG, § 16 Rz. 16.12; *Heymann/Horn*, HGB, § 235 Rz. 7.

616) Vgl. MünchKomm-*K. Schmidt*, HGB, § 235 Rz. 16 („Ertragsrechnung“); *Blaurock*, StG, § 16 Rz. 16.12; anders *Schulze-Osterloh*, in: Festschrift Kruse, S. 377, 387.

bestimmt sich das **Auseinandersetzungsguthaben** des stillen Gesellschafters grundsätzlich nach dem Buchwert seiner Einlage am Auflösungstag (Einlagenkonto), dem die seit der letzten Gewinn- und Verlustrechnung (§ 232 HGB) noch nicht berücksichtigten Gewinne und Verluste zugeschrieben werden.[617]

238 Dabei kann es jedoch nur bleiben, wenn der stille Gesellschafter auch in den Vorjahren nach exakter Berechnung an dem gesamten, auf ihn entfallenden Gewinn oder Verlust teilgenommen hat. Wegen der damit verbundenen praktischen Schwierigkeiten wird dies regelmäßig nicht der Fall sein. Notwendig ist eine nachträgliche Korrektur der Gewinn- und Verlustverteilung der vorangegangenen Geschäftsjahre, bei der die Gewinn- und Verlustanteile einzurechnen sind, die bei der jährlichen Ermittlung der Teilhabe des stillen Gesellschafters nicht berücksichtigt worden sind. In der Auseinandersetzungsbilanz sind Korrekturen etwa dann vorzunehmen, wenn während der stillen Beteiligung in der Vergangenheit **offene** Rücklagen[618] **und stille Rücklagen** (aus Betriebsgewinnen)[619] gebildet worden sind, die den Gewinnanteil des stillen Gesellschafters entsprechend verringert haben. Beide sind zum Zweck der Gewinnfeststellung aufzulösen. Gewinne, die der Geschäftsinhaber reinvestiert hat, sind dem stillen Gesellschafter anteilig gutzuschreiben, wenn sie Wertsteigerungen erzielt haben.[620] Andererseits kann sich eine für den stillen Gesellschafter nachteilige Korrektur daraus ergeben, dass an ihn in den Vorjahren überhöhte Gewinnanteile abgeführt worden sind, weil nach den Grundsätzen ordnungsgemäßer Buchführung notwendige **Abschreibungen** vom Geschäftsinhaber nicht vorgenommen worden sind.[621] Ohne anderslautende Vereinbarungen sind reine **Wertveränderungen** im Anlagevermögen nicht als Korrekturposten zu berücksichtigen; ebenso wird der typische stille Gesellschafter an **immateriellen Werten** des Unternehmens (insbesondere dem Geschäfts- oder Firmenwert) nicht beteiligt.[622]

---

617) Vgl. *Blaurock*, StG, § 16 Rz. 16.12.

618) MünchKomm-*K. Schmidt*, HGB, § 235 Rz. 23; *Heymann/Horn*, HGB, § 235 Rz. 12.

619) Eingehend MünchKomm-*K. Schmidt*, HGB, § 235 Rz. 24.

620) RG, Urt. v. 17. 4. 1928 – II 432/27, RGZ 120, 410, 411; MünchKomm-*K. Schmidt*, HGB, § 235 Rz. 24.

621) *Blaurock*, StG, § 16 Rz. 16.16; zum umgekehrten Fall überhöhter Abschreibungen: RG, Urt. v. 5. 11. 1918 – Rep. II. 243/18, RGZ 94, 106, 108; BGH, Urt. v. 30. 11. 1959 – II ZR 204/57, WM 1960, 13, 14 = BB 1960, 14; *Heymann/Horn*, HGB, § 235 Rz. 12; *Böttcher/Zartmann/Faut*, S. 87.

622) RGZ, 120, 410, 411; eingehend MünchKomm-*K. Schmidt*, HGB, § 235 Rz. 25 f; a. A. *Schulze-Osterloh*, in: Festschrift Kruse, S. 377, 387 ff.

bb) Behandlung von Dienst- oder Sachleistungen, Gebrauchsüberlassungen und Darlehen

Bei der Abrechnung werden nur Einlagen berücksichtigt, die tatsächlich geleistet und dem stillen Gesellschafter auf seinem Einlagekonto gutgebracht worden sind. Probleme in der Auseinandersetzung kann die Behandlung von Dienst- oder Sachleistungen sowie Gebrauchsüberlassungen des stillen Gesellschafters bereiten. 239

Teilweise wird angenommen, dass sie nur **Beiträge** (im weiteren Sinne) des stillen Gesellschafters darstellen, die ihm nicht als Einlageleistung angerechnet werden. Entsprechend würden sie in der Auseinandersetzung auch nicht über den Bestand des Einlagekontos abgegolten.[623] Indessen kann man hieraus nicht ableiten, dass (unentgeltliche) Dienstleistungen und Gebrauchsüberlassungen wegen fehlender bilanzierungsfähiger Vermögensmehrung des Geschäftsinhabers nicht einlagefähig sind. Erforderlich für die Einlagefähigkeit ist nur eine feste Verpflichtung zur Leistung und ein Vermögenswert. Letzteren wird man nahezu jeder Dienstleistung oder Gebrauchsüberlassung beimessen können, so dass sie den Anforderungen an eine von dem stillen Gesellschafter in das Vermögen des Inhabers des Handelsgeschäfts zu leistenden Einlage genügen kann.[624] In der vertraglichen Ausgestaltung sind die Beteiligten daher nicht eingeschränkt. Wenn der Wert der Dienst- oder Sachleistungen nach besonderen Bestimmungen des stillen Gesellschaftsvertrags auf die Einlage anzurechnen ist, fließen sie unmittelbar in die Berechnung des Auseinandersetzungsguthabens ein. 240

Praktische Bedeutung gewinnt die Frage der zutreffenden Behandlung unentgeltlicher Dienstleistungen und Gebrauchsüberlassungen in der Auseinandersetzung daher vor allem, wenn die Parteien keine (hinreichend klaren) Abreden getroffen haben. Hat der stille Gesellschafter etwa in einem solchen Fall Dienstleistungen erbracht, liegt die fehlende Berücksichtigung bei der Einlage nicht zuletzt wegen § 733 Abs. 2 Satz 3 BGB nahe, wonach für Einlagen, die in der Leistung von Diensten bestanden, kein Ersatz verlangt werden kann. Mit der Auflösung muss der stille Gesellschafter lediglich zukünftig keine Dienstleistungen mehr erbringen.[625] Etwas anderes soll nach der Rechtsprechung dann gelten, wenn „wegen der besonderen Ausgestaltung der Dienste und der Eigenart der [...] vereinbarten Berechnungsmethode die bis zum Ausscheiden geleisteten 241

---

623) Vgl. MünchKomm-*K. Schmidt*, HGB, § 235 Rz. 14; *Blaurock*, StG; § 16 Rz. 16.23.

624) Zur Einlagefähigkeit von unentgeltlichen Gebrauchsüberlassungen: BGH NZG 1998, 342; siehe zuvor auch BGHZ 7, 174, 181.

625) *Düringer/Hachenburg/Flechtheim*, § 340 HGB a. F. Rz. 11; *Koenigs*, S. 297; MünchKomm-*K. Schmidt*, HGB, § 235 Rz. 13; *Bezzenberger/Keul*, in: Münchener Handbuch des Gesellschaftsrechts II, § 92 Rz. 47.

Dienste des stillen Gesellschafters [...] nicht voll abgegolten sind und wenn insoweit der Erfolg dieser Dienste bei Auflösung der Gesellschaft noch als greifbarer und messbarer Vermögenswert vorhanden ist".[626] Ähnliches gilt auch für die gewöhnliche **Gebrauchsüberlassung** durch den stillen Gesellschafter. Der überlassene Gegenstand ist dem stillen Gesellschafter zurückzugeben (§ 732 BGB).[627] Wertminderungen an dem Gegenstand sind ohne besondere vertragliche Bestimmung nur erstattungsfähig, wenn sie wegen unsachgerechter oder vertragswidriger Verwendung eingetreten sind (§ 708 BGB).[628]

242 Ebenfalls zurückzugewähren sind **(Geld-)Darlehen**, die der stille Geschäftsinhaber zusätzlich zu seiner stillen Beteiligung dem Geschäftsinhaber gewährt hat. Die Rückgewähr bestimmt sich nach §§ 488 ff BGB (§§ 607 ff BGB a. F.). Wenn der stille Gesellschafter zugleich unmittelbarer oder mittelbarer Gesellschafter der Inhabergesellschaft ist oder Mitwirkungsrechte wie ein Gesellschafter der Inhabergesellschaft beanspruchen kann, ist jedoch im Einzelfall zu prüfen, ob das Darlehen eigenkapitalersetzende Funktion hat. Gleiches gilt für Gebrauchsüberlassung und sonstige Leistungen des stillen Gesellschafters.

cc) Abwicklung schwebender Geschäfte

243 In der Auseinandersetzungsbilanz kann das Ergebnis der zum Auflösungsstichtag noch schwebenden Geschäfte, an dem der stille Gesellschafter nach § 235 Abs. 2 Satz 2 HGB beteiligt ist, regelmäßig noch nicht berücksichtigt werden. Das Gesetz sieht daher vor, dass die schwebenden Geschäfte vom Geschäftsinhaber abzuwickeln sind (§ 235 Abs. 2 Satz 1 HGB) und der dem stillen Gesellschafter gebührende Betrag außerhalb der Gesamtabrechnung über eine **Sonderabrechnung** abgegolten wird.

244 Die Abwicklung der schwebenden Geschäfte und Abrechnung der Erträge obliegt allein dem Geschäftsinhaber nach seinem **pflichtgemäßen Ermessen** (vgl. § 740 Abs. 1 Satz 2 BGB) unter Berücksichtigung der Interessen des stillen Gesellschafters. Der Geschäftsinhaber hat bei der Abwicklung den Sorgfaltsmaßstab des § 708 BGB zu beachten. Der stille Gesellschafter kann auf die Abwicklungsgeschäfte auch dann nicht gestaltend einwirken, wenn ihm während des Bestehens der stillen Gesellschaft bzw. vor ihrer Umwandlung in eine Abwick-

---

626) BGH, Urt. v. 22. 11. 1965 – II ZR 189/63, WM 1966, 63, 64 = NJW 1966, 501; kritisch MünchKomm-*K. Schmidt*, HGB, § 235 Rz. 14, der darauf hinweist, dass dies ein Fall des § 812 Abs. 1 Satz 2, 2. Alt. BGB und nicht einer (fiktiven) Abfindungsregelung für „enttäuschte Erwartungen" ist.

627) Zu Zurückbehaltungsrechten gegenüber dem Anspruch aus § 732 BGB: BGH NZG 1998, 342, 343.

628) *Blaurock*, StG, § 16 Rz. 16.26.

lungsgesellschaft eine Geschäftsführungsbefugnis eingeräumt worden war.[629] Er kann sich nur sein Recht auf ordnungsgemäße Abwicklung der schwebenden Geschäfte im Wege der einstweiligen Verfügung sichern lassen, wenn der Geschäftsinhaber diese Aufgabe nicht ordnungsgemäß erledigt.[630] Außerdem besteht die Möglichkeit der Schadensersatzklage.[631]

Der Prozess der Abwicklung schwebender Geschäfte kann sich über einen länge- 245
ren Zeitraum erstrecken. Der Gesellschafter kann daher am Schluss jedes Geschäftsjahres **Rechenschaft** über die inzwischen beendigten Geschäfte, Auskunft über den Stand der noch schwebenden Geschäfte und Auszahlung des ihm gebührenden Betrags verlangen (§ 235 Abs. 3 HGB). Einigkeit besteht auch dahingehend, dass der stille Gesellschafter zu diesem Zweck auch das Recht hat, in die Bücher und Papiere des Geschäftsinhabers Einsicht zu nehmen. Die wohl h. M. sieht hierfür in § 810 BGB die zutreffende Anspruchsgrundlage.[632] Jedoch wird man entsprechend der Regelung des § 235 Abs. 3 HGB insoweit eher von einem nachwirkenden, gegenständlich begrenzten gesellschaftsrechtlichen Informationsrecht auszugehen haben, so dass dem stillen Gesellschafter auf die schwebenden Geschäfte beschränkt nach wie vor die Rechte aus § 233 HGB zustehen.[633]

Zu dem schwer zu fassenden Begriff der schwebenden Geschäfte[634] gehören 246
rechtsgeschäftlich begründete Schuldverhältnisse,[635] aus denen der Geschäftsinhaber bereits im Zeitpunkt der Auflösung verpflichtet ist, die aber noch nicht vollständig erfüllt sind, sowie Rechtsgeschäfte, die nach der Auflösung neu abgeschlossen werden müssen, um die Abwicklung der schwebenden Geschäfte ordnungsgemäß durchzuführen.[636] Einbezogen werden sollen die Geschäfte, an

---

629) *Blaurock*, StG, § 16 Rz. 16.50; *Bezzenberger/Keul*, in: Münchener Handbuch des Gesellschaftsrechts II, § 92 Rz. 52; *Gehrlein*, in: Ebenroth/Boujong/Joost, HGB, § 235 Rz. 29; MünchKomm-*K. Schmidt*, § 235 Rz. 42; *Zutt*, in: GroßKomm. HGB, § 235 Rz. 30.

630) MünchKomm-*K. Schmidt*, § 235 Rz. 42; vorsichtiger *Gehrlein*, in: Ebenroth/Boujong/Joost, HGB, § 235 Rz. 30.

631) *Heymann/Horn*, HGB, § 235 Rz. 18; MünchKomm-*K. Schmidt*, HGB, § 235 Rz. 42.

632) BGHZ 50, 316, 324; BGH, Urt. v. 8. 4. 1976 – II ZR 203/74, DB 1976, 2106, 2107; *Koenigs*, S. 292, 299; MünchKomm-*K. Schmidt*, HGB, § 235 Rz. 50; *Zutt*, in: GroßKomm. HGB, § 235 Rz. 32.

633) *Blaurock*, StG, § 16 Rz. 16.56; *Baumbach/Hopt*, HGB, § 235 Rz. 5; *Heymann/Horn*, HGB, § 235 Rz. 20.

634) Näher *Karsten Schmidt*, DB 1983, 2401, 2404 ff m. w. N.

635) Demgegenüber sind Ansprüche aufgrund von Deliktshandlungen keine schwebenden Geschäfte; erfasst sein können nur Rechtshandlungen, die zur Abwicklung bestehender Deliktsansprüche oder –verbindlichkeiten getätigt werden; *Heymann/Horn*, HGB, § 235 Rz. 16.

636) *Heymann/Horn*, HGB, § 235 Rz. 16.

deren wirtschaftlichem Ergebnis der stille Gesellschafter nach kaufmännischer Betrachtung teilhaben soll. Dem entspricht es, auch streitige Geschäfte, die Gegenstand von (schieds-)gerichtlichen Verfahren oder Vergleichsverhandlungen sind, einzubeziehen.[637] Im Einzelnen kann die Abgrenzung der relevanten schwebenden Geschäfte von sonstigen laufenden Vorgängen aber schwierig sein. Allgemein wird danach unterschieden, ob es sich um **„unternehmensbezogene Umsatzgeschäfte“**[638] oder „unmittelbar auf den Erwerb gerichtete Geschäfte“[639] handelt. In der Sache ergeben sich aus der unterschiedlichen Bezeichnung keine wesentlichen Unterschiede.

247 **Nicht zu den schwebenden Geschäften** zählen danach grundsätzlich Dauerschuldverhältnisse, Rahmenverträge zu Sukzessivlieferungs- und anderen Dauerschuldverhältnissen sowie mitgliedschaftliche Rechtsverhältnisse.[640] In anderen Fällen hängt die Zuordnung davon ab, ob das jeweilige Geschäfts als Teil des Geschäftsbetriebs gesehen werden kann und in die Gewinnrechnung einfließt bzw. wie der stille Gesellschafter nach den gesellschaftsvertraglichen Regelungen an Wertzuwächsen oder Wertminderungen beteiligt ist.[641]

248 Wollen die Beteiligten sich die Mühen der Auseinandersetzung schwebender Geschäfte ersparen, empfiehlt es sich, im Gesellschaftsvertrag der stillen Gesellschaft einen Stichtag festzulegen und die Beteiligung am Ergebnis der schwebenden Geschäfte auszuschließen oder durch einen pauschalen Zuschlag abzugelten.[642] Dazu bedarf es eindeutiger Regelungen; einen stillschweigenden Ausschluss von § 235 Abs. 2 HGB wird man in der Regel nicht annehmen können.

dd) Besonderheiten bei der Ermittlung des Auseinandersetzungsguthabens in einer „vermögensmäßig“ atypisch stillen Gesellschaft

249 Die Ermittlung des Auseinandersetzungsguthabens folgt anderen Regeln, wenn der stille Gesellschafter schuldrechtlich am Geschäftsvermögen beteiligt ist und damit intern wie ein gesamthänderisch beteiligter Gesellschafter gestellt wird.[643]

---

637) *Blaurock*, StG, § 16 Rz. 16.49; *Heymann/Horn*, HGB, § 235 Rz. 16; a. A. MünchKomm-*K. Schmidt*, HGB, § 235 Rz. 39.

638) MünchKomm-*K. Schmidt*, § 235 Rz. 39.

639) *Heymann/Horn*, HGB, § 235 Rz. 17; *Karsten Schmidt*, DB 1983, 2404, 2404 f.

640) *Karsten Schmidt*, DB 1983, 2404, 2405 f.

641) *Heymann/Horn*, HGB, § 235 Rz. 17 (mit Beispielen).

642) Vgl. MünchKomm-*K. Schmidt*, HGB, § 235 Rz. 48; *Baumbach/Hopt*, HGB, § 235 Rz. 4; *Blaurock*, StG, § 16 Rz. 16.54.

643) Zu den Besonderheiten bei der mehrgliedrigen stillen Gesellschaft MünchKomm-*K. Schmidt*, HGB, § 235 Rz. 62 ff.

Um den schuldrechtlichen Anteil des atypisch stillen Gesellschafters am Geschäftsvermögen exakt bestimmen zu können, muss eine **Vermögensbilanz** auf den Zeitpunkt der Auflösung aufgestellt werden.[644] Hierin werden die Werte der einzelnen zum Betriebsvermögen gehörenden Vermögensgegenstände (grundsätzlich unter Ansetzung von Fortführungswerten[645]) eingestellt. Dem atypisch stillen Gesellschafter ist das Guthaben in Geld zu berichtigen, das er bei der Auseinandersetzung einer Gesamthandsgesellschaft erhalten hätte.[646] Im Zweifel nimmt er dabei auch an stillen Reserven, Wertzuwächsen im Anlagevermögen und am Geschäftswert teil.[647] Fehlt im Gesellschaftsvertrag eine nähere Bestimmung, ergibt sich die **Abfindungsquote** regelmäßig aus dem Verhältnis des Werts der erbrachten Einlageleistung zu dem wahren Wert des Unternehmens.[648] 250

Auch wenn der stille Gesellschafter nach dem Gesellschaftsvertrag nicht an den Verlusten beteiligt ist, kann eine **rückständige stille Einlage** noch eingefordert werden, sofern die Einlage **Eigenkapitalqualität** hat und dies notwendig ist, um Schulden des Unternehmens zu decken.[649] Hier kann der Inhabergesellschaft unabhängig von der Verlustbeteiligungspflicht ein Anspruch auf Erbringung der rückständigen Leistung oder auf Rückgewähr von Auszahlungen zustehen.[650] 251

c) Auseinandersetzung in Geld

aa) Fälligkeit und Durchsetzung des Auszahlungsanspruchs bei aktivem Einlagenkonto

Wenn das Einlagenkonto des stillen Gesellschafters nach Abschluss der Auseinandersetzungsabrechnung ein Aktivsaldo aufweist, hat der stille Gesellschaf- 252

---

644) *Böttcher/Zartmann/Faut*, S. 87; MünchKomm-*K. Schmidt*, HGB, § 235 Rz. 58; siehe auch *Koller*, in: Koller/Roth/Morck, HGB, § 235 Rz. 4 (Abschichtungsbilanz in Parallele zu § 738 BGB).

645) Vgl. *Blaurock*, StG, § 16 Rz. 16.20.

646) Vgl. BGH NJW-RR 1994, 1185, 1186; BGH WM 1995, 1277; *Böttcher/Zartmann/Faut*, S. 131 f; *Klauss/Mittelbach*, Rz. 223; MünchKomm-*K. Schmidt*, HGB, § 235 Rz. 58; *Heymann/Horn*, HGB, § 235 Rz. 22

647) MünchKomm-*K. Schmidt*, HGB, § 235 Rz. 58; *Heymann/Horn*, HGB, § 235 Rz. 22; enger wohl *Blaurock*, StG, § 16 Rz. 16.21.

648) BGHZ 7, 174, 179; *Koller*, in: Koller/Roth/Morck, HGB, § 235 Rz. 4; MünchKomm-*K. Schmidt*, HGB, § 235 Rz. 59; siehe auch *Schlegelberger/K. Schmidt*, HGB, § 230 Rz. 155.

649) Ständige Rechtsprechung; BGH, Urt. v. 3. 7. 1978 – II ZR 54/77, WM 1978, 898, 899; BGH ZIP 1981, 734, 735; BGH NJW 1980, 1522, 1523; BGH, Urt. v. 17. 12. 1984 – II ZR 36/84, ZIP 1985, 347 = NJW 1985, 1079, 1079 f, dazu EWiR 1985, 401 *(Kellermann)*; BGH, Urt. v. 21. 3. 1988 – II ZR 238/87, ZIP 1988, 638 = NJW 1988, 1841; siehe auch *Gehrlein*, in: Ebenroth/Boujong/Joost, HGB, § 235 Rz. 24; MünchKomm-*K. Schmidt*, HGB, § 235 Rz. 60.

650) Vgl. *Heymann/Horn*, HGB, § 235 Rz. 3; *Koller*, in: Koller/Roth/Morck, HGB, § 235 Rz. 11.

ter einen Anspruch auf Auszahlung seines Auseinandersetzungsguthabens in Geld (§ 235 Abs. 1 HGB).[651] Dies gilt auch, wenn der stille Gesellschafter eine Sacheinlage erbracht hat; der stille Gesellschafter kann ohne eine diesbezügliche besondere Abrede nicht die Rückübertragung des Eigentums an dem Gegenstand, sondern nur Erstattung seiner Einlage in Geld verlangen.[652]

253 Der Anspruch auf Zahlung des Auseinandersetzungsguthabens kann als künftiger Anspruch auch schon vor der Auflösung der stillen Gesellschaft selbständig abgetreten werden (§ 717 Satz 2 BGB).[653] Die **Fälligkeit** des Anspruchs (§ 271 BGB) ist frühestens mit der Auflösung der stillen Gesellschaft anzunehmen. Regelmäßig wird sie jedoch erst mit der Ermittlung des Guthabens aufgrund der Auseinandersetzungsbilanz oder jedenfalls dem Zeitpunkt, in dem das Auseinandersetzungsguthaben zumutbar errechnet sein könnte, gegeben sein.[654] Zu erwartende Verluste aus der Abwicklung schwebender Geschäfte stehen dem Eintritt der Fälligkeit nicht entgegen und verschaffen auch kein Zurückbehaltungs- oder Aufrechnungsrecht, weil deren Berichtigung außerhalb der Gesamtabrechnung vorgenommen wird.[655] Vom Zeitpunkt der Fälligkeit an ist das Guthaben nach allgemeinen Grundsätzen zu verzinsen (**Verzugs- und Rechtshängigkeitszinsen**).

254 Dem Interesse des Geschäftsinhabers, durch die Zahlung des Auseinandersetzungsguthabens die Fortführung des Geschäfts nicht zu gefährden, kann durch **Stundungsabreden** oder die Vereinbarung von **Ratenzahlungen** Rechnung getragen werden. Umgekehrt kann auch ein Bedürfnis des stillen Gesellschafters für eine besondere **Absicherung der Rückzahlung** des Auseinandersetzungsanspruchs bestehen.[656] Dies widerspricht der stillen Gesellschaft auch dann nicht, wenn der stille Gesellschafter am Verlust beteiligt ist und kann schon im stillen Gesellschaftsvertrag vorgesehen werden.[657] Allerdings kann eine solche Abrede in Zweifelsfällen Indiz für ein partiarisches Darlehen anstelle einer stillen Gesellschaft sein. Dem Sicherungsinteresse des stillen Gesellschafters kann vielfach bereits dadurch Genüge getan werden, dass die Sicherheit erst bei Auflösung der

---

651) Zu Ausnahmen, insbesondere bei der eigenkapitalersetzenden Funktion von stillen Einlagen *Koller*, in: Koller/Roth/Morck, HGB, § 235 Rz. 2.

652) MünchKomm-*K. Schmidt*, HGB, § 235 Rz. 12.

653) Siehe BGH ZIP 1997, 1589, 1590 und BGH DStR 2001, 494.

654) Vgl. BGH, Urt. v. 29. 6. 1992 – II ZR 284/91, ZIP 1992, 1552 = DNotZ 1993, 619, 620 f, dazu EWiR 1992, 1111 *(Blaurock)*; MünchKomm-*K. Schmidt*, HGB, § 235 Rz. 29.

655) *Heymann/Horn*, HGB, § 235 Rz. 2; MünchKomm-*K. Schmidt*, HGB, § 235 Rz. 29; a. A. *Koller*, in: Koller/Roth/Morck, HGB, § 235 Rz. 3.

656) *Weigl*, S. 87.

657) Beispiel bei *Weigl*, S. 86.

stillen Gesellschaft bestellt wird (insbesondere zur Absicherung von Ratenzahlungen).[658]

Nach der beschriebenen Wirkungsweise der Gesamtabrechnung kann der stille Gesellschafter nur den **Gesamtsaldo** einfordern. Eine Ausnahme hiervon stellt die Geltendmachung eines Mindestbetrags dar, der dem stillen Gesellschafter in jedem Fall zusteht. So ist eine Klage auf Rückzahlung der Einlage begründet, wenn eine Verlustbeteiligung des stillen Gesellschafters ausgeschlossen ist oder der stille Gesellschafter nachweist, dass in dem letzten Geschäftsjahr keine Verluste entstanden sind und ihm in den Vorjahren immer ein Gewinnanteil ausgezahlt wurde.[659] Der stille Gesellschafter kann aber auch darüber hinaus die Auszahlung eines nach eigenen Berechnungen ermittelten Auseinandersetzungsguthabens einklagen.[660] Da er für die Höhe des Auseinandersetzungsanspruchs die **Beweislast**[661] trägt, dürfte dies allerdings wegen des Prozessrisikos nur in eindeutigen Fällen ratsam sein. Der stille Gesellschafter kann zudem weder eine Klage mit dem Ziel erheben, dass das Gericht für einzelne Posten der Auseinandersetzungsbilanz andere Werte verbindlich festsetzt, noch dass das Gericht gar die gesamte Auseinandersetzungsbilanz feststellt.[662] **255**

Stellt sich bereits vor Fälligkeit des Gesamtanspruchs heraus, dass der Geschäftsinhaber die Erstellung der Auseinandersetzungsbilanz verzögert oder die Auseinandersetzung auf sonstige Weise nicht ordnungsgemäß durchführt, kann der stille Gesellschafter allerdings eine zunächst noch unbezifferte Klage auf Zahlung des Auseinandersetzungsguthabens mit der Klage auf Vornahme der Auseinandersetzung verbinden (**Stufenklage,** § 254 ZPO).[663] **256**

bb) Rechtsfolgen eines passiven Einlagenkontos

Wenn das Einlagenkonto des stillen Gesellschafters nach Abschluss der Auseinandersetzungsabrechnung ein Passivsaldo aufweist, ist zunächst ein **Auseinandersetzungsanspruch** des stillen Gesellschafters ausgeschlossen. Ein Zahlungsanspruch des Geschäftsinhabers gegen den stillen Gesellschafter ist nur soweit gegeben, als dieser mit der Einbringung seiner **Einlage im Rückstand** und **257**

---

658) *Weigl*, S. 87.

659) *Heymann/Horn*, HGB, § 235 Rz. 14; MünchKomm-*K. Schmidt*, HGB, § 235 Rz. 53.

660) BGH WM 1976, 1027, 1030.

661) Umgekehrt trägt der Geschäftsinhaber die Beweislast dafür, dass die stille Einlage durch Verluste aufgebraucht ist; BGH, Urt. v. 30. 6. 1966 – II ZR 32/65, DB 1966, 1644; a. A. *Koller*, in: Koller/Roth/Morck, HGB, § 235 Rz. 12. Näher zur Beweislastverteilung: MünchKomm-*K. Schmidt*, HGB, § 235 Rz. 54; *Blaurock*, StG, § 16 Rz. 16.35.

662) BGH NJW-RR 1994, 1185, 1186.

663) *Heymann/Horn*, HGB, § 235 Rz. 14.

die Leistung zur anteiligen Abdeckung von Verlusten erforderlich ist (vgl. § 232 Abs. 2 Satz 1 HGB). Ist die Verlustbeteiligung vertraglich abbedungen, kann die rückständige Einlage also nicht eingefordert werden.[664] Zur Ausnahme bei einer stillen Beteiligung mit Eigenkapitalqualität siehe Rz. 316.

258 Der **Verlust** wird nach den allgemeinen, bereits dargestellten Grundsätzen für die Schlussabrechnung und die Verbuchung auf dem Einlagenkonto ermittelt. Dabei ist zu bedenken, dass Verluste, die auf pflichtwidrigen Handlungen des Geschäftsinhabers beruhen, aus der Verlustbeteiligung des stillen Gesellschafters herauszurechnen sind.[665] Der **Ausgleich** des passiven Einlagenkontos wird nach den vertraglichen Abreden vorgenommen. War der stille Gesellschafter im Zeitpunkt der Auflösung mit der Erbringung der Sacheinlage im Rückstand, bleibt es im Grundsatz dabei, dass der Geschäftsinhaber weiterhin das vertraglich Vereinbarte verlangen kann; dem stillen Gesellschafter wird man nur zugestehen müssen, den Ausgleich seines Einlagenkontos in Geld vorzunehmen, wenn die Sacheinlage für den Geschäftsinhaber nicht mehr von Interesse ist.[666]

259 Den stillen Gesellschafter trifft darüber hinaus **keine gesetzliche Nachschusspflicht** (§ 735 BGB);[667] er kann daher für Verluste, die über den Betrag der nicht erbrachten Einlage hinausgehen, nicht in Anspruch genommen werden. Der stille Gesellschafter braucht auch den in Vorjahren rechtmäßig bezogenen Gewinn nicht zurückzuzahlen, wenn sich im Rahmen der Auseinandersetzungsbilanz herausstellt, dass dieser Gewinn tatsächlich nicht vorhanden war.[668]

260 Verlustanteile aus **schwebenden Geschäften** hat der stille Gesellschafter nur zu ersetzen, soweit er aufgrund der Schlussrechnung ein Auseinandersetzungsguthaben in Geld erhalten hat oder seine Einlage noch rückständig war und damit noch keine zuvor festgestellten Verluste gedeckt worden sind.[669] Sofern aus den

---

664) BGH NJW 1980, 1522, 1523; *Heymann/Horn*, HGB, § 235 Rz. 3; *Koller*, in: Koller/Roth/Morck, HGB, § 235 Rz. 11; MünchKomm-*K. Schmidt*, HGB, § 235 Rz. 32 m. w. N.

665) BGH, Urt. v. 1. 3. 1982 – II ZR 23/81, BGHZ 83, 341, 344 = ZIP 1982, 1077 = NJW 1983, 42; *Blaurock*, StG, § 16 Rz. 16.12.

666) H. M., siehe nur *Blaurock*, StG, § 16 Rz. 16.28, 16.43 f m. w. N.; a. A. MünchKomm-*K. Schmidt*, HGB, § 235 Rz. 34; wohl auch *Gehrlein*, in: Ebenroth/Boujong/Joost, HGB, § 235 Rz. 16.

667) BGH, Urt. v. 12. 5. 1977 – III ZR 91/75, DB 1977, 2040 = WM 1977, 973. Freilich können die Beteiligten im Innenverhältnis vereinbaren, dass den stillen Gesellschafter über seine Einlage hinaus eine Nachschusspflicht bzw. Verlustbeteiligung trifft; OLG Karlsruhe, Urt. v. 19. 2. 1986 – 6 U 111/85, ZIP 1986, 916, 918, dazu EWiR 1986, 701 *(Riegger)*; MünchKomm-*K. Schmidt*, HGB, § 235 Rz. 35; siehe auch BGH NJW 1966, 1309 (interne unbeschränkte Haftung eines Kommanditisten).

668) MünchKomm-*K. Schmidt*, HGB, § 235 Rz. 32.

669) Vgl. *Koller*, in: Koller/Roth/Morck, HGB, § 235 Rz. 10.

schwebenden Geschäften später noch Gewinne erzielt werden, sind diese anteilig dem stillen Gesellschafter auszuzahlen.[670)]

cc) Vertragliche Auseinandersetzungsklauseln

§ 235 Abs. 2 HGB enthält kein zwingendes Recht. Der stille Gesellschaftsvertrag kann daher von der gesetzlichen Bestimmung abweichende Regelungen enthalten.[671)] Es ist auch ratsam, in den Vertrag über die Errichtung der stillen Gesellschaft detaillierte Regelungen über die Modalitäten der Auseinandersetzung aufzunehmen. Denn gerade die Erstellung der Auseinandersetzungsbilanz ist mit erheblichen praktischen Schwierigkeiten verbunden. Ohne entsprechende Vertragsbestimmungen bieten der Berechnungsmodus, die notwendige Korrektur der Bilanzposten in der Auseinandersetzungsrechnung usw. zahlreiche Ansatzpunkte für Rechtsstreitigkeiten. Aber auch in rechtstatsächlicher Hinsicht ergeben sich große Probleme bei der bilanzmäßigen Darstellung.[672)] 261

Das Spektrum für vertragliche Auseinandersetzungsklauseln ist groß und kann hier nicht dargestellt werden.[673)] Die jeweiligen Bestimmungen sind immer nach dem **Grundsatz beiderseits interessengerechter Interpretation** auszulegen.[674)] Die Bandbreite reicht von dem völligen Ausschluss der Auseinandersetzung über die exakte Festlegung der Berechnung des Auseinandersetzungsguthabens (eventuell unter Anlehnung an die Rechtslage für Kommanditisten) und die Statuierung von Mitwirkungsrechten des Stillen bei der Auseinandersetzung[675)] bis zur regelgerechten Liquidation entsprechend § 733 BGB oder der Übertragung des Geschäfts auf den stillen Gesellschafter.[676)] All dies hängt von den ganz individuellen Bedürfnissen des Einzelfalls ab. 262

---

670) *Koller*, in: Koller/Roth/Morck, HGB, § 235 Rz. 10.

671) Vgl. beispielhaft aus der jüngeren Rechtsprechung BGH, Urt. v. 10. 10. 1994 – II ZR 32/94, BB 1994, 2436, 2439 = ZIP 1994, 1847; BGH, Urt. v. 9. 7. 2001 – II ZR 205/99, ZIP 2001, 1414 = NZG 2001, 887 = DB 2001, 1826, dazu EWiR 2002, 215 *(Aderhold)*.

672) Vgl. MünchKomm-*K. Schmidt*, HGB, § 235 Rz. 27 (zum Teil Rückgriff auf Schätzungen).

673) Der zulässige Rahmen wird von § 138 BGB und dem Verbot der unlässigen Einschränkung des Kündigungsrechts der Gesellschafter gesetzt; *Blaurock*, StG, § 16 Rz. 16.5.

674) Eingehend *Weigl*, S. 82 ff, 128 f; siehe auch BGH, Urt. v. 9. 7. 2001 – II ZR 205/99, ZIP 2001, 1414, dazu EWiR 2002, 215 *(Aderhold)* zu einem stillen Gesellschaftsvertrag, der hinsichtlich der Abfindung danach differenziert, ob mit der Beendigung der stillen Gesellschaft auch das Unternehmen des Inhabers eingestellt oder fortgeführt wird.

675) Näher dazu MünchKomm-*K. Schmidt*, HGB, § 235 Rz. 66.

676) Vgl. MünchKomm-*K. Schmidt*, HGB, § 235 Rz. 10; *Bezzenberger/Keul*, in: Münchener Handbuch des Gesellschaftsrechts II, § 92 Rz. 57. Vereinbarungen über eine tatsächliche Liquidation oder Übertragung des Geschäfts bedürfen der Form des § 311b Abs. 1 BGB (§ 313 BGB a. F.), wenn sie Verfügungen über Grundstücke umfassen; vgl. BGH WM 1983, 840, 841.

263 Erleichterungen bei der Ermittlung des Auseinandersetzungsguthabens sind etwa dergestalt vorstellbar, dass der stille Gesellschafter nur zu **Buchwerten** abgefunden wird, **stille Reserven** nicht aufzulösen sind oder von vornherein ein **pauschaler Zuschlag** auf den Buchwert der Einlage vorgesehen ist, um sich die Mühen der Auseinandersetzung zu ersparen.[677)] Ein völliger Ausschluss der Ergebniskorrektur entspricht demgegenüber nicht den Interessen des stillen Gesellschafters und ist daher nur bei einer expliziten Regelung im Gesellschaftsvertrag anzunehmen.[678)] Gleiches gilt für den Ausschluss der Beteiligung des stillen Gesellschafters an den schwebenden Geschäften im Sinne von § 235 Abs. 2 HGB.[679)]

264 Abfindungsklauseln müssen aber nicht immer Erleichterungsfunktion haben, sondern können auch im Zusammenhang mit der Verletzung von Vertragspflichten und der **außerordentlichen Kündigung** stehen: Es kann etwa vorgesehen werden, dass der stille Gesellschafter, der eine entsprechende außerordentliche Kündigung veranlasst hat, nur den Buchwert seiner Einlage zurückerhält und an den stillen Reserven nicht beteiligt wird.[680)]

4. Beendigung der stillen Beteiligung ohne Auseinandersetzung

265 Neben die beschriebenen Auflösungstatbestände, die eine Auseinandersetzung der stillen Gesellschaft zur Folge haben, treten solche, die die Gesellschaft ohne weiteres beenden oder ohne Gesamtabrechnung und Abfindung des stillen Gesellschafters in ein anderes Schuld- oder Gesellschaftsverhältnis überführen. Eine Auseinandersetzung gemäß § 235 HGB findet hier nicht statt.

a) Konfusion

266 Vereinigen sich die Pflichten des Geschäftsinhabers mit den Rechten des stillen Gesellschafters, endet die stille Gesellschaft ohne Auseinandersetzung. Man spricht von Konfusion, also dem Erlöschen des Schuldverhältnisses durch das Zusammenfallen von Forderung und Schuld. Als Beispiele sind zu nennen: **Be-**

677) Siehe *Blaurock*, StG, § 16 Rz. 16.18 und MünchKomm-*K. Schmidt*, HGB, § 235 Rz. 36 mit weiteren Beispielen.

678) *Blaurock*, StG, § 16 Rz. 16.14; *Heymann/Horn*, HGB, § 235 Rz. 13.

679) MünchKomm-*K. Schmidt*, HGB, § 235 Rz. 48.

680) Vgl. *Blaurock*, StG, § 15 Rz. 15.33; MünchKomm-*K. Schmidt*, HGB, § 234 Rz. 50.

erbung des anderen Gesellschafters oder Einbringung von Unternehmen und stiller Beteiligung in das Gesamtgut einer **Gütergemeinschaft** (§ 1416 BGB).[681)]

Außerdem kann dem stillen Gesellschafter ein **Übernahmerecht** im Gesellschaftsvertrag eingeräumt werden, das einen schuldrechtlichen Anspruch auf Übertragung der einzelnen Gegenstände des Unternehmensvermögens gegen Gewährung einer Abfindung vermittelt.[682)] Das Übernahmerecht kann aber auch unentgeltlich sein, insbesondere, wenn der stille Gesellschafter das Unternehmen vor Errichtung der stillen Gesellschaft dem jetzigen Geschäftsinhaber unentgeltlich überlassen hatte.[683)] Ein Übernahmerecht des stillen Gesellschafters kommt daneben auch ohne ausdrückliche Vereinbarung in Betracht, wenn der Geschäftsinhaber das Unternehmen als Treuhänder für den stillen Gesellschafter geführt hat.[684)] **267**

b) „Umwandlung" der stillen Beteiligung

Vielfach wird die stille Gesellschaft als Mittel der Vor- oder Zwischenfinanzierung von „jungen" Unternehmen gesehen, die sich noch in einer frühen Phase der Umsetzung ihrer „Geschäftsidee" befinden. Im stillen Gesellschaftsvertrag wird entsprechend häufig vorgesehen, dass die stille Gesellschaft bei erfolgreicher Gestaltung des Unternehmens in eine **gesellschaftsrechtliche Beteiligung** an der Inhabergesellschaft überführt oder – untechnisch – „umgewandelt" werden soll.[685)] Komplizierte Rechtsfragen ergeben sich aber auch oder gerade in den Fällen, in denen keine gesellschaftsvertragliche Vorsorge dafür getroffen worden ist, wie die stille Gesellschaft – etwa bei einem geplanten Börsengang der (Geschäftsinhaber-)Aktiengesellschaft – behandelt werden soll.[686)] **268**

aa) Gesellschaftsvertragliche Absprachen

Kapitalistisch interessierte Anleger sind vielfach bereit, der Inhabergesellschaft Kapital zur Verfügung zu stellen, wenn die Gesellschaft mit dem Anleger zu diesem Zweck eine stille Gesellschaft eingeht und damit einverstanden ist, dass der **269**

---

681) *Heymann/Horn*, HGB, § 234 Rz. 22; *Gehrlein*, in: Ebenroth/Boujong/Joost, HGB, § 234 Rz. 19. Keine Konfusion ist dagegen anzunehmen, wenn eine Beteiligung an der Inhabergesellschaft mit der stillen Beteiligung zusammenfällt; MünchKomm-*K. Schmidt*, HGB, § 234 Rz. 60.

682) Vgl. MünchKomm-*K. Schmidt*, HGB, § 235 Rz. 67.

683) BGH, Urt. v. 25. 3. 1974 – II ZR 63/72, BGHZ 62, 234, 237; *Heymann/Horn*, HGB, § 234 Rz. 23.

684) MünchKomm-*K. Schmidt*, HGB, § 234 Rz. 55.

685) Eingehend zur Vorfinanzierung künftigen Aktienkapitals durch stille Gesellschaften: *Semler*, in: Festschrift Werner, 1984, S. 855.

686) Dazu *Schlitt/Beck*, NZG 2001, 688, 693 f.

Stille zu einem **späteren Zeitpunkt** selbst Gesellschafter der Inhabergesellschaft wird. Zu unterscheiden ist danach, ob der stille Gesellschafter in eine bestehende Gesellschaft eintreten soll oder ob die Gesellschaft, an der der stille Gesellschafter beteiligt werden soll, erst gegründet werden muss.

270 In dem ersten Fall wird in dem stillen Gesellschaftsvertrag vorgesehen, dass der stille Gesellschafter das Recht hat, zu vermögensmäßig unveränderten Konditionen in die Inhabergesellschaft als **Gesellschafter einzutreten**. Bei Ausübung dieses Rechts ist die Inhabergesellschaft verpflichtet, die notwendigen gesellschaftsrechtlichen Schritte vorzunehmen, um die Aufnahme in die Gesellschaft herbeizuführen.[687] Die Einzelheiten bestimmen sich nach der jeweiligen Rechtsform der Inhabergesellschaft.

271 Beispielsweise müssen bei einer **Umwandlung** der stillen Beteiligung **in Aktien oder GmbH-Anteile**[688] die Bestimmungen der Kapitalerhöhung (§§ 182 ff AktG; § 55 GmbHG) und in Aktiengesellschaften unter Umständen auch der Nachgründung (§ 52 AktG)[689] beachtet werden. In der Aktiengesellschaft genügt zudem die bloße Verankerung des „Umwandlungsrechts" im stillen Gesellschaftsvertrag mit Blick auf § 187 AktG nicht.[690] Zusätzlich müssen zumindest schuldrechtliche Stimmbindungsvereinbarungen mit den maßgeblichen Aktionären sicherstellen, dass sie einer Kapitalerhöhung unter Ausschluss des Bezugsrechts der Aktionäre und der Zulassung des Stillen zu Zeichnung und Übernahme der Aktien zustimmen werden. Außerdem bieten sich hierfür auch die Schaffung eines genehmigten Kapitals (§§ 202 ff AktG)[691] oder – unter Beachtung von § 194 AktG – eine bedingte Kapitalerhöhung (§§ 192 ff AktG) zur Gewährung von Options- oder Wandlungsrechten an eine Vielzahl von stillen Gesellschaftern an. Da die (aufgelöste) stille Beteiligung bzw. der Auseinandersetzungsanspruch unmittelbar als **(Sach-)Einlage**[692] auf die neue Gesellschaftsbeteiligung geleistet werden soll, muss immer einer Bilanz auf den **„Umwandlungsstichtag"** erstellt werden, um das genaue Guthaben festzustellen.[693] Für

---

687) Vgl. LG Bonn, Urteil v. 15.2.2001 – 14 O 54/00, DB 2001, 1406, dazu EWiR 2001, 445 *(Blaurock/Brandner)* zur fehlenden Möglichkeit von Minderheitsaktionären zur Durchsetzung der Umwandlung der stillen in eine unmittelbare Beteiligung.

688) Siehe dazu auch *Schulze zur Wiesche*, GmbHR 1984, 320.

689) *Schlitt/Beck*, NZG 2001, 688, 693.

690) *Semler*, in: Festschrift Werner, S. 855, 866; *Winter*, in: Festschrift Peltzer, S. 645, 646, Fußn. 1.

691) *Semler*, in: Festschrift Werner, S. 855, 865 ff (siehe dort auch zu § 206 AktG, wenn schon vor Eintragung der Aktiengesellschaft ein Sacheinlagenvertrag abgeschlossen wird).

692) Vgl. *Schlitt/Beck*, NZG 2001, 688, 693; *Semler*, in: Festschrift Werner, S. 855, 858 (Verzicht auf den Auseinandersetzungsanspruch), *Berninger*, Der Konzern 2003, 683, 687.

693) *Blaurock*, StG, § 18 Rz. 18.63; *Heymann/Horn*, HGB, § 234 Rz. 24.

die Höhe der Aktienbeteiligung ist dabei auch die Ausgestaltung als typische oder atypische stille Gesellschaft mit Partizipation auch am Vermögen der Inhabergesellschaft von Bedeutung. Die Prüfung der Sacheinlage durch den Sacheinlagenprüfer (§ 183 Abs. 3 AktG) muss feststellen, ob der Auseinandersetzungsanspruch vollwertig ist (also den geringsten Ausgabebetrag der jungen Aktien deckt[694]). Hierbei ist insbesondere auch darauf zu achten, ob die Einlage des Stillen nicht durch die Teilnahme am Verlust aufgebraucht ist.[695]

Sofern die Inhabergesellschaft eine Handelspersonengesellschaft ist, wird die stille Beteiligung regelmäßig in eine **Kommanditbeteiligung** „umgewandelt". Hier bietet es sich geradezu an, die „Vorstufe" einer stillen Beteiligung von vornherein zu verwenden, um unerwünschte Haftungsfolgen bei einem unmittelbaren Eintritt in die Gesellschaft zu vermeiden. Der Eintritt eines neuen Kommanditisten kann folglich bis zur Eintragung in das Handelsregister in Form einer stillen Beteiligung vollzogen werden, um die unbeschränkte Kommanditistenhaftung nach § 176 Abs. 2 HGB auszuschließen.[696] 272

Bisweilen zielt das Recht zur „Umwandlung der stillen Beteiligung" aber auch auf die **Gründung einer neuen Gesellschaft**. Die am einfachsten durchzuführende „Umwandlungsform" dürfte dabei der Eintritt des Stillen als persönlich haftender Gesellschafter in das Geschäft eines Einzelkaufmanns sein (vgl. § 28 HGB). Soweit die Gründung einer Kapitalgesellschaft vorgesehen ist, muss das im stillen Gesellschaftsvertrag vorgesehene Umwandlungsrecht den Anforderungen eines **Vorgründungsvertrags** genügen, also die für die Errichtung der Kapitalgesellschaft vorgeschriebene Form einhalten und den Inhalt des künftigen Gesellschaftsvertrags hinreichend bestimmt festlegen.[697] 273

bb) „Umwandelnde Beendigung" vor dem Börsengang

Wenn „junge" Aktiengesellschaften sich stiller Gesellschaften als Finanzierungsform bedienen, um einzelne finanzkräftige Investoren, die zugleich auch Aktionäre sein können, an sich zu binden, wird häufig eine nur auf die Bedürfnisse der nicht börsennotierten Gesellschaft zugeschnittene Gestaltung gewählt. 274

694) *Krieger*, in: Münchener Handbuch des Gesellschaftsrechts IV, § 56 Rz. 41.

695) *Semler*, in: Festschrift Werner, S. 855, 860. Entgegen *Semler* kann jedoch eine entsprechende Vorsorge nur durch Klauseln getroffen werden, die ab einem bestimmten Zeitpunkt die Teilnahme des Stillen am Verlust ausschließen.

696) Vgl. MünchKomm-*K. Schmidt*, HGB, § 234 Rz. 61. Im Einzelfall bedarf es freilich der Prüfung, ob die Umwandlung der stillen Beteiligung in eine Kommanditbeteiligung als haftungsbefreiende Einlageleistung anzuerkennen ist.

697) *Heymann/Horn*, HGB, § 234 Rz. 25; MünchKomm-*K. Schmidt*, HGB, § 234 Rz. 62.

Ähnlich wie im Venture-Capital-Bereich werden den Investoren (weitgehende) Mitwirkungsbefugnisse eingeräumt. Dagegen fehlt eine vertragliche Vorsorge für einen möglichen Börsengang der Gesellschaft. Für den **Kapitalmarkt** ist die Aktiengesellschaft mit stiller Beteiligung in dieser Form wenig attraktiv: Sie ist – unabhängig von der rechtlichen Ausgestaltung der stillen Gesellschaft – jedenfalls durch einen Teilgewinnabführungsvertrag (§ 292 Abs. 1 Nr. 2 AktG) gebunden. Nicht selten fehlt es aber auch an der Beachtung formaler Wirksamkeitserfordernisse, etwa dem Zustimmungsbeschluss der Hauptversammlung, was zusätzliche rechtliche Unsicherheit schafft. Daneben kann auch zweifelhaft sein, ob die vorgesehenen Mitwirkungsbefugnisse des stillen Gesellschafters sich in das enge organisationsrechtliche Korsett der Aktiengesellschaft einfügen (Rz. 158 ff).

275 Vor diesem Hintergrund ist im Vorfeld eines Börsengangs zu erörtern, auf welche Weise die stille Gesellschaft beendet bzw. ohne Auseinandersetzung in andere Formen der **Kreditgewährung** oder **Eigenkapitalbeteiligung** übergeleitet werden kann. Soweit dies nicht möglich ist, bleibt zu erwägen, inwiefern eine „kapitalmarktuntaugliche" atypische Ausgestaltung der stillen Beteiligung durch vertragliche Änderung einzelner Bestimmungen des Gesellschaftsvertrags modifiziert werden kann (§ 311 Abs. 1 BGB [§ 305 BGB a. F.]). Eine aufrechterhaltene stille Beteiligung ist im Börsenzulassungs- und Verkaufsprospekt darzustellen.

276 Welche Möglichkeiten der Beendigung der stillen Gesellschaft zur Verfügung stehen, hängt auch davon ab, unter welchen rechtlichen Voraussetzungen sie begründet worden ist. Einschränkungen können sich für die **Kündigung oder einvernehmliche Aufhebung** der stillen Gesellschaft dann ergeben, wenn sie mit der Aktiengesellschaft bereits als Teilgewinnabführungsvertrag begründet worden ist. In diesem Fall ist – wie oben dargestellt (Rz. 227) – eine rückwirkende oder unterjährige Aufhebung nicht ohne weiteres möglich (§ 296 AktG).[698] Eine mögliche vorgeschaltete Vertragsänderung, die den vertraglich bestimmten Abrechnungszeitraum ändern soll, bedarf der Zustimmung der Hauptversammlung (§ 295 Abs. 1 AktG). Wird die stille Gesellschaft gekündigt oder anderweitig aufgelöst, ist darauf zu achten, dass der stille Gesellschafter sich nicht in unmittelbarem sachlichen und zeitlichen Zusammenhang an einer Barkapitalerhöhung beteiligt. Es bedarf keiner weiteren Erläuterung, dass hier ein erhebliches

---

698) Vgl. *Schlitt/Beck*, NZG 2001, 688, 694.

Risiko der Beurteilung als verdeckte Sacheinlage besteht (Hin- und Herzahlen).[699]

Um die Finanzmittel der Gesellschaft kurz- oder mittelfristig zu erhalten, kann auch vorgesehen werden, dass die stille Beteiligung durch Vertragsänderung in ein **Darlehen** „umgewandelt" wird. Eine Überleitung der stillen Gesellschaft in ein partiarisches Darlehen ist dabei allerdings nicht empfehlenswert. Die ohnehin schwierige Unterscheidung (oben Rz. 18 ff) und sehr ähnliche bis gleiche Wirkung beider Vertragstypen hat dazu geführt, dass auch die Einordnung des partiarischen Darlehens an einer Aktiengesellschaft streitig ist. Von einer jüngeren Auffassung wird etwa hervorgehoben, dass das partiarische Darlehen letztlich die Minimalform der stillen Beteiligung sei und deshalb rechtlich gleich zu behandeln sei.[700] Das partiarische Darlehen sei damit auch als Teilgewinnabführungsvertrag zu sehen.[701] Ob man dem folgt, kann dahingestellt bleiben; jedenfalls dürfte sich eine solche Gestaltung wegen der verbleibenden rechtlichen Ungewissheit nicht anbieten. 277

Daneben besteht natürlich auch hier die bereits beschriebene Möglichkeit der Einbringung des Auseinandersetzungsanspruchs aus der aufgelösten stillen Beteiligung (**Umwandlung in Eigenkapital**) unter Ausnutzung eines zu diesem Zweck geschaffenen genehmigten Kapitals (§§ 202 ff AktG) (Rz. 271). Dabei ist zu prüfen, ob die Sachkapitalerhöhung noch in der Pre-IPO-Phase oder – unter Befreiung von bestehenden Veräußerungsverboten („lock up") – erst nach dem Börsengang durchgeführt werden soll, weil der Plazierungspreis bzw. der aktuelle Börsenkurs als Bemessungsgrundlage für die Ablösung der stillen Beteiligung dienen soll.[702] 278

5. Änderungstatbestände ohne Auflösungsfolge

a) Tod des stillen Gesellschafters

Durch den Tod des stillen Gesellschafters wird die stille Gesellschaft nicht aufgelöst (§ 234 Abs. 2 HGB). Diese Regelung geht für die typische stille Gesellschaft zu Recht davon aus, dass die Person des nur kapitalmäßig beteiligten stillen Ge- 279

699) *Schlitt/Beck*, NZG 2001, 688, 694 (siehe dort auch zu entsprechend problematischen Kündigungsklauseln); für die GmbH *Hueck/Fastrich*, in: Baumbach/Hueck, GmbHG, § 19 Rz. 30 ff.

700) *Schön*, ZGR 1993, 210, 241; MünchKomm-*Altmeppen*, AktG, § 292 Rz. 69.

701) MünchKomm-*Altmeppen*, AktG, § 292 Rz. 68 f.

702) Näher dazu *Schlitt/Beck*, NZG 2001, 688, 693 f. In dem Börsenzulassungs- und Verkaufsprospekt ist die angestrebte „Umwandlung" der stillen Beteiligung in eine unmittelbare Beteiligung an der Emittentin offenzulegen; vgl. dazu auch den Sachverhalt vom LG Bonn, DB 2001, 1406.

sellschafters für den (Fort-)Bestand der stillen Gesellschaft nicht entscheidend ist. Die stille Beteiligung gehört damit zum **Nachlass**, wenn der stille Gesellschafter stirbt. Der Erbe des stillen Gesellschafters tritt ohne besondere Erklärung mit dem Eintritt des Erbfalls in vollem Umfang an die Stelle des stillen Gesellschafters (§ 1922 BGB). Gleiches gilt für die Erbengemeinschaft, die als Gesamthand stiller Gesellschafter wird. Insoweit sind die beim Tod des Geschäftsinhabers und Existenz einer entsprechenden Fortsetzungsklausel dargestellten Grundsätze für die **Erbauseinandersetzung** oder die Übertragung der stillen Beteiligung auf nur einen Erben zu beachten (Rz. 230). Das heißt, dass jede „Aufspaltung" der stillen Beteiligung oder die Übertragung des stillen Gesellschaftsverhältnisses auf nur einen Erben nur im Wege der Vertragsänderung unter Beteiligung des Geschäftsinhabers herbeigeführt werden kann.[703)]

280 § 234 Abs. 2 HGB enthält dispositives Recht; der Gesellschaftsvertrag kann auch abweichende Regelungen treffen. Denkbar sind etwa die Aufnahme einer qualifizierten Nachfolgeklausel oder einer Eintrittsklausel, die Anordnung der Auflösung oder die Einräumung eines Rechts, entweder für die Fortsetzung oder die Auflösung zu optieren. Im Einzelfall kann auch die ausdrückliche Zuerkennung eines außerordentlichen Kündigungsrechts der Interessenlage der Beteiligten angemessen Rechnung tragen, etwa wenn der verstorbene stille Gesellschafter höchstpersönliche Dienstleistungen erbracht hat, die für den Bestand der stillen Gesellschaft von maßgeblicher Bedeutung waren.[704)] Es empfiehlt sich, die gesellschaftsvertraglichen Regelungen mit den erbrechtlichen Gestaltungsmöglichkeiten, etwa der Teilungsanordnung (§ 2048 BGB) oder dem Vorausvermächtnis (§ 2150 BGB), zu kombinieren, um eine interessengerechte Gesamtlösung zu erreichen. Mit Zustimmung des Geschäftsinhabers kann für die stille Gesellschaft auch die Testamentsvollstreckung (§ 2197 BGB) angeordnet werden.[705)]

281 Besondere Probleme ergeben sich angesichts der gesetzlichen Grundregel in § 234 Abs. 2 HGB vor allem bei der **atypisch stillen Gesellschaft**, die nicht nur vermögensrechtlich abweichend gestaltet ist, sondern dem Stillen auch (weitgehende) Geschäftsführungs- und Mitwirkungsrechte gewährt. Die vertragliche Gestaltungspraxis muss hier nach anderen Lösungen suchen, weil von dem Ge-

---

703) Vgl. *Schlegelberger*/*K. Schmidt*, HGB, § 234 Rz. 5; MünchKomm-*K. Schmidt*, HGB, § 230 Rz. 175.

704) MünchKomm-*K. Schmidt*, HGB, § 234 Rz. 58.

705) BGH, Urt. v. 28. 6. 1962 – II ZR 61/61, WM 1962, 1084, 1085; BGH, Urt. v. 3. 7. 1989 – II ZR 1/89, NJW 1989, 3152, 3153; *Bommert*, BB 1984, 178, 183; Heymann/*Horn*, HGB, § 234 Rz. 14; *Polzer*, in: Münchener Handbuch des Gesellschaftsrechts II, § 92 Rz. 32; *Ulmer*/*Schäfer*, ZHR 160 (1996), 413, 439.

schäftsinhaber nicht ohne weiteres erwartet werden kann, dass er die häufig von einer persönlichen Vertrauensbeziehung getragenen Rechte ohne weiteres auch dem Erben oder gar der Erbengemeinschaft überlässt.[706] Dieses Regelungsbedürfnis im Gesellschaftsvertrag ist um so dringlicher, als man wegen Interessenlage nicht schon einen stillschweigenden Ausschluss des § 234 Abs. 2 HGB annehmen kann.[707] Vielmehr muss eine der oben genannten Gestaltungsvarianten gewählt werden.

Nicht hinreichend geklärt ist auch die Nachfolge in die Mitgliedschaft eines aty- 282
pisch stillen Gesellschafters, der an einer **mehrgliedrigen stillen Gesellschaft** mit Vermögensbeteiligung der Stillen beteiligt ist. Eine Sondererbfolge nach dem Vorbild der offenen Handelsgesellschaft (§ 139 HGB) und der Kommanditgesellschaft (§ 177 HGB),[708] also das Einrücken der Erben gemäß ihrer jeweiligen Erbquote anstelle der Nachfolge der Erbengemeinschaft, ist für die stille Gesellschaft nicht vorgesehen. Insbesondere wenn die stille Publikumsgesellschaft weitgehend wie eine Kommanditgesellschaft ausgestaltet ist oder Kommanditisten zugleich stille Gesellschafter sind (sog. gesplittete Einlage), überzeugt das unterschiedliche rechtliche Schicksal von Kommanditbeteiligung und stiller Beteiligung nicht.[709] Mit einer teilweise vertretenen Auffassung ist daher in diesen Fällen von einer **Sondererbfolge** bei solchen atypisch stillen Beteiligungen auszugehen.[710]

b) Auflösung einer an der stillen Gesellschaft beteiligten Gesellschaft

Die Auflösung der Inhabergesellschaft ist **kein gesetzlicher Auflösungsgrund** 283
für die stille Gesellschaft, sondern gibt den Beteiligten (nur) ein Recht zur außerordentlichen Kündigung der stillen Gesellschaft (§ 723 Abs. 1 BGB).[711] Sofern die Gesellschafter der Inhabergesellschaft über deren Auflösung beschließen, bedarf dies der Zustimmung des stillen Gesellschafters. Unterbleibt sie, kann die gewillkürte Auflösung eine schuldhafte Verletzung des Gesellschaftsvertrags mit dem stillen Gesellschafter darstellen; dieser hat dann einen

706) Zutreffend *Blaurock*, StG, § 15 Rz. 15.50.

707) *Blaurock*, StG, § 15 Rz. 15.50 (mit Nachweisen für die abweichende Auffassung).

708) Vgl. BGH, Urt. v. 10. 1. 1996 – IV ZB 21/94, ZIP 1996, 327, 329, dazu EWiR 1996, 261 *(Marotzke)*.

709) *Reusch*, S. 253 f; *Schlegelberger/K. Schmidt*, HGB, § 234 Rz. 6.

710) *Polzer*, in: Münchener Handbuch des Gesellschaftsrechts II, § 91 Rz. 26; *Reusch*, S. 253 f; *Knieper/Fromm*, NJW 1980, 2677, 2688; *Schlegelberger/K. Schmidt*, HGB, § 234 Rz. 6; a. A. *Blaurock*, StG, § 15 Rz. 15.53; offen gelassen bei *Gehrlein*, in: Ebenroth/Boujong/Joost, HGB, § 234 Rz. 36.

711) BGHZ 84, 379, 380 f; MünchKomm-*K. Schmidt*, HGB, § 234 Rz. 22.

Schadensersatzanspruch wegen Nichterfüllung gegen die Inhabergesellschaft.[712)]

284 Davon werden die Beteiligten auch Gebrauch machen und so für die Auflösung der stillen Gesellschaft sorgen. Weitergehende Fragen stellen sich dann regelmäßig nicht. Auch ohne **außerordentliche Kündigung** wird aber die stille Gesellschaft während der Liquidation der Inhabergesellschaft aufgelöst, wenn feststeht, dass die Inhabergesellschaft zur Fortsetzung des Geschäftsbetriebs endgültig nicht mehr in der Lage ist.[713)] Die Abwicklungsverhältnisse sind ganz offenbar miteinander verwoben: Die Liquidatoren der Inhabergesellschaft sind zur ordnungsgemäßen Abwicklung der Gesellschaft verpflichtet; dies ist vollständig nur möglich, wenn auch die Ansprüche des stillen Gesellschafters gegen die Inhabergesellschaft bereinigt sind. Die Auseinandersetzung der stillen Gesellschaft nach § 235 HGB kann der Vollbeendigung der Inhabergesellschaft entsprechend nicht nachfolgen, sondern muss im Zuge ihrer Liquidation auf den Zeitpunkt der Vollbeendigung oder einer vorangegangenen außerordentlichen Kündigung vorgenommen werden.[714)] Auch die Auflösung der stillen Gesellschafterin ist kein Auflösungsgrund, sondern stellt nur einen wichtigen Grund für eine außerordentliche Kündigung dar.

c) Rückgewähr der stillen Einlage

285 Die Rückgewähr der stillen Einlage als solche hat auf den Fortbestand der einmal rechtswirksam begründeten stillen Gesellschaft grundsätzlich keinen Einfluss, wie bereits aus der Regelung im Gesetz (§ 136 InsO, früher § 237 HGB) zur Anfechtbarkeit entsprechender Rechtshandlungen folgt. Sie setzen die Fortdauer der stillen Gesellschaft gerade für den Fall der Einlagenrückgewähr voraus.[715)] Anderenfalls würde auch die Aufzehrung der Einlage durch die Teilnahme an Verlusten oder vereinbarte Entnahmen zur Auflösung der stillen Gesellschaft führen. Das wäre nicht sachgerecht. Zu erwägen ist in den Fällen einer endgültigen Rückgewähr der Einlage allerdings, ob dadurch konkludent auch das stille Gesellschaftsverhältnis aufgelöst werden soll.[716)]

---

712) *Reusch*, S. 250; *Blaurock*, StG, § 15 Rz. 15.61 (zu Recht einen Anspruch auf weitere Vertragserfüllung und Rückgängigmachung der Auflösung ablehnend).

713) BGHZ 84, 379, 380 f; MünchKomm-*K. Schmidt*, HGB, § 234 Rz. 22, 25.

714) Vgl. MünchKomm-*K. Schmidt*, HGB, § 234 Rz. 25 mit besonderer Terminologie („Innen-Liquidation" der als „Innen-KG" ausgestalteten atypischen stillen Gesellschaft).

715) Vgl. OLG Düsseldorf NZG 1999, 652, 653.

716) MünchKomm-*K. Schmidt*, HGB, § 230 Rz. 165; *Polzer*, in: Münchener Handbuch des Gesellschaftsrechts II, § 91 Rz. 41.

d) Verlust von Geschäftsfähigkeit oder Kaufmannseigenschaft

Der Verlust der Geschäftsfähigkeit bei einer an der stillen Gesellschaft beteiligten natürlichen Person ist kein gesetzlicher Auflösungsgrund. Ob er einen wichtigen Grund für eine außerordentliche Kündigung darstellt, wird im Einzelfall insbesondere danach zu entscheiden sein, ob der stille Gesellschafter Geschäftsführungsbefugnisse hatte.[717] Die geringe praktische Bedeutung dürfte eine gesellschaftsvertragliche Vorsorge entbehrlich machen. 286

Von ähnlich geringer praktischer Bedeutung dürfte – insbesondere nach der Bereinigung des Kaufmannsbegriffs durch das Handelsrechtsreformgesetz[718] – der Verlust der Kaufmannseigenschaft durch den Geschäftsinhaber sein. Die Kaufmannseigenschaft tritt unter den Voraussetzungen des § 1 Abs. 2 HGB automatisch ein und wird bei jedem Gewerbebetrieb vermutet. Wenn ein Kleingewerbetreibender, der nicht die in § 1 Abs. 2 HGB umschriebene Betriebsgröße erreicht, sich in das Handelsregister eintragen lässt, gilt er nach § 2 Satz 2 HGB als Kaufmann. Er kann zu einem späteren Zeitpunkt wieder die Löschung der Firma aus dem Handelsregister beantragen, wenn die Voraussetzungen des § 1 Abs. 2 HGB zwischenzeitlich nicht eingetreten sind (§ 2 Satz 3 HGB). Auch der ins Handelsregister eingetragene Kaufmann, dessen Gewerbebetrieb gemäß § 1 Abs. 2 HGB zu einem Kleingewerbe herabsinkt, gilt nach §§ 5, 15 HGB als Kaufmann. Wird die Handelsregistereintragung gelöscht und betreibt der Geschäftsinhaber sein Gewerbe nachweislich unterhalb der in § 1 Abs. 2 HGB vorgesehenen Schwelle, wandelt sich die stille Gesellschaft in eine stille Gesellschaft bürgerlichen Rechts um. Im Ergebnis ändert dies nichts, weil die Vorschriften über die stille Gesellschaft analog angewendet werden können.[719] 287

VIII. Stille Gesellschaft in der Insolvenz

1. Allgemeines

Die stille Gesellschaft ist als Innengesellschaft ohne Gesamthandsvermögen nicht insolvenzfähig.[720] Sie wird allerdings unmittelbar von den rechtlichen Auswirkungen der Insolvenz eines Beteiligten erfasst. Die Eröffnung des Insolvenzverfahrens über das Vermögen eines der an der stillen Gesellschaft Beteilig- 288

---

717) *Blaurock*, StG, § 15 Rz. 15.67.

718) Gesetz zur Neuregelung des Kaufmanns- und Firmenrechts und zur Änderung anderer handels- und gesellschaftsrechtlicher Vorschriften (Handelsrechtsreformgesetz – HRefG) v. 22. 6. 1998, BGBl I, 1474.

719) *Blaurock*, StG, § 15 Rz. 15.70; siehe auch *Koller*, in: Koller/Roth/Morck, HGB, § 230 Rz. 8; MünchKomm-*K. Schmidt*, HGB, § 230 Rz. 24.

720) Unstreitig; siehe nur *Uhlenbruck/Hirte*, InsO, § 11 Rz. 384; *Kübler/Prütting/Noack* Rz. 650.

ten führt zur **Auflösung** der stillen Gesellschaft (§ 728 Abs. 1 Satz 1 BGB) und ihrer Auseinandersetzung außerhalb des Insolvenzverfahrens.

289 Die Insolvenz des stillen Gesellschafters birgt grundsätzlich keine Besonderheiten und bedarf daher keiner vertiefenden Darstellung: Nach allgemeinen insolvenzrechtlichen Grundsätzen fällt ein **Auseinandersetzungsanspruch** des stillen Gesellschafters in die Insolvenzmasse und ist vom Insolvenzverwalter geltend zu machen. Weist des Einlagenkonto des insolventen stillen Gesellschafters ein Passivsaldo aus, kann der Geschäftsinhaber eine rückständige Einlage als einfache Insolvenzforderung anmelden, soweit der stille Gesellschafter zum Verlustausgleich verpflichtet ist.

290 In der Insolvenz der **Inhabergesellschaft** sind die vermögensrechtlichen Folgewirkungen der Auflösung (und Auseinandersetzung) der stillen Gesellschaft Gegenstand besonderer gesetzlicher Bestimmungen. Die Rechtslage gestaltet sich hier deshalb komplizierter, weil für die Begründung einer stillen Beteiligung wesentlich ist, dass die Einlage in das Alleinvermögen des nunmehr insolventen Geschäftsinhabers übergeht (§ 230 Abs. 1 HGB).[721)] Regelungsbedürftig sind daher zum einen die wechselseitigen Ansprüche des stillen Gesellschafters auf Rückerstattung seiner Einlage und des Insolvenzverwalters auf Leistung einer rückständigen Einlage (§ 236 HGB) und zum anderen eine besonderen Form der Insolvenzanfechtung, die einer möglichen Bevorzugung des gegenüber anderen Gläubigern in einem besonderen Näheverhältnis zum Geschäftsinhaber stehenden stillen Gesellschafters vorbeugen soll (§ 136 InsO).

2. Geltendmachung von Auseinandersetzungsansprüchen in der Insolvenz des Geschäftsinhabers

a) Auflösung und Auseinandersetzung der stillen Gesellschaft

291 Primäre Rechtsfolge der Insolvenzeröffnung über das Vermögen des Geschäftsinhabers ist die zeitgleiche Auflösung der stillen Gesellschaft (§ 728 Abs. 2 Satz 1 BGB) (Rz. 231).[722)] Wird das Insolvenzverfahren über das Vermögen der Inhabergesellschaft zur Sanierung und zum Erhalt des Unternehmens jedoch durch einen gerichtlich bestätigten **Insolvenzplan** (§§ 217 ff, 248 InsO) beendet, kann die stille Gesellschaft mit Zustimmung des stillen Gesellschafters

721) Zur Stellung eines Sicherungsnehmers an der stillen Beteiligung in der Insolvenz des Geschäftsinhabers *Wagner*, in: Hadding/Uwe H. Schneider, S. 105, 119 ff.

722) BGH, Urt. v. 24. 2. 1969 – II ZR 123/67, BGHZ 51, 350, 351 = NJW 1969, 1211; *K. Schmidt*, KTS 1977, 1, 8 f; *Uhlenbruck*, in: Kölner Schrift, S. 1157, 1185.

fortgesetzt werden; dem stillen Gesellschafter steht dann keine Forderung auf Rückgewähr seiner Einlage zu.[723)]

Die aufgelöste stille Gesellschaft ist nach §§ 235, 236 HGB auseinanderzusetzen. Anstelle des insolventen Geschäftsinhabers obliegt es nun dem **Insolvenzverwalter** (§ 80 Abs. 1 InsO), die Auseinandersetzung zu betreiben. Dabei ist er nur an gesellschaftsrechtliche Vereinbarungen über die Berechnung des Auseinandersetzungsguthabens, nicht dagegen an Zustimmungsvorbehalte zugunsten des stillen Gesellschafters gebunden.[724)] Der Insolvenzverwalter haftet allen Beteiligten, für jede Fahrlässigkeit (§ 60 InsO). **292**

Von den besonderen Regelungen in § 236 HGB kann nicht zum **Nachteil der Insolvenzgläubiger** abgewichen werden. Nichtig sind daher insbesondere gesellschaftsvertragliche Abreden, die den stillen Gesellschafter in der Insolvenz der Inhabergesellschaft von seiner im übrigen bestehenden Verlustbeteiligung befreien oder ihn auf sonstige Weise gegenüber den anderen Insolvenzgläubigern bevorzugen sollen.[725)] **293**

Die Auseinandersetzung erfolgt **außerhalb des Insolvenzverfahrens**. Die überwiegende Ansicht leitet dies aus § 84 Abs. 1 Satz 1 InsO her.[726)] Dem ist im Ergebnis zuzustimmen, obgleich die Bestimmung ein – hier nicht vorhandenes – gemeinschaftliches Vermögen oder ein Gesamthands- bzw. Gesellschaftsvermögen voraussetzt.[727)] Da die Auseinandersetzung nur eine Berechnung des Einlagensaldos des stillen Gesellschafters nach Maßgabe der im Gesellschaftsvertrag getroffenen Regelungen darstellt, steht diese Abrechnung „zwingend" außerhalb des Insolvenzverfahrens. Gegenstand des Verfahrens ist nur der in § 236 Abs. 1 HGB erwähnte Anspruch des stillen Gesellschaf-ters gegen den Ge- **294**

723) *Hirte*, in: Uhlenbruck, InsO, § 11 Rz. 392; *Uhlenbruck*, in: Kölner Schrift, S. 1157, 1185 f.

724) *Blaurock*, StG, § 17 Rz. 17.54.

725) *Heymann/Horn*, HGB, § 236 Rz. 1; *Kübler/Prütting/Noack* Rz. 653; *Zutt*, in: GroßKomm. HGB, § 236 Rz. 2.

726) *Blaurock*, StG, § 17 Rz. 17.49; *Uhlenbruck/Hirte*, InsO, § 11 Rz. 387; zu § 16 KO a. F. *Wagner*, KTS 1979, 53, 56; *Zutt*, in: GroßKomm. HGB, § 236 Rz. 3; a. A. *K. Schmidt*; KTS 1977, 1, 18 ff; offen gelassen bei *Kübler/Prütting/Noack* Rz. 653. Auch nach h. M. steht dem stillen Gesellschafter wegen seiner auf das Gemeinschaftsverhältnis gegründeten Forderungen kein Absonderungsrecht nach § 84 Abs. 1 Satz 2 InsO am Anteil des Geschäftsinhabers zu; ausführlich *Blaurock*, StG, § 17 Rz. 17.49; *ders.*, Unterbeteiligung, S. 270, 276; dagegen bedenklich die a. A. von *Wagner*, KTS 1979, 53, 58 (für die atypische stille Gesellschaft).

727) Daher bislang kritisch *Karsten Schmidt*, KTS 1977, 1, 18; *Schlegelberger/K. Schmidt*, HGB, § 236 Rz. 12; deutlich enger jetzt MünchKomm-*K. Schmidt*, HGB, § 236 Rz. 12 (nur bei atypisch stillen Gesellschaften, die als „virtuelle KG" oder „Innen-KG" ausgestaltet sind).

schäftsinhaber auf **Auszahlung eines Auseinandersetzungsguthabens** in Geld.[728)]

295 Maßgeblicher **Abrechnungszeitpunkt** ist die Eröffnung des Insolvenzverfahrens. Der Insolvenzverwalter muss eine entsprechende Auseinandersetzungsbilanz als Masseschuld (§ 55 Abs. 1 Nr. 1 InsO) erstellen,[729)] in der das Anlage- und Umlaufvermögen mit Liquidationswerten angesetzt wird. Wertveränderungen (Gewinne und Verluste) aus der Masseverwertung bleiben unberücksichtigt.[730)] Nachfolgend sind nur noch die im Zeitpunkt der Insolvenzeröffnung **schwebenden Geschäfte** im Sinne von § 103 ff InsO, § 235 Abs. 2 HGB mit ihrem Ergebnis einzubeziehen, deren Abwicklung ebenfalls dem Insolvenzverwalter obliegt. Nach seiner Wahl (§ 103 Abs. 1 InsO) wird sich der Insolvenzverwalter indessen häufig gegen die Erfüllung der schwebenden Geschäfte entscheiden, weil sie als Masseverbindlichkeiten (§ 55 Abs. 1 Nr. 2 InsO) voll zu befriedigen sind, während der Vertragspartner bei Ausschlagung seine Ansprüche wegen Nichterfüllung nur als Insolvenzgläubiger geltend machen kann. Entscheidet sich der Insolvenzverwalter gegen die Erfüllung eines schwebenden Geschäfts, sollte er nach Billigkeitserwägungen nicht mit den nachteiligen Folgen dieser Entscheidung belastet werden.[731)]

b) Auseinandersetzungsguthaben als Insolvenzforderung

aa) Rechtsstellung des stillen Gesellschafters

296 Sofern die Auseinandersetzung nach §§ 235, 236 HGB ein **aktives Einlagenkonto** für den stillen Gesellschafter ergibt, kann er grundsätzlich den auf Geld lautenden Auszahlungsanspruch auf sein Auseinandersetzungsguthaben als Insolvenzforderung anmelden (§§ 174 ff InsO) und geltend machen. Dies unterscheidet ihn maßgeblich von den Gesellschaftern der Inhabergesellschaft, deren Einlagen in der Insolvenz der Gesellschaft verloren sind. Wenn nicht besondere Umstände eine Gleichstellung der stillen Einlage mit Eigenkapital erfordern, stellt sie auch in der Insolvenz Fremdkapital dar.[732)] Der stille Gesellschafter steht danach den anderen Insolvenzgläubigern (§ 38 InsO) mit nicht bevorrech-

---

728) *Gehrlein*, in: Ebenroth/Boujong/Joost, HGB, § 236 Rz. 3; *Kübler/Prütting/Noack* Rz. 653; a. A. jetzt MünchKomm-*K. Schmidt*, HGB, § 236 Rz. 15 (Anmeldung der Forderung des stillen Gesellschafters bei dem Verwalter); siehe auch *K. Schmidt/Jungmann*, NZI 2002, 65, 68 f.

729) Näher *Uhlenbruck/Hirte*, InsO, § 11 Rz. 388.

730) *Blaurock*, StG, § 17 Rz. 17.57; *Kübler/Prütting/Noack* Rz. 654; weiter *Hirte*, in: Uhlenbruck, InsO, § 11 Rz. 388.

731) Vgl. *Blaurock*, StG, § 17 Rz. 17.58; *Gehrlein*, in: Ebenroth/Boujong/Joost, HGB, § 236 Rz. 6 m. w. N.

732) Vgl. BGH, Urt. v. 21. 3. 1983 – II ZR 139/82, ZIP 1983, 561 = NJW 1983, 1855, 1856.

tigten Insolvenzforderungen im Range gleich und kann **keine bevorzugte Befriedigung** (§§ 49 ff InsO) verlangen.[733] Da er seine Einlage dem Inhaber zu Eigentum erbracht hat (§ 230 Abs. 1 HGB), steht ihm unabhängig davon, ob diese noch unterscheidbar im Vermögen des Inhabers vorhanden oder seine Verlustbeteiligung ausgeschlossen ist, auch **kein Aussonderungsrecht** (§ 47 InsO) zu.[734] Eine Aufrechnung ist nach Maßgabe der §§ 94 ff InsO wirksam.[735] Der stille Gesellschafter kann allenfalls aus anderen rechtlichen Gründen, etwa aufgrund einer nicht nach § 136 InsO anfechtbaren Sicherheitenbestellung zur Sicherung seines Einlagenrückübertragungsanspruchs, ein Recht auf abgesonderte Befriedigung (§§ 49, 50, 165 ff InsO) haben.[736]

Unproblematisch verhält sich die **Geltendmachung** des Auseinanderset- 297
zungsguthabens, wenn der Insolvenzverwalter die Auseinandersetzung ordnungsgemäß vornimmt und den Abfindungsanspruch errechnet. Widerspricht nach Anmeldung der Forderung zur Insolvenztabelle kein anderer Insolvenzgläubiger in dem sog. **Prüfungstermin** (§ 176 InsO), gilt die Forderung als festgestellt und kann nachträglich nicht mehr bestritten werden (vgl. § 178 Abs. 1 Satz 1 InsO). Nimmt der Insolvenzverwalter die ihm obliegende Auseinandersetzung nicht vor, kann der stille Gesellschafter zwar grundsätzlich das Auseinandersetzungsguthaben auch selbst errechnen und anmelden. Im Falle eines Widerspruchs des Insolvenzverwalters oder eines anderen Insolvenzgläubigers muss er die Berechtigung der angemeldeten Forderung jedoch in einem **Feststellungsprozess** mit dem Widersprechenden klären lassen (§ 179 InsO). Diese Feststellung kann nur in der Weise begehrt werden, wie die Forderung in der Anmeldung oder im Prüfungstermin bezeichnet worden ist (§ 181 InsO), so dass dem stillen Gesellschafter eine an sich berechtigte Nachforderung abgeschnitten werden kann.[737] Dem stillen Gesellschafter wird deshalb zum Teil geraten, gegen den Insolvenzverwalter auf Feststellung eines bestimmten Guthabens zu klagen und seine Forderung erst nach Rechtskraft des Feststellungsurteils oder unstreitiger Errechnung des Auseinandersetzungsguthabens durch den Insolvenzverwalter anzumelden.[738] Freilich muss der stille Gesellschafter auch in diesem Fall

733) Siehe schon RG, Urt. v. 15. 3. 1893, RGZ 31, 33, 36.

734) Unstreitig, siehe nur BGH, Urt. v. 18. 12. 1954 – II ZR 177/53, BB 1955, 331; *Heymann/Horn*, HGB, § 236 Rz. 6; *Polzer*, in: Münchener Handbuch des Gesellschaftsrechts II, § 93 Rz. 6.

735) BGH NJW 1983, 1855, 1856.

736) Vgl. RG, Urt. v. 1. 5. 1914 – Rep. II. 21/14, RGZ 84, 434, 436 ff; *Blaurock*, StG, § 17 Rz. 17.62.

737) *Blaurock*, StG, § 17 Rz. 17.60; *Heymann/Horn*, HGB, § 236 Rz. 6.

738) *Blaurock*, StG, § 17 Rz. 17.60; a. A. jetzt MünchKomm-*K. Schmidt*, HGB, § 236 Rz. 16; *K. Schmidt/Jungmann*, NZI 2002, 66.

das Auseinandersetzungsguthaben selbst errechnen und kann nur im Rahmen seiner Klage durch Klageerweiterung noch auf Feststellung eines höheren Betrages klagen. Dies lässt sich nur vermeiden, wenn der stille Gesellschafter den Insolvenzverwalter von vornherein auf Vornahme der Auseinandersetzung verklagt.[739] Wird dadurch die vom Insolvenzgericht gesetzte Frist für die Anmeldung versäumt, schadet dies nicht, weil die Frist keine Ausschlussfrist ist und eine nachträgliche Anmeldung damit möglich bleibt (vgl. § 177 InsO).

bb) Sonstige Forderungen

298 Auch alle übrigen (Drittgläubiger-)Forderungen des stillen Gesellschafters sind, sofern sie nicht wie Eigenkapital zu behandeln sind, einfache Insolvenzforderungen und als solche beim Insolvenzverwalter anzumelden (§§ 174 ff InsO). Hierzu zählen beispielsweise Ansprüche aus (zusätzlichen) **Darlehen oder Austauschverträgen.** Als gewöhnliche Insolvenzforderungen sind allerdings auch Ansprüche auf Auszahlung **stehengelassener Gewinne** anzusehen, es sei denn, sie haben nach der vertraglichen Absprache die Einlage erhöht und unterliegen insoweit dem Verlustabzug im Sinne von § 236 Abs. 1 HGB.[740] Der stille Gesellschafter kann grundsätzlich auch einen Schadensersatzanspruch wegen schuldhaften Verlustes der Einlage als Insolvenzforderung anmelden.[741]

299 **Gegenstände**, die der stille Gesellschafter dem Inhaber ohne Verlust seines Eigentums nur zum Gebrauch überlassen hatte, können ausgesondert werden (§ 47 InsO).

c) Pflicht des stillen Gesellschafters zur Zahlung in die Insolvenzmasse

300 Ergibt die Auseinandersetzung nach §§ 235, 236 HGB ein passives Einlagenkonto für den stillen Gesellschafter, trifft ihn eine (nachträgliche) **Einzahlungspflicht** nur, wenn er am Verlust beteiligt ist und seine Einlage rückständig ist. Der stille Gesellschafter hat seine Einlage auch dann nur bis zu dem Betrag, welcher zur Deckung seines Anteils am Verlust erforderlich ist, zur Insolvenzmasse einzuzahlen (vgl. § 236 Abs. 2 InsO). Eine darüber hinausgehende rückständige Einlage muss der stille Gesellschafter nicht mehr leisten. Auch eine vor Insolvenzeröffnung bereits fällige Einlage, mit der der stille Gesellschafter im

739) Vgl. *Heymann/Horn*, HGB, § 236 Rz. 7; *Kübler/Prütting/Noack* Rz. 657.

740) *Heymann/Horn*, HGB, § 236 Rz. 8; *Gehrlein*, in: Ebenroth/Boujong/Joost, HGB, § 236 Rz. 7; *Kübler/Prütting/Noack* Rz. 655.

741) BGHZ 83, 341, 344. Der Schadensersatzanspruch kann insbesondere nicht alternativ dadurch geltend gemacht werden, dass die Verlustminderung beim Einlagenrückforderungsanspruch nicht berücksichtigt wird, weil dies die Rechte der anderen Insolvenzgläubiger beeinträchtigen würde; BGHZ 83, 341, 344; *Heymann/Horn*, HGB, § 236 Rz. 8; *Kübler/Prütting/Noack* Rz. 656.

Verzuge war, braucht damit nicht mehr erbracht zu werden, wenn sie zur anteiligen Deckung von Verlusten nicht benötigt wird.[742] Von einem entstandenen Verzugsschaden befreit § 236 Abs. 2 HGB den stillen Gesellschafter indessen nicht.[743]

Liegen die genannten Voraussetzungen für eine Leistungspflicht vor, hat der stille Gesellschafter die Leistung des Differenzbetrags zwischen Verlustanteil und geleisteter Einlage nach Inhalt und Fälligkeit so zu erbringen, wie es gesellschaftsvertraglich vereinbart ist.[744] Dies bedeutet, dass eine geschuldete Sacheinlage nicht automatisch zu einer Verpflichtung zur Zahlung eines Geldbetrags wird. Der stille Gesellschafter hat nur die Möglichkeit, eine seinem Verlustanteil entsprechende Geldsumme zu zahlen, wenn der Wert der Sacheinlage den Verlustanteil übersteigt.[745] Außerdem wird die Verpflichtung zur Leistung der Einlage nicht ohne weiteres mit Eröffnung des Insolvenzverfahrens fällig; vielmehr ist auch insoweit das **vertragliche Leistungsversprechen** maßgebend.[746] Der stille Gesellschafter kann in Bezug auf seine rückständige Einlage kein Zurückbehaltungsrecht geltend machen, wenn er aus der Abwicklung schwebender Geschäfte Ansprüche gegen den Geschäftsinhaber erwartet; denkbar ist allenfalls eine Sicherheitsleistung (§ 95 InsO).[747] 301

Die damit insgesamt festzustellende günstige Rechtsstellung des stillen Gesellschafters mit rückständiger Einlage in der Insolvenz des Inhabers[748] gilt nur für Forderungen aus der Auseinandersetzung der stillen Gesellschaft; **Forderungen** des Inhabers gegen den stillen Gesellschafter **aus anderem Rechtsgrund** sind bei Geltendmachung durch den Insolvenzverwalter voll in die Insolvenzmasse zu leisten. 302

d) Eigenkapitalersetzende stille Beteiligungen und stille Beteiligungen mit Eigenkapitalcharakter

Nach dem gesetzlichen Leitbild stellt die stille Einlage in der Insolvenz des Inhabers kein Eigen- oder „Haftkapital" für die Insolvenzgläubiger dar, sondern steht 303

---

742) Vgl. *Uhlenbruck/Hirte*, InsO, § 11 Rz. 385.

743) MünchKomm-*K. Schmidt*, HGB, § 236 Rz. 22; *Koller*, in: Koller/Roth/Morck, HGB, § 236 Rz. 3.

744) *Blaurock*, StG, § 17 Rz. 17.65; *Gehrlein*, in: Ebenroth/Boujong/Joost, HGB, § 236 Rz. 11; wohl auch *Schlegelberger/K. Schmidt*, HGB, § 236 Rz. 23.

745) *Zutt*, in: GroßKomm. HGB, § 236 Rz. 10.

746) *Schlegelberger/K. Schmidt*, HGB, § 236 Rz. 24; *Blaurock*, StG, § 17 Rz. 17.65; *Baumbach/Hopt*, HGB, § 236 Rz. 4; *Zutt*, in: GroßKomm. HGB, § 236 Rz. 10.

747) Vgl. *Gehrlein*, in: Ebenroth/Boujong/Joost, HGB, § 236 Rz. 6.

748) Siehe dazu insbesondere *Karsten Schmidt*, ZHR 140 (1976), 475, 480 ff; *ders.*, KTS 1977, 1, 13 („Ausgestaltung der stillen Einlage als qualifizierter Kredit").

einem **Darlehen** (Fremdkapital) gleich.[749)] Funktional ist sie im Verhältnis zu den anderen Gläubigern und zu den Gesellschaftern der Inhabergesellschaft nur insoweit „haftendes Kapital", wie eine Verlustbeteiligung vereinbart ist.[750)] Dies allein ändert jedoch nichts an dem Fremdkapitalcharakter der stillen Beteiligung.[751)]

304 Nicht ausgeschlossen ist, dass die stille Einlage als Ersatz von Eigenkapital der Inhabergesellschaft erbracht worden und daher aufgrund der einschlägigen gesetzlichen Regelungen (§§ 32a GmbHG, 172a HGB) wie haftendes Eigenkapital zu behandeln ist oder die Beteiligten eine gesteigerte Einlagenhaftung des stillen Gesellschafters im Gesellschaftsvertrag oder einzelvertraglich in schuldrechtlichen Vereinbarungen vorgesehen haben. Schließlich kann die stille Einlage nach der Rechtsprechung wegen bestimmter gesellschaftsvertraglicher Regelungen auch unabhängig vom ausdrücklichen Willen der Beteiligten wie (materielles) Eigenkapital zu behandeln sein.

aa) Eigenkapitalersatz

(1) Stille Einlage

305 Die Rechtsstellung des stillen Gesellschafters in der Insolvenz der Inhabergesellschaft (§ 236 HGB) kann zunächst durch die Regelungen über eigenkapitalersetzende Gesellschafterleistungen bestimmt werden (§ 172a HGB, § 32a GmbHG).[752)]

306 Dies ist der Fall, wenn ein stiller Gesellschafter, der zugleich Gesellschafter der Inhabergesellschaft in der Rechtsform der GmbH oder GmbH & Co KG ist, seine stille Einlage in einem Zeitpunkt erbringt oder stehenlässt, in dem ein ordentlicher **Kaufmann** Eigenkapital zugeführt hätte.[753)] Die Erbringung einer stillen Einlage steht nach § 32a Abs. 3 Satz 1 GmbHG der Gewährung eines

---

749) *Karsten Schmidt*, ZIP 1981, 689, 693; ausführlich *ders.*, ZHR 140 (1976), 475.

750) *Knobbe-Keuk*, ZIP 1983, 127, 130; *Schön*, ZGR 1990, 220, 229; anders noch *Lutter/Hommelhoff*, ZGR 1979, 31, 41, 49, die jede stille Gesellschaft den Regeln des Eigenkapitalersatzrechts unterwerfen.

751) MünchKomm-*K. Schmidt*, HGB, § 230 Rz. 170; a. A. *Knobbe-Keuk*, ZIP 1983, 127, 129 f.

752) *Uhlenbruck/Hirte*, InsO, § 11 Rz. 391; zur Rechtslage für die atypische stille Gesellschaft an der eingetragenen Genossenschaft *Beuthien*, NZG 2003, 849, 853.

753) OLG Hamm, Urt. v. 3. 5. 1993 – 8 U 184/92, ZIP 1993, 1321, dazu EWiR 1993, 903 *(Limmer)*; s. auch *Kleindiek*, Festschrift Lutter, S. 871, 880 ff. Zur eingeschränkten Übertragbarkeit der Eigenkapitalersatzregeln auf die Aktiengesellschaft (grundsätzlich unternehmerische Beteiligung in Höhe von ¼ des Grundkapitals) siehe *Blaurock*, StG, § 17 Rz. 17.31; *Junker*, ZHR 156 (1992), 394; kritisch *Habersack*, ZHR 162 (1998), 201, 215 ff.

Darlehens gleich.[754] Die eigenkapitalersetzende Funktion kann anzunehmen sein, wenn die Finanzierung durch Erbringung einer stillen Einlage auf Krisenfinanzierung angelegt war oder sich die Inhabergesellschaft im Zeitpunkt der Erbringung der Einlage oder deren Stehenlassen in der Krise befand.[755]

Nach dem neu geschaffenen § 32a Abs. 3 Satz 2 GmbHG[756] gilt dies allerdings nicht für kapitalersetzende stille Einlagen von stillen Gesellschaftern, die als Gesellschafter der Inhabergesellschaft nicht geschäftsführend oder mit 10 % oder weniger an deren Stammkapital beteiligt sind.[757] Zu berücksichtigen ist ferner das in § 32a Abs. 3 Satz 3 GmbHG niedergelegte Sanierungsprivileg, aufgrund dessen die Kapitalersatzregeln auch nicht für stille Gesellschafter gelten, die in der Krise der Inhabergesellschaft Gesellschaftsanteile zum Zwecke der Überwindung der Krise erwerben.[758] Dies setzt voraus, dass der stille Gesellschafter bis zur Erbringung der stillen Einlage noch nicht Gesellschafter der Inhabergesellschaft war oder allenfalls eine Kleinbeteiligung ohne Geschäftsführungsbefugnis im Sinne von § 32a Abs. 3 Satz 2 GmbHG hält, die nunmehr zu Sanierungszwecken aufgestockt wird.[759] 307

Den stillen Gesellschafter, der nicht gleichzeitig Gesellschafter der Inhabergesellschaft ist, trifft grundsätzlich keine „Finanzierungsfolgenverantwortung" und Pflicht zur Erhaltung des Stammkapitals, die eine (analoge) Anwendung der Eigenkapitalersatzregeln auf die stille Einlage rechtfertigen könnte. Etwas anderes ist dann anzunehmen, wenn der stille Gesellschafter einem Gesellschafter als **„Dritter" im Sinne von § 32a Abs. 3 Satz 1 GmbHG** gleichgestellt ist.[760] Das ist der Fall, wenn ihm ein Gesellschafter für die Rückgewähr der in der 308

754) H. M., siehe *Hachenburg/Ulmer*, GmbHG, § 32a, b Rz. 96 f; *Scholz/K. Schmidt*, GmbHG, § 32a, 32b Rz. 119; *Hueck/Fastrich*, in: Baumbach/Hueck, GmbHG, § 32a Rz. 30; *Roth/Altmeppen*, GmbHG, § 32a Rz. 217; allgemein für die Einordnung kapitalersetzender Darlehen als stille Beteiligung *Mincke*, ZGR 1987, 521, 528.

755) *Koller*, in: Koller/Roth/Morck, HGB, § 236 Rz. 5.

756) Kapitalaufnahmeerleichterungsgesetz (KapAEG) v. 20. 4. 1998, BGBl I S. 707; näher zur Finanzierungsverantwortlichkeit des gering beteiligten (GmbH-)Gesellschafters *Grunewald*, in: Festschrift Lutter, S. 413; *Bezzenberger*, in: Festschrift Bezzenberger, S. 23, 46 ff; *Hueck/Fastrich*, in: Baumbach/Hueck, GmbHG, § 32a Rz. 17 f m. w. N.

757) Zu Zurechnungsproblemen, wenn der stille Gesellschafter zwar nicht unmittelbar an der Inhaber-GmbH, jedoch zugleich mit unternehmerischem Einfluss an einer Gesellschafter-Gesellschaft beteiligt ist *Scholz/K. Schmidt*, GmbHG, §§ 32a, 32b Rz. 186.

758) Näher *Dörrie*, ZIP 1999, 12; *Grunewald*, in: Festschrift Bezzenberger, S. 85; *Bezzenberger*, in: Festschrift Bezzenberger, S. 23, 54 ff; *Hueck/Fastrich*, in: Baumbach/Hueck, GmbHG, § 32a Rz. 19 m. w. N.

759) Vgl. allgemein *Hueck/Fastrich*, in: Baumbach/Hueck, GmbHG, § 32a Rz. 19.

760) Vgl. MünchKomm-*K. Schmidt*, HGB, § 230 Rz. 173.

Krise der Gesellschaft erbrachte stille Einlage eine Sicherheit bestellt oder sich dafür verbürgt (vgl. § 32a Abs. 2 GmbHG).

309 Liegen die Voraussetzungen für eine „eigenkapitalersetzende stille Einlage" vor, kann der stille Gesellschafter ein aktives Einlagenkonto in der Insolvenz der Inhabergesellschaft nur als **nachrangige Insolvenzforderung** geltend machen (§ 39 Abs. 1 Nr. 5 InsO).[761] Auf eine Verlustbeteiligung des stillen Gesellschafters kommt es insoweit nicht an. Dagegen wird man den stillen Gesellschafter bei einem passiven Einlagenkonto nicht verpflichten können, eine **rückständige Einlage** über § 236 Abs. 2 HGB hinaus in die Insolvenzmasse einzuzahlen; § 32a GmbHG, § 172a HGB sind als Rückzahlungsbeschränkung nur einschlägig, wenn die stille Einlage der Inhabergesellschaft tatsächlich einmal gewährt worden ist[762] und begründen keine Pflicht zur Leistung eines nur versprochenen Beitrags. Etwas anderes kann nur gelten, wenn vertraglich ausdrücklich vereinbart ist, dass die stille Einlage den Gläubigern der Inhabergesellschaft auch in der Insolvenz haften soll.[763] Der stille Gesellschafter, der nicht zugleich Gesellschafter der (Inhaber-)Gesellschaft ist, aber als „Dritter" einem Geselschafter gleichgestellt wird, kann im Insolvenzverfahren über das Vermögen der Gesellschaft nur für den Betrag verhältnismäßige Befriedigung verlangen, mit dem er bei der Inanspruchnahme der Sicherung oder der Bürgschaft des Gesellschafters ausgefallen ist (§ 32a Abs. 2 GmbHG).

310 Wenn dem stillen Gesellschafter eine eigenkapitalersetzende stille Einlage zurückgezahlt worden ist, haftet er nach Maßgabe der §§ 6 Nr. 2, 11 AnfG; §§ 135, 143 InsO. In den Fällen des § 32a Abs. 2, 3 GmbHG bestimmt sich die Haftung des Sicherheit gewährenden Gesellschafters bei Rückgewähr der stillen Einlage vor Insolvenzeröffnung nach § 32b GmbHG. Neben § 32a GmbHG kann gegen den stillen Gesellschafter auch ein Anspruch aus §§ 30, 31 GmbHG analog geltend gemacht werden, wenn die Rückgewähr der Einlage zu einer Unterbilanz bei der Inhabergesellschaft führt.[764]

---

761) MünchKomm-*K. Schmidt*, HGB, § 236 Rz. 26; unzutreffend *Gehrlein*, in: Ebenroth/Boujong/Joost, HGB, § 236 Rz. 18, der annimmt, die stille Einlage könne in diesen Fällen überhaupt nicht als Insolvenzforderung verfolgt werden.

762) Vgl. BGH, Urt. v. 19. 9. 1996 – IX ZR 249/95, BGHZ 133, 298, 303 = ZIP 1996, 1829, dazu EWiR 1996, 1087 *(Fleck)*; MünchKomm-*K. Schmidt*, HGB, § 236 Rz. 27; *Gehrlein*, in: Ebenroth/Boujong/Joost, HGB, § 236 Rz. 18; *Hueck/Fastrich*, in: Baumbach/Hueck, GmbHG, § 32a Rz. 22; a. A. OLG Frankfurt, GmbHR 1997, 892, 892.

763) Ein Rangrücktritt genügt hierfür nicht; siehe OLG Hamm; ZIP 1993, 1321, 1322; *Bayer*, in: v. Gerkan/Hommelhoff, Rz. 11.53 m. w. N.; MünchKomm-*K. Schmidt*, HGB, § 236 Rz. 31.

764) H. M., vgl. *Koller*, in: Koller/Roth/Morck, HGB, § 236 Rz. 5; *Roth/Altmeppen*, GmbHG, § 30 Rz. 71 (atypisch stiller Gesellschafter); und aus der Rechtsprechung BGH, Urt. v. 26. 3. 1984 – II ZR 14/84, BGHZ 90, 370, 376 = ZIP 1984, 698; OLG Hamburg ZIP 1990, 791, 792 f; OLG Hamm NZG 2001, 125, 126.

Die Anwendbarkeit der § 172a HGB, § 32a GmbHG ändert nichts am Fremdkapitalcharakter der stillen Einlage. Im **Überschuldungsstatus** der (Inhaber-) Gesellschaft ist eine eigenkapitalersetzende Einlage daher zu passivieren, wenn der stille Gesellschafter keinen ausdrücklichen Rangrücktritt erklärt.[765)] 311

(2) Andere Leistungen

Den Regeln über eigenkapitalersetzende Leistungen können neben der stillen Einlage schließlich auch andere Leistungen des stillen Gesellschafters, wie etwa zusätzliche **Darlehen, stehengelassene Gewinne** oder zum Gebrauch **überlassene Gegenstände** unterliegen.[766)] Wird dem stillen Gesellschafter von einem GmbH-Gesellschafter in Bezug auf die stille Einlage Sicherheit geleistet, kann – ohne dass beim stillen Gesellschafter besondere Voraussetzungen erfüllt sein müssen – § 32a Abs. 2 GmbHG eingreifen. 312

bb) „Materielle" Eigenkapitalqualität

Eine besondere „Finanzierungsfolgenverantwortung" kann auch den atypisch stillen Gesellschafter treffen, der eine stille Einlage in eine Kommanditgesellschaft oder GmbH eingebracht hat („KG & Still" oder „GmbH & Still"). 313

Hier hat die Rechtsprechung zunächst für die **„gesplittete Einlage"** in einer Publikums-KG,[767)] also der Verbindung von stiller Beteiligung und Kommanditistenstellung, eine Gleichstellung der stillen Einlage mit haftendem Kapital angenommen, wenn die stille Beteiligung Teil der gesellschaftsvertraglichen Beitragspflicht und für die Erreichung des Gesellschaftszwecks der Publikums-KG unerlässlich ist.[768)] Dem wird man im Ergebnis zustimmen müssen. Für die Behandlung als „materielles Eigenkapital" ist allerdings nicht der durch Beiträge zu fördernde Zweck der Inhabergesellschaft, sondern die Behandlung der stillen 314

---

765) Vgl. MünchKomm-*K. Schmidt*, HGB, § 236 Rz. 8; *Roth/Altmeppen*, GmbHG, Vorb § 64 Rz. 29.

766) BGHZ 106, 7, 9; *Bayer*, in: v. Gerkan/Hommelhoff, Rz. 11.55; *Heymann/Horn*, HGB, § 230 Rz. 59; *Koller*, in: Koller/Roth/Morck, HGB, § 236 Rz. 5.

767) Siehe dazu *Weimar*, DB 1987, 1077; *Wilken*, ZIP 1996, 61; *Habersack*, ZHR 161 (1997), 457, 462 f; *Schön*, ZGR 1990, 220, 239 ff; zu ähnlichen Gestaltungen – Kommanditbeteiligung und Darlehen – *Joost*, ZGR 1987, 370, 372 f.

768) BGH NJW 1980, 1522, 1523; BGH ZIP 1981, 734, 735; *Joost*, ZGR 1987, 370, 374. Als Indiz für die Unabdingbarkeit der stillen Einlagen für die Erreichbarkeit des Gesellschaftszwecks gilt ihr Ausweis im Prospekt der Publikumsgesellschaft als Eigenkapital; vgl. BGH ZIP 1981, 734, 735; BGH ZIP 1985, 347, dazu EWiR 1985, 401 *(Kellermann)*; *Schön*, ZGR 1990, 220, 234 ff („öffentliche Kundgabe des stillen Gesellschaftsverhältnisses") Indizwirkung hat auch oder ein Gesamtvolumen der stillen Beteiligungen von 2/3 des Gesamtkapitals der geschäftsinhabenden Gesellschaft; vgl. *Renner*, ZIP 2002, 1430, 1433 m. w. N. Siehe auch *Blaurock*, WuB II H. § 236 HGB 1.93; *Schmid/Hamann*, DStR 1992, 950, 953.

Beteiligung im Innenverhältnis „als Gesamthandsbeteiligung" entscheidend.[769] Regelmäßig treffen die Parteien im Gesellschaftsvertrag („**Finanzierungsabrede**") die Regelung, dass die neben der Kommanditbeteiligung zu erbringende stille Einlage oder Darlehenszahlung haftungsrechtlich dem Eigenkapital der Inhabergesellschaft gleichzustellen ist. Die Rechtsprechung zur gesplitteten Kommanditeinlage gründet dabei nicht auf den Besonderheiten der Publikums-KG, sondern ist auch auf die typische personalistische GmbH & Co KG übertragbar.[770]

315 Auch ohne unmittelbare gesellschaftsrechtliche Beteiligung des Stillen an der Inhabergesellschaft kann eine Qualifizierung der stillen Einlage als materielles Eigenkapital in Betracht kommen.[771] Dies ist jedenfalls dann anzunehmen, wenn die Parteien im Gesellschaftsvertrag oder in einer schuldrechtlichen Nebenabrede („Finanzplanvereinbarung") verabreden, dass der stille Gesellschafter das gleiche **Verlust- und Insolvenzrisiko** tragen soll wie ein Gesellschafter der (Inhaber-)Gesellschaft oder die stille Einlage ausdrücklich als „Eigenkapital" zu behandeln ist.[772] Fehlt es auch an einer solchen ausdrücklichen Abrede, kommt es für die Qualifizierung darauf an, dass die stille Einlage nach dem Gesamtbild des stillen Gesellschaftsvertrags wirtschaftlich als materielles Eigenkapital behandelt wird. Die Voraussetzungen, unter denen eine Gleichstellung anzunehmen ist, sind freilich noch nicht abschließend geklärt und nach der Bedeutung voneinander abgegrenzt.[773] Weitgehend Einigkeit dürfte nur dahingehend bestehen, dass eine nur vermögensmäßig „atypische" stille Beteiligung nicht genügt, eine zwangsweise Gleichstellung der stillen Einlage mit Eigenkapital zu begründen.[774] Die bloße Orientierung an der atypischen Ausgestaltung der Vermögensbeteiligung liefe auf eine zu weitgehende Ausdehnung der „Eigenkapital-

769) So ausdrücklich *Schlegelberger/K. Schmidt*, HGB, § 230 Rz. 157 u. § 236 Rz. 27; vgl. auch MünchKomm-*K. Schmidt*, HGB, § 236 Rz. 41 f für die „Innen-KG".

770) BGH, Urt. v. 21. 3. 1988 – II ZR 238/87, BGHZ 104, 33, 39 = ZIP 1988, 638; dazu *Habersack*, ZHR 161 (1997), 457, 463 f; MünchKomm-*K. Schmidt*, HGB, § 230 Rz. 171.

771) Vgl. BGH NJW 1985, 1079, 1079 f; *Weimar*, DB 1987, 1077, 1080 f; siehe auch *Johlke/Schröder*, in: v. Gerkan/Hommelhoff, Rz. 5.16 ff, die insoweit allerdings von Kapitalersatzrecht sprechen.

772) Vgl. MünchKomm-*K. Schmidt*, HGB, § 230 Rz. 171 f.

773) Vgl. die unterschiedliche Gewichtung bei *Hachenburg/Ulmer*, GmbHG, § 32a, b Rz. 124 f; *Scholz/K. Schmidt*, GmbHG, § 32a und § 32b Rz. 139; *Roth/Altmeppen*, GmbHG, § 32a Rz. 77 ff.

774) Vgl. *Blaurock*, StG, § 17 Rz. 17.30; *Johlke/Schröder*, in: v. Gerkan/Hommelhoff, Rz. 5.22 ff; *Fleischer*, ZIP 1998, 313, 316; *Reusch*, BB 1989, 2358, 2363; anders wohl OLG Hamburg, Urt. v. 13. 10. 1989 – 11 U 108/89, ZIP 1990, 791 = WM 1990, 1292 = GmbHR 1990, 393, dazu EWiR 1990, 787 *(Brandes)*; *Schmid/Hamann*, DStR 1992, 950, 952; allein auf eine Verlustbeteiligung abstellend *Roth/Altmeppen*, GmbHG, § 32a Rz. 178; *Altmeppen*, in: Festschrift Kropff, S. 642, 656.

funktion" auf jede „atypische" stille Gesellschaft hinaus.[775] Teilweise wird daher verlangt, dass die stille Einlage nach Wortlaut oder Sinn und Zweck des stillen Gesellschaftsverhältnisses (haftendes) Eigenkapital bilden muss.[776] Dem ist mit der Maßgabe zuzustimmen, dass das entscheidende Kriterium für diese Feststellung ohne ausdrückliche vertragliche Regelungen dann gegeben ist, wenn der stille Gesellschafter, der wirtschaftlich wie ein Kommanditist am Vermögen des Inhabergesellschaft beteiligt ist, auch weitreichend (wie ein Gesellschafter[777]) auf die Geschäftsführung der Inhabergesellschaft Einfluss nehmen kann.[778] Die notwendigen **unternehmerischen Gestaltungsbefugnisse** des stillen Gesellschafters müssen sich auf eine bestimmte Kontinuität gründen; sie sind daher nicht gegeben, wenn die stille Gesellschaft einer zeitlichen Befristung unterliegt oder von dem Geschäftsinhaber ohne Angabe von Gründen jederzeit gekündigt werden kann.[779]

Die Qualifizierung der stillen Einlage als „materielles Eigenkapital" ist nicht **316**
rechtsformbezogen[780] und von der Krisensituation der Inhabergesellschaft im Zeitpunkt der Gewährung der stillen Einlage unabhängig. In ihren **Rechtsfolgen** geht die Qualifizierung als „materielles Eigenkapital" über die Regeln für eigenkapitalersetzende Leistungen hinaus. Anders als beim Eigenkapitalersatz kann die Leistung einer rückständigen Einlage von dem Insolvenzverwalter unabhängig von einer Verlustbeteiligung oder ihrer exakten Höhe jedenfalls insoweit

---

775) *Schlegelberger/K. Schmidt*, HGB, § 236 Rz. 27. Die rechnerische Verlustbeteiligung führt nicht ohne weiteres zu einer Einstufung des stillen Gesellschafters als Mitunternehmer; vgl. OLG Hamm, Urt. v. 6. 3. 1996 – 8 U 155/95, WM 1997, 2323, 2324 m. Anm. *Blaurock*, WuB II H. § 236 HGB 1.98, dazu EWiR 1997, 707 *(v. Gerkan)*. Umgekehrt kann das Fehlen der Verlustbeteiligung auch nicht die Gleichstellung der stillen Einlage mit dem Eigenkapital verhindern, wenn die übrigen Voraussetzungen vorliegen; dazu näher *Johlke/Schröder*, in: v. Gerkan/Hommelhoff, Rz. 5.22.

776) *Schlegelberger/K. Schmidt*, HGB, § 236 Rz. 27.

777) Vgl. *Renner*, ZIP 2002, 1430, 1433 ff.

778) Vgl. BGHZ 106, 7, 10; BGH NJW 1985, 1079 f; OLG Hamm WM 1997, 2323, 2324 (dazu *Blaurock*, WuB II H. § 236 HGB 1.98); OLG Hamm, Urt. v. 13. 9. 2000 – 8 U 79/99, NZG 2001, 125, 125 f; *Blaurock*, StG; § 17 Rz. 17.30; *Bayer*, in: v. Gerkan/Hommelhoff, Rz. 11.53; *Johlke/Schröder*, in: v. Gerkan/Hommelhoff, Rz. 5.25 f; *Reusch*, BB 1989, 2358, 2363; *Kühn*, in: Münchener Handbuch des Gesellschaftsrechts II, § 83 Rz. 41; *Scholz/K. Schmidt*, GmbHG, §§ 32a, 32b Rz. 139 (Einbeziehung in den „Organisationsverband" der Inhabergesellschaft); *Koller*, in Koller/Roth/Morck, HGB § 236 Rz. 4a; *Schön*, ZGR 1990, 220, 233 (allenfalls bei „Weisungsbefugnissen" des Stillen); *Renner*, ZIP 2002, 1430, 1433 („kumulativ wirtschaftlichen und funktionalen Gleichstellung"). Siehe auch *Rümker*, in: Festschrift Stimpel, S. 673, 691 ff; *Kohlhosser*, WM 1985, 929, 933 f (für „Unternehmensbeteiligungsgesellschaften").

779) Saarl. OLG, Urt. v. 1. 9. 1998 – 4 U 635/97, ZIP 1999, 2150, 2151. Zur Berücksichtigung des Rechtsgedankens aus § 32a Abs. 3 Satz 2 GmbHG bei einer nur ganz geringen vermögensmäßigen stillen Beteiligung *Renner*, ZIP 2002, 1430, 1435.

780) Vgl. *Kübler/Prütting/Noack* Rz. 659; *Rümker*, in: Festschrift Stimpel, S. 673, 694 f.

verlangt werden, als dies zur Befriedigung der Insolvenzgläubiger erforderlich ist.[781] Noch offen ist, ob eine stille Einlage, die als „materielles" Eigenkapital zu qualifizieren ist, im Überschuldungsstatus als Verbindlichkeit unberücksichtigt bleiben und eine Überschuldung (§ 19 InsO) damit vermieden werden kann. Im Unterschied zur kapitalersetzenden stillen Einlage[782] wird dies zum Teil bejaht.[783] Wegen der verbleibenden erheblichen Schwierigkeiten bei der Feststellung der eigenkapitalähnlichen Funktion atypischer stiller Einlagen sollte man dies jedoch nur bei Vorliegen einer ausdrücklichen Rangrücktrittserklärung annehmen.

cc) Rangrücktrittsvereinbarung

317 Die Beteiligten können die Subordination einer stillen Einlage rechtsgeschäftlich nach Inhalt und Reichweite frei vereinbaren (sog. Rangrücktrittsvereinbarung).[784] Eigenkapitalähnliche Funktion erlangt sie insbesondere durch einen „umfassenden" Rangrücktritt, nach dem der stille Gesellschafter die Einlage erst **nach Befriedigung sämtlicher (Insolvenz-)Gläubiger** der Inhabergesellschaft und außerhalb des Insolvenzverfahrens nur aus ungebundenem Vermögen zurückfordern darf.[785] Eine solche Vereinbarung macht aus einer Forderung eine nachrangige Insolvenzforderung, unabhängig davon, ob sie dies schon nach objektivem Recht ist (vgl. § 39 Abs. 1 InsO). Ein Rangrücktritt kann aber und wird auch häufig mit Eigenkapitalersatz zusammentreffen.

318 Auch nach Inkrafttreten der Insolvenzordnung berechtigt ein Rangrücktritt grundsätzlich die Geschäftsführung der Kapitalgesellschaft, die subordinierte Forderung des Gläubigers im **Überschuldungsstatus unberücksichtigt** zu lassen. Der Rangrücktritt ist bei den aufgrund Gesetzes (§ 39 Abs. 1 Nr. 5 InsO) bereits subordinierten kapitalersetzenden (Gesellschafter-)Leistungen notwendige, aber auch hinreichende Voraussetzung um die Passivierungspflicht zu beseitigen und hierdurch eine Überschuldung der Inhabergesellschaft zu ver-

---

781) Vgl. BGH ZIP 1981, 734, 735; BGH NJW 1985, 1079, 1079 f; *Schlegelberger/K. Schmidt*, HGB, § 236 Rz. 28; MünchKomm-*K. Schmidt*, HGB, § 236 Rz. 35; *Kübler/Prütting/Noack* Rz. 664; *Koller*, in: Koller/Roth/Morck, HGB, § 236 Rz. 4a; *Renner*, ZIP 2002, 1430, 1435; kritisch *Bayer*, in: v. Gerkan/Hommelhoff, Rz. 11.57.

782) Vgl. BGH, Urt. v. 8. 1. 2001 – II ZR 88/99, BGHZ 146, 264 = ZIP 2001, 235, 240, dazu EWiR 2001, 329 *(Priester)* (zum eigenkapitalersetzenden Darlehen); siehe *Karsten Schmidt*, ZGR 1998, 633, 660 m. w. N. zu den gegensätzlichen Auffassungen.

783) Vgl. MünchKomm-*K. Schmidt*, HGB, § 236 Rz. 8.

784) Zu den verschiedenen Formen *Habersack*, ZGR 2000, 384, 401; *Priester*, DB 1977, 2429, 2430 f.

785) Vgl. *Habersack*, ZGR 2000, 384, 401; *Knobbe-Keuk*, ZIP 1983, 127, 129; *Priester*, DB 1977, 2429, 2430 f; siehe auch *Uhlenbruck*, in: Kölner Schrift, S. 1157, 1185.

meiden.[786] Um diese beabsichtigte Wirkung entfalten zu können, muss sich aus einer solchen schuldrechtlichen Rangrücktrittserklärung nach der Formulierung des BGH insbesondere ergeben, dass der stille Gesellschafter erst hinter allen ihm kraft Gesetzes vorgehenden Gläubigern, also auch denjenigen im Sinne von § 39 Abs. 1 Nr. 5 InsO, befriedigt wird (§ 39 Abs. 2 InsO) und zudem bis zur Abwendung der Krise auch nicht vor, sondern nur zugleich mit den Einlagenrückgewähransprüchen der Gesellschafter der Inhabergesellschaft berücksichtigt wird.[787] Dies ist jedoch offenbar dahin zu verstehen, dass dem Normzweck der Eigenkapitalersatzregeln genügt ist, wenn der Gesellschaftsgläubiger hinter die außenstehenden Gläubiger der Gesellschaft zurücktritt.[788]

Für die Annahme einer solchen Rangrücktrittsvereinbarung bedarf es einer ent- 319
sprechend klaren **Einigung** der Beteiligten; sie kann bei einer stillen Gesellschaft nicht schon einer reinen Ausschüttungsbeschränkung entnommen werden.[789] Gerade unter dem Regime der Insolvenzordnung wird man sorgfältig den Inhalt der Rangrücktrittserklärung zu prüfen und festzustellen haben, ob der stille Gesellschafter eine so weitreichende Erklärung auch tatsächlich abgeben will. Denn soweit er einen Rangrücktritt im Hinblick auf § 39 Abs. 1 InsO erklärt, wird er kaum einen Nachrang seiner Forderung hinter den darin genannten Forderungen beabsichtigen, sondern nur klarstellen wollen, dass kein besserer Rang als der des § 39 Abs. 1 Nr. 5 InsO beansprucht wird.[790]

Liegen die genannten Voraussetzungen vor, ist die stille Einlage ohne Rücksicht 320
auf die Höhe des Verlustanteils gegenüber den Gläubigern der Inhabergesellschaft **haftendes Kapital** geworden. Fraglich ist indessen, ob damit eine noch offene oder rückständige stille Einlage vom Insolvenzverwalter wie bei einem „materiellen Eigenkapital" eingefordert werden kann. Dies wird man nur dann annehmen können, wenn sich der Rangrücktrittsvereinbarung ein entsprechen-

---

786) Für die Rechtslage nach Inkrafttreten der InsO jetzt ausdrücklich BGH, Urt. v. 8. 1. 2001 – II ZR 88/99, ZIP 2001, 235, 240 = NZG 2001, 361, 363 m. Anm. *Habersack/Mayer*, dazu EWiR 2001, 329 *(Priester)*. Siehe auch *Altmeppen*, ZHR 164 (2000), 349, 364 ff, 374; *Habersack*, ZGR 2000, 384, 400; *Karsten Schmidt*, ZGR 1998, 633, 660; *ders.*, in: Hadding/Hopt/Schimansky, S. 1, 15 ff; *Uhlenbruck*, in: Kölner Schrift, S. 1157, 1185; zuvor bereits *Knobbe-Keuk*, ZIP 1983, 127, 128; *Priester*, DB 1977, 2429, 2430.

787) Vgl. BGH ZIP 2001, 235, dazu EWiR 2001, 329 *(Priester)*; kritisch *Habersack/Mayer*, NZG 2001, 365, 365 f.

788) So jetzt klarstellend *Röhricht*, S. 3, 19 f.

789) OLG Hamm WM 1997, 2323, 2324 f.

790) *Karsten Schmidt*, ZGR 1998, 633, 658 (Unterschied zwischen deklaratorischen und konstitutiven Rangrücktrittsvereinbarungen); *ders.*, ZIP 1999, 1241, 1247; siehe auch BGH, Urt. v. 28. 6. 1999 – II ZR 272/98, ZIP 1999, 1263, dazu EWiR 1999, 843 *(Dauner-Lieb)*, zugrundeliegende Rangrücktrittsvereinbarung.

der Wille der Parteien entnehmen lässt.[791] Für (Geld-)Darlehen wird dies unter dem Aspekt der Abbedingung des Widerrufsrechts aus § 610 BGB (Kündigungsrecht nach § 490 Abs. 1 BGB n. F.) ähnlich gesehen.[792] Eine „Zahlungspflicht in der Krise“ kann allerdings auch aufgrund des Zwecks der Finanzierung und der Umstände, unter denen die Finanzierungszusage gegeben worden ist, mit einem Rangrücktritt einhergehen.[793]

321 Bis zur Eröffnung des Insolvenzverfahrens können die Beteiligten eine Rangrücktrittsvereinbarung einvernehmlich jederzeit wieder aufheben.[794] Freilich ändert eine **Aufhebung des Rangrücktritts** nichts an einem festgestellten Eigenkapitalcharakter oder Kapitalersatz und dem gesetzlichen Nachrang (§ 39 Abs. 1 Nr. 5 InsO) der zugrundeliegenden Forderung. Spezifisch gesellschaftsrechtliche Aufhebungshindernisse nach den Regeln über den Kapitalersatz stehen der Aufhebung des Rangrücktritts daher nicht entgegen.[795]

3. Anfechtbare Rechtshandlungen

a) Systematische Einordnung

322 Es entspricht allgemeinen insolvenzrechtlichen Grundsätzen, dass im Interesse einer gleichmäßigen Gläubigerbefriedigung vom Insolvenzschuldner veräußerte Gegenstände unter bestimmten Voraussetzungen wieder im Wege der Insolvenzanfechtung zur Insolvenzmasse „zurückgezogen“ werden können (§§ 129 ff InsO). Die allgemeinen insovenzrechtlichen Anfechtungstatbestände werden durch die speziell auf die stille Gesellschaft zugeschnittene **Anfechtbarkeit der Einlagenrückgewähr** ergänzt (§ 136 InsO).

323 Dieser vor Inkrafttreten der Insolvenzordnung in § 237 HGB a. F. im wesentlichen gleich geregelte Anfechtungstatbestand geht auf die Überlegung zurück, dass der stille Gesellschafter zu dem Inhaber häufig in einem besonderen

---

791) Vgl. OLG Hamm ZIP 1993, 1321, 1322; LG Essen, Urt. v. 24. 7. 1992 – 42 O 74/92, WM 1992, 1982, 1984 m. Anm. *Blaurock*, WuB II H. § 236 HGB 1.93; *Blaurock*, StG, § 17 Rz. 17.25; *ders.* aber zumindest widersprüchlich StG, § 17 Rz. 17.70; a. A. *Gehrlein*, in: Ebenroth/Boujong/Joost, HGB, § 236 Rz. 13.

792) Siehe *Habersack*, ZGR 2000, 384, 405; *Karsten Schmidt*, ZIP 1999, 1241, 1247.

793) Vgl. BGH, Urt. v. 9. 12. 1996 – II ZR 341/95, WM 1997, 576, 576 f = GmbHR 1997, 498; näher dazu *Habersack*, ZGR 2000, 384, 405; *Karsten Schmidt*, ZIP 1999, 1241, 1247.

794) *Habersack*, ZGR 2000, 384, 405 ff; *Karsten Schmidt*, ZIP 1999, 1241, 1247 (siehe beide allerdings auch zu denkbaren zivilrechtlichen Wirksamkeitshindernissen). Nicht ausgeschlossen ist auch, dass eine vor Eröffnung des Insolvenzverfahrens vereinbarte Aufhebung vom Insolvenzverwalter nach §§ 129 ff InsO angefochten werden kann; *Habersack*, ZGR 2000, 384, 405 ff.

795) Eingehend *Habersack*, ZGR 2000, 384, 407 ff; *Karsten Schmidt*, ZIP 1999, 1241, 1247; a. A. *Gehrlein*, in: Ebenroth/Boujong/Joost, HGB, § 236 Rz. 13.

Näheverhältnis steht, welches ihm näheren Einblick in dessen Vermögenslage und frühzeitige Reaktion durch Rückforderung der Einlage oder Erlass des Anteils am entstandenen Verlust gestattet.[796] Die Gefahr der Benachteiligung der anderen Insolvenzgläubiger durch Verkürzung der Insolvenzmasse im letzten Jahr vor dem Antrag auf Eröffnung des Insolvenzverfahrens wird vor diesem Hintergrund als besonders erheblich angesehen. Wenn die Einlage einmal erbracht worden ist, soll sich der stille Gesellschafter auch dann auf seine Rolle als Insolvenzgläubiger beschränken (§ 39 Abs. 1 InsO), wenn im Zusammenhang mit der Vereinbarung über die Einlage die stille Gesellschaft aufgelöst worden ist (vgl. § 136 Abs. 1 Satz 2 InsO).

Der gläubigerschützende Kern der Bestimmung verbietet die vertragliche Ab- 324
bedingung oder Einschränkung dieser Regelungen – § 136 InsO enthält **zwingendes Recht**.[797] Neben § 136 InsO finden die §§ 129 ff InsO Anwendung. Besondere Beachtung verdient insoweit § 135 InsO. Danach kann die Rückgewähr nach § 135 InsO angefochten werden, wenn die stille Einlage nach den beschriebenen Voraussetzungen als **eigenkapitalersetzende Leistung** anzusehen ist. Diese Anfechtungsmöglichkeit fängt Fälle auf, in denen die besonderen Voraussetzungen des § 136 InsO nicht erfüllt sind, wenn also etwa die Vereinbarung über die Rückgewähr der Einlage über ein Jahr vor dem Antrag auf Eröffnung des Insolvenzverfahrens geschlossen wurde, die Rückzahlung aber in dem letzten Jahr vor der Antragstellung vorgenommen wurde (§ 135 Abs. 1 Nr. 2 InsO).

b) Tatbestandliche Voraussetzungen

Die Anfechtung nach § 136 InsO setzt voraus, dass in dem **Jahr vor Stellung des** 325
Antrags auf Eröffnung des Insolvenzverfahrens über das Vermögen des Inhabers eine stille Gesellschaft bestanden hat. Der Regelung unterliegt grundsätzlich auch eine fehlerhafte stille Gesellschaft, es sei denn, der Gesellschaftsvertrag war nichtig (§§ 134, 138 BGB).[798] Wie sich § 136 Abs. 1 Satz 2 InsO entnehmen lässt, muss die stille Gesellschaft im Zeitpunkt der Anfechtung indessen nicht mehr bestehen.

Die anfechtbaren Rechtshandlungen – Rückgewähr der Einlage oder Erlass des 326
Verlustanteils – müssen kausal auf eine **besondere Vereinbarung** zurückzufüh-

796) *Blaurock*, StG, § 17 Rz. 17.79.

797) *Blaurock*, StG, § 17 Rz. 17.79; *Gehrlein*, in: Ebenroth/Boujong/Joost, HGB, § 236 Rz. 2; *Hirte*, in: Uhlenbruck, InsO, § 136 Rz. 3.

798) *Blaurock*, StG, § 17 Rz. 17.84; *Gehrlein*, in: Ebenroth/Boujong/Joost, HGB, § 236 Rz. 3; *Koller*, in: Koller/Roth/Morck, HGB, § 236 Rz. 8; grundsätzlich auch MünchKomm-*K. Schmidt*, Anh. § 236 Rz. 9, 19.

ren sein.[799] Benachteiligungsabsicht ist nicht erforderlich. Mit dem Tatbestandsmerkmal der „Vereinbarung" werden die anfechtbaren gegen die „regulären" Rechtshandlungen abgegrenzt, die auf dem ursprünglichen Gesellschaftsvertrag oder einem gesetzlichen Schuldverhältnis beruhen. Eine besondere Vereinbarung liegt nur vor, wenn sie nach Abschluss des stillen Gesellschaftsvertrags in dem letzten Jahr vor dem Antrag auf Eröffnung des Insolvenzverfahrens freiwillig zustande gekommen und nicht bereits nach (dem ursprünglichen) Gesellschaftsvertrag oder Gesetz (§ 812 BGB) angelegt ist.[800] Sie ist zum Beispiel bei einer nachträglichen Gewährung eines besonderen Kündigungsrechts, einer vorzeitigen Auflösungsabrede, der Anerkennung einer unwirksamen Kündigung und der Zwangsvollstreckung aufgrund einer Vereinbarung anzunehmen. Demgegenüber sind Absprachen, die nur die nach Gesetz oder ursprünglicher Vereinbarung ohnehin bestehenden Rechtsfolgen konkretisieren, nicht anfechtbar.[801] Bei einer fehlerhaften stillen Gesellschaft ist zu berücksichtigen, dass sie aus wichtigem Grund kündbar ist und die nachfolgende Einlagenrückgewähr daher nicht auf einer besonderen Vereinbarung beruht.[802]

327 Gegenüber dem alten Recht ist für die Berechnung der maßgeblichen Jahresfrist nicht mehr auf die Eröffnung des Insolvenzverfahrens, sondern auf die entsprechende **Antragstellung** abzustellen. Die Fristberechnung bestimmt sich im übrigen nach § 139 InsO. Entscheidend ist, dass die Vereinbarung innerhalb der so ermittelten **Jahresfrist** zustande gekommen ist.[803] Liegt sie schon länger zurück und wurde nur die Rechtshandlung bzw. Durchsetzung der Abrede in dem Jahr vor dem Antrag auf Eröffnung des Insolvenzverfahrens vorgenommen, ist sie nach § 136 InsO nicht anfechtbar. Unter Umständen folgt allerdings etwas anderes aus §§ 129 ff InsO.

328 Gegenstand der Anfechtung ist die auf der Grundlage der besonderen Vereinbarung vorgenommene **masseschmälernde Rechtshandlung.**[804] Darunter ist jede Übertragung von Vermögenswerten aus dem Vermögen des Inhabers zu verstehen, die im Vermögen des stillen Gesellschafters zu einem Wertzufluss führt, auf den dieser ohne die besondere Vereinbarung keinen Anspruch gehabt hätte. Eine Minderung der Insolvenzmasse ist freilich nicht gegeben, wenn der stille Gesellschafter für die Zuwendung eine vollwertige Gegenleistung erbringt.

---

799) MünchKomm-*K. Schmidt*, HGB, Anh. § 236 Rz. 18; *Hirte*, in: Uhlenbruck, InsO, § 136 Rz. 8.

800) Vgl. *Koller*, in: Koller/Roth/Morck, HGB, § 236 Rz. 8; *Karsten Schmidt*, KTS 1977, 65, 77.

801) Vgl. BGH NZG 2001, 269.

802) BGHZ 55, 5, 10.

803) *Kübler/Prütting/Noack*, Rz. 670.

804) Vgl. MünchKomm-*K. Schmidt*, HGB, Anh. § 236 Rz. 11.

Eine **Rückgewähr** ist insbesondere anzunehmen, wenn die Einlage aus dem Vermögen des Inhabers zurückgezahlt worden ist. Es bedarf keiner weiteren Ausführung, dass neben der Erfüllung (§ 362 Abs. 1 BGB) auch Erfüllungssurrogate (§ 362 Abs. 2, § 364 Abs. 2, §§ 387, 398 BGB) als Rückgewähr anzusehen sind.[805] Nur Schuldänderung oder bloße „Umwandlung" der stillen Beteiligung in ein Darlehen (§ 488 BGB) bewirken noch keine Rückgewähr, sondern stellen nur eine besondere Vereinbarung dar, wenn sie mit einer früheren Fälligstellung des Rückzahlungsanspruchs verbunden werden.[806] Die Masse wird auch nicht geschmälert, wenn ein nur zum Gebrauch überlassener, aussonderungsfähiger Gegenstand zurückgewährt wird.[807] Zu denken ist jedoch an die Bestellung von (insolvenzfesten) Sicherheiten[808] oder die Auszahlung von Gewinnen, soweit diese gemäß § 232 Abs. 2 HGB zur Deckung eines Verlustes benötigt werden oder das Gewinnbezugsrecht innerhalb der Jahresfrist erhöht worden ist.[809] Im übrigen ist auch eine den **Verlustanteil übersteigende Rückgewähr** anfechtbar; das Anfechtungsrecht ist sogar gegeben, wenn eine Verlustbeteiligung gesellschaftsvertraglich insgesamt ausgeschlossen ist.[810] Die Gläubiger sollen gerade vor einem möglichen Informationsvorsprung des stillen Gesellschafters, den er zur vorzeitigen Befriedigung seiner Ansprüche vor allen anderen (Insolvenz-) Gläubigern ausnutzt, geschützt werden.[811] 329

In der Insolvenz „privilegiert" ist nur der stille Gesellschafter, der seine Einlage noch nicht erbracht hat. Er ist nicht mehr zur (verspäteten) Einzahlung verpflichtet. Unschädlich ist daher grundsätzlich auch der bloße **Erlass der Einlagenforderung** (§ 397 BGB). Etwas anderes gilt allerdings dann, wenn der mit der Erbringung der Einlage rückständige stille Gesellschafter am Verlust beteiligt ist und die rückständige Einlage zur Verlustdeckung benötigt wird (§ 236 Abs. 2 HGB). Hier liegt in dem Erlass der rückständigen Einlage zugleich auch ein anfechtbarer Erlass des Anteils an einem bereits entstandenen Verlust. Daraus ergibt sich zugleich, dass auch der unmittelbare Erlass eines Anteils an einem ent- 330

805) Die Aufrechnung ist allerdings schon nach § 96 Nr. 3 InsO unzulässig, ohne dass es der Anfechtung bedarf; zutreffend *Gehrlein*, in: Ebenroth/Boujong/Joost, HGB, § 236 Rz. 13.

806) Vgl. *Koller*, in: Koller/Roth/Morck, HGB, § 236 Rz. 8a; *Gehrlein*, in: Ebenroth/Boujong/Joost, HGB, § 236 Rz. 17; MünchKomm-*K. Schmidt*, HGB, Anh. § 236 Rz. 12.

807) *Heymann/Horn*, HGB, § 237 Rz. 7.

808) BGH NJW 1971, 375, 377 f; MünchKomm-*K. Schmidt*, HGB, Anh. § 236 Rz. 13; *Uhlenbruck/Hirte*, InsO, § 136 Rz. 6.

809) *Blaurock*, StG, § 17 Rz. 17.94; *Heymann/Horn*, HGB, § 237 Rz. 8.

810) *Heymann/Horn*, HGB, § 237 Rz. 6; *Karsten Schmidt*, KTS 1977, 65, 71; *Schlegelberger/K. Schmidt*, HGB, § 237 Rz. 10.

811) Vgl. *Koller*, in: Koller/Roth/Morck, HGB, § 236 Rz. 8a.

standenen Verlust nach § 136 InsO anfechtbar ist.[812] Maßgeblich sind sämtliche bis zum Zeitpunkt des Erlasses entstandenen Verluste, auch wenn sie noch nicht bilanziert sind; gegebenenfalls ist zur Feststellung unterjährig eine Zwischenbilanz aufzustellen. Dagegen ist eine Befreiung von künftigen Verlusten allenfalls nach §§ 129 ff InsO anfechtbar.[813]

c) Ausschluss der Anfechtung

331 Die Anfechtung ist ausgeschlossen, wenn die zugrundeliegende besondere Vereinbarung und die Einlagenrückgewähr nicht zur **Eröffnung des Insolvenzverfahrens** über das Vermögen des Inhabers beigetragen haben.[814] Sind (drohende) Zahlungsunfähigkeit (§§ 17, 18 InsO) oder Überschuldung (§ 19 InsO) als Eröffnungsgründe erst nach dem Abschluss der besonderen Vereinbarung entstanden, ist die Anfechtung von vornherein ausgeschlossen (§ 136 Abs. 2 InsO).[815] Die **Beweislast** für den Ausschluss der Anfechtbarkeit trägt der stille Gesellschafter.[816]

d) Ausübung des Anfechtungsrechts

332 Das Anfechtungsrecht wird von dem **Insolvenzverwalter** wahrgenommen (§ 129 Abs. 1 InsO). Ab der Eröffnung des Insolvenzverfahrens bleiben ihm für eine klageweise Geltendmachung (Klage, Widerklage) **zwei Jahre** Zeit (§ 146 InsO); die Geltendmachung der Anfechtung im Wege der Einrede (Leistungsverweigerungsrecht) ist nicht befristet (§ 146 Abs. 2 InsO).[817] Anfechtungsgegner ist der stille Gesellschafter oder dessen Gesamtrechtsnachfolger (§ 145 InsO).

333 Die Anfechtung zielt auf Rückgängigmachung eines Einlagenrückflusses zur Insolvenzmasse (§ 143 InsO) und allgemein auf **Wiederherstellung des Zustands**

---

812) *Kübler/Prütting/Noack* Rz. 671; MünchKomm-*K. Schmidt*, HGB, Anh. § 236 Rz. 15; *Uhlenbruck/Hirte*, InsO, § 136 Rz. 7.

813) *Blaurock*, StG, § 17 Rz. 17.92; MünchKomm-*K. Schmidt*, HGB, Anh. § 236 Rz. 17.

814) Vgl. *Kübler/Prütting/Paulus*, InsO, § 136 Rz. 8; *Heymann/Horn*, HGB, § 237 Rz. 11; *Kübler/Prütting/Noack* Rz. 672; siehe auch BGHZ 83, 341, 346 zur alten Rechtslage (Mitverursachung der Insolvenz durch die Zuwendung an den stillen Gesellschafter genügt).

815) *Kübler/Prütting/Paulus*, InsO, § 136 Rz. 8; *Kübler/Prütting/Noack* Rz. 672 (mit dem Hinweis, dass der gegenüber § 237 HGB a. F. geänderte Wortlaut der leichteren Handhabung in der Praxis dienen soll).

816) BGHZ 83, 341, 346; MünchKomm-*K. Schmidt*, HGB, Anh. § 236 Rz. 24 f.

817) So bereits der BGH, Urt. v. 11. 5. 1953 – IV ZR 170/52, NJW 1953, 1139, 1139 f (zur alten Jahresfrist nach § 41 Abs. 2 KO). Siehe auch *Schlegelberger/K. Schmidt*, HGB, § 237 Rz. 24; MünchKomm-*K. Schmidt*, HGB, Anh. § 236 Rz. 27 f

vor Ausführung der anfechtbaren Rechtshandlung.[818] Mit der Anfechtung erwirbt der Insolvenzverwalter einen obilgatorischen Anspruch auf Rückgewähr der von dem stillen Gesellschafter erlangten Gegenstände an die Insolvenzmasse. Hiergegen kann sich der stille Gesellschafter nicht auf Entreicherung (§ 818 Abs. 3 BGB) berufen, sondern schuldet vollen Wertersatz (§ 819 BGB), wenn die erhaltenen Gegenstände nicht mehr vorhanden sind (§ 143 Abs. 1 Satz 2 InsO). Im Gegenzug wird dem stillen Gesellschafter eine erbrachte Gegenleistung aus der Insolvenzmasse erstattet, soweit sie noch unterscheidbar vorhanden und die Masse um ihren Wert bereichert ist; im übrigen kann er den Anspruch nur als Insolvenzforderung geltend machen (§ 144 Abs. 2 InsO). Die besondere Vereinbarung bleibt von der Anfechtung unberührt;[819] die Forderung des stillen Gesellschafters gegen den Inhaber lebt mit der Rückgewähr des Erlangten wieder auf (§ 144 Abs. 1 InsO) und kann von ihm durch Anmeldung zur Insolvenztabelle verfolgt werden.

IX. Bankaufsichtsrechtliche Aspekte

1. Stille (Publikums-)Beteiligungen und Einlagenbegriff des KWG

Die stille Gesellschaft hat sich in der Form der „stillen Publikumsgesellschaft" zu 334
einer in der Praxis häufig vorkommenden Gesellschaftsform für die **Kapitalsammlung vom breiten Publikum** entwickelt (Rz. 136 ff).[820] Gesellschaften nehmen von einer Vielzahl von Geldgebern Vermögenseinlagen entgegen, um die Gelder wieder für Drittinvestitionen einzusetzen, an deren Gewinnentwicklung die „stillen Gesellschafter" beteiligt werden sollen. Dies ist kein neues Phänomen, wenngleich aus Sicht der Anleger wegen steuerlicher Änderungen die Nachfrage nach Abschreibungs- und Steuersparmodellen nachgelassen hat und nunmehr die Erzielung möglichst hoher Renditen im Vordergrund steht.[821]

In Betracht kommt, dass die stillen Beteiligungen als sog. **Einlagengeschäfte** im 335
Sinne des § 1 Abs. 1 Satz 2 Nr. 1 KWG anzusehen sind, die sich – ohne Rücksicht darauf, ob Zinsen vergütet werden – durch die Annahme fremder Gelder als Einlagen oder anderer rückzahlbarer Gelder des Publikums kennzeichnen.[822] Einlagengeschäfte im Sinne des KWG dürfen nur mit einer Erlaubnis der Bundesan-

---

818) Aus einer gewährten Sicherheit darf der stille Gesellschafter sich nicht befriedigen, sondern muss die Sicherheit aufgeben; *Gehrlein*, in: Ebenroth/Boujong/Joost, HGB, § 236 Rz. 27.

819) Vgl. schon BGH, Urt. v. 29. 6. 1970 – II ZR 32/68, WM 1971, 183, 183 f.

820) Vgl. *Blaurock*, in: Festschrift Heinsius, S. 33; *Loritz*, ZIP 2001, 309.

821) *Bornemann*, ZHR 166 (2002), 211, 213.

822) Zur nahezu unüberschaubaren Kasuistik des Einlagenbegriffs: *Fülbier*, in: Boos/Fischer/Schulte-Mattler, KWG, § 1 Rz. 32 ff.

stalt für Finanzdienstleistungsaufsicht (BAFin) nach § 32 KWG betrieben werden. Das unerlaubte Betreiben des Einlagengeschäfts, das auch eine Straftat nach § 54 Abs. 1 Nr. 2 KWG darstellt, kann von der BAFin nach § 37 KWG mit unter Umständen einschneidenden Folgen für die zivilrechtliche Wirksamkeit der zugrundeliegenden Verträge (vgl. §§ 134, 139 BGB) untersagt werden.[823)]

336 Die BAFin hat in der jüngeren Vergangenheit sowohl die Ausgabe von **verlustbefreiten stillen Beteiligungen** als auch von solchen, die zwar am Verlust teilnahmen, aber mindestverzinst sind, als Einlagegeschäft qualifiziert.[824)] Gleiches gilt in dem fließenden Übergangsbereich zwischen stiller Gesellschaft und **partiarischem Darlehen**, wenn in den maßgeblichen Verträgen ein garantierter Mindestgewinn („garantierte Ausschüttung") unter Ausschluss einer Verlustbeteiligung (§ 231 Abs. 2 Halbs. 1 HGB) vereinbart wird, was wirtschaftlich einer banküblichen Festzinsvereinbarung nahekommt.[825)] Nach dem Verständnis der BAFin vom „Einlagenbegriff" ist maßgeblich, dass von einer Vielzahl von Geldgebern auf der Grundlage typisierter Verträge darlehensweise oder in ähnlicher Weise unbedingt rückzahlbare Gelder entgegengenommen werden, ohne dass den Geldgebern eine der Art nach bankübliche Sicherheit bestellt wird. Die daraufhin ergangenen Unterlassungs- und Abwicklungsanordnungen sind zum Teil stark kritisiert worden, weil der damit verbundene Liquiditätsabfluss zur Insolvenz der betroffenen Inhabergesellschaften führen kann.[826)] Nach der BAFin ist nur eine typische stille Beteiligung nicht als Einlagengeschäft zu qualifizieren, da jedenfalls die Vermögenseinlagen stiller Gesellschafter, die am Verlust des Geschäftsinhabers teilnehmen, nur bedingt rückzahlbar sind.[827)] Gleiches gilt, wenn der Auseinandersetzungsanspruch subordiniert ist.[828)] Als problematisch erweisen sich die Fälle, in denen eine **Verlustteilnahme** mit einer garantierten Mindestverzinsung kombiniert wird. Obwohl bei einer solchen Gestaltung – wenn die Gewinne ausbleiben – die Rückzahlung der stillen Einlagen gefährdet

---

823) Näher *Fischer*, in: Boos/Fischer/Schulte-Mattler, KWG, § 37 Rz. 7 ff; offen gelassen in OLG Stuttgart DB 2003, 764, 765.

824) Vgl. statt anderer *Bornemann*, ZHR 166 (2002), 211, 215, 235 m. w. N. Siehe auch *Zacharias/Hebig/Rinnewitz*, S. 34.

825) VG Berlin DB 1999, 1377, 1381. Ablehnend *Loritz*, ZIP 2001, 309, 311. Vgl. auch *Blaurock*, in: Festschrift Heinsius, S. 33, 46 zur Abstellung auf die Informations- und Kontrollrechte des stillen Gesellschafters.

826) Vgl. *Loritz*, ZIP 2001, 309, 309; siehe auch BVerfG, Beschl. v. 8. 11. 2000 – 1 BvR 1577/00, NJW-RR 2001, 414.

827) Zuletzt VG Berlin DB 1999, 1377, 1380 (unter Hinweis auf die Beschlüsse v. 26. 7. 1998 – VG 25 A 71.98 und v. 22. 12. 1998 – VG 25 A 228. 98); vgl. auch BR-Drucks. 963/96, S. 63 zur 6. KWG-Novelle.

828) Ausführlich *Bornemann*, ZHR 166 (2002), 211, 233 f.

sein kann,[829] geht die BAFin auch hier von der unbedingten Rückzahlbarkeit der Einlage aus.[830] Im Ergebnis wird man dem zu folgen haben, sei es weil man annimmt, dass bei Vereinbarung einer Mindestverzinsung eine Verlustteilnahme ausscheidet,[831] oder jedenfalls eine unbedingte Rückzahlung nur für die sich zur Einlagenhöhe summierende Mindestverzinsung annimmt.[832]

BVerwG und BGH haben in ständiger Rechtsprechung an die Annahme eines Einlagengeschäfts teilweise engere Anforderungen gestellt. Danach ist in der Vermögenseinlage eines stillen Gesellschafters regelmäßig keine „Annahme fremder Gelder als Einlagen" zu sehen, weil sie nach dem gesetzlichen Leitbild der stillen Gesellschaft aufgrund einer gesellschaftsrechtlichen Verpflichtung erbracht wird, um sich unter Eingehung des damit verbundenen **Geschäftsrisikos** unternehmerisch zu betätigen.[833] Bei näherem Zusehen bestehen jedoch Zweifel an der Verallgemeinerungsfähigkeit des BGH-Urteils, da die stille Gesellschaft im entschiedenen Fall gerade eine Verlustteilnahme des stillen Gesellschafters und eine Subordination des Rückzahlungsanspruchs aufwies.[834] Dass eine solche Gestaltung den Tatbestand des Einlagengeschäfts nicht erfüllt, bezweifelt auch die BAFin nicht. Auch im übrigen ist ein **Ausschlussverhältnis** zwischen dem gesellschaftsrechtlichen Charakter einer stillen Beteiligung und dem Einlagengeschäft im Sinne des KWG aber nicht anzunehmen.[835] Nach der Neufassung des § 1 Abs. 1 Satz 2 Nr. 1 KWG durch die 6. KWG-Novelle und dem neu eingeführten Auffangtatbestand „andere rückzahlbare Gelder des Publikums" kommt es allein darauf an, ob ein unbedingter und nicht subordinierter Anspruch des Einlegers auf Rückzahlung der eingezahlten Beträge besteht.[836] Diese Qua- **337**

829) Darauf verweist *Loritz*, ZIP 2001, 309, 314.

830) Nachweise bei *Bornemann*, ZHR 166 (2002), 211, 235 Fußn. 119.

831) Vgl. *Blaurock*, StG, § 7 Rz. 7.35.

832) So *Bornemann*, ZHR 166 (2002), 211, 236.

833) BGH, Urt. v. 15. 3. 1984 – III ZR 15/83, BGHZ 90, 310, 313 = ZIP 1984, 944 = DB 1984, 1922 = NJW 1984, 2691 = WM 1984, 957; BGH, Urt. v. 9. 3. 1995 – III ZR 55/94, WM 1995, 874, 875 = ZIP 1995, 635, dazu EWiR 1995, 803 *(Schwark)*; vgl. auch BVerwG, Urt. v. 27. 3. 1984 – 1 C 125/80, NJW 1985, 929, 931 = WM 1984, 1367, 1368 f. Nach der Auffassung des Gerichts enthält § 1 Abs. 1 Satz 2 Nr. 1 KWG keinen allgemeinen Schutz für Gläubiger von Rückzahlungsansprüchen; zustimmend *Loritz*, ZIP 2001, 309, 310 f. Siehe zur Rechtslage vor Inkrafttreten der 6. KWG-Novelle auch *Blaurock*, in: Festschrift Heinsius, S. 33, 44.

834) Darauf weist *Bornemann*, ZHR 166 (2002), 211, 217, hin.

835) *Bornemann*, ZHR 166 (2002), 211, 217, 228 ff; anders *Blaurock*, in: Festschrift Heinsius, S. 33, 44 ff; *Uwe H. Schneider*, DB 1991, 1865, 1868.

836) Zutreffend *Bornemann*, ZHR 166 (2002), 211, 217; vgl. auch Begründung Regierungsentwurf zur 6. KWG-Novelle, BR-Drucks. 963/96 und *Mielk*, WM 1997, 2200, 2202 zur Intention des Gesetzgebers, einer restriktiven Ausrichtung der Rechtsprechung entgegenzuwirken.

lifizierung kann mit dem pauschalen Hinweis auf angebliche „unternehmenstypische Risiken" des Stillen, die ihm auch durch Ausschluss von der Verlustbeteiligung und einer Mindestverzinsung nicht genommen werden könnten, nicht beiseite geschoben werden – welche dies sein sollen, bleibt offen.[837] Ein fehlendes Bedürfnis für eine bankaufsichtsrechtliche Kontrolle und eine daran anknüpfende teleologische Reduktion des Einlagenbegriffs wird man auch nicht annehmen können, wenn den stillen Gesellschaftern weitgehende Informations- und Kontrollrechte eingeräumt werden[838] oder ihnen in einer mehrgliedrigen stillen Gesellschaft mit Verbandscharakter eine institutionalisierte Selbstkontrolle zur Verfügung steht.[839]

338 Da Einlagen der Gesellschafter von Außengesellschaften nur „bedingt rückzahlbar" sind und daher nicht in den Einlagentatbestand des § 1 KWG fallen, könnte versucht werden, die bankaufsichtliche Erlaubnis dadurch zu vermeiden, dass eine **(Außen-)Gesellschaft bürgerlichen Rechts** zwischengeschaltet wird, die dem Publikum grundsätzlich nicht der Bankaufsicht unterliegende GbR-Anteile anbietet, um mit dem so eingesammelten Kapital einzige stille Gesellschafterin der Inhabergesellschaft zu werden. Ein „bankaufsichtsrechtlicher Durchgriff" erscheint in solchen Fällen jedoch nicht ausgeschlossen.[840]

339 Unter Umständen kann außerdem zweifelhaft sein, ob bei atypischer Ausgestaltung **einzelne „besondere" Abreden** des Vertrages unter den Begriff des Einlagengeschäfts zu subsumieren sind. Beispielsweise kommt es im Zusammenhang mit sog. Beteiligungsprogrammen vor, dass eine ratenweise Rückzahlung des Auseinandersetzungsguthabens (§ 235 Abs. 1 HGB) über einen Zeitraum von 10 bis 40 Jahren hinweg vereinbart wird. Grundsätzlich steht es den Beteiligten frei, im Gesellschaftsvertrag die Fälligkeit eines Auseinandersetzungsanspruchs hinauszuschieben, etwa um die Liquidität des Unternehmens zu gewährleisten.[841] Auch bei langen Auszahlungszeiträumen ist hierin keine unzulässige Kündigungsbeschränkung (§ 723 Abs. 3 BGB) zu sehen,[842] wenn etwa aufgrund einer „wirtschaftlich attraktiven" Verzinsung und der Möglichkeit, für eine Einmalauszahlung zu optieren, die Interessen der Gesellschafter gewahrt werden.

837) *Bornemann*, ZHR 166 (2002), 211, 229; unzutreffend a. A. *Loritz*, ZIP 2001, 309, 313.

838) Anders *Blaurock*, in: Festschrift Heinsius, S. 33, 46 schon für die gesetzlichen Informations- und Kontrollrechte.

839) Eingehend *Bornemann*, ZHR 166 (2002), 211, 241 ff; a. A. *Blaurock*, in: Festschrift Heinsius, S. 33, 46.

840) *Bornemann*, ZHR 166 (2002), 211, 238 ff.

841) *Blaurock*, StG, § 16 Rz. 16.32; *Heymann/Horn*, HGB, § 235 Rz. 2; *Reusch*, S. 261 f; siehe auch BGH, Urt. v. 16. 3. 1998 – II ZR 323/96, ZIP 1998, 956, 957.

842) Zur Problematik allgemein BGH, Urt. v. 9. 1. 1989 – II ZR 83/88, ZIP 1989, 770, dazu EWiR 1989, 761 *(Priester)*; MünchKomm-*Ulmer*, BGB, § 738 Rz. 53.

Eine Fälligkeits- oder Stundungsabrede erfüllt auch nicht die Voraussetzungen eines Einlagengeschäfts, wenn die Beteiligungen im übrigen in dem oben genannten Sinne „unternehmerisch" sind.

2. Zurechnung von stillen Vermögenseinlagen zum Eigenkapital von Kreditinstituten

Eine weitere, davon zu unterscheidende Fragestellung ist, unter welchen Voraussetzungen Vermögenseinlagen stiller Gesellschafter an einem Kreditinstitut dem haftenden Eigenkapital des Instituts als Kernkapitalbestandteil zuzurechnen sind. 340

Nach § 10 Abs. 4 KWG ist hierfür mit Inkrafttreten der 6. KWG-Novelle maßgeblich,[843] dass die stille Beteiligung **bis zur vollen Höhe**[844] **am Verlust** teilnimmt und in der Insolvenz erst **nach Befriedigung aller** – auch nachrangiger – **Gläubiger** des Kreditinstituts zurückgefordert werden kann.[845] Damit wird bereits deutlich, dass die Unterscheidung zwischen typischen oder atypischen stillen Gesellschaften für die Frage der Zurechnung der stillen Einlagen zum Kernkapital keine Rolle spielt, da Verlustteilnahme und Zinszahlungsaufschub bei Verlust zwingend vorgeschrieben sind. Eine stille Vermögenseinlage muss dem Kreditinstitut mindestens 5 Jahre zur Verfügung stehen und frühestens in 2 Jahren fällig werden, um Bestandteil des Kernkapitals sein zu können. Der Gesellschaftsvertrag darf auch keine **Besserungsabreden** enthalten, nach denen der durch Verluste während der Laufzeit der Einlage ermäßigte Rückzahlungsanspruch durch Gewinne, die nach mehr als vier Jahren nach der Fälligkeit des Rückzahlungsanspruchs entstehen, wieder aufgefüllt wird. Nachträgliche Änderungen dieser Bedingungen zu Lasten der Gläubiger sind nicht möglich. Materiell neu ist allerdings seit der 6. KWG-Novelle die Bestimmung, dass eine **vorzeitige Rückzahlung** dann nicht zurückgewährt werden muss, wenn gleichwertig haftendes Eigenkapital ersatzweise eingezahlt worden ist.[846] Ausweislich der Regierungsbegründung soll damit einer im Wertpapiergeschäft teilweise stark schwankenden Ertragslage Rechnung getragen werden.[847] Man muss aber wohl auch sehen, dass diese Regelung auch die Verlusttragungspflicht des Kernkapitals 341

843) Zur Behandlung von stillen Einlagen vor den maßgablichen Änderungen durch die 3. KWG-Novelle *Boos*, in: Boos/Fischer/Schulte-Mattler, KWG, § 10 Rz. 34.

844) Vgl. dazu die amtliche Begründung, abgedruckt bei *Schork*, KWG, S. 171.

845) Vgl. auch den Hauptversammlungsbeschluss der IKB Deutsche Industriebank AG (Bundesanzeiger vom 19. 7. 2002, TOP 7).

846) Außerdem kommt dies in Betracht, wenn die BAFin der vorzeitigen Rückzahlung zustimmt (§ 10 Abs. 4 Satz 3 KWG).

847) BT-Drucks. 13/7627 vom 13. 5. 1997, S. 162.

in Frage stellt.[848] Es bleibt abzuwarten, wie sich die Zuordnung stiller Einlagen zum Kernkapital insgesamt und hinsichtlich der inhaltlichen Anforderungen im internationalen Kontext und insbesondere der Initiativen des Baseler Ausschusses für Bankenaufsicht fortentwickeln wird.[849]

848) Daher kritisch *Mielk*, WM 1997, 2200, 2210, *Boos*, in: Boos/Fischer/Schulte-Mattler, KWG, § 10 Rz. 36.

849) Näher dazu *Boos*, in: Boos/Fischer/Schulte-Mattler, KWG, § 10 Rz. 38.

Teil 2 Unterbeteiligung an Gesellschaftsanteilen

I. Grundlagen

1. Struktur der Unterbeteiligung und Rechtsbeziehungen zwischen den Beteiligten

Die Unterbeteiligung ist eine Form der **mittelbaren Unternehmensbeteiligung**. Sie ist dadurch charakterisiert, dass ein Gesellschafter (Hauptbeteiligter) einen Dritten (Unterbeteiligter) gegen Leistung einer Einlage obligatorisch zumindest am Gewinn des Gesellschaftsanteils des Hauptbeteiligten (Hauptbeteiligung) partizipieren lässt.[1] Unmittelbare Rechtsbeziehungen bestehen dabei nur zwischen dem Unterbeteiligten und dem Gesellschafter, nicht jedoch zwischen dem Unterbeteiligten und der Hauptgesellschaft oder den übrigen Gesellschaftern. Der Unterbeteiligte hat lediglich schuldrechtliche Ansprüche gegen den Hauptgesellschafter auf Teilhabe an dessen Erträgen aus dem Anteil, er wird aber nicht Gesellschafter der Gesellschaft, an der die Hauptbeteiligung besteht.[2] Alleiniger Inhaber der Hauptbeteiligung ist und bleibt der Hauptbeteiligte.[3] Es handelt sich damit der Sache nach um eine **Beteiligung an einer Beteiligung.**[4] 342

Die mittelbare Gesellschaftsbeteiligung ist durch die rechtliche Trennung zwischen der Verbundenheit der Gesellschafter in der Gesellschaft auf der einen Seite und der Verbindung eines einzelnen Gesellschafters mit einem Dritten auf der anderen Seite gekennzeichnet.[5] Wegen der großen Ähnlichkeit der Unterbeteiligung mit der stillen Gesellschaft hat *Karsten Schmidt* sie mit Recht auch als stille 343

---

1) Vgl. BGH, Urt. v. 11. 7. 1986 – II ZR 179/66, BGHZ 50, 316, 318; BGH, Urt. v. 13. 6. 1994 – II ZR 259/92, ZIP 1994, 1180 = NJW 1994, 2886, dazu EWiR 1994, 861 *(Fleischer)*; *Herzfeld*, AcP 137 (1933), 270 ff; *Ulmer*, in: GroßKomm. HGB, § 105 Rz. 108; MünchKomm-*K. Schmidt*, HGB, § 230 Rz. 198; *Gehrlein*, in: Ebenroth/Boujong/Joost, HGB, § 230 Rz. 84; a. A. *Tebben*, S. 43 f.

2) BFH, Urt. v. 8. 8. 1979 – I R 82/76, BStBl II 1979, 768, 769 = GmbHR 1979, 284; *Ebbing*, in: Michalski, GmbHG, § 15 Rz. 185; *Gehrlein*, in: Ebenroth/Boujong/Joost, HGB, § 230 Rz. 84.

3) OLG Frankfurt, Urt. v. 8. 8. 1985 – 15 U 233/83, GmbHR 1987, 57; *Paulick*, ZGR 1974, 253, 259; *Roth/Thöni*, Treuhand und Unterbeteiligung, in: Festschrift 100 Jahre GmbH-Gesetz, S. 245, 252 f.

4) MünchKomm-*Ulmer*, BGB, vor § 705 Rz. 70; *Roth/Thöni*, in: Festschrift 100 Jahre GmbH-Gesetz, S. 245, 252; *Obermüller/Obermüller*, in: Festschrift für Werner, S. 607.

5) *Tebben* S. 27.

Beteiligung an einem Gesellschaftsanteil bezeichnet.[6] **Wirtschaftlicher Zweck** der Unterbeteiligung ist die interne Teilung der Gewinn- und Verlustchancen aus der Gesellschafterstellung in der Hauptgesellschaft mit einem anderen, der an der Hauptgesellschaft selbst nicht beteiligt ist.[7]

344 Die **Art der Hauptbeteiligung** ist grundsätzlich bedeutungslos; im Allgemeinen handelt es sich jedoch um Beteiligungen gesellschaftsrechtlicher Natur.[8] Auf diese beschränkt sich die nachfolgende Darstellung.

345 Aufgrund der bestehenden Vertragsfreiheit kann eine Unterbeteiligung an Gesellschaftsrechten an einer Kapitalgesellschaft (Aktie, Geschäftsanteil an einer GmbH) oder an Gesellschaftsrechten an einer (Handels-)Personengesellschaft (OHG, KG) oder Gesellschaft bürgerlichen Rechts vereinbart werden.[9] Denkbar ist ferner auch die Unterbeteiligung an einer stillen Beteiligung, die in der Praxis vor allem als Unterbeteiligung an einer atypischen stillen Beteiligung vorkommt.[10]

346 Üblicherweise ist die Hauptgesellschaft eine Außengesellschaft, die Unterbeteiligung kann aber auch an einer echten oder unechten stillen Beteiligung oder an einer Unterbeteiligung bestehen.[11] Im letzteren Fall spricht man von einer **mehrstufigen Unterbeteiligung,**[12] bei der freilich jede Unterbeteiligung ein eigenständiges, in sich geschlossenes Rechtsgebilde darstellt. Bei der GmbH &

---

6) *Schlegelberger/K. Schmidt*, HGB, § 335 Rz. 182; MünchKomm-*K. Schmidt*, HGB, § 230 Rz. 192. Nach zum Teil vertretener Ansicht handelt es sich in der Sache sogar um eine stille Gesellschaft; BGH, Urt. v. 11. 7. 1968 – II ZR 179/66, BGHZ 50, 316, 320; MünchKomm-*K. Schmidt*, HGB, § 230 Rz. 204; *Ebbing*, in: Michalski, GmbHG, § 15 Rz. 186; *Durchlaub*, DB 1978, 873. Abweichend – für stille Gesellschaft – *Schneider*, in: Festschrift für Möhring, S. 115 ff; *Esch*, NJW 1964, 902, 903 ff.

7) *Blaurock*, StG, § 30 Rz. 30.2.

8) *Herzfeld*, AcP 137 (1933), 270. Auch bei sonstigen Vermögensrechten, etwa einem Konsortialkredit, sind Unterbeteiligungsverhältnisse denkbar, vgl. hierzu *Heymann/Horn*, HGB, § 230 Rz. 65 m. w. N. sowie ausführlich *Obermüller/Obermüller*, in: Festschrift für Werner, S. 607; *Sittmann*, WM 1996, 469. Dagegen können nach MünchKomm-*K. Schmidt*, HGB, § 230 Rz. 195 Unterbeteiligungen im eigentlichen Sinne nur an gesellschaftsrechtlichen Beteiligungen gebildet werden.

9) Vgl. nur *Esch*, NJW 1964, 904 (zur Aktiengesellschaft); *Fasold*, GmbHR 1973, 12 (zur GmbH); *Heymann/Horn*, HGB, § 230 Rz. 65 (zur Personengesellschaft); *Bärwaldt*, in: Beck'sches Handbuch der Personengesellschaft, § 14 Rz. 3 (zur Gesellschaft bürgerlichen Rechts); insgesamt *Gehrlein*, in: Ebenroth/Boujong/Joost, HGB, § 230 Rz. 84 sowie MünchKomm-*K. Schmidt*, HGB, § 230 Rz. 195 mit weiteren Nachweisen.

10) MünchKomm-*K. Schmidt*, HGB, § 230 Rz. 195, *ders.*, DB 1976, 1706; *Weigl*, S. 181.

11) *Riegger*, in; Münchener Handbuch des Gesellschaftsrechts I, § 24 Rz. 1; *Hesselmann*, GmbHR 1964, 29; MünchKomm-*K. Schmidt*, HGB, § 230 Rz. 213; *Weigl*, S. 181.

12) *Roth/Thöni*, in: Festschrift 100 Jahre GmbH-Gesetz, S. 245, 253.

Co KG sind Unterbeteiligungsverhältnisse sowohl an den Anteilen des oder der Kommanditisten als auch an der Komplementär-GmbH denkbar.

Nicht möglich ist dagegen eine Unterbeteiligung am eigenen Gesellschaftsanteil, da dies einen unzulässigen Vertrag mit sich selbst bedeuten würde. Umstritten ist auch, ob **zwei oder mehrere selbständige Unterbeteiligungen** an demselben Gesellschaftsanteil zulässig sind. Während dies von einigen Stimmen in der Literatur für den Fall abgelehnt wird, dass beide Unterbeteiligungen von demselben Beteiligten übernommen werden sollen,[13] sprechen die besseren Gründe für eine Zulässigkeit auch solcher personenidentischer Unterbeteiligungsgesellschaften. Bei zwei selbständigen Unterbeteiligungen handelt es sich um rechtlich voneinander getrennte Innengesellschaften, die unterschiedlich ausgestaltet sein können und in ihrer Existenz voneinander unabhängig sind.[14] Nichts anderes sollte bei Personenidentität des Unterbeteiligten gelten. Es handelt sich auch dann nicht um zwei Mitgliedschaften an derselben Gesellschaft, sondern um zwei getrennte, lediglich personenidentische Innengesellschaften.[15] 347

Die Unterbeteiligung stellt im Grundsatz nach der ganz herrschenden Auffassung eine **Gesellschaft bürgerlichen Rechts** gemäß §§ 705 ff BGB dar.[16] Eine Personengesellschaft nach §§ 105 ff HGB scheidet dagegen aus, da die Verwaltung der Hauptbeteiligung kein Handelsgewerbe ist.[17] In der Unterbeteiligung wird kein gemeinsames, gesamthänderisch gebundenes Gesellschaftsvermögen gebildet, denn der Gesellschaftsanteil, auf den sich die Unterbeteiligung bezieht, steht allein im Eigentum des Hauptbeteiligten.[18] Die Unterbeteiligung ist daher eine bloße **Innengesellschaft.**[19] Die Unterbeteiligungsgesellschaft hat keine eigene Firma; sie ist auch mangels eines Gesamthandsvermögens nicht insolvenzfähig. Außerdem mangelt es ihr an Rechts- und Parteifähigkeit.[20] 348

---

13) *Schlegelberger/K. Schmidt*, HGB, § 335 Rz. 206.

14) *Roth/Thöni*, in: Festschrift 100 Jahre GmbH-Gesetz, 1992, S. 245, 254.

15) So auch *Riegger*, in: Münchener Handbuch des Gesellschaftsrechts I, § 24 Rz. 19.

16) BGH, Urt. v. 11. 7. 1968 – II ZR 179/66, BGHZ 50, 316, 320; MünchKomm-*K. Schmidt*, HGB, § 230 Rz. 204; *Ebbing*, in: Michalski, GmbHG, § 15 Rz. 186; *Durchlaub*, DB 1978, 873. Abweichend – für stille Gesellschaft – *Schneider*, in: Festschrift für Möhring, S. 115 ff; *Esch*, NJW 1964, 902, 903 ff.

17) *Herzfeld*, AcP 137 (1933), 270, 271; *Weigl*, S. 15.

18) *Obermüller/Obermüller*, in: Festschrift für Werner, S. 607, 609.

19) *Schlegelberger/K. Schmidt*, HGB, § 335 Rz. 218; MünchKomm-*K. Schmidt*, HGB, § 230 Rz. 194; *Blaurock/Berninger*, GmbHR 1990, 11, 12; *Ulmer*, in: GroßKomm. HGB, § 105 Rz. 110; *Baumbach/Hopt*, HGB, § 105 Rz. 38; *Weigl*, S. 15; *Roth/Thöni*, in: Festschrift 100 Jahre GmbH-Gesetz, 1992, S. 245, 252; *Märkle*, DStZ 1985, 471, 472.

20) *Sudhoff/Schlitt*, GmbH & Co KG, § 39 Rz. 2; MünchKomm-*K. Schmidt*, HGB, § 230 Rz. 194.

349 Durch den Abschluss des Gesellschaftsvertrags verpflichten sich Hauptbeteiligter und Unterbeteiligter gegenseitig zur Förderung eines ihnen **gemeinsamen Zweckes**, zu dessen Erreichung beide beitragen müssen und an dessen Verwirklichung beide interessiert sind. Der Zweck der Unterbeteiligungsgesellschaft liegt im Halten und der Nutzung des Gesellschaftsanteils durch den Gesellschafter und der Teilhabe des Unterbeteiligten an den Erträgnissen dieser Beteiligung.[21] Der Hauptbeteiligte fördert den gemeinsamen Zweck, indem er die Beteiligung an der Hauptgesellschaft auch im Interesse des Unterbeteiligten hält; der Unterbeteiligte trägt bereits dadurch zum gemeinsamen Zweck bei, dass er mittels seiner Unterbeteiligung einen Anteil an der Hauptgesellschaft hält. Die Erbringung einer Einlage oder sonstiger Beiträge sind nicht unbedingt erforderlich.[22] Auf diese Weise wird das wirtschaftliche Interesse an dem Geschäftsanteil im Innenverhältnis zwischen dem Hauptgesellschafter und dem Unterbeteiligten aufgeteilt.[23]

350 Nach *Karsten Schmidt* liegt eine Unterbeteiligung vor, wenn aufgrund des zwischen dem Gesellschafter einer Kapital- oder Personengesellschaft (Hauptgesellschafter) und einem Unterbeteiligten zur Erreichung eines gemeinsamen Zwecks geschlossenen Gesellschaftsvertrag der Unterbeteiligte ohne Bildung eines Gesellschaftsvermögens mit einer Einlage an dem Anteil des Hauptgesellschafters beteiligt ist und eine Gewinnbeteiligung erhält.[24] Die entscheidenden **vier Merkmale** für eine Unterbeteiligung sind demnach zusammengefasst:

(1) das Bestehen einer Hauptbeteiligung,

(2) ein Gesellschaftsvertrag zwischen Haupt- und Unterbeteiligtem,

(3) eine Einlage des Unterbeteiligten sowie

(4) eine Gewinnbeteiligung des Unterbeteiligten.

---

21) *Friehe*, S. 18; *Paulick*, ZGR 1974, 253, 268; *Schlegelberger/K. Schmidt*, HGB, § 335 Rz. 185; MünchKomm-*K. Schmidt*, HGB, § 230 Rz. 196; *Blaurock*, Unterbeteiligung, S. 93 ff; *Heymann/Horn*, HGB, § 230 Rz. 67.

22) Str., wie hier aber *Westermann*, in: Handbuch der Personengesellschaften I, S. 948; *Riegger*, in: Münchener Handbuch des Gesellschaftsrechts I, § 24 Rz. 2; MünchKomm-*K. Schmidt*, HGB, § 230 Rz. 196 i. V. m. Rz. 37 (dort mit Nachweisen zum Streitstand bei der stillen Gesellschaft).

23) *Roth/Thöni*, Festschrift 100 Jahre GmbH-Gesetz, S. 245, 252.

24) *Schlegelberger/K. Schmidt*, HGB, § 335 Rz. 183; unverändert MünchKomm-*K. Schmidt*, HGB, § 230 Rz. 192.

Eine Verlustbeteiligung des Unterbeteiligten ist zwar regelmäßig ebenfalls gegeben, aber kein konstitutives Merkmal für eine Unterbeteiligung.[25) 351

Die **Zulässigkeit** von Unterbeteiligungsverhältnissen ist unbestritten, auch wenn es an speziellen gesetzlichen Regelungen fehlt. Sie ergibt sich aus der gesellschaftsrechtlichen Vertragsfreiheit.[26)] In Ermangelung spezialgesetzlicher und gesellschaftsvertraglicher Sonderbestimmungen bestimmt sich das Rechtsverhältnis zwischen dem Hauptbeteiligten und dem Unterbeteiligten grundsätzlich nach den §§ 705 ff BGB, weil es sich bei der Unterbeteiligung nach herrschender Meinung um eine Gesellschaft bürgerlichen Rechts handelt.[27)] Nicht anwendbar sind jedoch die Vorschriften, die das Außenverhältnis betreffen oder sich auf die Existenz eines Gesamthandvermögens beziehen, da es sich bei der Unterbeteiligung um eine Innengesellschaft handelt.[28)] Darüber hinaus sind nach herrschender Auffassung bei gleichzeitiger teleologischer Reduktion der §§ 705 ff BGB die §§ 230 ff HGB entsprechend anwendbar.[29)] Dies gilt vor allem, soweit die §§ 230 ff HGB – wie z. B. hinsichtlich ihrer Gläubigerschutzvorschriften – zwingenden Charakter haben.[30)] Zwar ist die Unterbeteiligung keine stille Gesellschaft,[31)] aber die zwischen ihnen bestehende Verwandtschaft legt eine entsprechende Anwendung der für die stille Gesellschaft vorgesehen Normen auf die Unterbeteiligung nahe. Die §§ 230 ff HGB enthalten typische Regelungen für eine schuldrechtliche Beteiligung an einer Gesellschaft und stellen nicht entscheidend darauf ab, ob der Vertrag mit der Gesellschaft als solcher (wie bei der stillen Beteiligung) oder mit einem Gesellschafter (wie bei der Unterbeteiligung) 352

---

25) *Schlegelberger/K. Schmidt*, HGB, § 335 Rz. 187; MünchKomm-*K. Schmidt*, HGB, § 230 Rz. 198.

26) *Riegger*, in: Münchener Handbuch des Gesellschaftsrechts I, § 24 Rz. 5.

27) BGH, Urt. v. 11. 7. 1968 – II ZR 179/66, BGHZ 50, 316, 320; BGH, Urt. v. 13. 6. 1994 – II ZR 259/92, ZIP 1994, 1180 = WM 1994, 1477, dazu EWiR 1994, 861 *(Fleischer)*; BFH, Beschl. v. 5. 11. 1973 – GrS 3/72, BStBl. II 1974, 414, 415; *Paulick*, ZGR 1974, 253, 256; MünchKomm-*Ulmer*, BGB, vor § 705 Rz. 62. Nach MünchKomm-*K. Schmidt*, HGB, § 230 Rz. 204 kommt es auf eine Unterscheidung zwischen der Gesellschaft bürgerlichen Rechts und der stillen Gesellschaft nicht an.

28) *Paulick*, ZGR 1974, 253, 268.

29) BGH, Urt. v. 11. 7. 1968 – II ZR 179/66, BGHZ 50, 316, 318; BFH, Urt. v. 10. 11. 1987 – VIII R 53/84, BStBl. II 1988, 186, 188; BFH, Urt. v. 6. 7. 1995 – IV R 79/94, BStBl II 1996, 269, 272; *Bender*, DB 1979, 1147; *Heymann/Horn*, HGB, § 230 Rz. 67; *Baumbach/Hopt*, HGB, § 105 Rz. 38; *Weipert*, in: Münchener Handbuch des Gesellschaftsrechts II, § 12 Rz. 62; MünchKomm-*Ulmer*, BGB, vor § 705 Rz. 70; MünchKomm-*K. Schmidt*, HGB, § 230 Rz. 204; *Scholz/Winter*, GmbHG, § 15 Rz. 13; *Ebbing*, in: Michalski, GmbHG, § 15 Rz. 186.

30) *Schlegelberger/K. Schmidt*, HGB, § 335 Rz. 201; MünchKomm-*K. Schmidt*, HGB, § 230 Rz. 204.

31) Überzeugend *Blaurock*, StG, § 30 Rz. 30.8. Zu den konstitutiven Merkmalen einer stillen Gesellschaft siehe ausführlich *Singhof* Teil 1.

zustande kommt.[32] Allerdings sind weder die §§ 705 ff BGB noch die §§ 230 ff HGB allein geeignet, die speziellen Probleme der Unterbeteiligung zu lösen.[33] Die §§ 320–326 BGB sind nur in engen Grenzen anwendbar.[34]

2. Abgrenzung zu verwandten Rechtsinstituten

353 Die Unterbeteiligung ist von einer Reihe anderer ähnlicher Rechtsfiguren abzugrenzen. Entscheidend ist dabei nicht die Benennung des verwendeten Rechtsinstituts durch die Beteiligten, sondern dessen **rechtliche Qualifizierung** unter Würdigung aller Umstände im Einzelfall.[35]

a) Stille Gesellschaft

354 Die stille Gesellschaft ist gemäß § 230 HGB die Beteiligung an dem Handelsgewerbe eines anderen. Dabei ist es unerheblich, ob das Handelsgewerbe von einem Einzelkaufmann, einer Personengesellschaft oder einer Kapitalgesellschaft betrieben wird. Soweit der „Hauptbeteiligte" aber kein Handelsgewerbe betreibt (z. B. Beteiligung an einer Kapitalgesellschaft), kann die Beteiligung keine stille Gesellschaft sein (oben Rz. 12 ff).[36] Soweit das Unternehmen von einem Einzelkaufmann betrieben wird, kommt dagegen nur eine stille Gesellschaft in Betracht.[37] In anderen Fällen ist eine Abgrenzung von stiller Gesellschaft und Unterbeteiligung erforderlich[38]. Der Unterschied zur Unterbeteiligung besteht im **Gegenstand der Beteiligung**: Bei der stillen Gesellschaft ist dies das Unternehmen, bei der Unterbeteiligung die Beteiligung.[39] Wie bei der Unterbeteiligung handelt es sich auch bei der stillen Gesellschaft um eine reine Innengesellschaft des bürgerlichen Rechts. Anders als der Unterbeteiligte beteiligt sich der stille Gesellschafter jedoch schuldrechtlich an einem Handelsgewerbe. Das Gesellschaftsverhältnis bezieht sich somit auf den Träger des Unternehmens.[40] Entsprechend kann der stille Gesellschafter seine Rechte gegenüber der

---

32) *Schlegelberger/K. Schmidt*, HGB, § 335 Rz. 203.
33) *Tebben*, S. 45.
34) *Schlegelberger/K. Schmidt*, HGB, § 335 Rz. 204; MünchKomm-*K. Schmidt*, HGB, § 230 Rz. 205.
35) *Paulick*, ZGR 1974, 253, 259.
36) *Hesselmann*, GmbHR 1964, 26.
37) *Riegger*, in: Münchener Handbuch des Gesellschaftsrechts I, § 24 Rz. 10.
38) Vgl. *Groß*, DB 1950, 424.
39) MünchKomm-*K. Schmidt*, HGB, § 230 Rz. 199.
40) *Pickhardt-Poremba/Engelsing*, DStZ 2000, 282; MünchKomm-*K. Schmidt*, HGB, vor § 230 Rz. 95.

Hauptgesellschaft geltend machen, während der Unterbeteiligte sich zur Durchsetzung seiner Rechte nur an den Hauptbeteiligten halten kann.

b) Bruchteilsgemeinschaft

Von der Bruchteilsgemeinschaft an einer Beteiligung unterscheidet sich die Unterbeteiligung dadurch, dass bei der Unterbeteiligung keine gemeinsame **dingliche Berechtigung** am Anteil entsteht.[41] Die für die Bruchteilsgemeinschaft an einer Aktie bzw. an einem GnbH-Geschäftsanteil geltenden § 69 AktG und § 18 GmbHG sind bei der Unterbeteiligung nicht anwendbar.[42] 355

c) Partiarische Darlehensverhältnisse

Die Unterbeteiligung ist des weiteren von partiarischen Darlehensverhältnissen 356 zu sondern. Während es sich bei partiarischen Rechtsverhältnissen (oben Rz. 18 ff) um Austauschverträge handelt, wird durch die Unterbeteiligung ein gemeinsamer Zweck verfolgt. Ein partiarisches Darlehen ist ein Darlehen, bei dem als Gegenleistung für die Gewährung des Darlehens eine Gewinnbeteiligung vorgesehen ist. Voraussetzung für eine Unterbeteiligung ist die Beteiligung am Gewinn der Hauptgesellschaft. Soll der Unterbeteiligte nach dem Unterbeteiligungsvertrag einen festen, vom Ergebnis der Hauptgesellschaft unabhängigen, gleichbleibenden Anteil erhalten oder ist ihm eine feste Verzinsung seiner Einlage zugesagt, liegt ein Darlehensverhältnis vor.[43] Eine **Gewinnbeteiligung** und damit ein Unterbeteiligungsverhältnis ist aber dann gegeben, wenn die Gewinnbeteiligung lediglich auf einen Höchst- oder Mindestbetrag festgesetzt wird.[44] Eine Gewinnbeteiligung liegt auch vor, wenn dem Unterbeteiligten neben einer festen Verzinsung ein Gewinnanteil oder ein Mindestgewinn zugesichert ist oder wenn nach dem Geschäftsergebnis gestaffelte Zinserträge vereinbart werden. Einer laufenden Gewinnbeteiligung ist gleichzustellen, wenn der Unterbeteiligte zwar in den einzelnen Jahren keinen anteiligen Gewinne erhält, aber an dem sich bei einer künftigen Auseinandersetzung ergebenden **Überschuss** teilnimmt. Wie bei der Abgrenzung von stiller Gesellschaft und partiarischen Rechtsverhältnissen ist daher entscheidend, dass die am Unterbeteiligungsverhältnis beteiligten Gesellschafter eine erfolgsabhängige Beteiligung des Unterbeteiligten vereinba-

---

41) *Schlegelberger/K. Schmidt*, HGB, § 335 Rz. 199; MünchKomm-*K. Schmidt*, HGB, § 230 Rz. 200.

42) MünchKomm-*K. Schmidt*, HGB, § 230 Rz. 200.

43) *Paulick*, ZGR 1974, 253, 264; zur Abgrenzung siehe auch MünchKomm-*K. Schmidt*, HGB, § 230 Rz. 57 ff, 201; *Ebbing*, in: Michalski, GmbHG, § 15 Rz. 185.

44) BayOLG, Urt. v. 2. 1. 1951 – UmstBeschwReg 12/50, NJW 1951, 237.

ren. Die Abgrenzung ist in Zweifelsfällen mit Mitteln der Vertragsauslegung zu treffen.

d) Treuhand

357 Die Unterbeteiligung ist außerdem von der (Verwaltungs-)Treuhand abzugrenzen (unten Rz. 507). Während es sich bei der Unterbeteiligung um eine Technik der mittelbaren Beteiligung handelt, bezeichnet die Treuhand einen **Vertragszweck.**[45] Bei der Treuhand ist der Treuhänder im Innenverhältnis nur Beauftragter des Treugebers und an dessen Weisungen gebunden, während im Gegensatz dazu zwischen Haupt- und Unterbeteiligtem ein Gesellschaftsverhältnis besteht.[46] Nur entsprechend dem zwischen ihnen geschlossenen Gesellschaftsvertrag kann der Unterbeteiligte Einfluss auf den Hauptbeteiligten nehmen. Bei einer Treuhand hält der Hauptgesellschafter die Beteiligung zudem ausschließlich für fremde Rechnung, während er sie bei einer Unterbeteiligung für eigene und für fremde Rechnung hält.[47] Kennzeichnend für die Unterbeteiligung ist somit die Verfolgung eines gemeinsamen Zweckes.

358 Nach der Rechtsprechung des Bundesgerichtshofs schließen sich Treuhand und Unterbeteiligung an Gesellschaftsanteilen jedoch nicht aus, so dass nicht nur entweder Auftrags- oder Gesellschaftsrecht Anwendung findet.[48] Vielmehr trägt das gesellschaftsrechtliche Verhältnis zwischen Haupt- und Unterbeteiligtem auch **treuhänderische Züge**, da der Hauptbeteiligte seinen Gesellschaftsanteil an der Hauptgesellschaft nicht mehr nur im eigenen Interesse hält und insbesondere zur (teilweisen) Überlassung des Gewinns verpflichtet ist.[49] Dabei ist die konkrete inhaltliche Ausgestaltung des Verhältnisses entscheidend für die Frage, welche gesetzlichen Bestimmungen im Einzelfall Anwendung finden.[50] Soweit der Hauptbeteiligte seinen Gesellschaftsanteil an der Hauptgesellschaft vollumfänglich für den anderen Beteiligten hält, fehlt es regelmäßig an der für ein Gesellschaftsverhältnis typischen Verfolgung eines gemeinsamen Zweckes, so

---

45) *Karsten Schmidt*, Gesellschaftsrecht, § 63 I 2 b.

46) MünchKomm-*K. Schmidt*, HGB, Vor § 230 Rz. 45.

47) *Blaurock*, StG, § 30 Rz. 30.9.

48) BGH, Urt. v. 13. 6. 1994 – II ZR 259/92, ZIP 1994, 1180 = NJW 1994, 2886, dazu EWiR 1994, 861 *(Fleischer)*. Gegen ein Exklusivitätsverhältnis ferner MünchKomm-*K. Schmidt*, HGB, Vor § 230 Rz. 45, 98 („nur typischer, aber nicht begrifflich strenger Gegensatz"); *Ebbing*, in: Michalski, GmbHG, § 15 Rz. 185.

49) BGH, Urt. v. 13. 6. 1994 – II ZR 259/92, ZIP 1994, 1180, dazu EWiR 1994, 861 *(Fleischer)*.

50) *Blaurock*, StG, § 30 Rz. 30.11.

dass keine Unterbeteiligung vorliegt, sondern Auftragsrecht Anwendung findet.[51)]

Nach der zutreffenden Auffassung von *Karsten Schmidt* ist eine Unterbeteiligung auch in einem Fall denkbar, in dem der Hauptbeteiligte seinen Anteil vollständig in eine Mehrzahl von Unterbeteiligungen aufteilt und die Hauptbeteiligung (nur noch) für Rechnung sämtlicher Unterbeteiligten hält. Insoweit besteht dann sowohl ein Treuhand- wie auch ein Unterbeteiligungsverhältnis.[52)] Ferner liegt ein Treuhand- und Unterbeteiligungsverhältnis auch dann vor, wenn der Hauptbeteiligte dem Unterbeteiligten, ohne ihm seinen Anteil voll zu übertragen, den gesamten Gewinn und Verlust überläßt.[53)] **359**

e) Sonstige

Die Unterbeteiligung ist weiterhin von der vollumfänglichen internen **Abtretung** eines an sich unabtretbaren Anteils zu unterscheiden. Trotz Ähnlichkeiten der Beziehungen zwischen dem Zessionar und der Hauptgesellschaft bei der Unterbeteiligung und der vollständigen internen Abtretung ist das Innenverhältnis bei der Abtretung anders ausgestaltet. Rechtlicher Grund für die Abtretung ist regelmäßig ein Kauf, verbunden mit einer treuhänderischen Geschäftsbesorgung des Zedenten, während das Innenverhältnis bei der Unterbeteiligung grundsätzlich gesellschaftlicher Natur ist.[54)] Bei der bloßen **Zession einzelner Gesellschafterrechte** ist der Erwerber ebenfalls nur Zessionar des Zedenten, ohne sich gesellschaftlich am Risiko zu beteiligen.[55)] Rechte und Pflichten als Gesellschafter gehen nicht über. **360**

Endlich ist von einer Unterbeteiligung der Fall zu unterscheiden, bei dem mehrere gemeinschaftlich, etwa in der Form einer Gesellschaft des bürgerlichen Rechts durch diese Gesellschaft an einer anderen Gesellschaft beteiligt sind (**Beteiligungsgesellschaft**). Diese Gesellschaft ist eine Außengesellschaft, während die Unterbeteiligung eine Innengesellschaft darstellt.[56)] **361**

---

51) BGH, Urt. v. 13.6.1994 – II ZR 259/92, ZIP 1994, 1180 = NJW 1994, 2886, dazu EWiR 1994, 861 *(Fleischer)*; *Schlegelberger/K. Schmidt*, HGB, § 335 Rz. 201; MünchKomm-*K. Schmidt*, HGB, § 230 Rz. 202; *Zutt*, in: GroßKomm. HGB, § 230 Rz. 109; *Märkle*, DStZ 1985, 471, 472.

52) MünchKomm-*K. Schmidt*, HGB, Vor § 230 Rz. 45, § 230 Rz. 202, 210.

53) MünchKomm-*K. Schmidt*, HGB, § 230 Rz. 210.

54) *Herzfeld*, AcP 137 (1933), 270, 273.

55) *Hesselmann*, GmbHR 1964, 27.

56) *Herzfeld*, AcP 137 (1933), 270, 275.

3. Erscheinungsformen

a) Offene und verdeckte Unterbeteiligung

362 Die Unterbeteiligung ist in verschiedenen Erscheinungsformen anzutreffen. Wird sie gegenüber der Hauptgesellschaft und den Mitgesellschaftern nicht offengelegt, spricht man von einer verdeckten Unterbeteiligung. Um eine offene Unterbeteiligung handelt es sich dagegen, wenn die Unterbeteiligung den übrigen Gesellschaftern bekannt ist.[57)] Sind die **Mitgesellschafter** mit der Begründung der Unterbeteiligung einverstanden, können dem Unterbeteiligten vertraglich Mitverwaltungsrechte wie etwa direkte Auskunfts- und Kontrollrechte in Gesellschaftsangelegenheiten oder gar das Stimmrecht[58)] eingeräumt werden.[59)] Nach anderer Ansicht liegt eine offene Unterbeteiligung freilich nicht schon dann vor, wenn die anderen Gesellschafter der Hauptgesellschaft von der Unterbeteiligung Kenntnis haben,[60)] sondern erst, wenn dem Unterbeteiligten mit Zustimmung der Mitgesellschafter unmittelbare Mitverwaltungsrechte in der Hauptgesellschaft eingeräumt werden.[61)] Auch in diesem Fall bleibt die Unterbeteiligung allerdings im Schuldrecht verhaftet; die Einräumung der Position eines Gesellschafters in der Hauptgesellschaft ist mit ihr nicht verbunden.

b) Typische und atypische Unterbeteiligung

363 Je nach Ausgestaltung der dem Unterbeteiligten eingeräumten Rechtsposition differenziert man in Anlehnung an die Abgrenzung bei der stillen Gesellschaft ferner zwischen der typischen und der atypischen Unterbeteiligung (oben Rz. 117 ff).[62)] Bei der typischen Unterbeteiligung steht dem Unterbeteiligten lediglich eine **Quote des** auf den Anteil an der Hauptgesellschaft entfallenden **Gewinns** zu. Wird die Unterbeteiligung beendet, erhält er seine Einlage zurück. Der atypisch Unterbeteiligte ist dagegen auch an der Substanz, also an Veränderungen der Hauptbeteiligung und den offenen und stillen Reserven sowie an einem Geschäftswert anteilig entsprechend seiner Quote beteiligt.[63)] Häufig wird bei einer atypischen Unterbeteiligung im Innenverhältnis ein Anspruch auf einen Teil des Auseinandersetzungs- bzw. Abfindungsguthabens entsprechend

---

57) *Roth/Thöni*, in: Festschrift 100 Jahre GmbH-Gesetz, S. 245, 254.

58) *Ulmer*, in: GroßKomm. HGB, § 105 Rz. 113.

59) LG Bremen, Urt. v. 10. 5. 1990 – 2 O 221/90, GmbHR 1991, 269; *Heymann/Emmerich*, HGB, § 105 Rz. 57.

60) BGH, Urt. v. 11. 7. 1968 – II ZR 179/66, BGHZ 50, 316, 325; BGH, Urt. v. 4. 11. 1976 – II ZR 50/75, WM 1977, 525, 527.

61) *Blaurock*, Unterbeteiligung, S. 184; *Ulmer*, in: GroßKomm. HGB, § 105 Rz. 113.

62) MünchKomm-*K. Schmidt*, HGB, § 230 Rz. 207.

63) BFH v. 27. 1. 1994 – IV R 114/91, BStBl II 1994, 636, 637; *Roth/Thöni*, in: Festschrift 100 Jahre GmbH-Gesetz, S. 245, 254; *Hohaus*, GmbHR 2002, 883, 884.

der prozentualen Gewinnbeteiligung vereinbart.[64] Der atypisch Unterbeteiligte trägt andererseits aber auch das **Risiko eines Wertverlusts** der Hauptbeteiligung, der gegebenenfalls sogar zum vollständigen Verlust seines Einlagenrückgewähranspruchs führen kann.[65] In Anlehnung an die in §§ 230 ff HGB geregelte typische stille Gesellschaft spricht man folglich von einer atypischen Unterbeteiligung, wenn vom dem in den §§ 230 ff HGB gesetzlich geregelten Typus der Innengesellschaft abgewichen wird.[66] Eine atypische Unterbeteiligung liegt außerdem dann vor, wenn der Unterbeteiligte über maßgebende Geschäftsführungsbefugnisse verfügt, mittels derer er auf das Schicksal der Hauptbeteiligung Einfluss ausüben kann.[67] Immer ist allerdings zu beachten, dass nicht nur eine Form der atypischen Unterbeteiligung existiert, sondern vielmehr sich aufgrund der weitgehenden vertraglichen Gestaltungsfreiheit und den verschiedenen mit der Unterbeteiligung verfolgten Zwecken eine kaum überschaubare Typenvielfalt entwickelt hat. Allen atypischen Unterbeteiligungen ist jedoch gemeinsam, dass der Unterbeteiligte mehr als einen Anspruch auf Beteiligung an dem auf den Anteil des Hauptbeteiligten entfallenden Gewinns hat.

Die Unterscheidung zwischen typischer und atypischer Unterbeteiligung ist in **364**
aller Regel vor allem **steuerrechtlich** von Bedeutung, nicht aber zivilrechtlich relevant, da es einen gesetzlichen Regeltypus der Unterbeteiligung mangels gesetzlicher Regelung ohnehin nicht gibt.[68]

4. Motive für die Begründung der Unterbeteiligung

Als Form der mittelbaren Vermögensteilhabe ist die Unterbeteiligung in der **365**
Kautelarpraxis immer dann von Interesse, wenn eine unmittelbare Beteiligung nicht möglich oder nicht gewollt ist.[69]

a) Fehlende Publizität

Die Unterbeteiligung kann nicht ins Handelsregister eingetragen werden. Die **366**
fehlende Publizität im Handelsregister ist häufig ein Motiv für die Begründung einer Unterbeteiligung; dies gilt vor allem dann, wenn der Unterbeteiligte Wett-

64) Vgl. FG Düsseldorf, Urt. v. 13. 6. 2001 – 2 K 1235/98 E, EFG 2001, 1383, 1384.

65) *Hohaus*, GmbHR 2002, 883, 884.

66) *Blaurock*, StG, § 30 Rz. 30.17.

67) *Roth/Thöni*, in: Festschrift 100 Jahre GmbH-Gesetz, S. 245, 254: *Hohaus*, GmbHR 2002, 883, 884; MünchKomm-*K. Schmidt*, HGB, § 230 Rz. 209.

68) *Böttcher/Zartmann/Faut*, S. 138; *Riegger*, in: Münchener Handbuch des Gesellschaftsrechts I, § 24 Rz. 8.

69) *Blaurock/Berninger*, GmbHR 1990, 11, 12; *Hohaus*, GmbHR 2002, 883, 884.

bewerber der Hauptgesellschaft ist und aus diesem Grund nicht nach außen in Erscheinung treten darf.[70] Der Umstand, dass sie grundsätzlich formfrei begründet werden kann und den Mitgesellschaftern nicht notwendigerweise offengelegt werden muss (unten Rz. 381), macht sie in der Praxis vor allem dann attraktiv, wenn damit zu rechnen ist, dass die für eine (Teil-)Übertragung von Gesellschaftsanteilen erforderliche Zustimmung der übrigen Gesellschafter nicht zu erlangen ist.[71]

b) Regelungen zur Erbfolge

367 Im Bereich der vorweggenommenen Erbfolge erweist sich die Unterbeteiligung ebenfalls als sehr vorteilhaftes Gestaltungsinstrumentarium.[72] Dies gilt insbesondere für den Fall, dass der Gesellschaftsvertrag eine **qualifizierte Nachfolgeklausel** enthält, also nicht alle Erben als neue Gesellschafter zuläßt. In diesem Fall bietet die Unterbeteiligung die Möglichkeit, die weichenden Erben an der dem Haupterben zugewandten Beteiligung partizipieren zu lassen.[73] Gleichzeitig kann auf diesem Weg im Fall einer qualifizierten Nachfolgeklausel der Geltendmachung von **Abfindungsansprüchen** durch die weichenden Erben gegen den neuen Gesellschafter und damit einer Versilberung des Nachlasses vorgebeugt werden.[74] Auch kann die finanzielle Belastung für den Erben gemindert werden, indem die Unterbeteiligungen der Erben, die nicht Gesellschafter werden sollen, zeitlich so festgelegt werden, dass bis zum Ablauf der festgelegten Zeit der hauptbeteiligte Erbe die Abfindungen ansparen kann.[75]

368 Durch die Unterbeteiligung ist zudem eine Möglichkeit gegeben, Erben eines verstorbenen Teilhabers an der Gesellschaft zu beteiligen, ohne ihnen die persönliche Haftung aufzuerlegen.[76] Auch kann durch die Unterbeteiligung der künftige Erbe schon mit den Chancen und Risiken des Unternehmertums ver-

---

70) *Blaurock*, StG, § 30 Rz. 30.5.

71) *Ulmer*, in: GroßKomm HGB, § 105 Rz. 108; MünchKomm-*K. Schmidt*, HGB, § 230 Rz. 206, *Märkle*, DStZ 1985, 471.

72) Vgl. *Roth/Thöni*, in: Festschrift 100 Jahre GmbH-Gesetz, S. 245, 247; *Hesselmann*, GmbHR 1964, 26, 27; *Bender*, DB 1979, 1145, 1148; MünchKomm-*K. Schmidt*, HGB, § 230 Rz. 206. Zu den (einschränkenden) Voraussetzungen einer erbschaftsteuerlichen Privilegierung vgl. BFH, Urt. v. 25. 1. 2001 – II R 52/98, DStR 2001, 573 m. Anm. *Mößling* sowie den Nichtanwendungserlass der Obersten Finanzbehörde der Länder v. 15. 5. 2001, DStR 2001, 896 m. Anm. *Moench*.

73) *Ulmer*, in: GroßKomm. HGB, § 105 Rz. 108.

74) *Blaurock*, StG, § 30 Rz. 30.4.

75) *Riegger*, in: Münchener Handbuch des Gesellschaftsrechts I, § 24 Rz. 7.

76) *Herzfeld*, AcP 137 (1933), 270, 284.

traut gemacht werden, ohne dass die Rechtsstellung des Hauptbeteiligten in der Hauptgesellschaft eingeschränkt wird.[77]

c) Deckung des Kapitalbedarfs des Hauptbeteiligten bzw. der Hauptgesellschaft

Die Unterbeteiligung kann dazu dienen, einem Gesellschafter seine gesell- 369
schaftlichen Leistungen in finanzieller Hinsicht zu ermöglichen, aber auch umgekehrt für die Gesellschaft als Methode der Unternehmensfinanzierung durch Gewinnung mittelbar beteiligter Geldgeber.[78] Dies gilt sowohl für die Kapitalaufbringung bei Gründung wie auch die Kapitalerhöhung. Dabei kann sie mit einem **Kreditgeschäft** zusammenfallen.[79] Die Unterbeteiligung kann in diesem Zusammenhang auch zur Sicherung von Darlehensansprüchen eingeräumt werden.[80]

d) Beteiligung von Arbeitnehmern

Die Unterbeteiligung ermöglicht schließlich eine Beteiligung der Arbeitnehmer 370
oder Führungskräfte an der Gesellschaft.[81] Die mittelbare Beteiligung der Arbeitnehmer oder Führungskräfte am Erfolg des eigenen Unternehmens dient der Motivationssteigerung, ohne mit direktem Einfluss auf das Unternehmen verbunden zu sein.[82] Häufig erfolgt die Unterbeteiligung über eine zwischengeschaltete Zweckgesellschaft etwa in der Form der GmbH, an deren Anteilen an der Hauptgesellschaft die Unterbeteiligung gegen die Erbringung einer Bareinlage und die Errichtung einer Verwaltungsgebühr eingeräumt wird. Informationsrechte der unterbeteiligten Arbeitnehmer gegen die Hauptgesellschaften sind regelmäßig ausgeschlossen. Häufig wird vorgesehen, dass die Unterbeteiligung bei Beendigung der Zugehörigkeit des Unterbeteiligten zu der Hauptgesellschaft endet.

---

77) *Riegger*, in: Münchener Handbuch des Gesellschaftsrechts I, § 24 Rz. 7.

78) *Roth/Thöni*, in: Festschrift 100 Jahre GmbH-Gesetz, S. 245, 247; MünchKomm.-*K. Schmidt*, HGB, § 230 Rz. 206; *Hohaus*, GmbHR 2002, 883, 884.

79) *Herzfeld*, AcP 137 (1933), 270, 284.

80) *Blaurock*, StG, § 30 Rz. 30.5.

81) *Schlegelberger/K. Schmidt*, HGB, § 355 Rz. 199; MünchKomm-*K. Schmidt*, HGB, § 230 Rz. 206; *Vossius*, BB 1988, Sonderbeilage 5, S. 15.

82) Vgl. *Hohaus*, GmbHR 2002, 883, 884 sowie *Weigl*, DStR 1999, 1568, 1574 (zur stillen Gesellschaft).

e) Steuerliche Motive

371 Ein wesentliches Motiv der Begründung von Unterbeteiligungen liegt in deren steuerrechtlichen Folgen.[83] Mit Hilfe der Unterbeteiligung kann zum einen das laufende Einkommen aus der Hauptbeteiligung auf mehrere Personen (Unterbeteiligte) verteilt werden, so dass mit einer Gewinnverteilung ein **Progressionsvorteil** bei der Einkommensteuer erzielt werden kann.[84] Zum anderen erhalten die beteiligten Angehörigen im Fall einer Zuwendung aufgrund vorweggenommener Erbfolge auf diesem Weg Vermögen, das sie später ohnehin geerbt hätten, so dass unter Umständen die spätere Zahlung von **Erbschaftssteuern verringert oder vermieden** werden kann.[85]

f) Wettbewerbsgründe

372 Eine Unterbeteiligung bietet sich schließlich auch in den Fällen an, in denen der Unterbeteiligte aus Wettbewerbsgründen nicht als Gesellschafter der Hauptgesellschaft in Erscheinung treten möchte oder wenn der Unterbeteiligte wegen eines im Gesellschaftsvertrag der Hauptgesellschaft geregelten Wettbewerbsverbots nicht Gesellschafter der Hauptgesellschaft werden kann.[86]

II. Begründung der Unterbeteiligung

1. Vertragliche Einigung zwischen Hauptbeteiligtem und Unterbeteiligtem

373 Die Unterbeteiligung wird durch eine (gesellschafts-)vertragliche Einigung zwischen dem Hauptgesellschafter und dem Unterbeteiligten begründet.[87] Der Vertrag kann ausdrücklich oder – soweit er keiner besonderen Form bedarf (unten Rz. 381 ff) – auch durch schlüssiges Verhalten abgeschlossen werden.[88] Hauptbeteiligter kann sein, wer Gesellschafter in der Hauptgesellschaft ist oder werden kann; Unterbeteiligter kann jede natürliche oder juristische Person sowie jede Personenvereinigung sein, die als solche Träger von Rechten und Pflich-

---

83) Ausführlich dazu *Blaurock*, StG, § 31.

84) *Roth/Thöni*, in: Festschrift 100 Jahre GmbH-Gesetz, S. 245, 246; *Bilsdorfer*, NJW 1980, 2785, 2786.

85) *Paulick*, ZGR 1974, 253, 256.

86) *Riegger*, in: Münchener Handbuch des Gesellschaftsrechts I, § 24 Rz. 6; MünchKomm-*K. Schmidt*, HGB, § 230 Rz. 206; *Roth/Thöni*, in: Festschrift 100 Jahre GmbH-Gesetz, S. 245, 248.

87) MünchKomm-*K. Schmidt*, HGB, § 230 Rz. 196.

88) *Riegger*, in: Münchener Handbuch des Gesellllschaftsrechts I, § 24 Rz. 13.

ten sein kann.[89] Daher können auch Minderjährige Unterbeteiligte sein. Unterbeteiligter kann jedoch nicht nur eine natürliche Person, sondern auch eine juristische Person oder eine Gesamthand sein.[90] Der Unterbeteiligte kann zugleich auch Beteiligter oder stiller Gesellschafter an der Hauptgesellschaft sein.[91] Denkbar ist auch, dass ein Gesellschafter einer GmbH & Co KG gleichzeitig Unterbeteiligter am Anteil eines Mitgesellschafters ist.[92]

Wird die Unterbeteiligung dem Begünstigten vom verstorbenen Gesellschafter 374
in Form eines **Vermächtnisses** zugewandt, reicht die testamentarische Anordnung für ihre Begründung allein nicht aus. Vielmehr bedarf es noch einer vertraglichen Umsetzung zwischen dem Gesellschaftererben und dem Vermächtnisnehmer.[93] Die testamentarische Anordnung ist als Vermächtnis auf Abschluss eines Unterbeteiligungsvertrages auszulegen.[94]

Das Zustandekommen des Gesellschaftsvertrags bestimmt sich nach den 375
§§ 145 ff BGB. Der Gesellschaftsvertrag muss neben den Parteien und der betroffenen Hauptbeteiligung folgende Regelungen zwingend treffen: Erstens die Bezeichnung des Gesellschaftsanteils, der den Gegenstand der Unterbeteiligung bildet,[95] sowie die Vereinbarung, dass und mit welchem Umfang der Unterbeteiligte an dieser Hauptbeteiligung eine Unterbeteiligung erhalten soll, zweitens eine Regelung, ob der Unterbeteiligte die Unterbeteiligung unentgeltlich erhält und ob und ggf. welche Einlage er dafür zu leisten hat, und drittens eine Bestimmung, dass und in welchem Umfang der Unterbeteiligte am Gewinn der Hauptbeteiligung beteiligt ist.[96] Soll eine Beteiligung an einem Kommanditanteil gebildet werden, sollte auch festgelegt werden, an welchen Konten (festes/veränderliches Kapitalkonto, Privatkonto, Darlehenskonto, Verlust[vortrags]konto, Rücklagenkonto etc.) der Hauptbeteiligung der Unterbeteiligte beteiligt werden soll.[97]

---

89) *Paulick*, ZGR 1974, 253, 261; MünchKomm-*K. Schmidt*, HGB, § 230 Rz. 220; *Märkle*, DStZ 1985, 471, 472.

90) *Paulick*, ZGR 1974, 253, 261 f; *Schlegelberger/K. Schmidt*, HGB, § 335 Rz. 206.

91) *Blaurock*, StG, § 30 Rz. 30.26; MünchKomm-*K. Schmidt*, HGB, § 230 Rz. 220.

92) *Bilsdorfer*, NJW 1980, 2785; *Schlegelberger/K. Schmidt*, HGB, § 335 Rz. 206.

93) *Riegger*, in: Münchener Handbuch des Gesellschaftsrechts I, § 24 Rz. 13.

94) BGH, Urt. v. 11. 7. 1968 – II ZR 179/66, BGHZ 50, 316, 320; MünchKomm-*Ulmer*, BGB, Vor § 705 Rz. 65.

95) *Weigl*, S. 181.

96) *Riegger*, in: Münchener Handbuch des Gesellschaftsrechts I, § 24 Rz. 24. Musterverträge befinden sich bei *Weigl*, S. 165; *Hengeler*, in: Beck'sches Formularhandbuch, VIII D 2. Muster für eine atypische Unterbeteiligung auch bei *Roemer*, StW 1993, 253.

97) *Weigl*, S. 181. Zu den Gesellschafterkonten in der Personengesellschaft siehe *Huber*, ZGR 1988, 1; *Oppenländer*, DStR 1999, 939.

376 Beim Abschluss des Vertrags über die Unterbeteiligung ist darauf zu achten, dass die darin geregelten Rechte und Pflichten der Beteiligten, insbesondere des Hauptbeteiligten, mit den im Gesellschaftsvertrag der Hauptgesellschaft geregelten nicht kollidieren. Allerdings ist die Wirksamkeit der Regelungen im Unterbeteiligungsvertrag nicht vom Inhalt des Hauptgesellschaftsvertrags abhängig.[98)] Mit Abschluss des Unterbeteiligungsgesellschaftsvertrages tritt dieser in Kraft, **Erfüllungshandlungen** sind nicht erforderlich.[99)]

377 Umstritten ist, ob die Grundsätze über die **fehlerhafte Gesellschaft** auch bei Mängeln, wie z. B. bei einem Verstoß gegen ein gesetzliches Verbot oder die guten Sitten, im Vertrag über die Unterbeteiligung zum Tragen kommen.[100)] Folge einer Anwendung wäre, dass die Unterbeteiligungsgesellschaft bei vertraglichen Mängeln nur mit Wirkung ex nunc aufgelöst werden kann. Das Gesellschaftsverhältnis wäre trotz des ihm anhaftenden rechtlichen Mangels wirksam und würde durchgeführt, solange nicht einer der Beteiligten aufgrund dieses Mangels kündigt.[101)] *Blaurock* befürwortet eine Anwendung, da nur ein Bestandsschutz auf Grundlage der Regeln über die fehlerhafte Gesellschaft zu einem interessengerechten Ausgleich zwischen dem Hauptbeteiligten und dem Unterbeteiligten führe.[102)] Ein Ausgleich lediglich nach Bereicherungsrecht werde der eingegangenen Risikogemeinschaft zwischen Haupt- und Unterbeteiligtem nicht gerecht. Voraussetzung für die Anwendung der Grundsätze ist aber jedenfalls, dass die fehlerhaft begründete Gesellschaft bereits in **Vollzug gesetzt** worden ist und der Anwendung der Grundsätze keine gewichtigen Interessen der Allgemeinheit oder schutzwürdiger Personen entgegenstehen.[103)]

378 Ein Unterschied zwischen typischer und atypischer Unterbeteiligung im Hinblick auf die Anwendung der Grundsätze über die fehlerhafte Gesellschaft, wie sie die Literatur zumindest teilweise für die stille Gesellschaft vorsieht,[104)] ist nicht zu machen. Zweck der Grundsätze über die fehlerhafte Gesellschaft ist sowohl aus Gründen des Bestands- als auch des Verkehrsschutzes[105)] die schwierige **rückwirkende Auflösung** und Abwicklung einer bereits in Gang gesetzten **Leis-**

98) MünchKomm-*Ulmer*, BGB, Vor § 705 Rz. 64; *Weigl*, S. 182 f.

99) *Riegger*, in: Münchener Handbuch des Gesellschaftsrechts I, § 24 Rz. 16.

100) *Schlegelberger/K. Schmidt*, HGB, § 335 Rz. 215; *Blaurock*, StG, § 30 Rz. 30.35.

101) Vgl. BGH, Urt. v. 30. 4. 1955 – II ZR 202/53, BGHZ 17, 160, 167; BGHZ 55, 5, 8.

102) *Blaurock*, StG, § 30 Rz. 30.35.

103) Vgl. BGH, Urt. v. 25. 3. 1974 – II ZR 63/72, BGHZ 62, 234, 241; BGHZ 55, 5, 9; BGH, Urt. v. 30. 9. 1982 – III ZR 58/81, NJW 1983, 748.

104) *Brox*, BB 1964, 527; *Siebert*, BB 1958, 1068; *Fischer*, JR 1962, 204.

105) BGH, Urt. v. 24. 10. 1951 – II ZR 18/51, BGHZ 3, 285, 288; BGH, Urt. v. 12. 5. 1954 – II ZR 167/53, BGHZ 13, 320, 324; BGH, Urt. v. 10. 12. 1973 – II ZR 53/72, BGHZ 62, 20, 26 f.

tungs- und Risikogemeinschaft durch eine Beendigung ex nunc zu ersetzen. Auch bei einer typischen Unterbeteiligung kann bereits eine Leistungs- und Risikogemeinschaft eingegangen worden sein, die vor einer Auflösung ex tunc zu schützen ist. Außerdem werden durch diese Ansicht in der Praxis ansonsten auftretende schwierige Abgrenzungsprobleme zwischen typischen und atypischen Unterbeteiligungen vermieden. Die Grundsätze über fehlerhafte Gesellschaften sind daher für alle Formen der Unterbeteiligung anzuwenden.[106)]

2. Zustimmungspflicht der Hauptgesellschaft

Die Wirksamkeit der Unterbeteiligung hängt – anders als beim Nießbrauch[107)] – **nicht von der Zustimmung der Hauptgesellschaft** oder der **Mitgesellschafter** ab, da die Unterbeteiligung lediglich schuldrechtliche Beziehungen zwischen Unterbeteiligten und Gesellschafter begründet, die ohne Auswirkungen auf das Hauptgesellschaftsverhältnis bleiben.[108)] Einer Zustimmung bedarf es selbst dann nicht, wenn die Anteile nach dem Gesellschaftsvertrag nicht frei veräußerlich (etwa vinkuliert) sind.[109)] Sogar wenn der Gesellschaftsvertrag ein ausdrückliches Verbot einer Begründung von Unterbeteiligungen enthält, ändert dies an der Wirksamkeit der Unterbeteiligung nichts.[110)] Auch eine gesellschaftsvertraglich verankerte Pflicht zur Offenlegung der Unterbeteiligung zwingt zu keiner anderen Beurteilung.[111)] 379

In dem Abschluss des Unterbeteiligungsvertrages kann jedoch eine zum **Schadensersatz verpflichtende Handlung** des Hauptgesellschafters liegen, die zu gesellschaftsrechtlichen Sanktionen und unter Umständen sogar zum Aus- 380

---

106) Zur vergleichbaren Anwendung dieser Grundsätze auf die stille Gesellschaft vgl. nur BGH, Urt. v. 25.3.1974 – II ZR 63/72, BGZ 62, 234, 237; BGH, Urt. v. 25.11.1976 – II ZR 187/55, WM 1977, 196, 198; *Palandt/Thomas*, BGB, § 705 BGB Rz. 3d; *Stimpel*, ZGR 1973, 101. Abweichend für Anwendbarkeit der Grundsätze nur, wenn die Vermögens- und Organisationsstruktur derjenigen einer Gesamthandsgesellschaft angenähert ist, MünchKomm-*K. Schmidt*, HGB, § 230 Rz. 229.

107) Aus diesem Grund wird die Unterbeteiligung als Alternative zum Nießbrauch gesehen, vgl. *Bender*, DB 1979, 1447.

108) BGH, Urt. v. 11.7.1968 – II ZR 179/66, BGHZ 50, 316, 325; *Friehe*, S. 52; MünchKomm-*Ulmer*, BGB, Vor § 705 Rz. 65; MünchKomm-*K. Schmidt*, HGB, § 230 Rz. 221; *Weipert*, in: Münchener Handbuch des Gesellschaftsrechts II, § 12 Rz. 63; *Ebbing*, in: Michalski, GmbHG, § 15 Rz. 187.

109) Vgl. OLG Frankfurt, Urt. v. 7.9.1991 – 11 U 21/91, GmbHR 1992, 668; *Friehe*, S. 52; *Schlegelberger/K. Schmidt*, HGB, § 335 Rz. 207; MünchKomm-*K. Schmidt*, HGB, § 230 Rz. 221.

110) LG Bremen, Urt. v. 10.5.1990 – 2 O 221/90, GmbHR 1991, 269; *Bärwaldt*, in: Beck'sches Handbuch der Personengesellschaften, § 14 Rz. 10; MünchKomm-*K. Schmidt*, HGB, § 230 Rz. 221.

111) *Ulmer*, in: GroßKomm. HGB, § 105 Rz. 111.

schluss des Hauptgesellschafters aus wichtigem Grund berechtigt.[112] Nach der Rechtsprechung des Bundesgerichtshofs rechtfertigt die Einräumung einer Unterbeteiligung trotz bestehender Vinkulierung der Gesellschaftsanteile allerdings nicht ohne weiteres den Ausschluss des betreffenden Gesellschafters.[113] Der Entscheidung lag die Einräumung einer Unterbeteiligung an einen Konkurrenten der Gesellschaft zugrunde, der sich schon über einen längeren Zeitraum an der Gesellschaft beteiligen oder zumindest mit ihr kooperieren wollte. Die abstrakte Gefahr, dass es wegen der Konkurrenzsituation zu **Treuepflichtverletzungen** kommen kann, genügt danach für einen Ausschluss (noch) nicht. Die Gefahr muss sich vielmehr konkretisiert haben. Dies ist (erst) dann der Fall, wenn der Hauptbeteiligte den Unterbeteiligten geheimhaltungsbedürftige Tatsachen mitteilt oder zum Schaden der Gesellschaft allein dessen Interessen verfolgt oder ihm sogar unmittelbaren schädigenden Einfluss auf die Geschäftsführung der Gesellschaft einräumt.[114] Liegt eine solche oder ähnliche grobe Pflichtverletzung vor, die den Ausschluss rechtfertigt, wird durch den Ausschluss des Hauptbeteiligten aus der Hauptgesellschaft dann zugleich auch die Unterbeteiligung beendet (unten Rz. 463 ff). Der Abschluss weiterer Unterbeteiligungsverhältnisse bedarf grundsätzlich ebenfalls nicht der Zustimmung des Unterbeteiligten.[115]

3. Formfragen

381 Der Unterbeteiligungsvertrag kann nach allgemeinen Regeln des Gesellschaftsrechts formfrei geschlossen werden.[116] Selbst die Einräumung einer Unterbeteiligung am Geschäftsanteil einer Komplementär-GmbH bedarf keiner notariellen Beurkundung, da die Hauptbeteiligung selbst nicht übertragen wird und auch keine entsprechende Verpflichtung begründet wird.[117] Allerdings ist ausnahmsweise die Form des § 15 Abs. 4 GmbHG zu beachten, wenn etwa für den Fall der Auflösung der Unterbeteiligungsgesellschaft eine **Übertragungspflicht** hinsichtlich des GmbH-Hauptgesellschaftsanteils an den Unterbeteilig-

---

112) *Schlegelberger/K. Schmidt*, HGB, § 335 Rz. 207; *Ebbing*, in: Michalski, GmbHG, § 15 Rz. 187.

113) BGH, Beschl. v. 12. 10. 1992 – II ZR 245/91, DStR 1992, 1661; *Goette*, § 6 Rz. 30.

114) BGH DStR 1992, 1661; *Goette*, § 6 Rz. 31.

115) MünchKomm-*K. Schmidt*, HGB, § 230 Rz. 221; a. A. *Blaurock*, Unterbeteiligung, S. 112.

116) Ganz h. M.; vgl. nur OLG Schleswig-Holstein, Urt. v. 25. 3. 2002 – 5 U 58/01, GmbHR 2002, 652, 653; *Gehrlein*, in: Ebenroth/Boujong/Joost, HGB, § 230 Rz. 86; MünchKomm-*K. Schmidt*, HGB, § 230 Rz. 222.

117) *Blaurock*, Unterbeteiligung, S. 154 f; *Scholz/Winter*, GmbHG, § 15 Rz. 12; *Bärwaldt*, in: Beck'sches Handbuch der Personengesellschaften, § 14 Rz. 17.

ten vorgesehen ist.[118] Der bloße Umstand, dass die Hauptgesellschaft über **Grundvermögen** verfügt, führt ebenfalls nicht zur Formbedürftigkeit des Unterbeteiligungsvertrages nach § 311 b BGB.[119]

Ist die Unterbeteiligung Gegenstand einer **Schenkung**, bedarf der Unterbeteiligungsvertrag gemäß § 518 Abs. 1 BGB der notariellen Beurkundung. § 518 Abs. 2 BGB bestimmt zwar die Heilung des formunwirksamen Vertrags bei Vollzug der Schenkung. Dabei ist jedoch zu beachten, dass nach der zutreffenden Rechtsprechung die **bloße Einbuchung** der Unterbeteiligung noch keinen wirksamen Vollzug im Sinn von § 518 Abs. 2 BGB darstellt und damit noch keine Heilung eines formnichtigen Vertrags bewirkt, weil die Unterbeteiligungsgesellschaft kein Gesamthandsvermögen kennt, in das der Unterbeteiligte dinglich eingewiesen werden könnte.[120] Soweit es sich bei der Unterbeteiligung allerdings um eine **Ausstattung** im Sinn von § 1624 Abs. 1 BGB handelt, ist die Zuwendung von der Formvorschrift des § 518 BGB ausgenommen.[121] 382

Soll ein **Geschäftsunfähiger** unterbeteiligt werden, so muss gemäß §§ 104 ff BGB sein gesetzlicher Vertreter den Vertrag abschließen. Ein **beschränkt Geschäftsfähiger** bedarf demgegenüber der Zustimmung des gesetzlichen Vertreters, sofern ihm das Rechtsgeschäft nicht lediglich nur einen rechtlichen Vorteil bringt.[122] Nach der Rechtsprechung des Bundesfinanzhofs ist auch die schenkweise Einräumung einer Unterbeteiligung aufgrund der mit der Unterbeteiligung verbundenen Vielzahl von Rechten und Pflichten nicht lediglich rechtlich vorteilhaft und bedarf folglich der Zustimmung.[123] 383

Ist der gesetzliche Vertreter zugleich der Inhaber des Gesellschaftsanteils, ist das **Verbot des Selbstkontrahierens** gemäß § 181 BGB zu beachten. Wollen die Eltern ihren Kinder eine Unterbeteiligung einräumen, ist, auch wenn es sich um eine Schenkung handelt, vor Abschluss des Unterbeteiligungsvertrages ein **Er-** 384

---

118) FG Düsseldorf, Urt. v. 13. 6. 2001 – 2 K 1235/98, EFG 2001, 1383, 1385; OLG Bamberg, Urt. v. 30. 11. 2000 – 1 U 72/00, NZG 2001, 509, 511; *Hohaus*, GmbHR 2002, 883, 884; *Ebbing*, in: Michalski, GmbHG, § 15 Rz. 187.

119) *Bilsdorfer*, NJW 1980, 2789; MünchKomm-*K. Schmidt*, HGB, § 230 Rz. 223.

120) BGH WM 1967, 685; *Märkle*, DStZ 1985, 471, 476 f; *Böttcher/Zartmann/Faut*, S. 106; *Heymann/Emmerich*, HGB, § 105 Rz. 60; *Scholz/Winter*, GmbHG, § 15 Rz. 12; im Grundsatz auch *Schlegelberger/K. Schmidt*, HGB, § 335 Rz. 210; MünchKomm-*K. Schmidt*, HGB, § 230 Rz. 224; *Ebbing*, in: Michalski, GmbHG, § 15 Rz. 187; a. A. *Friebe*, S. 53 f.

121) *Märkle*, DStZ 1985, 471, 477 mit Nachweisen aus der finanzgerichtlichen Rechtsprechung.

122) MünchKomm-*K. Schmidt*, HGB, § 230 Rz. 225.

123) BFH, Urt. v. 28. 11. 1973 – I R 101/72, BStBl II 1974, 289. Differenzierend MünchKomm-*K. Schmidt*, HGB, § 230 Rz. 225.

gänzungspfleger zu bestellen (§§ 1629, 1795 BGB).[124] Eine Ausnahme besteht nur dann, wenn die Unterbeteiligung aufgrund ihrer vertraglichen Ausgestaltung aus Sicht des Minderjährigen ausschließlich rechtlich vorteilhaft ist.[125] Einer Dauerergänzungspflegschaft bedarf es hingegen nicht,[126] da der Schutzzweck des § 181 BGB bei gewöhnlichen Gesellschafterbeschlüssen nicht zum Tragen kommt.

385 Wird die Unterbeteiligung zugunsten eines Minderjährigen bestellt, ist, selbst wenn die Einräumung im Rahmen einer Schenkung erfolgt, die Zustimmung des **Vormundschaftsgerichts** erforderlich (§ 1643 Abs. 1, § 1822 Nr. 3 BGB).[127] Dies ist nur dann anders, wenn durch die vertragliche Ausgestaltung ausgeschlossen ist, dass der Unterbeteiligte zur Erbringung einer Leistung oder Verlusttragung verpflichtet ist.[128] Nicht ausreichend soll sein, dass die Verlustbeteiligung auf die Einlage beschränkt ist.[129] Eine vormundschaftsgerichtliche Genehmigung nach § 1822 Nr. 3 BGB ist auch dann entbehrlich, wenn die Hauptgesellschaft kein Erwerbsgeschäft betreibt, da die Unterbeteiligung selbst kein Vertrag ist, der zum Betrieb eines Erwerbsgeschäfts eingegangen wird.[130]

386 Greift ausnahmsweise eine der genannten zwingenden Formvorschriften ein und verstößt der Gesellschaftsvertrag dagegen, ist der Vertrag insgesamt nichtig, sofern sich aus diesem nicht ergibt, dass eine Teilnichtigkeit seine Wirksamkeit im übrigen nicht berühren soll (§ 139 BGB).[131]

387 Ist gesetzlich auch keine bestimmte Form vorgeschrieben, so empfiehlt sich dennoch der Abschluss eines **privatschriftlichen Vertrages**, zum einen zur Beweissicherung auch gegenüber den Finanzbehörden, zum anderen zur Vermeidung von Meinungsverschiedenheiten über seinen Inhalt.[132]

---

124) *Bärwaldt*, in: Beck'sches Handbuch der Personengesellschaften, § 14 Rz. 47; *Märkle*, DStZ 1985, 471, 477.

125) Str., wie hier *Schlegelberger/K. Schmidt*, HGB, § 335 Rz. 212, sowie MünchKomm-*K. Schmidt*, HGB, § 230 Rz. 226, mit Nachweisen zur Gegenansicht.

126) *Bilsdorfer*, NJW 1980, 2788; MünchKomm-*K. Schmidt*, HGB, § 230 Rz. 2279.

127) *Bärwaldt*, in: Beck'sches Handbuch der Personengesellschaften, § 14 Rz. 48; MünchKomm-*K. Schmidt*, HGB, § 230 Rz. 228; abweichend *Gehrlein*, in: Ebenroth/Boujong/Joost, HGB, § 230 Rz. 86.

128) *Baumbach/Hopt*, HGB, § 105 Rz. 39; MünchKomm-*K. Schmidt*, HGB, § 230 Rz. 228.

129) BFH, Urt. v. 28. 11. 1973 – I R 101/72, BStBl II 1974, 289; *Bildsdorfer*, NJW 1980, 2785.

130) *Riegger*, in: Münchener Handbuch des Gesellschaftsrechts I, § 24 Rz. 22.

131) Vgl. BGH, Urt. v. 29. 6. 1992 – II ZR 284/91, ZIP 1992, 1552 = WM 1992, 1576, 1578, dazu EWiR 1992, 1111 *(Blaurock)* für die stille Gesellschaft.

132) *Paulick*, ZGR 1974, 253, 270; *Obermüller/Obermüller*, in: Festschrift Werner, S. 607, 610. Zum (häufig) faktischen Formbedürfnis aufgrund Steuerrecht siehe *Karsten Schmidt*, DB 2002, 829.

4. Mehrzahl von Unterbeteiligungen

Ähnlich wie bei der stillen Gesellschaft begegnen sowohl mehrgliedrige als auch mehrstufige Unterbeteiligungen keinen rechtlichen Bedenken. 388

a) Mehrgliedrige Unterbeteiligung

Mehrgliedrige Innengesellschaften können sowohl durch eine Mehrheit von Hauptbeteiligten als auch durch eine Mehrheit von Unterbeteiligten entstehen. 389

Bei einer Mehrheit von Hauptbeteiligten kommt es grundsätzlich nicht zu einer einheitlichen Unterbeteiligungsgesellschaft, sondern zu einer Mehrheit von selbständigen Unterbeteiligungsverhältnissen. Allerdings können aufgrund eines **multilateralen Vertrages** zwischen mehreren Gesellschaftern an einer Hauptgesellschaft und einem Unterbeteiligten gleichartige Unterbeteiligungen eingeräumt werden.[133)] 390

Auch eine Mehrheit von Unterbeteiligungen an einem und demselben Gesellschaftsanteil ist zulässig. Eine solche Mehrzahl von Unterbeteiligungsverhältnissen ist insbesondere bei **Familiengesellschaften** anzutreffen und spielt daneben vor allem bei Publikumsgesellschaften eine Rolle.[134)] Streitig ist in diesem Zusammenhang, ob der Abschluss eines weiteren Unterbeteiligungsvertrages der Zustimmung des bereits vorhandenen Unterbeteiligten bedarf.[135)] Einigkeit besteht allerdings insoweit, als dass die fehlende Zustimmung des Unterbeteiligten nichts an der Wirksamkeit des zweiten Vertrages ändert. Die einzelnen Unterbeteiligungsverhältnisse stehen im Grundsatz **bilateral nebeneinander,** so dass z. B. die Beendigung einer Unterbeteiligungsgesellschaft nicht den Fortbestand der anderen berührt. Wurde im ersten Unterbeteiligungsvertrag die Verpflichtung des Hauptbeteiligten begründet, für den Abschluss eines weiteren Unterbeteiligungsvertrages die Zustimmung des ersten Unterbeteiligten einzuholen und verstößt der Hauptbeteiligte gegen diese Verpflichtung, so macht er sich diesem gegenüber schadensersatzpflichtig. Der erste Unterbeteiligte kann gegebenenfalls sogar sein Unterbeteiligungsverhältnis kündigen.[136)] Bei solchen zweigliedrigen Unterbeteiligungen bestehen zwischen den Unterbeteiligten also keine unmittelbaren Rechtsbeziehungen.[137)] Dies gilt auch dann, wenn sie 391

---

133) *Schlegelberger/K. Schmidt*, HGB, § 335 Rz. 193; MünchKomm-*K. Schmidt*, HGB, § 230 Rz. 212.

134) MünchKomm-*K. Schmidt*, HGB, § 230 Rz. 213.

135) Wie hier *Paulick*, ZGR 1974, 253, 262; *Schlegelberger/K. Schmidt*, HGB, § 335 Rz. 207; a. A. *Blaurock*, Unterbeteiligung, S. 112.

136) *Riegger*, in: Münchener Handbuch des Gesellschaftsrechts I, § 24 Rz. 15.

137) *Hesselmann*, GmbHR 1964, 29; *Paulick*, ZGR 1974, 253, 262; *Schlegelberger/K. Schmidt*, HGB, § 335 Rz. 194.

gleichzeitig aufgenommen werden und nur ein Gesellschaftsvertrag abgeschlossen wird.[138)]

392 Nach herrschender Meinung können die einzelnen Unterbeteiligungsverhältnisse jedoch durch vertragliche Vereinbarung zu einer mehrgliedrigen Unterbeteiligung verbunden werden.[139)] Hier stellen sich dann vergleichbare Probleme wie bei der mehrgliedrigen stillen Gesellschaft (oben Rz. 126 ff). Zu unterscheiden ist zwischen dem **Einlageverhältnis** auf der einen Seite und dem **Gesellschaftsverhältnis** auf der anderen Seite. Das Einlageverhältnis besteht nur zwischen dem Unterbeteiligten und dem Hauptbeteiligten.[140)] Das Gesellschaftsverhältnis dagegen kann aber auch mehrgliedrig gestaltet sein.[141)] Bei derartigen mehrseitigen Gesellschaftsverhältnissen können anders als bei den zweigliedrigen sogar neue Gesellschafter aufgenommen werden oder es können auch Gesellschafter austreten.[142)]

b) Mehrstufige Unterbeteiligung

393 Als eine weitere Art der mehrgliedrigen Unterbeteiligung wird die mehrstufige Unterbeteiligung genannt.[143)] Dabei handelt es sich jedoch nur um eine Unterbeteiligung an einer bereits bestehenden Unterbeteiligung.[144)] Rechtsbeziehungen ergeben sich daraus lediglich zwischen dem Unterbeteiligten und seinem weiteren Unterbeteiligten, nicht aber zwischen diesem und dem Hauptbeteiligten.[145)]

III. Rechtsstellung des Unterbeteiligten

394 Mangels gesetzlicher Regelung der Unterbeteiligung ergeben sich die Rechte und Pflichten der an der Unterbeteiligung Beteiligten vor allem aus dem **Gesellschaftsvertrag**. Für den Inhalt herrscht weitgehend **Vertragsfreiheit**, die ausge-

---

138) *Paulick*, ZGR 1974, 253, 262.

139) *Blaurock*, Unterbeteiligung, S. 100 f; *Paulick*, ZGR 1974, 253, 262; *Böttcher/Zartmann/Faut*, S. 47 f; *Bärwaldt*, in: Beck'sches Handbuch der Personengesellschaften, § 14 Rz. 5; *Schlegelberger/K. Schmidt*, HGB, § 335 Rz. 194, sowie MünchKomm-*K. Schmidt*, HGB, § 230 Rz. 213, unterscheidet wie bei der stillen Gesellschaft zwischen zweigliedrigem Einlage- und dem mehrgliedrigen Organisationsverhältnis.

140) Vgl. *Karsten Schmidt*, DB 1976, 1705.

141) *Schlegelberger/K. Schmidt*, HGB, § 335 Rz. 73, 194.

142) *Schlegelberger/K. Schmidt*, HGB, § 335 Rz. 194.

143) *Schlegelberger/K. Schmidt*, HGB, § 335 Rz. 195; MünchKomm-*K. Schmidt*, HGB, § 230 Rz. 214.

144) *Blaurock*, Unterbeteiligung, S. 100 ff; *Hesselmann*, GmbHR 1964, 26, 29; *Schlegelberger/K. Schmidt*, HGB, § 335 Rz. 184; MünchKomm-*K. Schmidt*, HGB, § 230 Rz. 214.

145) *Hesselmann*, GmbHR 1964, 26, 29.

nutzt werden sollte, da z. B. je nach Art der Hauptbeteiligung ganz unterschiedliche Rahmenbedingungen vorliegen.[146] Außerdem weisen die ohnehin nicht auf die spezielle Problematik der Unterbeteiligung zugeschnittenen §§ 705 ff BGB, §§ 230 ff HGB Lücken auf, was Anlass zu späteren Auseinandersetzungen bieten kann.[147]

1. Die Rechtsstellung des Unterbeteiligten im Verhältnis zur Gesellschaft

a) Unabhängigkeit von der Hauptgesellschaft

Grundsätzlich begründet die Unterbeteiligung ein Gesellschaftsverhältnis in Form einer **Innengesellschaft** zwischen dem Hauptbeteiligten und dem Unterbeteiligten. Zwischen dem Unterbeteiligten und der Hauptgesellschaft bestehen – vorbehaltlich einer anderweitigen Vereinbarung – keinerlei Rechtsbeziehungen. Die Unabhängigkeit des Unterbeteiligungsverhältnisses von der Hauptgesellschaft besteht auch insofern, als dass der Abschluss des Unterbeteiligungsvertrages zeitlich vor Abschluss des Hauptgesellschaftsvertrages erfolgen kann. Nicht einmal die Rechtsform der Hauptgesellschaft muss zum Zeitpunkt des Abschlusses des Unterbeteiligungsvertrages bereits feststehen.[148] Auch eine Modifikation des Gesellschaftsvertrages der Hauptgesellschaft berührt das Unterbeteiligungsverhältnis im Grundsatz nicht. Die Änderung der Mitgliedschaftsrechte des Hauptgesellschafters kann sich jedoch unter Umständen mittelbar auf das Unterbeteiligungsverhältnis auswirken.[149] 395

Die Unterbeteiligung lässt die Gesellschafterstellung des Hauptbeteiligten unberührt. Die Zuordnung der Mitgliedschaftsrechte in der Hauptgesellschaft wird durch die Begründung einer Unterbeteiligung nicht verändert. Die **Kontroll- und Informationsrechte** und das **Stimmrecht** stehen weiterhin dem Hauptbeteiligten zu.[150] Gleiches gilt für ein gesetzliches oder gesellschaftsvertragliches Recht auf Geschäftsführung. Der Unterbeteiligte wird aus dem Gesellschaftsvertrag der Hauptgesellschaft weder berechtigt noch verpflichtet. Er haftet grundsätzlich weder gegenüber Dritten noch gegenüber der Gesellschaft.[151] Nur in Ausnahmefällen strahlt die Treuepflicht des Hauptbeteiligten auch auf 396

---

146) Riegger, in: Münchener Handbuch des Gesellschaftsrechts I, § 24 Rz. 23; MünchKomm-*K. Schmidt*, HGB, § 230 Rz. 236.

147) *Zutt*, in: GroßKomm. HGB, § 230 Rz. 112; *Schlegelberger/K. Schmidt*, HGB, § 335 Rz. 205.

148) *Herzfeld*, AcP 137 (1933), 270, 298.

149) Dazu näher *Ulmer*, in: GroßKomm. HGB, § 105 Rz. 111.

150) Statt aller *Böttcher/Zartmann/Faut*, S. 112, und MünchKomm-*K. Schmidt*, HGB, § 230 Rz. 232.

151) Zur Haftung in der Unterbeteiligungsgesellschaft vgl. *Schlegelberger/K. Schmidt*, HGB, § 335 Rz. 231 f.

den Unterbeteiligten aus, so dass dieser zur Rücksichtnahme gegenüber den Belangen der Hauptgesellschaft verpflichtet ist.[152]

397 Änderungen im Bestand der Hauptgesellschaft, etwa durch Umwandlung, Verschmelzung, Spaltung oder ähnliche Vorgänge, führen im Zweifel dazu, dass sich die Unterbeteiligung an der veränderten oder neuen Beteiligung fortsetzt (unten Rz. 480 ff).

b) Einfluss des Hauptgesellschaftsvertrags auf die Unterbeteiligung

398 Die Differenzierung zwischen den beiden Beteiligungsebenen (Hauptgesellschaftsvertrag und Unterbeteiligungsvertrag) hat zur Folge, dass die Bestimmungen des Unterbeteiligungsvertrages nicht alleine deswegen unwirksam sind, weil sie mit den Bestimmungen des Gesellschaftsvertrages der Hauptgesellschaft kollidieren.[153] Da im Grundsatz davon auszugehen ist, dass die Parteien des Unterbeteiligungsverhältnisses sich nicht in Widerspruch zum Hauptgesellschaftsverhältnis setzen wollen, können die Bestimmungen des Gesellschaftsvertrages der Hauptgesellschaft jedoch für die Auslegung des Unterbeteiligungsvertrages von Bedeutung sein, ohne dass hierdurch die grundsätzliche Trennung zwischen dem Hauptgesellschaftsvertrag und dem Unterbeteiligungsvertrag aufgehoben würde.[154] Eine mit dem **Hauptgesellschaftsvertrag konforme Auslegung** des Unterbeteiligungsvertrages kann zu einer Beschränkung der Verpflichtungen des Hauptgesellschafters gegenüber dem Unterbeteiligten auf den nach dem Hauptgesellschaftsvertrag zulässigen Umfang führen.[155]

399 Der Unterbeteiligte kann sich an dem Hauptgesellschaftsanteil nur mit dem Inhalt beteiligen, wie es sich aus dem Hauptgesellschaftsvertrag ergibt, so dass dieser auch den Unterbeteiligungsvertrag inhaltlich bestimmt.[156] Die im Hauptgesellschaftsvertrag geregelte Stellung des Hauptgesellschafters kann durch den Unterbeteiligungsvertrag nicht abgewandelt werden.

c) Treuepflicht

400 Auch wenn grundsätzlich keine unmittelbaren Rechtsbeziehungen zwischen dem Unterbeteiligten und der Hauptgesellschaft bestehen, wirkt das Hauptbeteiligungsverhältnis doch auf das Unterbeteiligungsverhältnis ein.[157] So treffen

152) *Ulmer*, in: Großkomm. HGB, § 105 Rz. 111.

153) *Ulmer*, in: Großkomm. HGB, § 105 Rz. 111.

154) *Friehe*, S. 50; *Ulmer*, in: GroßKomm. HGB, § 105 Rz. 111.

155) *Meyer*, Unterbeteiligung, S. 6.

156) *Paulick*, ZGR 1974, 253, 268.

157) MünchKomm-*K. Schmidt*, HGB § 230 Rz. 233.

neben den Hauptbeteiligten auch den Unterbeteiligten Treuepflichten zugunsten der Hauptgesellschaft. Auch der Unterbeteiligte hat demnach Rücksicht auf die Belange der Hauptgesellschaft zu nehmen.[158)]

Der Umstand, dass den Hauptbeteiligten als Mitglied zweier Gesellschafts- 401
verhältnisse eine **doppelte Treuepflicht** trifft,[159)] führt zu Zielkonflikten, die grundsätzlich in der Weise aufzulösen sind, dass den Interessen der Hauptgesellschaft **Priorität** einzuräumen ist. Würde die Erfüllung seiner Pflichten gegenüber dem Unterbeteiligten eine Treuepflichtverletzung des Hauptbeteiligten gegenüber der Gesellschaft oder den Mitgesellschaftern begründen, kann der Unterbeteiligte seine Rechte aus dem Unterbeteiligungsvertrag wegen Unmöglichkeit nicht durchsetzen.[160)] Vor diesem Hintergrund empfiehlt es sich, den Inhalt des Unterbeteiligungsvertrages bei der Vertragsgestaltung mit den Regelungen im Gesellschaftsvertrag der Hauptgesellschaft genau abzustimmen.[161)] Dies gilt namentlich für die Regelungen über die Vertragsdauer, die Kontroll- und Mitwirkungsrechte sowie das Wettbewerbsverbot.

d) Stimmrecht

Eine **Übertragung** des Stimmrechts vom Hauptbeteiligten auf den Unterbe- 402
teiligten würde gegen das Abspaltungsverbot[162)] verstoßen und kommt nicht in Betracht. Der Unterbeteiligte kann im Innenverhältnis den Hauptbeteiligten aber zu einem bestimmten Stimmverhalten anweisen. Gleichwohl kann der Hauptbeteiligte unter Umständen aufgrund der aus dem Hauptgesellschaftsverhältnis erwachsenden Treuepflicht gehalten sein, entgegen den Weisungen des Unterbeteiligten abzustimmen.[163)] Umgekehrt verletzt der Hauptbeteiligte die ihm gegenüber dem Unterbeteiligten obliegende Treupflicht, wenn er bei der Ausübung seines Stimmrechts in der Gesellschafterversammlung der Hauptgesellschaft die **Weisungen** des Unterbeteiligten außer Acht lässt, ohne dass die Interessen der Hauptgesellschaft und der Mitgesellschafter ein solches Stimmverhalten gefordert hätten.[164)] Häufig wird deshalb in Unterbeteiligungsverträgen vereinbart, dass der Hauptbeteiligte seine Stimmrechte als Gesellschafter zwar

---

158) *Schlegelberger/K. Schmidt*, HGB, § 335 Rz. 220; MünchKomm-*K. Schmidt*, HGB, § 230 Rz. 233.

159) *Schlegelberger/K. Schmidt*, HGB, § 335 Rz. 227; MünchKomm-*K. Schmidt*, HGB, § 230 Rz. 241.

160) BGH, Urt. v. 11. 7. 1968 – II ZR 179/66, BGHZ 50, 316, 324 f; *Ulmer*, in: GroßKomm. HGB, § 105 Rz. 111.

161) *Paulick*, ZGR 1974, 253, 269; MünchKomm-*K. Schmidt*, HGB, § 230 Rz. 241.

162) Vgl. zum Abspaltungsverbot nur *Karsten Schmidt*, Gesellschaftsrecht, § 19 III 4.

163) BGH Urt v. 14. 3. 1977 – II ZR 156/75, WM 1977, 528 f.

164) *Ulmer*, in: GroßKomm. HGB, § 105 Rz. 112.

nach eigenem Ermessen ausüben, dabei jedoch die Interessen des Unterbeteiligten angemessen berücksichtigten soll.

403 Nach ganz herrschender Meinung ist das Stimmrecht des Hauptbeteiligten für jeden Anteil ungeteilt abzugeben; eine gespaltene Stimmabgabe ist nicht zulässig.[165] Der Unterbeteiligte kann aber über schuldrechtliche **Stimmbindungsverträge** mit dem Hauptbeteiligten Einfluss auf die Ausübung dessen Stimmrecht in der Gesellschafterversammlung der Hauptgesellschaft ausüben.[166]

e) Kontroll- und Informationsrechte

404 Unmittelbare Kontroll- und Informationsrechte gegenüber der Hauptgesellschaft stehen dem Unterbeteiligten nicht zu.[167] Diese Rechte des Unterbeteiligten bestehen nur gegenüber dem Hauptbeteiligten.[168] Es ist allerdings umstritten, welchen Umfang diese Informationsrechte haben. Eine verbreitete Meinung im Schrifttum gibt dem Unterbeteiligten das weitgehende Informationsrecht nach § 716 BGB.[169] Beachtet man, dass die Unterbeteiligung ein Unterfall der Gesellschaft bürgerlichen Rechts ist, erscheint dies auf den ersten Blick einleuchtend. Gleichwohl billigt die herrschende Auffassung dem Unterbeteiligten zu Recht nur das **eingeschränkte Informationsrecht** eines stillen Gesellschafters zu (§ 233 HGB analog).[170] Dem ist in Hinblick auf die Ähnlichkeit zwischen Unterbeteiligung und stiller Gesellschaft zuzustimmen. Der Unterbeteiligte hat daher nur Anspruch auf eine Abschrift der jährlichen Bilanz über den Gesellschaftsanteil des Hauptbeteiligten, der die auf den Anteil entfallenden Erträge, deren Zusammensetzung (Gewinnanteil, Kapitalzinsen etc.) sowie die Entwicklung des Kapitalkontos des Hauptbeteiligten zu entnehmen sind.[171] Die Kon-

165) Vgl. BGHZ 24, 106, 115; MünchKomm-*K. Schmidt*, HGB, § 230 Rz. 232.

166) *Schlegelberger/K. Schmidt*, HGB, § 335 Rz. 219; MünchKomm-*K. Schmidt*, HGB, § 230 Rz. 232; vgl. auch *Zöllner*, ZHR 155 (1991), 168, 178; a. A. für den Fall der verdeckten Unterbeteiligung *Ulmer*, in: GroßKomm. HGB, § 105 Rz. 112.

167) *Blaurock*, Unterbeteiligung, S. 180; offengelassen von LG Bremen, Urt. v. 10. 5. 1990 – 2 O 221/90, GmbHR 1991, 269, 270.

168) Allgemeine Meinung, vgl. nur BGH, Urt. v. 11. 7. 1968 – II ZR 179/66, BGHZ 50, 316, 324; *Ulmer*, in: GroßKomm. HGB, § 105 Rz. 112 m. w. N.

169) *Blaurock*, Unterbeteiligung, S. 180; *Heymann/Emmerich*, HGB, § 105 Rz. 63; vgl. bereits *Herzfeld*, AcP 1937 (1933), 270, 305.

170) BGHZ 50, 316, 323; BGH, Urt. v. 29. 10. 1993 – 22 U 83/93, NJW-RR 1995, 160, 161; LG Bremen, Urt. v. 10. 5. 1990 – 2 O 221/90, GmbHR 1991, 269; MünchKomm-*Ulmer*, BGB, § 716 Rz. 3; *Ulmer*, in: GroßKomm. HGB, § 105 Rz. 112; *Böttcher/Zartmann/Faut*, Stille Gesellschaft, S. 113 f; *Schlegelberger/K. Schmidt*, HGB, § 338 Rz. 20; MünchKomm-*K. Schmidt*, HGB, § 233 Rz. 33; *Gehrlein*, in: Ebenroth/Boujong/Joost, HGB, § 230 Rz. 92; *Heymann/Horn*, HGB, § 230 Rz. 71; *Scholz/Winter*, GmbHG, § 15 Rz. 13; *Baumbach/Hopt*, HGB, § 105 Rz. 42; *Weipert*, in: Münchener Handbuch des Gesellschaftsrechts I, § 30 Rz. 64.

171) BGHZ 50, 316, 323; *Ulmer*, in: GroßKomm. HGB, § 105 Rz. 112.

trolle dieser Information durch den Unterbeteiligten richtet sich nach §§ 259, 260 BGB.[172] Nach der herrschenden Meinung wird durch dieses eingeschränkte Informationsrecht dem berechtigten Interesse des Unterbeteiligten entsprochen, die Grundlagen für die Berechnung seiner Gewinn- und Verlustanteile und seiner kapitalmäßigen Rechte zu erfahren.

Eine abschriftliche Mitteilung der Bilanz der Hauptgesellschaft oder eine Einsicht in Unterlagen der Hauptgesellschaft kann der Unterbeteiligte von dem Hauptgesellschafter nur dann beanspruchen, wenn die Gesellschaft dem Hauptgesellschafter die **Bekanntgabe** gestattet hat und der Unterbeteiligungsvertrag dem Unterbeteiligten ein Recht auf Bekanntgabe einräumt.[173] Die Gestattung darf die Hauptgesellschaft nicht grundlos verweigern; der Hauptbeteiligte muss sich um sie bemühen.[174] Nicht ausreichend als Genehmigung ist die Zulassung von Unterbeteiligungsverhältnissen im Gesellschaftsvertrag der Hauptgesellschaft.[175] 405

Unter gewissen Umständen kann dem Unterbeteiligten auch ein **außerordentliches Informationsrecht** zustehen. Dafür müssen wichtige Gründe vorliegen wie eine konkrete Gefährdung der Interessen des Unterbeteiligten und wenn eine sofortige Regelung geboten oder eine Kontrollmaßnahme erforderlich ist, z. B. bei einem begründeten Misstrauen hinsichtlich der Ordnungsmäßigkeit der Geschäfts- oder Buchführung.[176] Umstritten ist diesbezüglich, ob sich dieses außerordentliche Informationsrecht aus § 233 Abs. 3 HGB oder aus den allgemeinen Mitgliedschaftsrechten des Unterbeteiligten ableitet. Für die herrschende Meinung, die § 233 Abs. 3 HGB anwendet, folgt daraus, dass auch die entsprechenden Beschränkungen für den Unterbeteiligten gelten, während dies nach der Mindermeinung nicht der Fall ist.[177] 406

Die Rechtsprechung lässt die Informationsrechte des Unterbeteiligten nach § 233 HGB anders als beim stillen Gesellschafter auch noch **nach Auflösung** der Unterbeteiligungsgesellschaft zu.[178] In der Literatur ist dies umstritten. Es wird argumentiert, dass aufgrund der gleichen Funktion der Informationsrechte bei 407

172) *Ulmer*, in: GroßKomm. HGB, § 105 Rz. 112.

173) BGH, Urt. v. 11. 7. 1968 – II ZR 197/66, BGHZ 50, 316, 325 BFH, Urt. v. 21. 2. 1991 – IV R 35/89, BStBl II 1995, 449; *Blaurock*, StG, § 30 Rz. 30.44; *Gehrlein*, in: Ebenroth/Boujong/Joost, HGB, § 230 Rz. 92. Kritisch MünchKomm-*K. Schmidt*, HGB, § 233 Rz. 34.

174) BFH, Urt. v. 21. 2. 1991 – IV R 35/89, BStBl II 1995, 449.

175) BGH, Urt. v. 11. 7. 1968 – II ZR 197/66, BGHZ 50, 316, 325.

176) *Schlegelberger/K. Schmidt*, HGB, § 338 Rz. 9 und § 166 Rz. 26 f.

177) *Schlegelberger/K. Schmidt*, HGB, § 338 Rz. 9; MünchKomm-*K. Schmidt*, HGB, § 233 Rz. 36.

178) BGH, Urt. v. 11. 7. 1968 – II ZR 197/66, BGHZ 50, 316, 324.

stiller Beteiligung und bei Unterbeteiligung diese, zumal auf die gleiche rechtliche Vorschrift gegründet, gleich behandelt werden müssten.[179)]

f) Grundlagengeschäfte der Hauptgesellschaft

408 Der Unterbeteiligte kann auch an Grundlagengeschäften innerhalb der Hauptgesellschaft zu beteiligen sein. So kann der Unterbeteiligte ein **Mitspracherecht** geltend machen, wenn die Grundlagengeschäfte zu einer Änderung des in dem Unterbeteiligungsvertrag Vereinbartem führen (Veränderung der Gewinnverteilung, Änderung der vertraglich festgelegten Geschäftsführungsbereiche).[180)] Bei Grundlagengeschäften, die sich nur mittelbar auf die Unterbeteiligung auswirken (Kündigung der Hauptgesellschaft, Änderung des Gesellschaftszwecks der Hauptgesellschaft) besteht jedoch keine stillschweigend anzunehmende Mitgeschäftsführungsbefugnis des Unterbeteiligten. In diesen Fällen wird der Unterbeteiligte durch die Treuepflicht des Hauptbeteiligten ausreichend geschützt.[181)] Der Hauptgesellschafter ist aufgrund dieser gravierenden Entscheidungen in der Hauptgesellschaft im Innenverhältnis in der Regel verpflichtet, die Zustimmung des Unterbeteiligten einzuholen.[182)] Anderes gilt, wenn der Unterbeteiligungsvertrag in diesem Zusammenhang nur eine Pflicht zur Anhörung des Unterbeteiligten vorsieht, weitere Mitspracherechte aber nicht begründet.

g) Beteiligung an Kapitalmaßnahmen

409 Beschließen die Gesellschafter der Hauptgesellschaft eine **Kapitalerhöhung,** steht dem Unterbeteiligten ein Bezugsrecht auf einen Anteil an der Hauptgesellschaft nicht ohne weiteres zu.[183)] Erfolgt die Kapitalerhöhung aus Gesellschaftsmitteln etwa durch Umbuchung vom Rücklagenkonto auf das Kapitalkonto, erstreckt sich die Unterbeteiligung zwar auch auf den erhöhten Anteil, so daß sich der durchgerechnete wirtschaftliche Anteil des Unterbeteiligten an der Gesellschaft nicht verändert.[184)] Anders liegen die Dinge im Grundsatz, wenn bei der Hauptgesellschaft eine Kapitalerhöhung gegen Einlagen erfolgt.[185)] Ist nichts anderes vereinbart, muss der Hauptbeteiligte dem Unterbeteiligten bei

---

179) *Schlegelberger/K. Schmidt*, HGB, § 338 Rz. 24; MünchKomm-*K. Schmidt*, HGB, § 233 Rz. 37.

180) *Blaurock*, StG, § 30 Rz. 30.43.

181) *Blaurock*, StG, § 30 Rz. 30.43.

182) *Tebben*, S. 385.

183) *Schlegelberger/K. Schmidt*, HGB, § 335 Rz. 222; MünchKomm-*K. Schmidt*, HGB, § 230 Rz. 235.

184) *Riegger*, in: Münchener Handbuch des Gesellschaftsrechts I, § 24 Rz. 52.

185) *Schlegelberger/K. Schmidt*, HGB, § 335 Rz. 222; *Riegger*, in: Münchener Handbuch des Gesellschaftsrechts I, § 24 Rz. 53.

einer Kapitalerhöhung gegen Einlagen ohne Ausschluss des Bezugsrechts indes Gelegenheit zu einer entsprechenden Aufstockung seiner Unterbeteiligung geben, da sich die Unterbeteiligung auch auf das Bezugsrecht erstreckt.[186] Es besteht aber andererseits keine Verpflichtung des Unterbeteiligten, an der Kapitalerhöhung teilzunehmen (§ 707 BGB).[187] Entscheidet sich der Unterbeteiligte zur Aufstockung, wird häufig festgelegt, dass der Hauptbeteiligte in entsprechendem Umfang von seinem Bezugsrecht auf den neuen Anteil Gebrauch zu machen hat.

Übernimmt der Hauptbeteiligte wie insbesondere bei der GmbH einen **neuen selbständigen Anteil** ohne Bezugsrecht, muss der Unterbeteiligte nicht an dem neuen Anteil beteiligt werden, da der neue Anteil nicht als Ausfluss des alten Anteils anzusehen ist.[188] 410

Bei einer **Herabsetzung des Grundkapitals** ist im Zweifel anzunehmen, dass sich die Unterbeteiligung entsprechend reduziert, so dass die durchgerechnete wirtschaftliche Beteiligung des Unterbeteiligten an der Hauptgesellschaft im Ergebnis unverändert bleibt. 411

h) Wettbewerbsverbot

Besteht in der Hauptgesellschaft ein Wettbewerbsverbot, so trifft dies zweifelsfrei den Hauptbeteiligten. Problematisch ist, ob ein etwaiges Wettbewerbsverbot des Hauptgesellschafters auf den **Unterbeteiligten** ausstrahlt. Dies wird in aller Regel zu verneinen sein, insbesondere soweit die Hauptgesellschaft hinreichend gegen Informationen und Einflussnahmen des Unterbeteiligten geschützt ist.[189] Anderes kann dann gelten, wenn die Rechtsstellung des Unterbeteiligten im Unterbeteiligungsvertrag gegenüber der gesetzlichen Regelung, etwa durch die Begründung weitgehenderer Informationsrechte, verstärkt ist.[190] 412

i) Haftung

Eine Haftung als Gesellschafter gegenüber der Hauptgesellschaft oder deren Gläubigern trifft grundsätzlich nur den **Hauptbeteiligten**. Der Unterbeteiligte ist gegenüber der Hauptgesellschaft dagegen lediglich bei **deliktischen Hand-** 413

---

186) Vgl. *Schlegelberger/K. Schmidt*, HGB, § 335 Rz. 222; a. A. *Tebben*, S. 285.

187) Zu Einzelheiten und insbesondere der Rolle der Treuepflicht in diesem Zusammenhang vgl. *Riegger*, in: Münchener Handbuch des Gesellschaftsrechts I, § 24 Rz. 53.

188) *Herzfeld*, AcP 137 (1933), 270, 321.

189) MünchKomm-*K. Schmidt*, HGB, § 230 Rz. 244; *Schlegelberger/K. Schmidt*, HGB, § 335 Rz. 230 m. w. N.

190) *Schlegelberger/K. Schmidt*, HGB, § 335 Rz. 230 m. w. N.; *Gehrlein*, in: Ebenroth/Boujong/Joost, HGB, § 230 Rz. 96.

lungen oder aus **Rechtsschein** haftbar.[191] Der Unterbeteiligte haftet auch nicht für Vertragsverletzungen durch den Hauptbeteiligten als sein Erfüllungsgehilfe.[192] Bei einer offenen Unterbeteiligung können zusätzlich Ersatzansprüche entstehen, wenn der Unterbeteiligte seine Pflichten aus der dann unmittelbaren Rechtsbeziehung mit der Hauptgesellschaft verletzt.

2. Rechte und Pflichten des Haupt- und Unterbeteiligten innerhalb der Unterbeteiligungsgesellschaft

414 Durch den Gesellschaftsvertrag verpflichten sich Haupt- und Unterbeteiligter zur Förderung eines gemeinsamen Zweckes und zur Leistung der ihnen nach den gesetzlichen und vertraglichen Bestimmungen zugewiesenen Beiträge.

a) Geschäftsführung

415 Eine Geschäftsführung ist auch in der Unterbeteiligungsgesellschaft möglich. Die Geschäftsführung ist auf die Erreichung des Gesellschaftszwecks gerichtet. Sie umfasst bei der Unterbeteiligungsgesellschaft, die auf das gewinnbringende Halten und Nutzen des Gesellschaftsanteils an der Hauptgesellschaft gerichtet ist, vor allem die Ausübung der **Gesellschafterrechte** in der Hauptgesellschaft,[193] aber auch die Erledigung der Angelegenheiten, die sich aus dem Unterbeteiligungsverhältnis selbst ergeben (Rechnungslegung, Information etc.).[194] Die Geschäftsführung in der Unterbeteiligungsgesellschaft obliegt daher stets dem **Hauptbeteiligten**, der diese vorbehaltlich abweichender vertraglicher Regelungen ohne Vergütung durchführt.[195] Er handelt nach außen im eigenen Namen, im **Innenverhältnis** aber auch für Rechnung des Unterbeteiligten.[196] Die Regeln der §§ 709 ff BGB, die davon ausgehen, dass jeder an der Gesellschaft Beteiligte Vertreter oder Geschäftsführer sein kann, sind auf die Unterbeteiligung nicht anwendbar.[197]

416 Der Hauptbeteiligte muss die Geschäfte so führen, wie es seiner Treuepflicht gegenüber der Hauptgesellschaft, aber auch derjenigen gegenüber dem Unterbe-

---

191) MünchKomm-*K. Schmidt*, HGB, § 230 Rz. 234; *Schlegelberger/K. Schmidt*, HGB, § 335 Rz. 221 m. w. N.

192) Vgl. *Herzfeld*, AcP 137 (1933), 270, 325; MünchKomm-*K. Schmidt*, HGB, § 230 Rz. 234.

193) *Paulick*, ZGR 1974, 253, 274.

194) *Riegger*, in: Münchener Handbuch des Gesellschaftsrechts I, § 24 Rz. 27; *Paulick*, ZGR 1974, 253, 274.

195) Vgl. MünchKomm-*Ulmer*, BGB, § 709 Rz. 32 und § 713 Rz. 16; MünchKomm-*K. Schmidt*, HGB, § 230 Rz. 237; *Gehrlein*, in: Ebenroth/Boujong/Joost, HGB, § 230 Rz. 86.

196) *Pickhardt-Poremba/Engelsing*, DStZ 2000, 281.

197) MünchKomm-*K. Schmidt*, HGB, § 230 Rz. 237. Kritisch dazu *Tebben*, S. 259 ff.

teiligten entspricht, soweit eine Berücksichtigung dessen Interessen nach dem Recht der Hauptgesellschaft zulässig ist. Der Hauptbeteiligte steht bei der Verwaltung der Hauptbeteiligung insoweit in einem **doppelten Gesellschaftsverhältnis.**[198] Bei Ausübung **uneigennütziger Rechte** in der Hauptgesellschaft hat der Hauptbeteiligte allein die Interessen dieser Gesellschaft zu verfolgen, während bei der Ausübung **eigennütziger Rechte** (z. B. Mitwirkung an Thesaurierungsbeschlüssen) vorrangig die Interessen der Unterbeteiligungsgesellschaft zu berücksichtigen sind.[199] Werden bei letzterem die Grundlagen der Unterbeteiligung verändert, ist die Zustimmung des Unterbeteiligten einzuholen.[200] Sollten sich die Interessen von Hauptgesellschaft und Unterbeteiligungsgesellschaft widersprechen, ist der Hauptbeteiligte verpflichtet, sich um einen **angemessenen Ausgleich** der widerstreitenden Interessen zu bemühen.

Das Recht zur Geschäftsführung kann dem Hauptbeteiligten nach herrschender 417
Meinung auch bei Vorliegen eines wichtigen Grundes nicht nach § 712 BGB entzogen werden,[201] da der Hauptbeteiligte bei normaler Gestaltung des Gesellschaftsverhältnisses die Geschäftsführung allein inne hat und im eigenen Namen ausübt.[202] Die Möglichkeiten des Unterbeteiligten sind auf die Geltendmachung von **Schadensersatzansprüchen** oder eine **Kündigung** aus wichtigem Grund gemäß § 723 Abs. 1 BGB beschränkt.[203]

Vertragliche Vereinbarungen, die dem Unterbeteiligten die Geschäftsführung 418
übertragen oder **Gesamtgeschäftsführungsbefugnis** anordnen, sind möglich und bei Unterbeteiligungen, die der Kapitalbeschaffung dienen, üblich.[204] Da nur der Hauptbeteiligte gegenüber der Hauptgesellschaft auftreten kann, führt eine solche abweichende Vereinbarung zu einem Auseinanderfallen von Geschäftsführungsbefugnis und Vertretungsmacht. Steht dem Unterbeteiligten die Geschäftsführung zu, so lassen sich seine Maßnahmen nur durch **Stimmbindungsvereinbarungen** durchsetzen, da der Hauptbeteiligte in der Hauptgesell-

---

198) MünchKomm-*K. Schmidt*, HGB, § 230 Rz. 241.

199) *Riegger*, in: Münchener Handbuch des Gesellschaftsrechts I, § 24 Rz. 28.

200) Vgl. *Gehrlein*, in: Ebenroth/Boujong/Joost, HGB, § 230 Rz. 87; *Zutt*, in: GroßKomm. HGB, § 230 Rz. 114.

201) Auch eine analoge Anwendung von § 712 BGB kommt nicht in Betracht, vgl. *Esch*, NJW 1964, 903; *Böttcher/Zartmann/Faut*, S. 44; *Heymann/Horn*, HGB, § 230 Rz. 70; MünchKomm-*K. Schmidt*, HGB, § 230 Rz. 237.

202) Statt vieler: *Schlegelberger/K. Schmidt*, HGB, § 335 Rz. 225; *Paulick*, ZGR 1974, 253, 274; *Tebben*, S. 265 m. w. N.

203) *Paulick*, ZGR 1974, 253, 274 f.

204) *Blaurock*, StG, § 30 Rz. 30.40.

schaft im eigenen Namen handelt.[205] Derartige Stimmbindungsverträge werden bei der Unterbeteiligung für unbedenklich gehalten.[206]

419 Umstritten ist, ob bei Grundlagengeschäften in der Hauptgesellschaft **Mitgeschäftsführungsrechte** des Unterbeteiligten bestehen. Vorbehaltlich abweichender vertraglicher Vereinbarungen nimmt der Hauptbeteiligte die Gesellschafterrechte in der Hauptgesellschaft in eigenem Namen wahr, wobei er angesichts seiner Treuepflicht auch gegenüber dem Unterbeteiligten dessen Interessen zu berücksichtigen hat. Mitspracherechte des Unterbeteiligten können diesem durch Vertrag eingeräumt werden; er kann sogar in den Grenzen des Abspaltungsverbots zur Ausübung von Mitgliedschaftsrechten bevollmächtigt werden.[207] Dem Unterbeteiligtem können sogar Mitwirkungsrechte bei der Ausübung der Rechte aus der Hauptbeteiligung eingeräumt werden, soweit dem nicht zwingende Grundsätze gegenüberstehen, die für die Mitgliedschaft in der Hauptgesellschaft gelten.[208] Bei einer offenen Unterbeteiligung können dem Unterbeteiligten noch darüber hinausgehende Mitwirkungsrechte übertragen werden.[209]

420 Eine **Vertretung** der Unterbeteiligungsgesellschaft findet, da es sich um eine bloße Innengesellschaft handelt und daher eine Teilnahme am Rechtsverkehr nicht erfolgt, nicht statt.[210] Der Hauptbeteiligte ist daher nicht als Vertreter der Unterbeteiligungsgesellschaft im Sinne des § 716 BGB anzusehen.[211]

421 Statt des Hauptbeteiligten darf der Unterbeteiligte der Hauptgesellschaft gegenüber nur aufgrund einer **besonderen Vollmacht** des Hauptgesellschafters und der ausdrücklichen oder stillschweigenden **Zustimmung der Hauptgesellschaft** tätig werden.[212] Bei zulässiger Vertretung handelt der Unterbeteiligte im Namen des Hauptgesellschafters, nicht aber im Namen des Gesellschafters der Unterbeteiligung.[213]

---

205) *Blaurock*, StG, § 30 Rz. 30.42.

206) *Gehrlein*, in: Ebenroth/Boujong/Joost, HGB, § 230 Rz. 88; *Schlegelberger/K. Schmidt*, HGB, § 335 Rz. 219 m. w. N.

207) *Paulick*, ZGR 1974, 253, 274 f; *Schlegelberger/K. Schmidt*, HGB, § 335 Rz. 225; MünchKomm-*K. Schmidt*, HGB, § 230 Rz. 237; *Gehrlein*, in: Ebenroth/Boujong/Joost, HGB, § 230 Rz. 88.

208) *Riegger*, in: Münchener Handbuch des Gesellschaftsrechts I, § 24 Rz. 29.

209) *Ulmer*, in: GroßKomm. HGB, § 205 Rz. 113.

210) *Blaurock*, Unterbeteiligung, S. 119; *Friehe*, S. 55; *Paulick*, ZGR 1974, 253, 276; MünchKomm-*K. Schmidt*, HGB, § 230 Rz. 238.

211) *Tebben*, S. 257.

212) *Paulick*, ZGR 1974, 253, 275.

213) *Westermann*, in: Handbuch der Personengesellschaften, S. 961.

Im Gegensatz zur Treuhand unterliegt der Hauptgesellschafter bei der Unterbeteiligung grundsätzlich keinem **Weisungsrecht** des Unterbeteiligten. Bei der Verwaltung der Beteiligung muss der Hauptgesellschafter jedoch innerhalb der durch den Gesellschaftsvertrag der Hauptgesellschaft gezogenen Grenzen auf die Interessen des Unterbeteiligten Rücksicht nehmen.[214] 422

b) Einlagepflicht

Wie bereits eingangs dargelegt, stellen die von Haupt- und Unterbeteiligtem zu 423 leistenden **Beiträge** ein **konstitutives Merkmal** der Unterbeteiligungsgesellschaft dar. Dies wird aber allein schon dadurch erfüllt, dass der Hauptbeteiligte durch das Halten der Beteiligung an der Hauptgesellschaft den gemeinsamen Zweck der Unterbeteiligungsgesellschaft fördert und die Interessen der Unterbeteiligungsgesellschaft in der Hauptgesellschaft wahrnimmt und dass der Unterbeteiligte seine Unterbeteiligung am Anteil der Hauptgesellschaft hält.[215] Allein dadurch erfüllen die Beteiligten das Mindesterfordernis an Beitragsleistung.

Die Förderung des gemeinsamen Zwecks durch den Unterbeteiligten muss nicht 424 in der Erbringung einer Einlageleistung bestehen.[216] Wird ihm die Unterbeteiligung schenkweise zugewandt, so ist das Halten der Unterbeteiligung bei dem Hauptbeteiligten ein als Zweckförderung ausreichender Beitrag.[217] Folglich ist eine Einlageleistung nicht Voraussetzung für das Entstehen einer Unterbeteiligung; entscheidend ist allein das Entstehen eines Einlageverhältnisses, mag dies auch auf die **schenkweise Einbuchung** zurückgehen.[218] Wird eine Einlage erbracht, ist sie entsprechend § 230 Abs. 1 HGB in das Vermögen des Hauptbeteiligten zu leisten. Die Einlage geht in das Vermögen des Hauptbeteiligten, nicht notwendigerweise aber sein Eigentum über.[219] Es fehlt an einem den Gesellschaftern zur gesamten Hand zustehenden Gesellschaftsvermögen. Wird die Einlage der Einfachheit halber direkt in das Gesellschaftsvermögen der Hauptge-

214) BGH, Urt. v. 22. 3. 1965 – II ZR 196/62, WM 1965, 458 (betreffend einen Konsortialkredit); *Gehrlein*, in: Ebenroth/Boujong/Joost, HGB, § 230 Rz. 87.

215) *Schlegelberger/K. Schmidt*, HGB, § 335 Rz. 216; MünchKomm-*K. Schmidt*, HGB, § 230 Rz. 230; *Riegger*, Münchener Handbuch des Gesellschaftsrechts I, § 24 Rz. 38; *Blaurock*, StG, § 30 Rz. 30.1.

216) MünchKomm-*K. Schmidt*, HGB, § 230 Rz. 230; *Gehrlein*, in: Ebenroth/Boujong/Joost, HGB, § 230 Rz. 91.

217) *Schlegelberger/K. Schmidt*, HGB, § 335 Rz. 216; MünchKomm-*K. Schmidt*, HGB, § 230 Rz. 196.

218) *Schlegelberger/K. Schmidt*, HGB, § 335 Rz. 217; MünchKomm-*K. Schmidt*, HGB, § 230 Rz. 230.

219) *Paulick*, ZGR 1974, 253, 263.

sellschaft gezahlt, so gilt sie im Verhältnis der Hauptgesellschaft zum Hauptbeteiligten als auf Rechnung des Hauptbeteiligten geleistet.[220)]

425 Ob eine Einlage bilanzierungsfähig sein muss, ist streitig.[221)] Nach den Befürwortern des Erfordernisses der **Bilanzierungsfähigkeit** muss die obligatorische Mitberechtigung einen Anteil an der Hauptbeteiligung insgesamt darstellen, d. h. eine Beteiligung mit bilanzmäßig darstellbarer Einlage.[222)] Dementsprechend stellt die bloße Verpflichtung des Gesellschafters, einen bestimmten Anteil von dem Gewinn, der auf seinen Gesellschaftsanteil entfällt, abzugeben, keine Unterbeteiligung dar.[223)]

426 Die Leistung des Unterbeteiligten besteht regelmäßig in der Zahlung einer bestimmten **Geldsumme**. Sie kann aber alles sein, was Gegenstand eines Schuldverhältnisses sein kann, übertragbar und in Geld schätzbar ist.[224)] So kann die Leistung auch aus persönlichen Diensten oder in der Überlassung bestimmter Gegenstände zum Gebrauch des Hauptbeteiligten bestehen. Bei der Gebrauchsüberlassung liegt jedoch nur dann eine Unterbeteiligung und kein partiarischer Miet- oder Pachtvertrag vor, wenn gleichzeitig ein gemeinsamer Zweck verfolgt wird.[225)]

427 Als darüber **hinausgehende Beitragsleistungen** können beliebige Geld- oder Sachleistungen sowie alle Handlungen und Unterlassungen vereinbart werden.[226)] Da regelmäßig kein Gesellschafter einem anderen ohne Gegenleistung eine Unterbeteiligung einräumt, werden grundsätzlich weitere Beitragspflichten des Unterbeteiligten begründet, wie z. B. Sach- oder Dienstleistungen oder Wettbewerbsverbote.[227)]

428 Ohne besondere vertragliche Regelung bestimmt sich die Bewertung der Vermögenseinlage nach objektiven Maßstäben. Eine vertraglich vereinbarte **Über- oder Unterbewertung** ist gesellschaftsrechtlich problemlos, da die Einlage nicht im

---

220) *Blaurock*, StG, § 30 Rz. 30.37.

221) Dafür *Schlegelberger/K. Schmidt*, HGB, § 335 Rz. 183, 216; MünchKomm-*K. Schmidt*, HGB, 230 Rz. 197, 231; dagegen *Heymann/Horn*, HGB, § 230 Rz. 72 *Gehrlein*, in: Ebenroth/Boujong/Joost, HGB, § 230 Rz. 91.

222) *Schlegelberger/K. Schmidt*, HGB, § 335 Rz. 186, 216 f. Vgl. dazu ausführlich *Tebben*, S. 37 ff.

223) *Riegger*, in: Münchener Handbuch des Gesellschaftsrechts I, § 24 Rz. 2; MünchKomm-*K. Schmidt*, HGB, § 230 Rz. 197.

224) *Paulick*, ZGR 1974, 253, 263; *Gehrlein*, in: Ebenroth/Boujong/Joost, HGB, § 230 Rz. 91; MünchKomm-*K. Schmidt*, HGB, § 230 Rz. 230.

225) *Paulick*, ZGR 1974, 253, 263.

226) *Schlegelberger/K. Schmidt*, HGB, § 335 Rz. 216.

227) *Karsten Schmidt*, Gesellschaftsrecht, § 63 III 2 b.

Handelsregister publiziert wird und nur für das Innenverhältnis relevant ist.[228] Bei einer absichtlichen Überbewertung kann allenfalls eine gemischte Schenkung an den Unterbeteiligten vorliegen,[229] was zur Formbedürftigkeit des Vertrages führt. Eine Über- oder Unterbewertung hat auch Konsequenzen für die **Gewinn- und Verlustbeteiligung** des Unterbeteiligten, da sein Anteil häufig nach dem Verhältnis der Einlagegutschrift auf dem Einlagekonto zum Anteil der Kapitaleinlage des Hauptbeteiligten in der Hauptgesellschaft bestimmt wird.

c) Gewinn- und Verlustbeteiligung

Die Gewinnbeteiligung ist anderes als die Verlustbeteiligung ein unverzichtbares Merkmal der Unterbeteiligung. Das entscheidende Recht des Unterbeteiligten ist sein Anspruch auf Gewinnbeteiligung.[230] Umgekehrt ist der Unterbeteiligte grundsätzlich auch am Verlust der Unterbeteiligungsgesellschaft beteiligt. Hierbei handelt es sich allerdings um kein zwingendes Merkmal der Unterbeteiligung. Sie kann im Unterbeteiligungsvertrag ausgeschlossen werden.[231] Besteht eine Verlustbeteiligung, ist der Hauptbeteiligte berechtigt, dem Unterbeteiligten einen entstandenen Verlust bis zur Höhe der übernommenen Einlage zuzuweisen. Die Verlustbeteiligung ist folglich begrenzt. **429**

Der Unterbeteiligte hat gegen den Hauptbeteiligten einen **schuldrechtlichen Anspruch** auf Auszahlung des auf ihn entfallenden Gewinnanteils. Soweit (ausnahmsweise) nichts Abweichendes vereinbart ist, steht dem Unterbeteiligten ein **angemessener Gewinn** zu (§ 231 HGB analog).[232] Die Vorschrift des § 722 BGB, der jedem Gesellschafter im Zweifel ohne Rücksicht auf die Höhe seines Beitrags einen gleichen Anteil am Gewinn und Verlust zuspricht, entspricht nicht der überwiegend kapitalmäßigen Beteiligung des Unterbeteiligten.[233] **430**

Wird dem Hauptbeteiligten von der Hauptgesellschaft eine **feste Tätigkeitsvergütung** bezahlt, so bleibt diese von der Beteiligung ausgenommen.[234] Dies gilt auch bei einer Vergütung für die Übernahme der persönlichen Haftung bei **431**

228) *Schlegelberger/K. Schmidt*, HGB, § 335 Rz. 149 f.

229) Vgl. BGHZ 7, 174, 179 (zur stillen Gesellschaft).

230) *Hesselmann*, GmbHR 1964, 26, 28.

231) *Schlegelberger/K. Schmidt*, HGB, § 335 Rz. 187; *Paulick*, ZGR 1974, 253, 266; *Bärwaldt*, in: Beck'sches Handbuch der Personengesellschaften, § 14 Rz. 33.

232) *Weigl*, S. 183; *Gehrlein*, in: Ebenroth/Boujong/Joost, HGB, § 230 Rz. 92.

233) Nach MünchKomm-*K. Schmidt*, HGB, § 231 Rz. 26, findet § 231 Abs. 1 HGB im Zweifel Anwendung. Daneben soll § 722 Abs. 2 BGB analog gelten mit der Folge, dass die Gewinnbeteiligungsquote im Zweifel auch für die Verlustbeteiligung gilt.

234) *Riegger*, in: Münchener Handbuch des Gesellschaftsrechts I, § 24 Rz. 43; *Weigl*, S. 185.

einem Anteil als Komplementär bei einer Kommanditgesellschaft, soweit nicht der Unterbeteiligte im Innenverhältnis ebenfalls persönlich haftet.[235)]

432 Die **Verteilung von Gewinn und Verlust** ist den Gesellschaftern überlassen. Regelungsbedürftig ist insbesondere die Frage, ob der Unterbeteiligte auch an den offenen Rücklagen der Hauptgesellschaft oder den nicht entnommenen Gewinnen beteiligt ist.[236)] Ohne eine entsprechende Regelung bezieht sich der Gewinnanteil nur auf die ausgeschütteten Gewinne.[237)] Eine Beteiligung an den **stillen Reserven** findet dann erst bei der Auflösung der Unterbeteiligung statt. Entnimmt der Hauptbeteiligte allerdings über diesen Anteil hinaus Gewinne zum Nachteil des Unterbeteiligten, hat er den Differenzbetrag zu verzinsen.[238)]

433 Der Hauptbeteiligte kann im Innenverhältnis vollständig von einer Beteiligung am Gewinn und Verlust der Hauptbeteiligung ausgeschlossen sein. Voraussetzung ist allerdings, dass trotzdem weiterhin eine gemeinsame Zweckverfolgung gegeben ist. Dies ist z. B. dann der Fall, wenn Haupt- und Unterbeteiligter die gemeinsame Nutzung der Hauptbeteiligung darin sehen, dass der Hauptbeteiligte die Verwaltungsrechte aus der Hauptbeteiligung ausübt, während der Unterbeteiligte Empfänger der wirtschaftlichen Ergebnisse ist.[239)]

434 **Bilanzentscheidungen** der Hauptgesellschaft hat der Unterbeteiligte solange hinzunehmen, wie sie mit dem Gesetz und den Grundsätzen ordnungsgemäßer Buchführung in Einklang stehen.[240)] Genehmigt der Hauptbeteiligte die Bilanz der Hauptgesellschaft in der Rechtsform der GmbH allerdings entgegen § 42 GmbHG mit zu hohen Passiven, ist er dem Unterbeteiligten wegen der Verletzung seiner Pflichten aus dem Unterbeteiligungsverhältnis schadensersatzpflichtig.[241)] Der Unterbeteiligte hat jedoch keinen Anspruch gegen die Hauptgesellschaft auf Dividendenzahlung oder Schadensersatz.[242)]

435 Im Unterbeteiligungsvertrag ist auch zu regeln, ob sich die Gewinnverteilungsabrede auf die Handels- oder die Steuerbilanz bezieht. Ohne eine entsprechende Regelung ist von der Maßgeblichkeit der **Handelsbilanz** auszugehen.[243)]

---

235) *Riegger*, in: Münchener Handbuch des Gesellschaftsrechts I, § 24 Rz. 43.

236) *Blaurock*, StG, § 30 Rz. 30.49.

237) *Blaurock*, StG, § 30 Rz. 30.49 m. w. N.

238) BGH, Urt. 9. 10. 2000 – II ZR 345/98, ZIP 2000, 2259, dazu EWiR 2001, 359 *(Reiff)*; *Gehrlein*, in: Ebenroth/Boujong/Joost, HGB, § 230 Rz. 92.

239) *Schlegelberger/K. Schmidt*, HGB, § 335 Rz. 187.

240) *Blaurock*, StG, § 30 Rz. 30.50.

241) *Hachenburg/Schilling*, GmbHG, § 15 Rz. 44.

242) *Hesselmann*, GmbHR 1964, 28.

243) *Böttcher/Zartmann/Faut*, S. 76 f.

Dies gilt aber nur dann, wenn die Hauptgesellschaft eine eigene Handelsbilanz aufstellt. Erstellt die Hauptgesellschaft dagegen nur eine Steuerbilanz, so ist diese maßgeblich. Eine gesonderte Handelsbilanz ist nicht zu erstellen.[244)] Bei Unterbeteiligungen an GmbH-Anteilen oder Aktien ist es in der Regel sinnvoll, nur auf den auf die Hauptbeteiligung entfallenden ausgeschütteten Gewinnanteil abzustellen, während bei Unterbeteiligungen an Personengesellschaftsanteilen meist auch der nicht entnahmefähige Gewinnanteil in die Bemessungsgrundlage einbezogen wird.[245)]

Die **Auszahlungsmodalitäten** unterliegen der **freien Vereinbarung** der Parteien. Der Zahlungsanspruch des Unterbeteiligten wird fällig, wenn der Gewinn berechnet ist oder nach den vertraglichen oder gesetzlichen Bestimmungen berechnet sein sollte. Dem Anspruch darf allerdings keine Einrede entgegenstehen. Dies ist insbesondere der Fall, wenn die Einlage des Unterbeteiligten aufgrund von Verlusten unter den vertraglich vereinbarten Betrag gesunken ist. Analog § 232 Abs. 2. Satz 2 HGB ist in diesem Fall der Gewinnanteil zunächst zum Auffüllen der Einlage zu verwenden. 436

Wird der Gewinnanteil des Unterbeteiligten nicht ausgezahlt, vermehrt er nicht die Einlage (§ 232 Abs. 2 HGB analog), sondern wird – vorbehaltlich einer abweichenden vertraglichen Regelung – als **Darlehensforderung** auf einem gesonderten Konto des Unterbeteiligten verbucht, das für die Zwecke der Abrechnung eingerichtet werden sollte. Die Unterbeteiligungsgesellschaft und deren Gesellschafter sind als solche nicht bilanzierungspflichtig, und die Einrichtung von Konten ist – auch mangels eines gemeinschaftlichen Vermögens der Gesellschafter – nicht zwingend erforderlich. Dennoch sollte zumindest für den Unterbeteiligten für Abrechnungszwecke ein entsprechendes Konto eingerichtet werden. In der Regel ist empfehlenswert, die für den Unterbeteiligten einzurichtenden Konten an diejenigen anzupassen, die für den Hauptbeteiligten in der Hauptgesellschaft geführt werden.[246)] 437

Das **Entnahmerecht** des Unterbeteiligten richtet sich, sofern nicht anders vereinbart, nach § 232 Abs. 1 HGB. Danach ist dem Unterbeteiligten am Ende eines Geschäftsjahres der auf ihn entfallende Gewinn auszuzahlen, soweit dessen Einlage nicht durch den Verlust vermindert ist.[247)] Wird dagegen nach dem Gesellschaftsvertrag einer Personenhandelsgesellschaft der Gewinn des Hauptbeteilig- 438

244) *Blaurock*, StG, § 30 Rz. 30.53; *Riegger*, in: Münchener Handbuch des Gesellschaftsrechts I, § 24 Rz. 42.

245) *Weigl*, S. 185.

246) *Weigl*, S. 186.

247) *Riegger*, in: Münchener Handbuch des Gesellschaftsrechts I, § 24 Rz. 50.

ten auf ein Privat- oder Darlehenskonto gutgeschrieben, das nur unter bestimmten Bedingungen entnommen werden kann, richtet sich der Auszahlungsanspruch des Unterbeteiligten nach den Entnahmemöglichkeiten des Hauptbeteiligten.[248)]

d) Wettbewerbsverbote

439 Neben einem Wettbewerbsverbot in der Hauptgesellschaft kann auch ein Wettbewerbsverbot zwischen Haupt- und Unterbeteiligtem bestehen. Einem gegenseitigen Wettbewerbsverbot unterliegen vorbehaltlich abweichender vertraglicher Regelung jedoch mangels entsprechender gesetzlicher Regelung weder der Hauptgesellschafter noch der Unterbeteiligte. Nur in Ausnahmefällen besteht ein Wettbewerbsverbot aufgrund der **gesellschaftsrechtlichen Treuepflicht.**[249)]

e) Haftung

440 Die Haftung zwischen Unterbeteiligten und Hauptbeteiligten richtet sich nach allgemeinen Grundsätzen des Gesellschaftsrechts. **Haftungsmaßstab** ist § 708 BGB (Sorgfalt in eigenen Angelegenheiten).[250)]

441 Der Hauptbeteiligte haftet dem Unterbeteiligten für Schäden, die auf einem **Fehlverhalten des Hauptbeteiligten** und damit einer Verletzung seiner Pflicht zur sorgfältigen Verwaltung der Hauptbeteiligung oder der Hauptgesellschaft beruhen, aus Schadensersatz wegen Pflichtverletzung (§ 280 BGB).[251)] Zu ersetzen ist dabei auch der entgangene Gewinn (§ 252 BGB).

442 Nicht verantwortlich ist der Hauptbeteiligte für Schädigungen durch seine **Mitgesellschafter.**[252)] Insofern können dem Unterbeteiligten aber Ersatzansprüche nach den Grundsätzen der **Drittschadensliquidation**[253)] oder bei einer offenen Unterbeteiligung aus **Vertrag zugunsten Dritter**[254)] zustehen.

---

248) *Riegger*, in: Münchener Handbuch des Gesellschaftsrechts I, § 24 Rz. 50.

249) *Blaurock*, StG, § 30 Rz. 30.46; *Esch*, NJW 1964, 905; *Gehrlein*, in: Ebenroth/Boujong/Joost, HGB, § 230 Rz. 96; MünchKomm-*K. Schmidt*, HGB, § 230 Rz. 243.

250) *Paulick*, ZGR 1974, 253, 277; *Gehrlein*, in: Ebenroth/Boujong/Joost, HGB, § 230 Rz. 89; MünchKomm-*K. Schmidt*, HGB, § 230 Rz. 246.

251) *Schlegelberger/K. Schmidt*, HGB, § 335 Rz. 232.

252) MünchKomm-*K. Schmidt*, HGB, § 230 Rz. 246.

253) *Blaurock*, Unterbeteiligung, S. 219; MünchKomm-*K. Schmidt*, HGB, § 230 Rz. 246.

254) *Schlegelberger/K. Schmidt*, HGB, § 335 Rz. 232; MünchKomm-*K. Schmidt*, HGB, § 230 Rz. 246.

f) Treuepflicht

Haupt- und Unterbeteiligter unterliegen angesichts des gemeinsam verfolgten Zwecks einer **gegenseitigen Treuebindung**. Sie müssen auf gemeinschaftliche Interessen Rücksicht nehmen und dürfen nicht zum Nachteil der Gesellschaft handeln. 443

Wie in jedem Gesellschaftsverhältnis besteht auch in der Unterbeteiligungsgesellschaft eine Treuepflicht sowohl des Haupt- als auch des Unterbeteiligtem. Ihr Umfang bestimmt sich nach den konkreten Umständen der Gesellschaft.[255] Da Zweck der Unterbeteiligung die Verwaltung und Nutzung eines Anteils an einer anderen Gesellschaft ist, muss der Hauptbeteiligte bei der Wahrnehmung seiner Rechte in der Hauptgesellschaft auf die Interessen des Unterbeteiligten Rücksicht nehmen. Der Unterbeteiligte darf seinerseits vom Hauptbeteiligten nichts verlangen, wodurch dieser gegen seine Treuepflicht gegenüber der Hauptgesellschaft verstoßen würde.[256] 444

IV. Atypische Ausgestaltung der Unterbeteiligung

Die fehlende gesetzliche Regelung der Unterbeteiligung führt dazu, dass im Rahmen der Vertragsfreiheit vielgestaltige Vereinbarungen getroffen werden können.[257] Die Beteiligten können das Unterbeteiligungsverhältnis daher auch atypisch ausgestalten.[258] Kennzeichnend für die atypische Unterbeteiligung ist, dass sich die Ansprüche des Unterbeteiligten anders als bei der typischen Unterbeteiligung nicht auf einen bestimmten Anteil am laufenden Gewinn beschränken. Angesichts der Vielzahl der Ausgestaltungsmöglichkeiten können im folgenden nur häufig vorkommende Gestaltungen exemplarisch angesprochen werden. 445

1. Beteiligung an der Geschäftsführung der Hauptgesellschaft

Aufgrund der Vertragsfreiheit können dem Unterbeteiligten **Geschäftsführungs- oder Weisungsrechte** im Hinblick auf das Unterbeteiligungsverhältnis eingeräumt werden, die es dem Unterbeteiligten ermöglichen, weitergehenden Einfluss auf die Hauptbeteiligung zu nehmen.[259] Dies kann in der Form von 446

---

255) *Riegger*, in: Münchener Handbuch des Gesellschaftsrechts I, § 24 Rz. 35.

256) BGH WM 1977, 525, 527; *Schlegelberger/K. Schmidt*, HGB, § 335 Rz. 220; *Paulick*, ZGR 1974, 253, 276 f.

257) *Bilsdorfer*, NJW 1980, 2785, 2786.

258) Vgl. etwa *Fasold*, GmbHR 1973, 12.

259) *Schlegelberger/K. Schmidt*, HGB, § 335 Rz. 191; *Bärwaldt*, in: Beck'sches Handbuch der Personengesellschaften, § 14 Rz. 8.

Mitbestimmungs- und Mitwirkungsrechten, aber auch durch die Einräumung von Widerspruchsbefugnissen geschehen.[260)]

447 Im Unterbeteiligungsvertrag können auch **Mitspracherechte** des Unterbeteiligten bei Maßnahmen auf der Ebene der Hauptgesellschaft (Kapitalerhöhungen, Kündigung oder Änderung des Gesellschaftsvertrages) begründet werden.[261)] Die Dispositionsbefugnis des Hauptbeteiligten etwa bei der Ausübung von Stimm- und Auskunftsrechten ist dann eingeschränkt.[262)] Allerdings kann sich die Einräumung von Weisungsrechten an den Unterbeteiligten im Einzelfall als eine Verletzung des Hauptgesellschaftsvertrages erweisen.[263)]

448 Diese nur intern wirkenden Mitwirkungsbefugnisse können im Außenverhältnis dadurch verstärkt werden, dass der Hauptbeteiligte den Unterbeteiligten zu der Wahrnehmung seiner Mitgliedschaftsrechte bevollmächtigt. Mit der Zustimmung der übrigen Gesellschafter der Hauptgesellschaft können dem Unterbeteiligten sogar Kontroll- oder Geschäftsführungsbefugnisse innerhalb der Hauptgesellschaft eingeräumt werden.[264)] Auf diese Weise kann die Rechtsposition des Unterbeteiligten gesellschafterähnlich ausgestaltet werden.

2. Wirtschaftliche Beteiligung an der Substanz des Anteils

449 Eine atypische Ausgestaltung des Unterbeteiligungsverhältnisses ist auch in **vermögensrechtlicher Hinsicht** möglich. Der Unterbeteiligungsvertrag kann vorsehen, dass der Unterbeteiligte nicht nur an den Erträgen des Anteils, sondern auch an dessen **Wertzuwachs**, insbesondere an den stillen Reserven, dem Auseinandersetzungsguthaben und dem Abfindungsanspruch partizipiert.[265)] Hält der Hauptbeteiligte den Anteil sogar für Rechnung des Unterbeteiligten, rückt die Unterbeteiligung in die Nähe der Treuhand.[266)] Bei Beendigung des Unterbeteiligungsverhältnisses ist der Unterbeteiligte dann so zu stellen, als ob der Gesellschaftsanteil an der Hauptgesellschaft Gesamthandsvermögen sowohl

---

260) Vgl. FG Düsseldorf, Urteil v. 13. 6. 2001 – 2 K 1235/98, EFG 2001, 1383, 1384; *Hesselmann*, GmbHR 1964, 26, 28.

261) *Schlegelberger/K. Schmidt*, HGB, § 335 Rz. 225.

262) *Hohaus*, GmbHR 2002, 883, 884.

263) Vgl. dazu *Heymann/Horn*, HGB, § 230 Rz. 68.

264) *Heymann/Emmerich*, HGB, § 105 Rz. 61; *Ulmer*, in: GroßKomm. HGB, § 105 Rz. 113; *Böttcher/Zartmann/Faut*, S. 140.

265) *Flore/Lewinski*, GmbH-StB 2003, 102, 104; *Böttcher/Zartmann/Faut*, S. 140; *Paulick*, ZGR 1974, 253, 258; *Schlegelberger/K. Schmidt*, HGB, § 335 Rz. 190; *Bärwaldt*, in Beck'sches Handbuch der Personengeselllschaften, § 14 Rz. 7; *Märkle*, DStZ 1985, 471, 472. Kritisch zur Bezeichnung als atypische Unterbeteiligung *Blaurock*, Unterbeteiligung, S. 115.

266) Vgl. *Heymann/Horn*, HGB, § 230 Rz. 66; *Roth/Thöni*, in: Festschrift 100 Jahre GmbH-Gesetz, S. 245, 254.

des Hauptbeteiligten als auch des Unterbeteiligten gewesen sei, obwohl es an einer dinglichen Mitberechtigung des Unterbeteiligten und gesamthänderischen Bindung des Gesellschaftsanteils fehlte.[267)]

3. Verbandsmäßige Unterbeteiligung

Eine mehrgliedrige Unterbeteiligungsgesellschaft stellt ebenfalls einen atypi- 450
schen Fall der Unterbeteiligung dar. Aufgrund des mehrseitigen Gesellschaftsverhältnisses als Organisationsstatut besitzt die Unterbeteiligung Verbandscharakter (oben Rz. 125 ff).[268)] Die mehrgliedrige Organisation ist eine **mehrgliedrige Innengesellschaft**, in die Gesellschafter eintreten und aus der Gesellschafter ausscheiden können, was durch Vertrag mit allen bisher Beteiligten geschieht.

V. Übertragung von Haupt- und Unterbeteiligung

Der Hauptbeteiligte ist vorbehaltlich einer abweichenden Vereinbarung gege- 451
nüber dem Unterbeteiligten vertraglich verpflichtet, die Hauptbeteiligung für die Dauer des Unterbeteiligungsvertrages zu halten. Im **Außenverhältnis** ist der Hauptgesellschafter in seinem Recht, über den Gesellschaftsanteil zu verfügen, jedoch nicht beschränkt. Selbst bei treuwidrigen Verfügungen kommt nach herrschender Auffassung eine Anwendung der Regeln über den Missbrauch der Vertretungsmacht nicht in Betracht.[269)] Anders als beim Pfandrecht oder beim Nießbrauch bleibt die Unterbeteiligung als bloße schuldrechtliche Beteiligung nicht als Belastung am veräußerten Gesellschaftsanteil bestehen, sondern wird in diesem Fall aufgelöst.

Bei einer Veräußerung des Gesellschaftsanteils durch den Hauptgesellschafter 452
entsteht eine Unterbeteiligung mit dem Erwerber nur durch den Abschluss eines **neuen Gesellschaftsvertrages** oder durch seine **Einbeziehung** in den alten Gesellschaftsvertrag.[270)] Ohne eine derartige Vereinbarung wird die Unterbeteiligung zwischen dem Unterbeteiligten und dem bisherigen Gesellschafter wegen **Zweckvereitelung** gemäß § 726 BGB aufgelöst.[271)]

---

267) *Paulick*, ZGR 1974, 253, 258.

268) Zur vergleichbaren Lage bei der stillen Gesellschaft *Schlegelberger/K. Schmidt*, HGB, § 335 Rz. 73.

269) BGH WM 1977, 525, 527.

270) *Blaurock*, StG, § 30 Rz. 30.48.

271) OLG Hamm NJW-RR 1994, 999.

453 Der Hauptgesellschafter darf auch nicht einzelne ihm zustehende gesellschaftsrechtliche Rechte und Pflichten zur Förderung des gemeinschaftlichen Zwecks sowie die vermögensrechtlichen Ansprüche, wie z. B. den Anspruch auf die vereinbarten Leistungen des Unterbeteiligten, übertragen,[272] da dies gegen das Abspaltungsverbot des § 717 Satz 1 BGB verstoßen würde.

454 Die **Unterbeteiligung** ist, anders als die einzelnen Vermögensrechte des Unterbeteiligten, grundsätzlich ebenfalls nicht übertragbar.[273] Zu einer Übertragung ist der Unterbeteiligte nur berechtigt, wenn dies gesondert vereinbart ist.[274] Häufig ist die Übertragung, Verpfändung oder sonstige Belastung der Unterbeteiligung sowie der sich aus ihr ergebenden Rechte und Ansprüche im Unterbeteiligungsvertrag ausdrücklich ausgeschlossen.

455 Eine Regelung im Gesellschaftsvertrag einer GmbH & Co KG, die den Kommanditanteil, an dem die Unterbeteiligung besteht, veräußerlich stellt, sagt nichts über die Veräußerlichkeit der Unterbeteiligung aus.[275] Eine Übertragung der Unterbeteiligung auf dritte Personen widerspricht der **personenrechtlichen Verbundenheit** in der Unterbeteiligungsgesellschaft als Personengesellschaft (§ 717 Satz 1 BGB).[276] Nach dem Abspaltungsverbot des § 717 Satz 1 BGB sind die einzelnen aus der Mitgliedschaft in einer Gesellschaft bürgerlichen Rechts fließenden Vermögens- und Verwaltungsrechte nicht übertragbar, weil diese nicht von der Mitgliedschaft getrennt werden können. Dies trifft auch auf die Unterbeteiligung zu, da diese eine Gesellschaft bürgerlichen Rechts ist. Unübertragbar sind so das dem Unterbeteiligten vertraglich eingeräumte Recht zur Teilnahme an der Geschäftsführung, ihm vertraglich zustehende Zustimmungs-, Widerspruchs- und Informationsrechte sowie die Kontrollrechte. Der Unterbeteiligte kann diese Rechte aber mit Zustimmung des Hauptbeteiligten durch einen Dritten ausüben lassen.[277]

456 Die Übertragung der Unterbeteiligung als solcher kann nur durch eine **Vertragsübernahme** (§§ 414, 415 BGB) erfolgen, was eine Zustimmung des Hauptbeteiligten erfordert. Diese Zustimmung kann schon im Gesellschaftsvertrag erteilt werden.[278]

---

272) *Paulick*, ZGR 1974, 253, 273.

273) *Fichtelmann*, DB 1969, 629, 631; *Paulick*, ZGR 1974, 253, 272; *Gehrlein*, in: Ebenroth/Boujong/Joost, HGB, § 230 Rz. 94; MünchKomm-*K. Schmidt*, HGB, § 230 Rz. 247.

274) *Heymann/Horn*, HGB, § 230 Rz. 73; *Schlegelberger/K. Schmidt*, HGB, § 335 Rz. 233.

275) Vgl. auch *Blaurock*, Unterbeteiligung, S. 153.

276) *Paulick*, ZGR 1974, 253, 272.

277) *Riegger*, in: Münchener Handbuch des Gesellschaftsrechts I, § 24 Rz. 55.

278) Siehe auch MünchKomm-*K. Schmidt*, HGB, § 230 Rz. 247.

Die **vermögensrechtlichen Ansprüche** des Unterbeteiligten auf anteiligen Gewinn und das künftige Auseinandersetzungsguthaben sind dagegen übertragbar (§ 717 Satz 2 BGB), soweit nicht vertraglich etwas anderes vereinbart ist (§ 399 BGB). Die nach § 717 Satz 2 BGB übertragbaren Ansprüche können Gläubiger des Unterbeteiligten pfänden und sich zur Einziehung überweisen lassen (§ 851 BGB). 457

VI. Beendigung der Unterbeteiligung

Bei der Beendigung der Untergesellschaft findet keine Liquidation im gesellschaftsrechtlichen Sinn statt. Zwischen Unterbeteiligtem und Hauptbeteiligtem sind lediglich **schuldrechtliche Beziehungen** abzuwickeln. Der Gesellschaftsanteil an der Hauptgesellschaft besteht grundsätzlich weiterhin und wird in der Regel vom Hauptgesellschafter unverändert fortgeführt.[279] 458

1. Beendigungsgründe

Das Unterbeteiligungsverhältnis kann aus einer Vielzahl von Gründen beendet werden. Es endet beispielsweise bei Eintritt einer vereinbarten **auflösenden Bedingung** oder bei Ablauf der im Gesellschaftsvertrag festgelegten **Zeit**. Dabei kann ohne weiteres an die Dauer der Hauptgesellschaft angeknüpft werden. Darüber hinaus kann die Unterbeteiligung auch jederzeit durch **Aufhebungsvertrag** beendet werden.[280] Insoweit ergeben sich keine Besonderheiten. 459

Weitere Beendigungsgründe können Kündigung, Zweckerreichung und -vereitelung, Tod oder Insolvenz der Beteiligten sowie Konfusion sein. 460

Bei einer Unterbeteiligung von Arbeitnehmern oder leitenden Angestellten führt die Beendigung des zugrundeliegenden Arbeitsverhältnisses mit der Hauptgesellschaft nach den Regelungen in dem Unterbeteiligungsvertrag häufig zur Beendigung desselben. 461

a) Kündigung

Ist die Unterbeteiligung für die Dauer der Hauptgesellschaft abgeschlossen und ist die Dauer der Hauptgesellschaft weder zeitlich noch durch ihren Zweck begrenzt und daher ungewiss, so kann die Unterbeteiligung gekündigt werden.[281] Ist die Dauer der Hauptgesellschaft selbst befristet, kann sich aus der Auslegung 462

279) *Paulick*, ZGR 1974, 253, 277.

280) MünchKomm-*K. Schmidt*, HGB, § 234 Rz. 64.

281) BGH, Urt. v. 11. 7. 1968 – II ZR 179/66, BGHZ 50, 316; NJW 1994, 2886.

des Unterbeteiligungsvertrages ergeben, dass die Unterbeteiligung für die Dauer der Hauptgesellschaft bestehen soll.[282] In diesem Fall kommt, wie wenn die Unterbeteiligung selbst zeitlich befristet wäre, eine Kündigung des Unterbeteiligungsverhältnisses nur aus **wichtigem Grund** in Betracht.[283] Dies gilt aber dann nicht, wenn die Dauer der Hauptgesellschaft nur dadurch begrenzt ist, dass sie von den Entschließungen ihrer Gesellschafter abhängig ist. Das Ende der Unterbeteiligung ist in einem solchen Fall zwar festgelegt, aber zeitlich so unbestimmt, dass ein Abwarten dem Unterbeteiligten nicht zugemutet werden kann. Eine bestimmte Zeitdauer im Sinn des § 723 Abs. 1 Satz 2 BGB liegt darin nicht mehr, so dass dem Unterbeteiligten das Recht zur ordentlichen Kündigung bleibt.[284]

463 Die Kündigung eines Gesellschafters beendet die Unterbeteiligungsgesellschaft. Ist die Unterbeteiligung auf unbestimmte Zeit eingegangen, kann sie analog § 234 HGB gekündigt werden, d. h. die für die stille Beteiligung normierte Kündigungsfrist muss eingehalten werden. Da der Hauptgesellschafter nicht der Gefahr einer jederzeitigen Kündigung und des damit zusammenhängenden raschen Kapitalabzugs ausgesetzt sein darf, passt § 723 Abs. 1 Satz 1 BGB, der eine jederzeitige Kündbarkeit vorsieht, nicht.[285] Bei einer ordentlichen Kündigung ist nach herrschender Meinung somit die Kündigungsfrist des § 234 Abs. 1 i. V. m. § 132 HGB analog anzuwenden.[286] Allerdings ist nach herrschender Meinung auch die Vereinbarung einer **festen Vertragsdauer** ebenso wie die längerer Kündigungsfristen möglich.[287] Nach anderer Ansicht ist § 723 Abs. 1 BGB ausschlaggebend, der eine jederzeitige Kündigung ermöglicht, da im Vergleich zur stillen Gesellschaft eine andere Lage gegeben sei.[288] Insbesondere würde die Abfindung eines Unterbeteiligten nicht unmittelbar auf die Hauptgesellschaft durchschlagen und diese gefährden.[289]

464 Wie bei allen Dauerschuldverhältnissen ist auch bei der Unterbeteiligung eine außerordentliche Kündigung zulässig. **Außerordentliche Kündigungen**, die

282) BGHZ 50, 316. 320 ff; BGH, Urt. v. 24. 2. 1994 – 4 StR 708/93, NJW 1994, 2886, 2888; *Blaurock*, Unterbeteiligung, S. 163 ff; *Heymann/Emmerich*, HGB, § 105 Rz. 64.

283) Vgl. BGHZ 50, 316, 323; *Baumbach/Hopt*, HGB, § 105 Rz. 43.

284) BGHZ 50, 316, 321 f; *Blaurock*, Unterbeteiligung, S. 165.

285) BGH, Urt. v. 24. 2. 1994 – 4 StR 708/93, NJW 1994, 1886, 2888; *Paulick*, ZGR 1974, 253, 278; MünchKomm-*K. Schmidt*, HGB, § 234 Rz. 70.

286) *Böttcher/Zartmann/Faut*, S. 116 f; *Schlegelberger/K. Schmidt*, HGB, § 338 Rz. 67; MünchKomm-*K. Schmidt*, HGB, § 234 Rz. 70; *Heymann/Horn*, HGB, § 234 Rz. 30.

287) *Schlegelberger/K. Schmidt*, HGB, § 339 Rz. 67; MünchKomm-*K. Schmidt*, HGB, § 234 Rz. 70.

288) *Blaurock*, Unterbeteiligung, S. 163 f; *Staudinger/Keßler*, BGB, Vor § 705 Rz. 114.

289) *Tebben*, S. 327.

sich nach § 723 BGB bestimmen, sind wie auch sonst ohne Einhaltung einer Frist möglich. Ein wichtiger Grund ist insbesondere gegeben, wenn ein Gesellschafter eine ihm nach dem Gesellschaftsvertrag obliegende wesentliche Pflicht vorsätzlich oder grob fahrlässig verletzt oder wenn die Erfüllung einer solchen Pflicht unmöglich wird.[290)]

Die Kündigung durch einen **Gläubiger des Unterbeteiligten** ist wegen der ver- 465
gleichbaren Interessenlage mit der stillen Gesellschaft nur unter den Voraussetzungen der §§ 234, 135 HGB zulässig.[291)] Nach anderer Ansicht greift § 725 BGB,[292)] da ein plötzlicher Kapitalentzug beim Hauptgesellschafter noch nicht unmittelbar zu einer Gefährdung der Hauptgesellschaft führt, die stets durch § 135 HGB ausreichend geschützt sei.[293)] Durch eine Kündigung erhält der Gläubiger auch Zugriff auf das Auseinandersetzungsguthaben des Unterbeteiligten.

b) Zweckvereitelung und Zweckerreichung

Gemäß § 726 BGB wird die Gesellschaft auch bei Zweckerreichung oder Zweck- 466
vereitelung aufgelöst. Derartige Beendigungsgründe für die Unterbeteiligungsgesellschaft können sich aus dem Zusammenhang mit der Hauptgesellschaft ergeben. Geht der **Gesellschaftsanteil des Hauptgesellschafters** etwa in Folge der Auflösung der Hauptgesellschaft, des Ausschluss des Hauptgesellschafters mit anschließender Anwachsung oder Einziehung des Hauptgesellschaftsanteils, der Übertragung des Gesellschaftsanteils an der Hauptgesellschaft auf einen anderen oder den Tod des Hauptgesellschafters ohne Nachfolge unter, wird die Erreichung des Zwecks der Unterbeteiligungsgesellschaft unmöglich.[294)] Die Auflösung der Hauptgesellschaft führt allein noch nicht zur Zweckvereitelung, da die Unterbeteiligung am Anteil an der Liquidationsgesellschaft fortbesteht. Die Zweckvereitelung tritt erst mit Auflösung der Liquidationsgesellschaft ein.[295)] Endet die Hauptbeteiligung durch eine Auflösung der Hauptgesellschaft oder auf andere Weise, gerät auch die Unterbeteiligung in Auflösung (§ 726 BGB).[296)]

290) *Paulick*, ZGR 1974, 253, 279.

291) *Paulick*, ZGR 1974, 253, 279; MünchKomm-*K. Schmidt*, HGB, § 234 Rz. 72.

292) *Blaurock*, StG, § 30 Rz. 30.56 m. w. N.

293) *Blaurock*, Unterbeteiligung, S. 172.

294) *Paulick*, ZGR 1974, 253, 278.

295) *Schlegelberger/K. Schmidt*, HGB, § 339 Rz. 64; MünchKomm-*K. Schmidt*, HGB, § 234 Rz. 67; *Riegger*, in: Münchener Handbuch des Gesellschaftsrechts I, § 24 Rz. 71.

296) *Ulmer*, in: GroßKomm. HGB, § 105 Rz. 111; MünchKomm-*K. Schmidt*, HGB, § 234 Rz. 67; *Scholz/Winter*, GmbHG, § 15 Rz. 14.

An die Auflösung schließt sich die **Auseinandersetzung** an, auf die § 235 HGB analog anwendbar ist.[297)]

467 Wenn eine Gesellschaft Hauptbeteiligte an einem Unterbeteiligungsverhältnis ist, so führt die **Auflösung der hauptbeteiligten Gesellschaft** (nicht der Hauptgesellschaft!) zu einer Auflösung der Unterbeteiligung, wenn feststeht, dass es zur Vollbeendigung der hauptbeteiligten Gesellschaft kommt.[298)]

468 Die **Veräußerung der Hauptbeteiligung** ist kein automatisch wirkender Auflösungsgrund, kann aber Verletzung des Unterbeteiligungsverhältnisses sein und den Unterbeteiligten zur fristlosen **Kündigung** berechtigen.[299)] Sonstige Veränderungen im Gesellschafterbestand der Hauptgesellschaft haben nicht die Auflösung des Unterbeteiligungsverhältnisses zur Folge, können dem Unterbeteiligten aber bei Verschlechterung oder Gefährdung seiner Position einen Grund zur fristlosen Kündigung geben.[300)] Aber da der Übergang des Unterbeteiligungsverhältnisses auf den Erwerber nur durch Vertragsübernahme und damit mit seiner Mitwirkung zustande kommt, geht das Unterbeteiligungsverhältnis bei mangelnder Bereitschaft des Anteilserwerbers wegen Zweckvereitelung nach § 726 BGB unter.[301)] Dem Auflösungsgrund der **Zweckerreichung** kommt keine praktische Bedeutung zu.

c) Tod

469 Der Tod des Hauptbeteiligten führt nach herrschender Meinung grundsätzlich zur **Auflösung** der Unterbeteiligungsgesellschaft (§ 727 BGB), so dass die Unterbeteiligungsgesellschaft mit dem Tod des Hauptgesellschafters aufgelöst wird, sofern keine Fortsetzungsklausel vereinbart ist.[302)] Nach anderer Ansicht wird der Bestand der Unterbeteiligungsgesellschaft durch den Tod des Hauptbeteiligten nicht berührt. Praktisch besteht kein wirklicher Unterschied zwischen den Meinungen, da die gesetzliche Regelung nur eingreift, soweit sich aus dem Gesellschaftsvertrag nichts anderes ergibt.[303)] Mit Hilfe der **Auslegung** ist daher

---

297) *Baumbach/Hopt*, HGB, § 105 Rz. 43; *Bärwaldt*, in: Beck'sches Handbuch der Personengesellschaften, § 14 Rz. 45.

298) MünchKomm-*K. Schmidt*, HGB, § 234 Rz. 66.

299) *Schlegelberger/K. Schmidt*, HGB, § 339 Rz. 70; MünchKomm-*K. Schmidt*, HGB, § 234 Rz. 73.

300) MünchKomm-*K. Schmidt*, HGB, § 234 Rz. 73; *Ulbricht*, S. 159.

301) *Paulick*, ZGR 1974, 253, 278; *Schlegelberger/K. Schmidt*, HGB, § 339 Rz. 70; MünchKomm-*K. Schmidt*, HGB, § 234 Rz. 73.

302) *Herzfeld*, AcP 137 (1933), 270, 317; *Esch*, NJW 1964, 906; *Paulick*, ZGR 1974, 253, 273; MünchKomm-*K. Schmidt*, HGB, § 234 Rz. 65; *Schlegelberger/K. Schmidt*, HGB, § 339 Rz. 62 m. w. N.

303) Vgl. auch *Michalski/Ebbing*, GmbHG, § 15 Rz. 190.

zu ermitteln, was die am Unterbeteiligungsverhältnis Beteiligten für den Tod eines Gesellschafters gewollt hätten. Entscheidende Bedeutung kommt dabei den Gründen für die Einrichtung der Unterbeteiligung sowie deren konkreter Ausgestaltung zu.[304] So kann im Weg der Auslegung ermittelt werden, dass es dem Willen der Beteiligten entspricht, dass die Unterbeteiligung mit den eintretenden Erben fortgesetzt wird.[305] Bei Unterbeteiligungen, die der Verschaffung einer Ersatzgesellschafterstellung wegen eingeräumt wurden, ist davon auszugehen, dass der Unterbeteiligte diese mittelbare Beteiligung auch nach dem Ableben des Hauptgesellschafters weiter innehaben soll, soweit er nicht ohnehin als Erbe in die Gesellschafterstellung des Verstorbenen einrückt.[306]

Beim Tod des Unterbeteiligten ist nach herrschender Meinung § 234 Abs. 2 HGB analog anzuwenden,[307] wonach der Tod des Unterbeteiligten die Unterbeteiligungsgesellschaft nicht beendet, sondern diese mit den **Erben** des Unterbeteiligten fortgeführt wird. 470

Es kann aber sowohl vereinbart werden, dass beim Tod des Hauptbeteiligten die Unterbeteiligungsgesellschaft mit dessen Erben fortgesetzt wird, als auch vereinbart werden kann, dass der Tod des Unterbeteiligten zur Auflösung der Gesellschaft führt.[308] 471

d) Insolvenz

Da die Unterbeteiligungsgesellschaft kein Gesellschaftsvermögen besitzt, ist sie selbst nicht insolvenzfähig.[309] Die Eröffnung des Insolvenzverfahrens über das Vermögen des Haupt- oder Unterbeteiligten führt indes zur Auflösung der Gesellschaft (§ 728 Abs. 2 S. 1 BGB).[310] 472

Bei Insolvenz des Hauptbeteiligten steht dem Unterbeteiligten kein Aussonderungsrecht und bei Pfändung von Gegenständen des Hauptbeteiligten kein Widerspruchsrecht zu, da seine Einlage voll in das Vermögen des Hauptbeteiligten übergegangen ist.[311] Der Aktivsaldo des Unterbeteiligten stellt nach herrschender Meinung nur eine **einfache Insolvenzforderung** dar. Die Unterbetei- 473

304) *Riegger*, in: Münchener Handbuch des Gesellschaftsrechts I, § 24 Rz. 62.

305) So auch *Scholz/Winter*, GmbHG, § 15 Rz. 14.

306) *Blaurock*, StG, § 30 Rz. 30.57; ähnlich *Schlegelberger/K. Schmidt*, HGB, § 339 Rz. 62; *Böttcher/Zarmtann/Faut*, S. 118.

307) *Paulick*, ZGR 1974, 253, 280; MünchKomm-*K. Schmidt*, HGB, § 234 Rz. 77; *Schlegelberger/K. Schmidt*, HGB, § 339 Rz. 74 m. w. N.

308) *Paulick*, ZGR 1974, 253, 273.

309) MünchKomm-*K. Schmidt*, HGB, § 230 Rz. 194; *Michalski/Ebbing*, GmbHG, § 15 Rz. 185.

310) MünchKomm-*K. Schmidt*, HGB, § 234 Rz. 68.

311) *Hesselmann*, GmbHR 1964, 26, 28.

ligungsgesellschaft ist eine reine Innengesellschaft, aus der nur schuldrechtliche Beziehungen zwischen den Beteiligten folgen; daher ist der Unterbeteiligte den anderen Gläubigern des Hauptbeteiligten gleichzustellen. Der Unterbeteiligte muss folglich analog § 236 HGB seinen Anspruch als Insolvenzforderung zur **Tabelle anmelden**. Die Auseinandersetzung erfolgt lediglich verfahrenstechnisch gemäß § 84 Abs. 1 InsO außerhalb des Insolvenzverfahrens, ein Aussonderungsrecht des Unterbeteiligten besteht nicht.[312)]

474 Demgegenüber ist *Blaurock* der Ansicht, dass sich § 236 HGB kein entsprechendes allgemeines Prinzip entnehmen lässt. Die Auseinandersetzung sei vielmehr auch materiell-rechtlich außerhalb des Insolvenzverfahrens nach § 84 Abs. 1 InsO vorzunehmen,[313)] so dass der Unterbeteiligte ein Aussonderungsrecht in Höhe der auf ihn entfallenden Quote des Abfindungs- und Liquidationsbetrages verlangen kann, der nach der Auseinandersetzung zwischen dem Insolvenzverwalter und den übrigen Hauptgesellschaftern dem Gemeinschuldner zufließt. Eine Anmeldung zur Tabelle wäre demnach nicht erforderlich.

475 Eine dingliche Mitberechtigung des Unterbeteiligten an dem Gesellschaftsanteil des Hauptbeteiligten liegt auch bei einer **atypischen Unterbeteiligung** nicht vor. Wird in den Gesellschaftsanteil des Hauptbeteiligten die Zwangsvollstreckung betrieben, kann der Unterbeteiligte dies nicht verhindern. Seine an den Hauptbeteiligten erbrachte Leistung steht dem Zugriff von dessen Gläubigern zur Verfügung. Dennoch haftet der Unterbeteiligte nicht für die Verbindlichkeiten des Hauptbeteiligten, sondern die Gläubiger des Hauptgesellschafters können nur den Anspruch auf die noch nicht erbrachte Leistung des Unterbeteiligten pfänden und sich zur Einziehung überweisen lassen.[314)]

476 Bei der Eröffnung des Insolvenzverfahrens über das Vermögen des Unterbeteiligten ist das Gesellschaftsverhältnis gleichfalls gemäß § 728 Abs. 2 Satz 1 BGB aufgelöst und eine Auseinandersetzung erforderlich.[315)] Die Unterbeteiligungsgesellschaft ist gemäß § 84 Abs. 1 InsO außerhalb des Insolvenzverfahrens auseinanderzusetzen. Der Auseinandersetzungsanspruch des Unterbeteiligten gegen den Hauptbeteiligten fällt in die Insolvenzmasse. Ist bei einer mehrgliedrigen Unterbeteiligung dagegen eine Fortsetzungsvereinbarung getroffen, so scheidet der insolvente Unterbeteiligte lediglich unter Abfindung aus;[316)] der Bestand der Unterbeteiligungsgesellschaft als solcher wird nicht berührt.

---

312) *Tebben*, S. 307.

313) *Blaurock*, StG, § 30 Rz. 30.62.

314) *Paulick*, ZGR 1974, 253, 263.

315) *Karsten Schmidt*, Gesellschaftsrecht, § 63 V 3.

316) *Tebben*, S. 294 f.

Die **Auseinandersetzung** der Unterbeteiligungsgesellschaft obliegt gemäß § 80 Abs. 1 InsO dem Insolvenzverwalter. Sind im Gesellschaftsvertrag Regelungen zur Berechnung des Auseinandersetzungsguthabens getroffen, so ist der Insolvenzverwalter an diese gebunden. 477

Fraglich ist, ob der Unterbeteiligte den Regeln des **Eigenkapitalersatzes** unterliegen kann. Die herrschende Auffassung nimmt hierzu an, dass den atypisch Unterbeteiligten eine Finanzierungsverantwortung treffen kann, den typisch Unterbeteiligten dagegen nicht. Entscheidend ist dabei für die einen der Umfang der vermögensmäßigen Teilhabe, für die anderen eher das Maß des Einflusses, welchen der Unterbeteiligte auf die Gesellschaft ausüben kann. 478

e) Konfusion

Die Konfusion führt ebenfalls zu einer Beendigung des Unterbeteiligungsverhältnisses. Eine Konfusion ist z. B. dann gegeben, wenn der Unterbeteiligte Alleinerbe des Hauptbeteiligten ist (oder umgekehrt) oder wenn der Unterbeteiligte den Gesellschaftsanteil von dem Hauptbeteiligten erwirbt.[317] 479

2. Fortsetzung der Unterbeteiligung trotz Veränderungen in der Hauptgesellschaft

Neben den genannten Beendigungsgründen führen eine Reihe von Veränderungen in der Hauptgesellschaft nicht zu einer Auflösung der Untergesellschaft, sondern allenfalls zu einem Kündigungsrecht des Unterbeteiligten. Dies trifft insbesondere für die verschiedenen Formen der Umwandlung der Hauptgesellschaft zu. Die Unterbeteiligungsgesellschaft kann als reine Innengesellschaft nicht Gegenstand von **Umwandlungsvorgängen** sein. Fraglich ist aber, inwieweit die Umwandlung der Hauptgesellschaft Auswirkungen auf die Unterbeteiligung hat. 480

Die **formwechselnde Umwandlung** (§§ 190 ff UmwG) der Hauptgesellschaft führt zu einer Unterbeteiligung am geänderten Anteil. Das Unterbeteiligungsverhältnis wird nicht automatisch aufgelöst.[318] Dem Unterbeteiligten steht aber ein außerordentliches Kündigungsrecht zu, wenn seine Interessen durch die 481

---

317) *Schlegelberger/K. Schmidt*, HGB, § 339 Rz. 66; MünchKomm-*K. Schmidt*, HGB, § 234 Rz. 69.

318) *Herzfeld*, AcP 133 (1937), 270, 320; *Riegger*, in: Münchener Handbuch des Gesellschaftsrechts I, § 24 Rz. 73; MünchKomm-*K. Schmidt*, HGB, § 234 Rz. 75; *Schmidt-Diemitz*, DB 1976, 2397 mit Ausnahmen für Fälle der Umwandlung einer Personengesellschaft in eine Kapitalgesellschaft.

Umwandlung so nachhaltig berührt werden, dass ihm eine Fortsetzung der Unterbeteiligung unzumutbar ist.[319)]

482 Umstritten ist, ob eine **übertragende Umwandlung** (Verschmelzung, §§ 2 ff UmwG) zu einer Auflösung der Unterbeteiligung führt. Da es sich bei der Unterbeteiligung jedoch nur um eine schuldrechtliche Beteiligung an der Hauptbeteiligung handelt, ist die dingliche Kontinuität der Hauptbeteiligung nicht entscheidend, so dass die Unterbeteiligung auch bei einer übertragenden Umwandlung erhalten bleibt.[320)] Entsprechendes gilt bei einer **Spaltung** (§§ 123 ff UmwG), wenn die Auslegung ergibt, dass der gemeinsame Zweck der Unterbeteiligungsgesellschaft mit der neuen Hauptbeteiligung weiterverfolgt werden kann.[321)] Nach anderer Ansicht fehlt bei übertragender, errichtender oder verschmelzender Umwandlung die Kontinuität des Gesellschaftsanteils und die Unterbeteiligung endet. Der ehemals Unterbeteiligte hat nach dieser Auffassung jedoch einen Anspruch auf Neuvereinbarung einer Unterbeteiligung.[322)]

483 Für eine **Umwandlung der Hauptbeteiligung** ist die Zustimmung des Unterbeteiligten nötig. Ohne diese wird die Gesellschaft aber nicht automatisch aufgelöst, da der Gesellschaftszweck nicht vereitelt wird, sondern der Unterbeteiligte hat nur ein Kündigungsrecht.[323)]

484 Ist Unterbeteiligter eine Gesellschaft, die umgewandelt werden soll, stehen dem auch keine Bedenken entgegen. Wichtigster Punkt ist die Vermögenseinlage, die aber von einer **Umwandlung des Unterbeteiligten** unberührt bleibt. Da die Interessen des Hauptbeteiligten nicht wesentlich berührt werden, besteht schon kein Zustimmungserfordernis. Ebenso wenig besteht als Folge der Umwandlung ein außerordentliches Kündigungsrecht für den Hauptbeteiligten.

3. Rechtsfolgen der Beendigung

485 Umstritten ist, ob die Unterbeteiligungsgesellschaft mit ihrer Beendigung sofort untergeht. Nach herrschender Meinung erlischt die Unterbeteiligungsgesellschaft anders als bei einer Gesellschaft bürgerlichen Rechts oder einer OHG und

---

319) *Schlegelberger/K. Schmidt*, HGB, § 339 Rz. 72; MünchKomm-*K. Schmidt*, HGB, § 234 Rz. 75; *Herzfeld*, AcP 133 (1937), 270, 320; *Blaurock*, StG, § 30 Rz. 30.59; *Schindhelm/Pickhardt-Poremba/Hilling*, DStR 2003, 1446, 1448.

320) *Riegger*, in: Münchener Handbuch des Gesellschaftsrechts I, § 24 Rz. 73; *Schindhelm/Pickhardt-Poremba/Hilling*, DStR 2003, 1444, 1446.

321) *Riegger*, in: Münchener Handbuch des Gesellschaftsrechts I, § 24 Rz. 73; *Schindhelm/Pickhardt-Poremba/Hilling*, DStR 2003, 1444, 1447.

322) *Schlegelberger/K. Schmidt*, HGB, § 339 Rz. 72; MünchKomm-*K. Schmidt*, HGB, § 234 Rz. 75.

323) MünchKomm-*K. Schmidt*, HGB, § 234 Rz. 76.

im Gegensatz zu §§ 730 Abs. 2 BGB, 156 HGB mit ihrer Auflösung schlagartig.[324] Um die rein schuldrechtlichen Beziehungen unter den Beteiligten zu lösen, bedürfe es nicht des Fortbestehens des gesellschaftsrechtlichen Bandes.[325] Nach anderer Ansicht dagegen besteht das Schuldrechtsverhältnis zwischen Haupt- und Unterbeteiligten als **Abrechnungsverhältnis** noch eine Weile fort, solange nicht sämtliche Ansprüche, die in dem Unterbeteiligungsverhältnis ihren Ursprung haben, befriedigt und alle Rechtsbeziehungen zwischen den Gesellschaftern abgewickelt sind.[326] Nach dieser Meinung erlöschen mit Auflösung lediglich die mitgliedschaftlichen Züge des Rechtsverhältnisses.[327]

Zwischen den zwei Ansichten bestehen aber keine praktischen Unterschiede, da **486** nach beiden der Auflösung eine **Auseinandersetzung** folgt.[328] Eine Auseinandersetzung im eigentlichen Sinn findet jedoch nach Beendigung weder bei der typischen noch bei der atypischen Unterbeteiligungsgesellschaft statt. Eine Liquidation im Sinn der §§ 730 ff BGB ist nicht erforderlich, weil keine gesamthänderische Vermögensgemeinschaft beendet werden muss. Analog § 235 HGB ist eine Versilberung der Hauptbeteiligung nicht geboten, sondern lediglich eine Abfindung des Unterbeteiligten in Geld, wobei andere Vereinbarungen möglich sind.[329] Regelmäßig ist allein der Geldbetrag zu ermitteln, der dem Unterbeteiligten unter Berücksichtigung seiner Einlage und der noch nicht abgerechneten Gewinne und Verluste zusteht.[330]

Liegen keine Parteivereinbarungen bezüglich der Auseinandersetzung vor, wen- **487** det die herrschende Meinung § 235 Abs. 1 HGB entsprechend an.[331] Es ist jedoch zu beachten, dass § 235 HGB von den Gesellschaftern der Unterbeteiligungsgesellschaft abbedungen werden kann. Deswegen können sie die Auseinandersetzung ganz ausschließen oder frei vereinbaren, wie das Guthaben des Unterbeteiligten zu berechnen ist.

Bei der typischen Unterbeteiligungsgesellschaft sind die schuldrechtlichen Be- **488** ziehungen aufgrund einer für den Beendigungstag aufzustellenden **Erfolgsermittlungsbilanz** abzuwickeln. Dieser Bilanz ist der auf den Hauptgesellschaf-

---

324) BGH, Urt. v. 22. 6. 1981 – II ZR 94/80, NJW 1982, 99.

325) *Paulick*, ZGR 1974, 253, 277.

326) *Blaurock*, StG, § 30 Rz. 30.60; *Schlegelberger/K. Schmidt*, HGB, § 340 Rz. 64 ff.

327) *Schlegelberger/K. Schmidt*, HGB, § 339 Rz. 60.

328) *Riegger*, in: Münchener Handbuch des Gesellschaftsrechts I, § 24 Rz. 64.

329) BGH, Urt. v. 2. 5. 1983 – II ZR 148/82, WM 1983, 840, 841; *Schlegelberger/K. Schmidt*, HGB, § 340 Rz. 64; Münch Komm-*K. Schmidt*, HGB, § 235 Rz. 68.

330) Vgl. *Paulick*, ZGR 1974, 253, 281; Münch Komm-*K. Schmidt*, HGB, § 235 Rz. 70.

331) OLG Hamm, Urt. v. 6. 12. 1993 – 8 U 5/93, NJW-RR 1994, 999; *Schlegelberger/K. Schmidt*, HGB, § 340 Rz. 65 ff, sowie Münch Komm-*K. Schmidt*, HGB, § 235 Rz. 69, jeweils m. w. N.

ter entfallende anteilige Gewinn aus der Hauptgesellschaft zugrunde zu legen.[332] Bei einem atypisch Unterbeteiligten, d. h. der auch am Substanzwert des Hauptgesellschaftsanteils beteiligt ist, ist der reale Wert des Hauptgesellschaftsanteils unter Berücksichtigung der in ihm enthaltenen stillen Reserven zu ermitteln. Gegebenenfalls sind Korrekturen zu Gunsten des Unterbeteiligten vorzunehmen, da sein Gewinnanteil ja nur entsprechend dem Gewinnanteil des Hauptgesellschafters bemessen wird, aber ihm auch ein Teil des in der Hauptgesellschaft belassenen Gewinns zuzugestehen ist.[333]

489 Möglichkeiten zur **Kontrolle der Abrechnung** stehen dem Unterbeteiligten nach herrschender Meinung und der Rechtsprechung des BGH nur gemäß § 810 BGB und somit allein das Recht auf Bucheinsicht zu.[334]

490 Bezüglich der Problematik der **schwebenden Geschäfte** sind nach herrschender Meinung die § 235 Abs. 2 und 3 HGB entsprechend auf die Unterbeteiligungsgesellschaft anzuwenden, da die Unterbeteiligung eine mittelbare Unternehmensbeteiligung darstellt und daher die Interessenlage der bei der stillen Gesellschaft entspricht.[335] Nach anderer Ansicht trifft dies nur zu, soweit der Hauptbeteiligte selbst auch aus der Hauptgesellschaft ausscheidet und dabei noch an Gewinnen und Verlusten aus schwebenden Geschäften teilnimmt.[336] Eine **Konfusion** führt zur Beendigung der Unterbeteiligungsgesellschaft ohne Abwicklung.[337]

491 Bei **mehrgliedrigen Unterbeteiligungen** ist zu beachten, dass bei dem Ausscheiden lediglich eines Unterbeteiligten nur das Unterbeteiligungsverhältnis des ausscheidenden Unterbeteiligten beendet wird, nicht aber die Unterbeteiligungsgesellschaft oder die Unterbeteiligungsverhältnisse mit den anderen Unterbeteiligten. Diese erlöschen erst mit Auflösung der Unterbeteiligungsgesellschaft.[338]

---

332) *Paulick*, ZGR 1974, 253, 281.

333) *Paulick*, ZGR 1974, 253, 281.

334) BGH, Urt. v. 11. 7. 1968 – II ZR 92/67, WM 1968, 1245. A. A. *Paulick*, ZGR 1974, 253, 282, der für eine analoge Anwendung des § 338 Abs. 1 HGB streitet.

335) *Schlegelberger/K. Schmidt*, HGB, § 340 Rz. 69; Münch Komm-*K. Schmidt*, HGB, § 235 Rz. 73; *Zutt*, in: GroßKomm. HGB, § 235 Rz. 34.

336) *Riegger*, in: Münchener Handbuch des Gesellschaftsrechts I, § 24 Rz. 74.

337) *Heymann/Horn*, HGB, § 234 Rz. 32.

338) Zur vergleichbaren Lage bei der mehrgliedrigen stillen Gesellschaft siehe *Schlegelberger/K. Schmidt*, HGB, § 339 Rz. 2.

Teil 3 Treuhand an Gesellschaftsanteilen

I. Grundlagen

1. Begriffsbestimmung und Erscheinungsformen

Die Treuhand an Gesellschaftsanteilen hat als Form der mittelbaren Unternehmensbeteiligung[1] sowohl bei der Gründung von Gesellschaften als auch beim Erwerb von Gesellschaftsanteilen einer bestehenden Gesellschaft eine große praktische Bedeutung.[2] Ihr rechtliches Fundament liegt im **allgemeinen Recht der Treuhand,**[3] wie es sich in Rechtsprechung und Literatur herausgebildet hat. 492

Aus dem Umstand, dass die treuhänderische Beteiligung an einem Gesellschaftsanteil nicht auf einen einzelnen Gegenstand (Sache oder Recht) bezogen ist, sondern auf eine Mitgliedschaft als die Gesamtheit der Rechte und Pflichten des Gesellschafters umfassende Rechtsstellung, ergeben sich über das allgemeine Treuhandrecht hinausgehende spezifisch **gesellschaftsrechtliche Besonderheiten.**[4] Die rechtsgeschäftliche Ausgestaltung der Treuhand weist erhebliche Variationen auf, die keiner gesetzlichen Regelung unterliegen. Ein einheitlicher Treuhandbegriff konnte sich daher nicht herausbilden.[5] Man kann allenfalls sagen, dass Treuhandverhältnisse die Gemeinsamkeit haben, dass eine Person (Treuhänder) über eine vermögenswerte Position (Treugut) im Außenverhältnis zu Dritten verfügen kann, dabei jedoch einer anderen Person (Treugeber) schuldrechtlich durch einen Treuhandvertrag verpflichtet ist.[6] 493

Die rechtlichen Gestaltungen werden durch die Rechtsstellung des Treuhänders zum Treugut des Treugebers voneinander abgrenzt. Bei der **Ermächtigungs- und Vollmachtstreuhand** (sog. unechte Treuhandverhältnisse) wird der Treuhänder vom Treugeber nur mit „treuhänderischen Befugnissen" in bezug auf das Treugut ausgestattet, die er in eigenem oder in fremdem Namen ausübt (Ermächtigung im Sinne von § 185 BGB oder Vollmacht im Sinne von §§ 164 ff 494

---

1) Zur Terminologie *Karsten Schmidt*, Gesellschaftsrecht, § 61 I 1.

2) So für die GmbH & Co KG *Sudhoff/Schlitt*, GmbH & Co KG, § 39 Rz. 30.

3) Siehe zuletzt *Henssler*, AcP 196 (1996), 37.

4) Vgl. *Armbrüster*, S. 5 ff.

5) *Beuthien*, ZGR 1974, 26, 29; *Eden*, S. 22 ff; siehe dazu auch *Henssler*, AcP 196 (1996), 37, 41 ff.

6) *Armbrüster*, S. 12 f; MünchKomm-*K. Schmidt*, HGB, Vor § 230 Rz. 35; *Sommer*, in: Münchener Handbuch des Gesellschaftsrechts III, § 26 Rz. 7.

BGB).[7] Ein Erwerb oder Wechsel in der Eigentümer- oder Inhaberstellung vom Treugeber auf den Treuhänder ist damit nicht verbunden. Für die treuhänderische Beteiligung an Gesellschaftsanteilen hat diese Treuhandform praktisch keine Bedeutung.[8] Zwar ist sie nicht schon aus rechtlichen Gründen von vornherein ausgeschlossen, doch ist sie weitgehend ungeeignet, um die mit der Treuhand regelmäßig verbundenen Motive (Verbergung – Umgehung – Vereinfachung) (unten Rz. 496 ff) zu erreichen. Exemplarisch dafür ist, dass die mit ihr verbundene faktische Vervielfältigung der Berechtigungen in Personengesellschaften aufgrund § 717 BGB nicht ohne die Mitwirkung (Zustimmung) der anderen Gesellschafter zu realisieren ist.[9]

495 Wird der Treuhänder Inhaber des Gesellschaftsanteils, liegt eine **fiduziarische Vollrechtstreuhand** vor.[10] Die Rechte aus dem Gesellschaftsanteil, die ihm im Außenverhältnis zu Dritten umfassend als eigene zustehen, darf der Treuhänder nur nach Maßgabe des mit dem Treugeber geschlossenen Treuhandvertrags ausüben. Allgemein wird in diesem Spannungsverhältnis zwischen umfassender (überschießender) Verfügungsmacht des Treuhänders im Außenverhältnis und schuldrechtlicher Beschränkung im Innenverhältnis zum Treugeber das Charakteristikum der fiduziarischen Treuhandverhältnisse gesehen.[11] Dingliche und die wirtschaftliche Zuordnung des Gesellschaftsanteils fallen auseinander.[12] Dies ermöglicht dem Treugeber eine mittelbare Teilhabe an der Gesellschaft, die sich sowohl auf die Mitverwaltungsrechte als auch die Vermögensrechte aus dem Gesellschaftsanteil bezieht (unten Rz. 555 ff).[13] In der Praxis der mittelbaren Unternehmensbeteiligungen überwiegt die fiduziarische Vollrechtstreuhand – wie eingangs festgestellt – bei weitem.[14] Sie ist bei allen übertragbaren Mitgliedschaftsverhältnissen (Aktien, GmbH-Geschäftsanteilen und Personengesell-

7) Vgl. BGH, Urt. v. 17. 11. 1955 – II ZR 222/54, BGHZ 19, 69, 71 (Ermächtigungstreuhand). Näher *Eden*, S. 24 ff; *Happ*, in: Festschrift Rowedder, S. 119, 122; *Sudhoff/Schlitt*, GmbH & Co KG, § 39 Rz. 31; *ders.*, S. 258 f.

8) *Armbrüster*, S. 14; *Beuthien*, ZGR 1974, 26, 29; *Blaurock*, Unterbeteiligung, S. 123 f; *Roth/Thöni*, in: Festschrift 100 Jahre GmbH-Gesetz, S. 245, 250; *Schaub*, DStR 1995, 1634, 1634; *Eden*, S. 24 f.

9) *Blaurock*, Unterbeteiligung, S. 123.

10) Siehe etwa *Gernhuber*, JuS 1988, 355, 355 f; *Blaurock*, Unterbeteiligung, S. 124; *Heidner*, DStR 1989, 276, 277.

11) Vgl. nur BGH, Urt. v. 3. 12. 1998 – II ZR 288/96, ZIP 1999, 59, 60.

12) *Schaub*, DStR 1995, 1634.

13) Zur Vereinbarkeit der Einbeziehung des Treugebers mit verbandsrechtlichen Grundsätzen *Armbrüster*, GmbHR 2001, 941, 942.

14) *Schaub*, DStR 1995, 1634, 1634 m. w. N.

schaftsanteilen[15])) zu beobachten und daher nachfolgend ausschließlich Gegenstand des Darstellung.

2. Motive für die Errichtung einer Treuhand

Eine Treuhand an einem Gesellschaftsanteil wird aus unterschiedlichen (wirtschaftlichen) Motiven vereinbart. Nach diesen Motiven bestimmt sich die nähere Ausgestaltung des Treuhandvertrags zwischen Treuhänder und Treugeber. In der Praxis hat dies zur Ausbildung einiger typischer Gestaltungsformen treuhänderischer Beteiligung geführt.[16] Aus der Perspektive des Treuhänders werden die fremdnützige und die eigennützige Treuhand unterschieden. 496

a) Fremdnützige Treuhand

Die fremdnützige Treuhand ist meistens[17] **Verwaltungstreuhand**: Der Treuhänder soll nach den Bestimmungen des Treuhandvertrags die Rechte aus dem Gesellschaftsanteil im Interesse des Treugebers ausüben.[18] Grundlage ist ein Auftrag (§ 662 BGB) oder – bei Entgeltlichkeit – ein Geschäftsbesorgungsvertrag (§ 675 BGB), der insbesondere die Weisungsabhängigkeit des Treuhänders begründet (§ 665). Auf dieser Basis vermittelt der Treuhänder dem Treugeber eine wirtschaftliche Beteiligung an der Gesellschaft.[19] Die Beweggründe hierfür sind verschieden.[20] Treuhandverhältnisse werden begründet, wenn der Gesellschaftsanteil anderenfalls an eine Vielzahl von Personen fiele (**Vereinfachungs-, Entlastungs- und Sammlungsfunktion**).[21] Dies ist etwa in einer Erbengemein- 497

15) Zu Kommanditanteilen vgl. BGH, Urt. v. 13. 5. 1953 – II ZR 157/52, BGHZ 10, 44, 45; BGH, Urt. v. 28. 1. 1980 – II ZR 250/78, BGHZ 76, 127 = ZIP 1980, 191 = NJW 1980, 1163; Heymann/*Horn*, HGB, § 161 Rz. 61.

16) Ausführlich *Armbrüster*, S. 84 ff.

17) Zur praktisch weniger bedeutsamen Liquidationstreuhand *Armbrüster*, S. 41.

18) Vgl. BGH, Urt. v. 5. 5. 1969 – VII ZR 79/67, WM 1969, 935, 935; *Beuthien*, ZGR 1974, 26, 29 f; *Roth/Thöni*, in: Festschrift 100 Jahre GmbH-Gesetz, S. 245, 251; *Blaurock*, Unterbeteiligung, S. 67; *Eden*, S. 26.

19) *Karsten Schmidt*, Gesellschaftsrecht, § 61 III 1 c.

20) Umfassend *Armbrüster*, S. 49 ff; *ders.*, GmbHR 2001, 941, 942 ff; siehe auch *Sommer*, in: Münchener Handbuch des Gesellschaftsrechts III, § 26 Rz. 9. Zur Begründung eines Treuhandverhältnisses im Rahmen von Mitarbeiterbeteiligungen siehe *Hohaus*, DB 2002, 1233; *ders.*, DStR 2002, 789.

21) Anwendungsbeispiele: Erbengemeinschaft (Zersplitterung des Gesellschaftsanteils durch Erbfolge) – dazu *Beuthien*, ZGR 1974, 26, 33; Funktion des Treuhänders als Kapitalsammelstelle bei Kapitalanlagegesellschaften – näher *Bälz*, ZGR 1980, 1, 15 ff; *Breuer*, MittRhNotK 1988, 79, 80; *Grundmann*, S. 482 ff; *Schaub*, DStR 1995, 1634, 1635; *Maulbetsch*, DB 1984, 2232; *Schiefer*, DStR 1997, 119, 120 f; *Schlegelberger/K. Schmidt*, HGB, Vor § 230 Rz. 34 m. w. N. („Treuhand-GmbH & Co"); Alternative zur Einsetzung eines gemeinsamen Vertreters, Bündelung von Gesellschaftermacht – dazu *Armbrüster*, GmbHR 2001, 941, 942 f.

schaft, vor allem aber Kapitalanlagegesellschaften[22] der Fall. Der einzelne Anleger ist an persönlicher Wahrnehmung seiner Gesellschafterrechte nicht interessiert, möchte aber seine Einflussmöglichkeiten nicht verfallen lassen. Umgekehrt kann eine Publikumsgesellschaft (Publikumspersonengesellschaft) mit einer Vielzahl von Gesellschaftern ebenfalls verwaltungsmäßig entlastet werden, wenn Gesellschaftsanteile bei einem oder mehreren Treuhändern gebündelt werden (keine Registerpflichten bei Anlegerwechsel, vereinfachter Willensbildungsprozess etc.).[23] Dadurch entsteht ein **mehrgliedriges Treuhandverhältnis**: Ein Treuhandgesellschafter (Treuhandkommanditist) hält den Gesellschaftsanteil für eine Vielzahl von Treugebern (Anlegern) (unten Rz. 587 f).[24]

498 Mit der Einschaltung des Treuhänders kann grundsätzlich auch ein gesetzliches Verbot, ein Genehmigungserfordernis oder eine vertragliche Bindung des Treugebers umgangen werden (**Umgehung**).[25] In Gesellschaften mit kleinem Gesellschafterkreis können persönliche Konflikte zwischen Gesellschaftern neutralisiert, Pattsituationen bei Stimmengleichheit vermieden oder gar dem Ausschluss eines störenden Gesellschafters aus der Gesellschaft zuvorgekommen werden (**Schlichtung**).[26] Außerdem kann eine verweigerte Zustimmung der Mitgesellschafter zur Anteilsübertragung[27] oder eine vorweggenommene Erbfolge[28] Anlass für die Begründung eines Treuhandverhältnisses sein. Ebenso wie bei der stillen Beteiligung spielen schließlich auch steuerliche Motive eine wichtige Rolle für die Einsetzung eines Treuhänders. Auch bei Offenlegung des Treuhandverhältnisses gegenüber den Finanzbehörden, wozu eine allgemeine Pflicht besteht, lässt sich eine Reduzierung der Steuerlasten erreichen.[29]

---

22) Siehe auch *Roll*, S. 270 ff zur treuhänderischen Übertragung von Gesellschaftsanteilen zur Beteiligungsverwaltung.

23) *Armbrüster*, S. 51 ff. Vgl. auch *Singhof*, S. 61, 227 ff zur Einschaltung von Kreditinstituten als fremdnützige Treuhänder in Kapitalerhöhungen mit Bezugsrecht zur Sicherstellung der Durchführung der Kapitalerhöhung (§ 186 Abs. 5 AktG).

24) Vgl. MünchKomm-*K. Schmidt*, HGB, Vor § 230 Rz. 44, 79; *Sudhoff/Schlitt*, GmbH & Co KG, § 39 Rz. 33.

25) Vgl. *Armbrüster*, S. 54 f; *Breuer*, MittRhNotK 1988, 79, 81, *Turnher*, DB 1994, 1709, 1711 ff (Treuhand bei Unternehmensverbindungen). Die rechtliche Zulässigkeit dieses Treuhandzwecks hängt vom Verbotsgehalt bzw. Schutzzweck der Norm ab. Beispiele: Umgehung der § 1822 Ziff. 3, § 1643 Abs. 1 BGB; Umgehung wettbewerbsrechtlich oder arbeitsvertraglich begründeter Tätigkeitsverbote; nach altem GmbH-Recht: Strohmanngründungen, um in der Sache eine Einpersonengründung herbeizuführen.

26) *Breuer*, MittRhNotK 1988, 79, 81. Vgl. auch BGH, Urt. v. 12. 7. 1965 – II ZR 118/63, BGHZ 44, 158, 160 f; *Schaub*, DStR 1995, 1634, 1635.

27) *Armbrüster*, S. 73 f.

28) Vgl. *Armbrüster*, S. 58.

29) Näher *Armbrüster*, S. 79 ff; *ders.*, GmbHR 2001, 941, 943 f.

In der Praxis überwiegt als Motiv für eine Verwaltungstreuhand aber wohl, dass der Treugeber nach außen unerkannt bleiben will (**Verbergung**).[30] Nur der Treuhänder tritt durch die Eintragung im Handelsregister (als Gesellschafter einer Personengesellschaft, §§ 106 Abs. 2 Nr. 1, 107, 162 HBG) oder die namentliche Nennung in der Gesellschafterliste (als GmbH-Gesellschafter, § 40 GmbHG) nach außen in Erscheinung. Die Treuhandschaft selbst ist keine eintragungsfähige Tatsache.[31] 499

Die Verbergung der (wirtschaftlichen) Gesellschafterstellung kann nur gegenüber Dritten (insbesondere Gläubigern, Wettbewerbern oder Behörden) beabsichtigt sein, während die Mitgesellschafter von den tatsächlichen Verhältnissen Kenntnis haben. Die Verbergungsfunktion ist daher nicht mit der Unterscheidung zwischen **verdeckter und offener Treuhand** gleichzusetzen. Für diese Unterscheidung ist nur darauf abzustellen, ob das Treuhandverhältnis auch gegenüber den Mitgesellschaftern geheim bleibt oder ob sie davon wissen und ihm auch zugestimmt haben.[32] Eine verdeckte Treuhand ist treuwidrig, wenn sie mit den berechtigten Interessen der Mitgesellschafter kollidiert.[33] Es ist daher sorgfältig zu prüfen, ob der Gesellschafter nach seiner Treuepflicht gehalten ist, ein Treuhandverhältnis offen zu legen oder aufzulösen. 500

b) Eigennützige Treuhand

Die eigennützige Treuhand ist meistens eine **Sicherungstreuhand** (unten Rz. 631 ff):[34] Der Gesellschaftsanteil wird zur Sicherung einer Forderung treuhänderisch an einen Gläubiger als Treuhänder abgetreten und dient vorwiegend dessen Sicherungsinteresse. Grundlage der Treuhand ist in diesen Fällen eine 501

---

30) *Armbrüster*, S. 59 ff; *Breuer*, MittRhNotK 1988, 79, 80 f; *Roth/Thöni*, in: Festschrift 100 Jahre GmbH-Gesetz, S. 245, 248, jeweils mit Beispielen. Siehe auch BGH, Urt. v. 13. 4. 1992 – II ZR 225/91, BGHZ 118, 107 = ZIP 1992, 919, dazu EWiR 1992, 995 *(Timm)*; BGH, Urt. v. 14. 12. 1959 – II ZR 187/57, BGHZ 31, 258, 263 f; *Thurnher*, DB 1994, 1709 (zur Treuhand bei Unternehmensverbindungen).

31) OLG Hamm, Urt. v. 5. 2. 1963 – 15 W 395/62, NJW 1963, 1554, 1555; *Armbrüster*, S. 59; *Beuthien*, ZGR 1974, 26, 40; *Blaurock*, Unterbeteiligung, S. 124; *Baumbach/Hopt*, HGB, § 8 Rz. 5; differenzierend *Ulmer*, in: GroßKomm. HGB, § 105 Rz. 105 (verneinend für verdeckte Treuhand), § 106 Rz. 17 (bejahend für offene Treuhand).

32) Wie hier BGHZ 10, 44, 49; *Armbrüster*, S. 19 f; *Roth/Thöni*, in: Festschrift 100 Jahre GmbH-Gesetz, S. 245, 251; *Schaub*, DStR 1995, 1634, 1634; *Schlegelberger/K. Schmidt*, HGB, Vor § 230 Rz. 36; anders *Breuer*, MittRhNotK 1988, 79, 80.

33) BGH, Urt. v. 14. 12. 1981 – II ZR 200/80, ZIP 1982, 309 = WM 1982, 234, 235; *Beuthien*, ZGR 1974, 26, 46 f; *Baumbach/Hopt*, HGB, § 105 Rz. 33; enger *Heymann/Emmerich*, HGB, § 105 Rz. 48.

34) Eingehend die Beiträge von *John* und *Mühl* in: Hadding/Uwe H. Schneider, S. 83 und S. 129. Zur Erfüllungstreuhand *Armbrüster*, S. 42; zur Kombination von Sicherungs- und Verwaltungstreuhand *Gernhuber*, JuS 1988, 355, 356.

schuldrechtliche Sicherungsabrede. Neben der erwähnten typischen Konstellation, in der die Abtretung/Übertragung des Gesellschaftsanteils der Sicherung einer nicht gesellschaftsbezogenen Forderung eines Gläubigers des bisherigen Gesellschafters dient, kommt es auch vor, dass die Gesellschafterstellung unmittelbar in der Person des Sicherungsnehmers begründet wird. Prominentestes Beispiel ist die Beteiligungsfinanzierung durch Dritte.[35] Umgekehrt kann die Sicherungstreuhand zur Sicherung des Gesellschafters bei der Veräußerung seines Gesellschaftsanteils eingesetzt werden (nur treuhänderische Beteiligung des Erwerbers bis zur vollständigen Kaufpreiszahlung).[36] Schließlich kann die Sicherungstreuhand ein geeignetes Instrument bei der Sanierung der Gesellschaft sein.[37]

502 Eigennützige Treuhand ist auch die **Nutzungstreuhand.** Sie steht einem Nießbrauch an einem Gesellschaftsanteil nahe.[38] Während der Nießbraucher aber nur ein dingliches Nutzungsrecht an dem Gesellschaftsanteil erhält (§ 1069 Abs. 1 BGB), aufgrund dessen ihm jedenfalls die auf die nießbrauchsbelastete Beteiligung entfallenden Gewinnanteile zustehen (§ 1030 Abs. 1, § 1068 Abs. 2 BGB), wird der Treuhänder selbst zum Gesellschafter, der im Innenverhältnis schuldrechtlich auf „Nießbrauchsrechte“ beschränkt ist (Ausschluss der Auskehrungspflicht nach § 667 BGB).[39] Auch ohne ausdrückliche Regelung kann eine solche Gestaltung anzunehmen sein, wenn der Treugeber den Gesellschaftsanteil dem Treuhänder mit der Maßgabe überträgt, dass er ihn auf Lebenszeit nur „als Nießbraucher“ halten soll (§§ 133, 157 BGB).[40]

503 Gegenüber dem **Nießbrauch** weist die Treuhand entscheidende Vorteile auf. Bei der Nutzungstreuhand ist unzweifelhaft, dass der Treuhänder als Gesellschafter

---

35) *Armbrüster*, S. 42.

36) *Vossius*, BB 1988, Beilage 5, S. 1, 12 f; *Pohlmann*, NJW 1999, 190, 192.

37) *Armbrüster*, S. 43; *Breuer*, MittRhNotk 1988, 79, 89; *Hadding*, in: Festschrift Steindorff, S. 31, 32 f; *Turnher*, DB 1984, 1709, 1713; siehe auch BGH, Urt. v. 19. 9. 1988 – II ZR 255/87, BGHZ 105, 168 = ZIP 1988, 1248 (mit Anm. *Lutter*, ZiP 1989, 477), dazu EWiR 1988, 1095 *(Fleck)*; BGH, Urt. v. 22. 10. 1990 – II ZR 238/89, NJW 1990, 1057 = ZIP 1990, 1593, dazu EWiR 1991, 67 *(v. Gerkan)*. Vgl. ferner den Fall MobilCom AG, in dem die von Gerhard Schmid gehaltenen Aktien an der MobilCom AG im Rahmen eines Sanierungskonzepts an Prof. Helmut Thoma als Treuhänder übertragen wurden.

38) Zur Zulässigkeit der Bestellung eines Nießbrauchs an einem Gesellschaftsanteil BGH, Urt. v. 9. 11. 1998 – II ZR 213/97, ZIP 1999, 68 = NJW 1999, 571, 572, dazu EWiR 1999, 117 *(Wolf)*; eingehend *Reichert/Schlitt*, in: Festschrift Flick, S. 217; *Reichert/Schlitt/Düll*, GmbHR 1998, 565; *Schön*, ZHR 158 (1994), 229. Siehe auch *Hadding*, in: Hadding/Uwe H. Schneider, S. 37

39) Diese Gestaltung ist zulässig vgl. BGH, Urt. v. 12. 12. 1974 – II ZR 166/72, BB 1975, 295, 296; *Blaurock*, Unterbeteiligung, S. 77; *Teichmann*, ZGR 1972, 1, 6; *Karsten Schmidt*, Gesellschaftsrecht, § 61 II 1 b.

40) *Karsten Schmidt*, Gesellschaftsrecht, § 61 II 1 b; zust. *Armbrüster*, S. 45.

– nach Maßgabe des schuldrechtlichen Innenverhältnisses – auch die Mitverwaltungsrechte in der Gesellschaft wahrnimmt. Demgegenüber besteht trotz der grundsätzlichen Anerkennung eines Nießbrauchs an einem Geschäftsanteil weiterhin erhebliche Rechtsunsicherheit dahingehend, ob und inwieweit dem Nießbraucher angesichts des Abspaltungsverbots (§ 717 BGB) Mitverwaltungsrechte zugeordnet bzw. zur Ausübung überlassen werden können.[41] Der Bundesgerichtshof hat bislang lediglich festgestellt, dass das Stimmrecht für Beschlüsse über Grundsatzfragen allein beim nießbrauchsbelasteten Gesellschafter verbleibe.[42] Zum Teil wird als Lösung angenommen, dass ein Nießbrauch mit der Maßgabe bestellt werden kann, dass der Nießbraucher eigene gesellschaftsrechtliche Mitwirkungsbefugnisse erlangt, die die Befugnisse des Gesellschafters überlagern oder neben sie treten.[43] Gesichert ist diese Ansicht nicht.[44] Andererseits wird die Zulässigkeit eines rein vermögensrechtlichen „Ertragsnießbrauchs" grundsätzlich bezweifelt.[45] Dies spricht für die alternative Gestaltung in Form der Nutzungstreuhand.[46]

c) Doppeltreuhand

Wenn der Treuhänder die gesellschaftsrechtliche Beteiligung im Interesse mehrerer Seiten hält, kommt eine sog. Doppeltreuhand zustande.[47] Regelmäßig werden dabei **Sicherungstreuhand und Verwaltungstreuhand** miteinander kombiniert. Von praktischer Bedeutung kann dies in Fällen der Veräußerung von Gesellschaftanteilen sein: Hier kann es erforderlich werden, dass der Veräußerer den Anteil zunächst auf einen Treuhänder überträgt, der den Anteil bis zur vollständigen Kaufpreiszahlung durch den Erwerber hält.[48] Ein weiterer Anwendungsfall ist die Sanierung einer Gesellschaft, in die ein Treuhänder als Sicherungstreuhänder für die Kreditgeber und Verwaltungstreuhänder für die Gesellschafter eingeschaltet ist.[49] Schließlich kommt eine Doppeltreuhand bei der Vereinbarung von sog. Escrow Agreements im Rahmen von Unternehmenskäu- **504**

---

41) Vgl. *Karsten Schmidt*, Gesellschaftsrecht, § 61 II 1 b; *ders.*, ZGR 1999, 601, 604.

42) BGH NJW 1999, 571, 572.

43) Str.; dafür *Ulmer*, in: Festschrift Fleck, S. 383, 388 ff; Münchkomm-*Ulmer*, BGB, § 705 Rz. 82.

44) Siehe *Schön*, ZHR 158 (1994), 229, 248 ff.

45) Siehe *Schön*, ZHR 158 (1994), 229, 248 ff.

46) Zu weiteren Aspekten *Armbrüster*, S. 46 f; *Petzoldt*, DStR 1992, 1171, 1173.

47) Vgl. *Palandt/Bassenge*, § 903 Rz. 35; *Armbrüster*, S. 43, 47 f; *Vossius*, BB 1988, Beilage 5, S. 1, 13; *Breuer*, MittRhNotk 1988, 79, 91.

48) *Vossius*, BB 1988, Beilage 5, S. 1, 13.

49) *Breuer*, MittRhNotk 1988, 79, 89. Vgl. auch OLG Hamburg, Urt. v. 27. 6. 1997 – 11 U 233/96, WM 1997, 1846, 1848; dazu kritisch *Armbrüster*, S. 48.

fen vor. Dort handelt der Escrow Agent als treuhänderischer Verwalter eines bei ihm zur Sicherheit für Mängelansprüche hinterlegten Kaufpreisanteils (in Gesellschaftsanteilen) sowohl für den Verkäufer als auch für den Käufer.

505 Es bedarf indessen jeweils sorgfältiger Auslegung der getroffenen Regelungen und Abwägung aller Umstände, um festzustellen, ob der Treuhänder tatsächlich zwei Parteien verpflichtet sein soll oder nicht vielmehr eine einfache Sicherungstreuhand vorliegt. Allein die Ausübung der mit der Beteiligung verbundenen Verwaltungsrechte durch den Treuhänder oder die Kostentragung durch den abtretenden Gesellschafter bedeutet noch nicht, dass der Treuhänder auch für den abtretenden Gesellschafter verwaltend tätig wird.[50] Abzustellen sein wird auf die **Rechte** und **Pflichten** von Sicherungsgeber und -nehmer im Verhältnis zum Treuhänder. Wenn der Treuhänder insoweit nicht den Weisungen des Sicherungsnehmers unterworfen ist, kann dies auch für eine Verwaltungstreuhand sprechen.

3. Abgrenzung zu verwandten Rechtsinstituten

506 Angesichts der Vielgestaltigkeit mittelbarer Unternehmensbeteiligungen weist die tatsächliche rechtsgeschäftliche Ausgestaltung häufig Überschneidungen zwischen der stillen Gesellschaft, Unterbeteiligung und Treuhand und anderen verwandten Rechtsinstituten auf. Die Abgrenzung bereitet mitunter erhebliche Schwierigkeiten.

a) Unterbeteiligung

507 Eine Unterbeteiligung liegt vor, wenn aufgrund eines Gesellschaftsvertrages zwischen dem Gesellschafter (Hauptbeteiligten) und dem Unterbeteiligten dieser am Gewinn des Gesellschaftsanteils des Hauptbeteiligten teilnimmt (**Innengesellschaft des bürgerlichen Rechts**) (oben Rz. 342 ff). Von der früher h. M. wurden Treuhand und Unterbeteiligung als einander ausschließende Rechtsformen angesehen, die entweder Auftragsrecht (Treuhand) oder Gesellschaftsrecht (Unterbeteiligung) zur Anwendung kommen lassen.[51] Hierfür wurde vor allem angeführt, dass der Hauptbeteiligte auch eigene Interessen verfolge, wohingegen der Treuhänder verpflichtet sei, die Verwaltung des Gesellschaftsanteils aus-

50) So zu Recht *Armbrüster*, S. 48.

51) Nachweise bei MünchKomm-*K. Schmidt*, HGB, Vor § 230 Rz. 45; zuletzt aber auch *Tebben*, S. 68 ff.

schließlich an den Interessen des Treugebers auszurichten (Geschäftsbesorgungsverhältnis).[52)]

Zu Recht hat sich die Ansicht durchgesetzt, dass beide Rechtsformen einander nicht ausschließen, sondern zusammentreffen können.[53)] Ein treuhänderischer Vertragszweck – Interessenwahrnehmung für einen anderen – kann auch mit einer Unterbeteiligung wahrgenommen werden. Dies ist insbesondere durch eine atypische Ausgestaltung der Unterbeteiligung zu realisieren, in welcher der Unterbeteiligte dem Hauptbeteiligten Weisungen erteilen kann und der wirtschaftliche Ertrag aus der Beteiligung dem Unterbeteiligten in vollem Umfang zusteht.[54)] Überschneidungen können sich insbesondere auch bei Publikumstreuhandgesellschaften ergeben.[55)] 508

Die funktionale Austauschbarkeit und Kombinationsmöglichkeit von Treuhand und Unterbeteiligung schließt indessen nicht aus, sie im Einzelfall unterscheiden zu müssen. Für die Einordnung ist die **Auslegung der inhaltlichen Gestaltung** des Vertragsverhältnisses entscheidend (§§ 133, 157 BGB).[56)] Ohne den Rückgriff auf die unterschiedliche Rechtstechnik der mittelbaren Beteiligung wird man dabei nicht auskommen. So spricht für eine gesellschaftsvertragliche Gestaltung, dass der Hauptbeteiligte (Gesellschafter) nur einen Teil seines Gesellschaftsanteils für den anderen Vertragsbeteiligten hält, im übrigen aber eigene Interessen in der Gesellschaft verfolgt.[57)] Dem steht ein für ein Treuhandverhältnis 509

---

52) *Eden*, S. 30; *Esch*, NJW 1964, 902, 903; *Blaurock*, Unterbeteiligung, S. 230; *Weipert*, in: Münchener Handbuch des Gesellschaftsrechts II, § 12 Rz. 64.

53) BGH, Urt. v. 13. 6. 1994 – II ZR 259/92, NJW 1994, 2886, 2887 = DStR 1994, 1199 (m. Anm. *Goette*) = ZIP 1994, 1180, dazu EWiR 1994, 861 *(Fleischer)*; BGH, Urt. v. 10. 10. 1994 – II ZR 285/93, BGH NJW-RR 1995, 165, 166; OLG Bamberg NZG 2001, 510 nicht rkr., Revision unter BGH, II ZR 47/01); zuvor schon eingehend *Schlegelberger/K. Schmidt*, HGB, Vor § 230 Rz. 38; zustimmend *Heymann/Horn*, HGB, § 230 Rz. 75; *Armbrüster*, S. 23; *ders.*, GmbHR 2001, 941, 944; *Reiners*, WRP 1996, 1002; kritisch *Gummert*, WiB 1994, 775, 776.

54) *Armbrüster*, S. 22, 24; *Blaurock/Berninger*, GmbHR 1990, 11, 12; MünchKomm-*K. Schmidt*, HGB, Vor § 230 Rz. 45.

55) MünchKomm-*K. Schmidt*, HGB, Vor § 230 Rz. 45.

56) OLG Bamberg NZG 2001, 510, 510. Eine zutreffende Abgrenzung ist u. a. wesentlich, weil nach dem für die Unterbeteiligung maßgeblichen BGB-Gesellschaftsrecht der generelle Ausschluss des Kündigungsrechts nach § 723 Abs. 3 BGB nichtig ist, während er im Treuhandvertrag grundsätzlich wirksam vereinbart werden kann; dazu BGH NJW 1994, 2886, 2888. Unterschiede ergeben sich auch im Hinblick auf die Abtretungsbeschränkungen nach § 15 Abs. 5 GmbHG, von denen die Einräumung einer Unterbeteiligung an einem GmbH-Anteil nicht erfasst ist; näher *Schaub*, DStR 1995, 1634, 1634 m. w. N.

57) BGH NJW 1994, 2886, 2887 mit zust. Anm. *Reiners*, WRP 1996, 1002, 1003; *Schlegelberger/K. Schmidt*, HGB, Vor § 230 Rz. 38; *Ulmer*, in: GroßKomm. HGB, § 105 Rz. 110; *Blaurock*, StG, § 30 Rz. 30.11.

in typischer Weise fremdorientiertes und weisungsgebundenes Rechtsverhältnis gegenüber, das nicht als gesellschaftsrechtliche Verbindung zur Erreichung eines gemeinsamen Zwecks im Rahmen einer Unterbeteiligung eingeordnet werden kann.[58)]

b) Atypisch stille Gesellschaft

510 Eine ähnliche funktionale Austauschbarkeit kann sich gegenüber bestimmten Gestaltungen der atypischen stillen Gesellschaft ergeben. Nimmt der stille Gesellschafter schuldrechtlich am Vermögenszuwachs einer Gesellschaft teil und kann er (über einen Treuhänder) an der Geschäftsführung der Inhabergesellschaft mitwirken sowie Informations- und Kontrollrechte ausüben, besteht eine große Nähe zur Treuhand.[59)]

c) Mittelbare Stellvertretung

511 Teilweise wird auch die Frage erörtert, ob es sich bei der Treuhand um einen Fall der mittelbaren Stellvertretung handelt bzw. wie beide Institute voneinander abzugrenzen sind. Sie unterscheiden sich jedoch so deutlich in ihren Funktionen, dass abgrenzungsrelevante Überschneidungen ebensowenig auftreten können, wie von der Gegenüberstellung Erkenntnisgewinn zu erwarten ist. Während die mittelbare Stellvertretung sich auf den Abschluss eines bestimmten Rechtsgeschäfts im eigenen Namen für fremde Rechnung bezieht und damit das Auftreten des mittelbaren Stellvertreters gegenüber außenstehenden Dritten betrifft, beschreibt die Treuhand ein Rechtsverhältnis (Innenverhältnis zu dem Treugeber), das der Verwaltung eines Vermögensgegenstandes zugrunde liegt.[60)] Treuhand und mittelbare Stellvertretung können sich damit aber durchaus ergänzen.[61)] Das Treugut kann beispielsweise von einem Dritten durch den Treuhänder im Wege der mittelbaren Stellvertretung (für Rechnung des Treugebers) erworben werden. Ebenso bildet der Treuhandvertrag die rechtliche Grundlage für ein Handeln in mittelbarer Stellvertretung, wenn der Abschluss von Rechtsgeschäften zu den darin geregelten Pflichten des Treuhänders gehört.

---

58) OLG Bamberg NZG 2001, 510, 510.

59) *Armbrüster*, S. 21 f; *ders.*, GmbHR 2001, 941, 945; siehe auch BGH, Urt. v. 14. 11. 1994 – II ZR 160/93, ZIP 1995, 738 = NJW 1995, 1353, 1357, dazu EWiR 1995, 677 *(Westermann)*.

60) *Soergel/Leptien*, Vor § 164 Rz. 53; MünchKomm-*K. Schmidt*, HGB, Vor § 230 Rz. 48; *Eden*, S. 23.

61) Vgl. *Beuthien*, ZGR 1974, 26, 30; *Eden*, S. 23; MünchKomm-*K. Schmidt*, HGB, Vor § 230 Rz. 48; *Palandt/Heinrichs*, BGB, Einf v § 164 Rz. 7 („Der Treuhänder ist i. d. R. mittelbarer Vertreter des Treugebers"); *Schaub*, DStR 1995, 1634, 1634.

II. Begründung des Treuhandverhältnisses

Eine Vollrechtstreuhand an einem Gesellschaftsanteil liegt vor, wenn der Treuhänder Gesellschafter mit der Maßgabe ist, die Rechte als Gesellschafter nur nach den Bestimmungen des mit dem Treugeber geschlossenen Treuhandvertrags auszuüben. Das Treuhandverhältnis wird danach grundsätzlich durch zwei aufeinander bezogene Rechtsgeschäfte begründet: Im Außenverhältnis muss der Treuhänder die dingliche Vollrechtsstellung eines Gesellschafters erlangen und im Innenverhältnis durch einen schuldrechtlichen Treuhandvertrag an die Vorgaben des Treugebers gebunden werden.[62) 512

1. Außenverhältnis

Grundsätzlich ist es für das Treuhandverhältnis nicht von Bedeutung, auf welche Weise der Treuhänder die gesellschaftsrechtliche Beteiligung begründet. Die Unterscheidung nach den Begründungsformen ist aber deshalb erforderlich, weil diese unterschiedlichen Form- und Zustimmungserfordernissen unterliegen. 513

a) Übertragungstreuhand

Überträgt der Treugeber dem Treuhänder zur Begründung des Treuhandverhältnisses seinen Gesellschaftsanteil („Übertragungstreuhand"), sind die allgemein für die Verfügung über Gesellschaftsanteile bestehenden Voraussetzungen zu beachten. Dazu zählen **Formerfordernisse**, die vor allem bei der Übertragung von GmbH-Geschäftsanteilen praktisch bedeutsam sind (notarielle Beurkundung nach § 15 Abs. 3 GmbHG).[63)] Diese Bestimmung gilt uneingeschränkt auch bei der „nur" treuhänderischen Anteilsübertragung; eine teleologische Reduktion der Formvorschrift ist abzulehnen.[64)] Die Übertragung von vinkulierten Kapitalgesellschaftsanteilen (§§ 15 Abs. 5 GmbHG; 68 AktG; 76 Abs. 1 Satz 2 GenG) bedarf außerdem der **Zustimmung der Gesellschaft** oder bei entsprechender Vereinbarung der **Mitgesellschafter**. Bei Personengesellschaftsanteilen ist eine solche Bindung an die Zustimmung der Mitgesellschafter ohne Weiteres gegeben, wenn der Gesellschaftsvertrag keine Übertragungsklausel enthält.[65)] 514

---

62) Vgl. MünchKomm-*K. Schmidt*, HGB, Vor § 230 Rz. 50.

63) Vgl. *Beuthien*, ZGR 1974, 26, 38 f; *Blaurock*, Unterbeteiligung, S. 154 f; *Roth/Thöni*, in: Festschrift 100 Jahre GmbH-Gesetz, S. 245, 275; *Ulmer*, in: Festschrift Odersky, S. 873, 882; *Scholz/Winter*, GmbHG, § 15 Rz. 15. Siehe auch allgemein zur Verfügung über den Geschäftsanteil *Hadding*, in: Festschrift Steindorff, S. 31, 39 f.

64) Eingehend *Armbrüster*, S. 100 ff; *ders.*, DNotZ 1997, 762, 774.

65) Vgl. BGH, Urt. v. 28. 4. 1954 – II ZR 8/53, BGHZ 13, 179, 184; BGH, Urt. v. 14. 10. 1957 – II ZR 109/56, WM 1958, 49, 50.

Auch diese Zustimmungserfordernisse gelten bei der treuhänderischen Übertragung uneingeschränkt.[66] Gegebenenfalls ist die Verweigerung der Zustimmung jedoch treuwidrig.[67]

b) Vereinbarungstreuhand

515 Streitig ist, ob eine Zustimmung der Mitgesellschafter auch einzuholen ist, wenn der Treuhänder bereits Gesellschafter ist und seinen Gesellschaftsanteil nunmehr aufgrund einer schuldrechtlichen Abrede für den Treugeber hält (Vereinbarungstreuhand) (unten Rz. 522 ff).[68] Die wohl h. M. nimmt ein **Zustimmungserfordernis** an, da anderenfalls **Vinkulierungsklauseln** (§ 15 Abs. 5 GmbHG) und allgemein der Schutz der Gesellschaft vor Fremdeinfluss allzu leicht umgangen werden könnten.[69] Eine Ausnahme will man allenfalls zulassen, wenn das Treuhandverhältnis mit einem Treugeber begründet wird, der selbst schon Gesellschafter ist.[70] Nach einer anderen Differenzierung soll es darauf ankommen, ob eine offene oder verdeckte Treuhand vorliegt; nur wenn in der offenen Treuhand auch unmittelbare Rechtsbeziehungen zwischen Treugeber und Gesellschaft begründet würden, sei eine Zustimmung erforderlich.[71]

516 Hinreichend praktikabel erscheinen die Differenzierungsversuche nicht. Aber auch die Erstreckung des Zustimmungserfordernisses auf jede Vereinbarungstreuhand ist mangels Vergleichbarkeit mit dem Gesellschafterwechsel durchaus zweifelhaft.[72] Die Auswirkungen der schuldrechtlichen Bindung des Gesellschafters durch den Treuhandvertrag sind mit denen einer Übertragung des Ge-

---

66) Eingehend *Armbrüster*, S. 94 ff; *Blaurock*, Unterbeteiligung, S. 151 f; MünchKomm-*K. Schmidt*, HGB, Vor § 230 Rz. 53.

67) *Armbrüster*, S. 97 ff.

68) Zu steuerlichen Fragen im Zusammenhang mit einer Vereinbarungstreuhand im Rahmen von Mitarbeiterbeteiligungen *Hohaus*, DB 2002, 1233, 1233.

69) RG, Urt. v. 23. 12. 1938 – II 102/38, RGZ 159, 272, 280 f; MünchKomm-*K. Schmidt*, HGB, Vor § 230 Rz. 47; *Scholz/Winter*, GmbHG, § 15 Rz. 83a; *Hachenburg/Zutt*, GmbHG, Anh. § 15 Rz. 53; a. A. *Beuthien*, ZGR 1974, 26, 77 f; *Sudhoff/Schlitt*, GmbH & Co KG, § 39 Rz. 38; OLG Hamm, Urt. v. 28. 9. 1992 – 8 U 9/92, GmbHR 1993, 656, 658 (Treugeber bereits Mitgesellschafter).

70) *Eden*, S. 45; *Schaub*, DStR 1995, 1634, 1637. So war auch die Fallkonstellation in OLG Hamm, GmbHR 1993, 656.

71) Vgl. *Ulmer*, in: GroßKomm. HGB, § 105 Rz. 103 und 106; MünchKomm-*Ulmer*, BGB, § 705 Rz. 75; *Eden*, S. 43; *Breuer*, MittRhNotK 1988, 79, 84 (Zustimmungserfordernis nur, wenn eine Stimmbindung des Treuhänders und Informationsrechte des Treugebers über Gesellschaftsangelegenheiten im Treuhandvertrag vereinbart sind); ähnlich auch *Lutter/Grunewald*, AG 1989, 109, 113 f.

72) Ausführlich *Armbrüster*, S. 117 ff; *Tebben*, S. 236 ff; siehe auch *Schmitz*, in: Festschrift Wiedemann, S. 1223, 1236 (kein Bedürfnis bei entsprechender Gestaltung der Satzung).

sellschaftsanteils nicht vergleichbar.[73] Hinreichender Schutz der Gesellschafter wird in der Regel durch die gesellschaftsrechtliche **Treuepflicht** und die Wirksamkeitskontrolle der **Treuhandabrede** (§§ 134, 138 BGB) zu erreichen sein.[74] Folgt man dem, begründet nicht schon die fehlende Zustimmung der Mitgesellschafter einen Treuepflichtverstoß des Treugebers, sondern es muss im Einzelfall festgestellt werden, ob die treuhänderische Bindung schutzwürdige Interessen von Gesellschaft bzw. Mitgesellschaftern gefährdet.[75]

c) Erwerbstreuhand

Erwirbt der Treuhänder den treuhänderisch zu verwaltenden Gesellschaftsanteil **517**
durch Beteiligung am Gründungsgeschäft der Gesellschaft oder an einer Kapitalerhöhung oder durch Rechtsgeschäft von einem Dritten (Erwerbstreuhand), sind die **Form- und Zustimmungserfordernisse** für den originären bzw. derivativen Erwerb des Gesellschaftsanteils uneingeschränkt einzuhalten. Der Treuhandzweck der Übertragungsakte ändert nichts daran, dass ein Vollrechtserwerb stattfindet, der den allgemeinen Regeln unterliegt. Insbesondere bei dem derivativen Erwerb von einem Dritten gilt daher im Grundsatz dasselbe wie bei der Übertragung des Gesellschaftsanteils durch den Treugeber selbst.[76] Dagegen stellt sich die Frage der Zustimmung der Mitgesellschafter bei der Gründung der Gesellschaft nicht. Die anderen Gesellschafter können den Gesellschaftsvertrag grundsätzlich nicht wegen arglistiger Täuschung gemäß § 123 Abs. 1 BGB anfechten, wenn Treugeber und Treuhänder das Treuhandverhältnis gegenüber der Gesellschaft geheim halten, weil sich aus dem Treuhandverhältnis nicht unmittelbar eine konkrete Gefährdung der Gesellschaftsinteressen ergibt.[77] Die praktisch bedeutsame Gründung der Gesellschaft unter Mitwirkung eines Treuhänders (Strohmanns) stellt auch kein Scheingeschäft gemäß § 117 BGB dar, weil der Rechtserfolg gewollt ist und nur durch die verdeckte Person nicht erreicht werden kann oder soll.[78]

---

73) *Armbrüster*, GmbHR 2001, 941, 947.

74) *Armbrüster*, S. 120; *ders*. GmbHR 2001, 941, 947.

75) Zutreffend *Armbrüster*, S. 120. Zu Gestaltungsmöglichkeiten im Gesellschaftsvertrag *Schmitz*, in: Festschrift Wiedemann, S. 1223, 1230 ff und unten Rz. 519 ff.

76) *Armbrüster*, S. 112; *Roth/Thöni*, in: Festschrift 100 Jahre GmbH-Gesetz, S. 245, 273 (für die Vinkulierungsklauseln).

77) Näher *Armbrüster*, S. 131 ff (für alle Begründungsformen).

78) Vgl. BGH, Beschl. v. 9. 10. 1956 – II ZB 11/56, BGHZ 21, 378, 381; BGH, Urt. v. 22. 10. 1981 – II ZR 149/80, DB 1982, 108, 109; *Armbrüster*, S. 124 f; *Schmidt-Leithoff*, in: Rowedder/Schmidt-Leithoff, GmbHG, § 2 Rz. 28.

2. Innenverhältnis

518 Die interne Bindung der im Außenverhältnis unbeschränkten Gesellschafterstellung des Treuhänders an die Interessen des Treugebers wird durch den schuldrechtlichen Treuhandvertrag vorgenommen. Bei der Verwaltung von Gesellschaftsanteilen kommt zwischen dem Treugeber und dem Treuhänder ein **Geschäftsbesorgungsvertrag** (§§ 675 BGB), der die Erbringung von Diensten (§ 611 BGB) zum Gegenstand hat, zustande, bei Unentgeltlichkeit ein Auftrag (§§ 662 ff BGB).[79)]

a) Rechtliche Zulässigkeit

519 Im Verhältnis zur Gesellschaft und den Mitgesellschaftern ist die Begründung eines Treuhandverhältnisses grundsätzlich als zulässig anzusehen[80)] und berechtigt die Mitgesellschafter nicht, den (Treuhand-)Gesellschafter aus der Gesellschaft durch rechtskräftiges gerichtliches Urteil auszuschließen (§ 140 HGB), seinen Gesellschaftsanteil einzuziehen (§ 34 GmbHG)[81)] oder ihm Geschäftsführungs- oder Vertretungsbefugnisse zu entziehen.[82)]

520 Etwas anderes kann im Einzelfall gelten, wenn die Vereinbarung des Treuhandverhältnisses der Umgehung gesellschaftsrechtlicher Verbote, insbesondere einem Stimm- oder Wettbewerbsverbot dient.[83)] Ein Gesellschafter, der selbst einem Wettbewerbsverbot unterliegt, darf einem Konkurrenten der Gesellschaft keine mittelbare Beteiligung vermitteln.[84)] Nur eine (gesellschafts-)**vertragswidrige Begründung eines Treuhandverhältnisses** kann damit – unter Beachtung des Gebots der Verhältnismäßigkeit – einen beachtlichen Grund zum Ausschluss des (Treuhand-)Gesellschafters darstellen.[85)] Dies setzt jedoch voraus, dass die Treuhand der Umgehung gesellschaftsvertraglicher Regeln zum Nachteil schutzwürdiger Interessen der Gesellschaft dient. Ein generelles Verbot der

---

79) Unstreitig, siehe *Schmidt-Leithoff*, in: Rowedder/Schmidt-Leithoff, GmbHG, § 2 Rz. 29 m. w. N.

80) *Hachenburg/Ulmer*, GmbHG, § 2 Rz. 60; MünchKomm-*K. Schmidt*, HGB, Vor § 230 Rz. 56.

81) Zum gesetzlich nicht geregelten, aber allgemein anerkannten Ausschluss des GmbH-Gesellschafters aus wichtigem Grund siehe *Hueck/Fastrich*, in: Baumbach/Hueck, GmbHG, Anh. 34 Rz. 2 ff; *Goette*, DStR 2001, 533, 534 ff.

82) MünchKomm-*K. Schmidt*, HGB, Vor § 230 Rz. 56.

83) MünchKomm-*K. Schmidt*, HGB, Vor § 230 Rz. 56; eingehend *Armbrüster*, S. 126 ff.

84) *Blaurock*, Unterbeteiligung, S. 203.

85) MünchKomm-*K. Schmidt*, HGB, Vor § 230 Rz. 56; *Baumbach/Hopt*, HGB, § 105 Rz. 33.

Begründung von Treuhandverhältnissen ist wegen § 138 BGB problematisch.[86] Um die Begründung eines Treuhandverhältnisses auszuschließen, können die Gesellschafter aber grundsätzlich früher, d. h. schon bei der Ausgestaltung des Gesellschaftsvertrags, ansetzen: Vinkulierungsklauseln,[87] Klauseln, die die Gesellschaftsanteile nicht veräußerlich stellen, oder Abreden, nach denen Treuhandverhältnisse an den Gesellschaftsanteilen unzulässig sind bzw. den für Verfügungen über Gesellschaftsanteile angeordneten Voraussetzungen unterliegen, können deren Begründung verhindern oder jedenfalls von der Zustimmung der Gesellschafter abhängig machen.[88]

Wenn der Treuhänder mit dem Treugeber einen Treuhandvertrag abschließt, der **521**
eine **rechtsbesorgende Tätigkeit** des Treuhänders vorsieht, ist dieser Vertrag wegen eines Verstoßes gegen Art. 1 § 1 RBerG i. V. m. § 134 BGB nichtig.[89] Die Nichtigkeit erfasst dann auch eine dem Treuhänder erteilte Vollmacht. Außerdem finden die Grundsätze über den fehlerhaften Gesellschaftsbeitritt Anwendung, nach denen ein fehlerhaft vollzogener Beitritt regelmäßig nicht von Anfang an nichtig, sondern wegen des Nichtigkeits- und Anfechtungsgrundes nur mit Wirkung für die Zukunft vernichtbar ist.[90] Wann eine unzulässige Rechtsberatung vorliegt, hängt von den Umständen des Einzelfalls ab. Grundsätzlich ist zur Feststellung erlaubnispflichtiger Rechtsbesorgung auf den Kern der Geschäftsbesorgung durch den Treuhänder abzustellen. Maßgeblich kommt es darauf an, ob die Tätigkeit überwiegend auf wirtschaftlichem Gebiet liegt und die Wahrnehmung wirtschaftlicher Belange bezweckt oder ob die rechtliche Seite der Angelegenheit im Vordergrund steht und es wesentlich um die Klärung rechtlicher Verhältnisse geht.[91]

---

86) Eingehend *Armbrüster*, S. 129 ff. Grundsätzlich steht es GmbH-Gesellschaftern aber frei, die Eingehung eines Treuhandverhältnisses im Gesellschaftsvertrag als Ausschließungsgrund festlegen, sofern die mit der Klausel verbundenen Risiken für den einzelnen Gesellschafter deutlich und die Gründe gerichtlich überprüfbar sind; vgl. *Schmitz*, in Festschrift Wiedemann, S. 1223, 1233, 1249 m. w. N.

87) Zur möglichen Schwäche reiner Vinkulierungsklauseln bei Eingehung schuldrechtlicher Bindungen *Schmitz*, in: Festschrift Wiedemann, S. 1223, 1230 f. Siehe auch *Liebscher*, ZIP 2003, 825.

88) Näher *Schmitz*, in: Festschrift Wiedemann, S. 1223, 1230 ff.

89) BGH, Urt. v. 16. 12. 2002 – II ZR 109/01, ZIP 2003, 165 = NZG 2003, 277 f m. w. N = ZfIR 2003, 195; siehe auch BGH, Urt. v. 22. 10. 2003 – IV ZR 33/03, ZIP 2003, 2351; BGH, Urt. v. 22. 10. 2003 – IV ZR 398/02, ZIP 2003, 2346.

90) BGH NZG 2003, 277, 278 f.

91) BGH NZG 2003, 277, 278.

b) Formerfordernisse

522 Der Abschluss des schuldrechtlichen Treuhandvertrags ist grundsätzlich formfrei möglich. Vor allem aus Nachweis- bzw. Beweisgründen[92] wird in der Praxis indessen überwiegend die **Schriftform** beachtet.[93] Im Recht der GmbH ist aufgrund von § 15 Abs. 3, 4 GmbHG die **notarielle Beurkundung** zwingend erforderlich.[94] Daneben ist als bürgerlich-rechtliches Formerfordernis vor allem die notarielle Beurkundung des Schenkungsversprechens (§ 518 Abs. 1 BGB) von Bedeutung.

aa) § 15 Abs. 3 GmbHG

523 Sind die formbedürftige Abtretung des Gesellschaftsanteils (dingliches Rechtsgeschäft) an den Treuhänder und der Treuhandvertrag (obligatorisches Rechtsgeschäft) in einer Urkunde enthalten, schreibt § 15 Abs. 3 GmbHG die notarielle Form für die **Gesamturkunde** vor. Regelmäßig werden die beiden Rechtsgeschäfte aber nicht in einer Urkunde zusammengefasst. Bei Aufnahme einer **aufschiebend bedingten (Rück-)Abtretung** des GmbH-Geschäftsanteils nach Beendigung des Treuhandverhältnisses in den Treuhandvertrag besteht ebenfalls eine Beurkundungspflicht nach § 15 Abs. 3 GmbHG.[95]

bb) § 15 Abs. 4 GmbHG

524 Die Formbedürftigkeit des (isolierten) Treuhandvertrags richtet sich nach § 15 Abs. 4 GmbHG. Maßgeblich sind die Klauseln, die bei der Begründung der dinglichen Rechtsstellung des Treuhänders oder deren Aufhebung bei Beendigung des Treuhandverhältnisses eine Verpflichtung zur (Rück-)Übertragung des Gesellschaftsanteils enthalten.

525 Bei der **Übertragungstreuhand** ist die Verpflichtung des Treugebers im Treuhandvertrag, den GmbH-Geschäftsanteil auf den Treuhänder zu übertragen, no-

---

92) Zu den Anforderungen an die Substantiierungspflicht BGH, Urt. v. 25.2.2002 – II ZR 374/00, ZIP 2002, 753 = NZG 2002, 517, 517, dazu EWiR 2002, 795 *(Kort)*. Zur Nachweispflicht gem. § 159 AO vgl. *Hohaus*, DB 2002, 1233, 1236 ff.

93) Eingehend zu Formfragen bei grenzüberschreitenden Treuhandvereinbarungen *Geyrhalter*, ZIP 1999, 647.

94) *Hohaus*, DB 2002, 1233, 1236. Zur jüngeren Kontroverse um die Abschaffung von § 15 Abs. 3 und 4 GmbHG siehe *Heidenhain*, ZIP 2001, 721 und 2113 einerseits und *Kanzleiter*, ZIP 2001, 2105 andererseits.

95) *Hachenburg/Zutt*, GmbHG, Anh. § 15 Rz. 53; *Schaub*, DStR 1995, 1634, 1636.

tariell zu beurkunden (§ 15 Abs. 4 GmbHG).[96] Gleiches dürfte nach der neueren höchstrichterlichen Rechtsprechung auch für die Abtretungsverpflichtung des Treuhänders bei Beendigung des Treuhandverhältnisses gelten (unten Rz. 527).

Bei der **Erwerbs- und Vereinbarungstreuhand** ist die Erwerbsverpflichtung **526**
bzw. die Verpflichtung, den Anteil künftig nur noch für den Treuhänder halten zu wollen, nicht formbedürftig. Für die Formbedürftigkeit kommt es daher darauf an, wie die Verpflichtung des Treuhänders, bei Beendigung des Treuhandverhältnisses den Gesellschaftsanteil auf den Treugeber zu übertragen, in die Systematik des § 15 Abs. 4 GmbHG einzuordnen ist. Die herrschende Auffassung differenziert. Bei der Erwerbstreuhand bedürfe die entsprechende schuldrechtliche Verpflichtung im Treuhandvertrag nicht der Form des § 15 Abs. 4 GmbHG, da sie sich bereits aus dem der Treuhand zugrundeliegenden Auftrags- oder Geschäftsbesorgungsrecht, also dem Gesetz, (Herausgabepflicht kraft Gesetzes, § 667 BGB) ergebe.[97] Bei der Vereinbarungstreuhand vereinbare der Gesellschafter dagegen schuldrechtlich, den Gesellschaftsanteil zukünftig nur noch als Treuhänder für den Vertragspartner halten zu wollen. Als Treuhänder habe er den Gesellschaftsanteil daher weder zur Ausführung des Auftrags erhalten noch aus der Geschäftsbesorgung erlangt; die Herausgabepflicht aus § 667 BGB treffe ihn insoweit nicht. In der Vereinbarung über das treuhänderische Halten des Gesellschaftsanteils sei aber – auch bei Fehlen einer entsprechenden Klausel – inzident eine eigenständige Verpflichtung zu erblicken, den Gesellschaftsanteil nach Beendigung des Treuhandverhältnisses abzutreten. Diese Abwicklungsverbindlichkeit aus dem Treuhandverhältnis unterliege dem Formzwang des § 15 Abs. 4 GmbHG.[98]

---

96) Überwiegende Auffassung: MünchKomm-*K. Schmidt*, HGB, Vor § 230 Rz. 51; *Hueck/Fastrich*, in: Baumbach/Hueck, GmbHG, § 15 Rz. 55; *Michalski/Ebbing*, GmbHG, § 15 Rz. 209; *Scholz/Winter*, GmbHG, § 15 Rz. 15; *Lutter/Hommelhoff*, GmbHG, § 15 Rz. 46; a. A. *Armbrüster*, DNotZ 1997, 762, 779 f; *ders.*, S. 104 (unter Hinweis auf den Formzweck). Mit der Übertragungspflicht des Treugebers korrespondiert eine Erwerbspflicht des Treuhänders.

97) RG, Urt. v. 27. 9. 1912 – Rep. II 149/12, RGZ 80, 99, 101 f; RG, Urt. v. 7. 6. 1929 – II 592/28, RGZ 124, 375, 376; BGHZ 19, 69, 70 f; zuletzt BGH, Urt. v. 26. 6. 1997 – IX ZR 233/96, NJW 1997, 2946, 2947; *Depping*, GmbHR 1994, 686, 687; *Roth/Thöni*, in: Festschrift 100 Jahre GmbHG, S. 245, 274; *Hueck/Fastrich*, in: Baumbach/Hueck, GmbHG, § 15 Rz. 55; *Beuthien*, ZGR 1974, 26, 78; *Michalski/Ebbing*, GmbHG, § 15 Rz. 208; anders in der Begründung *Armbrüster*, DNotZ 1997, 762, 766, 774 f, 779, *ders.*, S. 106 f; *ders.*, GmbHR 2001, 941, 945 f (teleologische Reduktion von § 15 Abs. 4 GmbHG, da bei der Rückführung des Gesellschaftsanteils an den Treugeber ein spekulativer Anteilshandel nicht in Rede stehe); unklar, aber offenbar *Armbrüster* folgend MünchKomm-*K. Schmidt*, HGB, Vor § 230 Rz. 51 und 55.

98) Vgl. OLG Bamberg NZG 2001, 510, 510 f; *Schlegelberger/K. Schmidt*, HGB, Vor § 230 Rz. 44; *Scholz/Winter*, GmbHG, § 15 Rz. 62; *Armbrüster*, GmbHR 2001, 941, 946; anders *Hachenburg/Zutt*, GmbHG, Anh. § 15 Rz. 52; *Depping*, GmbHR 1994, 686, 687 (notarielle Beurkundung aufgrund § 15 Abs. 3 GmbHG).

527 Ob diese **Differenzierung** weiterhin Bestand haben kann, erscheint nach der neueren höchstrichterlichen Rechtsprechung zumindest **fraglich**. Nach den Ausführungen des Bundesgerichtshofs ist mit der Feststellung, dass der Treuhänder die Beteiligung aus dem Treuhandverhältnis erlangt hat und er bei dessen Beendigung kraft Gesetzes (§ 667 BGB) zur Herausgabe verpflichtet ist, nichts für die Beantwortung der Frage gewonnen, ob wegen dieser zwangsläufigen Rechtsfolge des Treuhandvertrages das Geschäft nach § 15 Abs. 4 Satz 1 GmbHG beurkundungsbedürftig ist oder nicht.[99] Auch kann es nach dem Schutzzweck von § 15 Abs. 4 GmbHG nicht darauf ankommen, ob eine Übertragungsverpflichtung in dem Treuhandvertrag eigenständige (Primär-)Verpflichtung ist oder nicht. § 667 BGB ist nicht als „gesetzlicher" Herausgabeanspruch einzuordnen, sondern als gesetzlich ausgeformter Inhalt des Schuldverhältnisses.[100] Auch diese Abwicklungsverbindlichkeit beruht auf dem vertraglichen Geschäftsbesorgungsverhältnis.[101]

528 In der Praxis sollte daher in jedem Fall eine **notarielle Beurkundung** des Treuhandvertrages vorgenommen werden. Sie empfiehlt sich unabhängig von der Art der Begründung des Treuhandverhältnisses und der Einordnung der Rückgewährverpflichtung nicht zuletzt deshalb, weil dadurch auch die steuerliche Anerkennung des Treuhandverhältnisses zweifelsfrei abgesichert werden kann.[102] Im Zusammenhang mit der Begründung einer qualifizierten Treuhand, die dem Treugeber eigene Rechte in der Gesellschaft vermitteln soll, kann nur eine notariell beurkundete Vereinbarung eine Bindung der Gesellschaftergesamtheit auch nach Wechseln im GmbH-Gesellschafterkreis gegenüber dem Treugeber entfalten.[103] Die Schutzzwecke des § 15 Abs. 3 und 4 GmbHG beanspruchen zudem

99) BGH, Urt. v. 19. 4. 1999 – II ZR 365/97, BGHZ 141, 207 = ZIP 1999, 925, 925 f = NJW 1999, 2594 = BB 1999, 1233 = DStR 1999, 861 m. Anm. *Goette* = NZG 1999, 656 m. Anm. *Wagner*; dazu EWiR 1999, 703 (*Wilken*) – Ergänzung zu BGH, Urt. v. 6. 7. 1961 – II ZR 219/58, BGHZ 35, 272, 277.

100) Ähnlich kritisch zur Differenzierung der h. L. *Armbrüster*, DNotZ 1997, 762, 765 f, siehe auch *Breuer* MittRhNotK 1988, 79, 84.

101) Zur Frage der Rückerwerbspflicht des Treugebers bei fehlender ausdrücklicher Regelung im Treuhandvertrag siehe *Armbrüster*, S. 107 (wegen fehlenden Anteilshandels wiederum ablehnend).

102) Vgl. Hess. FG, Urt. v. 3. 4. 1985 – 7 K 4/83, EFG 1985, 557 (für die steuerliche Anerkennung von Treuhandverhältnissen wird in jedem Fall die notarielle Beurkundung verlangt); dazu auch *Plate*, DStR 1995, 367, 368; kritisch *Heidner*, DStR 1989, 305, 306. Allgemein zur steuerlichen Anerkennung der Treuhand *Sommer*, in: Münchener Handbuch des Gesellschaftsrechts III, § 26 Rz. 45 ff.

103) *Armbrüster*, S. 108; *Ulmer*, ZHR 156 (ZHR), 377, 391 (unter Verweis auf § 15 Abs. 3 GmbHG).

bereits in der Gründungsphase der GmbH Geltung.[104] Auch eine Treuhandabrede, die der Gesellschafter nach Gründung, aber **vor Eintragung der GmbH** (im Stadium der Vor-GmbH) hinsichtlich des künftig entstehenden Geschäftsanteils schließt, ist beurkundungsbedürftig.[105] Nur ein Treuhandvertrag für einen GmbH-Geschäftsanteil, der vor der Beurkundung des Gesellschaftsvertrags – also im Stadium der Vorgründungsgesellschaft für ein noch nicht existentes Treugut – geschlossen wird, unterliegt nicht dem Formzwang des § 15 Abs. 4 GmbHG.[106]

Formbedürftig nach § 15 Abs. 4 GmbHG ist der **gesamte Treuhandvertrag**, also nicht nur die Übertragungsverpflichtung als solche. Das Formerfordernis schließt alle mit der Vereinbarung, die Grundlage der Übertragungsverpflichtung ist, verbundenen Abreden ein.[107] Wird die Vereinbarung nicht notariell beurkundet, ist sie regelmäßig nichtig (§ 125 Satz 1 BGB). Eine Ausnahme nach dem Rechtsgedanken des § 139 BGB kommt nicht in Betracht, weil die vertraglichen Regelungen eines fremdnützigen Treuhandvertrags ohne den zentralen Anspruch auf Übertragung und Herausgabe der Geschäftsanteile wenig sinnvoll sind.[108] Der Formmangel wird allerdings durch die **Abtretung** des Geschäftsanteils geheilt (§ 15 Abs. 4 Satz 2 GmbHG).[109] 529

cc) § 518 Abs. 1 BGB

Insbesondere bei der Vereinbarungstreuhand kann auch die notarielle Beurkundung des Schenkungsversprechens nach § 518 Abs. 1 BGB praktische Bedeutung erlangen. Denn mittels einer Vereinbarungstreuhand ist eine zeitlich **„ge-** 530

---

104) BGH ZIP 1999, 925, 926. Der BGH geht offenbar aufgrund des Umstandes, dass der Treugeber bereits Mitglied der Vor-GmbH war, von einer Vereinbarungstreuhand aus. Ausführlich zum Zweck des Formzwangs *Armbrüster*, DNotZ 1997, 762, 766 ff.

105) BGH ZIP 1999, 925, 926; *Michalski/Ebbing*, GmbHG, § 15 Rz. 210; weitergehend MünchKomm-*K. Schmidt*, HGB, Vor § 230 Rz. 51 („Formerfordernis auch dann, wenn die Treuhandabrede vor der Gründung der GmbH geschlossen wurde, sich also auf einen künftigen Anteil bezog.").

106) BGH ZIP 1999, 925; BGHZ 19, 69, 70; siehe auch *Armbrüster*, GmbHR 2001, 941, 946; *Hachenburg/Zutt*, GmbHG, Anh. § 15 Rz. 52; *Eden*, S. 47; kritisch *Wilken*, EWiR 1999, 703, 704; Hess. FG v. 8. 2. 1993 – 4 K 6216/91, EFG 1994, 397, 398 = GmbHR 1994, 730; *Plate*, DStR 1995, 367, 368.

107) BGH, Urt. v. 14. 4. 1986 – II ZR 155/85, ZIP 1986, 1046 = NJW 1986, 2642, dazu EWiR 1986, 687 *(Günther)* (sog. Vollständigkeitsgrundsatz); kritisch *Heidenhain*, NJW 1999, 3073; *Hadding*, ZIP 2003, 2133.

108) OLG Bamberg NZG 2001, 510, 511. Siehe dort auch zur Rückabwicklung des nichtigen Vertragsverhältnisses nach bereicherungsrechtlichen Grundsätzen (§§ 812 ff BGB).

109) Dazu BGH, Urt. v. 21. 9. 1994 – II ZR 257/93, BGHZ 127, 129, 135 = NJW 1994, 3227; BGH, Urt. v. 25. 3. 1998 – VIII ZR 185/96, BGHZ 138, 195, 203 = ZIP 1998, 908 = NJW 1998, 236.

streckte Schenkung" möglich: Der Beschenkte (Treugeber) erhält während der Laufzeit der Treuhand die Erträge aus dem Gesellschaftsanteil und erst bei Beendigung des Treuhandverhältnisses den Gesellschaftsanteil selbst. Nach zutreffender Auffassung ist danach nicht bereits in der Begründung des Treuhandverhältnisses ein Schenkungsvollzug zu sehen, da ansonsten die Warnfunktion des Formerfordernisses verfehlt würde (siehe auch § 518 Abs. 1 Satz 2 BGB – schenkweise erteiltes Schuldversprechen).[110] Etwas anderes mag man nur dann annehmen, wenn der Treugeber eine „qualifizierte" Rechtsstellung durch Begründung eigener Rechte gegenüber der Gesellschaft bzw. den Gesellschaftern erhält.[111]

c) Beteiligung Minderjähriger

531 Die Mitwirkung eines Minderjährigen als Treuhänder oder Treugeber an einem Treuhandverhältnis bedarf der Mitwirkung seiner gesetzlichen Vertreter (§§ 105 ff BGB). Beim Erwerb des Gesellschaftsanteils von den Eltern oder Verwandten in gerader Linie ist allerdings die Mitwirkung eines Pflegers erforderlich (vgl. §§ 1909 Abs. 1, 1629 Abs. 2 BGB und §§ 1795 Abs. 1, 1629 Abs. 2 BGB).[112] Vor allem aber wirft die Beteiligung Minderjähriger komplizierte Fragen der **vormundschaftsgerichtlichen Genehmigungsbedürftigkeit** auf, die abhängig von der Rechtsform der Gesellschaft zu beurteilen sind.

532 Ist der **Treugeber** minderjährig, muss für eine wirksame Begründung des Treuhandverhältnisses in jedem Fall die vormundschaftsgerichtliche Zustimmung

---

110) *Armbrüster*, S. 123 f; *ders.* GmbHR 2001, 941, 946 f; *Blaurock*, Unterbeteiligung, S. 157; a. A. *Tebben*, S. 225, 227 f.

111) Vgl. *Armbrüster*, S. 123 f (mit dem Hinweis, dass auch ein teilweiser Vollzug der Schenkung die Formbedürftigkeit der Treuhandabrede nicht berührt).

112) Nach dem durch das Minderjährigenhaftungsbeschränkungsgesetz (MHbeG v. 25. 8. 1998, BGBl I 2487) neu eingefügten § 1629a Abs. 1 BGB hat ein Volljähriger die Möglichkeit, seine Haftung für Verbindlichkeiten, die seine Eltern im Rahmen ihrer gesetzlichen Vertretungsmacht oder andere vertretungsberechtigte Personen durch Rechtsgeschäft oder sonstige Handlungen begründet haben, auf den Bestand des Vermögens zu begrenzen, das bei Eintritt der Volljährigkeit vorhanden ist (§ 786 ZPO). Damit korrespondieren die Pflicht zur Eintragung des Geburtsdatums eines minderjährigen OHG-Gesellschafters oder Komplementärs im Handelsregister (§§ 24 Abs. 1 HRV, 106 Abs. 2 Nr. 1, 162 Abs. 2 HGB) und das besondere Kündigungsrecht (§ 723 Abs. 1 Nr. 2 BGB) des minderjährigen Gesellschafters in Personengesellschaften mit Erreichen der Volljährigkeit. Dies darf nicht dazu führen, dass Eltern Gesellschaftsanteile an Personengesellschaften treuhänderisch auf ihre Kinder übertragen, um durch die Kinder erhebliche Schulden zu machen, deren sich der Schuldner nach Eintritt der Volljährigkeit ohne erhebliche Probleme entledigen kann. Auch die Anwendung von § 1629a BGB ist dem Einwand des Rechtsmissbrauchs ausgesetzt. Näher zum MhbeG *Behnke*, NJW 1998, 3078; *ders.*, NZG 1999, 244; *Grunewald*, ZIP 1999, 597; *Palandt/Diederichsen*, BGB, § 1629a Rz. 3 ff.

vorliegen (§§ 1634 Abs. 1; 1822 Nr. 3 BGB), denn ihn treffen im Innenverhältnis die Lasten und Risiken der Beteiligung.[113)]

Die Teilnahme eines minderjährigen **Treuhänders** an der Gründung einer Personengesellschaft (OHG, KG), GmbH oder Aktiengesellschaft bedarf ebenso wie der spätere Beitritt zu einer OHG oder KG der vormundschaftsgerichtlichen Genehmigung (§ 1634 Abs. 1, § 1822 Nr. 3 BGB).[114)] Auch der Vertrag, der auf entgeltlichen Erwerb einer Beteiligung an einer OHG oder KG (einschließlich einer Kommanditbeteiligung) gerichtet ist, unterliegt der Genehmigungspflicht.[115)] Den Risiken, die dem Minderjährigen aus dem Erwerb einer Beteiligung an einer GmbH oder AG aufgrund schon bestehender Ansprüche gegen den veräußernden Gesellschafter (§ 16 Abs. 3, §§ 24, 31 Abs. 1 GmbHG) entstehen, wird überwiegend durch die Genehmigungspflicht nach § 1634 Abs. 1, § 1822 Nr. 10 BGB begegnet, sofern solche Verbindlichkeiten bestehen.[116)] Für das Genehmigungserfordernis nach § 1634 Abs. 1, § 1822 Nr. 3 BGB kommt es bei **Anteilen an einer Personengesellschaft** nicht darauf an, ob der Minderjährige am Abschluss des Gesellschaftsvertrags beteiligt ist oder den Anteil entgeltlich erwirbt. Maßgeblich sind für das Genehmigungserfordernis im Rahmen einer Übertragungstreuhand nicht die fehlende Entgeltlichkeit des Anteilserwerbs, sondern die mit der Anteilsübernahme verbundenen Haftungsfolgen.[117)] Eine teleologische Reduktion des Anwendungsbereichs ist auch nicht deshalb angezeigt, weil dem Treuhänder ein Freistellungs- bzw. Aufwendungsersatzan- 533

113) *Armbrüster*, S. 108 f; *ders.*, GmbHR 2001, 941, 948; *Blaurock*, Unterbeteiligung, S. 157; *Schlegelberger/K. Schmidt*, HGB, Vor § 230 Rz. 47; siehe auch *Stahl*, S. 206 ff.

114) MünchKomm-*Schwab*, BGB, § 1822 Rz. 21–23, 25 m. w. N.; siehe insbesondere für die „(Erwerbs-)GmbH" *Scholz/Emmerich*, GmbHG, § 2 Rz. 43 m. w. N.; *Hachenburg/Ulmer*, GmbHG, § 2 Rz. 73; *Lutter/Hommelhoff*, GmbHG, § 2 Rz. 4. § 1822 Nr. 3 BGB gilt über § 1915 Abs. 1 BGB auch für Pflegebefohlene und über § 1908i Abs. 1 BGB für Betreute.

115) BGH, Urt. v. 30. 4. 1955 – II ZR 202/53, BGHZ 17, 160, 163 ff.

116) Vgl. *Lutter/Hommelhoff*, GmbHG, § 2 Rz. 4 und § 15 Rz. 3; *Scholz/Emmerich*, GmbHG, § 2 Rz. 43; anders *Hachenburg/Ulmer*, GmbHG, § 2 Rz. 74. Zum Erwerb von Beteiligungen an einer GmbH oder AG siehe allgemein MünchKomm-*Schwab*, BGB, § 1822 Rz. 18 (im einzelnen streitig).

117) Vgl. auch BVerfG, Beschl. v. 13. 5. 1986 – 1 BvR 1542/84, ZIP 1986, 975 = NJW 1986, 1859, dazu EWiR 1986, 799 *(Karsten Schmidt)*. Selbst wenn man hierin keine hinreichende Begründung für eine Anwendung von § 1822 Nr. 3 BGB sieht, folgt ein Genehmigungserfordernis für den OHG-Gesellschafter jedenfalls aus §§ 1634 Abs. 1, 1822 Nr. 10 BGB; den Treuhänder trifft als neu aufgenommenen Gesellschafter nach § 130 HGB die persönliche Haftung auch für solche Verbindlichkeiten der OHG, die vor seinem Eintritt begründet wurden. Entsprechendes gilt für den neuen Kommanditisten wegen seiner Haftung beim Eintritt in die Gesellschaft – §§ 173 und 176 Abs. 2 HGB; dazu BGH, Urt. v. 21. 3. 1983 – II ZR 113/82, ZIP 1983, 822 = NJW 1983, 2258, 2259 (§ 176 Abs. 2 HGB erfasst nicht nur die Neubegründung, sondern auch die Übertragung eines Kommanditanteils).

spruch (§§ 670, 257 Satz 1 BGB) gegen den Treugeber zusteht, da er bei einer fehlgeschlagenen Befriedigung hieraus endgültig haften würde.[118)]

d) Widerrufsmöglichkeiten

534 Insbesondere bei Publikums-Treuhandgesellschaften (vor allem Publikums-BGB-Gesellschaften oder Publikums-KGs) (unten Rz. 587 ff), in denen ein Treuhandgesellschafter für Rechnung einer größeren Zahl von Treugebern (Anlegern) den BGB-Gesellschaftsanteil oder Kommanditanteil hält, kommt es vor, dass die Kapitalanlage in einer Haustürsituation vermittelt wird. Nach einem noch auf der Grundlage der Haustürwiderrufsgesetzes ergangenen Urteil des II. Zivilsenats des BGH steht nunmehr fest, dass ein solches **Haustürgeschäft** unter den Voraussetzungen des §§ 312, 355 BGB (§ 1 HWiG a. F.) widerrufen werden kann.[119)] Da der Treuhänder nur eine Mittlerfunktion übernimmt und die Publikums-Treuhandgesellschaft wirtschaftlicher Vertragspartner des Treugebers und Empfänger der von ihm erbrachten Leistungen ist, soll sie auch Schuldnerin des Rückgewähranspruchs des Anlegers sein.[120)] Auch wenn zwischen den Anspruchstellern kein gesellschaftsrechtliches Verhältnis besteht, soll aufgrund einer wirtschaftlichen Betrachtung nicht eine Rückabwicklung ex tunc, sondern nach Maßgabe der **Grundsätze über den fehlerhaften Gesellschaftsbeitritt** ex nunc möglich sein.[121)]

3. Verhältnis von Gesellschafts- und Treuhandvertrag

535 Die Rechtsstellung des Treuhänders einerseits als Träger der Mitgliedschaft, den im Verhältnis zur Gesellschaft und den Mitgesellschaftern die (Treu-)Pflichten des Gesellschafters treffen und andererseits als Geschäftsführer für den Treugeber, der den Pflichten aus dem Geschäftsbesorgungsvertrag (§§ 675, 667 BGB) zum Treugeber unterliegt, macht deutlich, dass zwischen Gesellschaftsvertrag und Treuhandvertrag ein **Spannungsverhältnis** besteht.

---

118) *Armbrüster*, S. 109; *Stahl*, S. 204 ff.

119) BGH, Urt. v. 2. 7. 2001 – II ZR 304/00, ZIP 2001, 1364 = ZfIR 2002, 41, dazu EWiR 2001, 919 *(Allmendinger)*. Das Gericht befand im konkreten Fall, dass ein Haustürgeschäft unter den Voraussetzungen des § 1 HWiG a. F. bei fortdauernder Beitragsleistung auch nach zehn Jahren noch widerrufen werden kann, wenn der Anleger nicht ordnungsgemäß belehrt worden ist (§ 2 Abs. 1 Satz 2 HWiG a. F.). Ob § 355 Abs. 2 BGB, der ein Erlöschen des Widerrufsrechts nunmehr einheitlich sechs Monate nach Vertragsschluss vorsieht, europarechtlichen Vorgaben entspricht, ist streitig; vgl. EuGH, Urt. v. 13. 12. 2001 – C-481/99, WM 2001, 2434; *Rohlfing*, NZG 2003, 854, 858.

120) BGH ZIP 2001, 1364, 1365.

121) BGH ZIP 2001, 1364, 1366; MünchKomm-*Grunewald*, HGB, § 161 Rz. 131; a. A. OLG Rostock, Urt. v. 1. 3. 2001 – 1 U 122/99, ZIP 2001, 1009 = WM 2001, 1413, 1415, dazu EWiR 2001, 965 *(Kulke)*.

Zwingende gesellschaftsrechtliche Vorgaben bilden die **inhaltliche Grenze** 536 dafür, in welchem Maße der Treugeber auf den Treuhänder bei der Ausübung der Gesellschafterrechte Einfluss nehmen oder selbst auf gesellschaftsinterne Vorgänge einwirken kann.[122] Insbesondere bei personalistisch strukturierten Gesellschaften ist der Treuhandvertrag inhaltlich sorgfältig auf die gesellschaftsrechtlichen Besonderheiten abzustimmen. Weitergehende Rechte des Treugebers können u. U. dadurch erreicht werden, dass die Mitgesellschafter von vornherein in die Begründung und Ausgestaltung des Treuhandverhältnisses einbezogen werden (unten Rz. 555 ff). Die Einzelheiten der im Treuhandvertrag zu treffenden Regelungen hängen stark von der Rechtsform der Gesellschaft ab, an der die Beteiligung besteht. Den Treuhandvertrag über einen Gesellschaftsanteil gibt es nicht.

III. Rechtsstellung der Treuhandbeteiligten im Verhältnis zur Gesellschaft

1. Gesellschafterstellung des Treuhänders

a) Grundsatz

Der Treuhänder ist ohne Einschränkung Gesellschafter. Als solcher wird er ent- 537 weder in das Handelsregister oder in die Gesellschafterliste (§ 40 GmbHG) bzw. das Aktienregister (für Namensaktien; § 67 AktG) eingetragen. Das Treuhandverhältnis publizierende Treuhandvermerke sind insoweit nicht nur nicht erforderlich, sondern sogar unzulässig.[123]

Im Verhältnis zur Gesellschaft, zu seinen Mitgesellschaftern und zu Dritten hat 538 der Treuhänder folgerichtig sämtliche Rechte (**Mitverwaltungs- und Vermögensrechte**) und Pflichten eines Gesellschafters.[124] Er ist als Gesellschafter stimmberechtigt (§ 119 HGB, § 47 Abs. 1 GmbHG, § 134 AktG),[125] kann Auskünfte verlangen (§§ 118, 166 HGB, § 51a GmbHG, § 131 AktG), Gestaltungsbefugnisse und Gesellschafterrechte wahrnehmen (§§ 117, 127, 130, 140 HGB,

---

122) Vgl. BGH, Urt. v. 10. 11. 1951 II ZR 111/50, BGHZ 3, 354, 360; *Beuthien*, ZGR 1974, 26, 41; *Blaurock*, Unterbeteiligung, S. 181 (Vorrang der Pflichten aus dem Gesellschaftsverhältnis vor den Bindungen aus dem Treuhandvertrag); *Ulmer*, in: GroßKomm. HGB, § 105 Rz. 104.

123) MünchKomm-*K. Schmidt*, HGB, Vor § 230 Rz. 57 m. w. N. Andere Normen vor allem des Kapitalmarktrechts stellen dagegen den Treugeber unter Umständen einem Gesellschafter gleich, vgl. etwa § 30 Abs. 1 Nr. 2 und Nr. 3 WpÜG; § 22 Abs. 1 Nr. 2 und Nr. 3 WpHG. Gegebenenfalls ist dann das Vorliegen eines Treuhandverhältnisses offenzulegen, vgl. § 22 Abs. 4 WpHG.

124) *Ulmer*, in: GroßKomm. HGB, § 105 Rz. 102, 105; *Sudhoff/Schlitt*, GmbH & Co KG, § 39 Rz. 44; siehe auch *Roth/Altmeppen*, GmbHG, § 47 Rz. 20 zum Stimmrecht.

125) BGHZ 3, 354, 360; *Beuthien*, ZGR 1974, 26, 52 ff, 82; *Scholz/K. Schmidt*, GmbHG, § 47 Rz. 18. Zur Frage der gespaltenen Stimmabgabe bei der mehrgliedrigen Treuhand siehe *Schlegelberger/K. Schmidt*, HGB, Vor § 230 Rz. 55.

§ 45 ff GmbHG, § 118 AktG), Gesellschafterbeschlüsse anfechten (§§ 241 ff AktG),[126] und Ansprüche auf Auszahlung des Gewinns, der Abfindung und des Anteils am Auseinandersetzungsguthaben[127] geltend machen. Die Einzelheiten bestimmen sich nach der jeweiligen Gesellschaftsform. Dem Treuhänder wird in Prozessen, die den Gesellschaftsanteil betreffen, auch die Prozessführungsbefugnis zugesprochen.[128] Der Treuhänder unterliegt als Gesellschafter der allgemeinen **gesellschaftsrechtlichen Treuepflicht** einschließlich ihrer besonderen Ausprägungen (z. B. dem Wettbewerbsverbot).[129]

539 Als Gesellschafter einer Personengesellschaft haftet er persönlich für Gesellschaftsverbindlichkeiten im Verhältnis zu den Gesellschaftsgläubigern (vgl. §§ 128 Satz 1, § 171 Abs. 1, § 172 Abs. 4, §§ 173, 176 HGB). In der Kapitalgesellschaft muss er die Einlage für seinen Gesellschaftsanteil erbringen bzw. haftet für die **Kapitalaufbringung und -erhaltung** im Verhältnis zur Kapitalgesellschaft (vgl. für die GmbH etwa §§ 7, 16 Abs. 3, § 19 Abs. 2, §§ 24, 30, 31, 32a GmbHG[130] und für die AG § 9 Abs. 1, §§ 23, 27, 33, 36 Abs. 2, §§ 52, 54, 56, 57, 62 ff AktG).[131] Hiervon ist er nicht deshalb ausgenommen, weil er die Beteiligung nur fremdnützig hält.[132] Kein Zweifel besteht auch, dass der die Gründung einer Kapitalgesellschaft vornehmende Treuhandgesellschafter der **Handelndenhaftung** (§ 11 Abs. 2 GmbHG oder § 41 Abs. 1 Satz 2 AktG) unterliegt,

---

126) BGH, Urt. v. 15. 4. 1957 – II ZR 34/56, BGHZ 24, 119, 124 = NJW 1957, 951; *Scholz/K. Schmidt*, GmbHG, § 45 Rz. 128. In der GmbH werden die §§ 241 ff AktG im Grundsatz analog angewendet; vgl. BGH, Urt. v. 16. 12. 1953 – II ZR 167/52, BGHZ 11, 231, 235; BGH, Urt. v. 9. 12. 1968 – II ZR 57/67, BGHZ 51, 209, 210 f; zusammenfassend *Zöllner*, in: Baumbach/Hueck, GmbHG, Anh 47 Rz. 1 ff.

127) Gewinn: §§ 122 Abs. 1; 161 Abs. 2, 169 Abs. 1 HGB; 29 Abs. 1 GmbHG; 58 Abs. 4, 60 Abs. 1 AktG; Abfindung: §§ 105 Abs. 2 HGB, 738 Abs. 1 Satz 2 BGB; 161 Abs. 2 HGB; Anteil am Auseinandersetzungsguthaben: §§ 155 Abs. 1, 161 Abs. 2 HGB; 72 GmbHG; 271 AktG. Ein Abfindungsanspruch ist im GmbHG nicht geregelt, aber (auch ohne gesellschaftsvertragliche Regelung) heute allgemein anerkannt; vgl. BGH, Urt. v. 16. 12. 1991 – II ZR 58/91, BGHZ 116, 359, 370 f = ZIP 1992, 237, dazu EWiR 1992, 321 *(Wiedemann)*; *Hueck/Fastrich*, in: Baumbach/Hueck, GmbHG, § 34 Rz. 19; *Goette*, DStR 2001, 533, 541 f.

128) *Blaurock*, Unterbeteiligung, S. 222.

129) Ausführlich *Armbrüster*, S. 330 ff.

130) Vgl. zur Differenzhaftung zuletzt OLG Köln, Urt. v. 21. 2. 2002 – 18 U 124/01, NZG 2002, 870, 871 (n.rkr., Revision unter BGH II ZR 149/02). Eingehend zu den Gestaltungsmöglichkeiten für eine Absicherung des Treuhänders am GmbH-Geschäftsanteil *Seidl*, DStR 1998, 1220.

131) Siehe BGHZ 3, 354, 360; BGHZ 10, 44, 49 f; BGH, Urt. v. 14. 1. 1985 – II ZR 103/84, BGHZ 93, 246, 247 f = ZIP 1985, 609, dazu EWiR 1985, 307 *(Karsten Schmidt)*; MünchKomm-*K. Schmidt*, HGB, Vor § 230 Rz. 58 m. w. N.

132) So insbesondere für die Eigenkapitalersatzhaftung bei Kreditgewährung durch den Treuhänder: *Roth/Thöni*, in: Festschrift 100 Jahre GmbH-Gesetz, S. 245, 270 f; *Schiemann*, in: Festschrift Zöllner, S. 503, 507.

wenn er als Geschäftsführer oder wie ein Geschäftsführer rechtsgeschäftliche Erklärungen für die mit der Gründung entstandene Vorgesellschaft abgibt.[133)]

b) Ausstrahlungswirkung des Treuhandverhältnisses

Dem Treugeber stehen danach keine unmittelbaren Rechte gegenüber der Gesellschaft zu; er unterliegt grundsätzlich auch keinen gesellschaftsrechtlichen Pflichten. Zwischen dem Gesellschaftsverhältnis des Treuhänders (Außenverhältnis) und dem Treuhandvertrag (Innenverhältnis zwischen Treuhänder und Treugeber) besteht allerdings ein **Funktionszusammenhang.**[134)] Es ist anerkannt, dass der Treugeber als wirtschaftlich Berechtigter in bestimmter Weise in die gesellschaftsrechtlichen Rechtsbeziehungen eingebunden ist.[135)] Dies führt zwar nicht zu einer umfassenden Zuordnungs- und Zurechnungseinheit zwischen Treugeber und Treuhänder, kann aber im Einzelfall bewirken, dass das Treuhandverhältnis die gesellschaftsrechtlichen Rechte und Pflichten des Treuhänders inhaltlich determinieren kann. Für die Rechtsstellung des Treuhänders hat dies unterschiedliche, von der Gesellschaftsform abhängige rechtliche Auswirkungen. **540**

Zunächst können tatsächliche Verhältnisse in der Person des Treugebers als „mittelbarem Gesellschafter"[136)] auf die Gesellschafterstellung des Treuhänders ausstrahlen. So ist die Ausübung des Stimmrechts durch den Treuhänder nicht nur unzulässig, wenn in seiner Person Ausschlussgründe verwirklicht sind,[137)] sondern stets auch, wenn der Treugeber – wäre er selbst Gesellschafter – einem **541**

---

133) BGH, Urt. v. 19.3.2001 – II ZR 249/99, ZIP 2001, 789 = DStR 2001, 858, 859 m. Anm. *Goette* = BB 2001, 900 = NZG 2001, 561, dazu EWiR 2001, 583 *(Armbrüster)*; ebenso die Vorinstanz OLG Oldenburg, Urt. v. 8.7.1999 – 8 U 53/99, NZG 2000, 378, 380.

134) MünchKomm-*K. Schmidt*, HGB, Vor § 230 Rz. 58.

135) Instruktiv zum dogmatischen Hintergrund *Armbrüster*, S. 180 ff, 188 ff, 198 ff. Vgl. auch BGHZ 118, 107, 113; *Ulmer*, ZHR 156 (1992), 377, 388, 392; *ders.*, in: Festschrift Odersky, S. 873, 878, 889 (Verdoppelung der Anteilszuordnung – Doppelzuständigkeit – mittelbare Gesellschafterstellung); *Turnher*, DB 1994, 1709, 1711.

136) Vgl. BGH NJW 1992, 2023, 2026 = ZIP 1992, 919, dazu EWiR 1992, 995 *(Timm)*; BGH, Urt. v. 26.11.1979 – II ZR 104/77, BGHZ 75, 334, 335 f = ZIP 1980, 115 (m. Anm. *Klasmeyer*); BGH, Urt. v. 8.7.1985 – II ZR 269/84, BGHZ 95, 188, 193 = ZIP 1985, 1198, dazu EWiR 1985, 793 *(Crezelius)*; siehe auch BGH, Urt. v. 20.2.1989 – II ZR 167/88, BGHZ 107, 7, 11 f = ZIP 1989, 440 (m. Anm. *Karsten Schmidt*, S. 545), dazu EWiR 1989, 431 *(Fleck)*; *Ulmer*, in: Festschrift Odersky, S. 873, 878.

137) Dem Umstand, dass der Treuhänder nicht im eigenen wirtschaftlichen Interesse abstimmt, kommt insoweit zu Recht keine Bedeutung zu; vgl. die gesetzliche Wertung in § 47 Abs. 4 Satz 1 GmbHG und *Armbrüster*, S. 264.

Stimmrechtsverbot unterläge (§ 47 Abs. 4 GmbHG).[138] Darüber hinaus wird zum Teil angenommen, dass das Informationsrecht des Treuhänders beschränkt sein kann, wenn das Treuhandverhältnis nicht im Einvernehmen mit der Gesellschaft bzw. den Gesellschaftern begründet worden ist.[139] Einer so weitgehenden Einschränkung wird man angesichts der Vielzahl anerkennenswerter Gründe für die Begründung einer verdeckten Treuhand nicht folgen können,[140] zumal sich eine missbräuchliche Weiterleitung von Informationen an den Treugeber in anderer Weise durchsetzen lässt. Nach richtiger Ansicht wird der Umfang zulässiger Informationsweitergabe hinreichend durch die allgemeine Treuepflicht des Treuhänders gegenüber seinen Mitgesellschaftern begrenzt (unten Rz. 573).

542 Als GmbH-Gesellschafter unterliegt ein Treuhänder auch dann der Haftung nach §§ 30, 31 GmbHG, wenn eine **Leistung aus dem Gesellschaftsvermögen** nicht an ihn, sondern unmittelbar an den Treugeber erbracht worden ist.[141] Ebenso wird ihm als unmittelbar beteiligtem Gesellschafter im Zusammenhang mit den Grundsätzen zur Behandlung **verdeckter Sacheinlagen** die Leistung der Gesellschaft an seinen Treugeber zugerechnet (§ 19 Abs. 5 GmbHG).[142] Zwar begünstigt die Zuwendung an den Treugeber den Treuhänder entgegen der Argumentation des Bundesgerichtshofs nicht, jedoch entspricht sie anderen Leistungen an dem Gesellschafter nahestehende Personen, weil die Vor- und Nach-

---

138) Die Einzelheiten sind umstritten. Neben einem strengen Stimmrechtsausschluß ohne Rücksicht auf eine nachweisbare Umgehungsabsicht werden zum Teil differenzierende Auffassungen vertreten – umfassende Darstellung bei *Armbrüster*, S. 263 ff. Siehe auch BGH, Urt. v. 29. 3. 1971 – III 255/68, BGHZ 56, 47, 53; BGH, Urt. v. 29. 1. 1976 – II ZR 19/75, NJW 1976, 713, 714; OLG Hamm, Urt. v. 9. 5. 1988 – 8 U 250/87, DB 1989, 168 = GmbHR 1989, 79, dazu EWiR 1989, 269 *(Meyer-Landrut)*; *Zöllner*, in: Baumbach/Hueck, GmbHG, § 47 Rz. 63; *Lutter/Hommelhoff*, GmbHG, § 47 Rz. 15; *Scholz/K. Schmidt*, GmbHG, § 47 Rz. 158; *Hachenburg/Hüffer*, GmbHG, § 47 Rz. 127; *Koppensteiner*, in: Rowedder/Schmidt-Leithoff, GmbHG, § 47 Rz. 57 (mit dem Hinweis, dass Ausschluss bei eigennütziger Treuhand nicht gilt); *Ulmer*, in: Festschrift Odersky, S. 873, 887, 891; *Michalski/Römermann*, GmbHG, § 47 Rz. 164; *Bremer*, GmbHR 1999, 651, 652. Vgl. auch BGH, Urt. v. 25. 1. 1960 – II ZR 22/59, BGHZ 32, 17, 33 und *Roth/Altmeppen*, GmbHG, § 1 Rz. 37 zu beachtlichen Auschluss- und Auflösungsgründen in der Person des Treugebers.

139) Vgl. *Ulmer*, in: Festschrift Odersky, S. 873, 891.

140) Wie hier *Armbrüster*, S. 300.

141) Näher *Armbrüster*, S. 395 ff (widerlegbare Vermutung, dass gerade im Hinblick auf das Treuhandverhältnis an den Treugeber geleistet worden ist); im Ergebnis auch *Roth/Altmeppen*, GmbHG, § 30 Rz. 34 f; *Altmeppen*, in: Festschrift Kropff, S. 641, 645 (Leistung auf Veranlassung des Treuhänders als „Geheißperson" des Treugebers).

142) Vgl. BGH, Urt. v. 11. 11. 1985 – II ZR 109/84, BGHZ 96, 231, 240 = ZIP 1986, 14, dazu EWiR 1986, 59 *(Köndgen)*; BGH, Urt. v. 15. 1. 1990 – II ZR 164/88, BGHZ 110, 47, 67 = ZIP 1990, 156 (m. Anm. *Frey*, S. 288), dazu EWiR 1990, 223 *(Lutter)*; OLG Hamm, Urt. v. 16. 3. 1999 – 27 U 266/98, GmbHR 1999, 1095, dazu EWiR 1999, 559 *(v. Gerkan)*; *Armbrüster*, GmbHR 2001, 1021, 1027 f. Allgemein zur verdeckten Sacheinlage bei Beteiligung Dritter zuletzt *Heil*, NZG 2001, 913.

teile der Gesellschafterstellung aufgrund des Treuhandverhältnisses an den Treugeber weitergeleitet werden.[143] Da der Treuhänder aber nicht aus eigenem Interesse die Gesellschafterposition innehält und die damit verbundenen Verpflichtungen eingeht, sondern in Ausübung seiner Pflichten aus dem Treuhandverhältnis, hat er aus dem Treuhandvertrag in allen diesen Fällen einen **Freistellungsanspruch** gegen den Treugeber.[144]

2. Erstreckung gesellschaftsrechtlicher Pflichten auf den Treugeber

Der Funktionszusammenhang zwischen Gesellschaftsverhältnis und Innen- 543
verhältnis kann bewirken, dass sich gesellschaftsrechtliche Pflichten auch auf den Treugeber erstrecken. Umstritten ist aber, ob und unter welchen Voraussetzungen eine unmittelbare Durchgriffshaftung oder jedenfalls eine mittelbare Haftung des Treugebers im Wege des Treuhänderregresses hinsichtlich der Ansprüche der Gesellschaftsgläubiger oder der Gesellschaft anzunehmen ist.

a) Mittelbare Außenhaftung für Gesellschaftsverbindlichkeiten in Personengesellschaften

In Personengesellschaften haftet nur der **Treuhänder** als Gesellschafter für die 544
Gesellschaftsverbindlichkeiten.[145] Weder unmittelbar von der Gesellschaft eingeräumte Rechte (qualifizierte Treuhand) (unten Rz. 555 ff) noch die Einwirkungsmöglichkeiten des Treugebers aufgrund des Treuhandverhältnisses können eine außenbezügliche Mithaftung begründen. Unmittelbar muss der Treugeber den Gesellschaftsgläubigern damit nicht für die Erfüllung der Gesellschaftsverbindlichkeiten einstehen.[146] Eine Außenhaftung des Treugebers kann

143) *Armbrüster*, S. 389.

144) So für die Handelndenhaftung aus § 11 Abs. 2 GmbHG zuletzt BGH DStR 2001, 858, 859; anders noch die Vorinstanz OLG Oldenburg NZG 2000, 378, 380 mit dem zu formalen Argument, der Treuhandvertrag betreffe nur die Stellung des Treuhänders als Gesellschafter, nicht auch als Geschäftsführer.

145) Haftung als OHG-Gesellschafter/Komplementär nach § 128 S. 2 HGB; als Kommanditist bei nicht geleisteter Einlage nach §§ 171 Abs. 1, 172 Abs. 4 HGB, bei Eintritt nach § 173 oder § 176 Abs. 2 HGB oder nach § 176 Abs. 1 Satz 1 bei Geschäftsbeginn der Gesellschaft vor Eintragung ins Handelsregister mit seiner Zustimmung. Zu den Haftungsfragen bei Rückgewähr der Kommanditeinlage siehe *Armbrüster*, S. 423 ff.

146) H. M., OLG Düsseldorf, Urt. v. 28. 3. 1991 – 6 U 163/90, ZIP 1991, 1494, 1496 f = DStR 1991, 1532 = DB 1991, 1274, dazu EWiR 1991, 801 *(Fleck)*; *Blaurock*, Unterbeteiligung, S. 124, 214; MünchKomm-*K. Schmidt*, HGB, Vor § 230 Rz. 60; *ders.*, Gesellschaftsrecht, § 61 III 3 b; *Armbrüster*, S. 420 ff; *Weipert*, ZHR 157 (1993), 513, 515; *Wiesner*, in: Festschrift Ulmer, S. 673, 681; a. A. *Koller*, in Koller/Roth/Morck, HGB, § 105 Rz. 20 (qualifizierte Treuhand); *Ulmer*, in: GroßKomm. HGB, § 105 Rz. 102 (einvernehmliche Treuhand). Siehe auch BGH, Urt. v. 21. 3. 1983 – II ZR 113/82, ZIP 1983, 822 = WM 1983, 651, 651 f zur Erstreckung der Haftung aus § 176 Abs. 2 HGB auch auf den Treugeber, der die Kommanditbeteiligung vom Treuhänder durch Abtretung ohne Eintragung ins Handelsregister erlangt.

sich daher nur aus allgemeinen zivilrechtlichen Grundsätzen, wie etwa der Vertrauenshaftung (Auftreten als persönlich haftender Gesellschafter)[147] oder der deliktischen Haftung wegen sittenwidriger Schädigung durch gezielten Einsatz eines mittellosen Treuhänders (§ 826 BGB).[148]

545 Von einer **mittelbaren Erstreckung der Haftung** auf den Treugeber kann man nur insoweit sprechen, als der in Anspruch genommene Treuhänder in der Höhe, in der er weder die Gesellschaft (§ 110 HGB) noch seine Mitgesellschafter (§ 426 BGB) in Regress[149] nehmen konnte, regelmäßig einen Aufwendungsersatzanspruch gegen den Treugeber (§§ 669, 670 BGB) hat. Von ihm kann er entsprechend auch Befreiung von der (Haftungs-)Verbindlichkeit verlangen (§ 257 BGB). Ein Gesellschaftsgläubiger, der einen vollstreckbaren Titel gegen den Treuhänder erstritten hat, kann damit den **Schuldbefreiungsanspruch pfänden** und sich zur Einziehung überweisen lassen.[150] Der Anspruch auf Befreiung von einer Schuld ist ausnahmsweise pfändbar, da für den Gläubiger gepfändet wird, dessen Forderung durch die Drittschuldnerleistung getilgt werden soll.[151] Damit geht der Schuldbefreiungsanspruch in einen Zahlungsanspruch über. Gleiches gilt für die Abtretung des Befreiungsanspruchs. Nach ständiger Rechtsprechung kann der Befreiungsanspruch jedenfalls an den zu befriedigenden Gläubiger abgetreten werden; § 399 BGB steht dem nicht entgegen.[152]

b) Mittelbare Innenhaftung in Kapitalgesellschaften

546 Im Kapitalgesellschaftsrecht wird der Treugeber in erheblichem Umfang in die Innenhaftung gegenüber der Gesellschaft – insbesondere im Zusammenhang mit der Kapitalaufbringung und -erhaltung – einbezogen.[153]

aa) Einbeziehung kraft Gesetzes

547 Teilweise wird diese Einbeziehung des Treugebers vom Gesetz ausdrücklich vorgegeben. So sind bei der **Gründung der GmbH** nach § 9a Abs. 4 GmbHG neben den Gesellschaftern (§ 9a Abs. 1 und 2 GmbHG) auch die Personen für ordnungsgemäße Angaben und die Kapitalaufbringung verantwortlich, für deren

---

147) *Armbrüster*, S. 422; *Blaurock*, Unterbeteiligung, S. 216 f.

148) *Armbrüster*, S. 422; *Beuthien*, ZGR 1974, 26, 48; *Eden*, S. 61; *Schaub*, DStR 1996, 65, 67.

149) Zum Rückgriff des Treuhandkommanditisten instruktiv *Hadding*, in: Festschrift Fleck, S. 71.

150) MünchKomm-*K. Schmidt*, HGB, Vor § 230 Rz. 58; *Schaub*, DStR 1996, 65, 67; *Schiemann*, in: Festschrift Zöllner, S. 503, 511 f.

151) *Zöller/Stöber*, ZPO, § 829 Rz. 33.

152) Zuletzt BGH DStR 2001, 858, 859; OLG Oldenburg NZG 2000, 378, 380.

153) Umfassend dazu *Armbrüster*, S. 377 ff.

Rechnung die Gesellschafter Stammeinlagen übernommen haben. Der klassische Anwendungsfall dieser Vorschrift ist die Gründung unter Beteiligung von Treuhändern.[154] In ähnlicher Weise dehnt § 46 Abs. 5 Satz 1 AktG die Haftung der Gründer auf Personen aus, für deren Rechnung die Gründer Aktien übernommen haben.

Für **eigenkapitalersetzende Gesellschafterdarlehen** wird in § 32a Abs. 3 GmbH (§ 172a HGB) eine Ausdehnung des Adressatenkreises auf Personen, die formal keine Gesellschafter sind, vorgenommen. Die Anwendung dieser Normen auf den Treugeber als wirtschaftlichen Gesellschafter ist heute nicht mehr streitig.[155] Darlehen des Treugebers sind daher bei Vorliegen der Voraussetzungen wie Eigenkapital zu behandeln und können nur als nachrangige Insolvenzforderung geltend gemacht werden (§ 39 Abs. 1 Nr. 5 InsO).[156] Gewisse Einschränkungen bringt § 32a Abs. 3 Satz 2 GmbHG, aufgrund dessen die Regeln über den Eigenkapitalersatz nicht für den nicht geschäftsführenden Gesellschafter gelten, der nur mit 10 % oder weniger am Stammkapital beteiligt ist, so dass insoweit auch nahestehende Personen oder Gesellschaften entlastet werden. 548

bb) Weitergehende Kapitalaufbringungs- und Kapitalerhaltungsverantwortung

Ob man in den soeben genannten gesetzlichen Regelungen allerdings den Ausdruck eines allgemeinen Rechtsgedankens erblicken kann, der im Rahmen einer 549

154) *Roth/Altmeppen*, GmbHG, § 9a Rz. 20. Auf die Frage, welchen Einfluss der Treugeber auf den Gründungsvorgang hat, kann es dabei nicht ankommen; vgl. *Armbrüster*, S. 382; *Lutter/Hommelhoff*, GmbHG, § 9a Rz. 10. Verbreitet ist allerdings insoweit eine restriktivere Anwendung der Vorschrift; siehe nur *Hachenburg/Ulmer*, GmbHG, § 9a Rz. 33; *Hueck/Fastrich*, in: Baumbach/Hueck, GmbHG, § 9a Rz. 3. Siehe auch BGH, Beschl. v. 9. 12. 2002 – II ZB 12/02, ZIP 2003, 251 (m. Anm. *Nolting*, S. 651) = NZG 2003, 170, dazu EWiR 2003, 327 *(Keil)* und *Altmeppen*, NZG 2003, 145 zur „wirtschaftlichen Neugründung" bei Mantelverwendung einer Vorrats-GmbH.

155) Vgl. grundlegend BGHZ 31, 258, 263 ff; BGHZ 75, 334, 335 ff; BGH, Urt. v. 21. 9. 1981 – II ZR 104/80, BGHZ 81, 311, 315 f = ZIP 1981, 1200; BGH, Urt. v. 8. 7. 1985 – II ZR 269/84, BGHZ 95, 188, 193 = ZIP 1985, 1198, dazu EWiR 1985, 793 *(Crezelius)*; *Scholz/K. Schmidt*, GmbHG, § 32a, 32b Rz. 139; *Hueck/Fastrich*, in: Baumbach/Hueck, GmbHG, § 32a Rz. 23; *Armbrüster*, GmbHR 2001, 1021, 1030. Siehe auch BGHZ 118, 107, 117 zur Erstreckung auf Dritte, wenn der Treuhänder nach den Bestimmungen des Treuhandvertrags die Beteiligung nicht im Interesse und nach den Weisungen des vertraglich vorgesehenen Treugebers, sondern eines Dritten wahrzunehmen hat. Das OLG Hamburg WM 1997, 1846, 1848, hat die Kapitalersatzhaftung eines Treugebers abgelehnt, wenn der Treuhandgesellschafter für ihn nur Sicherungszwecke wahrnimmt und die Stellung des Treugebers der eines Pfandgläubigers angenähert ist, der keinen Einfluss auf die Gesellschafterstellung nehmen kann (Fall der Doppeltreuhand).

156) Die gleichen Grundsätze gelten für die Nutzungsüberlassung von Gegenständen durch den Treugeber an die Gesellschaft; vgl. BGH, Urt. v. 19. 12. 1994 – II ZR 10/94, , ZIP 1995, 280, DB 1995, 569, 569 f = dazu EWiR 1995, 261 *(v. Gerkan)*; *Goette*, DStR 1994, 1658.

weitreichenden Analogie zu einer haftungsrechtlichen Gleichbehandlung von Hintermännern und Gesellschaftern führt, ist zweifelhaft.[157)] Richtig erscheint, für jeden Teilbereich gesondert zu erörtern, ob eine Erstreckung der Haftung auf den Treugeber angezeigt ist.

550 Die höchstrichterliche Rechtsprechung bezieht den Treugeber unter Umgehungsgesichtspunkten in die **Haftung** für die Kapitalaufbringung nach §§ 19, 24 GmbHG ein.[158)] Tragende Grundlage dieser Rechtsprechung ist der Gedanke der Finanzierungsverantwortung.[159)] Im Interesse einer wirksamen Sicherung des Stammkapitals soll sich der mittelbar Beteiligte, der wirtschaftlich die Stellung des Gesellschafters ausfüllt, nicht durch formal vorgeschobene Gesellschafterpositionen seiner Verantwortung für die ordnungsgemäße Aufbringung und Erhaltung des Stammkapitals entziehen können, sondern zusätzlich zum Treuhänder wie ein Gesellschafter haften.[160)] Eine gleichartige Einbeziehung des Treugebers in die Haftung des Treuhänders wird auch bei **Leistungen aus dem Gesellschaftsvermögen** befürwortet. Für die Haftung des Treugebers bei verbotener Einlagenrückgewähr (Grundsatz der **Kapitalerhaltung** – §§ 30, 31 GmbHG) spiele es weder eine Rolle, ob eine Leistung der Gesellschaft unmittelbar oder über den Treuhänder an ihn gelangt ist.[161)] Ebenso kann sich der Treugeber danach seiner Haftung nicht mit dem Einwand entziehen, er habe die Leistung überhaupt (noch) nicht empfangen[162)] bzw. von der Leistung an den Treuhänder nichts gewusst oder nichts wissen müssen. Für die Haftungserstreckung lässt sich immerhin anführen, dass dem Treugeber jede aus dem Gesellschaftsvermögen an den Treuhänder erbrachte Leistung wegen des Herausgabeanspruchs nach

---

157) So aber *Canaris*, in: Festschrift Fischer, S. 31, 40; kritisch *Armbrüster*, S. 377 ff.

158) BGHZ 31, 258, 266 f („Lufttaxi"); BGHZ 118, 107, 110 ff mit Anmerkung *Timm*, EWiR 1992, S. 995; zustimmend *Lutter/Hommelhoff*, GmbHG, § 24 Rz. 7; Scholz/*Uwe H. Schneider*, GmbHG, § 19 Rz. 61; im Ergebnis auch *Köhl*, GmbHR 1998, 119, 125; kritisch *Schmidt-Leithoff*, in: Rowedder/Schmidt-Leithoff, § 2 Rz. 31; *Tebben*, S. 393 ff *Ehlke*, DB 1985, 795 f; *Ulmer*, ZHR 156 (1992), 377, 386 ff; *ders.*, in: Festschrift Odersky, S. 873, 892 f (der dabei indessen für die einvernehmliche Treuhand eine Haftung des Treugebers *als Gesellschafter* annimmt); *Scholz/Emmerich*, GmbHG, § 2 Rz. 59a (Haftung des Treugebers nur in den Fällen, in denen Stammeinlage vom Treuhänder nicht ohne weiteres zu erlangen ist).

159) BGH NJW 1992, 2023, 2024 f; anders *Lutter/Hommelhoff*, GmbHG, § 14 Rz. 13 (Verbot widersprüchlichen Verhaltens).

160) Näher *Armbrüster*, S. 384; *Schaub*, DStR 1996, 65, 67; *Fleck*, in: Festschrift 100 Jahre GmbHG, S. 391, 411.

161) BGHZ 31, 258, 266 f; BGHZ 75, 334, 335 f = NJW 1980, 592; anders *Roth/Thöni*, in: Festschrift 100 Jahre GmbHG, S. 245, 269; *Hueck/Fastrich*, in: Baumbach/Hueck, GmbHG, § 30 Rz. 17.

162) *Roth/Altmeppen*, GmbHG, § 30 Rz. 33 m. w. N.; *Canaris*, in: Festschrift Fischer, S. 31, 41; a. A. *Hachenburg/Ulmer*, GmbHG, § 2 Rz. 65; *Fleck*, in: Festschrift 100 Jahre GmbHG, S. 391, 411.

§ 667 BGB gebührt.[163] Aus dem Umstand, dass eine Gesellschaft durch einen Treuhänder im Interesse und für Rechnung von Treugebern gegründet worden ist, muss man im Grundsatz eine Haftung auch des Treugebers für eine Differenz zwischen der Stammkapitalzahl und einem darunter liegenden Wert des Gesellschaftsvermögens (**Differenzhaftung** bei Sacheinlagen, § 9 GmbHG)[164] sowie nach den Grundsätzen der sog. **Unterbilanz- oder Verlustdeckungshaftung**[165] bei der Vor-GmbH annehmen.[166]

Die gemeinsame Verantwortung von Treuhänder und Treugeber für die Kapitalaufbringung und -erhaltung (§§ 421 ff BGB) wird in der Literatur zum Teil kritisiert,[167] unter anderem weil sie das Stammkapital der GmbH doppelt sichere. Erforderlich sei eine differenzierende Betrachtung. Einerseits wird danach unterschieden, ob der Treugeber (aufgrund interner Mitspracherechte in der GmbH) unmittelbar (maßgeblich) auf die Geschicke der Gesellschaft Einfluss nehme oder diese durch Offenlegung seiner Rechtsstellung veranlasst habe, unmittelbar an ihn zu leisten,[168] andererseits wird die Haftungserweiterung auf den Fall des weisungsgebundenen Verwaltungstreuhänders beschränkt, wenn diesem gegenüber der Haftungsanspruch nicht durchsetzbar ist.[169] Der zuletzt genannte Aspekt bringt jedenfalls für die hier allein betrachtete fiduziarische Verwaltungstreuhand keine wirkliche Einschränkung, weil insoweit regelmäßig ein Weisungsrecht des Treugebers gegenüber dem Treuhänder gegeben ist. Auch kann nicht Voraussetzung der Haftung sein, dass die Mitgesellschafter den Treugeber intern aufgrund eines förmlichen Beschlusses wie einen Gesellschafter behandeln.[170] Anderenfalls hinge der Gläubigerschutz davon ab, ob die GmbH mit der Begründung des Treuhandverhältnisses einverstanden war, obwohl die Risiken für die Kapitalerhaltung bei einer verdeckten Treuhand in gleicher Weise virulent sind. Letztlich kommt es – wie bereits erwähnt – dem Treugeber zugute, wenn 551

163) So zu Recht *Armbrüster*, S. 393.

164) Ablehnend *Armbrüster*, S. 391.

165) Nach neuerer Rechtsprechung des II. Zivilsenats, BGH, Urt v. 27. 1. 1997 – II ZR 123/94, BGHZ 134, 333, 337 ff = ZIP 1997, 679 = NJW 1997, 1507, dazu EWiR 1997, 463 (*Fleischer*) besteht eine unbeschränkte einheitliche Haftung der Gründer nur als Innenhaftung in Form einer bis zur Eintragung der Gesellschaft andauernden Verlustdeckungshaftung und einer an die Eintragung geknüpften Vorbelastungs- oder Unterbilanzhaftung.

166) Ablehnend *Armbrüster*, S. 391.

167) Mit unterschiedlicher Begründung *Hachenburg/Ulmer*, GmbHG, § 2 Rz. 62; *Ehlke*, DB 1985, 795, 803; MünchKomm-*K. Schmidt*, HGB, Vor § 230 Rz. 60; *Michalski*, GmbHG, § 2 Rz. 94.

168) *Ulmer*, in: Festschrift Odersky, S. 873, 894 (sog. qualifizierte Treuhand); *ders.*, ZHR 192 (1992), 377, 386 ff; zustimmend *Henssler*, AcP 196 (1996), 37, 83.

169) Vgl. MünchKomm-*K. Schmidt*, HGB, Vor § 230 Rz. 60.

170) Zutreffend *Lutter/Hommelhoff*, GmbHG, § 14 Rz. 13; *Armbrüster*, S. 399.

Einlageleistungen des Gesellschafters nicht erbracht werden bzw. ihm rechtswidrige Zuwendungen aus dem Gesellschaftsvermögen zufließen. Im Ausgangspunkt muss daher von einer Haftung auch des Treugebers im Rahmen der Kapitalerhaltung ausgegangen werden.

552 Fraglich kann allenfalls sein, ob dieses Ergebnis – mit der herrschenden Meinung – über eine Analogie zu den Kapitalaufbringungs- und Kapitalerhaltungsvorschriften zu erreichen oder die Gesellschaft insoweit auf die Pfändung des **Freistellungsanspruchs des Treuhänders** gegen den Treugeber (§§ 670, 257 BGB) zu verweisen ist.[171] In Letzterem wird überwiegend ein nur unvollkommener Schutz des Stammkapitals gesehen, insbesondere weil sich durch die Verdoppelung der Prozesse und mögliche Einwendungen aus dem Treuhandvertrag Risiken für die Durchsetzbarkeit der Ansprüche ergeben können.[172] Letzteres ist jüngst über die Begründung einer **Einwendungssperre** für die ganz überwiegende Zahl von Fällen mit guten Argumenten in Zweifel gezogen worden.[173]

cc) Ausfall- und Handelndenhaftung

553 Unabhängig von dem eben Gesagten sollte den Treugeber nicht unmittelbar die Ausfallhaftung nach § 31 Abs. 3 GmbHG für die vom jeweiligen Empfänger nicht zu erlangenden Beträge der verbotenen Einlagenrückgewähr treffen.[174] Bei dieser Haftung für den Ausfall eines Mitgesellschafters fehlt es an der spezifischen, in der Treuhandsituation begründeten Risikolage für die Gesellschaftsgläubiger. Gleiches gilt für die Ausfallhaftung nach § 24 GmbHG.[175] Für die Handelndenhaftung des als oder wie ein Geschäftsführer auftretenden Treuhandgesellschafters nach § 11 Abs. 2 GmbHG oder § 41 Abs. 1 Satz 2 AktG vertritt auch die Rechtsprechung diese differenzierende Auffassung: Die Handelndenhaftung trifft ausschließlich den Treuhänder und nicht auch den Treugeber. Daran ändert auch der Umstand nichts, dass der Treugeber die Tätigkeit des Treuhandgesellschafters als Geschäftsführer unter Umständen im Hintergrund lenkt und mit der Eröffnung des Geschäftsbetriebs der Vorgesellschaft vor der

---

171) Ablehnend BGHZ 75, 334, 335 = NJW 1980, 592; BGHZ 95, 188, 193 = NJW 1985, 2947; BGH, Urt. v. 22. 10. 1990 – II ZR 238/89, ZIP 1990, 1593 = NJW 1991, 1057, 1058, dazu EWiR 1991, 67 *(v. Gerkan)*; anders *Ehlke*, DB 1985, 795, 799 ff; *Roth/Thöni*, in: Festschrift 100 Jahre GmbHG, S. 245, 269 m. w. N.; *Henssler*, AcP 196 (1996), 37, 82; *Scholz/Emmerich*, GmbHG, § 2 Rz. 59a (alle für die Kapitalaufbringung) und zuletzt *Armbrüster*, S. 400 f.

172) *Schiemann*, in: Festschrift Zöllner, S. 503, 511 f.

173) *Armbrüster*, S. 400 f, *ders.*, GmbHR 2001, 1021, 1027 ff.

174) Anders *Lutter/Hommelhoff*, GmbHG, § 14 Rz. 14 (wenn der Treugeber von seinem Weisungsrecht Gebrauch gemacht hat).

175) Wie hier *Armbrüster*, S. 402; anders BGHZ 31, 258, 266; BGHZ 118, 107, 110.

Eintragung einverstanden ist.[176)] Nur der Treuhänder ist Gründer/Gesellschafter der Vorgesellschaft und damit nach diesen Grundsätzen haftbar. Ein Haftungsdurchgriff auf den Treugeber im Außenverhältnis, insbesondere gegenüber den Gläubigern der Gesellschaft ist nicht möglich.[177)]

c) Wettbewerbsverbote

Auch ein Wettbewerbsverbot[178)] als Ausprägung der allgemeinen Treuepflicht[179)] 554
richtet sich in erster Linie gegen den Treuhänder als Gesellschafter. Es ist Korrelat der (umfassenden) Einsichts- und Kontrollrechte und der Einflussmöglichkeit auf die laufenden Geschäfte der Gesellschaft.[180)] Dem Treugeber als Gesellschafter sind Personen gleichzustellen, die im Verhältnis der Gesellschafter untereinander dieselbe Stellung wie ein persönlich haftender Gesellschafter innehaben, d. h. über **vergleichbaren Einfluss und gleiche Informationsmöglichkeiten** verfügen. Unter den genannten Voraussetzungen kann dies auch ein Treugeber sein.[181)] Dabei kann sich diese Gleichstellung des Treugebers nicht nur aus den ihm von der Gesellschaft eingeräumten (schuldrechtlichen) Kontroll- und Informationsrechten (unten Rz. 562),[182)] sondern auch allein aus dem Treuhandvertrag (Innenverhältnis zum Treuhänder) ergeben. Eine wettbewerbsverbotswidrige Begründung der Treuhand kann Anlass für eine Ausschließungsklage (§ 140 HGB) sein.[183)] Umgekehrt darf ein Gesellschafter, der selbst einem Wettbewerbsverbot ausgesetzt ist, nicht als Treugeber eine (Verwaltungs-)Treuhand an einem Anteil einer Konkurrenzgesellschaft begründen.[184)]

---

176) OLG Oldenburg NZG 2000, 378, 379.

177) OLG Oldenburg NZG 2000, 378, 379; zuvor schon BGH, Urt. v. 3. 11. 1976 – I ZR 156/74, WM 1977, 73, 75. Siehe auch *Armbrüster*, S. 391.

178) Gesetzliche Regelungen: §§ 112, 113, 161 Abs. 2 HGB (OHG-Gesellschafter/Komplementär einer KG); § 284 AktG (persönlich haftender Gesellschafter einer KGaA). § 165 HGB schließt ein Wettbewerbsverbot für Kommanditisten nicht aus, sondern besagt nur, dass es anders als für OHG-Gesellschafter und Komplementäre jeweils einer positiven Begründung im Gesellschaftsvertrag bedarf; vgl. *Karsten Schmidt*, Gesellschaftsrecht, § 53 III 4. Zu Wettbewerbsverboten in Personengesellschaften *Armbrüster*, ZIP 1997, 261. Für GmbH-Gesellschafter und Aktionäre kann ein Wettbewerbsverbot ebenfalls in Gesellschaftsvertrag oder Satzung enthalten sein oder unter bestimmten Voraussetzungen als ungeschriebenes Wettbewerbsverbot aus der Treupflicht folgen; vgl. *Armbrüster*, ZIP 1997, 1269, 1271, 1272 f; *ders.*, S. 207; *Lutter/Hommelhoff*, GmbHG, § 14 Rz. 23.

179) Zur gesellschaftsrechtlichen Treuepflicht und ihrer Erstreckung auf den Treugeber *Armbrüster*, S. 330 ff; *ders.*, GmbHR 2001, 1021, 1031. Siehe auch BGHZ 107, 7, 14 f.

180) *Blaurock*, Unterbeteiligung, S. 201.

181) *Heymann/Emmerich*, HGB, § 112 Rz. 6; MünchKomm-*K. Schmidt*, HGB, Vor § 230 Rz. 78.

182) Falls dem Treugeber eine Stellung ähnlich einem Kommanditisten eingeräumt worden ist, gilt für ihn § 165 HGB sinngemäß; MünchKomm-*K. Schmidt*, HGB, Vor § 230 Rz. 78.

183) Vgl. *Schlegelberger/K. Schmidt*, HGB, Vor § 230 Rz. 49.

184) *Blaurock*, Unterbeteiligung, S. 203 f.

3. Unmittelbare Einflußnahme des Treugebers auf gesellschaftsinterne Vorgänge

555 Dem Treugeber stehen als Außenstehendem keine Rechte in der Gesellschaft zu. Er ist darauf angewiesen, hinsichtlich des treuhänderisch gehaltenen Gesellschaftsanteils seine **(Weisungs-)Rechte** gegenüber dem Treuhänder geltend zu machen (unten Rz. 570). In vielen Fällen besteht allerdings ein erhebliches Interesse der Beteiligten daran, dass der Treugeber unmittelbar auf die Geschicke der Gesellschaft Einfluss nimmt. Insbesondere kann der Treugeber sich auf diese Weise gegen eine weisungs- oder interessenwidrige Ausübung der überschießenden Rechtsmacht des Treuhänders schützen.

a) Grundlagen

556 Eine **qualifizierte Rechtsstellung** des Treugebers kann dadurch begründet werden, dass ihm im Rahmen des rechtlich Zulässigen Rechte eines Gesellschafters verschafft werden. Dabei kann es sich indessen nicht um eine derivative, also vom Treuhänder abgeleitete Rechtsstellung handeln.[185] Einzelne gesellschaftsrechtliche Mitverwaltungsrechte des Treuhänders können dem Treugeber nicht übertragen werden. Dem steht grundsätzlich das **Abspaltungsverbot** entgegen.[186] Kollektive Gesellschafterrechte, wie z. B. Prüfungs- und Überwachungsrechte, die den Gesellschaftern in ihrer Gesamtheit zustehen (vgl. § 46 Nr. 6 GmbHG), kommen ebenfalls von vornherein nicht für eine Übertragung auf einen einzelnen Treugeber in Betracht. Zu denken ist aber an andere rechtliche Gestaltungen, die dem Treugeber mit Einverständnis der Gesellschafter (eigene) **originäre Einwirkungsmöglichkeiten** innerhalb der Gesellschaft vermitteln. Dies kann bei Informations-, Kontroll- oder Anweisungsrechten, dem Recht zur Teilnahme an der Gesellschafterversammlung, dem Stimmrecht und dem Recht zur Anfechtung von Gesellschafterbeschlüssen von Bedeutung sein.[187]

557 In **dogmatischer Hinsicht** ist die damit verbundene Annäherung der Position des gesellschaftsfremden Treugebers an die eines Gesellschafters noch nicht vollständig geklärt. Teilweise wird herausgestellt, dass eine solche vertragliche Ab-

---

185) Vgl. *Tebben*, ZGR 2001, 586, 596 ff.

186) BGH, Urt. v. 21. 3. 1988 – II ZR 308/87, BGHZ 104, 66, 74 f = ZIP 1988, 703; *Armbrüster*, S. 276 ff (Personengesellschaften) und S. 288 ff (Kapitalgesellschaften); *Heymann/Horn*, HGB, § 161 Rz. 63.

187) Vgl. zur Zulässigkeit eines dem Treugeber vertraglich eingeräumten Rechts, Gesellschafterbeschlüsse anzufechten, OLG Köln, Urt. v. 12. 7. 1996 – 1 U 257/95, DStR 1996, 1864, 1865; *Sudhoff/Schlitt*, GmbH & Co KG, § 39 Rz. 56; *Armbrüster*, S. 316 ff. Die h. M. verweist den Personengesellschafter freilich bei Beschlussmängeln auf die Feststellungsklage; siehe nur BGH, Urt. v. 7. 6. 1999 – II ZR 278/98, ZIP 1999, 1391 = NJW 1999, 3113.

sprache nicht korporativ ist[188] und daher auch nicht den für den Gesellschaftsvertrag maßgeblichen Formbestimmungen (z. B. § 53 Abs. 2 GmbHG) unterliegt. Grundsätzlich handele es sich hierbei nicht um Regelungsbestandteile der Satzung oder des Gesellschaftsvertrags, sondern um schuldrechtliche Vereinbarungen. Dagegen geht die Rechtsprechung ersichtlich davon aus, dass der Treugeber durch solche Vereinbarungen in das **Gesellschaftsverhältnis einbezogen** ist und das Innenverhältnis gestaltet wird.[189] Für einzelne Rechte stellt dieser korporative Ansatz die einzig nachvollziehbare Lösung dar.[190] So ist insbesondere nur schwer vorstellbar, dass die kollektive Willensbildung als wesentlicher Teil der korporativen Verbandsorganisation auf gesellschaftsrechtlichen und schuldrechtlichen Stimmrechten beruhen kann.[191] Eine abgestimmte Einheit von Rechten, Pflichten und Verantwortung[192] des in das Innenverhältnis der Gesellschafter aufgenommenen Treuhänders bedingt es auch, ihn dem gemeinsamen Gesellschaftszweck und der gesellschaftsrechtlichen Treupflicht zu unterwerfen.[193] Jedenfalls in Aktiengesellschaften dürften solche Abreden aufgrund der Satzungsstrenge (§ 23 Abs. 5 AktG) ohnehin nicht realisierbar sein.[194]

Für die verschiedenen Gesellschaftsformen und die wesentlichen Mitverwal- **558**
tungsrechte ergeben sich damit im Detail die nachfolgend darzustellenden Unterschiede.[195]

b) Stimmrecht

Das Stimmrecht des Gesellschafters kann nach h. M. bei einem Treuhandver- **559**
hältnis sowohl im Personen- als auch im Kapitalgesellschaftsrecht nur zusammen mit dem Gesellschaftsanteil übertragen werden (**Verbot der Stimmrechts-**

188) *Scholz/Priester*, GmbHG, § 53 Rz. 11.

189) Vgl. *Ulmer*, in: GroßKomm. HGB § 105 Rz. 106; *Schiemann*, in: Festschrift Zöllner, S. 503, 515 f; *Tebben*, ZGR 2001, 586, 600; aus der Rechtsprechung: BGHZ 10, 44, 49; BGH, Urt. v. 30. 3. 1987 – II ZR 163/86, ZIP 1987, 912 = WM 1987, 811, 811 f, dazu EWiR 1987, 697 *(Priester);* BGH Urt. v. 23. 6. 2003 – II ZR 46/02, WM 2003, 1614.

190) Instruktiv *Tebben*, ZGR 2001, 586, 599 ff. Zu weitgehend *Ulmer*, in: GroßKomm. HGB, § 105 Rz. 17, der annimmt, dass die qualifizierte Treuhand eine Rechtsgemeinschaft am Gesellschaftsanteil mit Außenwirkung darstellt, die ins Handelsregister einzutragen ist. Dem widersprechen auch *Armbrüster*, S. 410 und *Wiesner*, in: Festschrift Ulmer, S. 673, 681.

191) *Tebben*, ZGR 2001, 586, 601; *Beuthien*, ZGR 1974, 26, 55 f; *Wiesner*, in: Festschrift Ulmer, S. 673, 678 f.

192) Dazu *Tebben*, ZGR 2001, 586, 611.

193) Vgl. *Armbrüster*, S. 338 ff; *Wiesner*, in: Festschrift Ulmer, S. 673, 679.

194) *Beuthien*, ZGR 1974, 26, 52, 81 f.

195) Ausführlich *Armbrüster*, S. 276 ff.

abspaltung).[196] Nicht zulässig ist entsprechend auch eine **Legitimationszession**, durch die der Treugeber als Nichtgesellschafter zur Ausübung des Stimmrechts im eigenen Namen ermächtigt wird.[197] Teile des Schrifttums halten dagegen eine verdrängende Stimmrechtsübertragung auf den Treugeber in der offenen, d. h. von den Mitgesellschaftern formwahrend konsentierten Treuhand für zulässig.[198] In diesem Fall sollen die Interessen der Gesellschaft in nicht anderer Weise als bei einem für eigene Rechnung handelnden Gesellschafter berührt werden, weil der Treugeber aufgrund der Freistellungs- und Aufwendungsersatzansprüche des Treuhänders wie ein Gesellschafter ein Interesse am Wohlergehen der Gesellschaft habe.[199] Ob dies freilich die Aufbrechung der Kongruenz von Gesellschafterinteresse und Gesellschaftsinteresse rechtfertigt, bleibt zweifelhaft.

560 Keinen Bedenken begegnet es dagegen, dem Treugeber widerruflich eine **Stimmrechtsvollmacht** (vgl. §§ 47 Abs. 3 GmbHG, 134 Abs. 3 AktG) zu erteilen.[200] Unzulässig ist nur die unwiderruflich verdrängende (d. h. mit einem Stimmverzicht des Gesellschafters verbundene) Stimmrechtsvollmacht.[201] Im Einzelnen bedarf es jedoch außerhalb des Aktienrechts der Prüfung des Gesellschaftsvertrags. Im GmbH-Gesellschaftsvertrag kann die Stimmrechtsvertretung eingeschränkt und von der Zustimmung der Mitgesellschafter abhängig gemacht werden.[202] Im Personengesellschaftsrecht bedarf es grundsätzlich der Zustimmung der Mitgesellschafter.[203] Sie kann nur dann entbehrlich sein, wenn

---

196) BGHZ 3, 354, 357; *Eden*, S. 65; *Heymann/Emmerich*, HGB, § 119 Rz. 14; *Scholz/K. Schmidt*, GmbHG, § 47 Rz. 20; *Hohaus*, DStR 2002, 789, 793.

197) H. M., *Scholz/K. Schmidt*, GmbHG, § 47 Rz. 21 m. w. N.; a. A. *Armbrüster*, GmbHR 2001, 1021, 1025. Im Aktienrecht ist die Legitimationszession anerkannt (§ 129 Abs. 3 AktG).

198) *Armbrüster*, S. 288 ff (Personengesellschaften) und S. 292 ff (Kapitalgesellschaften); *Lutter/Hommelhoff*, GmbHG, § 47 Rz. 2; *Ulmer*, ZHR 156 (1992), 377, 389 f.

199) Vgl. *Armbrüster*, S. 281; *ders.*, GmbHR 2001, 1021, 1025.

200) Näher dazu *Scholz/K. Schmidt*, GmbHG, § 47 Rz. 20, 82; *Breuer* MittRhNotK 1988, 79, 83; *Eden*, S. 66; *Roth/Thöni*, in: Festschrift 100 Jahre GmbHG, S. 245, 278; BGH, Urt. v. 11. 10. 1976 – II ZR 119/75, BB 1977, 10, 12 m. Anm. *Reuter*, ZGR 1978, 633. Zu den steuerlichen Auswirkungen siehe *Hohaus*, DStR 2002, 789, 793 f.

201) BGHZ 3, 354, 358 f; BGH BB 1977, 10, 12; *Hohaus*, DStR 2002, 789, 793 f; a. A. *Armbrüster*, GmbHR 2001, 1021, 1024; *Weipert*, in: Münchener Handbuch des Gesellschaftsrechts II, § 12 Rz. 53 (zulässig ist eine – auch unwiderrufliche – Bevollmächtigung, weil sie zeitlich stets durch den Fortbestand des Treuhandverhältnisses begrenzt bleibt).

202) *Scholz/K. Schmidt*, GmbHG, § 47 Rz. 96 f; MünchKomm-*K. Schmidt*, HGB, Vor § 230 Rz. 64.

203) BGH, Beschl. v. 18. 9. 1975 – II ZB 6/74, BGHZ 65, 93, 99; *Heymann/Emmerich*, HGB, § 119 Rz. 14.

bereits in der Genehmigung der Treuhand auch eine konkludente Zustimmung zur Vollmachtserteilung zu erblicken ist.[204)]

Uneinheitlich beurteilt wird die Frage, ob dem Treugeber die Mitwirkung an be- 561
stimmten Entscheidungen innerhalb der Gesellschaft durch die **Einräumung eines Zusatzstimmrechts** wirksam verschafft werden kann. Die im Vordringen befindliche Auffassung in der Literatur bejaht dies im Personengesellschaftsrecht, zum Teil in Anlehnung an ein Urteil des Bundesgerichtshofs.[205)] Anders als bei der isolierten Stimmrechtsübertragung wird dadurch die Einheit von Mitgliedschaft und Stimmrecht nicht beeinträchtigt.[206)] Es ist daher jedenfalls im Personengesellschaftsrecht kein Grund ersichtlich, weshalb die Einbeziehung des Treugebers in die Innenbeziehung unter den Gesellschaftern nicht möglich sein soll.[207)] Gleiches wird man für die GmbH anzunehmen haben.[208)] Angesichts der Satzungsstrenge im Aktienrecht dürfte die vertragliche Einräumung eines Stimmrechts in Aktiengesellschaften dagegen nur sehr eingeschränkt möglich sein.[209)]

c) Informations- und Kontrollrechte

Eine **Übertragung** der allein dem Treuhänder als Gesellschafter zustehenden In- 562
formationsrechte und Kontrollrechte (§§ 118, 166 HGB, § 51a GmbHG, § 131 AktG) auf den Treugeber ist nach überwiegender Auffassung mit dem Abspaltungsverbot nicht vereinbar.[210)] Gleiches gilt für Kontrollrechte (Auskunft,

---

204) MünchKomm-*K. Schmidt*, HGB, Vor § 230 Rz. 64.

205) Vgl. BGH, Urt. v. 22.2.1960 – VII ZR 83/59, NJW 1960, 963, 964; *Armbrüster*, S. 285 ff; *ders.*, GmbHR 2001, 1021, 1025; *Tebben*, ZGR 2001, 586, 613; *Blaurock*, Unterbeteiligung, S. 124, 388; *Soergel/Hadding*, BGB, § 709 Rz. 31; anders die wohl noch überwiegende Ansicht: *Beuthien*, ZGR 1974, 26, 55 ff; *Rümker/Büchler*, in: Festschrift Claussen, S. 337, 342. Weitergehend nimmt *Armbrüster*, S. 294 f auch die Zulässigkeit eines Zustimmungsvorbehalts (Vetorecht) zugunsten des Treugebers an.

206) BGH NJW 1960, 963, 964.

207) *Armbrüster*, S. 287.

208) Offen gelassen in BayObLG, Beschl. v. 21.11.1985 – BReg. 3 Z 146/85, ZIP 1986, 303 = WM 1986, 226, 228, dazu EWiR 1986, 167 *(Fleck)*; befürwortend *Armbrüster*, S. 292; *Fleck*, in: Festschrift Fischer, S. 107, 113; *Schaub*, DStR 1995, 1634, 1638.

209) Ablehnend BGH, Urt. v. 5.10.1992 – II ZR 172/91, BGHZ 119, 305, 316 = ZIP 1992, 1542, dazu EWiR 1993, 3 *(Hammen)* (für Genussrechtsinhaber); anders *Armbrüster*, S. 292; *Zöllner*, in: Kölner Komm. z. AktG, § 134 Rz. 17.

210) BGHZ 25, 115, 122; BGH, Urt. v. 3.11.1975 – II ZR 98/74, WM 1975, 1299 (betreffend die Informationsrechte des stillen Gesellschafters); *Henssler*, AcP 196 (1996), 37, 81; vgl. auch BayObLG, Beschl. v. 18.3.1991 – BReg. 3 Z 69/90, DB 1991, 1270, 1271; *Beuthien*, ZGR 1974, 26, 81; *Blaurock*, Unterbeteiligung, S. 180; *Breuer*, MittRhNotK 1988, 79, 85; anders *Armbrüster*, S. 301 und wohl auch MünchKomm-*K. Schmidt*, HGB, Vor § 230 Rz. 67, der herausstellt, dass das Informationsrecht anders als andere Mitverwaltungsrechte, wie etwa Stimm- oder Anfechtungsrecht, ohne weiteres teilbar sei.

Recht zur Einsichtnahme in die Bücher etc.), die einzelnen Gesellschaftern im Gesellschaftsvertrag (als nichtübertragbare mitgliedschaftliche Sonderrechte) eingeräumt werden.[211] Nach einer weitergehenden Ansicht wird die Einräumung und auch die Abtretung des Informationsrechts dann für zulässig gehalten, wenn das Auseinanderfallen von Mitgliedschaft und Inhaberschaft des Informationsrechts durch eine Kündigung des Treuhandverhältnisses beendet werden kann.[212] Diese Auffassung ist freilich nicht gesichert. In der Praxis wird man deshalb weiterhin von einer ausschließlichen Inhaberschaft des Treuhänders auszugehen haben. Die weiteren **Gestaltungsmöglichkeiten** sind nach den einzelnen Gesellschaftsformen unterschiedlich: Der Treuhänder eines Anteils an einer Personengesellschaft kann dem Treugeber das gesellschaftsrechtliche Informationsrecht auch nicht zur Ausübung überlassen.[213] In Kapitalgesellschaften wird die Ausübung des Informationsrechts eines Gesellschafters durch einen Vertreter dagegen durchaus anerkannt.[214]

563 Der Treugeber hat einen unmittelbar gegenüber der Gesellschaft durchsetzbaren Informationsanspruch, wenn ihm ein eigenes **schuldrechtliches Informationsrecht** im Zusammenhang mit der Offenlegung des Treuhandverhältnisses durch eine zusätzliche ausdrückliche Vereinbarung mit den Gesellschaftern eingeräumt worden ist.[215] Wenn alle Gesellschafter der Begründung des Treuhandverhältnisses zustimmen, ist grundsätzlich auch eine sog. **Doppelzuständigkeit** von Treuhänder und Treugeber möglich, bei der das Informationsrecht beiden Treuhandbeteiligten gemeinsam zusteht.[216] Auch ohne entsprechende vertragliche Regelungen wird man dem Treugeber ein eingeschränktes Auskunftsrecht auch in den Fällen zuerkennen müssen, in denen er Zessionar des Gewinnanspruchs des Treuhändergesellschafters ist[217] oder in die Innenhaftung gegenüber der Ge-

---

211) *Schaub*, DStR 1995, 1634, 1638.

212) *Armbrüster*, S. 301 (dort freilich offen bleibend, ob dies für alle Gesellschaftsformen gelten soll).

213) BGHZ 25, 115, 122 f.

214) *Breuer*, MittRhNotK 1988, 79, 85; *Michalski/Römermann*, GmbHG, § 51a Rz. 65.

215) Vgl. BGHZ 10, 44, 49 f; OLG Frankfurt, Urt. v. 9. 11. 1976 – 5 U 188/75, DB 1977, 86, 87; *Eden*, S. 74; *Beuthien*, ZGR 1974, 26, 52, 82; *Armbrüster*, S. 301; *ders.*, GmbHR 2001, 1021, 1026; *Henssler*, AcP 196 (1996), 37, 81; *Roth/Thöni*, in: Festschrift 100 Jahre GmbHG, S. 245, 276; *Schiemann*, in: Festschrift Zöllner, S. 503, 516; MünchKomm-*K. Schmidt*, HGB, Vor § 230 Rz. 67; *Schaub*, DStR 1995, 1634, 1638. In der Aktiengesellschaft dürften auch solche Abreden an § 23 Abs. 5 AktG scheitern.

216) *Henssler*, AcP 196 (1996), 37, 81.

217) Vgl. BGH, Urt. v. 3. 11. 1975 – II ZR 98/74, WM 1975, 1299, 1300; *Blaurock*, Unterbeteiligung, S. 180; *Breuer*, MittRhNotK 1988, 79, 85.

sellschaft einbezogen ist.[218] Doch ist ein solcher Auskunftsanspruch eher aus Treu und Glauben abzuleiten (§ 242 BGB).[219]

Darüber hinaus wird zum Teil vertreten, dass dem Treugeber in einer **Publikums-Treuhandgesellschaft** (unten Rz. 578 ff) als mittelbar Beteiligtem jedenfalls ein außerordentliches Informationsrecht unmittelbar gegen die Hauptgesellschaft anzuerkennen ist.[220] Von den Gerichten ist dieser Gedanke bislang jedoch noch nicht aufgegriffen worden.[221] 564

d) Geschäftsführungsbefugnis

Es wird regelmäßig nicht dem Zweck des Treuhandverhältnisses oder den wirtschaftlichen Interessen des Treugebers entsprechen, dass dieser selbst Geschäftsführungsaufgaben in der Gesellschaft wahrnimmt, zumal dadurch eine komplexe Pflichtenlage entsteht. In der Regel nimmt der Treugeber im Rahmen des gesellschaftsrechtlich Zulässigen daher nur über den Treuhänder auf die Gesellschaft Einfluss. 565

Das organschaftliche Geschäftsführungsrecht eines **Personengesellschafters** kann dem Treugeber nach ganz überwiegender Ansicht ohnehin nicht übertragen werden.[222] Entsprechendes gilt für die Bindung des Geschäftsführers an ein Weisungsrecht des Treugebers.[223] Vorbehaltlich einer entsprechenden Regelung im Gesellschaftsvertrag oder der Zustimmung der Mitgesellschafter wird man es aber für zulässig halten können, den Treugeber zu bevollmächtigen, das Geschäftsführungsrecht des Treuhänders wahrzunehmen.[224] Soweit es sich dabei nur um die Ausübung abgeleiteter Befugnisse handelt, die jederzeit wieder entziehbar sind, wird der Grundsatz der Selbstorganschaft nicht durchbrochen. 566

In einer Kapitalgesellschaft kann der Treugeber dagegen ohne Weiteres zum **Geschäftsführer** (§ 6 Abs. 2, § 35 GmbHG) oder zum **Vorstandsmitglied** (§§ 76 ff 567

---

218) Instruktiv zu beidem *Armbrüster*, S. 302 ff.

219) Anders *Armbrüster*, S. 303, der den auf die Haftung bezogenen Informationsanspruch als gesellschaftsrechtliches Recht sieht.

220) Mit unterschiedlicher Begründung: *Henssler*, AcP 196 (1996), 37, 81 („Vertrauenstatbestand" oder „Billigung des Treuhandverhältnisses durch die Gesellschaft"); MünchKomm-*K. Schmidt*, HGB, Vor § 230 Rz. 67 („umfassendes Verbandsverhältnis"); ihm folgend *Schiemann*, in: Festschrift Zöllner, S. 503, 510.

221) Dies einräumend MünchKomm-*K. Schmidt*, HGB, Vor § 230 Rz. 67.

222) Siehe nur *Armbrüster*, S. 296; *Eden*, S. 69; MünchKomm-*K. Schmidt*, HGB, Vor § 230 Rz. 68; allgemein zu dem Prinzip BGH, Urt. v. 6. 2. 1958 – II ZR 210/56, BGHZ 26, 330, 332 f; BGH, Urt. v. 9. 12. 1968 – II ZR 33/67, BGHZ 51, 198, 199 ff.

223) *Armbrüster*, S. 298.

224) *Beuthien*, ZGR 1974, 26, 58.

AktG) bestellt werden. Will der Treugeber nicht selbst in der Geschäftsführung einer GmbH tätig sein, sich aber Einfluss sichern, ist es nach allerdings nicht unumstrittener Ansicht auch denkbar, dass dem Treugeber **Weisungsbefugnisse** in Geschäftsführungsangelegenheiten eingeräumt werden.[225] Hierzu kann der Treugeber auch an Stelle der Gesellschaft den Anstellungsvertrag mit dem Geschäftsführer abschließen. Freilich stünde ein daraus sich ergebendes dienstvertragliches Weisungsrecht des Treugebers unter dem Vorbehalt der Treuebindungen des Geschäftsführers gegenüber der Gesellschaft und gegenteiliger Weisungen der Mitgliederversammlung oder anderer Organe der Gesellschaft.[226] Außerdem ist es zulässig, dem Treugeber das **Recht zur Bestellung des Geschäftsführers** zu geben.[227] Umgekehrt folgt dann daraus aber auch, dass der Treugeber haften kann, wenn er über die ihm zustehenden Kompetenzen hinaus auf die Geschäftsführung Einfluss nimmt.[228] Demgegenüber ist es in der Aktiengesellschaft wegen der unbeschränkten Leitungsmacht des Vorstands (§ 76 AktG) nicht zulässig, einem gesellschaftsfremden Dritten außerhalb der gesetzlich vorgesehenen Möglichkeiten unmittelbaren Einfluss auf die Geschäftsführung zu verschaffen.[229]

IV. Innenverhältnis zwischen Treugeber und Treuhänder

568 Das Innenverhältnis zwischen Treugeber und Treuhänder wird durch den schuldrechtlichen **Treuhandvertrag** (§§ 662, 675 BGB) ausgeformt. In der mehrgliedrigen Treuhand, insbesondere also der Publikumstreuhandgesellschaft, kann der Treuhandvertrag auch gesellschaftsrechtliche Elemente enthalten[230] oder von einem separaten, den Treugeber umfassenden Gesellschaftsverhältnis überlagert werden (unten Rz. 587 ff).[231]

---

225) *Armbrüster*, S. 297 f m. w. N.; siehe auch *Beuthien/Gätsch*, ZHR 157 (1993), 483, 499 f; ablehnend *Scholz/Uwe H. Schneider*, GmbHG, § 37 Rz. 33 f.

226) *Beuthien*, ZGR 1974, 26, 83.

227) BGH, Urt. v. 1. 3. 1962 – II ZR 1/62, WM 1962, 415, 417; *Armbrüster*, S. 310; allgemein zur Organbesetzung durch Dritte auch *Beuthien/Gätsch*, ZHR 157 (1993), 483, 500.

228) Als Anspruchsgrundlagen kommen die angemaßte Eigengeschäftsführung (§ 687 Abs. 2 BGB), Delikt (§ 826 BGB), die Verletzung einer den Treugeber treffenden gesellschaftsrechtlichen Treuepflicht oder eine faktische Geschäftsführung (analog § 43 Abs. 2 GmbHG) in Betracht; vgl. *Armbrüster*, GmbHR 2001, 1221, 1030 m. w. N.; *ders.*, S. 410. Siehe auch BGH, Urt. v. 29. 9. 1992 – II ZR 299/91, BGHZ 119, 257 = GmbHR 1993, 38.

229) *Beuthien/Gätsch*, ZHR 157 (1993), 483, 512. Zur Frage der Zulässigkeit von Betriebsführungsverträgen, bei denen ein Betriebsführer das Unternehmen für Rechnung der Gesellschaft leitet, vgl. BGH, Urt. v. 5. 10. 1981 – II ZR 203/80, ZIP 1982, 578 = NJW 1982, 1817; *Henze*, BB 2000, 209, 210; *Fleischer*, ZIP 2003, 1, 9 m. w. N.

230) Vgl. *Bälz*, ZGR 1980, 1, 21 ff.

231) MünchKomm-*K. Schmidt*, HGB, Vor § 230 Rz. 72.

Der Treuhandvertrag dient neben der Bestimmung des Treuguts, das dem Treuhänder zu vollem Recht übertragen ist, vor allem dazu, die **obligatorische Bindung des Treuhänders** bei der Wahrnehmung der ihm übertragenen Rechtsmacht festzulegen und die persönliche Stellung des Treuhänders zu regeln. Vom Zweck (Verwaltungs- oder Sicherungstreuhand) und den Besonderheiten des Einzelfalls hängt die nähere Ausgestaltung des Treuhandvertrags ab. Im Detail können sich daher beträchtliche Unterschiede ergeben. Der Vertrag sollte jedoch mindestens Regelungen über den Zweck des Treuhandverhältnisses, die Rechte und Pflichten der Beteiligten, Verlust- und Haftungsfragen sowie die Beendigung des Treuhandverhältnisses enthalten und das Verlustrisiko klären.[232] 569

1. Wesentliche Vertragsinhalte

a) Weisungsrechte des Treugebers, Stimmbindungsvereinbarung

Grundsätzlich ist der Treuhänder dem Treugeber verpflichtet, die ihm übertragene überschießende Rechtsmacht in bezug auf das Treugut nur in dessen Interesse und nach Maßgabe des Treuhandvertrags auszuüben. In der Sache unterliegt der Treuhänder den Weisungen des Treugebers (§ 665 BGB).[233] Der Weisungsbefugnis sind jedoch aufgrund der Rechtspflichten des Treuhänders aus der Gesellschafterstellung Grenzen gesetzt. Der Treuhänder darf keine Weisungen befolgen, die im Verhältnis zur Gesellschaft oder zu den Mitgesellschaftern treuwidrig wären.[234] 570

Auf die Ausübung der Gesellschafterrechte und damit mittelbar auf die Geschicke der Gesellschaft kann der Treugeber auch durch die Vereinbarung einer Stimmbindungsabrede im Treuhandvertrag Einfluss nehmen.[235] Dadurch verpflichtet sich der Treuhänder gegenüber dem Treugeber, bei Abstimmungen der Gesellschafter nach dessen Vorgaben zu votieren. Rechtliche Bedenken gegen die rechtliche Zulässigkeit von Stimmbindungsvereinbarungen bestehen in 571

232) Siehe die Aufstellung bei *Schaub*, DStR 1995, 1634, 1636 und MünchKomm-*K. Schmidt*, HGB, Vor § 230 Rz. 72.

233) *Baumbach/Hopt*, HGB, § 105 Rz. 35. Zur Frage der uneinheitlichen Stimmrechtsausübung aus einem oder mehreren Gesellschaftsanteilen (sog. Mehrfachtreuhand) *Armbrüster*, S. 245 ff; *ders.*, GmbHR 2001, 1021, 1024 (i. E. Zulässigkeit bejahend); siehe auch allgemein *ders.*, in: Festschrift Bezzenberger, S. 3.

234) Vgl. BGHZ 3, 354, 360; MünchKomm-*K. Schmidt*, HGB, Vor § 230 Rz. 73; *Maulbetsch*, S. 132 f; *Blaurock*, Unterbeteiligung, S. 134. Siehe auch *Armbrüster*, S. 330 ff zu den Grundlagen der gesellschaftsrechtlichen Treuepflicht des Treuhänders.

235) Näher *Armbrüster*, S. 232 ff; *Beuthien*, ZGR 1974, 26, 43; *Scholz/K. Schmidt*, GmbHG, § 47 Rz. 42.

Treuhandkonstellationen im Grundsatz nicht.[236] Allerdings wird bei Personengesellschaften überwiegend angenommen, dass Stimmbindungen der **Zustimmung der Mitgesellschafter** bedürfen.[237] Nach einer allerdings umstrittenen Auffassung sind Stimmbindungen auch unwirksam, wenn sie bei vinkulierten GmbH-Geschäftsanteilen ohne Zustimmung der Mitgesellschafter vereinbart werden.[238] Schließlich wird die Zulässigkeit von Stimmbindungen teilweise für solche Abstimmungen abgelehnt, die eine Satzungsänderung zum Gegenstand haben.[239] Wirkung entfaltet die Stimmbindungsabrede grundsätzlich nur im **Innenverhältnis** zwischen den Treuhandbeteiligten. Eine entgegen dieser Abrede abgegebene Stimme bleibt wirksam.[240] Die Stimmbindungsabrede wird in jedem Fall durch die Pflichten des Treuhänders aus dem Gesellschaftsverhältnis beschränkt. Insbesondere darf die Stimmbindung des Treuhänders nicht zu einer Stimmabgabe führen, die seine gesellschaftsrechtliche Treuepflicht verletzt.[241]

b) Informationsrechte und -pflichten des Treugebers

572 Nach § 666 BGB ist der Treuhänder dem Treugeber zu umfassender **Auskunft und Rechenschaft** (§§ 259, 260 BGB) über den von ihm verwalteten Gesellschaftsanteil verpflichtet. Die Einzelheiten und die Reichweite des Informationsanspruchs können grundsätzlich vertraglich näher ausgestaltet werden.[242] Die Gesellschaft bzw. die Mitgesellschafter sind indessen daran interessiert, dass die Verhältnisse der Gesellschaft nicht gegenüber außenstehenden Dritten offengelegt werden. Dies gilt vor allem in personalistisch strukturierten Gesell-

---

236) Vgl. MünchKomm-*K. Schmidt*, HGB, Vor § 230 Rz. 63 („eindeutig zu rechtfertigen"); *Eden*, S. 63 f; *Sudhoff/Schlitt*, GmbH & Co KG, § 39 Rz. 53; *Weipert*, in: Münchener Handbuch des Gesellschaftsrechts II, § 12 Rz. 65 ff; siehe auch BGH, Urt. v. 29. 5. 1967 – II ZR 105/66, BGHZ 48, 163, 165 ff; BGH, Urt. v. 7. 2. 1983 – II ZR 25/82, ZIP 1983, 432, 433. Einschränkend *Priester*, in: Festschrift Werner, S. 657 für Satzungs- und Strukturänderungen.

237) Vgl. *Beuthien*, ZGR 1974, 26, 45; *Ulmer*, in: GroßKomm. HGB, § 105 Rz. 104; *Breuer*, MittRhNotK 1988, 79, 87; MünchKomm-*K. Schmidt*, HGB, Vor § 230 Rz. 63; a. A. offenbar *Baumbach/Hopt*, HGB, § 119 Rz. 18.

238) Vgl. *Scholz/K. Schmidt*, GmbHG, § 47 Rz. 48; *Lutter/Grunewald*, AG 1989, 109, 112; a. A. *Zöllner*, in: Baumbach/Hueck, GmbHG, § 47 Rz. 77.

239) *Scholz/K. Schmidt*, GmbHG, § 47 Rz. 48; wohl auch *Hachenburg/Hüffer*, GmbHG, § 47 Rz. 78; a. A. *Priester*, in: Festschrift Werner, S. 657; 672 f (ausnahmsweise zulässig bei Treuhandverhältnis); zusammenfassend: *Schaub*, DStR 1995, 1634, 1638.

240) MünchKomm-*K. Schmidt*, HGB, Vor § 230 Rz. 63 (dort aber auch zur Unwirksamkeit einer Stimmabgabe wegen Treuhandmissbrauchs im Rahmen einer offengelegten Treuhand); *Scholz/K. Schmidt*, GmbHG, § 47 Rz. 53; *Hachenburg/Hüffer*, GmbHG, § 47 Rz. 65.

241) *Blaurock*, Unterbeteiligung, S. 191; *Henssler* AcP 196 (1996), 37, 80.

242) Siehe aber *Armbrüster*, S. 305 f zum Gesichtspunkt der Verleitung zum Bruch des Gesellschaftsvertrags bei einem aus gesellschaftsrechtlicher Sicht zu weitgehenden Informationsanspruch (§ 138 BGB).

schaften mit umfassenden Informationsrechten der Gesellschafter (§§ 118 HGB; 51a GmbHG).

Diesem **Geheimhaltungsinteresse** der Gesellschaft muss der Treuhänder als Gesellschafter vorrangig Rechnung tragen.[243)] Die Informationserteilung an den Treugeber wird damit ebenfalls durch die gesellschaftsrechtliche Treuepflicht des Treuhänders beschränkt.[244)] Im einzelnen bestehen gewisse **Abstufungen**. Insbesondere bei der verdeckten Treuhand ist die Pflicht zur Vertraulichkeit stark ausgeprägt, während die Billigung der offenen Treuhand durch die Mitgesellschafter das Geheimhaltungsinteresse relativiert.[245)] Allerdings kann auch bei der offenen Treuhand nicht ohne weiteres von der Zustimmung der Mitgesellschafter zur Begründung des Treuhandverhältnisses auf deren Einverständnis mit der uneingeschränkten Weitergabe von vertraulichen Informationen geschlossen werden.[246)] 573

Umgekehrt erwächst auch dem Treugeber aus dem Treuhandverhältnis eine Informationspflicht gegenüber dem Treuhänder. Dies gilt insbesondere dann, wenn der Treugeber aufgrund seiner Weisungsbefugnisse Informationsrechte gegenüber der Gesellschaft oder eigener Ausübungsrechte in Bezug auf das Stimmrecht durch Einräumung einer Stimmrechtsvollmacht gleichsam arbeitsteilig **Gesellschafteraufgaben** wahrnimmt.[247)] Bedeutung hat dies vor allem, wenn der Treuhänder als Gesellschafter in Anspruch genommen wird und in den Prozess auf bestimmte, nur dem Treugeber bekannte Informatio-nen angewiesen ist.[248)] 574

c) Herausgabeansprüche des Treugebers

Vorbehaltlich einer abweichenden Regelung im Treuhandvertrag ist der Treuhänder verpflichtet, dem Treugeber alles herauszugeben, was er zur oder bei der 575

---

243) Allgemein zu den Geheimhaltungspflichten des GmbH-Gesellschafters *Lutter/Hommelhoff*, GmbHG, § 51a Rz. 24; *Koppensteiner*, in: Rowedder/Schmidt-Leithoff, GmbHG, § 51a Rz. 20.

244) *Blaurock*, Unterbeteiligung, S. 134; *Breuer*, MittRhNotK 1988, 79, 86; *Ehlke*, DB 1985, 795, 801; MünchKomm-*K. Schmidt*, HGB, Vor § 230 Rz. 74; *Roth/Thöni*, in: Festschrift 100 Jahre GmbHG, S. 245, 276; einschränkend *Armbrüster*, S. 307 („praktische Konkordanz").

245) *Schaub*, DStR 1995, 1634, 1637 f; *Blaurock*, Unterbeteiligung, S. 181 f; *Roth/Thöni*, in: Festschrift 100 Jahre GmbHG, S. 245, 276 f.

246) MünchKomm-*K. Schmidt*, HGB, Vor § 230 Rz. 74; weitergehend *Armbrüster*, S. 306; *Schiemann*, in: Festschrift Zöllner, S. 503, 516 (für die Publikums-Personengesellschaft).

247) OLG Köln NZG 2002, 870, 871.

248) Mit der Informationspflicht des Treugebers korrespondiert eine (prozessuale) Erkundigungspflicht des Treuhänders, die es ihm verwehrt, über Tatsachen eine Erklärung mit Nichtwissen abzugeben (§ 138 Abs. 4 ZPO), die dem Treugeber bekannt sind; OLG Köln NZG 2002, 870, 871.

Ausführung der Treuhand an dem Gesellschaftsanteil erhält (§ 667 BGB). Gegenstand dieses Herausgabeanspruchs sind vor allem der auf den Gesellschaftsanteil während der Dauer der Treuhand entfallende **Gewinn** sowie **sonstige Vorteile**. Um den Treugeber vor abredewidrigen Verfügungen des Treuhänders über den Gewinnanspruch zu sichern, wird im Treuhandvertrag häufig eine (Voraus-)Abtretung der vermögensrechtlichen Ansprüche des Treuhänders gegen die Gesellschaft vereinbart (siehe auch unten Rz. 581 ff). Eine Befugnis des Treugebers, an dem Gewinnfeststellungsbeschluss oder der Aufstellung der zugrundeliegenden Bilanz der Gesellschaft mitzuwirken, ist damit nicht verbunden.[249)]

d) Aufwendungsersatz- und Freistellungsansprüche des Treuhänders

576 Der Treuhänder hat gegen den Treugeber Ansprüche auf **Vorschuss und Ersatz aller Aufwendungen** (§§ 669, 670 BGB), die ihm aufgrund der Verwaltung des Gesellschaftsanteils entstehen. Insbesondere wenn der Treuhänder als Gesellschafter in Anspruch genommen wird, kann er von dem Treugeber Befreiung von der Verbindlichkeit (§§ 670, 257 BGB) verlangen. Dieser **Befreiungsanspruch** besteht allerdings nur insoweit, als der Treuhänder nicht die Gesellschaft selbst (vgl. etwa § 110 HGB für Personengesellschaften) oder seine Mitgesellschafter (§ 426 BGB) in Regress[250)] nehmen kann.[251)] In geeigneten Fällen ist daran zu denken, den Treuhänder durch die Stellung von Sicherheiten (etwa in der Form einer Bürgschaft des Treugebers) zusätzlich gegen die ihn aus dem Gesellschaftsverhältnis treffenden Haftungsrisiken zu sichern.

577 Fraglich ist, ob sich der Treugeber von dieser gesetzlichen Ausfallhaftung dadurch befreien kann, dass er die Aufwendungsersatz- und Freistellungsansprüche im Treuhandvertrag ausschließt. Grundsätzlich können die Beteiligten von der gesetzlichen Regelung Abweichendes vereinbaren. Sie müssen jedoch bei einer weitgehenden **Trennung** von **Herrschaft und Haftung** die Grenzen des § 138 BGB beachten.[252)] Eine volle Übernahme des Haftungsrisikos durch den Treuhänder wird nur zulässig sein, wenn sie durch eine dem Risiko entsprechende Treuhandvergütung und/oder durch die Überlassung der Gewinne aus dem Gesellschaftsanteil kompensiert wird.[253)]

---

249) *Beuthien*, ZGR 1974, 26, 50; *Schaub*, DStR 1995, 1634, 1637.

250) Dazu *Hadding*, in: Festschrift Fleck, S. 71.

251) Vgl. *Beuthien*, ZGR 1974, 26, 48; *Breuer*, MittRhNotK 1988, 79, 89.

252) *Eden*, S. 62; *Schaub*, DStR 1996, 65, 67.

253) Näher *Beuthien*, ZGR 1974, 26, 49; *Schaub*, DStR 1996, 65, 67.

Regelmäßig wird im Treuhandvertrag vereinbart, dass der Treuhänder für seine Treuhandtätigkeit als Geschäftsbesorgung eine **Vergütung** erhält (§§ 675, 611 BGB). Die Vergütung kann in festen Bezügen bestehen oder – als Anreiz für eine effektive Beteiligungsverwaltung – einen Teil des auf den Gesellschaftsanteil entfallenden Gewinns ausmachen. Nicht zuletzt weil es keine üblichen Vergütungssätze für die treuhänderische Verwaltung eines Gesellschaftsanteils gibt, bedarf es auch insoweit einer ausdrücklichen Regelung im Treuhandvertrag.[254)] 578

e) Innenhaftung der Treuhandbeteiligten

Die Innenhaftung der Treuhandbeteiligten richtet sich nach allgemeinen schuld- 579
rechtlichen Bestimmungen. Die über die Verletzung von Vertragspflichten hinausgehende Haftung des **Treugebers** wurde bereits im Zusammenhang mit den Aufwendungsersatz- und Freistellungspflichten gegenüber dem Treugeber dargestellt (oben Rz. 576).[255)]

Der **Treuhänder** ist für die ordnungsgemäße Verwaltung des Gesellschaftsanteils 580
verantwortlich. Entsprechend haftet er für eine schuldhaft schlechte Verwaltung des Anteils (positive Forderungsverletzung – § 280 BGB).[256)] Für die Frage, ob der Treuhänder in zu vertretender Weise vertragswidrig handelt und sich daher schadensersatzpflichtig macht, ist zu berücksichtigen, dass sich für den Treuhänder schwerwiegende **Kollisionsprobleme** ergeben können. Dies gilt insbesondere, wenn der Treugeber ihn zu einem Handeln anweist, dessen Ausführung die gesellschaftsrechtliche Treuepflicht des Treuhänders verletzen würde. Bei der Lösung des Kollisionsproblems wird man annehmen müssen, dass den Pflichten des Treuhänders aus der Gesellschafterstellung der Vorrang vor den Bindungen aus dem Treuhandvertrag gebührt (oben Rz. 535 f).[257)] Ein weisungs- bzw. vertragswidriges Verhalten des Treuhänders ist daher nicht geeignet, eine Schadensersatzpflicht gegenüber dem Treugeber zu begründen, wenn das treuhandvertragsgemäße Alternativverhalten seinerseits einen Treuepflichtverstoß gegenüber der Gesellschaft oder den Mitgesellschaftern herbeigeführt hätte (objektive Unmöglichkeit des treuhandvertragsgemäßen Verhaltens).[258)] Der Sorgfalts-

---

254) *Eden*, S. 57.

255) Siehe auch OLG Düsseldorf, Urt. v. 13. 1. 2000 – 13 U 107/99, AG 2001, 90 zur Ablehnung einer Konzernhaftung des herrschenden Unternehmens gegenüber einem Treuhänder, der für das herrschende Unternehmen die Geschicke der abhängigen Gesellschaft führt.

256) Vgl. OLG München. Urt. v. 6. 5. 2003 – 23 U 3386/02; ZIP 2003, 2158 (abredewidrige Vereinbarung einer längeren lock-up-Frist mit der Konsortialbank); *Blaurock*, Unterbeteiligung, S. 208 f; *Eden*, S. 59.

257) Siehe auch *Blaurock*, Unterbeteiligung, S. 181; offen gelassen bei *Ulmer*, in: Festschrift Odersky, S. 873, 887 f.

258) Vgl. auch *Ulmer*, in: Festschrift Odersky, S. 873, 887 f.

maßstab bestimmt sich für den Treuhänder nach § 276 BGB. Für eine Haftungserleichterung nach § 708 BGB bleibt kein Raum.[259] Grundsätzlich ist es allerdings möglich, im Treuhandvertrag eine Beschränkung des Haftungsmaßstabs auf grobe Fahrlässigkeit oder die Sorgfalt in eigenen Angelegenheiten zu vereinbaren.[260] Dies kommt in der Praxis (vor allem bei einer unentgeltlich vereinbarten Treuhand) nicht selten vor.

2. Schutz des Treugebers vor missbräuchlichen Verfügungen des Treuhänders

581 Dem Treuhänder steht als Gesellschafter (Vollrechtsinhaber) das Recht zu, über den Gesellschaftsanteil zu verfügen, ihn zu übertragen, dinglich zu belasten oder durch Ausscheiden aus der Gesellschaft aufzugeben.[261] Der drohende Verlust des Treuguts oder seiner Surrogate stellt eine der wesentlichen Gefahren dar, die den Treugeber als wirtschaftlich Berechtigten aus der Treuhand treffen können.

582 Der Schutz des Treugebers vor treuwidrigen Verfügungen ist nur unvollkommen. **Vereinbarungen im Treuhandvertrag**, die dem Treugeber Verfügungen über den Gesellschaftsanteil untersagen oder ihm hierfür bestimmte Vorgaben machen, wirken nach § 137 BGB lediglich schuldrechtlich im Innenverhältnis der Treuhandbeteiligten und führen dazu, dass sich der Treuhänder bei deren Verletzung gegenüber dem Treugeber schadensersatzpflichtig macht.[262] Im **Außenverhältnis** ist der Treugeber nur nach §§ 134, 138 BGB oder im Rahmen der §§ 826, 823 Abs. 2 BGB i. V. m. § 266 StGB, also nur gegen eine bewusst treuwidrige Verfügung des Treuhänders zum Nachteil des Treugebers geschützt, soweit der Erwerber von den die Treuwidrigkeit begründenden Umständen Kenntnis hatte.[263]

259) MünchKomm-*K. Schmidt*, HGB, Vor § 230 Rz. 76 m. w. N.

260) *Breuer*, MittRhNotK 1988, 79, 88; *Seidl*, DStR 1998, 1220, 1224. In der Publikums-Treuhand-KG wird man allerdings aus Gründen des Anlegerschutzes eine vertraglich vereinbarte Haftungsbeschränkung in einer formularmäßigen Treuhandvereinbarung für unzulässig halten müssen; hier ist sogar eine Haftungsverschärfung gem. § 347 HGB zu erwägen; zutreffend *Schiemann*, in: Festschrift Zöllner, S. 503, 514.

261) So bereits RGZ 159, 272, 281; siehe auch *Armbrüster*, S. 162; *Blaurock*, Unterbeteiligung, S. 127 f; MünchKomm-*K. Schmidt*, HGB, Vor § 230 Rz. 69; *Baumbach/Hopt*, HGB, § 105 Rz. 33.

262) Vgl. BGH, Urt. v. 4. 4. 1968 – II ZR 26/67, WM 1968, 649, 650 = NJW 1968, 1471; MünchKomm-*K. Schmidt*, HGB, Vor § 230 Rz. 69. Zu den steuerlichen Auswirkungen solcher schuldrechtlichen Verfügungsbeschränkungen siehe *Hohaus*, DStR 2002, 789, 793.

263) Vgl. *Armbrüster*, S. 163 f; MünchKomm-*K. Schmidt*, HGB, Vor § 230 Rz. 69; *Beuthien*, ZGR 1974, 26, 59 f; *Blaurock*, Unterbeteiligung, S. 133.

Dagegen lehnt die Rechtsprechung es ab, die Grundsätze über den **Missbrauch der Vertretungsmacht** sinngemäß auf treuwidrige Verfügungen anzuwenden.[264] Folge einer solchen Analogie wäre, dass der Treugeber gegenüber dem Erwerb durch einen Dritten einwenden könnte, dieser habe den offenbaren Treubruch wegen des ihm bekannten Treuhandverhältnisses erkennen müssen. Entgegen anders lautender Stimmen[265] wird man der Rechtsprechung folgen müssen und angesichts der Bedeutung von § 137 BGB und der im Vergleich zum Vertreter weitergehenden Rechtsmacht des Treuhänders einer Übertragung der Grundsätze zum Missbrauch der Vertretungsmacht entgegentreten.[266] Ausdruck der gesetzlichen Regelung in § 137 BGB ist es gerade, Verfügungsgeschäfte von jeglichem Streit über die Erkennbarkeit eines Treubruchs freizuhalten, um die Sicherheit und Klarheit des Rechtsverkehrs zu gewährleisten.[267] **583**

Vor diesem Hintergrund sollte in der Vertragspraxis auf besondere Klauseln, die den fehlenden dinglichen **Schutz gegen den Missbrauch** der Treuhandstellung kompensieren, nicht verzichtet werden. Hinsichtlich ihrer Vereinbarkeit mit dem geltenden Recht und ihres Schutzumfangs sind sie allerdings im Einzelfall kritisch zu würdigen.[268] So kann der Treugeber aufgrund einer sogenannten **Erwerbsvollmacht** unter Befreiung von § 181 BGB[269] ebensowenig die treuwidrige Verfügung des Treuhänders verhindern wie bei einem unwiderruflichen Angebot zum Abschluss eines (Rück-)Übertragungsvertrages.[270] Beide Klauseln ermöglichen es dem Treugeber nur, dem Treubruch zuvorzukommen. Wenn das Treuhandverhältnis offengelegt ist und die Mitgesellschafter zustimmen, kann die Veräußerung des Gesellschaftsanteils durch den Treuhänder an die Zustimmung des Treugebers gebunden werden (**Sperrstimmrecht des Treugebers**).[271] Eine solche Gestaltung verstößt nicht gegen § 137 BGB, weil dieser nur eine Ver- **584**

---

264) BGH WM 1968, 649, 649 f; BGH, Urt. v. 4. 11. 1976 – II ZR 50/75, WM 1977, 525 (für treuhänderisches Unterbeteiligungsverhältnis) m. Anm. *Wank*, JuS 1979, 402; zustimmend *Armbrüster*, S. 162 f; *Eden*, S. 89; *Beuthien*, ZGR 1974, 26, 60 f; *Henssler*, AcP 196 (1996), 37, 67.

265) *Schlegelberger/K. Schmidt*, HGB, Vor § 230 Rz. 62; MünchKomm-*K. Schmidt*, HGB, Vor § 230 Rz. 69; *Tebben*, S. 188 ff; *Wank*, JuS 1979, 402, 405 ff.

266) Wie hier *Armbrüster*, S. 136; *Soergel/Leptien*, BGB, Vor § 164 Rz. 60; *Henssler*, AcP 196 (1996), 37, 66 ff.

267) *Beuthien*, ZGR 1974, 26, 62.

268) Vgl. *Hegmanns*, ZIP 1989, 900.

269) Hierfür bestehen keine Formerfordernisse nach § 15 Abs. 3, 4 GmbHG, weil durch die Vollmacht dem Ziel der Formbestimmungen, die Gesellschaftsanteile dem freien Handel zu entziehen und den Nachweis der Übertragung zu sichern, nicht widersprochen wird; vgl. BGH, Urt. v. 24. 3. 1954 – II ZR 23/53, BGHZ 13, 49, 51 ff; *Breuer*, MittRhNotK 1988, 79, 84; *Hueck/Fastrich*, in: Baumbach/Hueck, GmbHG, § 15 Rz. 22.

270) Dazu *Schaub*, DStR 1996, 65, 66, *Armbrüster*, S. 158.

271) Näher *Schaub*, DStR 1996, 65, 66.

fügungsbeschränkung in der Treuhandabrede ausschließt, nicht dagegen eine Vereinbarung zwischen den Parteien eines forderungsähnlichen Rechts (hier also zwischen den Gesellschaftern) über die Einschränkung des Abtretungsrechts.[272)] Eine solche Abrede kann bereits in der Satzung enthalten sein; wird sie später durch Gesellschafterbeschluss vereinbart, unterliegt sie den Regeln über Änderungen des Gesellschaftsvertrags (§ 53 GmbHG).[273)]

585 Weitgehenden Schutz vor treuwidrigen Verfügungen bietet nur eine **Rückfallklausel**, aufgrund derer ein Gesellschaftsanteil automatisch an den Treugeber zurückfällt, wenn der Treuhänder versucht, über den Gesellschaftsanteil zu verfügen.[274)] Bereits mit Abschluss des Treuhandvertrags tritt der Treuhänder dem Treugeber den Gesellschaftsanteil ab. Diese Abtretung ist aufschiebend bedingt durch eine Verfügung des Treuhänders über den Gesellschaftsanteil ohne vorherige (schriftliche) Zustimmung des Treugebers (Erwerbs- oder Vereinbarungstreuhand).[275)] Bei einer Übertragungstreuhand kann der Treugeber den Gesellschaftsanteil auf den Treuhänder auch unter der **auflösenden Bedingung** übertragen, dass dieser ihn treuwidrig zu veräußern sucht.[276)] Bedenken hinsichtlich der Vereinbarkeit einer solchen Klausel mit § 137 BGB und der bei bedingten Verfügungen notwendigen Bestimmtheit sind unbegründet.[277)] Volle Wirkung entfaltet die Klausel allerdings nur bei frei übertragbaren Gesellschaftsanteilen oder wenn die Treuhand offengelegt ist und die Mitgesellschafter die bedingte Übertragung zumindest schlüssig gebilligt haben.[278)]

V. Atypische Treuhandformen

586 Ähnlich wie bei anderen Formen mittelbarer Unternehmensbeteiligungen haben sich auch bei der Treuhand atypische Gestaltungen herausgebildet, die an spezifi-

---

272) Zutreffend *Henssler*, AcP 196 (1996), 37, 83; vgl. auch § 15 Abs. 5 GmbHG; anders *Beuthien*, ZGR 1974, 26, 63 f.

273) *Scholz/Priester*, GmbHG, § 53 Rz. 8.

274) *Armbrüster*, S. 159 ff, 163; *Beuthien*, ZGR 1974, 26, 62; *Däubler*, GmbHR 1966, 243, 246; *Breuer*, MittRhNotK 1988, 79, 82; *Hegmanns*, ZIP 1989, 900, 901 f; *Schaub*, DStR 1996, 65, 66; kritisch im Hinblick auf die notwendige Bestimmtheit einer solchen Vereinbarung MünchKomm-*K. Schmidt*, HGB, Vor § 230 Rz. 71.

275) Vgl. OLG Hamm, Urt. v. 23. 5. 1997 – 19 U 150/96, NZG 1998, 109 = WM 1998, 145 = MittRhNotK 1998, 64 m. Anm. *Gottwald*, MittRhNotK 1998, 267.

276) *Schaub*, DStR 1996, 65, 66.

277) *Armbrüster*, S. 159 f; kritisch, im Ergebnis aber ähnlich *Schmitz*, ZNotP 1998, 11, 14 f. Bedenken aus § 137 BGB hat *Karsten Schmidt* jetzt aufgegeben; siehe *Schlegelberger/K. Schmidt*, HGB, Vor § 230 Rz. 63 einerseits und MünchKomm-*K. Schmidt*, HGB, Vor § 230 Rz. 71 Fn. 285 andererseits.

278) In der Praxis sind solche Bedingungen wenig verbreitet; siehe auch *Armbrüster*, S. 161 m. w. N.; *Hegmanns*, ZIP 1989, 900, 901.

sche Bedürfnisse angepasst sind. Hervorzuheben sind bei der Treuhand die Erscheinungsformen, in denen die Gesellschaftsanteile für eine (unbestimmte) Vielzahl von Treugebern gehalten werden (mehrgliedriges Treuhandverhältnis)[279] und die Treuhand mit der Gesellschaft selbst.

1. Publikums-Treuhandgesellschaft

Die Publikums-Treuhandgesellschaft ermöglicht es, ohne großen verwaltungs- 587
mäßigen Aufwand **Kapital beim Publikum zu sammeln**. Sie ist neben der Publikums-GmbH & Co KG,[280] der Publikums-GbR[281] und der stillen Publikumsgesellschaft (oben Rz. 136 ff) und denkbaren Kombinationsmöglichkeiten eine Erscheinungsform im Sonderrecht der Publikumspersonengesellschaften.[282] Wenn die Anleger in einer Publikums-GmbH & Co KG direkt als Kommanditisten an der Kommanditgesellschaft beteiligt sind, werden sie aus Gründen der Praktikabilität häufig in der Gesellschafter- bzw. Kommanditistenversammlung von einem sog. unechten Treuhänder vertreten, der – ohne selbst Gesellschafter zu sein – ihre Rechte wahrnimmt.[283]

Regelmäßig handelt es sich bei der echten Publikums-Treuhandgesellschaft um 588
eine Kommanditgesellschaft (sog. **kupierte Publikums-KG**[284]), in der die Anleger (Treugeber) nur mittelbar über den Treuhänder an einem einheitlichen Kommanditanteil der Gesellschaft beteiligt sind.[285] Teilweise handelt es sich

279) Vgl. BGHZ 73, 294 = NJW 1979, 1503; BGH, Urt. v. 7. 11. 1977 – II ZR 105/76, NJW 1978, 755 f; *Karsten Schmidt*, Gesellschaftsrecht, § 61 III 1 c; MünchKomm-*K. Schmidt*, HGB, Vor § 230 Rz. 79; *Bälz*, ZGR 1980, 1.

280) Vgl. BGH, Urt. v. 9. 2. 1976 – II ZR 65/75, NJW 1976, 894; *Karsten Schmidt*, Gesellschaftsrecht, § 57 I 2. Siehe dort auch zu den anderen Gestaltungen.

281) Vgl. BGH, Urt. v. 2. 7. 2001 – II ZR 304/00, BGHZ 148, 201 = ZIP 2001, 1364 = NJW 2001, 2718 = ZfIR 2002, 41, dazu EWiR 2001, 919 *(Allmendinger)*.

282) Siehe dazu statt anderer *Baumbach/Hopt*, HGB, Anh. § 177a Rz. 52 ff m. w. N.; *Henze*, in: Ebenroth/Boujong/Joost, HGB, § 177a Anh. B Rz. 17 ff; *Uwe H. Schneider*, ZHR 142 (1978), 228; *ders.*, ZGR 1978, 1. Weitere Nachweise aus der umfangreichen Literatur bei *Hopt*, in: Festgabe BGH, S. 497, 508 Fn. 46.

283) BGH, Urt. v. 12. 12. 1966 – II ZR 41/65, BGHZ 46, 291, 292; *Henze*, in: Ebenroth/Boujong/Joost, HGB, § 177a Anh. B Rz. 8.

284) *Armbrüster*, S. 32 f; *Grundmann*, S. 482 ff; *Bälz*, ZGR 1980, 1, 11 ff; *Maulbetsch*, DB 1984, 2232, 2232. Siehe bei *Grundmann*, S. 482 ff und *Bälz*, ZGR 1980, 1, 34 ff auch zur praktisch weniger bedeutsamen „integrierten Publikums-KG", bei der die Anleger die Kommanditistenstellung einnehmen, jedoch einzelne Mitverwaltungs- und Vermögensrechte auf einen (unechten) Treuhänder übertragen.

285) Vgl. BGHZ 76, 127, 131 = NJW 1980, 1163; BGHZ 84, 141, 144 = ZIP 1982, 833 = NJW 1982, 2493; MünchKomm-*K. Schmidt*, HGB, Vor § 230 Rz. 44; MünchKomm-*Grunewald*, HGB, § 161 Rz. 101 und 103; *Hopt*, in: Festgabe BGH, S. 497, 509, 521; *Grundmann*, S. 482 ff. Siehe auch *Schlitt*, S. 259 ff zu Gestaltungen, in denen der Treuhänder für eine Vielzahl von Treugebern die Position eines stillen Gesellschafters einnimt.

hierbei auch nicht um reine Treuhandverhältnisse, sondern um eine Kombination von Treuhand und Unterbeteiligung.[286] Voraussetzung dafür ist das für die Unterbeteiligung erforderliche Einlageverhältnis. Über sog. mittelbare Kommanditbeteiligungen sind in der Vergangenheit auch Anteilsscheine ausgegeben worden, die zwar nicht als Wertpapiere, sondern allenfalls als Beweisurkunden einzuordnen sind, aber auch als solche durchaus die Abtretbarkeit und Fungibilität der mittelbaren Kommanditbeteiligungen erleichtern.[287] Der einzelne Treugeber kann den **Treuhandkommandististen** nicht individuell auswählen, sondern dieser ist gleichsam integraler **Bestandteil des Anlageangebots.**[288] Vor dem Hintergrund des (massenhaften) Kapitalanlagezwecks liegt es nahe, dass die gewöhnliche Rechts- und Pflichtenordnung der Treuhand nur bedingt auf solche Publikums-Treuhandgesellschaften übertragen werden kann.

a) Treuhänderpflichten

589 Mit jedem weiteren hinzukommenden Anleger wird der Kommanditanteil nach der im Gesellschaftsvertrag der Kommanditgesellschaft typischen Gestaltung (Ermächtigung) erhöht (Erweiterung der Einlagesumme in Höhe des vom Anleger gezeichneten Betrags).[289] Der **Einlageanspruch** der Kommanditgesellschaft, der sich gegen den Treuhandkommanditisten richtet, ist von der Zahlung des Anlegers an diesen abhängig.[290] Umgekehrt kann der Treuhänder seinen Anspruch auf Zahlung der Einlage gegen die Anleger noch nicht an die Kommanditgesellschaft abtreten, wenn der Treuhandvertrag die Leistung der Anleger vom Eintritt bestimmter Mittelfreigabevoraussetzungen abhängig macht und diese noch nicht erfüllt sind (vgl. § 399 BGB).[291] Die Kommanditgesellschaft hat keine unmittelbaren Einlageansprüche gegen die Anleger.[292]

---

286) MünchKomm-*K. Schmidt*, HGB, Vor § 230 Rz. 79.

287) *Beuthien*, ZGR 1974, 26, 36.

288) *Maulbetsch*, DB 1984, 2232, 2232.

289) BGH, Urt. v. 14. 11. 1977 – II ZR 95/76, NJW 1978, 1000; *Grundmann*, S. 489; *Hopt*, in: Festgabe BGH, 2000, S. 497, 521. In der Praxis vorgekommen sind 500 bis 1000, zum Teil auch über 3500 Anleger; vgl. die rechtstatsächliche Aufarbeitung von *Hopt*, Gutachten, G 25, 34, 37.

290) OLG München, Urt. v. 22. 2. 1984 – 7 U 4726/83, NJW 1984, 810, 812 f; *Baumbach/Hopt*, HGB, Anh. § 177a Rz. 79; *Henze*, in: Ebenroth/Boujong/Joost, HGB, § 177a Anh. B Rz. 101; *Hopt*, in: Festgabe BGH, S. 497, 521; *Schiefer*, DStR 1997, 119, 120; kritisch *Heymann/Horn*, HGB, § 161 Rz. 176.

291) Vgl. BGH, Urt. v. 10. 6. 1991 – II ZR 247/90, ZIP 1991, 1211 = NJW 1991, 2906, 2907, dazu EWiR 1991, 875 *(Heinemann)*; *Heymann/Horn*, HGB, § 161 Rz. 176; *Henze*, in: Ebenroth/Boujong/Joost, HGB, § 177a Anh. B Rz. 99.

292) OLG Düsseldorf ZIP 1991, 1494, 1496; *Heymann/Horn*, HGB, § 161 Rz. 176; *Hopt*, in: Festgabe BGH, S. 497, 521 f.

Die für die personalistische Treuhand charakteristische Kollisionslage zwischen der Treuepflicht gegenüber den Mitgesellschaftern bzw. der Gesellschaft und den schuldrechtlichen Pflichten aus dem Treuhandverhältnis ist bei solchen Publikums-Treuhandgesellschaften nicht ohne weiteres gegeben. Vielmehr dürfte das Gesellschaftsinteresse mit dem Gesamtanlegerinteresse identisch sein, so dass der Treuhänder als nur dem **Interesse der Anleger** verpflichtet anzusehen ist.[293] Nach der höchstrichterlichen Rechtsprechung verlangt diese Interessenwahrnehmung nach einer (institutionellen und wirtschaftlichen) Unabhängigkeit des Treuhandkommanditisten von der Geschäftsführung der Publikumspersonengesellschaft.[294] Entsprechend gilt für ihn das Verbot der Stimmrechtsausübung bei Interessenkollision. Der Gesellschaftsvertrag kann insoweit nichts Abweichendes vereinbaren.[295] 590

Zu den Aufgaben des Treuhänders gehört es, die Vertragsverhandlungen mit dem Anleger zu führen. Er wird auch Vertragspartner des Anlegers. Dem entspricht es, dass der Treuhänder einer umfassenden **Aufklärungspflicht** gegenüber dem Anleger unterworfen ist. Der Anleger ist vor dem Vertragsschluss über alle wesentlichen Punkte aufzuklären, die für die zu übernehmende mittelbare Beteiligung von Bedeutung sind.[296] Dazu gehören auch Interessenkonflikte des Treuhänders[297] oder der Umstand, dass dieser das Anlageobjekt nicht geprüft hat.[298] Kommt der Treuhänder diesen vorvertraglichen Pflichten nicht nach, haftet er nach den Grundsätzen der culpa in contrahendo (§ 311 Abs. 2, 3; § 241 Abs. 2 BGB[299]). Diese Haftung erstreckt sich nach § 278 BGB auch auf die Personen, die der Treuhänder beim Vertragsschluss einsetzt.[300] 591

---

293) Vgl. *Grundmann*, S. 492 f; *Heymann/Horn*, HGB, § 161 Rz. 182; siehe aber auch *Bälz*, ZGR 1980, 1, 19.

294) Vgl. BGHZ 73, 294, 298 f; BGH, Urt. v. 17. 12. 1979 – II ZR 240/78, ZIP 1980, 277 = NJW 1980, 1162, 1163 = WM 1980, 401; *Maulbetsch*, DB 1984, 2232, 2232 ff; *Hopt*, in: Festgabe BGH, S. 497, 521; *Heymann/Horn*, HGB, § 161 Rz. 183.

295) *Heymann/Horn*, HGB, § 161 Rz. 183.

296) Vgl. BGHZ 84, 141, 144; BGH, Urt. v. 24. 4. 1978 – II ZR 172/76, BGHZ 71, 284, 287 f = NJW 1978, 1625; BGH, Urt. v. 22. 5. 1980 – II ZR 209/79, BGHZ 77, 172, 176 = ZIP 1980, 532; BGH, Urt. v. 6. 10. 1980 – II ZR 60/80, BGHZ 79, 337, 344 = ZIP 1981, 517; BGH, Urt. v. 24. 7. 2003 – III ZR 390/02, ZIP 2003, 1844, 1845 („rechtlichen und wirtschaftlichen, insbesondere finanziellen Grundlagen der Gesellschaft"). Danach obliegt dem Treuhänder zudem bereits vor Abschluss des Treuhandvertrags eine Mittelverwendungskontrolle (a. a. O., 1846); *Grundmann*, S. 505.

297) *Hopt*, in: Festgabe BGH, S. 497, 521. Siehe auch *Baumbach/Hopt*, HGB, § 347 Rz. 30.

298) BGHZ 84, 141, 144.

299) Vgl. BGH, ZIP 2003, 1844, 1846. Eine Änderung der materiellen Rechtslage ist mit der erstmaligen Kodifizierung des Rechtsinstituts des Verschuldens bei Vertragshandlungen nicht verbunden; siehe nur *Palandt/Heinrichs*, BGB, § 311 Rz. 60.

300) MünchKomm-*Grunewald*, HGB, § 161 Rz. 137 m. w. N.

592 Gleiches gilt für die Fälle, in denen für die Kapitalanlage mit einem Prospekt geworben wird, der sich als unvollständig oder fehlerhaft erweist (allgemeine zivilrechtliche **Prospekthaftung**) (oben Rz. 144 ff).[301] Dafür macht es keinen Unterschied, dass die Anleger nur mittelbar über den Treuhandkommanditisten an der Gesellschaft beteiligt sind.[302] Insoweit kann der Treuhänder auch für den von der Gesellschaft ohne sein Wissen vorgelegten Prospekt haften.[303] Grundsätzlich kann ein geschädigter Anleger allerdings nicht mit seinem Schadensersatzanspruch aus Prospekthaftung gegen die Einlageforderung aufrechnen, weil die Kommanditgesellschaft regelmäßig nicht zu den Prospekthaftungspflichtigen zählt.[304]

b) Auslegung und Inhaltskontrolle von Treuhand- und Gesellschaftsvertrag

593 Der Nähe zu den Kapitalgesellschaften mit einer unbestimmten Vielzahl von Gesellschaftern entspricht es, den Gesellschaftsvertrag einer Publikumspersonengesellschaft wie eine Satzung nach dem **objektiven Erklärungsbefund** auszulegen (oben Rz. 140).[305] Subjektive Vorstellungen, die in der Vertragurkunde nicht enthalten sind, finden keine Berücksichtigung. Dies gilt auch, wenn die Anleger nicht unmittelbar, sondern nur mittelbar über den Treuhandkommanditisten an der Kommanditgesellschaft beteiligt sind.[306]

594 Die vorformulierten Treuhand- und Gesellschaftsverträge unterliegen – für den Fall, dass die Auslegung nicht weiterführt –[307] der **Inhaltskontrolle**. Wegen des Geschäftsbesorgungscharakters dieser Verträge greift die Bereichsausnahme des § 310 Abs. 4 BGB für Gesellschaftsverträge nicht ein. Die Inhaltskontrolle des Treuhandvertrages richtet sich nach den Bestimmungen über die Gestaltung rechtsgeschäftlicher Schuldverhältnisse durch allgemeine Geschäftsbedingun-

301) Ständige Rspr., s. zuletzt BGH, Urt. v. 14. 7. 2003 – II ZR 202/02, DStR 2003, 1760, 1761 (zur Publikums-Kommanditgesellschaft). Näher *Grundmann*, S. 494 ff, 505 ff; MünchKomm-*Grunewald*, HGB, § 161 Rz. 141 ff. Vgl. auch BGHZ 84, 141, 143 (Zurechnung nach § 278 BGB für den Fall, dass der Treuhänder die KG zum Abschluss des Treuhandvertrags ermächtigt).

302) BGH, Urt. v. 30. 3. 1987 – II ZR 163/86, ZIP 1987, 912 = NJW 1987, 2677, 2678, dazu EWiR 1987, 697 *(Priester)*.

303) BGHZ 84, 141, 142, 148.

304) BGHZ 71, 284, 286; *Henze*, in: Ebenroth/Boujong/Joost, HGB, § 177a Anh. B Rz. 57 m. w. N.

305) *Baumbach/Hopt*, HGB, Anh. § 177a Rz. 67; *Hopt*, in: Festgabe BGH, S. 497, 512 m. w. N.; *Grunewald*, ZGR 1995, 68, 89; MünchKomm-*Grunewald*, HGB, § 161 Rz. 108 m. w. N.

306) Vgl. BGH NJW 1978, 755, 755 f.

307) BGH, Urt. v. 30. 4. 1979 – II ZR 57/78, NJW 1979, 2102, 2103; *Henze*, in: Ebenroth/Boujong/Joost, HGB, § 177a Anh. B Rz. 25.

gen (§§ 305 ff BGB – vormals AGBG).[308] Unabhhängig von der engen Verzahnung von Kommanditgesellschaftsvertrag und Treuhandvertrag bleibt es dagegen für den Gesellschaftsvertrag bei der allgemeinen Inhaltskontrolle nach § 242 BGB.[309] Hierbei kommen freilich ganz ähnliche Kriterien zur Anwendung; ein wesentlicher Unterschied zur Inhaltskontrolle nach den Grundsätzen für allgemeine Geschäftsbedingungen besteht damit nicht.[310]

Die Anleger (Treugeber) sind vom Treuhänder wirtschaftlich bzgl. **Ertrag und** 595 **Risiko** wie Kommanditisten zu stellen.[311] Insbesondere muss der Treuhandkommanditist Mitwirkungs-, Kontroll und Überwachungsbefugnisse pflichtgemäß und sachverständig im Interesse der Treugeber ausüben.[312] Der Umfang der Gleichstellung bedarf der Analyse im Einzelfall.[313] Aus der nur mittelbaren Beteiligung dürfen dem Anleger nur solche Rechtsnachteile entstehen, die aus der Zwischenschaltung des Treuhänders unvermeidlich folgen.[314] Geschützt ist die mittelbare Beteiligung insbesondere gegen einseitige Übernahme- und unberechtigte Abfindungsklauseln.[315] Umgekehrt gibt es keinen Grund, den Treugeber besser zu stellen, als wenn er unmittelbar beteiligt wäre.[316] Bei drohendem Vermögensverfall der Gesellschaft ist der Treuhänder somit weder verpflichtet, die bereits von den Treugebern für die Kommanditeinlage zur Verfügung gestellten Gelder zurückzuhalten, noch hierzu gegenüber der Gesellschaft berechtigt.[317] Die Anleger tragen also im Innenverhältnis das (mittelbare) Kommanditistenrisiko.[318]

---

308) Ausführlich *Grundmann*, S. 513 ff (zu einzelnen Klauseln S. 524 ff); MünchKomm-*Grunewald*, HGB, § 161 Rz. 121; *Schiefer*, DStR 1997, 119; 123 f.

309) Vgl. BGH, Urt. v. 14. 4. 1975 – II ZR 147/73, BGHZ 64, 238, 241 f; BGH, Urt. v. 21. 3. 1988 – II ZR 135/87, BGHZ 104, 50, 53 = ZIP 1988, 906 = NJW 1988, 1903, dazu EWiR 1988, 655 *(Blaurock)*; BGH, Urt. v. 9. 11. 1987 – II ZR 100/87, BGHZ 102, 172 , ZIP 1988, 22 = NJW 1988, 969, dazu EWiR 1988, 145 *(Blaurock)*; *Baumbach/Hopt*, HGB, Anh. § 177a Rz. 68. Kritisch zum dogmatischen Ansatz MünchKomm-*Grunewald*, HGB, § 161 Rz. 116 f.

310) Zu Beispielen unwirksamer Klauseln MünchKomm-*Grunewald*, HGB, § 161 Rz. 118 ff.

311) BGH NJW 1987, 2677, 2678; BGH NJW 1980, 1162, 1163; *Grundmann*, S. 508; *Gieseke*, DB 1984, 970, 970; *Henze*, in: Ebenroth/Boujong/Joost, HGB, § 177a Anh. B Rz. 97.

312) *Henze*, in: Ebenroth/Boujong/Joost, HGB, § 177a Anh. B Rz. 97.

313) Näher *Grundmann*, S. 508 ff.

314) Vgl. BGHZ 104, 50, 55.

315) Vgl. BGHZ 104, 50, 57 f; *Baumbach/Hopt*, HGB, Anh. § 177a Rz. 80; *Schiefer*, DStR 1997, 119, 121.

316) BGH NJW 1980, 1162, 1163.

317) BGH NJW 1980, 1162, 1163 = BB 1980, 549; zustimmend *Gieseke*, DB 1984, 970; *Heymann/Horn*, HGB, § 161 Rz. 176; *Henze*, in: Ebenroth/Boujong/Joost, HGB, § 177a Anh. B Rz. 102; kritisch dagegen *Grundmann*, S. 510 f.

318) Vgl. BGH NJW 1980, 1162, 1163.

c) Gesellschaftsrechtliche Bindung unter den Treugebern

596 Es ist charakteristisch für solche Publikums-Treuhandgesellschaften, dass die Anleger als Treugeber des einen Kommanditanteils keineswegs unverbunden nebeneinander stehen, sondern in einem **mehrgliedrigen Gesellschaftsverhältnis** – einer Gesellschaft bürgerlichen Rechts – zusammengefasst sind.[319)] Einer Gesellschafterversammlung der Anleger obliegt es, ihre Treugeberrechte gegenüber dem Treuhandkommanditisten auszuüben.[320)] Häufig ist fraglich, ob diese Innengesellschaft nur unter den Treugebern besteht oder den Treuhänder einbezieht. Dies hängt von der spezifischen Ausgestaltung ab. Jedenfalls führt eine solche Einbeziehung dazu, dass auch das Innenverhältnis zwischen den Treuhändern und dem Treugebern gesellschaftsrechtliche Qualität hat.[321)] Regelmäßig ist der Treuhänder dann auch Organ der zwischen ihm und den Treugebern geschlossenen Innengesellschaft.[322)] Teilweise wird darüber hinaus erwogen, die gesellschaftsrechtliche Organisation unter den Treugebern und die Handelsgesellschaft zu einem zusammenzuführen.[323)] Die weitere Rechtsentwicklung bleibt hier abzuwarten.

2. Treuhänderischer Erwerb von eigenen Gesellschaftsanteilen für die Gesellschaft

597 Besondere Regelungen gelten im Kapitalgesellschaftsrecht, wenn jemand im eigenen Namen, jedoch für Rechnung der Gesellschaft (eigene) Gesellschaftsanteile der Gesellschaft erwirbt oder besitzt. Grundsätzlich ist einem solchen Treuhänder der Gesellschaft der Erwerb oder Besitz der Gesellschaftsanteile nur erlaubt, soweit dies auch der Gesellschaft gestattet wäre.

598 Das Aktienrecht enthält insoweit eine ausdrückliche Umgehungsbestimmung, § 71d Satz 1 i. V. m. § 71 Abs. 1 Nr. 1 bis 5, 7 und 8 und Abs. 2 AktG. Allerdings ist auch die – weniger restriktive – Bestimmung des GmbH-Rechts zu eigenen

---

319) Vgl. MünchKomm-*K. Schmidt*, HGB, Vor § 230 Rz. 44; *Schiefer*, DStR 1997, 119, 120; *Henze*, in: Ebenroth/Boujong/Joost, HGB, § 177a Anh. B Rz. 9.

320) Vgl. *Grundmann*, S. 489. Zur Noteinberufung der Gesellschafterversammlung durch die Anleger-Treugeber BGHZ 102, 172, 174 ff; zur Durchführung der Gesellschafterversammlung *Hadding*, in: Gedächtnisschrift Schultz, S. 65.

321) Siehe MünchKomm-*K. Schmidt*, HGB, Vor § 230 Rz. 79.

322) *Bälz*, ZGR 1980, 1, 58 ff.

323) Vgl. MünchKomm-*K. Schmidt*, HGB, Vor § 230 Rz. 79; *Schiemann*, in: Festschrift Zöllner, S. 503, 510. Zur Verzahnung von Gesellschaft und Treuhand siehe auch BGH NJW 1987, 2677. Nach dem Urteil können die nur mittelbar beteiligten Anleger durch den Gesellschaftsvertrag im Innenverhältnis unter den Gesellschaftern so gestellt werden, als seien sie Kommanditisten.

Geschäftsanteilen umgehungsfest, da sie ebenfalls dem Kapitalschutz dient.[324] Danach kann eine GmbH eigene Geschäftsanteile nicht erwerben oder als Pfand nehmen, auf welche die Einlagen noch nicht vollständig geleistet sind (§ 33 Abs. 1 GmbHG). Erwirbt in einem solchen Fall gleichwohl ein Treuhänder der Gesellschaft den Geschäftsanteil, ist der **Treuhandvertrag nichtig** (§ 134 BGB); die gegenseitigen Ansprüche aus §§ 670 und 667 BGB bestehen nicht.[325] Gleiches gilt, wenn die Gesellschaft die Gesellschaftsanteile nach § 33 Abs. 2 Satz 3 GmbHG wirksam, aber nur rechtsgrundlos erwerben könnte, weil sie zwar voll eingezahlt sind, der Erwerb jedoch nicht aus dem über den Betrag des Stammkapitals hinausgehenden Vermögen finanziert wird und die Gesellschaft nicht die nach § 272 Abs. 4 HGB vorgeschriebene Rücklage für eigene Anteile bilden könnte.[326] Erwirbt nämlich ein Dritter treuhänderisch für die Gesellschaft, müsste diese auch den Aufwendungsersatz (§ 670 BGB) für die Zahlung des Kaufpreises aus ungebundenem Vermögen aufbringen.[327]

Umstritten ist, ob der Dritte aus den trotz Verbots erworbenen Gesellschafts- **599**
anteilen Rechte herleiten kann bzw. ob ihn die damit verbundenen Gesellschafterpflichten treffen. Im Aktienrecht wird wohl überwiegend von einem **Ruhen der Rechte** ausgegangen (§ 71d Satz 4 i. V. m. § 71b AktG).[328] Demgegenüber wird für GmbH-Geschäftsanteile teilweise vertreten, diese Rechtsfolge sei nicht sachgerecht, weil der Dritte wirksam Gesellschafter geworden sei und wegen der Nichtigkeit des Treuhandverhältnisses einerseits weder zur Befolgung von Weisungen und zur Herausgabe der Geschäftsanteile oder darauf bezogener Gewinne verpflichtet sei sowie andererseits der vollen gesellschaftsrechtlichen Haftung aus dem Gesellschaftsanteil unterliege.[329] Es erscheint jedoch fraglich, ob insoweit nicht auch ein gesellschaftsrechtlicher Schutz geboten ist, weil sich der vermeintliche Treuhänder faktisch kaum der Einflußnahme der Gesellschaft entziehen wird. Unter Umständen stellt sich eine unzulässige Treuhand erst im Nachhinein heraus – dann hätten die Mitgesellschafter keine Möglichkeit, Gesellschafterbeschlüsse, die unter Mitwirkung des vermeintlichen Treuhänders gefasst worden sind, anzufechten, sondern wären gegebenenfalls auf einen Scha-

---

324) *Michalski/Pentz*, GmbHG, § 33 Rz. 42.

325) *Michalski/Pentz*, GmbHG, § 33 Rz. 42; *Roth/Altmeppen*, GmbHG, § 33 Rz. 31.

326) Näher *Michalski/Pentz*, GmbHG, § 33 Rz. 42; *Roth/Altmeppen*, GmbHG, § 33 Rz. 31.

327) *Roth/Altmeppen*, GmbHG, § 33 Rz. 31; siehe auch *Michalski/Pentz*, GmbHG, § 33 Rz. 43 zur Bildung einer Rücklage gemäß § 272 Abs. 4 HGB und zur Situation bei nachträglicher Verschlechterung der Vermögenslage der Gesellschaft.

328) Vgl. *Hüffer*, AktG, § 71d Rz. 10; *Lutter*, in: Kölner Komm. z. AktG, § 71d Rz. 63; MünchKomm-*Oechsler*, AktG, § 71d Rz. 15.

329) So *Michalski/Pentz*, GmbHG, § 33 Rz. 42; wohl auch *Scholz/Westermann*, GmbHG, § 33 Rz. 12 („relative Unwirksamkeit").

densersatzanspruch gegen die Geschäftsführung (§ 43 GmbHG) verwiesen. Die Rechte aus der Beteiligung sollten daher auch beim vermeintlichen Treuhänder ruhen.[330] Außerdem ist natürlich auch dann, wenn das Treuhandverhältnis nach Maßgabe von § 33 Abs. 1 und 2 GmbHG wirksam ist, von einem Ruhen der Rechte aus den Geschäftsanteilen analog § 71d Satz 4 i. V. m. § 71b AktG auszugehen.[331]

VI. Treuhand in der Einzelzwangsvollstreckung und Insolvenz

1. Einzelzwangsvollstreckung gegen den Treuhänder und Insolvenz des Treuhänders

600 Aufgrund der Vollrechtsstellung des Treuhänders ist das Treugut dem unmittelbaren Zugriff seiner Gläubiger in der Einzelzwangsvollstreckung und in der Insolvenz ausgesetzt. Der Treugeber hat hiergegen keine Handhabe, soweit die Vollstreckung von der Gesellschaft selbst wegen einer Verbindlichkeit des Treuhandgesellschafters aus dem Gesellschaftsverhältnis oder von Gesellschaftsgläubigern wegen einer persönlichen Gesellschafterhaftung des Treuhänders betrieben wird; hier verwirklicht sich das Gesellschafterrisiko.[332] Dem Grunde nach ist aber anerkannt, dass der Treugeber gegen **Maßnahmen der Privatgläubiger des Treuhänders** geschützt ist.[333] Möglichen Lücken in diesem Schutzkonzept muss durch eine sachgerechte Vertragsgestaltung begegnet werden (unten Rz. 606 ff).

a) Rechtliche Ausgangslage

601 Den Gläubigern des Treuhänders steht es grundsätzlich frei, im Wege der Einzelzwangsvollstreckung auf den Gesellschaftsanteil selbst (§§ 859 Abs. 1 i. V. m. § 857 Abs. 1, §§ 829, 835 ZPO)[334] und einzelne isolierbare Vermögensrechte (z. B. Gewinnbezugsrecht, künftiges Auseinandersetzungsguthaben) zuzugreifen. In der Insolvenz des Treuhänders fällt sein gesamtes Vermögen – also auch der treuhänderisch verwaltete Gesellschaftsanteil – in die Insolvenzmasse.[335]

---

330) Wie hier *Roth/Altmeppen*, GmbHG, § 33 Rz. 31.

331) Vgl. *Michalski/Pentz*, GmbHG, § 33 Rz. 43.

332) Vgl. *Armbrüster*, S. 171; *Beuthien*, ZGR 1974, 26, 73 f; MünchKomm-*K. Schmidt*, HGB, Vor § 230 Rz. 80. Auf den Gesellschaftsanteil an einer Personengesellschaft werden die Gesellschaftsgläubiger regelmäßig nicht zugreifen, weil ihnen die Kündigungsmöglichkeit nach § 135 HGB nicht zusteht; vgl. *John*, in: Hadding/Uwe H. Schneider, S. 83, 97.

333) MünchKomm-*K. Schmidt*, HGB, Vor § 230 Rz. 80.

334) Näher für die GmbH *Heuer*, ZIP 1998, 405.

335) Vgl. allgemein zur Insolvenz des GmbH-Gesellschafters *Lutter/Hommelhoff*, GmbHG, § 15 Rz. 52.

Gegen Vollstreckungsmaßnahmen in den Gesellschaftsanteil kann der Treugeber allerdings **Drittwiderspruchsklage** erheben (§ 771 ZPO).[336] In der Insolvenz des Treuhänders ist er grundsätzlich **aussonderungsberechtigt** (§ 47 InsO).[337] Die Gläubiger des Treuhänders können daher im Ergebnis nur den Anspruch des Treuhänders gegen den Treugeber auf Vergütung der treuhänderischen Verwaltung des Gesellschaftsanteils pfänden. Bei unentgeltlicher Treuhandtätigkeit kann ihnen eine dem Treuhänder geschuldete angemessene Vergütung im Sinne von § 850 h Abs. 2 ZPO als Zugriffsobjekt zustehen.[338]

Eine nicht unerhebliche Einschränkung erfahren die Klagemöglichkeiten und Rechte des Treugebers allerdings durch das sog. **Unmittelbarkeitsprinzip.**[339] Danach ist der Treugeber zur Aussonderung und zur Erhebung der Drittwiderspruchsklage nur berechtigt, wenn das Treugut unmittelbar aus seinem Vermögen auf den Treugeber übertragen worden ist. Dem liegt der Versuch zugrunde, die an sich für systemwidrig angesehene Ausdehnung der oben genannten Rechte auf den Treugeber als einem nur schuldrechtlich berechtigten Dritten nicht konturenlos auszudehnen. Es soll vielmehr genau zu bestimmen sein, welche Gegenstände im Einzelfall aussonderungsfähiges Treugut darstellen. Die Voraussetzung des Unmittelbarkeitsprinzips erfüllt nur die Übertragungstreuhand, nicht dagegen die Erwerbs- oder Vereinbarungstreuhand. 602

In der Literatur wird das Festhalten der Rechtsprechung am Unmittelbarkeitsprinzip überwiegend kritisiert.[340] Zu Recht wird darauf verwiesen, dass die materiellen Erwägungen für die Ausdehnung der Rechte auf den Treugeber, nämlich die **wirtschaftliche Zurechnung des Treuguts** zu seinem Vermögen, auf alle Treuhandverhältnisse und nicht nur für die Übertragungstreuhand zutreffen.[341] Im übrigen folgt aus dem Erfordernis einer unmittelbaren Übertra- 603

---

336) BGH, Urt. v. 5. 11. 1953 – IV ZR 95/53, BGHZ 11, 37, 41; BGH, Urt. v. 16. 12. 1970 – VIII ZR 36/69, NJW 1971, 559, 560; *Soergel/Leptien*, BGB, Vor § 164 Rz. 68; *Baumbach/Lauterbach*, ZPO, § 771 Rz. 22; MünchKomm-*K. Schmidt*, HGB, Vor § 230 Rz. 80.

337) MünchKomm-*K. Schmidt*, HGB, Vor § 230 Rz. 81; *Eden*, S. 96 ff; *Beuthien*, ZGR 1974, 26, 66; *Tebben*, S. 298 ff; *Uhlenbruck*, InsO, § 47 Rz. 33. Zu Besonderheiten in Familiengesellschaften, in denen ein Familienstamm eine „Treugeber-BGB-Gesellschaft" bildet, welcher der Treuhänder selbst angehört, siehe *Blaurock*, Unterbeteiligung, S. 252 ff.

338) *Michalski/Ebbing*, GmbHG, § 15 Rz. 219.

339) BGH, Urt. v. 7. 4. 1959 – VIII ZR 219/57, NJW 1959, 1223, 1224; BGHZ 11, 37, 41 f; BGH NJW 1971, 559, 560. Siehe auch BGH, Urt. v. 24. 6. 2003 – IX ZR 75/01, ZIP 2003, 1613, 1614 ff = WM 2003, 1733 (i. E. auf die fehlende Übertragung dinglicher Rechte abstellend).

340) *Beuthien*, ZGR 1974, 26, 67 ff; *Blaurock*, Unterbeteiligung, S. 242 ff; *Henssler*, AcP 196 (1996), 37, 57 f; *Breuer*, MittRhNotK 1988, 79, 90; MünchKomm-*K. Schmidt*, HGB, Vor § 230 Rz. 80; *Schaub*, DStR 1996 65, 68; *Armbrüster*, S. 170; *Uhlenbruck*, InsO, § 47 Rz. 35.

341) *Henssler*, AcP 196 (1996), 37, 58; *Schaub*, DStR 1996, 65, 68. A. A. BGH, ZIP 2003, 1613, 1616 („erhebliche Abgrenzungsschwierigkeiten").

gung des Treuguts vom Treugeber auf den Treuhänder nicht ohne weiteres die geforderte Erkennbarkeit des Treuhandverhältnisses. Der Übertragungsakt ist im Zeitpunkt der Vollstreckungshandlungen längst abgeschlossen, kann also für die notwendig erachtete Differenzierung nichts beitragen. Schließlich wird die Erwartung von Gläubigern an ein ungeschmälertes und nicht mit Rechten Dritter belastetes Vermögen nicht geschützt, wie die Rechtsinstitute des Sicherungseigentums und des Eigentumsvorbehalts deutlich machen.[342] Insgesamt sollte das Unmittelbarkeitsprinzip daher aufgegeben werden. Aus den genannten Gründen kann auch nicht verlangt werden, das Treuhandverhältnis müsse bereits vor der Vollstreckungsmaßnahme offenkundig geworden sein (Offenkundigkeitsprinzip).[343]

604 Notwendig, aber auch ausreichend ist es nach der hier vertretenen Ansicht, den Bestimmtheitsgrundsatz zu beachten und das treuhänderisch verwaltete Vermögen von dem sonstigen Vermögen des Treuhänders (Schuldners) zu trennen (vgl. nunmehr auch § 292 InsO).[344] Für die Trennung des Treuguts vom sonstigen Vermögen des Treuhänders genügt es, dass das Treugut nach dem Treuhandvertrag eindeutig zu bestimmen ist.[345] Einem möglichen Missbrauch wird durch strenge Anforderungen an den Nachweis der Treuhandabrede vorgebeugt.[346] Auch dadurch sind die Treuhandbeteiligten letztlich gezwungen, die Treuhandabrede bei Vollstreckungen in das Treugut oder der Insolvenz des Treuhänders offenzulegen.

605 Nach der Handelsrechtsreform[347] führen die Kündigung durch den Privatgläubiger eines Gesellschafters (§ 135 HGB) oder die Eröffnung des Insolvenzverfahrens über das Vermögen des Gesellschafters bei **Personenhandelsgesellschaften** nicht mehr zur Auflösung der Gesellschaft, sondern grundsätzlich zum Ausscheiden des Gesellschafters (§ 131 Abs. 3 Nr. 2 u. 4 HGB). In der Sache

342) So auch *Henssler* AcP 196 (1996), 37, 57; *Breuer*, MittRhNotK 1988, 79, 90.

343) Ausführlich *Henssler*, AcP 196 (1996), 37, 56 mit dem Hinweis, dass auch der BGH, Urt. v. 1. 7. 1993, NJW 1993, 2622, das Offenkundigkeitsprinzip zwar nicht ausdrücklich, aber doch wohl der Sache nach aufgegeben hat; anders noch BGH, Urt. v. 19. 12. 1992 – IX ZR 45/92, ZIP 1993, 213, 214. Siehe auch *Blaurock*, Unterbeteiligung, S. 248.

344) *Henssler* AcP 196 (1996), 37, 58 f; vgl. auch *Beuthien*, ZGR 1974, 26, 69; *Blaurock*, Unterbeteiligung, S. 242 ff.

345) *Breuer*, MittRhNotK 1988, 79, 90.

346) Vgl. BGH, Urt. v. 1. 7. 1993 – IX ZR 251/92, ZIP 1993, 1185 = NJW 1993, 2622, dazu EWiR 1993, 1139 (*Lüke*); *Henssler* AcP 196 (1996), 37, 59. Die Darlegungs- und Beweislast trifft den Treugeber; *Blaurock*, Unterbeteiligung, S. 248; *Gernhuber*, JuS 1988, 355, 361.

347) Gesetz zur Neuregelung des Kaufmanns- und Firmenrechts und zur Änderung anderer handels- und gesellschaftsrechtlicher Vorschriften (Handelsrechtsreformgesetz – HRefG) v. 22. 6. 1998, BGBl I, 1474.

streiten Treugeber und Gläubiger des Treuhänders damit um das Abfindungsguthaben (Aussonderungsgegenstand); ein Eintritt des Treugebers in die Gesellschaft kommt für beide Parteien ohne Zustimmung der übrigen Gesellschafter nicht in Betracht.[348)] Gleiches wird man für die Auswechslung des Treuhänders zur Abwendung des Ausscheidens aus der Gesellschaft anzunehmen haben.[349)] Bei **Kapitalgesellschaften** ist der Gesellschaftsanteil und damit zunächst die Rechtsinhaberschaft Gegenstand der Auseinandersetzung. Etwas anderes folgt nur, wenn die Gesellschaftsanteile vinkuliert sind oder im Gesellschaftsvertrag einer GmbH etwa vorgesehen ist, dass ein GmbH-Geschäftsanteil im Falle der Insolvenz des Gesellschafters oder der Pfändung des Anteils eingezogen wird (§ 34 Abs. 2 GmbHG).[350)]

b) Schutz des Treugebers durch sachgerechte Vertragsgestaltung

Solange die Rechtsprechung noch am Unmittelbarkeitsprinzip festhält, wird 606
man in der Kautelarpraxis vorsorglich nach wie vor für eine **insolvenz- und vollstreckungsfeste** Vertragsgestaltung sorgen müssen. Wirtschaftlich nicht sinnvoll und praktisch mit erheblichen Schwierigkeiten verbunden wäre es, den Treugeber zum Zwischenerwerb mit sich unmittelbar anschließender Rückübertragung zu zwingen.[351)] Möglich ist es zwar, den treuhänderisch gehaltenen Gesellschaftsanteil zur Sicherung des Anspruchs auf (Rück-)Übertragung an den Treugeber zu verpfänden (§§ 1273 ff BGB), doch kommt die Verpfändung ebenso wie der Zwischenerwerb bei einer verdeckten Treuhand nicht in Betracht. Außerdem gewährt die Verpfändung in der Insolvenz des Treuhänders nur ein Absonderungsrecht (§ 50 Abs. 1 InsO).[352)]

Vor diesem Hintergrund stehen zum Schutz des Treugebers gegen Voll- 607
streckungshandlungen oder die Insolvenz des Treuhänders im Ergebnis dieselben Vertragsgestaltungen zur Verfügung, die auch gegen treuwidrige Verfügungen durch den Treuhänder in Betracht kommen. Am wirksamsten erweist sich die **auflösend oder aufschiebend bedingte (Rück-)Abtretung des Gesellschaftsanteils** an den Treugeber für den Fall der Ausbringung von Zwangsvoll-

---

348) Wie hier *Blaurock*, Unterbeteiligung, S. 250 f; *Breuer*, MittRhNotK 1988, 79, 90. Für ein Recht auf Wiedereintritt des Treugebers bei der offengelegten und von den Mitgesellschaftern gebilligten Treuhand *Schlegelberger/K. Schmidt*, Vor § 230 Rz. 72.

349) Dazu MünchKomm-*K. Schmidt*, HGB, Vor § 230 Rz. 81.

350) *Kübler/Prütting/Noack* Rz. 346.

351) Anders *Schmitz*, ZNotP 1998, 11, 16 f (mit dem Vorschlag einer Kombination von Übertragung des Gesellschaftsanteils und aufschiebend bedingter Übertragung).

352) *Schmitz*, ZNotP 1998, 11, 18; näher *Uhlenbruck*, InsO, § 50 Rz. 5 ff

streckungsmaßnahmen in das Treugut oder der Insolvenz des Treuhänders.[353] Einer solchen Vertragsgestaltung können die Gläubiger des Treuhänders nicht die Einrede der Anfechtbarkeit des Rechtserwerbs nach § 9 AnfG oder Nichtigkeit gemäß §§ 134, 138 BGB entgegengehalten.[354] Eine Satzungsbestimmung, die für den Fall der Gesellschafterinsolvenz den Einzug des Gesellschaftsanteils an einer Kapitalgesellschaft vorsieht,[355] hat allerdings Vorrang mit der Folge, dass der Treugeber nur noch auf das Abfindungsguthaben zugreifen kann. Für diesen Fall sollte auch die (aufschiebend bedingte) Abtretung eines möglichen Abfindungsanspruchs in den Vertrag aufgenommen werden.[356]

608 Stellt der ausgeschüttete Gewinn – wie regelmäßig – keinen Teil der Treuhandvergütung dar, muss der Treugeber auch vor dem Zugriff der Gläubiger des Treuhänders auf das **Gewinnbezugsrecht** aus dem Gesellschaftsanteil als isolierbares Vermögensrecht geschützt werden. Der ausgeschüttete Gewinn ist – sofern er nicht unmittelbar auf Sonderkonten des Treuhänders übertragen wird – regelmäßig nicht ausscheidungsfähig bestimmbar. Eine wirksame Sicherung des Treugebers kann daher nur erreicht werden, wenn das Gewinnbezugsrecht an ihn abgetreten (§ 717 Satz 2 BGB) und die fälligen Beträge unmittelbar von der Gesellschaft an ihn ausgezahlt werden (oben Rz. 575).[357]

2. Einzelzwangsvollstreckung gegen den Treugeber und Insolvenz des Treugebers

609 Die Gläubiger des Treugebers haben keinen unmittelbaren Zugriff auf das Treugut. Gegen gleichwohl stattfindende Vollstreckungsmaßnahmen aufgrund eines Titels gegen den Treugeber kann der Treuhänder Erinnerung einlegen (§§ 766, 809 ZPO).[358] Im Wege der Einzelzwangsvollstreckung können die Gläubiger des Treugebers aber die Ansprüche des Treugebers aus dem Treuhandvertrag **pfänden** und sich zur Einziehung überweisen lassen (§§ 828 ff ZPO). Hierfür

---

353) OLG Hamm NZG 1998, 109, 110; zustimmend *Gottwald*, MittRhNotK 1998, 276, 276; *Hegmanns*, ZIP 1989, 300, 902; *Schaub*, DStR 1996, 65, 69; *Armbrüster*, S. 170; kritisch *Eckhardt*, MittRhNotK 1998, 66, 66 f und *Schmitz*, ZNotP 1998, 11, 14 f.

354) OLG Hamm NZG 1998, 109, 110 f. § 9 AnfG entspricht inhaltlich dem in dem Gerichtsentscheid zitierten § 5 AnfG in der bis zum 31. 12. 1998 geltenden Fassung.

355) Vgl. *Lutter/Hommelhoff*, GmbHG, § 15 Rz. 52; siehe auch *Ulmer*, ZHR 149 (1985), 28 zu statutarischen Erwerbsrechten der Gesellschaft selbst oder der Mitgesellschafter.

356) *Schaub*, DStR 1996, 65, 69.

357) *Blaurock*, Unterbeteiligung, S. 250.

358) BGHZ 11, 37, 42.

kommt auch der Anspruch auf (Rück-)Übertragung des Gesellschaftsanteils nach Beendigung des Treuhandverhältnisses in Betracht. Nach dessen Überweisung kann der Gläubiger den Treuhandvertrag kündigen. Eine Übertragung des Gesellschaftsanteils (auf den Gerichtsvollzieher als Sequester, §§ 857, 847 Abs. 1 ZPO) kann allerdings verhindert werden, wenn die Mitgesellschafter nicht zustimmen. In einem solchen Fall ist noch die Pfändung des Gesellschaftsanteils erforderlich, die erst die Verwertungsmöglichkeit eröffnet.[359)] In der Personengesellschaft geschieht die Verwertung durch Kündigung gemäß § 135 HGB.[360)] Die Versteigerung des GmbH-Geschäftsanteils richtet sich nach § 844 ZPO; sie kann gegebenenfalls durch Einziehung des Anteils gegen vollwertiges Entgelt verhindert werden.[361)]

Auch in der **Insolvenz** des Treugebers folgen aus der schuldrechtlichen Bindung zum Treuhänder Besonderheiten. Der Treuhandvertrag erlischt mit der Verfahrenseröffnung (§ 115 Abs. 1, § 116 Satz 1 InsO);[362)] der (Rück-)Übertragungsanspruch des Treugebers gehört zur Masse.[363)] Zugleich erlischt die Verfügungsmacht des Treugebers (§ 80 Abs. 1, §§ 81, 91 InsO). Der Insolvenzverwalter kann – sofern es nicht ohnehin zu einem automatischen Rückfall des Treuguts kommt – das Treugut vom fremdnützigen Treuhänder herausverlangen.[364)] Dies gilt jedoch nur, soweit der Gesellschaftsanteil ohne Zustimmung der übrigen Gesellschafter übertragen werden kann oder die Mitgesellschafter zugestimmt haben. Anderenfalls ist zu erwägen, ob der Insolvenzverwalter den Treuhänder mit Erfolg anweisen kann, die Gesellschaft wegen der Insolvenz des Treugebers zu kündigen.[365)] Allerdings kann die **ordentliche Kündigung** (§ 132 HGB) nach dem Gesellschaftsvertrag erheblichen Beschränkungen unterworfen sein; ob die Insolvenz des Treugebers einen wichtigen Grund im Sinne von § 133 HGB oder eines gesellschaftsvertraglich eingeräumten außerordentlichen Kündigungsrechts darstellt, bedarf der Entscheidung im Einzelfall.[366)] 610

---

359) Näher *Blaurock*, Unterbeteiligung, S. 263 ff; *Breuer*, MittRhNotK 1988, 79, 90.

360) Der vergebliche Zugriff auf das Treugebervermögen ersetzt insoweit den vergeblichen Vollstreckungsversuch in das Vermögen des Gesellschafters; *Armbrüster*, S. 172; *Blaurock*, Unterbeteiligung, S. 265. Siehe allgemein *Roth*, ZGR 2000, 187, 205 ff.

361) *Heuer*, ZIP 1998, 405, 412 f; *Roth*, ZGR 2000, 187, 214 ff.

362) *Berscheid*, in: Uhlenbruck, InsO, §§ 115, 116 Rz. 8 m. w. N.

363) Siehe nur *Henssler*, AcP 196 (1996), 35, 50 (zu § 23 KO); *Uhlenbruck*, InsO, § 47 Rz. 34.

364) Unbestritten, siehe nur *Armbrüster*, S. 172; *Liebich/Mathews*, S. 156.

365) *Breuer*, MittRhNotK 1988, 79, 90.

366) Vgl. *Blaurock*, Unterbeteiligung, S. 257 ff.

3. Insolvenz der Gesellschaft

611 In der Insolvenz der Gesellschaft hat der Treugeber kein Aussonderungsrecht und wird nicht Insolvenzgläubiger.[367] Ein **Aussonderungsrecht** scheitert bereits daran, dass es sich bei der Gesellschaftsinsolvenz um ein von der Gesellschafterinsolvenz zu unterscheidendes, selbständiges Insolvenzverfahren über das Gesellschaftsvermögen handelt (§ 11 Abs. 2 Nr. 1 InsO). Im übrigen müsste der Treugeber auch als Inhaber des Gesellschaftsanteils das Insolvenzverfahren über das Vermögen der Gesellschaft dulden und sich den Wert seiner Beteiligung nehmen lassen.[368] Der Treugeber hat daher nur Rechte aus dem Treuhandverhältnis gegenüber dem Treuhänder. Ist in dem Treuhandvertrag vorgesehen, dass das Treuhandverhältnis mit der Insolvenzeröffnung endet, hat der Treugeber gegen den Treuhänder Anspruch auf Rückgabe des Gesellschaftsanteils (vorbehaltlich der Zustimmung der Mitgesellschafter). Anderenfalls wird das Treuhandverhältnis bis zur Vollbeendigung der Gesellschaft fortgeführt.[369]

VII. Wechsel der Treuhandbeteiligten

612 Der Treugeber vertraut dem Treuhänder das Treugut nicht nur zu treuen Händen an, sondern überträgt ihm zu den Treuhandzwecken das Vollrecht. Die daraus folgende überschießende Rechtsmacht erfordert besonderes persönliches Vertrauen. Aus diesem Grund muss eine (vorzeitige) Auswechslung des Treuhänders möglich sein. Andererseits hat der Treugeber ein Interesse daran, dass er trotz der nur mittelbaren Gesellschafterstellung nicht in seiner Disponibilität über diesen Vermögensbestandteil beschränkt ist, sondern seine Treugeberrechte übertragen kann.

1. Treuhänder

613 Der Wechsel des Treuhänders unterliegt ebenso wie die Begründung des Treuhandverhältnisses besonderen Voraussetzungen, weil sowohl eine Anteilsübertragung (dingliche Rechtsstellung) als auch eine Übernahme oder ein Neuabschluss des Treuhandvertrags (schuldrechtliche Rechtsstellung) erforderlich sind.[370] Der Gesellschaftsanteil wird dabei nach den allgemeinen Regeln über die

367) MünchKomm-*K. Schmidt*, HGB, Vor § 230 Rz. 83.

368) *Beuthien*, ZGR 1974, 26, 75.

369) *Schlegelberger/K. Schmidt*, Vor § 230 Rz. 74.

370) MünchKomm-*K. Schmidt*, HGB, Vor § 230 Rz. 84; *Armbrüster*, S. 135; *ders.*, GmbHR 2001, 941, 948; *Eden*, S. 100 ff.

Anteilsübertragung vom alten auf den neuen Treuhänder übertragen. Nach der Gesellschaftsform bestimmt sich, ob die Zustimmung der Gesellschaft oder der Mitgesellschafter für die **Anteilsübertragung** erforderlich ist. Wird ein Treuhandverhältnis wegen des Vorliegens eines Beendigungstatbestands beendet, kann der Treugeber die Übertragung der dinglichen Rechtsposition auch dadurch einleiten, dass er dem neuen Treuhänder seinen (Rück-)Übertragungsanspruch gegen den alten Treuhänder abtritt. Diese Abtretung bedarf nicht der Form des § 15 Abs. 3 GmbHG.[371] Gleichzeitig muss ein neuer **Treuhandvertrag** zwischen dem neuen Treuhänder und dem Treugeber geschlossen oder eine Vertragsübernahme des bestehenden Treuhandvertrags unter Beteiligung des alten und des neuen Treuhänders vereinbart werden (§§ 414, 415 BGB).[372] Besteht für die Begründung des Treuhandverhältnisses nach den oben dargestellten Grundsätzen eine Formvorschrift, gilt sie auch für die Übernahme der Verpflichtung.[373]

In einer **mehrgliedrigen Treuhand** an einem Gesellschaftsanteil müssen sich die Treugeber vorab untereinander über die Zustimmung zur Anteilsübertragung und zur Übernahme des Treuhandvertrags einigen. Wie dies – insbesondere mit welchen Beschlussmehrheiten – zu bewirken ist, bestimmt sich nach dem (gesellschafts-)rechtlichen Verhältnis der Treugeber untereinander.[374] 614

2. Treugeber

Bei einem Wechsel des Treugebers überträgt der alte Treugeber seine Treugeberrechte aus dem Treuhandvertrag im Wege der **Vertragsübernahme** (§§ 414, 415 BGB) auf den neuen Treugeber.[375] Ohne das Einvernehmen des Treuhänders kann kein Wechsel des Treugebers erfolgen (vgl. auch § 664 Abs. 2 BGB). Dagegen ist freilich der auf die Übertragung des Gesellschaftsanteils gerichtete 615

371) Vgl. BGHZ 19, 69, 71 f; MünchKomm-*K. Schmidt*, HGB, Vor § 230 Rz. 86; m. w. N.; im Ergebnis wohl auch *Armbrüster*, S. 138. In allen anderen Fällen unterliegt allerdings auch die Übertragung eines bei Beendigung der Treuhand fällig werdenden Rückübertragungsanspruchs der Formvorschrift des § 15 Abs. 3 GmbHG; vgl. BGH, Urt. v. 5. 11. 1979 – II ZR 83/79, BGHZ 75, 352, 354. Im übrigen ändert die Ausnahme nichts daran, dass bei dem Erfüllungsgeschäft – der Abtretung des GmbH-Geschäftsanteils selbst – wiederum die Formvorschriften beachtet werden müssen.

372) Vgl. BGHZ 73, 294, 297 ff; *Armbrüster*, S. 135; *Karsten Schmidt*, Gesellschaftsrecht, § 57 II 1 b.

373) *Palandt/Heinrichs*, BGB, Vor § 414 Rz. 1.

374) MünchKomm-*K. Schmidt*, HGB, Vor § 230 Rz. 84; *Armbrüster*, S. 136 f.

375) MünchKomm-*K. Schmidt*, HGB, Vor § 230 Rz. 85; *Eden*, S. 102 f.

Herausgabeanspruch (§ 667 BGB) ebenso frei abtretbar wie das Anwartschaftsrecht bei einer aufschiebend bedingten Rückübertragung.[376)]

616 Die Übertragung der gesamten Treugeberstellung ist grundsätzlich formfrei möglich. Wird allerdings die Treugeberstellung an einem GmbH-Geschäftsanteil übertragen, verlangen Rechtsprechung und Schrifttum weitgehend übereinstimmend eine notarielle Beurkundung analog § 15 Abs. 3 GmbHG.[377)] Zur Begründung wird angeführt, dass dem Treugeber die Inhaberschaft an dem Gesellschaftsanteil zugerechnet wird (wirtschaftliche Betrachtungsweise). Der Normzweck der Formbestimmung könnte umgangen werden, wenn die Übertragung der gesamten Treugeberrechte formfrei möglich wäre. Auch die **Zustimmung der Mitgesellschafter** ist für die Übertragung der Treugeberrechte grundsätzlich unter denselben Voraussetzungen wie bei der Begründung des Treuhandverhältnisses erforderlich.[378)] Die Zustimmung der Gesellschafter zur Begründung des Treuhandverhältnisses enthält nicht ohne weiteres auch eine Billigung einer späteren Übertragung der Treugeberrechte. Etwas anderes kann sich allenfalls in der Publikums-Treuhandgesellschaft ergeben, in der die Treugeberstellung rein kapitalistisch ausgestaltet ist und es bei dem Entwurf des Gesellschaftsvertrags schon bekannt ist, dass es neben den Gesellschaftern auch Treugeber geben wird.[379)]

VIII. Beendigung und Rückabwicklung des Treuhandverhältnisses

1. Beendigungsgründe

617 Die Beendigung des Treuhandverhältnisses richtet sich vor allem nach den im Treuhandvertrag getroffenen Abreden. Ergänzend sind die gesetzlichen Bestimmungen über die Beendigung eines Auftrags oder einer Geschäftsbesorgung heranzuziehen (§§ 672, 673, 675 BGB).

---

376) Vgl. *Armbrüster*, S. 140; *Däubler*, GmbHR 1966, 243, 246. Grundsätzlich bedarf die Abtretung des GmbH-Geschäftsanteils allerdings der Form des § 15 Abs. 3 GmbHG; *Hueck/Fastrich*, in: Baumbach/Hueck, GmbHG, § 15 Rz. 56; MünchKomm-*K. Schmidt*, HGB, Vor § 230 Rz. 86.

377) BGH, Urt. v. 8. 4. 1965 – II ZR 77/63, NJW 1965, 1376, 1377; *Hueck/Fastrich*, in: Baumbach/Hueck, GmbHG, § 15 Rz. 56; MünchKomm-*K. Schmidt*, HGB, Vor § 230 Rz. 85; *Scholz/Winter*, GmbHG, § 15 Rz. 16; zwischen einfacher und einvernehmlicher („qualifizierter") Treuhand differenzierend *Ulmer*, in: Festschrift Odersky, S. 873, 893.

378) RGZ 159, 272, 282; BGH NJW 1965, 1376, 1377; OLG Frankfurt a.M., Urt. v. 7. 9. 1991 – 11 U 21/91, GmbHR 1992, 668; *Blaurock*, Unterbeteiligung, S. 152 f; MünchKomm-*K. Schmidt*, HGB, Vor § 230 Rz. 85; *Däubler*, GmbHR 1966, 243, 246; *Scholz/Winter*, GmbHG, § 15 Rz. 16; ablehnend *Armbrüster*, S. 140 ff; *ders.*, GmbHR 2001, 941, 948.

379) MünchKomm-*K. Schmidt*, HGB, Vor § 230 Rz. 85; *Blaurock*, Unterbeteiligung, S. 153.

a) Kündigung

Als Beendigungsgründe kommen vor allem Zweckerreichung, **Zeitablauf**, Eintritt einer Bedingung sowie ordentliche und außerordentliche[380] **Kündigung** (§§ 621 ff BGB) in Betracht. Eine unentgeltliche Verwaltungstreuhand kann gemäß § 671 BGB jederzeit widerrufen werden.[381] Eine jederzeitige Kündbarkeit kann freilich auch bei der entgeltlichen Treuhand vereinbart werden.[382] Selbst wenn entsprechende Regelungen im Treuhandvertrag fehlen, führt zudem die Unmöglichkeit der Treuhandtätigkeit aufgrund der Kündigung oder des Ausschlusses des Treuhandgesellschafters aus der Gesellschaft zur Beendigung des Treuhandverhältnisses.[383] Gleiches gilt im Zweifel beim **Tod des Treuhänders** (§§ 673, 675 BGB).[384] Dagegen beendet der Tod des Treugebers das Treuhandverhältnis im Zweifel nicht (§ 672 BGB); sie setzt sich mit den Erben fort. Ebenso führt die Auflösung der Gesellschaft nicht ohne weiteres zur Beendigung des Treuhandverhältnisses; vielmehr bleibt die Treuhand bis zu Vollbeendigung der Gesellschaft und der Auskehrung eines vorhandenen Liquidationserlöses bestehen.[385] 618

b) Umwandlung der Gesellschaft

Keiner näheren Betrachtung werden häufig die Auswirkungen einer Umwandlung der Gesellschaft (insbesondere also Verschmelzung, Formwechsel, Aufspaltung, Abspaltung und Ausgliederung) für eine treuhänderische Beteiligung unterzogen. Dabei können sie zu ihrer Beendigung führen. 619

Nur die Beteiligung der Gesellschaft als aufnehmender Rechtsträger an einer Verschmelzung verändert die Gesellschaftsanteile nicht unmittelbar und lässt daher auch die treuhänderische Beteiligung unberührt. In allen übrigen Fällen besteht der Rechtsträger nach dem Umwandlungsvorgang nur verändert fort oder erlischt sogar ganz. Nach überwiegender Auffassung besteht eine gesetzliche Regelung der Rechtsfolgen allein für **dingliche Rechte an Gesellschaftsan-** 620

---

380) Vgl. BGHZ 73, 294, 299 m. Anm. *Kraft*, ZGR 1980, 399 (grobe Pflichtverletzung des Treuhänders). Zu den Auswirkungen einer Erschwerung der – nicht abdingbaren – außerordentlichen Kündigung vgl. *Hohaus*, DStR 2002, 789, 793.

381) Bei einer uneigennützigen Verwaltungstreuhand kann der Treugeber grundsätzlich jederzeit die Rückübertragung des Treuguts verlangen: BGH, Urt. v. 9. 2. 1972 – VIII ZR 128/70, BB 1972, 813; BGH, Urt. v. 9. 2. 1990 V ZR 149/88, NJW 1990, 2755, 2755 f.

382) *Armbrüster*, S. 152. Zu Auswirkungen der Kündigungsregelungen auf die steuerliche Anerkennung der Treuhandvereinbarung siehe *Hohaus*, DStR 2002, 789, 792.

383) Näher *Armbrüster*, S. 167 ff; zur Ausschließung und Austritt aus der GmbH *Goette*, DStR 2001, 533; *Schmitz*, in: Festschrift Wiedemann, S. 1223, 1248 ff (Ausschließungsklauseln).

384) MünchKomm-*K. Schmidt*, HGB, Vor § 230 Rz. 87.

385) MünchKomm-*K. Schmidt*, HGB, Vor § 230 Rz. 88; *Armbrüster*, S. 172 f.

teilen (Pfandrecht, Nießbrauch, Anwartschaft).[386] Für sie ordnet § 131 Abs. 1 Nr. 3 Satz 2 UmwG im Rahmen von Abspaltung, Ausgliederung und Aufspaltung den Fortbestand des dinglichen Rechts an den an die Stelle der bisherigen Anteile tretenden neuen Anteilen an. Gleiches gilt für die Verschmelzung (§ 20 Abs. 1 Nr. 3 Satz 2 UmwG) und den Formwechsel (§ 202 Abs. 1 Nr. 2 Satz 2 UmwG). Ein rein schuldrechtliches Rechtsverhältnis wie die Treuhand wird von den Bestimmungen dagegen unmittelbar nicht erfasst und wird sich daher grundsätzlich nicht kraft Gesetzes fortsetzen.[387] Etwas anderes wird man nur dann annehmen können, wenn der Treugeber ein **Anwartschaftsrecht** an dem Gesellschaftsanteil hat, weil er seine Beteiligung unter der auflösenden Bedingung der Kündigung des Treuhandvertrages auf den Treuhänder übertragen hat.[388]

621 Zu fragen ist deshalb, welche Rechtsfolgen den Interessen der Beteiligten mit Blick auf das Treuhandverhältnis entsprechen bzw. wie sie im Vorfeld einer solchen Umwandlung entsprechende Vorsorge treffen können. Da die Stellung des Treuhänders als Gesellschafter sich am neuen Rechtsträger fortsetzt, liegt es nahe, dass auch der Treugeber seine (mittelbare) Beteiligung nicht ohne weiteres verlieren möchte. Dies ist durch (ergänzende) Auslegung des Treuhandvertrags zu ermitteln.[389] Angesichts der Bedeutung von Umwandlungsvorgängen für die Treuhand und des regelmäßig erheblichen zeitlichen Verlaufs für ihre Umsetzung können sich die Beteiligten des Treuhandverhältnisses im übrigen noch rechtzeitig über das weitere Vorgehen verständigen, selbst wenn sie den Fall ursprünglich noch nicht bedacht haben. Wenn der Treugeber seine mittelbare Beteiligung auch nach Umwandlung der Gesellschaft aufrecht erhalten möchte, muss er sich mit dem Treuhänder über die Fortsetzung des Treuhandverhältnisses einigen (Nachfolgevereinbarung). Dabei kann ein den Formerfordernissen des umgewandelten Rechtsträgers genügender Neuabschluss notwendig sein.[390] Im übrigen ist zu prüfen, ob der Treuhandvertrag auch inhaltlich an das Recht des umgewandelten bzw. neuen Rechtsträgers anzupassen ist.[391] Außerdem kann

---

386) Vgl. *Lutter/Teichmann*, UmwG, § 131 Rz. 6; *Vossius*, in: Widmann/Mayer, UmwG, § 202 Rz. 171; *Kübler*, in: Semler/Stengel, UmwG, § 131 Rz. 30.

387) Vgl. *Kallmeyer/Meister/Glöcker*, UmwG, § 202 Rz. 46; *Lutter/Decher*, UmwG, § 202 Rz. 26; *Vossius*, in Widmann/Mayer, UmwG, § 202 Rz. 171, § 20 Rz. 285; *Armbrüster*, S. 147, 150; anders *Lutter/Teichmann*, UmwG, § 131 Rz. 8, der analog § 131 Abs. 1 Nr. 3 Satz 2 UmwG eine Fortsetzung des Treuhandverhältnisses bei einer „offenen Treuhand" annimmt. *Kübler*, in: Semler/Stengel, UmwG, § 131 Rz. 30 weist darauf hin, dass gegebenenfalls durch Auslegung der Vereinbarung zu ermitteln ist, ob ein Anspruch auf Abschluss einer entsprechenden Vereinbarung bezüglich der neuen Anteile besteht.

388) *Vossius*, in: Widmann/Mayer, UmwG, § 202, Rz. 171.

389) Vgl. *Armbrüster*, GmbHR 2001, 941, 948 f.

390) *Armbrüster*, S. 151; *Vossius*, in: Widmann/Mayer, UmwG, § 202 Rz. 172.

391) *Armbrüster*, S. 151.

der Treugeber durch **Weisung an den Treuhänder** die erforderliche Zustimmung der Gesellschafter zu der Umwandlungsmaßnahme mitbeeinflussen. Besondere Bedeutung hat dies in den Fällen, in denen wegen möglicher nachteiliger Wirkungen die Zustimmung sämtlicher Gesellschafter für die Umwandlung erforderlich ist (persönliche Haftung in dem neuen Rechtsträger, § 233 Abs. 1, Abs. 3 Satz 3 UmwG; nicht verhältniswahrende Umwandlung, §§ 241, 242 UmwG). Liegt keine ausdrückliche Weisung vor, muss sich der Treuhänder bei der Entscheidung darüber, ob er der Umwandlungsmaßnahme die Zustimmung erteilt, am mutmaßlichen Willen des Treugebers orientieren (**wohlverstandenes objektives Interesse**).[392)]

Andererseits ist der Treugeber im Rahmen einer Verwaltungstreuhand nicht gehindert, die Treuhand im Vorfeld einer Umwandlungsmaßnahme **außerordentlich zu kündigen**, wenn er ein Interesse daran hat, diese einschneidende Maßnahme selbst als Gesellschafter zu begleiten.[393)] Gleiches gilt, wenn sich das aus der Gesellschafterstellung folgende (Haftungs-)Risiko für den Treugeber infolge der Umwandlung erhöht oder es zu einer Verschiebung der Anteilsverhältnisse kommt. Umgekehrt kann aus einem erhöhten Haftungsrisiko aber auch ein Recht des Treuhänders zur außerordentlichen Kündigung der Treuhandvereinbarung abzuleiten sein.[394)] 622

2. Rückabwicklung des Treuhandverhältnisses

a) Abwicklungsschuldverhältnis

Liegt einer der genannten Beendigungsgründe vor und wird das Treuhandverhältnis beendet, wandelt es sich in ein Abwicklungsschuldverhältnis.[395)] Dies hat grundsätzlich keinen unmittelbaren Einfluss auf die rechtliche Stellung des Treuhänders als Gesellschafter.[396)] Der Gesellschaftsanteil fällt nicht automatisch an den Treugeber zurück.[397)] Aus dem **Abwicklungsschuldverhältnis** ist der Treuhänder allerdings verpflichtet, dem Treugeber den Gesellschaftsanteil 623

392) Grundlegend *Henssler*, ZHR 157 (1993), 91, 101; siehe auch *Armbrüster*, S. 149.

393) Wie hier grundsätzlich *Blaurock*, Unterbeteiligung, S. 170; siehe auch *Armbrüster*, GmbHR 2001, 941, 949.

394) Zutreffend *Armbrüster*, S. 149.

395) BGH, Urt. v. 22. 10. 1990 – II ZR 208/89, DStR 1991, 192, 193.

396) BGHZ 73, 294, 299, zustimmend *Kraft*, ZGR 1980, 399, 403.

397) Vgl. BGH, Urt. v. 14. 12. 1970 – II ZR 161/69, WM 1971, 306, 307; MünchKomm-*K. Schmidt*, HGB, Vor § 230 Rz. 93.

(zurück) zu übertragen (§§ 667, 675 BGB).[398] Wird das Treuhandverhältnis wegen des Todes des Treuhänders beendet, fällt der Anteil in den Nachlass des Treuhänders; er kann aber von dem Treugeber aufgrund seines (Rück-)Übertragungsanspruchs von den Erben herausverlangt werden (Nachlassverbindlichkeit). Wenn die Beendigung der Treuhand mit der **Auflösung und Liquidation** der Gesellschaft zusammenfällt, muss der Treuhänder, der als Gesellschafter auch Mitglied der Liquidationsgesellschaft wird, einen eventuellen Liquidationserlös an den Treugeber nach den allgemeinen Regeln für die Treuhand herausgeben (§ 667 BGB). Er kann andererseits aber auch Freistellung von dem Treugeber verlangen, wenn er nach § 735 BGB zum Nachschuss verpflichtet ist (§§ 670, 257 BGB).

b) Durchführung des Gesellschafterwechsels

624 Die Rückübertragung der Beteiligung führt zu einem **Gesellschafterwechsel.** Bei der (Rück-)Übertragung sind daher grundsätzlich die für eine Anteilsübertragung geltenden Form- und Zustimmungserfordernisse zu beachten (oben Rz. 514).[399]

625 Im Falle einer verdeckten Treuhand kann das **Zustimmungserfordernis** Probleme bereiten, weil kein Anspruch des Treugebers gegen die Mitgesellschafter auf Zustimmung zur Anteilsübertragung besteht.[400] Die Zustimmung darf allerdings nicht rechtsmissbräuchlich verweigert und insbesondere nicht dazu eingesetzt werden, den Treuhänder zum Austritt gegen Buchwertabfindung zu drängen.[401] Die Rückübertragung des Gesellschaftsanteils bedarf bei einer offenen Übertragungstreuhand mit Kenntnis der übrigen Gesellschafter nicht der (erneuten) Zustimmung der Mitgesellschafter, da in der Zustimmung zu der Abtretung des Gesellschaftsanteils von Treugeber auf Treuhänder zu Zwecken der Begründung des Treuhandverhältnisses regelmäßig bereits die Zustimmung zur späteren Rückübertragung auf den Treugeber zu sehen ist.[402] Eine Prüfung der

---

398) BGH, Urt. v. 30. 6. 1980 – II ZR 178/79, BGHZ 77, 392, 395 (= NJW 1980, 2708); BGH, Urt. v. 14. 12. 1970 – II ZR 161/69, BB 1971, 368; *Heymann/Emmerich*, HGB, § 105 Rz. 56; *Baumbach/Hopt*, HGB, § 105 Rz. 37; *Eden*, S. 47; MünchKomm-*K. Schmidt*, HGB, Vor § 230 Rz. 91; *Sudhoff/Schlitt*, GmbH & Co KG, § 39 Rz. 63.

399) Zu den Formerfordernisse siehe *Armbrüster*, GmbHR 2001, 941, 950.

400) BGH, Urt. v. 11. 4. 1957 – II ZR 182/55, BGHZ 24, 106, 114.

401) *Schlegelberger/K. Schmidt*, HGB, Vor § 230 Rz. 84.

402) BGH NJW 1965, 1376, 1377; BGHZ 77, 392, 395; *Armbrüster*, S. 154; MünchKomm-*K. Schmidt*, HGB, Vor § 230 Rz. 93; *Hachenburg/Zutt*, GmbHG, Anh. § 15 Rz. 53; *Scholz/Winter*, GmbHG, § 15 Rz. 17; *Rowedder/Bergmann*, in Rowedder/Schmidt-Leithoff; GmbHG, § 15 Rz. 67; *Blaurock*, Unterbeteiligung, S. 152 (für Übertragungs- und Erwerbstreuhand); a. A. nur *Däubler*, GmbHR 1966, 243, 244.

einzelfallbezogenen Umstände macht dies nicht immer entbehrlich. Aufgrund besonderer Umstände kann im Einzelfall durchaus angenommen werden, dass die Zustimmung nicht auch die Rückübertragung erfasst.[403] Auch kann die Bindung an eine erteilte Zustimmung entfallen oder aus **wichtigem Grund widerrufen** werden.[404] Werden ein Zustimmungsvorbehalt oder andere Voraussetzungen für eine Übertragung von Gesellschaftsanteilen erst nach Begründung des Treuhandverhältnisses durch Änderung des Gesellschaftsvertrags oder der Satzung eingeführt, können die Gesellschafter aufgrund nachwirkender Treuepflicht gehalten sein, den Treugeber wieder als Gesellschafter aufzunehmen.[405] Wie bereits beschrieben, können die Treuhandbeteiligten durch Aufnahme einer **Resolutivbedingung**, die den Gesellschaftsanteil bei Vorliegen eines Beendigungstatbestands an den Treugeber zurückfallen lässt, auch eine automatische Übertragung des Treuguts herbeiführen (oben Rz. 585).

c) Nachwirkende Haftungsrisiken

In besonders gelagerten Fällen sind bei der Rückabwicklung des Treuhandver- **626**
hältnisses auch nachwirkende Haftungsrisiken für den Treuhänder zu berücksichtigen. Dies ist insbesondere der Fall, wenn der Treuhänder **Gründungsgesellschafter** einer Kapitalgesellschaft war und sein **zeitnahes Ausscheiden** aus der Gesellschaft vorgesehen ist. So ist bei einer Treuhand an GmbH-Geschäftsanteilen zu beachten, dass bis zur Anmeldung der Veräußerung (Rückübertragung) nach § 16 Abs. 1 GmbHG der ausscheidende Treuhänder gegenüber der Gesellschaft als Gesellschafter gilt und daher noch von einer Ausfallhaftung (§§ 24, 31 Abs. 3 GmbHG) betroffen sein kann.[406] Eine besondere Gefahr liegt für den Treuhänder auch darin, dass seine Ausfallhaftung wegen einer verdeckten Sachgründung noch zu einem Zeitpunkt begründet werden kann, zu dem er bereits aus der Gesellschaft ausgeschieden ist.[407] Sind die Haftungsrisiken schon

---

403) So zu Recht *Armbrüster*, S. 154.

404) Vgl. BGH, Urt. v. 22. 4. 1985 – II ZR 151/84, WM 1985, 1143, 1444 (zwischenzeitliche Konkurrentenstellung des Treugebers); *Roth/Thöni*, in: Festschrift 100 Jahre GmbHG, S. 245, 263; einschränkend offenbar BGHZ 77, 392, 396 f; offengelassen in BayObLG, Beschl. v. 18. 3. 1991 – BReg. 3 Z 69/90, DB 1991, 1270, 1271. *Armbrüster*, S. 155, kommt durch eine „sachgerechte Auslegung“ mit dem Argument, dass der Treugeber seine Gesellschafterstellung nur in der ursprünglichen Form wiedereinnehmen darf und deshalb zwischenzeitlich eingetretene, den Interessen der Gesellschaft zuwiderlaufende Umstände zu beseitigen hat, zu ähnlichen Ergebnissen.

405) Eingehend *Armbrüster*, S. 155 ff.

406) Vgl. *Seidl*, DStR 1998, 1220, 1224.

407) BGH, Urt. v. 13. 5. 1996 – II ZR 275/94, ZIP 1996, 1248 = NJW 1996, 2306, 2306 f = DStR 1996, 1574 (m. Anm. *Goette*), dazu EWiR 1996, 743 *(v. Gerkan)*. In diesem Fall wurde das Verkehrsgeschäft in zeitlichem Zusammenhang mit dem Gründungsvorgang vorgenommen, allerdings erst nachdem der Treuhänder bereits ausgeschieden war.

bei der Begründung der Treuhand erkennbar (z. B. bei einer Sachgründung), kann für eine über die Laufzeit des Treuhandvertrags bestehende zusätzliche Sicherung des Treuhänders gesorgt werden. Im Innenverhältnis kann er sich bei seinem Treugeber nach §§ 675, 670 BGB schadlos halten.

3. Beendigung der mehrgliedrigen Treuhand

627 Bei der mehrgliedrigen Treuhand ist zwischen der Beendigung des Treuhandverhältnisses insgesamt und dem Ausscheiden eines einzelnen Anlegers (Treugebers) aus dem mehrgliedrigen Treuhandverband zu unterscheiden.[408)]

628 Ein **Ausscheiden** ist immer dann von Bedeutung, wenn der **einzelne Treugeber** wegen einer schwerwiegenden Pflichtverletzung des Treuhänders von seinem außerordentlichen Kündigungsrecht Gebrauch macht.[409)] Ein Kündigungsrecht besteht grundsätzlich, wenn der wichtige Grund die Individualrechte des Anlegers und nicht die Interessen aller Gesellschafter betrifft und solange eine Fortsetzung der Publikums-Treuhandgesellschaft durch die anderen Treugeber sichergestellt ist.[410)] Umgekehrt kann der Treuhandkommanditist zur Kündigung des Treuhandvertrags berechtigt sein, wenn der Treugeber mit der Zahlung der Kommanditeinlage in Verzug gerät.[411)] Maßgeblich ist, dass die Kündigung nicht die Auflösung der gesamten gesellschaftsrechtlichen Struktur zur Folge hat, sondern den (mittelbaren) Austritt des Treugebers aus der Publikumstreuhandgesellschaft.[412)]

---

408) MünchKomm-*K. Schmidt*, HGB, Vor § 230 Rz. 89.

409) MünchKomm-*K. Schmidt*, HGB, Vor § 230 Rz. 89.

410) Vgl. *Karsten Schmidt*, Gesellschaftsrecht, § 57 II 1 b für Publikums-KG. Typische Situationen sind: Arglistige Täuschung, Beitritt in Haustürsituation ohne ordnungsgemäße Belehrung; Umstrukturierung der KG, Unmöglichkeit des Gesellschaftszwecks; vgl. MünchKomm-*Grunewald*, HGB, § 161 Rz. 131 m. w. N. Ebenso muss dem überstimmten Kommanditisten einer Publikums-KG bzw. Treugeber einer Publikums-Treuhandgesellschaft ein Austrittsrecht gewährt werden; vgl. BGH, Urt. v. 12. 5. 1977 – II ZR 89/75, BGHZ 69, 160, 165 ff; BGH, Urt. v. 13. 3. 1978 – II ZR 63/77, BGHZ 71, 53, 60 f sowie BGHZ 73, 294, 299; *Kraft*, ZGR 1980, 399, 400 (Übertragung der Treuhandbeteiligung an ein Geschäftsführungsmitglied nach Scheitern der Abberufung des Treuhänders an der erforderlichen Mehrheit in der Versammlung der Treugeber).

411) Vgl. OLG Köln, Urt. v. 13. 5. 2002 – 16 U 65/01, NZG 2003, 28, 29. In dem entschiedenen Fall war vorgesehen, dass bei Zahlungsverzug ein anderer den für den bisherigen Anleger gehaltenen Kommanditanteil des Treuhänders gegen Zahlung einer Abfindung übernimmt. Nach der Auffassung des Gerichts muss sich der Anleger (Treugeber) nicht allein an seinen Treuhänder halten, sondern kann den Abfindungsanspruch im eigenen Namen gegen den Übernehmenden geltend machen.

412) Allgemein zur Verdrängung des Auflösungsrechts durch das Austrittsrecht in der Publikumspersonengesellschaft MünchKomm-*Grunewald*, HGB, § 161 Rz. 131.

Die Beendigung des Treuhandverhältnisses hat zwar grundsätzlich keinen Einfluss auf die rechtliche Stellung als Gesellschafter und die eine Kommanditbeteiligung; sie schlägt jedoch wirtschaftlich insoweit auf die Gesellschafterstellung durch, als der Treuhänder auch für den Treugeber Kommandistist war und nun dessen Geldeinlage hierauf zurückzugewähren hat.[413] Ein **Haftungsrisiko** kann für den **Treuhandkommanditisten** in solchen Fällen durch die teilweise Rückzahlung der Einlage an den kündigenden Treugeber entstehen (wiederauflebende Haftung nach § 172 Abs. 4 Satz 1, § 171 Abs. 1 HGB), wenn nicht zugleich eine Herabsetzung der Einlage herbeigeführt wird (§§ 174, 175 HGB).[414] Hierauf hat der Treuhandkommanditist einen Anspruch.[415] 629

Wenn die Treugeber einvernehmlich der Auffassung sind, dass eine Pflichtverletzung des Treuhänders einig vorliegt, können sie den **Treuhänder** auch mit einer qualifizierten Mehrheitsentscheidung **abberufen.**[416] Bei dieser Form oder Beendigung des Treuhandverhältnisses kommt es regelmäßig nicht zu einer Abwicklung der Gesellschaft gegen Zahlung einer Abfindung an die Treugeber, sondern lediglich zur Ersetzung des Treuhänders durch einen anderen.[417] 630

IX. Besonderheiten der Sicherungstreuhand an Gesellschaftsanteilen

Teilweise besonderen Regeln unterliegt die Treuhand an Gesellschaftsanteilen, wenn der Treuhänder die Gesellschafterstellung vorübergehend zur Sicherung seiner Forderungen erwirbt. Einer solchen Sicherungstreuhand liegt als Unterfall der eigennützigen Treuhand statt eines fremdnützigen Geschäftsbesorgungsvertrags eine **Sicherungsabrede** zugrunde. Der Sicherungstreuhänder hat regelmäßig kein mitunternehmerisches Interesse.[418] Nachfolgend darzustellen sind nur die sich hieraus ergebenden Besonderheiten für die Sicherungstreuhand; im übrigen kann auf die Ausführungen zur Verwaltungstreuhand verwiesen werden. 631

---

413) Vgl. BGHZ 73, 294, 299 f; *Schiefer*, DStR 1997, 119, 121.

414) Vgl. *Gieseke*, DB 1984, 970, 971; *Hadding*, in: Festschrift Fleck, S. 71, 77 f; *Kraft*, ZGR 1980, 399, 403.

415) BGHZ 73, 294, 299 f. Siehe auch BGHZ 76, 127, 130 f = DB 1980, 781 zum Erstattungsanspruch des Treuhandkommanditisten gegen den Treugeber, wenn dieser wegen der wiederauflebenden Haftung an einen Gesellschaftsgläubiger zu leisten hat.

416) Solche Regelungen finden sich regelmäßig in den entsprechenden Verträgen; die Zulässigkeit bejahend BGHZ 73, 294, 299 = BB 1979, 802 = NJW 1979, 1503; *Kraft*, ZGR 1980, 399, 401 ff. Siehe auch *Baumbach/Hopt*, HGB, Anh. § 177a Rz. 80 („auch ohne wichtigen Grund, auch durch Mehrheitsbeschluß abberufbar“).

417) MünchKomm-*K. Schmidt*, HGB, Vor § 230 Rz. 89.

418) MünchKomm-*K. Schmidt*, HGB, Vor § 230 Rz. 39.

1. Grundlagen

632 Der mögliche Anwendungsbereich für eine Sicherungstreuhand ist vielgestaltig. In der Regel überträgt der Gesellschafter seinen Gesellschaftsanteil im Rahmen einer Sicherungstreuhand zur Sicherung eines ihm oder einem Dritten gewährten **Darlehens.** Im Rahmen einer Beteiligungsfinanzierung durch Dritte kann die Gesellschafterstellung außerdem auch unmittelbar in der Person des Gläubigers begründet werden, ohne dass der Schuldner zuvor Gesellschafter war.[419] Daneben wird die Sicherungstreuhand zur Sicherung der vollständigen Erfüllung des **Kaufpreises** bei der Übertragung von Gesellschaftsanteilen eingesetzt.[420] Der Erwerber rückt – da die Abtretung des Gesellschaftsanteils durch die vollständige Kaufpreiszahlung bedingt ist – zunächst nur wirtschaftlich in die Position des Veräußerers ein.[421]

633 Zur Kreditsicherung kommen grundsätzlich **alle Arten von Gesellschaftsanteilen** in Betracht, unabhängig davon, ob sie wertpapierrechtlich verbrieft sind oder nicht.[422] Es liegt auf der Hand, dass Gesellschaftsanteile, mit denen eine unbeschränkte persönliche Haftung des Sicherungsnehmers verbunden ist (OHG-Gesellschafter oder Komplementär in einer KG), als Sicherungsmittel im Rahmen einer treuhänderischen Übertragung wenig attraktiv sind. Bedeutsam ist damit vor allem die Sicherungstreuhand an GmbH-Geschäftsanteilen und an Kommanditanteilen.

2. Abgrenzung zur Anteilsverpfändung

634 In der Praxis spielt die Sicherungstreuhand allerdings gegenüber der Verpfändung von Gesellschaftsanteilen (§§ 1273 ff BGB sowie bei wertpapierrechtlicher Verbriefung auch §§ 1292 ff BGB)[423] nur eine untergeordnete Rolle.[424] Die Anteilsverpfändung hat sich gegenüber der Sicherungstreuhand durchgesetzt.

---

419) *Armbrüster*, S. 42.

420) Ausführlich *Vossius*, BB 1988, Beilage 5, S. 1, 12.

421) *Pohlmann*, NJW 1999, 190, 192; *Armbrüster*, S. 43.

422) Eingehend Hadding/Uwe H. Schneider mit Beiträgen von *Kraft/Hönn* (Aktie), *K. Müller* (Genossenschaftsanteil), *Mühl* (GmbH-Geschäftsanteil) und *John* (Kommanditanteil). Siehe auch den Gesamtüberblick bei *Liebich/Mathews*, S. 290 ff; *Eden*, S. 285 ff.

423) Ausführlich *Hadding*, in: Hadding/Uwe H. Schneider, S. 37; *Mühl*, in: Hadding/Uwe H. Schneider, S. 129, 155 ff; *Rodewald*, GmbHR 1995, 418; *Sieger/Hasselbach*, GmbHR 1999, 633; *Roth*, ZGR 2000, 187; siehe auch *Bülow*, Kreditsicherheiten, Rz. 570 ff; *Rümker*, WM 1973, 626, 630 ff; *Rowedder/Bergmann*, in: Rowedder/Schmidt-Leithoff, GmbHG, § 15 Rz. 81 ff; zu Sonderproblemen *Rümker/Büchler*, in: Festschrift Claussen, S. 337.

424) *Roth/Altmeppen*, GmbHG, § 15 Rz. 47; *Roth/Thöni*, in: Festschrift 100 Jahre GmbHG, S. 245, 248; *Ulmer*, in: Festschrift Odersky, S. 873, 876; *Rümker/Büchler*, in: Festschrift Claussen, S. 337, 337.

a) Keine Gesellschafterstellung des Pfandgläubigers

Zwischen den beiden Rechtsinstituten der Sicherungstreuhand und der Anteilsverpfändung bestehen grundlegende Unterschiede:[425] Anders als der Pfandgläubiger wird der Sicherungsnehmer bei der Sicherungstreuhand am Gesellschaftsanteil Gesellschafter mit allen Rechten und Pflichten sowie den – nach Art des Gesellschaftsanteils graduell unterschiedlichen – Haftungsrisiken.[426] Die Haftung als Gesellschafter ist nicht deshalb eingeschränkt, weil der in die Gesellschaft eintretende Sicherungsnehmer nur ein Sicherungsinteresse verfolgt. Entscheidend ist die formale Gesellschafterstellung.[427] Der Pfandschuldner bleibt dagegen auch nach einer Verpfändung des Gesellschaftsanteils Gesellschafter und damit Inhaber der Informations-, Kontroll- und Verwaltungsrechte. Die Verpfändung wird – anders als der Wechsel der Gesellschafterstellung infolge des Eintritts des Sicherungsnehmers in die Gesellschaft – **nicht durch Eintragung im Handelsregister** (§§ 107, 143 Abs. 2, §§ 161, 162 HGB) oder Aufnahme des Gläubigers in die Gesellschafterliste (§ 40 GmbHG) publiziert.[428] Weitere Vorteile ergeben sich bei der Begründung des Pfandrechts an dem Gesellschaftsanteil grundsätzlich nicht. Insbesondere bei Personengesellschaften ist auch die Verpfändung nur möglich, wenn der Gesellschaftsvertrag dies vorsieht oder die anderen Gesellschafter ihr Einverständnis erklären (§ 1274 Abs. 2 BGB).[429] Im übrigen folgt die Bestellung des Pfandrechts an dem Gesellschaftsanteil den für die Übertragung des Rechts geltenden Vorschriften (§ 1274 Abs. 1 BGB). 635

---

425) *Armbrüster*, S. 43; *Breuer*, MittRhNotK 1988, 79, 92.

426) *Blaurock*, Unterbeteiligung, S. 68; *John*, in: Hadding/Uwe H. Schneider, S. 83, 100; *Rümker*, WM 1973, 626, 626.

427) BGHZ 105, 168, 174 f; *Rümker/Büchler*, in: Festschrift Claussen, S. 337; *Hueck/Fastrich*, in: Baumbach/Hueck, GmbHG, § 32 a Rz. 23; *Scholz/K. Schmidt*, GmbHG, § 32a, 32b Rz. 32; *Lutter/Hommelhoff*, GmbHG, § 32a/b Rz. 56 m. w. N. Vgl. auch *Pentz*, in: Rowedder/Schmidt-Leithoff, GmbHG, § 16 Rz. 25, 36 zur Bedeutung der Anmeldung bei der Gesellschaft gemäß § 16 GmbHG.

428) Vgl. *Breuer*, MittRhNotK 1988, 79, 92; siehe auch *Rümker*, WM 1973, 626, 629 f. Ob diese Publizität indessen ein Nachteil ist, ist in vielen Fällen zweifelhaft, da sich der Zweck der Gesellschaftsbeteiligung dem Handelsregister nicht entnehmen lässt.

429) *Palandt/Bassenge*, BGB, § 1273 Rz. 1; *Roth*, ZGR 2000, 187, 209; *Habersack*, S. 109 ff; a. A. *Hadding*, in: Hadding/Uwe H. Schneider (Hrsg.), S. 37, 45 ff (für Personengesellschaftsanteile auf der Grundlage, dass nicht die Mitgliedschaft selbst, sondern nur die einzelnen übertragbaren Vermögensrechte des Gesellschafters aus dem Gesellschaftsverhältnis übertragen werden können), wohl auch *Armbrüster*, S. 43. Zu denen auch bei GmbHs verbreiteten Verpfändungsbeschränkungen durch die Satzung der Gesellschaft *Sieger/Hasselbach*, GmbHR 1999, 633.

b) Eingeschränkter Schutz des Pfandgläubigers vor Beeinträchtigung seines Pfandrechts

636 Aus diesen grundlegenden Unterschieden zwischen Pfandrecht und Sicherungstreuhand folgt andererseits, dass mit dem geringeren Haftungsrisiko auch ein geringerer Schutz des Pfandgläubigers im Vergleich zum Sicherungstreuhänder einher geht. Nach überwiegender Ansicht kann der Wert des Pfandrechts durch die Mitwirkung des Pfandschuldners an Beschlüssen in der Gesellschaft beeinträchtigt werden.[430] Der **Zustimmungsvorbehalt** in § 1276 Abs. 1 und 2 BGB, wonach ein verpfändetes Recht nur mit Zustimmung des Pfandgläubigers aufgehoben oder geändert werden kann, steht dem grundsätzlich nicht entgegen, weil die Bestimmung nicht für solche Rechtsänderungen gelte, die sich auf dem Wege der körperschaftlichen Willensbildung vollziehen.[431] Andererseits wird darauf verwiesen, dass nur die Aufhebung der Mitgliedschaft und unmittelbar beeinträchtigende Verfügungen an die Zustimmung des Gläubigers gebunden seien.[432] Einigkeit über die Reichweite des § 1276 BGB besteht damit freilich keineswegs. Man wird richtigerweise in der Form differenzieren müssen, dass unmittelbare wie mittelbare Beeinträchtigungen dann der Zustimmung des Pfandgläubigers bedürfen, wenn die Mitwirkung des verpfändenden Gesellschafters an dem zugrundeliegenden Gesellschafterbeschluss (wegen des Einstimmigkeitsprinzips oder bei Mehrheitsbeschlüssen wegen einer entsprechenden Mehrheitenbildung) ursächlich für das Zustandekommen des Beschlusses war.[433] Ist dies nicht der Fall, bleibt § 1276 BGB unanwendbar. Zum anderen ist zu berücksichtigen, ob der Gesellschaftsanteil inhaltlich von vornherein durch das Gesetz beschränkt ist oder nach dem Grundsatz der **dinglichen Surrogation** (entsprechend § 1287 BGB)[434] dafür Vorsorge getroffen wurde, dass sich das Pfandrecht an einem an die Stelle der Mitgliedschaft tretenden vermögensrechtlichen Anspruch (z. B. Abschichtungsanspruch, Anspruch auf das Auseinandersetzungsguthaben) fortsetzt. Nicht unter § 1276 BGB fallen damit etwa der Gesellschafterausschluss (§§ 140, 161 Abs. 2 HGB), die Kaduzierung (§ 21

---

430) *Armbrüster*, S. 44 f; *Mühl*, in: Hadding/Uwe H. Schneider, S. 129, 157 f; *Rümker/Büchler*, in: Festschrift Claussen, S. 337, 341.

431) *Rümker*, WM 1973, 626, 630; *Vossius*, BB 1988, Beilage 5, S. 1, 11; *Rodewald*, GmbHR 1995, 418, 419; *Mühl*, in: Hadding/Uwe H. Schneider, 1979, S. 129, 157 f; a. A. *Roth*, ZGR 2000, 187, 191, 210 216 f; *Hadding*, in: Hadding/Uwe H. Schneider, S. 37, 52 ff (für Personengesellschaften).

432) MünchKomm-*Ulmer*, BGB, § 719 Rz. 44 f.

433) So mit Recht *Hadding*, in: Hadding/Uwe H. Schneider, S. 37, 52; dagegen plädiert *Roth*, ZGR 2000, 187, 217, offenbar für eine umfassende Anwendung des § 1276 BGB ohne Berücksichtigung des Kausalitätserfordernisses.

434) Dazu *Mühl*, in: Hadding/Uwe H. Schneider, S. 129, 156 f.

GmbHG), die Aufgabe des Geschäftsanteils (§ 27 Abs. 1 GmbHG), die Einziehung gegen Zahlung eines vollwertigen Einziehungsentgelts (§ 34 GmbHG), der Austritt (Kündigung) aus wichtigem Grund[435] und die Auflösungsklage (§ 61 GmbHG, §§ 133, 161 Abs. 2 HGB).[436] In der Verpfändungsabrede kann im übrigen in bestimmtem Umfang Vorsorge gegen nicht wünschenswerte Änderungen getroffen werden, etwa indem der Pfandgläubiger in geeigneten Fällen zur Ausübung von Rechten bevollmächtigt wird.[437]

c) Verwertung des gepfändeten Gesellschaftsanteils

Die Verwertung des verpfändeten Gesellschaftsanteils richtet sich nach einem komplizierten, mit **Publizität verbundenen Verfahren** (§ 1277 BGB),[438] durch das oftmals kein angemessener Erlös erzielt und unter Umständen sogar gar kein geeigneter Erwerber gefunden werden kann.[439] Von der gesetzlichen Verwertung abweichende Vereinbarungen können nur in sehr eingeschränktem Umfang getroffen werden.[440] Vor dem Eintritt der Verkaufsberechtigung ist eine sog. **Verfallklausel**, wonach der Gesellschaftsanteil dem Pfandgläubiger mit Verwertungsreife unbeschränkt zu eigenem Recht zustehen soll, ebenso unwirksam (§ 1277 Satz 2, § 1229 BGB) wie die Bestimmung einer anderen Art der Verwertung als durch öffentliche Versteigerung (§ 1277 Satz 2, § 1245 Abs. 2, § 1235 BGB).[441] Ein freihändiger Verkauf des Gesellschaftsanteils (§ 1221 BGB) kann daher nicht von Beginn an vorgesehen werden. 637

---

435) Ein allgemeines Austrittsrecht des GmbH-Gesellschafters sieht das Gesetz zwar nicht vor, eine Kündigungsmöglichkeit bei Vorliegen eines wichtigen Grundes ist indes mittlerweile gleichwohl anerkannt; vgl. BGH, Urt. v. 16. 12. 1991 – II ZR 58/91, ZIP 1992, 237, 240, dazu EWiR 1992, 321 *(Wiedemann)*; *Hachenburg/Ulmer*, GmbHG, Anh. § 34 Rz. 44; enger *Scholz/Winter*, GmbHG, § 15 Rz. 114. Für OHG oder KG-Gesellschafter ergibt sich ein Kündigungsrecht unmittelbar aus §§ 131 Abs. 3 Nr. 3, 161 Abs. 2 HGB.

436) Vgl. *Roth*, ZGR 2000, 187, 217 f; *Hadding*, in: Hadding/Uwe H. Schneider, S. 37, 53 f; siehe auch *Blaurock*, Unterbeteiligung, S. 68; *Bülow*, Rz. 584 f; *Mühl*, in: Hadding/Uwe H. Schneider, S. 129, 158.

437) Näher *Hadding*, in: Hadding/Uwe H. Schneider, S. 37, 49 ff; *Rodewald*, GmbHR 1995, 418, 419 f; *Sieger/Hasselbach*, GmbHR 1999, 633, 637 f.

438) Vgl. *Hadding*, in: Hadding/Uwe H. Schneider S. 37, 57 ff; *Schaub*, DStR 1995, 1634, 1635.

439) *Breuer*, MittRhNotK 1988, 79, 92; *Rodewald*, GmbHR 1995, 418, 421; *Roth*, ZGR 2000, 187, 221. Nur bei Aktien, die einen Börsen- oder Marktpreis haben, wird das Problem der Preisfeststellung grundsätzlich nicht auftreten (siehe § 1235 Abs. 2, § 1221 BGB).

440) *Hadding*, in: Hadding/Uwe H. Schneider, S. 37, 61 f; *Bülow*, Kreditsicherheiten, Rz. 499 ff. Siehe auch *Rodewald*, GmbHR 1995, 418, 421 f, der insbesondere auf die Möglichkeit der Vereinbarung einer Wertuntergrenze im Verwertungsfall oder des Erfordernisses der Begutachtung nach Ertragswert- oder Substanzmethode verweist.

441) Vgl. *Breuer*, MittRhNotK 1988, 79, 92; *Rodewald*, GmbHR 1995, 418, 421; *Roth*, ZGR 2000, 187, 221.

638 Vor diesem Hintergrund erscheint die **Sicherungstreuhand** trotz der für den Treuhänder bestehenden Haftungsrisiken als die **flexiblere Kreditsicherungsform**, welche eine an wirtschaftlichen Gesichtspunkten orientierte Verwertung des Gesellschaftsanteils erlaubt.[442] Eine Entscheidung zwischen Verpfändung und Sicherungstreuhand muss in jedem einzelnen Fall unter Berücksichtigung aller maßgeblichen Umstände, insbesondere der Schutzinteressen von Gläubiger und Schuldner, erfolgen. Angesichts des Volumens der Fremdfinanzierungen dürfte vor dem Hintergrund der flexibleren Verwertungsmöglichkeiten in der Zukunft das weniger gebräuchliche Kreditsicherungsmittel der Sicherungstreuhand – jedenfalls als Zusatzsicherung – wieder an Bedeutung gewinnen.

3. Wesentlicher Inhalt der Sicherungsvereinbarung

a) Interessenlage der Beteiligten

639 Im Rahmen der Sicherungstreuhand verfolgen die Beteiligten Interessen, die mit den Interessen der Gesellschaft und der Mitgesellschafter nicht immer in Einklang zu bringen sind. Dies gilt in besonderem Maße für die Personengesellschaft und die personalistisch strukturierte GmbH. Die Sicherungstreuhand ist hier oftmals nicht durchzusetzen, weil die Mitgesellschafter das Gesellschaftsverhältnis nicht durch die Aufnahme des Gläubigers eines Gesellschafters belasten wollen. Häufiger kommt eine Sicherungstreuhand allerdings vor, wenn eine nähere Beziehung zwischen dem Sicherungsnehmer und der Gesellschaft besteht (z. B. Mitgesellschafter, Hausbank, leitende Angestellte, Ehegatten).[443]

640 Die Interessengegensätze zwischen Sicherungsgeber, Sicherungsnehmer und Mitgesellschafter sind nachvollziehbar, da dem Sicherungsnehmer während der Dauer seiner Mitgliedschaft vor allem an der Erhaltung des Wertes seines Gesellschaftsanteils und im Fall der Verwertungsreife an einer effizienten Verwertung gelegen ist. Risikoreiche unternehmerische Entscheidungen wird er in der Regel nicht mittragen wollen. Gesellschaftlichen Maßnahmen, die nicht seinen eigennützigen Zielen entsprechen, kann der Sicherungstreuhänder sich aber nur insoweit verweigern, als seine **gesellschaftsrechtliche Treuepflicht** ihm hierfür Raum lässt.[444] Ihr unterliegt er uneingeschränkt auch dann, wenn die anderen Gesellschafter der Sicherungstreuhand zugestimmt haben. Haben die Mitgesellschafter der Begründung der Sicherungstreuhand einmal zugestimmt, liegt darin

442) So auch *Breuer*, MittRhNotK 1988, 79, 92; *Vossius*, BB 1988, Beilage 5, S. 1, 13; *Sommer*, in: Münchener Handbuch des Gesellschaftsrechts III, § 26 Rz. 6.

443) *Blaurock*, Unterbeteiligung, S. 69.

444) Vgl. *John*, in: Hadding/Uwe H. Schneider, S. 83, 93.

gleichzeitig die unwiderrufliche Zustimmung zur Rückabtretung des Gesellschaftsanteils an den Sicherungsgeber bei Wegfall des Sicherungszwecks.[445]

Falls die Zustimmung der Mitgesellschafter zu einer Sicherungstreuhand verweigert wird, kann eine sog. doppelseitige oder **doppelstöckige Treuhand**[446] die probate Lösung sein. Hier hält ein (neutraler) Dritter den Gesellschaftsanteil treuhänderisch sowohl für den Sicherungsnehmer als auch für den Sicherungsgeber. Diese Kombination aus Verwaltungs- und Sicherungstreuhand erlaubt es, eine Kreditsicherung einzuräumen, ohne dass der unerwünschte Sicherungsnehmer Träger der Mitgliedschaft wird. Bei Verwertungsreife nimmt der Treuhänder die vereinbarte Verwertung vor und kehrt den zur Deckung der gesicherten Forderungen erforderlichen Erlös an den Sicherungsnehmer aus. 641

b) Vertragliche Gestaltung

Die Vertragsgestaltung muss einen Ausgleich der Spannungslage zwischen den Beteiligten herbeiführen. Entsprechend den oben genannten Punkten kommt zunächst einer möglichst genauen Umschreibung des **Zwecks der Sicherungstreuhand** (und damit insbesondere der genauen Bezeichnung der gesicherten Forderungen) eine besondere Bedeutung zu. Dadurch wird – auch für die Mitgesellschafter – das Ausmaß offenbar, in dem der Gesellschaftsanteil als Kreditsicherung eingesetzt wird. 642

Da der Sicherungsnehmer in der Regel keine unternehmerische Mitverantwortung tragen will, ist es wichtig, dass der **Sicherungsgeber** weiterhin die gesellschaftsrechtlichen Organisationsrechte (Informations-, Kontroll- und Stimmrechte) ausüben kann. Hierfür steht der oben beschriebene Gestaltungsrahmen zur Verfügung (oben Rz. 559 ff).[447] Der Sicherungsnehmer muss dann zwar eine Einwirkungsmöglichkeit des Sicherungsgebers auf das Sicherungsgut in Kauf nehmen. Andererseits wird in vielen Fällen aber nur so überhaupt erst der Zugriff auf den Gesellschaftsanteil als Kreditsicherheit eröffnet. Da die mögliche Inanspruchnahme als Gesellschafter die Eignung des Gesellschaftsanteils als Kreditsicherheit schmälert,[448] ist es außerdem empfehlenswert, den **Sicherungsneh-** 643

---

445) BGH, Urt. v. 30. 6. 1980 – II ZR 219/79, ZIP 1980, 771, 772 f; *Heymann/Horn*, HGB, § 161 Rz. 64.

446) *Vossius*, BB 1988, Beilage 5, S. 1, 13; *Eden*, S. 289; *Palandt/Bassenge*, BGB, § 903 Rz. 35; siehe auch OLG Hamburg WM 1997, 1846, 1848.

447) *John*, in: Hadding/Uwe H. Schneider, S. 83, 90.

448) Die haftungsrechtliche Stellung des Sicherungsnehmers kann nicht unterschiedlich danach beurteilt werden, ob die Gesellschaft durch das gesicherte Kreditgeschäft finanziert wird oder am Abschluss des Sicherungsvertrags mitgewirkt hat. Dies widerspräche zwingenden gesellschaftsrechtlichen Prinzipien; wie hier *Eden*, S. 287.

mer zumindest im Innenverhältnis zum Sicherungsgeber von der (Gesellschafter-)Haftung freizustellen. Auch dies stellt natürlich keine Ideallösung dar, weil der Sicherungsgeber dem Sicherungsnehmer kein Garant für eine Haftungsfreistellung sein wird, wenn es zum Haftungsfall kommt. In geeigneten Fällen kann in Betracht kommen, die auf den Gesellschaftsanteil entfallende Gewinnausschüttung als Haftungsfonds für den Regress zurückzulegen. Ohnehin bedarf es in der Sicherungsabrede einer Harmonisierung der Ausübung von **Gewinnbezugsrecht**, das dem Sicherungsnehmer als Gesellschafter zusteht, mit dem **Tilgungsmechanismus** des Kreditvertrags.[449] In diesem Rahmen sind Regelungen darüber erforderlich, inwiefern die Gewinne für die Verzinsung oder Tilgung der gesicherten Forderung verwendet werden, dem Sicherungsgeber zustehen oder das Gewinnbezugsrecht unmittelbar an den Sicherungsgeber abgetreten wird.

644 Schließlich ist eine Bestimmung über die **Sicherheitenfreigabe**[450] bzw. Rückgewähr des Gesellschaftsanteils nach der Tilgung der Forderung aufzunehmen. Bei der Sicherungsübertragung nur eines Gesellschaftsanteils ist eine Teilfreigabe mit fortschreitender Tilgung der gesicherten Forderung in aller Regel faktisch nicht durchführbar. Allenfalls könnten Sicherungsgeber und Sicherungsnehmer eine Rechtsgemeinschaft an einer Aktie bilden (§ 69 AktG). Vorstellbar ist ein Sicherheitentausch, wenn der Sicherungsgeber nach fortgeschrittener Tilgung den Gesellschaftsanteil für eine andere Sicherung einsetzen will und dem Sicherungsnehmer eine andere Kreditsicherung anbietet. Ist die gesicherte Verbindlichkeit getilgt und damit der Sicherungszweck entfallen, wandelt sich die eigennützige Sicherungstreuhand bis zur Erfüllung des Rückgewähranspruchs in eine fremdnützige Verwaltungstreuhand.[451] Rechtlich möglich – in der Praxis aber nicht üblich – ist auch eine Übertragung des Gesellschaftsanteils unter der auflösenden Bedingung der Forderungstilgung, die eine gesonderte Rückübertragung des Gesellschaftsanteils entbehrlich macht.[452]

4. Verwertung des Geschäftsanteils

645 Wegen des Eingriffs in das Gesellschaftsverhältnis ist von besonderer Bedeutung, dass die **Bestimmungen** der **Sicherungsabrede** über die Verwertung des Gesell-

---

449) *John*, in: Hadding/Uwe H. Schneider, S. 83, 91 („... im Zweifel ... in der Gesellschaft zu belassen ...").

450) Vgl. statt anderer *Nobbe*, in: Festschrift Schimansky, S. 433 und *Schwab*, JuS 1999, 740 zu den Konsequenzen aus BGH, Beschl. v. 27. 11. 1997 – GSZ 1/97, BGHZ 137, 212 (Beschluss des Großen Senats zur Sicherheitenfreigabe); siehe zuvor auch *Hadding*, in: Festschrift Frotz, S. 495, 505 f.

451) So zu Recht *Hadding*, in: Festschrift Frotz, S. 495, 503; *Gernhuber*, JuS 1988, 355, 356.

452) Vgl. BGHZ 77, 392.

schaftsanteils auch die Interessen des Sicherungsgebers angemessen berücksichtigen.[453)] So kann es beispielsweise empfehlenswert sein, eine Androhung vorzusehen, bevor die Verwertung vorgenommen werden kann.[454)] Wird die gesicherte Forderung bei Fälligkeit nicht erfüllt, kann der Sicherungsnehmer den Gesellschaftsanteil grundsätzlich verwerten. In der Sache ist – ungeachtet anderer Vereinbarungen – eine Verwertung nur unzulässig, wenn der tatsächliche wirtschaftliche Wert des Gesellschaftsanteils erheblich über dem erzielbaren Erlös liegt und mit der Verwertung nur ein unbedeutend kleiner Teil der gesicherten Forderung getilgt wird.

Die **Art der Verwertung** hängt maßgeblich von dem zur Sicherheit übertragenen Gesellschaftsanteil, den Bestimmungen des Gesellschaftsvertrags und der Zustimmung der Mitgesellschafter ab.[455)] Im Zweifel eröffnet erst eine Verständigung mit den Mitgesellschaftern oder eine entsprechende Anpassung des Gesellschaftsvertrags die Verwertungsmöglichkeit. Entsprechend ist eine Einigung hierüber bereits bei Begründung der Sicherungstreuhand empfehlenswert. Dies gilt für die Kündigung des Gesellschaftsanteils oder der Gesellschaft[456)] ebenso wie für den freihändigen Verkauf oder die öffentliche Versteigerung des Gesellschaftsanteils. Da allenfalls der **freihändige Verkauf** einen angemessenen Erlös erwarten lässt, bietet sich mit Einverständnis der übrigen Gesellschafter noch die Vereinbarung einer **Verfallklausel** an. Danach kann der Sicherungsnehmer bei Verwertungsreife den Gesellschaftsanteil zu eigenem Recht übernehmen. Einer solchen Abrede steht § 1229 BGB nicht entgegen, da die Pfandrechtsbestimmungen nach überwiegender Ansicht auf die Sicherungstreuhand keine Anwendung finden.[457)] Allerdings sollte auch eine Regelung darüber getroffen werden, auf welche Weise der Wert des Gesellschaftsanteils zu bestimmen ist. Maßgeblich sollte hierfür regelmäßig der Wert des Gesellschaftsanteils am werbenden Unternehmen sein.[458)] **646**

453) Vgl. *Mühl*, in: Hadding/Uwe H. Schneider, S. 129, 154.

454) *Breuer*, MittRhNotK 1988, 79, 92.

455) *John*, in: Hadding/Uwe H. Schneider, S. 83, 92.

456) Für den ausscheidenden Treuhandkommanditisten lebt nach §§ 171 Abs. 1, 172 Abs. 4 HGB bis zur Höhe der Kommanditeinlage die persönliche Haftung wieder auf, weil die Auszahlung des Auseinandersetzungsguthabens als Rückzahlung der Kommanditeinlage gesehen wird; vgl. *Baumbach/Hopt*, HGB, § 172 Rz. 6. Instruktiv zum Rückgriff des haftenden Treuhandkommanditisten *Hadding*, in: Festschrift Fleck, S. 71.

457) *Breuer*, MittRhNotK 1988, 79, 92; *Eden*, S. 288; a. A. *Mühl*, in: Hadding/Schneider, S. 129, 154.

458) Zutreffend *Breuer*, MittRhNotK 1988, 79, 92.

5. Besonderheiten in der Einzelzwangsvollstreckung und Insolvenz

647 Aufgrund des besonderen Sicherungszwecks ergeben sich in der Einzelzwangsvollstreckung und Insolvenz Abweichungen gegenüber der Rechtslage bei der Verwaltungstreuhand an Gesellschaftsanteilen.

a) Für den Sicherungsnehmer

648 Von besonderer Bedeutung ist insoweit zunächst die Stellung des Sicherungsnehmers gegenüber den ungesicherten Gläubigern des Sicherungsgebers, insbesondere seine Sicherung in der Einzelzwangsvollstreckung und in der Insolvenz des Sicherungsgebers.

649 Unproblematisch gestaltet sich diese Sicherung, wenn die Gläubiger des Sicherungsgebers **Zwangsvollstreckungsmaßnahmen** in den Gesellschaftsanteil (§§ 857, 859 BGB) ausbringen. Dies wird nur selten in Betracht kommen, weil der Sicherungsnehmer Vollrechtsinhaber des Gesellschaftsanteils wird. Sollte die Pfändung dennoch erfolgen, kann der Sicherungsnehmer Erinnerung nach §§ 766, 809 ZPO einlegen.

650 Im **Insolvenzverfahren** des Sicherungsgebers hat der Sicherungsnehmer ein Absonderungsrecht (§§ 49, 50, 51 Nr. 1 InsO), wenn ihm die zu sichernde Forderung noch zusteht.[459)] In der Folge bleibt sein Verwertungsrecht nach § 173 Abs. 1 InsO unberührt, weil es an dem in § 166 InsO abschließend beschriebenen Verwertungsrecht des Insolvenzverwalters fehlt. Im Unterschied zu den zur Sicherheit abgetretenen Forderungen (dazu § 166 Abs. 2 InsO) besteht das Verwertungsrecht des Sicherungsnehmers (Gläubigers) bei der Sicherungsübertragung von Gesellschaftsanteilen weiter.[460)] Grundsätzlich ist der Sicherungsnehmer aber verpflichtet, die Verwertung des Gesellschaftsanteils (nach Maßgabe der Sicherungsabrede und den gesetzlichen Bestimmungen) unverzüglich vorzunehmen (siehe auch § 173 Abs. 2 InsO). Der Verwertungserlös gebührt ihm bis zur Höhe seiner (noch) gesicherten Forderung; einen etwaigen Überschuss muss er an die Insolvenzmasse herausgeben.[461)] Zu berücksichtigen ist indessen, dass die Insolvenz des Treugebers auch Auswirkungen auf die Hauptgesellschaft haben kann, da sie wichtiger Grund für die Auflösung der Gesellschaft (§ 133

---

459) Siehe nur *Uhlenbruck*, InsO, § 47 Rz. 37.

460) Streitig, wie hier *Kübler/Prütting/Kemper*, InsO, § 173 Rz. 5; *Obermüller*, Rz. 6.345 f.

461) Näher *Kübler/Prütting/Kemper* InsO, § 173 Rz. 6 ff.

HGB), die Ausschließung (§ 140 HGB) oder das Ausscheiden des Treuhänder-Gesellschafters (analog § 131 Abs. 3 Nr. 1 HGB) sein kann.[462)]

b) Für den Sicherungsgeber

651 Umgekehrt ist der Sicherungsgeber (Schuldner) gegenüber Zwangsvollstreckungsmaßnahmen der (Privat-)Gläubiger des Sicherungsnehmers und in der Insolvenz des Sicherungsnehmers weitgehend geschützt.

652 Nehmen Gläubiger **Zwangsvollstreckungsmaßnahmen** in den zur Sicherheit übertragenen Gesellschaftsanteil vor, kann der Sicherungsgeber die Drittwiderspruchsklage (§ 771 ZPO) erheben.[463)] Die Klagebefugnis ist insoweit nach zutreffender Ansicht nicht daran gebunden, dass der Sicherungsgeber zugleich die gesicherte Forderung erfüllt, denn anderenfalls würde er zu vorzeitiger Leistung gezwungen.[464)] Daraus folgt aber auch, dass die Klageerhebung nach Eintritt der Verwertungsreife durchaus von der Auslösung des treuhänderisch übertragenen Gesellschaftsanteils abhängt.[465)]

653 In der **Insolvenz des Sicherungsnehmers** wird dem Sicherungsgeber ein Aussonderungsrecht gewährt (§ 47 InsO).[466)] Er kann dieses Recht jedoch nur durchsetzen, wenn er die gesicherte Forderung durch Leistung in die Insolvenzmasse tilgt oder der Sicherungszweck in anderer Weise weggefallen ist.[467)] Da die Gesellschafterinsolvenz in Personengesellschaften indes regelmäßig zum Ausscheiden des Gesellschafters aus der Gesellschaft führt (§ 131 Abs. 3 Nr. 2 HGB),[468)] erstreckt sich der Aussonderungsanspruch nur noch auf das Abfindungsguthaben.[469)] Die Insolvenz des Sicherungsnehmers führt dann zum endgültigen Verlust des Gesellschaftsanteils. Um dem wirksam vorzubeugen, wird auch hier vorgeschlagen, den Gesellschaftsanteil in dem Sicherungsvertrag aufschiebend durch die Ausbringung von Vollstreckungsmaßnahmen oder die In-

---

462) MünchKomm-*K. Schmidt*, HGB, Vor § 230 Rz. 82. Siehe auch *Ulmer*, ZHR 149 (1985), 28 zur Sicherung der GmbH gegen das Überfremdungsrisiko in der Insolvenz des Gesellschafters durch Einziehungsklauseln und Erwerbsrechte.

463) Vgl. BGHZ 72, 141, 144 ff.

464) *Soergel/Leptien*, BGB, Vor § 164 Rz. 68.

465) BGH, Urt. v. 28. 6. 1978 – VIII ZR 60/77, BGHZ 72, 141, 143 ff = NJW 1978, 1859; *Breuer*, MittRhNotK 1988, 79, 92; MünchKomm-*K. Schmidt*. HGB, Vor § 230 Rz. 80.

466) Vgl. *Blaurock*, Unterbeteiligung, S. 243 ff, 251 f; *Eden*, S. 96 ff; *Heidner*, DStR 1989, 276, 279; MünchKomm-*K. Schmidt*, HGB, Vor § 230 Rz. 81; *Tebben*, S. 298 ff.

467) MünchKomm-*K. Schmidt*, HGB, Vor § 230 Rz. 81; *Soergel/Leptien*, BGB, Vor § 164 Rz. 68; *Uhlenbruck*, InsO, § 47 Rz. 36.

468) Vgl. im einzelnen *Kübler/Prütting/Noack* Rz. 477 ff; siehe dort auch zur Gesellschafterinsolvenz in der GmbH (Rz. 343 ff) und in der AG (Rz. 421 ff).

469) MünchKomm-*K. Schmidt*, HGB, Vor § 230 Rz. 81.

solvenz des Sicherungsnehmers bedingt auf den Sicherungsgeber zurück zu übertragen.[470] Zu bedenken ist allerdings, dass das Aussonderungsrecht nicht unmittelbar mit der Eröffnung des Insolvenzverfahrens, sondern erst mit der Tilgung der gesicherten Forderung entsteht.[471] Der Bedingungseintritt hinge dann letztlich von dem Willen des Sicherungsgebers ab, und zwischen Verfahrenseröffnung und Forderungstilgung müsste seine Mitgliedschaft entgegen § 131 Abs. 3 Nr. 2 HGB in einer Art Schwebezustand fortbestehen. Dies ist nur mit Zustimmung der Mitgesellschafter hinnehmbar.[472] Liegt die Zustimmung vor, bedarf es nicht einer besonderen Regelung für die Insolvenz, sondern es genügt bereits die Vereinbarung einer allgemeinen Rückfallklausel bei Erfüllung der gesicherten Forderung, um die gewünschte Rechtsfolge herbeizuführen.[473]

---

470) Näher *Breuer*, MittRhNotK 1988, 79, 93.
471) *John*, in: Hadding/Uwe H. Schneider, S. 83, 96.
472) *John*, in: Hadding/Uwe H. Schneider, S. 83, 96.
473) *John*, in: Hadding/Uwe H. Schneider, S. 83, 96.

Literaturverzeichnis

Albracht, Wolfgang
Die stille Gesellschaft im Recht der Publikumspersonengesellschaften, 1990

Altmeppen, Holger
„Dritte" als Adressaten der Kapitalerhaltungs- und Kapitalersatzregeln in der GmbH, in: Festschrift Kropff, Aktien- und Bilanzrecht, 1997, S. 642

Kapitalersatz und Rangrücktritt unter der Geltung der InsO, ZHR 164 (2000), 349

Zur Mantelverwendung in der GmbH, NZG 2003, 145

App, Michael
Unternehmerische Kapitalanlage durch Unterbeteiligung, DStR 1994, 291

Armbrüster, Christian
Grundlagen und Reichweite von Wettbewerbsverboten im Personengesellschaftsrecht, ZIP 1997, 261

Zur Beurkundungsbedürftigkeit von Treuhandabreden über GmbH-Anteile – Zugleich ein Beitrag zu den Formzwecken des § 15 Abs. 4 Satz 1 GmbHG, DNotZ 1997, 762

Wettbewerbsverbote im Kapitalgesellschaftsrecht, ZIP 1997, 1269

Treuhänderische Beteiligung an Gesellschaftsanteilen, 2001

Treuhänderische GmbH-Beteiligungen I – Begründung, Übertragung, Umwandlung, Beendigung, GmbHR 2001, 941

Treuhänderische GmbH-Beteiligungen II – Rechte und Pflichten von Treuhänder und Treugeber in der Gesellschaft, GmbHR 2001, 1021

Zur einheitlichen Stimmrechtsausübung im Gesellschaftsrecht, in: Festschrift Bezzenberger, 2000, S. 3

Armbrüster, Christian/Joos, Michael
Zur Abwicklung fehlerhafter stiller Beteiligungen, ZIP 2004, 189

Assmann, Heinz-Dieter/Schütze, Rolf, A.
Handbuch des Kapitalanlagerechts, 2. Aufl., 1997
(zit.: *Bearbeiter*, in: Assmann/Schütze, Kapitalanlagerecht)

Bachmann, Gregor/Veil, Rüdiger
Grenzen atypischer stiller Beteiligungen an einer Aktiengesellschaft, ZIP 1999, 348

Bälz, Ulrich
Treuhandkommanditist, Treuhänder der Kommanditisten und Anlegerschutz, ZGR 1980, 1

Baumbach, Adolf/Duden, Konrad/Hopt, Klaus J.
Handelsgesetzbuch, 31. Aufl., 2003 (zit.: Baumbach/Hopt, HGB)

Baumbach, Adolf/Hueck, Alfred
GmbH-Gesetz, 17. Aufl., 2000 (zit.: *Bearbeiter*, in: Baumbach/Hueck, GmbHG)

Baumbach, Adolf/Lauterbach, Wolfgang/Albers, Jan/Hartmann, Peter
Zivilprozeßordnung, 61. Aufl., 2002
(zit.: *Bearbeiter*, in: Baumbach/Lauterbach, ZPO)

Baums, Theodor
Spartenorganisation, Tracking Stock und deutsches Aktienrecht, in: Festschrift Boujong, 1996, S. 19

Bayer, Walter/Riedel, Jens
Kapitalbeteiligungen und Anlegerschutz, NJW 2003, 2567

Behnke, Thorsten
Das neue Minderjährigenhaftungsbeschränkungsgesetz, NJW 1998, 3078

Minderjährige als Gesellschafter – Minderjährigenhaftungsbeschränkungsgesetz und Beratungspraxis, NZG 1999, 244

Bender, Karl
Nießbrauch und Unterbeteiligung an Personengesellschaftsanteilen, DB 1979, 1445

Berninger, Axel
Die AG & Still – Gesellschaftsrechtliche und steuerrechtliche Aspekte bei der Errichtung und Umwandlung, Der Konzern 2003, 683

Beuthien, Volker
Treuhand an Gesellschaftsanteilen, ZGR 1974, 26

Die atypisch stille Gesellschaft – Ein Weg zu mehr Eigenkapital für eingetragene Genossenschaften?, NZG 2003, 849

Beuthien, Volker/Gätsch, Andreas
Einfluß Dritter auf die Organbesetzung und Geschäftsführung bei Vereinen, Kapitalgesellschaften und Genossenschaften, ZHR 157 (1993), 483 512

Bezzenberger, Gerold/Schuster, Detlev
Die öffentliche Anstalt als abhängiges Konzernunternehmen, ZGR 1996, 481

Bezzenberger, Tilman
Kapitalersetzende Gesellschafterdarlehen im Recht der GmbH, in: Festschrift Bezzenberger, 2000, S. 23

Bilsdorfer, Peter
Gesellschafts- und steuerrechtliche Probleme bei Unterbeteiligung von Familienangehörigen, NJW 1980, 2785

Bitsch, Herbert
Gewinnverteilung der GmbH & stille Gesellschaft, GmbHR 1983, 56

Blaurock, Uwe
Unterbeteiligung und Treuhand an Gesellschaftsanteilen, 1981
(zit.: *Blaurock*, Unterbeteiligung)

Zur stillen Beteiligung mehrerer Personen an einer Apotheke, NJW 1972, 1119

Einfluß im Unternehmen und die gesellschaftsrechtliche Haftungsstruktur, in: Festschrift Stimpel, 1985, S. 553

Stille Publikumsgesellschaften im Rechte der Bankenaufsicht, in: Festschrift Heinsius, 1991, S. 33

Die GmbH & Still im Steuerrecht, BB 1992, 1969

Handbuch der Stillen Gesellschaft, 6. Aufl., 2003 (zit.: Blaurock, StG)

Die stille Beteiligung an einer Kapitalgesellschaft als Unternehmensvertrag, in: Festschrift Großfeld, Heidelberg 1998, S. 83

Blaurock, Uwe/Berninger, Axel
Unterbeteiligung an einem GmbH-Anteil in zivilrechtlicher und steuerrechtlicher Sicht, (I) GmbHR 1990, 11; (II) GmbHR 1990, 87

Bornemann, Alexander
Stille Publikumsgesellschaften im Spannungsfeld von Gesellschafts- und Bankaufsichtsrecht, ZHR 166 (2002), 211

Böttcher, Conrad/Zartmann, Hugo/Faut, Eberhard
Stille Gesellschaft und Unterbeteiligung, 3. Aufl., 1978

Bommert, Rainer
Neue Entwicklungen zur Frage der Testamentsvollstreckung in Personengesellschaften, BB 1984, 178

Boos, Karl-Heinz/Fischer, Reinfrid/Schulte-Mattler, Hermann
Kreditwesengesetz, Kommentar zu KWG und Ausführungsvorschriften, 2000 (zit.: *Bearbeiter*, in: Boos/Fischer/Schulte-Mattler, KWG)

Brandner, Hans Erich/Bergmann, Alfred
Die Schenkung von Gesellschaftsanteilen, in: Festschrift Sigle, 2000, S. 327

Bremer, Jürgen
Stimmrechtsrechtsausschlüsse von Gesellschaften, GmbHR 1993, 651

Breuer, Johannes
Treuhandverhältnisse im Gesellschaftsrecht, MittRhNotK 1988, 79

Brox, Hans
Die Anfechtung von Dauerrechtsverhältnissen, BB 1964, 523

Bülow, Peter
Recht der Kreditsicherheiten, 5. Aufl., 1999 (zit.: *Bülow*, Kreditsicherheiten)

Canaris, Claus-Wilhelm
Die Rückgewähr von Gesellschaftereinlagen durch Zuwendungen an Dritte, in: Festschrift Fischer, 1979, 31

Costede, Jürgen
Unterbeteiligte als Mitunternehmer, ZGR 1976, 188

Crezelius, Georg
Stille Beteiligungen und Unterbeteiligungen bei Umstrukturierungen, in: Jahrbuch der Fachanwälte für Steuerrecht, 1992/93, S. 229

Däubler, Wolfgang
Die treuhänderische Abtretung des GmbH-Geschäftsanteils, GmbHR 1966, 243

Depping, Bernd
Der Treuhandvertrag über GmbH-Geschäftsanteile, GmbHR 1994, 686

Döllerer, Georg
Die atypische stille Gesellschaft – gelöste und ungelöste Probleme, DStR 1985, 295

Dörrie, Robin
Das Sanierungsprivileg des § 32a Abs. 3 Satz 3 GmbHG, ZIP 1999, 12

Drygala, Tim
Anwendbarkeit des AGB-Gesetzes auch auf Gesellschaftsverträge – eine Nebenwirkung der Richtlinie über mißbräuchliche Klauseln in Verbraucherverträgen, ZIP 1997, 968

Düringer, U./Hachenburg, Max/Flechtheim, Julius
Das Handelsgesetzbuch. Kommentar, II. Band, 2. Hälfte (§§ 105–177, 335–342), 3. Aufl., 1932 (zit.: Düringer/Hachenburg/Flechtheim)

Durchlaub, Wolfgang
Überlegungen zur Unterbeteiligung an Unternehmen, DB 1978, 873

Ebenroth, Carsten/Boujong, Karlheinz/Joost, Detlev
Kommentar zum HGB, 2001 (zit.: *Bearbeiter*, in: Ebenroth/Boujong/Joost, HGB)

Eden, Siegfried
Treuhandschaft an Unternehmen und Unternehmensanteilen, 2. Aufl. Bielefeld 1989

Ehlke, Michael
Zur Behandlung von Treugeber und Treuhänder an einem GmbH-Anteil, DB 1985, 795

Emmerich, Volker/Habersack, Mathias
Aktien- und GmbH-Konzernrecht, 2. erweiterte Aufl., 2001 (zit.: *Bearbeiter*, in: Emmerich/Habersack, Konzernrecht)

Erkens, Michael
Die mittelbaren Unternehmensbeteiligungen bei der Unternehmensübertragung und Unternehmensumwandlung, 2000

Esch, Günter
Die Unterbeteiligung an Handelsgesellschaftsanteilen, NJW 1964, 902

Die Unterbeteiligung im Steuerrecht, NJW 1964, 2044

Fasold, Rudolf W.
Unterbeteiligungen im Bereich der GmbH und der GmbH & Co., GmbHR 1973, 12

Felix, Günther
Zum Kündigungsrecht des stillen Gesellschafters, WPg 1962, 149

Gesellschafterwechsel infolge der Umwandlung einer GmbH auf eine Personengesellschaft oder einen Gesellschafter als Einzelunternehmer, BB 1987, 1265

Fichtelmann, Helmar
Gewinnauswirkungen bei Einräumung, Übertragung und Auflösung einer Unterbeteiligung, DB 1969, 629

Fischer, Robert
Fragen aus dem Recht der stillen Gesellschaft, JR 1962, 201

Fischer, Ursula
Die Rechtsprechung des Bundesgerichtshofes zur Gesellschaft bürgerlichen Rechts und zur stillen Gesellschaft, WM 1981, 638

Fleck, Hans-Joachim
Der Grundsatz der Kapitalerhaltung – seine Ausweitung und seine Grenzen, in: Festschrift 100 Jahre GmbH-Gesetz, 1992, S. 391

Stimmrechtsabspaltung in der GmbH?, in: Festschrift Fischer, 1979, S. 107

Fleischer, Erich/Thierfeld, Rainer
Stille Gesellschaft im Steuerrecht, 6. Aufl., 1995

Fleischer, Holger
Covenants und Kapitalersatz, ZIP 1998, 313

Zur Leitungsaufgabe des Vorstands im Aktienrecht, ZIP 2003, 1

Flore, Ingo
Unterbeteiligung an einem GmbH-Anteil, BB 1994, 1191

Flore, Ingo/Lewinski, Siegfried
Beteiligungsformen am GmbH-Geschäftsanteil, GmbH-StB 2003, 102

Frey, Kaspar/Bredow, Felix v.
Der Wegfall des einzigen Komplementärs nach der HGB-Reform, ZIP 1998, 1621

Friedl, Markus J.
Ein Plädoyer für Tracking Stock, BB 2002, 1157

Friehe, Christian Friedrich
Die Unterbeteiligung bei Personengesellschaften, 1979

Geck, Reinhard
Die Auflösung der stillen Gesellschaft unter besonderer Berücksichtigung der Auseinandersetzung, DStR 1994, 657

Auseinandersetzungsansprüche bei Auflösung einer Innengesellschaft, DStR 1991, 622

Die Spaltung von Unternehmen nach dem neuen Umwandlungsrecht, DStR 1995, 416

Gerkan, Hartwin v./Hommelhoff, Peter (Hrsg.)
Handbuch des Kapitalersatzrechts, 2. Aufl., 2002
(zit.: *Bearbeiter*, in: Gerkan/Hommelhoff, Kapitalersatzrecht)

Gernhuber, Joachim
Die fiduziarische Treuhand, JuS 1988, 355

Geyrhalter, Volker
Grenzüberschreitende Treuhandvereinbarungen bei GmbH-Beteiligungen, ZIP 1999, 647

Gesellschaftsrechtliche Vereinigung (Hrsg.)
Gesellschaftsrecht in der Diskussion 2001, 2002
(zit.: *Bearbeiter*, in: VGR (Hrsg.), Gesellschaftsrecht in der Diskussion 2001)

Gieseke, Horst
Besondere Probleme bei der „mittelbaren Beteiligung" an einer Publikums-KG durch einen Treuhand-Kommandististen, DB 1984, 970

Goette, Wulf
Die Rechtsfolgen eigenkapitalersetzender Nutzungsüberlassung, DStR 1994, 1658

Ausschließung und Austritt aus der GmbH in der Rechtsprechung des Bundesgerichtshofs, DStR 2001, 533

Gottwald, Stefan
Konkurs- und vollstreckungsfeste Vertragsgestaltung bei einem erwerbstreuhänderisch gehaltenen GmbH-Geschäftsanteil, MittRhNotK 1998, 276

Groh, Manfred
Die atypische stille Gesellschaft als fiktive Gesamthandsgesellschaft, in: Festschrift Kruse, 2001, S. 377

Groß
Stille Gesellschaft und Unterbeteiligung – Die Vielseitigkeit ihrer Verwendungsmöglichkeiten, DB 1950, 424

Grote, Friedrich
Anlegerschutz in der Publikums-KG durch Einrichtung eines Beirates, 1995

Grumann, Marc-Olaf
Prospektbegriff, -pflicht und –verantwortlichkeit im Rahmen der allgemeinen bürgerlich-rechtlichen Prospekthaftung im engeren Sinne, BKR 2002, 310

Grundmann, Stefan
Der Treuhandvertrag – insbesondere die werbende Treuhand, 1997

Grunewald, Barbara
Haftungsbeschränkungs- und Kündigungsmöglichkeiten für volljährig gewordene Personengesellschafter, ZIP 1999, 597

Sanierung durch Gesellschafterdarlehen – Die neue Regelung von § 32a Abs. 3 S. 3 GmbHG, in: Festschrift Bezzenberger, 2000, S. 85

Die Verantwortlichkeit des gering beteiligten GmbH-Gesellschafters für Kapitalaufbringung und –erhaltung, in: Festschrift Lutter, 2000, S. 413

Haarmann, Wilhelm
Zur Bindungswirkung der Bilanzmitteilung durch den Geschäftsherrn für den stillen Gesellschafter, in: Festschrift Welf Müller, 2001, S. 425

Habersack, Mathias

Grundfragen der freiwilligen oder erzwungenen Subordination von Gesellschafterkrediten, ZGR 2000, 384

Eigenkapitalersatz im Gesellschaftsrecht, ZHR 162 (1998), 201

Der Finanzplankredit und das Recht der eigenkapitalersetzenden Gesellschafterhilfen, ZHR 161 (1997), 457

Die Mitgliedschaft – subjektives und „sonstiges" Recht, 1996

Genußrechte und sorgfaltswidrige Geschäftsführung – Ein Beitrag zum Schutz der Inhaber von Genußrechten mit Eigenkapitalcharakter, ZHR 155 (1991), 378

Handels- und Gesellschaftsrecht: Der lästige Gesellschafter, JuS 1989, 738

Hachenburg, Max

GmbHG, Großkommentar, Erster Band, 8. Aufl., 1992
(zit.: *Hachenburg/Bearbeiter*, GmbHG)

Hadding, Walther

Pfandrecht und Nießbrauch an der Mitgliedschaft in einer OHG oder KG als Kreditsicherheit, in: Walther Hadding/Uwe H. Schneider: Gesellschaftsanteile als Kreditsicherheit, 1979, S. 37

Mehrheitsbeschlüsse in der Publikums-Kommanditgesellschaft – Besprechung der Entscheidung BGHZ 71, 53, ZGR 1979, 636

Zur Durchführung der Gesellschafterversammlung bei einer Publikums-Kommanditgesellschaft, in: Gedächtnisschrift für Dietrich Schultz, 1987, S. 65

Rückgriff des haftenden Treuhandkommanditisten – Besprechung der Entscheidung BGHZ 93, 246 – in: Festschrift Fleck, 1988, S. 71

Zur gesellschaftsrechtlichen Vereinbarkeit von stillen Vermögenseinlagen und Genußrechten mit dem Förderungszweck eingetragener Kreditgenossenschaften, ZIP 1984, 1295

Verfügungen über Mitgliedschaftsrechte, in: Festschrift Steindorff, 1990, S. 31

Zur Systematik von Strukturelementen deutscher Gesellschaftsformen, in: Festgabe Zivilrechtslehrer 1934/1935, 1999, S. 147

Zur Rechtsfähigkeit und Parteifähigkeit der (Außen-)Gesellschaft bürgerlichen Rechts sowie zur Haftung ihrer Gesellschafter für Gesellschaftsverbindlichkeiten, ZGR 2001, 712

Actio pro socio. Die Einzelklagebefugnis des Gesellschafters bei Gesamthandsansprüchen aus dem Gesellschaftsverhältnis, 1966

Zur Einzelklagebefugnis des Gesellschafters in einer Personalgesellschaft, JZ 1975, 159

Vorüberlegungen zu einem Allgemeinen Teil des Rechts der Kreditsicherheiten, in: Festschrift Frotz, 1993, S. 495

Zum gesetzlich notwendigen Umfang der notariellen Beurkundung der „Vereinbarung", einen GmbH-Geschäftsanteil zu übertragen, ZIP 2003, 2133

Happ, Wilhelm

Die Legitimationsübertragung im Aktienrecht. Tarnkappe mit beschränkter Wirkung, in: Festschrift Rowedder, 1994, S. 119

Hegmanns, Ekkehard

Die Sicherung des Treugebers bei Treuhandverträgen für Geschäftsanteile, ZIP 1989, 900

Heidenhain, Martin

Spaltungsvertrag und Spaltungsplan, NJW 1995, 2873

Sonderrechtsnachfolge bei der Spaltung, ZIP 1995, 801

Zum Umfang der notariellen Beurkundung bei der Veräußerung von Geschäftsanteilen, NJW 1999, 3073

Aufgabe des Beurkundungserfordernisses beim Verkauf und der Abtretung von GmbH-Geschäftsanteilen, ZIP 2001, 721

Nochmals: Der Zweck der Beurkundungspflicht für Veräußerungsverträge über GmbH-Geschäftsanteile, ZIP 2001, 2113

Heidner, Hans-Hermann

Die rechtsgeschäftliche Treuhand in Zivil- und Insolvenzrecht, DStR 1989, 276

Die rechtsgeschäftliche Treuhand im Steuerrecht, DStR 1989, 305

Die Behandlung von Treuhandverhältnissen in der Abgabenordnung, DB 1996, 1203

Heil, Hans-Jürgen

Die verdeckte Sacheinlage bei Beteiligung Dritter, NZG 2001, 913

Hengeler, Hans Peter

Erwiderung, Schenkungen stiller Beteiligungen, ZHR 147 (1983) 329

Hennrichs, Joachim

Formwechsel und Gesamtrechtsnachfolge bei Umwandlungen, 1995

Zum Formwechsel und zur Spaltung nach dem neuen Umwandlungsgesetz, ZIP 1995, 794

Henssler, Martin

Treuhandgeschäft – Dogmatik und Wirklichkeit, AcP 196 (1996), 37

Verhaltenspflichten bei der Ausübung von Aktienstimmrechten durch Bevollmächtigte, ZHR 157 (1993), 91

Henze, Hartwig

Leitungsverantwortung des Vorstands – Überwachungspflicht des Aufsichtsrats, BB 2000, 209

Hepting, Reinhard

Die Personengesellschaft als Konzernobergesellschaft: Informationsrechte des außenstehenden Gesellschafters, in: Festschrift Pleyer, 1986, S. 301

Herrmann, Elke

Sogenannte Schenkungen stiller Beteiligungen, ZHR 147 (1983) 313

Herzfeld, Edgar
Die Unterbeteiligung, AcP 137 (1933), 270

Heuer, Ralf
Der GmbH-Anteil in der Zwangsvollstreckung, ZIP 1998, 405

Heymann, Ernst
Handelsgesetzbuch, Kommentar, 2. Aufl., Band II (§§ 105–237), 1995
(zit.: *Heymann/Bearbeiter*, HGB)

Hild, Dieter
Steuerorientierter Unternehmenskauf trotz der Regelung des § 50c Abs. 11 EStG – Das Düsseldorfer Modell, DB 1998, 153

Hirte, Heribert
Die Ausübung der Informationsrechte von Gesellschaftern durch Sachverständige, BB 1985, 2208

Hoffmann, Fritz
Zur Abgrenzung der typischen von der atypischen stillen Gesellschaft, GmbHR 1975, 257

Hoffmann, Wolf-Dieter
Zum Problem der stillen Beteiligung ausländischer Anteilseigner an inländischen Beteiligungsunternehmen, DB 1979, 1195

Hohaus, Benedikt
Die steuerliche Anerkennung von Treuhandvertragsklauseln im Rahmen von Mitarbeiterdirektbeteiligungen, DStR 2002, 789

Die „Treuhandlösung" bei Mitarbeiterdirektbeteiligungen – Steuerliche Grundsätze, DB 2002, 1233

Hopt, Klaus J.
Inwieweit empfiehlt sich eine allgemeine gesetzliche Regelung des Anlegerschutzes? Verhandlungen des 51. Deutschen Juristentags, Band I, Gutachten G, 1976
(zit.: Hopt, Gutachten)

Kapitalmarktrecht (mit Prospekthaftung) in der Rechtsprechung des Bundesgerichtshofes, in: Festgabe 50 Jahre Bundesgerichtshof, 2000, S. 497

Hopt, Klaus J./Wiedemann, Herbert (Hrsg.)
Großkommentar zum Aktiengesetz , 4. Aufl., 1992 ff
(zit.: *Bearbeiter*, in: Großkomm. z. AktG)

Horn, Norbert
Unternehmensbeteiligungen der Arbeitnehmer und Gesellschaftsrecht, ZGR 1974, 133

Horn, Wilhelm/Maertins, Jan
Die steuerliche atypische stille Beteiligung an der GmbH, GmbHR 1994, 147

Huber, Ulrich
Betriebsführungsverträge zwischen selbständigen Unternehmen, ZHR 152 (1988), 1

Betriebsführungsverträge zwischen konzernverbundenen Unternehmen, ZHR 152 (1988), 123

Gesellschafterkonten in der Personengesellschaft, ZGR 1988, 1

Hueck, Alfred

Die Übertragung von Geschäftsanteilen, ZHR 83 (1920), 1

Die stille Beteiligung bei Handelsgesellschaften, in: Festschrift Lehmann, 1937, S. 239

Hüffer, Uwe

AktG, 5. Aufl., 2002 (zit.: *Hüffer*, AktG)

Der Schutz besonderer Rechte in der Verschmelzung, in: Festschrift Lutter, 2000, S. 1227

Immenga, Ulrich

Die Minderheitsrechte der Kommanditisten, ZGR 1974, 385

Janberg, Hans

Die Unterbeteiligung im Gesellschaftsrecht, DB 1953, 77

Jebens, Carsten Thomas

Formerfordernisse bei der Schenkung von Darlehen und stillen Beteiligungen, BB 1980, 407

Jebens, Philipp

Die stille Beteiligung an einer Kapitalgesellschaft, BB 1996, 701

John, Uwe

Die treuhänderische Übertragung von Anteilen an einer handelsrechtlichen Personengesellschaft als Kreditsicherheit, in: Walther Hadding/ Uwe H. Schneider: Gesellschaftsanteile als Kreditsicherheit, 1979, S. 83

Joost, Detlev

Eigenkapitalersetzende Kommanditistenleistungen, ZGR 1987, 370

Jülicher, Marc

Der freie Widerrufsvorbehalt bei der Schenkung einer Kommanditbeteiligung – Kollision von Schenkungs- und Gesellschaftsrecht, ZGR 1996, 82

Jung, Peter

Die stille Gesellschaft in der Spaltung, ZIP 1996, 1734

Junker, Abbo

Das eigenkapitalersetzende Aktionärsdarlehen, ZHR 156 (1992), 394

Kallmeyer, Harald (Hrsg.)

UmwG, Kommentar, 2. Aufl., 2001 (zit.: *Bearbeiter*, in: Kallmeyer, UmwG)

Kanzleiter, Rainer

Der Zweck der Beurkundungspflicht für Veräußerungsverträge über GmbH-Geschäftsanteile, ZIP 2001, 2105

Kiethe, Kurt

Prospekthaftung und grauer Kapitalmarkt, ZIP 2000, 216

Gesellschaftsrechtliche Einflußnahme und Initiatorenstellung – Aspekte der haftung Dritter aus Prospekt bei Kapitalanlagegesellschaften, NZG 1999, 858

Klauss, Herbert/Mittelbach, Rolf
Die stille Gesellschaft, 2. Aufl., 1980

Kleindiek, Detlef
Eigenkapitalersatz und gesetzestypische Personengesellschaften, in: Festschrift Lutter, 2000, S. 871

Klöpper, Beatrice
Kündigung und Abfindung stiller Gesellschafter, 1998

Knieper, Rolf/Fromm, Hartmut
Erbrecht und Gesellschaftsrecht bei der Gesellschafternachfolge, NJW 1980, 766

Knobbe-Keuk, Brigitte
Stille Beteiligung und Verbindlichkeiten mit Rangrücktrittsvereinbarung im Überschuldungsstatus und in der Handelsbilanz des Geschäftsinhabers, ZIP 1983, 127

Knoche, Martin
Selbständige Bilanzierung bei atypischer stiller Beteiligung am Betrieb einer Kapitalgesellschaft, DB 1972, 656

Köhl, Dietmar
Die Ausfallhaftung von Hintermännern bzw. Treugebern für nicht geleistete Stammeinlagenzahlungen, GmbHR 1998, 119

Kölner Kommentar zum Aktiengesetz
2. Aufl., 1987 ff (zit.: *Bearbeiter*, in Kölner Komm. z. AktG)

Koenigs, Folkmar
Die stille Gesellschaft, 1961

Koller, Ingo/Roth, Wulf-Henning/Morck, Winfried
Handelsgesetzbuch, 4. Aufl., 2003 (zit.: *Bearbeiter*, in: Koller/Roth/Morck, HGB)

Kollhosser, Helmut
Kredite als Eigenkapitalersatz bei stillen Kapitalbeteiligungen?, WM 1985, 929

Kort, Michael
Das Informations- und Prüfungsrecht des stillen Gesellschafters gemäß § 233 HGB, DStR 1997, 1372

Kraft, Alfons
Beendigung des Treuhandverhältnisses bei der treuhänderisch organisierten Publikums-KG, ZGR 1980, 399

Kraft, Alfons/Hönn, Günther
Aktien- und Wandelschuldverschreibungen als Kreditsicherheit, in: Walther Hadding/Uwe H. Schneider: Gesellschaftsanteile als Kreditsicherheit, 1979, S. 163

Krah, Roloff
Die Unterbeteiligung an einem Mitunternehmeranteil im Steuerrecht, NJW 1965, 897

Kübler, Bruno M./Prütting, Hanns
InsO, Loseblatt-Kommentar, Stand: 10/2003 (zit.: *Kübler/Prütting/Bearbeiter*)

Kübler/Prütting/Noack
InsO, Sonderband 1: Gesellschaftsrecht, 1999

Leopold, Günter
Venture Capital – Das Eigenkapitalgeschäft mit kleinen und mittleren Unternehmen, DStR 1999, 470

Liebich, Dieter/Mathews, Kurt
Treuhand und Treuhänder in Recht und Wirtschaft, 2. Aufl., 1983

Liebscher, Thomas
Umgehungsresistenz von Vinkulierungsklauseln, ZIP 2003, 825

Lienau, Alexander
Die Abgrenzung zwischen stiller Gesellschaft und partiarischem Darlehen und die steuerlichen Konsequenzen, DStR 1991, 618

Lorenz, Manuel
Unterbeteiligungen an Krediten im Common Law und im Civil Law, 1993

Loritz, Karl-Georg
Stille Beteiligungen und Einlagenbegriff des Kreditwesengesetzes, ZIP 2001, 309

Lübbert, Erich
Die rechtliche Natur der stillen Gesellschaft unter besonderer Berücksichtigung ihrer historischen Entwicklung, ZHR 58 (1906), 464

Lutter, Marcus (Hrsg.)
UmwG, Kommentar, 2. Aufl., 2000

Lutter, Marcus/Grunewald, Barbara
Zur Umgehung von Vinkulierungsklauseln in Satzungen von Aktiengesellschaften und Gesellschaften mbH, AG 1989, 109

Lutter, Marcus/Hommelhoff, Peter
GmbH-Gesetz: Kommentar, 15. Aufl., 2000

Nachrangiges Haftkapital und Unterkapitalisierung in der GmbH, ZGR 1979, 31

Lutter, Marcus/Hirte, Heribert
Wandel- und Optionsanleihen in Deutschland und Europa,
ZGR-Sonderheft Nr. 16, 2000

Märkle, Rudi W.
Die Unterbeteiligung an Einkunftsquellen, DStZ 1985, 471

Maulbetsch, Hans-Christoph
Die Unabhängigkeit des Treuhandkommanditisten von der Geschäftsführung bei der Publikumspersonengesellschaft, DB 1984, 2232

Maurer, Torsten
Die Eignung von sanierenden stillen Beteiligungen und Sanierungsgenußscheinen zur Abwehr der Überschuldung, DB 1994, 1173

Merkel, Kurt
Zur Problematik der Unterbeteiligung an einer OHG-Beteiligung, NJW 1966, 1552

Mertens, Kai
Zur Universalsukzession in einem neuen Umwandlungsrecht, AG 1994, 66
Die stille Beteiligung an der GmbH und ihre Überleitung bei Umwandlungen in die AG, AG 2000, 32

Meyer, Christian
Der Nießbrauch an GmbH-Gesellschaftsanteilen und an Aktien, 2002

Meyer, Gerd
Die Unterbeteiligung an Handelsgesellschaftsanteilen, Diss. Münster 1971

Michalski, Lutz (Hrsg.)
GmbHG, Kommentar, 2002 (zit.: Michalski/*Bearbeiter*, GmbHG)

Mielk, Holger
Die wesentlichen Neuregelungen der 6. KWG-Novelle
– Teil I und Teil II –, WM 1997, 2200 u. 2237

Mincke, Wolfgang
Kreditsicherung und kapitalersetzende Darlehen – Zugleich ein Vorschlag zur dogmatischen Einordnung kapitalersetzender Darlehen –, ZGR 1987, 521

Möschel, Wernhard
Eigenkapitalbegriff und KWG-Novelle von 1984, ZHR 149 (1985), 206

Mühl, Otto
Der Gesellschaftsanteil in einer Gesellschaft mit beschränkter Haftung als Kreditsicherheit (treuhänderische Übertragung, Verpfändung, Nießbrauch), in: Walther Hadding/Uwe H. Schneider: Gesellschaftsanteile als Kreditsicherheit, 1979, S. 129

Müller, Klaus
Die Beteiligung an einer eingetragenen Genossenschaft als Kreditsicherheit, in: Walther Hadding/Uwe H. Schneider: Gesellschaftsanteile als Kreditsicherheiten, 1979, S. 21

Müller, Klaus J.
Auswirkungen von Umstrukturierungen nach dem Umwandlungsgesetz auf Beherrschungs- und Gewinnabführungsverträge, BB 2002, 157

Müller, Welf/Hoffmann, Wolf-Dieter
Beck'sches Handbuch der Personengesellschaft, 2. Aufl., 2002
(zit.: *Bearbeiter*, in: Beck'sches Handbuch der Personengesellschaften)

Münchener Handbuch des Gesellschaftsrechts
Bd. 1 BGB-Gesellschaft/Offene Handelsgesellschaft u. a., 1995,
Bd. 2 Kommanditgesellschaft, Stille Gesellschaft, 2. Aufl. 2004,
Bd. 3 Gesellschaft mit beschränkter Haftung, 2. Aufl. 2003,
Bd. 4 Aktiengesellschaft, 2. Aufl., 1999
(zit.: MünchHdb. GesR I/Bearbeiter)

Münchener Kommentar
zum Aktiengesetz, 2. Aufl., 2000 ff (zit.: MünchKomm-*Bearbeiter*, AktG)
zum Bürgerlichen Gesetzbuch, 4. Aufl., 2002 ff (zit.: MünchKomm-*Bearbeiter*, BGB)
zum Handelsgesetzbuch, 1996 ff (zit.: MünchKomm-*Bearbeiter*, HGB)

Noack, Ulrich
siehe Kübler/Prütting/Noack

Nobbe, Gerd
Konsequenzen aus dem Beschluß des Großen Senats für Zivilsachen des Bundesgerichtshofs zur Sicherheitenfreigabe in: Festschrift Schimansky, 1999, S. 433

Obermüller, Manfred
Insolvenzrecht in der Bankpraxis, 6. Aufl., 2002

Obermüller, Walter/Obermüller, Manfred
Die Unterbeteiligung im Bankgeschäft – Eine Übersicht für die Praxis, in: Festschrift Werner, 1984, S. 607

Oppenländer, Frank
Zivilrechtliche Aspekte der Gesellschafterkonten der OHG und KG, DStR 1999, 939

Palandt
Bürgerliches Gesetzbuch, 63. Aufl., 2004 (zit.: *Palandt/Bearbeiter*, BGB)

Paulick, Heinz
Die Unterbeteiligung in gesellschafsrechtlicher und steuerrechtlicher Sicht, ZGR 1974, 253

Pfeifer, Axel
Venture Capital als Finanzierungs- und Beteiligungsinstrument, BB 1999, 1665

Pickardt-Poremba, Natalie/Engelsing, Lutz
Unterbeteiligungen an gewerblich und nur vermietend und verpachtend tätigen Personengesellschaften, DStZ 2000, 282

Plate, Horst G.
Treuhandverträge über GmbH-Geschäftsanteile beurkundungspflichtig?, DStR 1995, 367

Pohlmann, Petra
Verzicht auf die aufschiebende Bedingung einer GmbH-Anteilsübertragung, NJW 1999, 190

Post, Manfried
Die stille Beteiligung am Unternehmen der Kapitalgesellschaft, 1975

Priester, Hans-Joachim
Gläubigerrücktritt zur Vermeidung der Überschuldung, DB 1977, 2429
Drittbindung des Stimmrechts und Satzungsautonomie, in: Festschrift Werner, 1984, S. 657

Reichert, Jochem/Schlitt, Michael
Nießbrauch an GmbH-Geschäftsanteilen – Gesetzliche Grundlagen und Vertragsgestaltung –, in: Festschrift für Hans Flick, 1997, S. 217

Reichert, Jochem/Schlitt, Michael/Düll, Alexander
Die gesellschafts- und steuerrechtliche Gestaltung des Nießbrauchs an GmbH-Anteilen, GmbHR 1998, 565

Renner, Cornelius
Die Stellung des atypisch stillen Gesellschafters in der Insolvenz des Geschäftsinhabers, ZIP 2002, 1430

Reusch, Peter
Die stille Gesellschaft als Publikumsgesellschaft, 1989

Eigenkapital und Eigenkapitalersatz im Rahmen der stillen Gesellschaft, BB 1989, 2358

Reuter, Dieter
Stimmrechtsvereinbarungen bei treuhänderischer Abtretung eines GmbH-Anteils, ZGR 1978, 632

Rodewald, Jörg
Überlegungen im Zusammenhang mit der Verpfändung von GmbH-Anteilen, GmbHR 1995, 418

Rohlfing, Bernd
Widerruf einer atypisch stillen Beteiligung und die so genannte fehlerhafte Gesellschaft, NZG 2003, 854

Roll, Hans-Achim
Vermögensverwaltung durch Kreditinstitute, 1983

Roolf, Willy J./Vahl, Günter
Die Beteiligung eines ausgeschiedenen Gesellschafters am Ergebnis schwebender Geschäfte, DB 1983, 1964

Roth, Günther H./Altmeppen, Holger
GmbHG, 4. Aufl., 2003 (zit.: *Roth/Altmeppen*, GmbHG)

Roth, Günther H./Thöni, Wilfried
Treuhand und Unterbeteiligung, in: Festschrift 100 Jahre GmbH-Gesetz, 1992, S. 245

Roth, Herbert
Pfändung und Verpfändung von Gesellschaftsanteilen, ZGR 2000, 187

Rowedder, Heinz/Schmidt-Leithoff, Christian
GmbHG, Kommentar, 4. Aufl., 2002
(zit.: *Bearbeiter*, in: Rowedder/Schmidt-Leithoff, GmbHG)

Rümker, Dietrich
Kreditsicherung durch Sicherungsabtretung oder Verpfändung von Kommanditanteilen, WM 1973, 626

Formen kapitalersetzender Gesellschafterdarlehen in der Bankpraxis, in: Festschrift für Werner Stimpel 1985, 673

Rümker, Dietrich/Büchler, Olaf

Probleme der Verpfändung von Kommanditanteilen – Einflußmöglichkeiten des Pfandgläubigers, § 32a GmbHG und Konkurrenzfragen, in: Festschrift für Carsten Peter Claussen, 1997, S. 337

Schaub, Bernhard

Treuhand an GmbH-Anteilen, DStR 1995, 1634

Treuhand an GmbH-Anteilen – Treuhandgefahr für den Treugeber, DStR 1996, 65

Scheuffele, Peter

Die typische stille Gesellschaft im Handelsrecht und im steuerlichen Bewertungsrecht, BB 1979, 1026

Schiefer, Christina

Rechtsformen der Publikumsgesellschaften und Sonderrecht der Publikums-KG, DStR 1997, 119 und 164

Schiemann, Gottfried

Haftungsprobleme bei der Treuhand an Gesellschaftsanteilen, in: Festschrift für Wolfgang Zöllner, 1998, S. 503

Schimansky, Herbert/Bunte, Hermann-Josef/Lwowski, Hans-Jürgen (Hrsg.)

Bankrechts-Handbuch, 2. Aufl., 2001 (zit.: *Bearbeiter*, in: Bankrechts-Handbuch)

Schindhelm, Malte/Pickhardt-Poremba, Natalie/Hilling, Jürgen

Das zivil- und steuerrechtliche Schicksal der Unterbeteiligung bei „Umwandlung" der Hauptgesellschaft, DStR 2003, 1444 (Teil I) und DStR 2003, 1469 (Teil II)

Schlegelberger, Franz

HGB, Kommentar, Band III/2. Halbband (§§ 161–177a, §§ 335–342) 5. Aufl., 1986 (zit.: *Schlegelberger/Bearbeiter*, HGB)

Schlitt, Michael

Die Informationsrechte des stillen Gesellschafters in der typischen stillen Gesellschaft und in der stillen Publikumspersonengesellschaft, 1996

Schlitt, Michael/Beck, Markus

Spezielle Probleme bei stillen Beteiligungen im Vorfeld eines Börsengangs, NZG 2001, 688

Schmid, Jürgen/Hamann, Hartmut

Die Einlage des atypisch stillen Gesellschafters als haftendes Eigenkapital, DStR 1992, 950

Schmidt, Harry

Stille Gesellschaft und AGB-Gesetz, ZHR 159 (1995), 734

Schmidt, Karsten

Gesellschaftsrecht, 4. Aufl., 2002

Handelsrecht, 5. Aufl., 1999

Formfreie Schenkung von stillen Beteiligungen und Unterbeteiligungen?, DB 2002, 829

Stimmrecht bei Anteilsnießbrauch, ZGR 1999, 601

Insolvenzordnung und Unternehmensfinanzierung, in: Hadding, Walter/Hopt, Klaus J./Schimansky, Herbert (Hrsg.), Die neue Insolvenzordnung – Erste Erfahrungen und Tragweite für die Kreditwirtschaft, 2000, S. 1

Sozialansprüche und actio pro socio bei der „GmbH & Still" – Zur Binnenverfassung der mehrgliedrigen stillen Gesellschaft, in: Festschrift für Gerold Bezzenberger, 2000, S. 401

Finanzplanfinanzierung, Rangrücktritt und Eigenkapitalersatz, ZIP 1999, 1241

Insolvenzordnung und Gesellschaftsrecht, ZGR 1998, 633

Konzernrechtliche Wirksamkeitsvoraussetzungen für typische stille Beteiligungen an Kapitalgesellschaften?, ZGR 1984, 295

Informationsrechte in Gesellschaften und Verbänden, 1984

Abfindung, Unternehmensbewertung und schwebende Geschäfte, DB 1983, 2401

Gesellschafterdarlehen als Insolvenzrechtsproblem, ZIP 1981, 689

Das Vollstreckungs- und Insolvenzrecht der stillen Gesellschaft, KTS 1977, 1 und 65

Die Kreditfunktion der stillen Einlage, ZHR 140 (1976) 475

Die Vertragsparteien bei der stillen Beteiligung, DB 1976, 1705

Schmidt, Karsten/Jungmann, Carsten
Anmeldung von Insolvenzforderungen mit Rechnungslegungslast des Schuldners, NZI 2002, 65

Schmid, Jürgen/Hamann, Hartmut
Die Einlage des atypisch stillen Gesellschafters als haftendes Eigenkapital, DStR 1992, 952

Schmidt-Diemitz, Rolf
Probleme der Unterbeteiligung an einem Personengesellschaftanteil bei Umwandlung der Personengesellschaft in eine Kapitalgesellschaft, DB 1978, 2397

Schmitt, Joachim/Hörtnagl, Robert/Stratz, Rolf-Christian
Umwandlungsgesetz, Umwandlungssteuergesetz, 3. Aufl., 2001
(zit.: *Bearbeiter*, in: Schmitt/Hörtnagl/Stratz, UmwG)

Schmitt-Ott, Justus
Publizitätserfordernisse bei atypisch stillen Beteiligungen an dem Unternehmen einer GmbH, GmbHR 2001, 182

Schmitz, Erich
Treuhand an GmbH-Anteilen: Sicherstellung des Treugebers im Konkurs des Treuhänders, ZNotP 1998, 11

Vinkulierungs- und Ausschließungsklauseln – Überschneidungen und Gestaltungsmöglichkeiten in der Satzung der GmbH –, in: Festschrift für Herbert Wiedemann, 2002, S. 1223

Schneider, Herbert

Über die Unterbeteiligung an Anteilen an einer Personengesellschaft als stille Gesellschaft, in: Festschrift für Philipp Möhring, 1965, S. 115

Unterbeteiligung im Gesellschaftsrecht, DB 1954, 739

Schneider, Uwe H.

Die Änderung des Gesellschaftsvertrages einer Personengesellschaft durch Mehrheitsbeschluß, ZGR 1972, 357

Sonderrecht für Publikumspersonengesellschaften, ZHR 142 (1978), 228

Die Inhaltskontrolle von Gesellschaftsverträgen, ZGR 1978, 1

Ist die Annahme von Gesellschafterdarlehen ein „erlaubnisbedürftiges Bankgeschäft"?, DB 1991, 1865

Schneider, Uwe H./Reusch, Peter

Die Vertretung und die Mitwirkung der Gesellschafter bei der Gründung einer GmbH & Still, DB 1989, 713

Schneider, Uwe H./Singhof, Bernd

Die Weitergabe von Insidertatsachen in der konzernfreien Aktiengesellschaft, insbesondere im Rahmen der Hauptversammlung und an einzelne Aktionäre – Ein Beitrag zum Verhältnis von Gesellschaftsrecht und Kapitalmarktrecht –, in: Festschrift für Alfons Kraft, S. 607

Schön, Wolfgang

Die stille Beteiligung an dem Handelsgewerbe einer Kommanditgesellschaft, ZGR 1990, 220

Gibt es das partiarische Darlehen?, ZGR 1993, 210

Der Nießbrauch am Gesellschaftsanteil, ZHR 158 (1994), 229

Scholz, Franz

GmbHG, Kommentar
Bd. I (§§ 1–44), 9. Aufl., 2000,
Bd. II (§§ 45–87), 9. Aufl., 2002
(zit.: Scholz/*Bearbeiter*, GmbHG)

Schork, Ludwig

Gesetz über das Kreditwesen, 20. Aufl., 1999

Schrell, Thomas K./Kirchner, Andreas

Mezzanine Finanzierungsstrategien, BKR 2003, 13

Schulze zur Wiesche, Dieter

Die GmbH & atypisch Still, GmbHR 1999, 902

Die Gewinnermittlung einer Unterbeteiligung an einer Personengesellschaft, DStZ 1987, 603

Unterbeteiligung an einem GmbH-Anteil, GmbHR 1986, 236

Die atypische GmbH & Still, GmbHR 1985, 160

Beendigung einer GmbH & Still, GmbHR 1984, 320

Die stille Gesellschaft in der steuerlichen Rechtsprechung, BB 1982, 1974

Schulze-Osterloh, Joachim
Der atypische stille Gesellschafter ist der typische stille Gesellschafter!, in: Festschrift Kruse, 2001, S. 377

Bilanzierungsentscheidungen bei der Personenhandelsgesellschaft und ihre Auswirkungen auf die Haftung des Kommanditisten und das Abfindungsguthaben auf Grund einer Buchwertklausel, BB 1997, 1783

Das Recht der Unternehmensverträge und die stille Beteiligung an einer Aktiengesellschaft, ZGR 1974, 427

Schwab, Martin
Übersicherung und Sicherheitenfreigabe – BGH, NJW 1998, 671, JuS 1999, 740

Seidl, Stephan
Die Haftung des fremdnützigen Treuhänders als Gründungsgesellschafter einer GmbH und Möglichkeiten der Risikobegrenzung, DStR 1998, 1220

Semler, Johannes
Vorfinanzierung zukünftigen Aktienkapitals durch stille Gesellschaften, in: Festschrift Werner, 1984, S. 855

Semler, Johannes/Stengel, Arndt
UmwG, Kommentar, 2003 (zit.: Semler/Stengel-*Bearbeiter*, UmwG)

Semler, Johannes/Volhard, Rüdiger
Arbeitshandbuch für Unternehmensübernahmen, Bd. 1, 2001

Sethe, Rolf
Genußrechte: Rechtliche Rahmenbedingungen und Anlegerschutz (I) und (II), AG 1993, 293 und 351

Sieger, Jürgen J./Hasselbach, Kai
Praktische Probleme bei der Verpfändung von GmbH-Geschäftsanteilen, GmbHR 1999, 633

„Tracking Stock“ im deutschen Aktien- und Kapitalmarktrecht, AG 2001, 391

Singhof, Bernd
Die Außenhaftung von Emissionskonsorten für Aktieneinlagen, 1998 (zit.: *Singhof*, Außenhaftung)

Zur Weitergabe von Insiderinformationen im Unterordnungskonzern, ZGR 2001, 146

Sittmann, Jörg W,
Kreditunterbeteiligungen von Banken. Eine Untersuchung zum Innenrecht der Unterbeteiligung, WM 1996, 469

Soergel, Hans-Theodor
BGB, Kommentar
Band 2 Allgemeiner Teil 2 (§§ 104–240), 13. Aufl., 1999
Band 4 Schuldrecht III (§§ 705–853), 11. Aufl., 1985/86
(zit.: *Soergel/Bearbeiter*, BGB)

Stahl, Martina
Minderjährigenschutz im Gesellschaftsrecht und vormundschaftsgerichtliche Genehmigung, Frankfurt a.M./Bern/New York/Paris 1988

Staub, Hermann
HGB, Großkommentar 4. Aufl., 1983 ff
(zit.: *Bearbeiter*, in: Großkomm. HGB)

Stimpel, Walter
Aus der jüngeren Rechtsprechung des Bundesgerichtshofes zum Gesellschaftsrecht, ZGR 1973, 101

Sudhoff
GmbH & Co. KG, 5. Aufl., München 2000
(zit.: *Sudhoff/Bearbeiter*, GmbH & Co. KG)

Sudhoff, Heinrich
GmbH & Co. StG, DB 1969, 2069

Gewinnanteil und Auseinandersetzungsquote des stillen Gesellschafters, NJW 1960, 2121

Sudhoff, Heinrich/Sudhoff, Martin
Die stille Beteiligung bei Umwandlung des „Hauptunternehmens" in eine GmbH oder GmbH & Co, GmbHR 1981, 235

Tebben, Joachim
Die qualifizierte Treuhand im Personengesellschaftsrecht, ZGR 2001, 587

Unterbeteiligung und Treuhand an Gesellschaftsanteilen, 2000

Teichmann, Arndt
Der Nießbrauch an Gesellschaftsanteilen, ZGR 1972, 1

Theil, Clemens
Das rechtliche Schicksal der stillen Beteiligung und Unterbeteiligung bei der Umwandlung des Unternehmens, 1982

Thomsen, Joachim
Die Unterbeteiligung an einem Personengesellschaftsanteil, 1978

Tipke, Klaus/Lang, Joachim
Steuerrecht, 16. Aufl., 1998

Tiedtke, Klaus
Unentgeltliche Beteiligung eines Kindes als stiller Gesellschafter, DB 1977, 1064

Die schenkweise Zuwendung einer stillen Beteiligung an ein minderjähriges Kind, BB 1988, 946

Turnher, Victor
Die Treuhand bei Unternehmensverbindungen, DB 1994, 1709

Uhlenbruck, Wilhelm
Gesellschaftsrechtliche Aspekte des Insolvenzrechts, in: Kölner Schrift zur Insolvenzordnung, 2. Aufl., 2000

Uhlenbruck, Wilhelm (Hrsg.)
InsO, Kommentar, 12. Aufl., 2003 (zit.: *Bearbeiter*, in: Uhlenbruck, InsO)

Ulbrich, Clemens
Die Unterbeteiligungsgesellschaft an Personengesellschaftsanteilen, 1982

Ulmer, Peter
Zur Treuhand an GmbH-Anteilen: Haftung des Treugebers für Einlageansprüche der GmbH?, ZHR 156 (1992), 377

Zur Treuhand an GmbH-Anteilen – Notwendige Differenzierungen zwischen einfacher (verdeckter) und qualifizierter (offener) Treuhand, in: Festschrift Odersky, S. 873, 1996

Zur Bedeutung des gesellschaftsrechtlichen Abspaltungsverbots für den Nießbrauch am OHG (KG)-Anteil, in: Festschrift Fleck, ZGR Sonderheft 7; 1988, 383

Die Sicherung der GmbH gegen das Überfremdungsrisiko in der Insolvenz des Gesellschafters, ZHR 149 (1985), 28

Gewinnanspruch und Thesaurierung in OHG und KG, in: Festschrift Lutter, 2000, S. 935

Ulmer, Peter/Brandner, Hans Erich/Hensen, Horst-Diether
AGB-Gesetz, 8. Aufl., 1997

Ulmer, Peter/Schäfer, Carsten
Die Zurgriffsmöglichkeiten der Nachlaß- und Privatgläubiger auf den durch Sondervererbung übergegangenen Anteil an einer Personengesellschaft, ZHR 160 (1996), 413

Vollmer, Lothar/Maurer, Torsten
Die Eignung von sanierenden stillen Beteiligungen und Sanierungsgenußscheinen zur Abwehr der Überschuldung, DB 1994, 1173

Vossius, Oliver
Sicherungsgeschäfte bei der Übertragung von Gesellschaftsanteilen, BB 1988, Beilage 5, 1

Wälzholz, Eckhard
Die fehlerhafte stille Gesellschaft und deren Rückabwicklung, DStR 2003, 1533

Wagner, Klaus R.
Der atypisch stille Gesellschafter im Konkurs der Massengesellschaft, KTS 1979, 53

Wagner, Udo
Die Mitgliedschaft in der stillen Gesellschaft und in der Unterbeteiligung als Kreditsicherheit, in: Walther Hadding/Uwe H. Schneider (Hrsg.), Gesellschaftsanteile als Kreditsicherheit, 1979, 105

Die Unterbeteiligung an einem OHG-Anteil, 1975

Wank, Rolf
Mißbrauch der Treuhandstellung und der Vertretungsmacht – BGH WM 1977, 525, JuS 1979, 402

Weber, Klaus

Die Bedeutung der Geschäftsführer-Tätigkeit für die Annahme einer atypischen GmbH & Still, GmbHR 1994, 144

Ende der typisch stillen Beteiligung bei beherrschendem Einfluß?, DB 1992, 546

Weigl, Gerald

Stille Gesellschaft und Unterbeteiligung, München 1998

Anwendungs- und Problemfelder der stillen Gesellschaft, DStR 1999, 1568

Weimar, Robert

Die KG & Still – eine stille Gesellschaft, DB 1987, 1077

Die GmbH & Still im Fortschritt des Gesellschaftsrechts, ZIP 1993, 1509

Weipert, Lutz

Zum Problem der Bedingungskongruenz im Verhältnis zwischen Publikums-Kommanditgesellschaft, Treuhandkommanditist und Kapitalanleger, ZHR 157 (1993) 513

Westermann, Harm Peter

Handbuch der Personengesellschaften, Loseblattsammlung, Stand: 08/1996

Die „versteckte" stille Gesellschaft, in: Festschrift Ulmer, 2003, S. 657

Widmann, Siegfried/Mayer, Dieter (Hrsg.)

Umwandlungsrecht, Loseblattkommentar, Stand: 03/03
(zit.: Bearbeiter, in: Widmann/Mayer, UmwG)

Wiesner, Georg

Zur Haftung des Treugeber-Kommanditisten bei der qualifizierten Treuhand, in: Festschrift Ulmer, 2003, S. 673

Einlagensplitting in der GmbH & Co.KG, ZIP 1996, 61

Windbichler, Christine

Schadensersatzansprüche des stillen Gesellschafters – Besprechung der Entscheidung BGH WM 1987, 1193, ZGR 1989, 434

Winter, Martin

Die Rechtsstellung des stillen Gesellschafters in der Verschmelzung des Geschäftsinhabers, in: Festschrift Peltzer, 2001, S. 645

Wolf, Manfred/Horn, Norbert/Lindacher, Walter F.

AGB-Gesetz, 4. Aufl., 1999

Woltmann, Albrecht

GmbH und Stille Gesellschaft – eine Rechtsform mit Zukunft?, GmbHR 1974, 156

Zacharias, Erwin/Hebig, Michael/Rinnewitz, Jürgen

Die atypische stille Gesellschaft, 2. Aufl., 2000

Zöller, Richard

Zivilprozeßordnung, 23. Aufl. 2002 (zit.: Zöller/*Bearbeiter*, ZPO)

Stichwortverzeichnis

Verweis auf Randzahlen